Management-Reihe Corporate Social Responsibility

Reihe herausgegeben von

Prof. Dr. René Schmidpeter, BFH, Bern, Schweiz

Das Thema der gesellschaftlichen Verantwortung gewinnt in der Wirtschaft und Wissenschaft gleichermaßen an Bedeutung. Die Management-Reihe Corporate Social Responsibility geht davon aus, dass die Wettbewerbsfähigkeit eines jeden Unternehmens davon abhängen wird, wie es den gegenwärtigen ökonomischen, sozialen und ökologischen Herausforderungen in allen Geschäftsfeldern begegnet. Unternehmer und Manager sind im eigenen Interesse dazu aufgerufen, ihre Produkte und Märkte weiter zu entwickeln, die Wertschöpfung ihres Unternehmens den neuen Herausforderungen anzupassen sowie ihr Unternehmen strategisch in den neuen Themenfeldern CSR und Nachhaltigkeit zu positionieren. Dazu ist es notwendig, generelles Managementwissen zum Thema CSR mit einzelnen betriebswirtschaftlichen Spezialdisziplinen (z.B. Finanzen, HR, PR, Marketing etc.) zu verknüpfen. Die CSR-Reihe möchte genau hier ansetzen und Unternehmenslenker, Manager der verschiedenen Bereiche sowie zukünftige Fach- und Führungskräfte dabei unterstützen, ihr Wissen und ihre Kompetenz im immer wichtiger werdenden Themenfeld CSR zu erweitern. Denn nur, wenn Unternehmen in ihrem gesamten Handeln und allen Bereichen gesellschaftlichen Mehrwert generieren, können sie auch in Zukunft erfolgreich Geschäfte machen. Die Verknüpfung dieser aktuellen Managementdiskussion mit dem breiten Managementwissen der Betriebswirtschaftslehre ist Ziel dieser Reihe. Die Reihe hat somit den Anspruch, die bestehenden Managementansätze durch neue Ideen und Konzepte zu ergänzen, um so durch das Paradigma eines nachhaltigen Managements einen neuen Standard in der Managementliteratur zu setzen.

Elisabeth Fröhlich · Yvonne Jamal
(Hrsg.)

CSR und Beschaffung

Die Bedeutung des Einkaufs für eine nachhaltige Transformation

2. Auflage

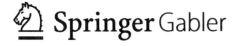

Hrsg.
Elisabeth Fröhlich
Jaro Institut für Nachhaltigkeit und
Digitalisierung e. V.
Berlin, Deutschland

Yvonne Jamal
JARO Institut für Nachhaltigkeit und
Digitalisierung e. V.
Berlin, Deutschland

ISSN 2197-4322 ISSN 2197-4330 (electronic)
Management-Reihe Corporate Social Responsibility
ISBN 978-3-662-67857-2 ISBN 978-3-662-67858-9 (eBook)
https://doi.org/10.1007/978-3-662-67858-9

Die Deutsche Nationalbibliothek verzeichnet diese Publikation in der Deutschen Nationalbibliografie; detaillierte bibliografische Daten sind im Internet über https://portal.dnb.de abrufbar.

© Der/die Herausgeber bzw. der/die Autor(en), exklusiv lizenziert an Springer-Verlag GmbH, DE, ein Teil von Springer Nature 2015, 2024

Das Werk einschließlich aller seiner Teile ist urheberrechtlich geschützt. Jede Verwertung, die nicht ausdrücklich vom Urheberrechtsgesetz zugelassen ist, bedarf der vorherigen Zustimmung des Verlags. Das gilt insbesondere für Vervielfältigungen, Bearbeitungen, Übersetzungen, Mikroverfilmungen und die Einspeicherung und Verarbeitung in elektronischen Systemen.
Die Wiedergabe von allgemein beschreibenden Bezeichnungen, Marken, Unternehmensnamen etc. in diesem Werk bedeutet nicht, dass diese frei durch jedermann benutzt werden dürfen. Die Berechtigung zur Benutzung unterliegt, auch ohne gesonderten Hinweis hierzu, den Regeln des Markenrechts. Die Rechte des jeweiligen Zeicheninhabers sind zu beachten.
Der Verlag, die Autoren und die Herausgeber gehen davon aus, dass die Angaben und Informationen in diesem Werk zum Zeitpunkt der Veröffentlichung vollständig und korrekt sind. Weder der Verlag noch die Autoren oder die Herausgeber übernehmen, ausdrücklich oder implizit, Gewähr für den Inhalt des Werkes, etwaige Fehler oder Äußerungen. Der Verlag bleibt im Hinblick auf geografische Zuordnungen und Gebietsbezeichnungen in veröffentlichten Karten und Institutionsadressen neutral.

Planung/Lektorat: Christine Sheppard
Springer Gabler ist ein Imprint der eingetragenen Gesellschaft Springer-Verlag GmbH, DE und ist ein Teil von Springer Nature.
Die Anschrift der Gesellschaft ist: Heidelberger Platz 3, 14197 Berlin, Germany

Das Papier dieses Produkts ist recycelbar.

Vorwort zur 2. Auflage: Nachhaltige Wertschöpfung beginnt bei der Beschaffung – eine (neue) alte Erkenntnis?!

In den letzten Dekaden haben sich unsere wirtschaftlichen Wertschöpfungsmodelle gravierend verändert. Diese Erkenntnis hat sich seit der 1. Auflage dieses Buches weiter verdichtet und betrifft nun immer öfter nicht nur Großunternehmen, sondern auch den Mittelstand sowie KMUs. Unter dem Paradigma der Arbeitsteilung wurden die ehemals oft national ausgerichteten Wertschöpfungsprozesse im Rahmen der Globalisierung von einer immer größeren Anzahl von Unternehmen international organisiert. Durch diese internationale Arbeitsteilung konnten Kosten reduziert und hohe Gewinne für alle beteiligten Unternehmen generiert werden. Die Globalisierung half auch dabei, neue Wirtschaftsräume in weniger entwickelten Ländern aufzubauen und gleichzeitig unseren eigenen Lebensstandard zu steigern.

In diesem Prozess wurden aber auch neue Interdependenzen geschaffen, die viele Unternehmen in ihrem Handeln zunächst ausgeblendet hatten. Diese Abhängigkeiten von internationalen Entwicklungen wurden durch die Pandemie, durch die aktuellen geopolitischen Konflikten sowie durch vermehrte Lieferengpässe von wichtigen Ressourcen immer deutlicher. Zudem stellen die Kunden sowie die Politik vermehrt Fragen bezüglich der Verantwortung von Unternehmen für ihre Lieferketten: Was bedeutet es, wenn Menschenrechte in der Lieferkette verletzt werden? Was bedeutet es, wenn aufgrund fehlenden Umweltbewusstseins ganze Naturräume und Lebensräume zerstört werden? Was bedeutet es, wenn die Qualität entlang der Supply Chain nicht ausreichend gesichert werden kann und Kunden so zu Schaden kommen? Diese Fragen haben nun durch das Lieferkettensorgfaltsgesetz und die EU-Initiativen im Rahmen des Green Deals ganz neue Bedeutung und Gewicht in der öffentlichen Diskussion um die Rolle von Unternehmen in der Gesellschaft bekommen.

Die unternehmerische Verantwortung und das Thema nachhaltiges Wirtschaften wird immer öfter entlang der gesamten Wertschöpfungskette diskutiert und begrenzt sich dabei nicht mehr nur auf die eigenen Unternehmensaktivitäten bzw. Betriebsstätten. Einstürzende Fabrikhallen, Tropenwaldzerstörung und Qualitätsskandale bei Zulieferer schaden oft unmittelbar dem eigenen Geschäft und stellen die Frage nach der unternehmerischen

Verantwortung in der Globalisierung neu. Zudem werden die Interdependenzen zwischen den verschiedenen Wirtschaftsräumen immer größer. Globale Ereignisse gewinnen an Bedeutung, indem sie oft große Auswirkungen auf die eigene Produktion haben – eine Erkenntnis, die in den letzten Jahren vielen Unternehmen immer deutlicher wurde.

Ehemals nur als entfernt wahrgenommene Katastrophen – sei es Überflutungen, Energiekrisen, Epidemien bzw. kriegerische Handlungen – führen immer öfter zu weitreichenden Disruptionen im eigenen Geschäftsmodell und stellen sowohl Unternehmen als auch ganze Branchen vor immense Herausforderungen. So ist es nicht verwunderlich, dass die Frage nach stabilen Beschaffungsnetzwerken nun vermehrt auch im strategischen Management diskutiert wird. Eine nachhaltige Wertschöpfung ohne eine stabile und nachhaltige Beschaffung ist heutzutage gar nicht denkbar. Und dennoch findet man oft den Hauptfokus bei der Beschaffung weiterhin auf rein monetäre Preis- und Kostenfragen. Eine offene Flanke, die sich erfolgreiche Unternehmen nicht länger leisten können.

Denn Nachhaltigkeit und Wettbewerbsfähigkeit gehen Hand in Hand. Insbesondere in globalen Wertschöpfungsprozessen gewinnen Vertrauen und die gemeinsame Ausrichtung mit den Geschäftspartnern auf Nachhaltigkeit und Corporate Social Responsibility an strategischer Bedeutung für den eigenen Geschäftserfolg. Um diese aktuellen Entwicklungen ausführlich zu beleuchten und neuste Erkenntnisse und Erfahrungen der letzten Jahre widerzuspiegeln, wurde nun die 2. Auflage der Publikation „CSR und Beschaffung" mit Autoren aus der Wissenschaft und Praxis veröffentlicht. Die Übernahme von Verantwortung (CSR) und Nachhaltigkeit wird in der Beschaffung nun von vielen Unternehmen nicht mehr als rein defensives Konzept und Risikomanagement gesehen. Sondern es entwickelt sich immer öfter eine unternehmerische Perspektive, die auf die Chancen eines nachhaltigen Supply Chain Managements fokussieren. Denn die Beschaffung ist zentral für ein Nachhaltiges Geschäftsmodell: Sowohl für Unternehmen, welche die Zulieferer in die eigene Nachhaltigkeitsstrategie integrieren wollen, als auch Unternehmen, die als Zulieferer die Nachhaltigkeitsaspekte der Kunden mitberücksichtigen müssen. Beschaffungsprozesse werden vor dem Hintergrund der aktuellen Transformation unserer Wirtschaft neu gedacht und organisiert. Neben den rein wirtschaftlichen Faktoren spielen ökologische und soziale Fragen eine immer größere Rolle.

Und nur wenn bereits die Beschaffung – sozusagen am Beginn der weiteren Wertschöpfung – sowohl unternehmerischen als auch gesellschaftlichen Mehrwert generiert, kann insgesamt ein nachhaltiges Geschäftsmodell entwickelt werden, welches den Ansprüchen der Kunden, Mitarbeiter und der Investoren gerecht wird.

Die dafür nötigen Überlegungen und aktuelle Praxisbeispiele werden in der vorliegenden zweiten Auflage ausführlich beschrieben. Alle LeserInnen sind damit herzlich eingeladen, die in der Reihe dargelegten Gedanken aufzugreifen und für die eigenen beruflichen Herausforderungen zu nutzen sowie mit den Herausgebern, Autoren und Unterstützern dieser Reihe intensiv zu diskutieren. Ich möchte mich last but not least sehr herzlich bedanken, bei den Herausgeberinnen Frau Prof. Dr. habil. Lisa Fröhlich und Yvonne Jamal sowie bei Christine Sheppard und dem gesamten Team vom Springer-Verlag für die gute Zusammenarbeit sowie bei den mittlerweile unzähligen Unterstützern dieser Reihe für ihre über zehnjährige Treue. Nun wünsche ich Ihnen, werter Leser bzw. werte Leserin, eine interessante Lektüre.

BFH Bern, Schweiz   Prof. Dr. René Schmidpeter

Vorwort 2. Auflage CSR und Beschaffung

Die Coronapandemie machte mehr als deutlich, dass die Zerstörung der Natur unseren Wohlstand gefährdet. Denn der Verlust der Biodiversität, getrieben durch den weltweiten CO_2-Ausstoß, ist die Krise hinter der Krise. Artensterben und Klimakatastrophen vernichten in großen Teilen unsere Lebensgrundlagen. Die Coronapandemie war der finale Auslöser für eine Reihe von europäischen Gesetzesinitiativen, um soziale und ökologische Herausforderungen globaler Lieferketten zu lösen. Seit 2023 gilt in Deutschland das Lieferkettensorgfaltspflichtengesetz, die Europäische Variante des Lieferkettengesetzes (CSDDD) wurde im April 2024 verabschiedet. Darüber hinaus greift seit 2023 die neue Europäische Reporting Initiative (CSRD). Weitere Gesetze sind auf dem Weg oder bereits Realität wie das Gesetz zu „Entwaldungsfreien Lieferketten", verschärfte Anforderungen für Recyclingquoten und -fähigkeit oder die EU-Batterieverordnung, um nur einige zu nennen. Gleichzeitig verkündeten die Vereinten Nationen zu Beginn 2023, dass die Agenda 2030 in Gefahr ist. Bisher konnten nur rund 12 % der erklärten 17 Entwicklungsziele realisiert werden. Dies unterstreicht nicht nur den Handlungsbedarf seitens der politischen Entscheidungsträger, sondern auch den der Unternehmen, sich konsequent nachhaltigen Geschäftsmodellen zuzuwenden.

Die Robustheit globaler Lieferketten ist schon seit Jahren ein Thema und hat sich durch die nun auftretenden „Stapelkrisen" noch weiter verschlechtert. Wasserknappheit macht bestimmte Schiffsrouten unpassierbar, Naturkatastrophen führen zur Schließung von Häfen oder der Mangel an Fachkräften macht es unmöglich, notwendige Logistik- und Beschaffungsleistungen zu erhalten. Viele Unternehmen stehen nun vor der Herausforderung, die Transparenz in ihren Lieferketten zu erhöhen, um zum einen den neuen gesetzlichen Regulierungen gerecht zu werden und zum anderen durch die nachhaltige Gestaltung von Lieferketten die Robustheit dieser zu garantieren und damit in die Agenda 2030 der Vereinten Nationen einzuzahlen.

Hier kommt der nachhaltige Einkauf ins Spiel, verstanden als die Integration von Grundsätzen ökologischer und sozialer Verantwortung in Beschaffungsprozesse und -entscheidungen. Nachhaltige Beschaffung integriert somit Strategien, Spezifikationen, Anforderungen und Kriterien, die mit dem Schutz der Umwelt und der Gesellschaft vereinbar sind, in der gesamte Lieferkette bis hin zum Lieferanten von Rohstoffen. Empirische Studien belegen, dass nachhaltige Lieferketten nur durch die Neuausrichtung der Beschaffung hin zu mehr Nachhaltigkeit und Digitalisierung umsetzbar sind: Der Einkauf ist das fehlende Bindeglied nachhaltiger Lieferketten!

Dieses Buch gilt als Inspiration und Motivation für Geschäftsführung und Einkaufsleiter, um zu verstehen, welches immense Potential in der Beschaffung liegt, um diese nachhaltige Transformation, die unser aller Lebensgrundlage erhalten soll, Wirklichkeit werden zu lassen. Der erste Beitrag in diesem Buch erläutert die empirischen Erkenntnisse einer brandneuen Studie zum Thema „Nachhaltiger Einkauf und nachhaltige Lieferketten". Hier wird deutlich, vor welchen Herausforderungen Unternehmen aktuell stehen, nicht nur die Gesetzesvorgaben zu erfüllen, sondern für ihr Unternehmen den Weg in innovative, nachhaltige Geschäftsmodelle zu ebnen. Dieser Sammelband bietet Ihnen Lösungen und Ansatzpunkte in allen relevanten Bereichen des nachhaltigen Einkaufs und soll als Leitfaden dienen, um die Mehrheit deutscher Unternehmen zu motivieren, in den gesetzlichen Vorgaben nicht nur die Herausforderung zu sehen, sich „compliant" zu verhalten, sondern eine aktive Rolle in der Gestaltung nachhaltiger Lieferketten durch die „Kraft des nachhaltigen Einkaufs" zu übernehmen.

Prof. Elisabeth Fröhlich

Inhaltsverzeichnis

Theoriebeiträge

Nachhaltige Beschaffung: ein internationaler Vergleich 3
Yvonne Jamal und Elisabeth Fröhlich

Nachhaltigkeitsrisiken in der strategischen Beschaffung 31
Ronald Bogaschewsky und Jasmin Möller

Das neue Lieferkettensorgfaltspflichtengesetz – die juristische Perspektive 69
Erika Kanis

Menschenrechte, Beschaffung und Verträge 91
Daniel Schönfelder und Michaela Streibelt

Das Lieferkettengesetz und seine Auswirkungen auf ein nachhaltiges Beschaffungsmanagement – eine empirische Analyse 127
Isabelle Wehling und Nicolas Hilweg

Ein Lieferantenbeziehungsmanagementmodellentwurf zur Förderung der nachhaltigen Beschaffung 149
Carlotta Kux

Circular Procurement – die neue Herausforderung im Einkauf? 181
Chiara Bernd und Elisabeth Fröhlich

Die Rolle der Beschaffung für eine nachhaltige Digitalisierung 199
Dina Barbian und Steffi Kirchberger

Besondere Herausforderungen bei der Implementierung nachhaltiger Beschaffung im öffentlichen Sektor 221
Alessa Kozuch, Christian von Deimling, Michael Eßig und Markus Amann

Praxisbeiträge

Nachhaltige Beschaffung bei der FUNKE Mediengruppe – ein strategischer Fahrplan von der Idee zur Umsetzung 245
Gundula Ullah

Die Möglichkeiten des nachhaltigen Einkaufs zur Erreichung der Sustainable Development Goals am Beispiel der Elektromobilität 259
Jennifer Lenz

Nachhaltige Transformation im Einkauf in der vertikalen Landwirtschaft (vertikales Farming) 279
Alexandra Morton

Nachhaltige Transformation: die Macht der Procurement-Professionals 301
Pia Pinkawa

Einen Netzbetreiber fit für das Lieferkettensorgfaltspflichtengesetz machen – der Case der Stromnetz Hamburg GmbH 317
Thomas Nast

Lieferantenmanagement im Spannungsfeld von Nachhaltigkeit und Wirtschaftlichkeit 347
Felix Dalstein und Thomas Mademann

Nachhaltige Beschaffung am Beispiel von IT-Hardware 373
Oliver Koch

Spezialthemen des nachhaltigen Einkaufs

Zur Wirkungsorientierung nachhaltiger Beschaffung in Entwicklungsländern 391
Tanja Lingohr

Entwaldungsfrei wirtschaften 407
Steffen Kemper, Lioba Schwarzer und Lea Strub

Tourismus, Externalisierung und Menschenrechte: Ansätze für den verantwortungsbewussten Einkauf touristischer Leistungen 431
Volker Rundshagen

Herausgeber- und Autorenverzeichnis

Über die Herausgeber

Prof. Dr. habil Elisabeth Fröhlich Betriebswirtin mit Abschlüssen an der Ludwig-Maximilians-Universität München sowie an der Universität zu Köln. Dissertation zum Thema „Lieferantenbewertung" und Habilitation zum Thema „Modellierung von Berufsprofilen in der Beschaffung" bei Prof. Dr. U. Koppelmann an der Universität Köln. Professorin für strategisches und nachhaltiges Beschaffungsmanagement. 2013 bis 2022 Präsidentin der Cologne Business School, Vorstandsmitglied mehrerer wissenschaftlicher Organisationen, z. B. des BME e. V. Region Köln, Board Mitglied bei UN PRME, Vorsitzende des PRME NGC sowie des DACH-Chapter PRME, des UN Global Compact für Business Schools. Von 2020 bis 2023 Sprecherin „Kölner Wissenschaftsrunde" und Wirtschaftsbotschafterin der Stadt Köln. Vorsitzende des wissenschaftlichen Beirats des JARO Instituts für Nachhaltigkeit und Digitalisierung e. V. in Berlin.

Ihre aktuellen Forschungsschwerpunkte liegen in den Themen Sustainable Supply Chain Management und Nachhaltige Beschaffung, Qualifizierung im Einkauf sowie im Strategischen Lieferantenmanagement. Beschaffung 4.0 sowie organisatorische und persönliche Herausforderungen eines „Agilen Einkaufs" bilden weitere Forschungsschwerpunkte. Sie ist Autorin zahlreicher Publikationen, so u. a. der Bücher „Personalentwicklung in der Beschaffung" oder „CSR und Beschaffung", beide erschienen im Springer-Verlag

Yvonne Jamal Betriebswirtin, Studium mit Schwerpunkt Fremdenverkehrswirtschaft an der Berufsakademie Breitenbrunn, Staatliche Studienakademie Sachsen, wissenschaftliche Weiterbildung im Bereich CSR und nachhaltiges Wirtschaften an der Universität Rostock. Mehrjährige Arbeitserfahrung für internationale Großkonzerne mit Fokus im B2B-Vertrieb sowie in der Beschaffung. Mitgründerin und Vorstandsvorsitzende des JARO Instituts für Nachhaltigkeit und Digitalisierung e. V. Ehrenamtliches Engagement im Regionenvorstand Berlin-Brandenburg des Bundesverbandes Materialwirtschaft,

Einkauf und Logistik e. V. (BME), im Expertenkreis Nachhaltigkeit des Bundesverbandes Mittelständische Wirtschaft e. V. (BVMW). Beiratsmitglied im Sustainable Choice Advisory Board von Unite sowie Beirätin im Advisory Board von The Climate Choice.

Autorenverzeichnis

Dr. Markus Amann Arbeitsgebiet Beschaffung, Universität der Bundeswehr München, Neubiberg, Deutschland

Dr. Dina Barbian eco2050 Institut für Nachhaltigkeit – Institute for Sustainability GmbH, Nürnberg, Deutschland

Chiara Bernd CBS - International Business School, Köln, Deutschland

Prof. Dr. Ronald Bogaschewsky University of Wuerzburg, Wuerzburg, Deutschland

Felix Dalstein Essen, Deutschland

Jun.-Prof. Dr. Christian von Deimling Arbeitsgebiet Beschaffung, Universität der Bundeswehr München, Neubiberg, Deutschland

Univ.-Prof. Dr. Michael Eßig Arbeitsgebiet Beschaffung, Universität der Bundeswehr München, Neubiberg, Deutschland

Prof. Dr. habil. Elisabeth Fröhlich Hürth, Deutschland

Nicolas Hilweg amc Group, Bonn, Deutschland

Yvonne Jamal JARO Institut für Nachhaltigkeit und Digitalisierung e. V., Berlin, Deutschland

Erika Kanis Berlin, Deutschland

Steffen Kemper Business & Biodiversity, Global Nature Fund, Bonn, Deutschland

Steffi Kirchberger JARO Services GmbH, Berlin, Deutschland

Oliver Koch AfB gemeinnützige GmbH, Karlsruhe, Deutschland

Alessa Kozuch Arbeitsgebiet Beschaffung, Universität der Bundeswehr München, Neubiberg, Deutschland

Carlotta Kux Kallstadt, Deutschland

Dr. Jennifer Lenz Stv. Vorstandsvorsitzende JARO Institut für Nachhaltigkeit und Digitalisierung e. V, Berlin, Deutschland

Dr. Tanja Lingohr ICON-INSTITUTE GmbH & Co. KG, Köln, Deutschland

Thomas Mademann GMVK, Essen, Deutschland

Alexandra Morton Zaandam, Niederlande

Jasmin Möller M. Sc. University of Wuerzburg, Wuerzburg, Deutschland

Thomas Nast Dipl.-Ing., Sustainable Procurement Pledge gGmbH, Düsseldorf, Deutschland

Pia Pinkawa Sustainable Procurement Pledge gGmbH, Düsseldorf/Berlin, Deutschland

Volker Rundshagen Fakultät für Wirtschaft, Stralsund, Deutschland

Lioba Schwarzer Internationale Projekte, OroVerde, Bonn, Deutschland

Daniel Schönfelder Hamburg, Deutschland

Michaela Streibelt Berlin, Deutschland

Lea Strub Business & Biodiversity, Global Nature Fund, Bonn, Deutschland

Gundula Ullah Chief Procurement & Sustainability Officer, FUNKE Mediengruppe GmbH & Co KgaA, Essen, Deutschland

Isabelle Wehling amc Group, Bonn, Deutschland

Theoriebeiträge

Nachhaltige Beschaffung: ein internationaler Vergleich

Yvonne Jamal und Elisabeth Fröhlich

1 Einleitung und Methodisches Vorgehen

Das Forschungsziel bestand darin, empirisch zu untersuchen, ob und wie sich das Bewusstsein, die Motivation, die Bewertung und insbesondere die Umsetzung von Nachhaltigkeit im Funktionsbereich Beschaffung und globalen Lieferketten in den teilnehmenden Unternehmen und Organisationen seit 2020 verändert haben. Die Studie sollte dazu beitragen, das Verständnis für die Bedeutung einer nachhaltigen Beschaffung im Kontext einer sich stetig verschärfenden Gesetzgebung im Bereich des nachhaltigen Managements und zunehmend volatiler globaler Lieferketten zu verbessern. Zudem sollte analysiert werden, ob es länderspezifische Unterschiede in der Auswertung gibt, indem ein erweiterter und internationaler Teilnehmerkreis einbezogen wird. Der Fragebogen wurde entsprechend den Entwicklungen der letzten zwei Jahre angepasst, um auch Aussagen über Krisensituationen und unterbrochene Lieferketten treffen zu können. Die Hypothese lautete, dass in allen vier Kategorien (Bewusstsein, Motivation, Bewertung und Umsetzung) der Zustimmungs- bzw. Umsetzungsgrad im Vergleich zu 2020 aufgrund der größeren Präsenz des Themas ökologischer und sozialer Verantwortung im Einkauf gestiegen ist.

Die Erhebung soll auch in Zukunft alle zwei Jahre durchgeführt werden, um die Entwicklungen weiterhin zu beobachten, Trends zu identifizieren, Prognosen aufzustellen und

Y. Jamal
JARO Institut für Nachhaltigkeit und Digitalisierung e. V., Berlin, Deutschland
E-Mail: y.jamal@jaro-institut.de

E. Fröhlich (✉)
Hürth, Deutschland
E-Mail: e.froehlich@jaro-institut.de

darauf basierend weitere Unterstützungsangebote für den Einkauf abzuleiten. Dadurch soll die Rolle des Einkaufs weiter gestärkt werden, um nachhaltige Beschaffungsprozesse und verantwortungsvolle Lieferketten als Standard in der Zukunft zu etablieren.

Zur Operationalisierung der Erhebung wurde zunächst ein standardisierter Fragebogen mit 37 Fragen entwickelt, um das Bewusstsein, die Motivation, die Bewertung und die Umsetzung von Nachhaltigkeit im Funktionsbereich Beschaffung und den verbundenen globalen Lieferketten zu erfassen. Die Fragen wurden in vier Kapitel unterteilt: Nachhaltigkeitsbewusstsein, -motivation, -bewertung und -umsetzung. Die meisten Fragen wurden mit verbalisierten Skalen bewertet, zumeist mit einer bipolaren 5-stufigen Likert-Skala. Es wurden auch Single-Choice- und Multiple-Choice-Antwortoptionen, Matrixantworten und eine Ranking-Antwort verwendet. Zur Erfassung der demografischen Informationen wurden Drop-down-Listen eingesetzt.

Die Erhebung erfolgte online und anonymisiert über den Anbieter LamaPoll über einen Zeitraum vom 14.10.2022 bis zum 23.12.2022. Die Umfrage wurde hauptsächlich an Personen gerichtet, die im Einkauf für Unternehmen oder Organisationen tätig sind. Der Zugang zur Umfrage wurde über verschiedene Einkaufsplattformen, -verbände sowie über Social Media, Newsletter und Mailverteiler verbreitet.

Die Erhebung erreichte insgesamt 7496 Personen, die dem Einladungslink auf die LamaPoll-Plattform nutzten. Von diesen Personen haben 924 Teilnehmende damit begonnen, den Fragebogen zu beantworten. Vollständig ausgefüllt wurde der Fragebogen von 291 Teilnehmenden. Dies entspricht einer Rücklaufquote von 31 % im Vergleich zu einer Abbruchquote von 69 %. Der Median der Bearbeitungszeit des Fragebogens lag bei 20 min und 30 s.

Etwa ein Drittel der Teilnehmenden, die den Fragebogen vollständig ausgefüllt haben, arbeiten in einer leitenden Position im Einkauf (30 %). Weitere 33 % sind im strategischen oder operativen Einkauf tätig oder arbeiten als Lieferantenmanager bzw. Warengruppenmanager. Das bedeutet, dass fast jeder zweite Teilnehmende (63 %) aus dem Bereich der Beschaffung kommt. 11 % gaben an, zur Geschäftsführung oder zum Vorstand ihres jeweiligen Unternehmens oder ihrer Organisation zu gehören. Somit ist eine repräsentative Abbildung der Zielgruppe gegeben. Die insgesamt 291 vollständig ausgefüllten Fragebögen stellen eine solide Stichprobe dar.

Die Teilnahme an der Online-Umfrage war grundsätzlich weltweit möglich. Die Mehrheit der Teilnehmenden stammt jedoch aus den Ländern der DACH-Region, Deutschland, Österreich und die Schweiz (71 %). Weitere internationale Teilnehmende (29 %) kamen hauptsächlich aus Italien (24 Teilnehmende), Spanien (23 Teilnehmende) und Frankreich (13 Teilnehmende). Aufgrund der begrenzten Anzahl der europäischen Teilnehmenden wurde keine separate Länderauswertung durchgeführt. Stattdessen wurden bei relevanten Fragestellungen die Daten aus der DACH-Region und der Gesamtheit der europäischen Teilnahmen miteinander verglichen.

Die Datenanalyse erfolgte durch die Verwendung der integrierten Auswertungsfunktionen von LamaPoll sowie unter Zuhilfenahme von Microsoft Excel und IBM

SPSS Statistics. Die erhobenen Daten wurden zunächst in LamaPoll und Excel codiert. Anschließend wurden in IBM SPSS Statistics Korrelationsanalysen durchgeführt und Kreuztabellen erstellt, um Zusammenhänge zwischen verschiedenen Fragen und Faktoren zu untersuchen und darzustellen. Die Ergebnisse wurden mithilfe von Tabellen, Diagrammen und Grafiken visualisiert und interpretiert. Die relevantesten Ergebnisse wurden hervorgehoben, diskutiert und die Bedeutung und Implikationen für Praxis und Forschung herausgestellt.

2 Die wesentlichen Ergebnisse der Studie im Überblick

2.1 Nachhaltigkeitsbewusstsein

Wie hat sich das Bewusstsein der Einkaufsverantwortlichen in Bezug auf Nachhaltigkeit verändert, nachdem der Einkauf in den letzten beiden Jahren seit der letzten Erhebung mit zahlreichen Herausforderungen konfrontiert war? Insbesondere durch die öffentliche Diskussion um das Deutsche Lieferkettensorgfaltspflichtengesetz (LkSG) und andere internationale Gesetzgebungen in diesem Bereich war das Thema Nachhaltigkeit in der Beschaffung allgegenwärtig.

Es sollte überprüft werden, ob sich der Kenntnisstand im Einkauf im Bereich nachhaltige Beschaffung und verantwortungsvolle Lieferketten verbessert hat, da dies eine Voraussetzung für eine nachhaltige Entwicklung darstellt. Unwissenheit kann Unsicherheiten schaffen und den Transformationsprozess erheblich verlangsamen. Daher wurde den Teilnehmenden die Frage gestellt, wie sie ihre Kenntnisse in diesem Bereich einschätzen und ob sie sich ausreichend informiert und kompetent fühlen. Im Vergleich zu 2020 gab es hier eine positive Entwicklung. 22 % der Teilnehmenden bewerten ihre Kenntnisse als sehr gut (2020: 21 %), und der Anteil derjenigen, die grundlegende Kenntnisse angeben, ist um 7 % auf 46 % gestiegen (2020: 39 %). Gleichzeitig hat sich der Anteil derjenigen, die ihre Kenntnisse als teilweise, kaum oder gar nicht einschätzen, um insgesamt 8 % reduziert (s. Abb. 1).

Wenn auch der Anteil der Befragten mit grundlegenden Kenntnissen zur nachhaltigen Beschaffung und verantwortungsvollen Lieferketten um 7 % gestiegen ist, so bleibt doch anzumerken, dass grundlegende Kenntnisse nicht ausreichend sind, um im Beschaffungsalltag beispielsweise Nachhaltigkeitsdaten von Lieferanten zu bewerten, daraus geeignete Maßnahmen abzuleiten oder insgesamt effektive Warengruppenstrategien zu formulieren. Darüber hinaus führen nur grundlegende Kenntnisse oft zu einer „Fehlinterpretation" der Vorgaben des LkSG. Aus diesem Grund finden sich in dieser Veröffentlichung auch Beiträge aus rechtlicher Sicht, um diese Wissenslücke zu schließen. Um die Herausforderungen der Zukunft zu meistern, ist es notwendig in die Handlungskompetenz der gesamten Einkaufsabteilung zu investieren, damit Unsicherheiten mit dem Thema verschwinden und die Vorteile erkannt und genutzt werden. Dies sollte im Wesentlichen

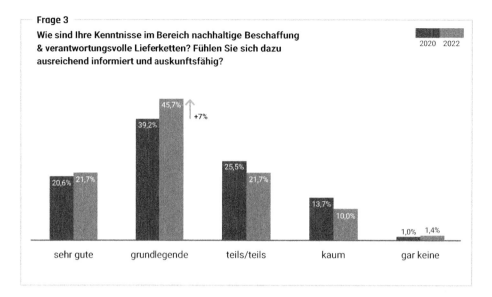

Abb. 1 Kenntnisse der Befragten

durch entsprechende Schulungsmaßnahmen und ein entsprechendes Wissensmanagement für den Einkauf erfolgen.

Beispiel:

Einen möglichen Ansatz bietet das zeit- und ortsunabhängige E-Learning des JARO Instituts mit aktuell bereits mehr als 40 mehrsprachigen Modulen rund um das Thema nachhaltige Beschaffung. Mit seinem modularen Ansatz ist es nicht nur flexibel im Hinblick auf verfügbare Schulungsbudgets, sondern auch bezüglich der inhaltlichen Gestaltung aufgrund der rollenspezifischen Aufgaben des Lernenden. Zudem besteht die Möglichkeit, das Training nicht nur über die Plattform der JARO Academy zu absolvieren, sondern die Inhalte in bestehende Lernmanagementsysteme der Unternehmen zu integrieren. Somit können Mitarbeitende gezielt für die neuen Anforderungen an die Beschaffungsfunktion befähigt und auf Wunsch zertifiziert werden. Darüber hinaus können mit dem Angebot gezielt strategische Lieferanten geschult werden, um ein gemeinsames Verständnis in den Lieferketten aufzubauen. Dadurch lässt sich gemeinsam die Nachhaltigkeitsleistung steigern und das eigene Engagement für eine gezielte Lieferantentwicklung anhand der Teilnahmebestätigungen dokumentieren.

Insgesamt lässt sich jedoch ein erfreulicher Trend hin zu einem gesteigerten Bewusstsein für nachhaltige Beschaffung und verantwortungsvolle Lieferketten feststellen.

2.2 Nachhaltigkeitsmotivation

Um Menschen zu Veränderungen zu bewegen, müssen diese dafür motiviert sein. Es gab interessante Veränderungen in Bezug auf die Motivation der Teilnehmenden im Vergleich zur letzten Untersuchung. Die Bedeutung bestimmter Aspekte hat sich verschoben. In der aktuellen Erhebung von 2022 sind die Anforderungen der Kunden nun ein besonders motivierender Faktor (82,5 %), gefolgt von der eigenen intrinsischen Motivation & Einstellung (81,5 %) und klaren internen Arbeitsanweisungen (76,6 %). Im Vergleich dazu haben gesetzliche Vorgaben an Bedeutung verloren (75,3 % gegenüber 85,0 % 2020). Es ist jedoch bemerkenswert, dass die Teilnehmenden immer noch nicht das Karrierepotential ausreichend erkennen (46,1 % 2022 gegenüber 49,0 % 2020). Abb. 2 zeigt die motivierenden Aspekte im beruflichen Kontext:

Weitere Motive aus dem Freitextfeld umfassen „Markenstärkung", „Umweltanforderungen", „Innovationen", „Unternehmensidentität", „Neukundengeschäft", „berufliche Weiterentwicklung", „den Wert der täglichen Arbeit im Vergleich zu einer nachhaltigen Welt erhöhen" und „Gewissheit statt gutes Gewissen".

Die Kundenanforderungen könnten aufgrund zunehmender verbindlicher Sorgfaltspflichten der Unternehmen an ihre Lieferanten an Bedeutung gewonnen haben. Schließlich ist zwischenzeitlich in der Praxis zu beobachten, dass zahlreiche Unternehmen, die Anforderungen des Gesetzgebers direkt an ihre Lieferanten weitergeben und damit den Druck in den Lieferketten erhöhen. Viele kleinere und mittelständische Unternehmen stehen damit vor immensen Herausforderungen aufgrund der Vielzahl an Selbstauskünften und der gestiegenen Forderung nach Nachweisen und Zertifikaten. Doch letztlich ist die Formulierung solcher Anforderungen an die Lieferketten ein wesentlicher Hebel, um die Transformation der Wirtschaft herbeizuführen und den Multiplikatoreneffekt des Einkaufs zu nutzen. Es gilt dabei jedoch, gemeinsam mit den Lieferanten Verantwortung zu übernehmen und Unterstützung im Prozess anzubieten. Der Aufbau partnerschaftlicher Lieferantenbeschaffungsbeziehungen gehört zu einer der wesentlichen zukünftigen Aufgaben des Einkaufs, um sich den Herausforderungen der sich ständig verschärfenden Gesetzeslage zu stellen. Auch dazu finden sich in diesem Buch interessante Artikel, die dem interessierten Leser helfen, diese Aufgabe erfolgreich zu implementieren.

Doch was hindert Einkaufsverantwortliche weiterhin an der Einführung einer nachhaltigen Beschaffung? In der Befragung von 2022 haben wir einige neue Faktoren in den Fragebogen aufgenommen, um erneut die Top 5 der hemmenden Faktoren für eine nachhaltige Beschaffung und verantwortungsvolle Lieferketten zu untersuchen. Das Ranking wurde anhand der kumulierten Antworten „sehr" und „etwas" erstellt (Abb. 3).

Es zeigt sich einmal mehr, dass fehlende verbindliche, einheitliche Regulierungen auf internationaler Ebene als Haupthemmnisse angesehen werden (77,2 % 2022 gegenüber 88,2 % 2020). An zweiter Stelle wird die aktuelle Finanzsituation als hemmender Faktor bewertet (74,1 % 2022, nicht im Auswahlset von 2020). Diese beiden Punkte sind hauptsächlich externe Faktoren. Die Plätze drei bis fünf hingegen zeigen interne Faktoren, die

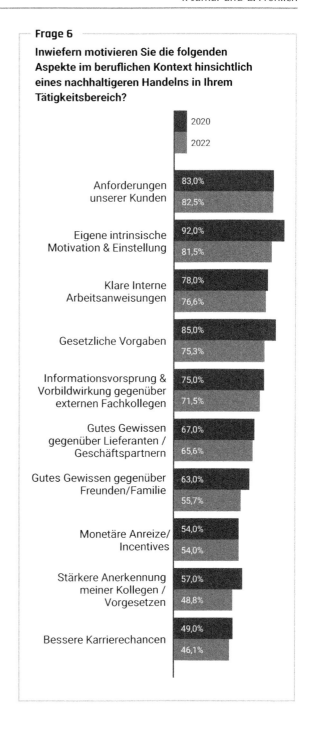

Abb. 2 Motivierende Aspekte im beruflichen Kontext

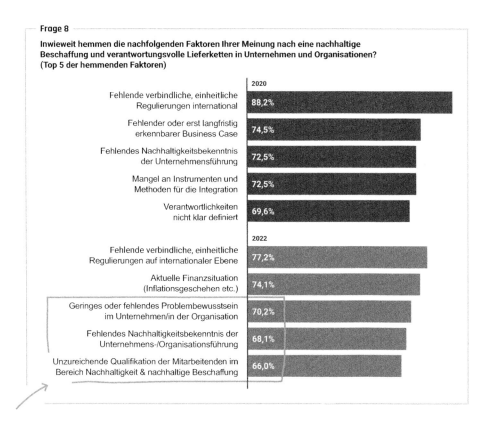

Abb. 3 Hemmende Faktoren

die Umsetzung einer nachhaltigen Beschaffung behindern. Dazu gehören ein geringes oder fehlendes Problembewusstsein im Unternehmen oder in der Organisation (70,2 % 2022, nicht im Auswahlset von 2020) sowie ein fehlendes Nachhaltigkeitsbekenntnis der Unternehmen/Organisationen (68,8 % 2022, 80,1 % 2020) und unzureichende Ressourcen und Kapazitäten (66,4 % 2022, 71,3 % in 2020). Hier wird somit deutlich, welche Folgen fehlende Investitionen in die Weiterbildung der Beschaffungsfunktion haben können. Noch immer wird der Einkauf mit den neuen Herausforderungen allein gelassen, statt ihn für die Zukunft zu stärken und sein Potential für eine nachhaltige Entwicklung des gesamten Unternehmens zu nutzen.

Vielleicht kann hier der Druck der Öffentlichkeit zu einer Veränderung führen. Daher haben wir die Teilnehmenden danach gefragt, wie hoch sie die Erwartungen der Öffentlichkeit an eine nachhaltige Beschaffung und verantwortungsvolle Lieferketten ihres Unternehmens oder ihrer Organisation einschätzen. Die Ergebnisse sind ernüchternd (Abb. 4).

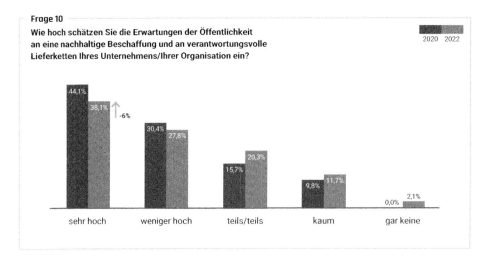

Abb. 4 Einschätzung von externen Erwartungen

Nur noch 38 % der Befragten gaben in der Erhebung von 2022 an, dass sie die Erwartungshaltung der Öffentlichkeit als „sehr hoch" einschätzen (2020: 44,1 %) – ein Rückgang um 6 % im Vergleich zu 2020. Auch die Einschätzung, dass die Erwartungen „weniger hoch" sind, lag in dieser Befragung 3 % niedriger als in der ersten Befragung (2022: 27,8 %, 2020: 30,4 %). Hingegen stiegen die Einschätzungen für „teils, teils" (2022: 20,3 %, 2020: 15,7 %), „kaum" (2022: 11,7 %, 2020: 9,8 %) und „gar keine" (2022: 2,1 %, 2020: 0,0 %) – eine Entwicklung, die wahrscheinlich mit dem aktuellen Inflationsgeschehen in Verbindung steht.

Dies sollte für jede Einzelperson, sei es in der Beschaffungsrolle oder als Privatperson, ein Weckruf sein, im Alltag des Einkaufs eine nachhaltige Wirtschaftsweise zu fordern, insbesondere in Bezug auf Beschaffungsprozesse und Lieferketten. Vor allem, da genau dieser Aspekt (der Kundenanforderung) zuvor als der größte Motivationsfaktor identifiziert wurde. Dieser Weckruf gilt aber besonders für CEOs. Denn sie tragen die Verantwortung dafür, den immensen Wertbeitrag für das eigene Unternehmen des nachhaltigen Einkaufs zu erkennen und die erfolgreiche Umsetzung zu begleiten. Stattdessen reflektieren CEOs eher die Ergebnisse der oben aufgeführten Einschätzung der Bedeutung des Nachhaltigkeitsthemas durch die Gesellschaft und bestimmen die Leistung ihrer Einkaufsfunktion lediglich nach dem Grad der Gesetzestreue (Compliance).

2.3 Nachhaltigkeitsbewertung

Die individuelle Bewertung der Nachhaltigkeit durch die Teilnehmenden liefert auch in dieser Erhebung interessante Ergebnisse. Zunächst haben wir untersucht, wie die Befragten den Aufwand für ausgewählte Beschaffungsaktivitäten im Rahmen einer nachhaltigen Beschaffung und verantwortungsvollen Lieferketten im Vergleich zur traditionellen Beschaffung in ihrem Unternehmen oder ihrer Organisation einschätzen. Wenn wir nur die Antwortoption „sehr hoher zusätzlicher Aufwand" betrachten, führt wie auch 2020 die „Prüfung der Lieferanteninformationen" das Feld an (2022: 45,02 %, 2020: 51,0 %) – eine Herausforderung, die auch in Zukunft den Einkauf intensiv beschäftigen wird. Um die Ergebnisse übersichtlicher darzustellen, haben wir die Antwortoptionen zusammengefasst und dabei zwei Gruppen gebildet (Abb. 5). Die erste Gruppe umfasst die Antworten „sehr hoher zusätzlicher Aufwand" und „etwas erhöhter Aufwand". Die zweite Gruppe umfasst die Antworten „unverändert", „etwas geringerer Aufwand" und „gar kein zusätzlicher Aufwand".

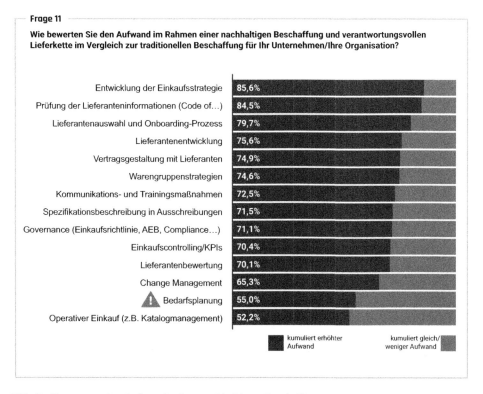

Abb. 5 Bewertung des Aufwands einer nachhaltigen Beschaffung

Diese Zusammenfassung zeigt, dass der „Entwicklung der Einkaufsstrategie" mittlerweile der höchste Aufwand zugewiesen wird (2022: 85,6 %, 2020: 88,2 % in Verbindung mit der Warengruppenstrategie), gefolgt von der „Prüfung der Lieferanteninformationen" (2022: 84,5 %, 2020: 96,1 %) und „Lieferantenauswahl und Onboarding-Prozess" (2022: 79,7 %, 2020: 89,1 %).

Die Tätigkeiten im Bereich „Governance", die 2020 noch zu den Top-3-Nennungen hinsichtlich erhöhten Mehraufwandes gehörten, liegen nun an neunter Stelle. Dies dürfte wahrscheinlich darauf zurückzuführen sein, dass die Einkaufsorganisationen in der Zwischenzeit stärker aktiv geworden sind. Die „Bedarfsplanung" liegt trotz intensiverer Auseinandersetzung im Bereich der Einkaufsstrategie weiterhin auf dem vorletzten Platz (2022: 55,0 %, 2020: 54,5 %). Hier rechnet also nur jeder zweite Befragte mit einem erhöhten Aufwand. Dies könnte darauf hindeuten, dass die Bedarfsplanung als Hebel für innovative und regenerative Beschaffung immer noch nicht ausreichend im Einkauf verstanden und genutzt wird – eine weitere Folge von unzureichenden Nachhaltigkeitskenntnissen in Einkaufsorganisationen. Im operativen Einkauf sehen wie auch 2022 nur 52,2 % der Teilnehmenden einen höheren Aufwand im Vergleich zur traditionellen Beschaffung (2020: 48,0 %). Auch in diesem Bereich wird deutlich, dass die Hebel zur Gestaltung einer nachhaltigen Beschaffung nicht ausreichend berücksichtigt werden. Der operative Einkauf muss gänzlich durch E-Procurement-Lösungen abgelöst werden, um die im Einkauf meist nicht ausreichend vorhandenen personellen Ressourcen nur noch im Bereich der strategischen Beschaffung einsetzen zu können.

Unabhängig davon, wie hoch der Aufwand bewertet wird, ist es insbesondere entscheidend, welche Zielstellungen das Unternehmen und damit verbunden die Einkaufsabteilung verfolgt. Ziele geben Orientierung und helfen bei der Priorisierung von Aufgaben. Wie schätzen also die Teilnehmenden den Einfluss einer nachhaltigen Beschaffung und verantwortungsvollen Lieferkette auf die Erreichung ihrer Unternehmens-/Organisationsziele ein? Auch bei dieser Frage wurde in der Auswertung eine kumulierte Darstellung der Antwortoptionen gewählt, um eine bessere Übersichtlichkeit zu gewährleisten (Abb. 6). Die erste Gruppe umfasst die Antworten „verbessert sich deutlich" und „verbessert sich etwas". Die zweite Gruppe umfasst die Antwort „unverändert", während die dritte Gruppe die Antworten „verschlechtert sich etwas" und „verschlechtert sich deutlich" umfasst.

In der Erhebung von 2020 haben die Befragten hauptsächlich die Chancen für andere Unternehmensbereiche erkannt, jedoch nicht im eigenen Beschaffungsumfeld. In der Umfrage von 2022 zeigt sich, dass die „Risikominimierung" nun neu zu den Top-3-Nennungen gehört (2022: 65,0 %, 2020: 64,7 %) und die Vorteile der nachhaltigen Beschaffung in diesem Bereich erkannt wurden. Nach wie vor führen die „Reputationssteigerung" (2022: 80,4 %, 2020: 94,1 %) und die „Steigerung der Attraktivität als Arbeitgeber" (2022: 68,0 %, 2020: 87,3 %) das Ranking aus Sicht der Befragten an. Im Mittelfeld liegen die „Steigerung des Unternehmenswerts" (2022: 63,2 %, 2020: 71,6 %), die „Steigerung der Innovationskraft" (ebenfalls 2022: 63,2 %, 2020: 71,6 %) und die „höhere Zufriedenheit bei Endkunden" (2022: 62,9 %, 2020: 71,6 %). Die „Steigerung

Abb. 6 Einfluss auf die Unternehmensziele

der Motivation von Mitarbeitenden" befindet sich nur noch auf dem siebten Rang, obwohl sie 2020 noch zu den Top-3-Nennungen gehörte.

Die geringsten Mehrwerte sehen die Teilnehmenden bei den Zielen „Stabile Lieferantenbasis" (2022: 55,7 %, 2020: 46,1 %), „Umsatzwachstum" (2022: 30,9 %, 2020: 37 %) und insbesondere bei „Kosteneinsparungen" (2022: 19,6 %, 2020: 17,6 %). Kostensteigerungen befürchten sogar 58,4 % der Befragten (2020: 60,8 %). Auch diese Ergebnisse machen deutlich, dass in vielen Bereichen des Einkaufs noch eine völlige Fehleinschätzung der eigenen Möglichkeiten zur Gestaltung der nachhaltigen Transformation des eigenen Unternehmens vorherrscht. Eine stabile Lieferantenbasis ist zwingend notwendig, um die Resilienz der globalen Lieferketten zu erhöhen, was uns wieder zur Notwendigkeit des Aufbaus nachhaltiger, strategischer Lieferantenbeziehungsmanagements führt. Und dass mehr Nachhaltigkeit im Einkauf zu einer deutlichen Reduzierung der Kosten führt, durch z. B. eines geringeren CO_2- oder Wasser-Fußabdrucks, sollte mittlerweile eigentlich in jeder Beschaffungsabteilung angekommen sein,

Eine neue Frage wurde in den Fragebogen 2022 aufgenommen, um zu analysieren, ob in den teilnehmenden Unternehmen/Organisationen bereits übergeordnete Nachhaltigkeitsziele definiert wurden (Abb. 7).

Bei 45 % der Teilnehmenden ist dies der Fall. Etwa ein Viertel der Befragten plant derzeit Nachhaltigkeitsziele (26,1 %). Ein weiteres knappes Viertel der befragten Unternehmen/Organisationen hat noch keine Nachhaltigkeitsziele festgelegt (23,4 %), während etwas mehr als 5 5 der Teilnehmenden diese Frage nicht beantworten konnten (5,5 %).

Abb. 7 Übergeordnete Nachhaltigkeitsziele

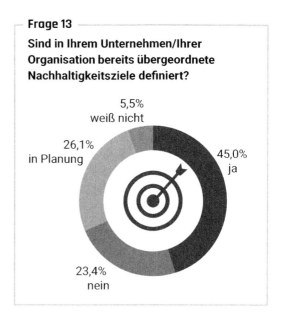

Deutlich zurückhaltender sind die Antworten, wenn die Frage nach Nachhaltigkeitszielen für die Beschaffungsabteilung gestellt wird. Nachhaltigkeitsziele auf Unternehmens-/Organisationsebene sind zwar ein guter Startpunkt, jedoch sind Nachhaltigkeitsziele für den Einkauf von hoher Relevanz, um eine nachhaltige Beschaffung umzusetzen. Daher haben wir auch diese Frage in der Umfrage 2022 neu gestellt und wollten von den Teilnehmenden wissen, ob bereits Nachhaltigkeitsziele für den Einkauf in ihrem Unternehmen/ihrer Organisation definiert sind (Abb. 8).

Bei einem Drittel der Befragten sind bereits Nachhaltigkeitsziele für den Einkauf definiert (33,3 %). Knapp 30 % der Teilnehmenden (29,9 %) gaben an, dass diese Ziele derzeit in Planung sind. Noch fast jeder Dritte Befragte (32,0 %) hat keine Nachhaltigkeitsziele für den Einkauf festgelegt, und weitere knapp 5 % (4,8 %) konnten die Frage nicht beantworten. Im Bereich der Zielvereinbarungen besteht somit noch deutlicher Handlungsbedarf, denn ohne konkrete Zielstellungen ist es nicht möglich, eine nachhaltige Beschaffungsstrategie und verantwortungsvolle Lieferketten zu implementieren. Das LkGS verlangt explizit vom Einkauf die Implementierung einer Beschaffungsstrategie, ohne diese kann der Dokumentationspflicht nicht nachgekommen werden. Es ist jedoch unmöglich, eine Beschaffungsstrategie ohne entsprechende Zielvorgaben abzuleiten. Konkret gesagt: Aktuell sind nur knapp ein Drittel der Unternehmen aus der DACH-Region in der Lage, einer der Grundvoraussetzungen des LkGS nachzukommen. In der Praxis zeigt sich dabei häufig die Herausforderung der Ableitung wesentlicher Zielstellungen und der konkreten Zielformulierung, gekoppelt mit der Identifikation geeigneter Indikatoren, um die Zielerreichung aktiv zu steuern und zu dokumentieren.

Abb. 8 Nachhaltigkeitsziele für den Einkauf

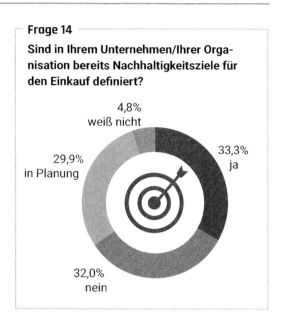

Auch dies kann wieder als Lernfeld für Beschaffungsverantwortliche identifiziert werden. Dies zeigt sich auch im Verständnis grundlegender Nachhaltigkeitskonzepte, an denen Zielstellungen in Unternehmen ausgerichtet werden. Erstmals wollten wir 2022 von den Befragten wissen, welche Konzepte sie bei der Definition ihrer Nachhaltigkeitsziele verwenden. Dabei standen mehrere Antwortoptionen zur Mehrfachauswahl zur Verfügung, und es wurde auch darum gebeten, andere/weitere Konzepte zu nennen (Abb. 9).

Am häufigsten wurden dabei die Nachhaltigkeitsziele der Vereinten Nationen (SDG) genannt, und zwar von 29,1 % der Befragten. Im Beitrag in diesem Buch zur zirkulären Beschaffung wurde aber deutlich, dass sich Unternehmen sehr schwer damit tun, SDGs wirklich als Evaluierungskonzept für den Fortschritt in Sachen Nachhaltigkeit zu nutzen. Von daher lässt sich hier ein weiteres Thema ableiten, die Funktion Beschaffung mit relevanten KPIs zu versorgen, die den Fortschritt in Bezug auf die SDGs nachvollziehbar machen. Danach folgten mit etwa einem Viertel der Teilnehmenden (24,4 %) die ESG-Reporting-Anforderungen und die Science Based Targets initiative mit 11,9 %. Fast ein Drittel der Teilnehmenden (29,1 %) konnte die Frage nicht beantworten. Etwas mehr als 5 % (5,4 %) gaben andere Nennungen an. Bei diesen Freitextantworten zeigte sich jedoch ein geringer Kenntnisstand der Befragten in Bezug auf Nachhaltigkeitskonzepte. Beispiele dafür sind Nennungen wie „möglichst kostengünstig" oder „eigene Ziele".

Ein aussagekräftiger Indikator dafür, wie ein Unternehmen Nachhaltigkeit bewertet, ist der Strategieansatz, den es für die Umsetzung einer nachhaltigen Beschaffung wählt. Zur Analyse dieses Aspekts standen den Teilnehmenden in einer weiteren Frage vier

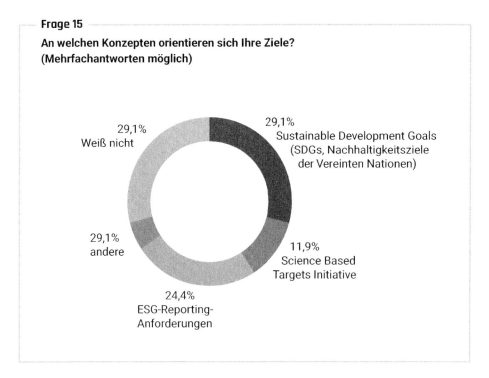

Abb. 9 Nachhaltigkeitskonzepte

strategische Ansätze zur Mehrfachauswahl zur Verfügung (Abb. 10), die auf einer Studie von Villena & Gioia (https://hbr.org/2020/03/a-more-sustainable-supply-chain) basierten.

Die häufigste Nennung bei der Frage nach den verfolgten strategischen Ansätzen zur Umsetzung einer nachhaltigen Beschaffung war der *direkte Ansatz*, bei dem Zulieferer der ersten Ebene in interne Diskussionen einbezogen werden. Bereits 10,3 % der Befragten haben diesen Ansatz implementiert, 24,7 % haben mit der Implementierung begonnen und 26,1 % befinden sich in der Abstimmungsphase. Der *kollektive Ansatz*, bei dem Beschaffungsverantwortliche mit Marktbegleitern und wichtigen Lieferanten zusammenarbeiten, um branchenweite Nachhaltigkeitsstandards zu entwickeln, wird von deutlich weniger Teilnehmenden genutzt. 5,5 % haben diesen Ansatz bereits umgesetzt, 17,9 % haben mit der Umsetzung begonnen und knapp ein Viertel ist in der Abstimmungsphase. Ähnlich sieht es mit dem *indirekten Ansatz* aus, bei dem die Verantwortung für das Nachhaltigkeitsmanagement auf untere Ebenen der Lieferkette übertragen wird. Gerade 5 % der Teilnehmenden haben dies umgesetzt, 15,2 % haben mit der Umsetzung begonnen und weitere 22 % sind in der Abstimmungsphase. Besonders auffällig sind die Antworten zum *globalen Ansatz*, der die Zusammenarbeit mit internationalen Organisationen und NGOs beinhaltet. Lediglich 5,2 % haben die Umsetzung abgeschlossen, 10,7 % haben mit der

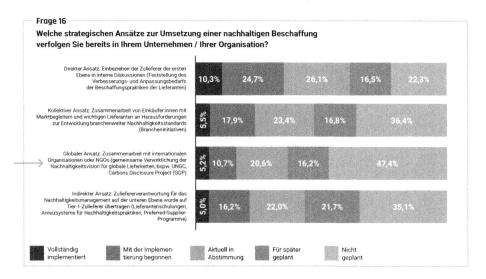

Abb. 10 Strategische Ansätze zur Umsetzung

Implementierung begonnen und jeder Fünfte erwägt diesen Ansatz in internen Abstimmungen. Es ist jedoch bemerkenswert, dass fast die Hälfte der Teilnehmenden (47,4 %) diesen Ansatz nicht in Betracht zieht. Der Mehrwert und Notwendigkeit einer solchen internationalen Zusammenarbeit mit Lieferanten in der gesamten globalen Lieferkette ist somit noch nicht ausreichend bekannt und lässt sich wieder auf das zuvor erwähnte Problem zurückführen, dass die meisten Einkäufer nur über grundlegende Kenntnisse zum nachhaltigen Einkauf und zur aktuellen Gesetzeslage verfügen.

Interessant sind auch die interkulturellen Unterschiede bei den Antworten (Abb. 11).

Es zeigt sich, dass die internationalen Teilnehmenden offener und fortgeschrittener bei der Auswahl und Umsetzung dieser Strategieansätze sind als die Befragten aus der DACH-Region. Beispielsweise haben 27,7 % der internationalen Teilnehmenden den globalen Ansatz „vollständig implementiert" oder „mit der Implementierung begonnen", während es bei den DACH-Teilnehmenden nur 11 % sind. In drei der vier zur Auswahl gestellten Strategieansätze ist dies der Fall, nur beim kollektiven Ansatz liegt die DACH-Region mit 24,6 % in der Umsetzung vor den internationalen Teilnehmenden (20,5 %). Es sollte jedoch beachtet werden, dass die geringe Anzahl an internationalen Teilnehmenden im Vergleich zur DACH-Region nur eine grobe Einschätzung der Unterschiede ermöglicht.

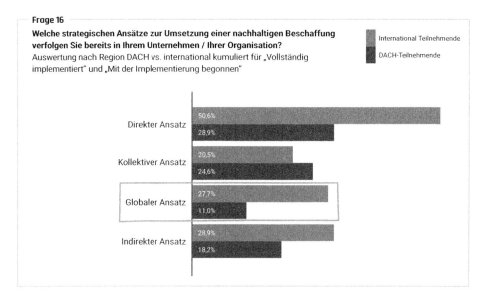

Abb. 11 Strategieansätze im internationalen Vergleich

2.4 Nachhaltigkeitsumsetzung

Es fällt in der Praxis auf, dass Unternehmen und Organisationen oft ambitionierte Ziele und umfassende Strategien verkünden, meist auf Managementebene. Doch entscheidend für die tatsächliche Nachhaltigkeitsleistung ist die Verankerung von Nachhaltigkeit auf allen Hierarchieebenen und in allen Prozessen. Besonders wichtig ist dies im Bereich der Beschaffung und der Lieferketten. Daher liegt ein Schwerpunkt der Erhebung auf der Ermittlung des aktuellen Umsetzungsstands von Nachhaltigkeitsmaßnahmen, den wir im Folgenden genauer analysieren möchten.

Die Teilnehmenden wurden gebeten anzugeben, inwieweit ausgewählte Maßnahmen zur Integration einer nachhaltigen Beschaffung und verantwortungsvoller Lieferketten in ihren Unternehmen/Organisationen bereits umgesetzt wurden. Die Ergebnisse wurden nach dem höchsten Implementierungsstand sortiert (Abb. 12).

Die am häufigsten umgesetzte Maßnahme ist und bleibt die *„Unterzeichnung des Supplier Code of Conduct durch die Lieferanten"*. 26,5 % der Befragten haben dies bereits vollständig umgesetzt, während 18,6 % mit der Implementierung begonnen haben. Weitere 13,4 % stimmen derzeit in ihren Unternehmen/Organisationen über diese Maßnahme ab. 14,4 % planen, dies später umzusetzen, und 27,2 % haben dies nicht geplant. Die zweithäufigste umgesetzte Maßnahme ist die *„Erweiterung der internen Beschaffungsrichtlinie um Nachhaltigkeitsaspekte"*. 16,5 % haben dies bereits umgesetzt, während

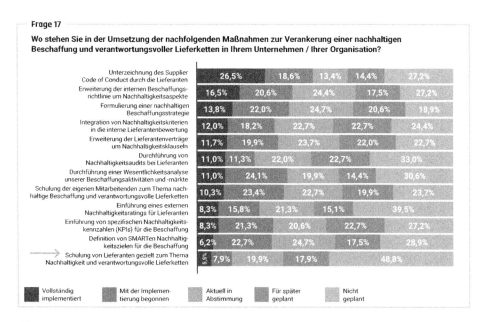

Abb. 12 Implementierungsstand der Nachhaltigkeitsmaßnahmen

20,6 % aktuell damit beschäftigt sind und weitere 24,4 % sich in internen Abstimmungsprozessen befinden. 17,5 % wollen diesen Schritt später gehen, und 21 % sehen hier keinen Handlungsbedarf in Zukunft. Auf dem dritten Platz steht die „*Formulierung einer nachhaltigen Beschaffungsstrategie*", die von immerhin 13,8 % umgesetzt wurde. 22 % haben mit der Implementierung begonnen, während 24,7 % derzeit interne Abstimmungsprozesse durchführen. 20,6 % beabsichtigen, diese Strategie später umzusetzen, und 18,9 % sehen keinen Handlungsbedarf in Zukunft. Dieses Ergebnis steht im Widerspruch zu den Forderungen des LkSG. An dieser Stelle soll nochmals deutlich gemacht werden, dass Nachhaltigkeit im Einkauf ohne die Etablierung einer entsprechenden Strategie wirkungslos bleibt.

Die nächsten Maßnahmen haben ähnliche Implementierungsstände. 12 % haben „Nachhaltigkeitskriterien in die interne Lieferantenbewertung integriert" und 18,2 % haben damit begonnen. 11,7 % haben „Nachhaltigkeitsklauseln in Lieferantenverträge aufgenommen" (weitere 19,9 % sind aktuell in der Umsetzung). 11 % führen „Nachhaltigkeitsaudits" bei Lieferanten durch und weitere 11,3 % haben damit begonnen. 11 % nutzen das Instrument der „Wesentlichkeitsanalyse" für ihre Beschaffungsaktivitäten und -märkte. 24,1 % machen sich mit diesem Instrument vertraut, um es zukünftig anzuwenden. Die „Schulung der eigenen Mitarbeitenden zum Thema nachhaltige Beschaffung und verantwortungsvolle Lieferketten" wurde von 10,3 % vollständig umgesetzt, während 23,4 % damit begonnen haben. In diesem Bereich müssen die Anstrengungen in den

Unternehmen deutlich intensiviert werden, um die erfolgreiche Umsetzung weiterer Maßnahmen durch ausreichend qualifizierte Mitarbeitende zu gewährleisten. Die „Einführung eines externen Nachhaltigkeitsratings für Lieferanten" wurde von 8,3 % der Befragten implementiert, während weitere 15,8 % dies in naher Zukunft tun werden.

Die letzten drei Plätze belegen die Maßnahmen: „Einführung spezifischer Nachhaltigkeitskennzahlen (KPIs) für die Beschaffung" mit einer Implementierungsrate von 8,3 % und einer Umsetzungsabsicht von 21,3 %, die Definition von „SMARTen Nachhaltigkeitszielen" für die Beschaffung mit einer Umsetzungsrate von 6,2 % (aktuell 22,7 % in Umsetzung) und die „Schulung von Lieferanten gezielt zum Thema Nachhaltigkeit und verantwortungsvolle Lieferketten" mit einer Umsetzungsrate von 5,5 % (7,9 % haben mit der Implementierung begonnen). Knapp die Hälfte der Teilnehmenden (48,8 %) plant nicht, diese Maßnahme in Zukunft umzusetzen. Einkaufs- wie Unternehmensverantwortliche haben somit immer noch nicht verstanden, wie wichtig eine gezielte Unterstützung zur Weiterentwicklung der Lieferanten ist, um Risiken in den Lieferketten zu minimieren und Nachhaltigkeitspotentiale für das eigene Unternehmen/die eigene Organisation zu nutzen.

Die Umsetzung der Maßnahmen zur Integration einer nachhaltigen Beschaffung und verantwortungsvoller Lieferketten wurde ebenfalls im Vergleich zur Studie von 2020 betrachtet. Es gibt durchaus positive Entwicklungen. Die Antworten für „vollständig implementiert" und „mit der Implementierung begonnen" wurden kumuliert, um eine übersichtlichere Darstellung zu ermöglichen (Abb. 13).

Insbesondere die Maßnahmen „Erweiterung der internen Beschaffungsrichtlinie um Nachhaltigkeitsaspekte" (plus 8,6 %), „Formulierung einer nachhaltigen Beschaffungsstrategie" (plus 6,6 %) und „Durchführung einer Wesentlichkeitsanalyse" (plus 7,6 %) haben deutliche Fortschritte gemacht und deuten auf erste strukturelle Veränderungen in den Beschaffungsprozessen hin. Es gab auch leichte Verbesserungen bei der „Schulung der eigenen Mitarbeitenden" (plus 2,6 %), der „Erweiterung der Lieferantenverträge um Nachhaltigkeitsklauseln" (plus 3,6 %), der „Einführung eines externen Nachhaltigkeitsratings für Lieferanten" (plus 3,5 %) und minimal bei der „Definition von SMARTen Nachhaltigkeitszielen für die Beschaffung" (plus 0,6 %). Rückläufig waren hingegen die „Integration von Nachhaltigkeitskriterien in die interne Lieferantenbewertung" (minus 5,3 %), die „Durchführung von Nachhaltigkeitsaudits bei Lieferanten" (minus 4,6 %) und die „Schulung von Lieferanten gezielt zum Thema Nachhaltigkeit" (minus 3,6 %). Diese Veränderungen sind wahrscheinlich auf die Auswirkungen der Coronapandemie und die damit verbundenen Lieferengpässe zurückzuführen. Auch die Einführung spezifischer Nachhaltigkeitskennzahlen (KPIs) für die Beschaffung verzeichnete einen leichten negativen Trend (minus 0,4 %). Die Unterzeichnung des Supplier Code of Conduct durch die Lieferanten blieb nahezu unverändert (minus 0,1 %).

Der Vergleich der Antworten zwischen den Teilnehmenden aus der DACH-Region und internationalen Teilnehmenden birgt das größte Überraschungspotential. Auch hier wurden die Antworten aus der vorherigen Abbildung nach „vollständig implementiert" und

Nachhaltige Beschaffung: ein internationaler Vergleich

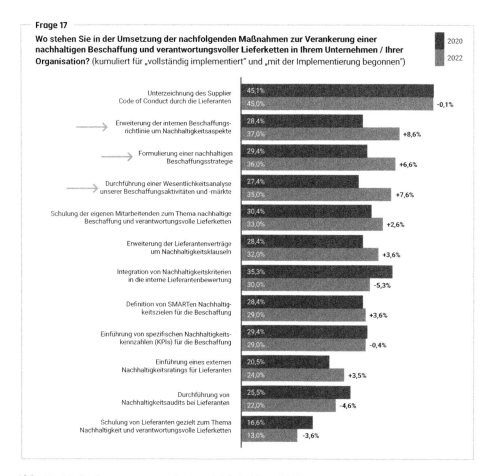

Abb. 13 Maßnahmenumsetzung im Vergleich 2020 zu 2022

„mit der Implementierung begonnen" kumuliert, nach Umsetzungswert sortiert und dann beide Gruppen gegenübergestellt (Abb. 14).

Es zeigte sich bei allen zwölf Antwortoptionen, dass die internationalen Teilnehmenden im Vergleich zu den Teilnehmenden aus der DACH-Region in Bezug auf den Umsetzungsstand einer nachhaltigen Beschaffung deutlich fortgeschrittener agieren. Einige Beispiele sollen exemplarisch herausgegriffen werden. In der DACH-Region lassen bereits 36,6 % der Befragten den Supplier Code of Conduct von Lieferanten unterzeichnen, während es bei den internationalen Befragten fast doppelt so viele sind (66,3 %). Ähnlich große Unterschiede gibt es auch bei der „Einführung von spezifischen Nachhaltigkeitskennzahlen (KPIs) für die Beschaffung". Während dies in der DACH-Region von 22,1 % der Befragten umgesetzt wird, sind es international beeindruckende 48,2 %. Auch in Bezug auf die

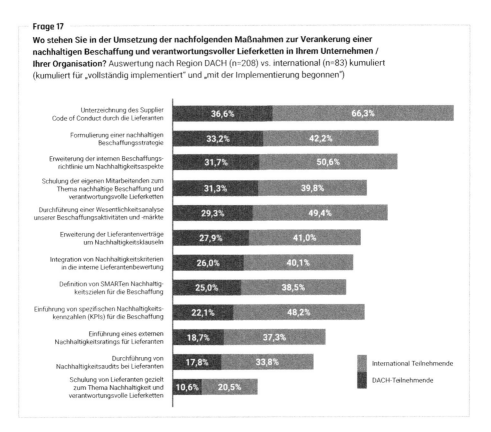

Abb. 14 Umsetzungsstand Maßnahmen im internationalen Vergleich

Schulung von Lieferanten liegt der Umsetzungsstand bei den internationalen Befragten (20,5 %) deutlich über dem der DACH-Region (10,6 %).

Wie ernsthaft Unternehmen und Organisationen ihr Engagement für Nachhaltigkeit meinen, zeigt sich insbesondere in der Beschaffungsentscheidung selbst. Es ist wichtig, Ziele zu definieren, den Beschaffungsbedarf zu spezifizieren und Lieferantendaten abzufragen. Doch inwieweit fließen diese Informationen und Zielsetzungen letztendlich in die tatsächliche Vergabeentscheidung ein? Wir haben untersucht, welche Kriterien die Beschaffungsentscheidungen innerhalb des beruflichen Handlungsspielraums der Teilnehmenden am stärksten beeinflussen (Abb. 15). Die Teilnehmenden wurden gebeten, die vorgegebenen Antwortoptionen nach ihrer Wichtigkeit zu ordnen. Die durchschnittliche Platzierung der einzelnen Antworten wird in der Grafik in Klammern angezeigt.

Das wichtigste Kriterium für die Beschaffungsentscheidung ist die Qualität der Leistung bzw. des Produkts, gefolgt von der Lieferzeit und dem Anschaffungspreis, die nahezu

Abb. 15 Kriterien in Beschaffungsentscheidungen

gleichwertig sind. Somit dominieren diese drei klassischen Beschaffungskriterien weiterhin die Entscheidungen. Der Total-Cost-of-Ownership (TCO)-Ansatz folgt auf dem vierten Rang mit deutlichem Abstand.

Besorgniserregend sind die letzten drei Platzierungen: die Risikobewertung des Lieferanten, die Betrachtung der Lebenszykluskosten (LCA) und die Nachhaltigkeitsleistung des Lieferanten. Gerade diese drei Kriterien sind entscheidend für nachhaltige Beschaffungsentscheidungen. Hier zeigt sich die Diskrepanz zwischen dem Bestreben, Nachhaltigkeit im Einkauf zu verankern, und den tatsächlichen Verhaltensänderungen. Diese mangelnde Konsequenz könnte Lieferanten zunehmend frustrieren, da von ihnen zwar immer mehr Daten, Zertifizierungen und Engagement verlangt werden, diese sich aber nicht auszahlen, da die Beschaffungsentscheidungen noch immer nach traditionellen Mustern getroffen werden. Beschaffungsverantwortliche sollten daher dringend ihre Evaluationsmatrix überdenken und die Gewichtungen anpassen, um gezielt verbesserte Nachhaltigkeitskompetenz ihrer Lieferanten zu honorieren und damit letztendlich die eigene Nachhaltigkeitsleistung zu verbessern.

Weitere Nennungen waren ebenfalls möglich und umfassten Bilanzanalyse, Entwicklungszeit, interner Bestand, Lieferfähigkeit/Verfügbarkeit, Referenzen, Regionalität, Service und Freundlichkeit, Lieferrisiko, technische Datenblätter, Verfügbarkeit und Bedarf.

Der Widerspruch bezüglich der fehlenden Konsequenz wird auch deutlich, als die Teilnehmer gebeten wurden, anzugeben, welche Informationen zur Nachhaltigkeit ihrer Lieferanten für ihre Beschaffungsentscheidungen am relevantesten sind. Im Vergleich zur ersten Erhebung im Jahr 2020 gab es dabei deutliche Veränderungen (Abb. 16).

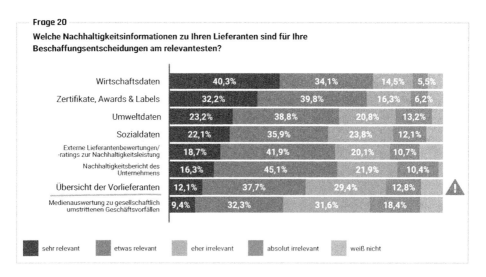

Abb. 16 Relevanz von Nachhaltigkeitsinformationen der Lieferanten

Die wichtigsten Informationen über die Lieferanten aus Sicht der Beschaffungsverantwortlichen sind nun die Wirtschaftsdaten. 40,4 % der Befragten halten diese für „sehr relevant", während weitere 34,1 % sie als „etwas relevant" einstufen. Dies ist vermutlich eine Reaktion auf die angespannte wirtschaftliche Gesamtsituation der letzten Jahre. An zweiter Stelle stehen, wie auch schon 2020, Informationen zu Zertifikaten, Awards und Labels (sehr relevant: 32,2 %, etwas relevant: 39,8 %). Umweltdaten, die im Jahr 2020 noch die wichtigste Informationsquelle für Einkaufsverantwortliche waren, sind nun auf dem dritten Platz mit 23,2 % der Teilnehmenden, die dieses Kriterium als „sehr relevant" betrachten, und weiteren 38,8 %, die es als „etwas relevant" einstufen. Sozialdaten, die 2020 noch zu den Top 3 gehörten, haben in dieser Erhebung den vierten Platz erreicht (sehr relevant: 22,1 %, etwas relevant: 35,9 %). Diese Ergebnisse stehen im völligen Gegensatz zu den Anforderungen des LkGS sowie den Aussagen zur angestrebten und kommunizierten Klimaneutralität der meisten Unternehmen der DACH-Region. Wie genau man den Scope 3 ohne Einbezug der globalen Zulieferunternehmen berechnen kann, sollte angesichts dieser empirisch erhobenen Aussagen nochmals hinterfragt werden.

Im unteren Bereich der Liste der Lieferanteninformationen finden sich externe Lieferantenbewertungen (sehr relevant: 18,7 %, etwas relevant: 41,9 %), der Nachhaltigkeitsbericht des Lieferanten (sehr relevant: 16,3 %, etwas relevant: 45,1 %), die Übersicht der Vorlieferanten (sehr relevant: 12,1 %, etwas relevant: 37,7 %) und die Medienauswertung zu gesellschaftlich umstrittenen Geschäftsvorfällen (sehr relevant: 9,4 %, etwas relevant: 32,3 %). Diese letzten drei Platzierungen waren auch schon 2020 die Schlusslichter. Besonders hervorzuheben ist jedoch die Bewertung der Relevanz der Übersicht

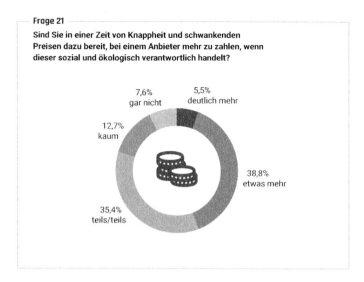

Abb. 17 Zahlungsbereitschaft für nachhaltigere Produkte und Leistungen

der Vorlieferanten: Im Jahr 2020 gaben 17 % der Befragten an, dass diese Übersicht eher oder absolut irrelevant ist. Im Jahr 2023 liegt dieser Anteil bei 42,4 % – ein Anstieg um mehr als 25 %. Diese Entwicklung ist ebenfalls als äußerst bedenklich einzustufen. Auch hier können weder die gesetzlichen Anforderungen noch die Anforderungen der Endverbraucher an die nachhaltige Transformation von Unternehmen ohne den Einbezug der gesamten Lieferkette erfüllt werden.

Inwieweit sind die Teilnehmenden in Zeiten von Knappheit und schwankenden Preisen überhaupt bereit, einem Anbieter, der sozial und ökologisch verantwortlich handelt, einen höheren Preis zu zahlen? Auch hier verdeutlichen die Ergebnisse den Widerspruch zwischen Ambition und Realität (Abb. 17).

Von den Befragten gaben 5,5 % an, „deutlich mehr" zahlen zu wollen, während 38,8 % angaben, „etwas mehr" zahlen zu können. 35,4 % zeigten sich eher unentschlossen und antworteten mit „teils/teils". Nur 12,7 % der Teilnehmenden wollten „kaum" und 7,6 % „gar nicht" höhere Preise akzeptieren. Interessanterweise wurde die Nachhaltigkeitsleistung des Lieferanten nur zwei Fragen zuvor als das am wenigsten wichtige Beschaffungskriterium eingestuft.

Bereits zuvor wurde das große Interesse an Nachhaltigkeitszertifikaten und Labels von Lieferanten deutlich. In der Studie wurde ergänzend dazu untersucht, ob innovative, noch nicht nachhaltig zertifizierte Produkte von Green Start-ups und Social Enterprises bereits in die Beschaffungsstrategie der Teilnehmenden dieser Umfrage integriert sind (Abb. 18).

Die Abbildung zeigt, dass nur 2,4 % der Teilnehmer diese Produkte tatsächlich vollständig implementiert haben, während weitere 16,2 % mit der Implementierung begonnen haben. Knapp jeder vierte Befragte (24,4 %) hat dies zwar in Erwägung gezogen, aber

Abb. 18 Integration von Green Start-ups und Social Enterprises

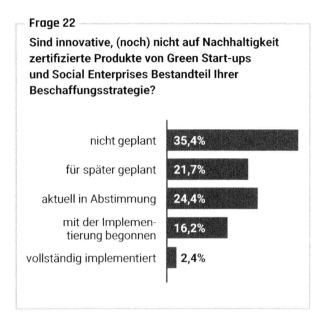

noch nicht umgesetzt. 21,7 % der Teilnehmer planen, dies zu einem späteren Zeitpunkt umzusetzen, und ganze 35,4 % haben keine Pläne, solche Produkte zu integrieren. Auch bei dieser Frage ist der Vergleich zwischen den Teilnehmern aus der DACH-Region und den internationalen Teilnehmern interessant. Erneut zeigt sich ein höherer Reifegrad bei den internationalen Befragten (Abb. 19).

Während nur 1,4 % der Teilnehmer aus der DACH-Region Produkte von Green Start-ups und Social Enterprises vollständig implementiert haben, sind es bei den internationalen Teilnehmern bereits 4,8 %. Zwölf Prozent der Teilnehmer aus der DACH-Region haben mit der Implementierung begonnen, während es international mehr als doppelt so viele sind (26,5 %). Während in der DACH-Region 41,8 % solche Vorhaben auch in Zukunft nicht planen, sind es bei den internationalen Teilnehmern nur 19,3 %. Die Ursachen für diese Unterschiede sollten in weiteren Untersuchungen erforscht werden, um die Leistung in der DACH-Region zu verbessern und von den Erfahrungen der internationalen Teilnehmer zu lernen.

2.5 Was erwartet Sie in den weiteren Kapitel dieses Buchs zum Thema CSR und Beschaffung?

Die Ergebnisse zeigen zwar, dass Nachhaltigkeit mittlerweile stärker mit der internen Einkaufsrichtlinie und der Beschaffungsstrategie verknüpft wird. Auch wird häufiger

Abb. 19 Integration von Green Start-ups und Social Enterprises im internationalen Vergleich

eine Wesentlichkeitsanalyse im Einkauf durchgeführt als noch im Jahr 2020. Allerdings zeigt sich, dass in Bezug auf tatsächliche Beschaffungsentscheidungen immer noch ein Widerspruch zwischen Absicht und Verhalten besteht. Sowohl die Betrachtung der Lebenszykluskosten als auch die Bewertung von Risiken und die Nachhaltigkeitsleistung der Lieferanten rangieren weiterhin auf den letzten Plätzen der Entscheidungskriterien. Beschaffungsorganisationen sollten zukünftig das Nachhaltigkeitsengagement ihrer Geschäftspartner entlang der Lieferketten stärker würdigen. Nur so kann auch die eigene Leistung effektiv gesteigert werden.

Die Angst vor den Mehrkosten einer nachhaltigen Beschaffung ist groß. Insgesamt gaben 80 % der Teilnehmer an, dass sie keine, geringe oder sogar verschlechterte Kosteneinsparungen mit einer nachhaltigen Beschaffung erreichen können. Gleichzeitig wurden jedoch die Chancen erkannt, Risiken durch eine nachhaltige Beschaffung zu minimieren, was nun den dritten Platz einnimmt. Die Wirtschaftsdaten der Lieferanten wurden als derzeitiger Informationsbedarf an erster Stelle genannt, während Umweltdaten nur noch an dritter Stelle stehen, obwohl sie 2020 noch führend waren. Es fällt auch auf, dass das Interesse an Vorlieferanten stark gesunken ist: 44 % der Teilnehmer halten diese Daten mittlerweile für eher oder absolut irrelevant (+25 % im Vergleich zu 2020). Dies ist möglicherweise eine Reaktion auf die unvollständige Interpretation des Lieferkettensorgfaltspflichtengesetzes. Außerdem zeigt sich in den Ergebnissen deutlich der Widerspruch zwischen den beabsichtigten Zielen und der tatsächlichen Bereitschaft zur Transformation im Beschaffungsalltag. Einkaufsverantwortliche sollten zukünftig dringend die Vorlieferanten in den vorgelagerten Wertschöpfungsstufen, insbesondere im Hinblick auf ihr Kerngeschäft, identifizieren und im Auge behalten. Nur so können soziale, ökologische und wirtschaftliche Risiken frühzeitig erkannt und vermieden werden.

Im Rahmen der soeben diskutierten Studie konnten wir deutliche Schwachstellen im nachhaltigen Einkauf aufdecken, der nicht nur im Kontext der sich ständig verschärfenden rechtlichen Rahmenbedingungen, sondern auch für die nachhaltige Transformation der Wirtschaft eine zentrale Rolle einnimmt und zukünftig einnehmen muss. Aus diesen Ergebnissen unserer empirischen Studie zum Thema nachhaltige Beschaffung haben wir unterschiedliche Themenfelder abgeleitet, die theoretische wie praktische Impulse geben sollen, um die zuvor diskutierten Problemfelder hin zu mehr Nachhaltigkeit im Einkauf erfolgreicher im unternehmerischen Kontext umsetzen zu können.

Der **erste Teil** des vorliegenden Buchs widmet sich aktuellen Themen der nachhaltigen Beschaffung aus einer vornehmlich theoretischen Perspektive. Studienergebnisse in unterschiedlichen nachhaltigen Themenfeldern des Einkaufs werden vorgestellt und diskutiert. Der Theorieteil erörtert zunächst „Nachhaltigkeitsrisiken in der strategischen Beschaffung". Wie wir an mehreren Stellen unserer Studie feststellen konnten, liegt oft eine Fehlinterpretation des LkSG vor bzw. der Einkauf ist sich nicht im Klaren darüber, wie er dieses Gesetz erfolgreich implementieren kann. Aus diesem Grund findet sich ein Beitrag zum LkSG aus rechtlicher Perspektive und wird ergänzt um das Kapitel zu „Menschenrechte, Beschaffung und Verträge". Daran schließt sich eine qualitative Studie zum Thema „Das Lieferkettengesetz und seine Auswirkungen auf ein nachhaltiges Beschaffungsmanagement" an. Diese drei Kapitel geben den Leser einen umfangreichen Überblick über die Herausforderungen und Implikationen des LkSG in die Beschaffungsfunktion. Wie wir ebenfalls in der Studie verdeutlichen konnten, kommt dem Lieferantenbeziehungsmanagement eine zentrale Rolle im nachhaltigen Einkauf zu – in einem weiteren Beitrag wird ein neuartiges, innovatives Modell zum nachhaltigen Lieferantenmanagement vorgestellt. Abgeschlossen wird dieser erste Teil des Buchs durch drei „spezielle Beiträge". Zunächst werden die Ergebnisse einer qualitativen Studie zum Thema „Circular Procurement" vorgestellt. Daran schließt sich das Thema „Die Rolle der Beschaffung für eine nachhaltige Digitalisierung" sowie „Die besonderen Herausforderungen bei der Implementierung nachhaltiger Beschaffung im öffentlichen Sektor". Alle drei Themen diskutieren sehr aktuelle und wichtige Themen, um die Bedeutung der nachhaltigen Beschaffung zu verdeutlichen.

Teil zwei des vorliegenden Sammelbands gibt konkrete, praktische Beispiele, die sich an den zuvor genannten theoretischen Beiträgen ausrichten. Das Kapitel der

FUNKE Mediengruppe zum Thema nachhaltige Beschaffung eröffnet diesen Abschnitt, gefolgt von einem Beitrag zu den Möglichkeiten des nachhaltigen Einkaufs zur Erreichung der Sustainable Development Goals – dargestellt an der E-Mobilitätsbranche. Die „Nachhaltige Transformation des Einkaufs – der infarm Case", die Darstellung eines vertikalen Farming-Unternehmens, schließt sich an. Das Kapitel des Sustainable Procurement Pledge befasst sich mit der Macht des Procurment Professional im Kontext der nachhaltigen Transformation des Einkaufs. Der Case der Stromnetze Hamburg erläutert dem aufmerksamen Leser, wie man sein eigenes Unternehmen fit für das LkSG macht. Ein weiteres Kapitel widmet sich dem „Lieferantenmanagement im Spannungsfeld von Nachhaltigkeit und Wirtschaftlichkeit". Im letzten Kapitel greifen wir die Bedeutung der Beschaffung für die nachhaltige Digitalisierung noch einmal auf und zeigen an einem praktischen Case wie man IT nachhaltig beschaffen kann.

Im **finalen Abschnitt** dieses Buches greifen wir drei Spezialthemen nachhaltiger Beschaffung heraus. Der Globale Süden hat mit vielen wirtschaftlichen Herausforderungen zu kämpfen, darüber hinaus befürchtet man speziell durch das europäische Lieferkettengesetz weiter gravierende negative Auswirkungen. Aus diesem Grund findet sich dazu ein Kapitel zum Thema „Zur Wirkungsorientierung nachhaltiger Beschaffung in Entwicklungsländern". Das europäische Gesetz zu entwaldungsfreien Lieferketten steht kurz vor der Verabschiedung – deshalb haben wir das Buch CSR und Beschaffung um einen Beitrag zum entwaldungsfreien Wirtschaften erweitert. Zum Schluss wollten wir auch das Thema Tourismus nicht außen vorlassen. In touristischen Lieferketten finden sich zahlreiche soziale und ökologische Herausforderungen. Welchen Einfluss die Beschaffung in dieser Branche auf eine nachhaltige Transformation haben kann, wird im Beitrag „Tourismus, Externalisierung und Menschenrechte" diskutiert.

Yvonne Jamal Betriebswirtin, Studium mit Schwerpunkt Fremdenverkehrswirtschaft an der Berufsakademie Breitenbrunn, Staatliche Studienakademie Sachsen, wissenschaftliche Weiterbildung im Bereich CSR und nachhaltiges Wirtschaften an der Universität Rostock. Mehrjährige Arbeitserfahrung für internationale Großkonzerne mit Fokus im B2B-Vertrieb sowie in der Beschaffung.

Mitgründerin und Vorstandsvorsitzende des JARO Instituts für Nachhaltigkeit und Digitalisierung e. V. Ehrenamtliches Engagement im Regionenvorstand Berlin-Brandenburg des Bundesverbandes Materialwirtschaft, Einkauf und Logistik e. V. (BME), im Expertenkreis Nachhaltigkeit des Bundesverbandes Mittelständische Wirtschaft e. V. (BVMW). Beiratsmitglied im Sustainable Choice Advisory Board von Unite Network SE sowie Beirätin im Advisory Board von The Climate Choice.

Prof. Dr. habil Elisabeth Fröhlich Betriebswirtin mit Abschlüssen an der Ludwig-Maximilians-Universität München sowie an der Universität zu Köln. Dissertation zum Thema „Lieferantenbewertung" und Habilitation zum Thema „Modellierung von Berufsprofilen in der Beschaffung" bei Prof. Dr. U. Koppelmann an der Universität Köln. Professorin für strategisches und nachhaltiges Beschaffungsmanagement. 2013 bis 2022 Präsidentin der Cologne Business School, Vorstandsmitglied mehrerer wissenschaftlicher Organisationen, z. B. des BME e. V. Region Köln, Board

Mitglied bei UN PRME, Vorsitzende des PRME NGC sowie des DACH-Chapter PRME, des UN Global Compact für Business Schools. Von 2020 bis 2023 Sprecherin „Kölner Wissenschaftsrunde" und Wirtschaftsbotschafterin der Stadt Köln. Vorsitzende des wissenschaftlichen Beirats des JARO Instituts für Nachhaltigkeit und Digitalisierung e. V. in Berlin.

Ihre aktuellen Forschungsschwerpunkte liegen in den Themen Sustainable Supply Chain Management und Nachhaltige Beschaffung, Qualifizierung im Einkauf sowie im Strategischen Lieferantenmanagement. Beschaffung 4.0 sowie organisatorische und persönliche Herausforderungen eines „Agilen Einkaufs" bilden weitere Forschungsschwerpunkte. Sie ist Autorin zahlreicher Publikationen, so u. a. der Bücher „Personalentwicklung in der Beschaffung" oder „CSR und Beschaffung", beide erschienen im Springer-Verlag

Nachhaltigkeitsrisiken in der strategischen Beschaffung

Ronald Bogaschewsky und Jasmin Möller

1 Nachhaltigkeit als neues Narrativ und unternehmerisches Zielsystem

1.1 Öffentlicher Druck und globale politische Initiativen als Treiber

Nachhaltigkeit scheint sich vom Nischenthema zum neuen Mantra zu entwickeln – und das in fast allen Bereichen. Die gesellschaftliche Aufmerksamkeit wird durch die Aktivitäten von Fridays-for-Future [40] getrieben, einer Bewegung von Schüler*innen, die sich für den Klimaschutz und das Ziel einer im Pariser Abkommen[1] festgeschriebenen, maximalen 1,5-Grad-Erhöhung der globalen Durchschnittstemperatur im Jahre 2100 gegenüber der vorindustriellen Zeit einsetzen. Inzwischen greifen die Aktivist*innen der „Last Generation" [64] zu radikaleren Mitteln, die öffentliche Aufmerksamkeit auf dieses Ziel zu richten, und kleben sich auf Straßen fest oder spritzen Farbe und Kartoffelbrei auf Kunstwerke und Gebäude. Aktivist*innen von End Fossil Occupy! [32] besetzen Hörsäle an Hochschulen. Ähnliche Ziel verfolgen auf deutlich seriösere, aber auch weniger öffentlichkeitswirksame Weise die Scientists for Future, ein überinstitutioneller, überparteilicher und interdisziplinärer Zusammenschluss von Wissenschaftler*innen, die sich für

---

[1] „Pariser Abkommen" bezieht sich auf das auf der UN-Klimakonferenz im Dezember 2015 in Paris verabschiedete Klimaschutzabkommen, das am 4.11.2016 nach Ratifizierung durch 55 Staaten in Kraft trat und das inzwischen mehr als 180 Staaten ratifiziert haben [6].

R. Bogaschewsky (✉) · J. Möller
University of Wuerzburg, Wuerzburg, Deutschland
E-Mail: boga@uni-wuerzburg.de

J. Möller
E-Mail: jasmin.moeller@uni-wuerzburg.de

eine nachhaltige Zukunft engagieren und die vor allem auf faktenbasierte und sachlich korrekte Aufklärung setzen und sich dabei den Regeln guter wissenschaftlicher Praxis der Deutschen Forschungsgesellschaft verpflichtet sehen [85]. Diese Gruppen und auch die öffentliche Diskussion fokussieren primär Themen rund um den Klimaschutz, wohingegen soziale Fragen bzw. solche der Gerechtigkeit wie auch die zunehmende Ressourcenknappheit und die stark gefährdete Biodiversität eher in den Hintergrund treten.

Eine wesentliche Grundlage bei der Einschätzung der Kritikalität der Situation hinsichtlich des Klimawandels war in der jüngeren Zeit der Stern-Bericht (Stern Review on the Economics of Climate Change) aus dem Jahre 2006[2] und ist aktuell der letzte Bericht des Weltklimarats IPCC (Intergovernmental Panel on Climate Change) der Vereinten Nationen UN (United Nations). Der IPCC-Bericht zeigt überdeutlich auf, dass die beispiellose und durch den Menschen verursachte Erwärmung des gesamten Klimasystems zu massiven Veränderungen der Atmosphäre, der Ozeane, der Kryosphäre und der Biosphäre geführt hat. Die Folgen sind u. a. vermehrte und stärkere Hitzewellen, Starkniederschläge, Dürren und Starkwindereignisse bis hin zu massiven tropischen Wirbelstürmen. Diese verursachen teilweise extreme Schäden für Mensch und Natur, sodass allein die wirtschaftlichen Folgen immens sind. Angesichts des weiteren Anstiegs der Netto-Treibhausgasemissionen – Greenhouse Gas (GHG) Emissions – in den letzten Dekaden erscheint die Erreichung des 1,5-Grad-Ziels inzwischen unwahrscheinlich und selbst bei umgehender und deutlicher Minderung der GHG-Emissionen sei eine Erwärmung auf 2 Grad möglich [55]. Angesichts dieses sehr großen Handlungsdrucks müssen die Ergebnisse der im November 2022 abgehaltenen COP27 (27. Conference of the Parties) in Sharm el-Sheikh als unzureichend eingestuft werden. Allein die Tatsache, dass der erforderliche Mittelaufwand für eine globale Transformation in eine „Low-Carbon Economy" 4 bis 6 Billionen USD pro Jahr erfordern würde und das bisherige Ziel, hierfür jährlich 100 Mrd. USD seitens der entwickelten Länder aufzubringen, nicht erreicht wurde, lässt die Umsetzungschancen stark sinken. Der beschlossene Loss-and-Damage-Fonds für „verletzliche" Länder, erscheint als Almosen für die, die am stärksten unter den Folgen des Klimawandels zu leiden haben werden und bereits heute leiden, insbesondere zahlreiche Entwicklungsländer und Inselstaaten [103]. Die Ergebnisse der jüngst abgehaltenen COP28 werden zwar von einigen als Anfang vom Ende der fossilen Ära gelobt, sehen sich aber auch massiver Kritik hinsichtlich unzureichend verbindlicher Anforderungen zur Reduzierung der Treibhausgasemissionen ausgesetzt [105].

---

[2] Download via https://webarchive.nationalarchives.gov.uk/ukgwa/20100407172811/ http://www.hm-treasury.gov.uk/stern_review_report.htm [94].

1.2 Wirtschaftliche Auswirkungen der Folgen des Klimawandels

Angesichts der Dramatik dieser Prognosen erscheint es mehr als nur gerechtfertigt, ökologische Nachhaltigkeitsziele bei unternehmerischem Handeln explizit zu berücksichtigen. Zudem werden die ökonomischen Auswirkungen des Klimawandels als extrem eingeschätzt. Bereits der oben zitierte Stern-Bericht prophezeite ein Einbrechen der weltweiten Wirtschaftsleistung um bis zu 20 %, was das Potsdam-Institut für Klimafolgenforschung für tropische Länder bestätigt, jedoch global von 10 % Minderung ausgeht. Dabei wurden in den Berechnungsmodellen allerdings extreme Wetterereignisse und Folgen des Anstiegs des Meeresspiegels ausgeblendet. Auf eine Tonne emittiertes CO_2 gerechnet, läge der berechnete – und angesichts der obigen Vernachlässigungen bewusst zu niedrig taxierte – Schaden damit bei 73 bis 142 US$ ([73], für eine differenzierte Analyse der Schaden- und Kostendimensionen s. [51]). Das Umweltbundesamt geht von Umweltkosten in Deutschland in Höhe von mindestens 156 Mrd. EUR im Jahre 2019 aus, die von der Gesellschaft zu tragen sind. Es empfiehlt daher, einen Kostensatz von 207 EUR je Tonne emittiertes CO_2 anzusetzen, und bei Gleichstellung der heutigen mit zukünftigen Generationen und damit Reduzierung der oben angesetzten 1-prozentigen Zeitpräferenzrate auf null sogar 698 EUR je Tonne [98]. Der aktuelle CO_2-Steuersatz im Rahmen des nationalen Emissionshandelssystem (nEHS) in Deutschland für Unternehmen, die mit Heizöl, Erdgas, Benzin und Diesel handeln, betrug im Jahre 2021 25 EUR und soll bis 2025 in Stufen auf 55 bis 65 EUR steigen. Im Anschluss soll die Festpreisregelung in ein Auktionssystem überführt werden [16]. Damit wird aktuell nur ein Bruchteil der Umweltkosten verursachungsbezogen internalisiert. Entsprechendes gilt auch für die Bereiche, die unter den Europäischen Emissionshandel (EU-ETS) fallen, also die Energiewirtschaft und energieintensive Unternehmen. Hier lag der Preis für eine Tonne CO_2 Ende 2021 bei 80 EUR, wobei der größte Teil des gesamten „Emissionsbudgets" (Obergrenze bzw. Cap) über Grandfathering-Zuteilungen immer noch kostenlos erfolgen. Angesichts aktuell diskutierter stärkerer Absenkungen des Cap bis 2030 soll der Trade-Anteil der Emissionszertifikate gesteigert werden, was sich wiederum preiserhöhend auswirken könnte [96].

Insgesamt gesehen hinken Politik und Gesetzgebung den offenbar erforderlichen Maßnahmen zur Erreichung des 1,5 Grad-Ziels deutlich hinterher. Gleichsam steigen die Risiken für Unternehmen beträchtlich. Die monetären Gesamtschäden aus Naturkatastrophen werden für das Jahr 2021 auf 280 Mrd. USD taxiert, allein in Kalifornien gab es im Jahre 2020 rund 10.000 Waldbrände, die durch Trockenheit und Hitze begünstigt wurden [68]. Im Jahre 2018 waren die dortigen Schäden noch höher und allein der geringere Teil der versicherten Schäden betrug 10,74 Mrd. EUR, ganz zu schweigen von den 86 Menschenleben, die die Brände kosteten. Damit entstanden dort höhere finanzielle Verluste als durch die Buschbrände in Australien im Jahre 2019, bei denen 10 Mio. Hektar Land verwüstet wurden und 25 Menschen sowie Milliarden Tiere ums Leben kamen [62]. Bei der Flutkatastrophe im Sommer 2021 im Ahrtal kamen 134 Menschen ums Leben und 60.000 Menschen waren u. a. durch Verlust ihrer Häuser und Wohnungen betroffen [78]; der finanzielle Gesamtschaden soll bei 30 Mrd. EUR liegen, davon waren lediglich Werte in Höhe von 8 Mrd. EUR versichert [71]. Die Folgen des Klimawandels sind ganz offensichtlich für viele Menschen, für Tiere und die Natur oftmals schrecklich und dramatisch. Selbst Menschen und Unternehmen, die einer Politik des Ignorierens folgen oder sogar den Klimawandel als Ganzes leugnen, müssen zur Kenntnis nehmen, dass die Auswirkungen von Naturkatastrophen den Einzelnen und die Gesellschaft stark belasten. Dies erfolgt zunehmend auch in wirtschaftlicher Hinsicht, sodass primär an ökonomischen Zielen festhaltende Unternehmen sich ebenfalls zwangsläufig auf die verändernden Bedingungen einstellen müssen. Nachhaltigkeit wird damit zu einer unabdingbaren Voraussetzung für wirtschaftliches Handeln. Dies gilt ebenfalls für soziale Nachhaltigkeitskriterien und ein sozialverträgliches Handeln von Unternehmen, worauf nachfolgend noch zurückgekommen wird.

1.3   Ressourcenknappheit und Biodiversitätsverlust als Katalysatoren

Ebenfalls direkte Auswirkungen auf die Rahmenbedingungen, unter denen Unternehmen agieren müssen, hat die zunehmende Knappheit vieler, insbesondere nichtregenerativer Ressourcen. Die traditionelle, karbonintensive Industrie war und ist stark abhängig von Öl und Gas, was bereits in den 1970er-Jahren im Zuge der Ölpreiskrise zu kritischen Versorgungssituationen führte [111] und was heute angesichts des Kriegs der Russischen Föderation gegen die Ukraine massive Probleme mit sich bringt. Noch stärkere Auswirkungen könnte die starke Abhängigkeit bei der Versorgung mit mineralischen Rohstoffen für die Herstellung von Produkten haben, die für den Wandel hin zu einer karbonarmen Wirtschaft erforderlich sind, insbesondere für die E-Mobilität, für die Windkraft und für die Photovoltaik, aber auch für diverse andere innovative Produkte. Stand heute dominiert die VR China die Versorgung mit nahezu allen „Zukunftsrohstoffen" teilweise einseitig [2], wobei sich das Land in vielen Ländern der Erde, insbesondere in Afrika, langfristig die Explorationsrechte für Vorkommen gesichert hat. Kurzfristiges Agieren und ein reines Orientieren an Rohstoffbörsen und dem aktuellen Marktgeschehen muss immer häufiger als naiv angesehen werden, da die längerfristigen Entwicklungsmöglichkeiten hierdurch unzureichend berücksichtigt werden. Zudem sind die Umweltbelastungen und nicht selten auch die sozialen Bedingungen im Umfeld der Exploration und des anschließenden Processing der Urstoffe sehr bedenklich, was in Nachhaltigkeitsstrategien Berücksichtigung finden muss. Gerade im Sektor der Bereitstellung für die Produktion benötigter Mineralien wird besonders deutlich, dass die Märkte immer stärker durch machtorientierte Einflussnahme großer Staaten und deren geopolitische Strategien verzerrt werden, sodass der Markt nicht mehr umfänglich seine Rolle als Koordinationsmechanismus erfüllen kann. Gleichsam werden strategische Abhängigkeiten zu den Staaten größer, die über die benötigten Rohstoffe verfügen. Dies führt zu Einschränkungen der unternehmerischen Selbstbestimmung und geht bereits seit einigen Jahren teilweise bis hin zum faktischen Zwang, in bestimmten Ländern Produktionsstellen zu betreiben, um benötigte Rohstoffe zu erhalten.

Schließlich dürfte der massive Verlust an Biodiversität einige Unternehmen, beispielsweise solche, die im Pharmasektor tätig sind und deren Produkte auf natürlichen Ingredienzien basieren, in ihren Handlungsmöglichkeiten einschränken. Der Verlust vieler Spezies pro Jahr, u. a. aufgrund des Abholzens von Regenwäldern, stellt gleichsam eine Reduzierung potentieller Medikationen und damit zukünftiger Umsätze dar. Gemäß eines UN-Berichts aus dem Jahre 2019 sind eine Million von geschätzten 8 Mio. Tier- und Pflanzenarten vom Aussterben bedroht ([38] sowie [106]). Die „Leistung" des gesamten Ökosystems, u. a. auch als Garant für gute Luft, sauberes Wasser und qualitative Böden ist dabei kaum zu beziffern. Aufgrund der systemischen Wirkung wirkt eine Reduzierung der Biodiversität auf alle Akteure und damit – nicht zuletzt über die vorgelagerte (globale) Wertkette – auch auf Unternehmen zurück. Auch in diesem Themenfeld ist für die Zukunft mit stärkeren Vorschriften von gesetzgeberischer Seite zu rechnen, die die Gestaltung und das Management von globalen Wertschöpfungssysteme mit beeinflussen dürften.

1.4 Finanzmarktdruck und nachhaltigkeitsbezogene Berichtspflichten

Der Druck auf Unternehmen, stärker nachhaltigkeitsbezogen zu agieren, erhöht sich auch angesichts der Forderungen seitens vieler institutioneller Investoren. So veröffentlicht seit mehreren Jahren der Chairman und CEO von BlackRock, Larry Fink, jährlich einen „Letter to CEOs", in denen er ein intensiveres Nachhaltigkeitsengagement einfordert (siehe u. a. [3, 4]). Seine Aussage „Climate Risk is Investment Risk" bringt die Sichtweise auf den Punkt. Die Aussicht auf – zumindest langfristig – geringere Renditen bis hin zum Totalverlust hält zunehmend Investoren davon ab, in karbonlastige Industrien zu investieren. Eingefordert wird zudem eine Orientierung hin zur Erzeugung eines Nutzens für die Gesellschaft, was den eigentlichen Zweck (Purpose[3]) der unternehmerischen Tätigkeit definieren solle. Dieser mit ökologischer und sozialer Performanz in Verbindung gebrachte Purpose bzw. eine ausgeprägte „ESG Proposition"[4] ist laut vielen empirisch basierten Studien Treiber einer überdurchschnittlichen finanziellen Leistungsstärke (s. hierzu u. a. [9, 50, 59, 88]), sodass auch diesbezüglich keine rein altruistischen Absichten bei den

---

[3] Purpose wird oftmals mit CSR sowie mit ESG in Verbindung gebracht und geht damit weit über den Betriebszweck im klassischen Sinne hinaus. Die Erzeugung eines Nutzens für die Gesellschaft hat Drucker bereits [25] betont. Zu Purpose-driven Organizations siehe u. a. [49], [75] sowie zur Rolle des Organizational Purpose zur Bekämpfung des Klimawandels [48].

[4] ESG steht für Environmental, Social, and Governance.

Investoren vorliegen dürften. Es ist allerdings zu konstatieren, dass der Anteil nachhaltiger Investments an den insgesamt investierten Geldern beispielsweise in Deutschland im Jahre 2021 noch unter 10 % lag, auch wenn dieser von 1,2 % in 2011 über 6,4 % im Vorjahr deutlich anstieg [97]. Bedenklich stimmt zudem, dass einige US-Bundesstaaten Mittel aus ihren Pensionsfonds von BlackRock abzogen, da die Investmentgesellschaft eine zu stark nachhaltigkeitsorientierte Anlagestrategie verfolgen würde und daher Renditeaspekte vernachlässigen würden [58]. Faktisch dürfte dabei auch eine Rolle spielen, dass diese Bundesstaaten stark von der Öl- und Kohleindustrie abhängig sind. Auch wenn beispielsweise indexgebundene Fonds nicht kurzfristig nach Nachhaltigkeitskriterien umgestellt werden können bzw. dürften, scheint ein genereller Trend in Richtung nachhaltige Investments festzustellen sein, was den Druck auf Unternehmen erhöht, sich diesbezüglich stärker auszurichten.

Eine verstärkte Ausrichtung an ökologischen und sozialen bzw. ESG-Kriterien seitens der Investoren verlangt nach diesbezüglicher Transparenz und damit – zusätzlich zur finanziellen Berichterstattung – nach systematischen Unternehmensberichten. Diese sind gleichsam seitens der nationalen Regierungen bzw. der Europäischen Kommission gewünscht, da diese eine klima- und sozialpolitische Agenda verfolgen. Aus diesen Gründen werden Vorschriften für eine verpflichtende nachhaltigkeitsbezogene und standardisierte Berichterstattung aktuell vorangetrieben. Die wesentlichsten Standardisierungsinitiativen und Institutionen sind hier:

- US Securities and Exchange Commission SEC: Enhancement and Standardization of Climate-Related Disclosures [86]
- International Sustainability Standard Board (ISSB) des IFRS (International Financial Reporting Standards): S1 General Requirements for Disclosure of Sustainability-related Financial Information and IFRS S2 Climate-related Disclosures
- European Financial Reporting Advisory Group (EFRAG): EU Corporate Sustainability Reporting Directive CSRD [53]

Die EU CSRD soll – für das jeweils vorangehenden Berichtsjahr – in der EU ab 1.1.2025 für Unternehmen ab 500 Mitarbeitenden implementiert werden, ab 1.1.2026 für solche mit mehr als 250 Mitarbeitenden und ab 1.1.2027 für kleinere Unternehmen, die optieren können, dieser Pflicht erst ab 2028 nachzukommen [31]. Ohne in diesem Beitrag auf die Details der Berichtspflichten einzugehen, kann konstatiert werden, dass aufgrund der verpflichtenden Berichterstattung nach definierten Standards die Transparenz hinsichtlich der ökologischen und sozialen Leistung von Unternehmen insgesamt deutlich erhöht werden dürfte. Dies steht wiederum im Einklang mit den unten angesprochenen gesetzgeberischen Initiativen. Für Unternehmen, die bereits nach dem Standard der Global Reporting Initiative (GRI) Nachhaltigkeitsberichte erstellen, soll eine „Interoperabilität" zwischen diesem und dem CSRD sichergestellt werden [46]. Da bereits knapp drei Viertel der umsatzmäßig weltweit 250 größten Unternehmen und viele weitere den GRI-Standard nutzen [60], dürfte dies für diese, soweit betroffen, von Vorteil sein.

1.5 Freiwillige Nachhaltigkeitsinitiativen

Obwohl die existierenden freiwilligen Nachhaltigkeitsbemühungen der Industrie als unzureichend eingestuft und daraufhin nunmehr verpflichtende gesetzliche Regelungen in Deutschland und in der EU erlassen wurden und werden, sollen hier einige genannt werden.[5] Als weltweit größte freiwillige Initiative gilt der UN Global Compact, der universelle Prinzipien der Nachhaltigkeit definiert und auf dieser Basis versucht, insbesondere unternehmerisches Handeln auf die Erreichung der Sustainable Development Goals (SDGs) abzustellen (s. [107] sowie [45]; zu den SDGs s. UN Department of Economic and Social Affairs, [100]). Auch wenn sich in Deutschland 800 Unternehmen sowie weitere Organisationen angeschlossen haben, kann diese Form der Selbstverpflichtung angesichts des drohenden „Klimakollapses" nicht mehr als ausreichend angesehen werden. Einen höheren Konkretisierungsgrad der freiwilligen Maßnahmen strebt die Initiative der chemischen Industrie **Together for Sustainability (TfS)** an, innerhalb der die teilnehmenden Unternehmen anstreben, nachhaltigkeitsbezogene Fortschritte im eigenen Unternehmen und bei den Zulieferern zu erreichen. Zudem wird angestrebt, einen globalen Standard für ESG-Reporting zu entwickeln. TfS geht auch konkreter auf die Messung von Scope-3-GHG-Emissionen in der Lieferkette ein, worauf unten noch detaillierter eingegangen wird [95].

Die **Science-based Targets Initiative (SBTi)** [84] will weltweit Unternehmen ermutigen, sich selbst konkrete Ziele hinsichtlich der Reduzierung von Treibhausgasemissionen zu setzen bzw. dazu zu verpflichten. SBTi ist in Zusammenarbeit von UN Global Compact, CDP (vormals Carbon Disclosure Project), dem World Resources Institute (WRI) und dem World Wide Fund for Nature (WWF) entstanden. Dabei sollen, wie der Name ausdrückt, die Ergebnisse der Forschung explizit Beachtung finden. Unternehmen können sich dabei verpflichten, durch Reduzierung ihrer Emissionen zur Erreichung des 1,5-Grad-Ziels beizutragen oder sich an einem 2-Grad-Ziel bzw. einem Wert deutlich darunter orientieren. Durch die Konkretisierung der Wege zur Erreichung des jeweiligen Ziels, wird die Aufmerksamkeit insbesondere auf die Hauptverursacher gelenkt. Diese sind für die meisten der großen Verursacher vor allem – nicht selten zu über 90 % – in deren (globalen) Lieferketten verortet [83]. Damit wird deutlich, dass die betrieblichen Funktionen Einkauf und Supply Chain Management eine, wenn nicht die wesentliche Rolle bei der Reduzierung von Treibhausgasemissionen spielen.

---

[5] Hierauf wird u. a. explizit in dem „Vorschlag für eine Richtlinie des Europäischen Parlaments und des Rates über die Sorgfaltspflichten von Unternehmen im Hinblick auf Nachhaltigkeit und zur Änderung der Richtlinie (EU) 2019/1937" hingewiesen ([37], S. 28).

Neben freiwilligen Initiativen auf Organisationsebene existieren auch solche auf persönlicher Ebene, von denen hier kurz auf einige eingegangen werden soll, die Personen mit Nachhaltigkeitsverantwortung im Beschaffungsbereich von Organisationen adressieren. Für Verantwortliche in Einkauf und Supply Chain Management wurde die Initiative **Sustainable Procurement Pledge** (siehe hierzu auch Kapitel 13 in diesem Buch) ins Leben gerufen, die sich als internationale Bottom-up-Non-Profit-Organisation versteht, die Aufmerksamkeit für und Wissen über das Thema „Verantwortliche Beschaffungspraktiken" realisieren will. Vision ist, dass global alle Supply Chains nachhaltige Beschaffungsstrategien implementiert haben [91]. Auf der Ebene der Initiatoren gibt es – zumindest im German Chapter – starke Verflechtungen mit der TfS-Initiative, wobei es keine industriebezogenen Einschränkungen für eine Mitgliedschaft gibt. Ähnliche Absichten verfolgt die – vom Autor dieses Beitrags mit gegründete – Initiative **„Aktiv für eine nachhaltige öffentliche Beschaffung",** die primär den öffentlichen Sektor im Fokus hat [69]. Neben der öffentlichkeitswirksamen Kommunikation für Nachhaltigkeit bei Beschaffungen im öffentlichen Sektor wird den Teilnehmenden über das Verwaltungs- und Beschaffernetzwerk (s. www.vubn.de) eine Internetplattform für den gegenseitigen Austausch zu Fachfragen geboten, an der bereits über 23.000 NutzerInnen teilnehmen.

1.6 Nachhaltigkeitsbezogene regierungsgetriebene Regulierungen

Auf politischer Ebene ist für die EU das klimapolitische Paket „Fit for 55" von Bedeutung, das eine 55-prozentige Reduzierung der CO_2-Emissionen gegenüber dem Niveau von 1990 bis zum Jahre 2030 und einen klimaneutralen Kontinent bis 2050 als übergeordnetes Ziel verfolgt [76]. In diesem Zusammenhang wurde eine Vielzahl von Maßnahmenbereichen definiert, darunter das EU-Emissionshandelssystem EU-ETS [28] sowie der CO_2-Grenzausgleichsmechanismus (Carbon Border Adjustment Mechanism CBAM) [77]. Die EU-Mitgliedsländer verfolgen dabei i. d. R. jeweils einen hieran angelehnten Nationalen Aktionsplan [7] und eine nationale Nachhaltigkeitsstrategie [15]. Weitere Maßnahmen wie das kürzlich in der EU beschlossene Gesetz zum Verbot der Einfuhr von Produkten (insbesondere Kakao, Kaffee, Palmöl, Soja, Holz, Gummi, Holzkohle, bedruckte Papierprodukte und Fleisch), für deren Erzeugung seit 2021 umfangreichere Entwaldungen erfolgt sind, ergänzen obige Maßnahmen. Damit wird Verantwortung für ein Zehntel der Abholzungen, die in der vergangenen Dekade eine größere Fläche als die der EU ausmachten, übernommen, da diese auf das Konto der EU als Konsument gehen. Gleichzeitig sollen hierdurch Interessen indigener Völker geschützt werden [39].

Zunächst sei jedoch auf das deutsche **Lieferkettensorgfaltspflichtengesetz** (LkSG – Gesetz über die unternehmerischen Sorgfaltspflichten in Lieferketten) eingegangen. Das Gesetz basiert auf dem Nationalen Aktionsplan Wirtschaft und Menschenrechte (NAP) der Bundesregierung von 2016 [14], den Kernarbeitsnormen der International Labor Organisation (ILO) [54] und den Leitprinzipien für Wirtschaft und Menschenrechte der Vereinten

Nationen [24]. Im LkSG sind Sorgfaltspflichten für Unternehmen und juristische Personen des öffentlichen Rechts[6] definiert, wie [12]:

- Einrichtung eines Risikomanagements und Durchführung einer Risikoanalyse
- Verabschiedung einer Grundsatzerklärung der unternehmerischen Menschenrechtsstrategie
- Verankerung von Präventionsmaßnahmen
- Sofortige Ergreifung von Abhilfemaßnahmen bei festgestellten Rechtsverstößen
- Einrichtung eines Beschwerdeverfahrens
- Dokumentations- und Berichtspflicht für die Erfüllung der Sorgfaltspflichten

Lieferkettentypische Risiken, auf die bei der Erfüllung der Sorgfaltspflichten zu achten ist, sind insbesondere:

- Verbot von Kinderarbeit
- Schutz vor Sklaverei und Zwangsarbeit
- Freiheit von Diskriminierung
- Schutz vor widerrechtlichem Landentzug
- Arbeitsschutz und damit zusammenhängende Gesundheitsgefahren
- Verbot des Vorenthaltens eines angemessenen Lohns
- Recht, Gewerkschaften bzw. Arbeitnehmerinnen- und Arbeiternehmervertretungen zu bilden
- Verbot der Herbeiführung einer schädlichen Bodenveränderung oder Gewässerverunreinigung (konkret: Quecksilber, persistente organische Stoffe, grenzüberschreitende Abfälle)
- Schutz vor Folter

Mit der Definition dieser Risiken und der Einforderung eines adäquaten Risikomanagementsystems definiert das LkSG bereits recht konkret und umfänglich Vorgaben für die betroffenen Unternehmen. Angesichts der Inkraftsetzung der Regelungen ab 1.1.2023 für Unternehmen mit mehr als 3000 Mitarbeitenden und ab 1.1.2024 für Unternehmen mit mehr als 1000 Mitarbeitenden herrscht höchster Handlungsdruck. Dabei ist festzustellen, dass Lieferanten von Unternehmen, die durch das LkSG betroffen sind, logischerweise gegenüber ihren betroffenen Abnehmern geeignete Berichte und Erklärungen werden abliefern müssen, sodass die Wirkung des Gesetzes als sehr weitreichend angesehen

---

[6] Dies sind Körperschaften, Stiftungen und Anstalten des öffentlichen Rechts, soweit sie unternehmerisch am Markt tätig sind, nicht aber Gebietskörperschaften (Bund, Länder, Landkreise, Kommunen) als deren (Mit-)Eigner.

werden muss. Das **EU Supply Chain Law**[7] sollte gemäß der Beschlussvorlagen insbesondere hinsichtlich des Einbezugs ökologischer Risikobereiche deutlich weiter gehen. In den diskutierten Vorlagen wurde konkret eine Pflicht seitens großer Unternehmen formuliert, zur Erreichung des 1,5-Grad-Ziels beizutragen, entsprechende Berichte hierzu zu erstellen und Menschenrechte, Klimawandel und Umweltauswirkungen als Konsequenzen ihres Handels auch in langfristiger Sicht bei der Erfüllung ihrer Pflichten einzubeziehen. Diesbezüglich sollen staatliche Aufsichtsgremien installiert und entstandene Schäden gegenüber den Geschädigten kompensiert werden [29]. Inzwischen liegt diese Initiative als Europäische Lieferkettenrichtlinien (Cororate Sustainability Due Diligence Directive – CSDDD) zur Beschlussfassung vor (im April 2024 wurde eine leicht abgemilderte Form final von der EU verabschiedet) [13]. Die Art und Weise der Umsetzung des LkSG sowie des EU Supply Chain Act in der Praxis wird über die Effektivität der Regulierungen entscheiden. Grundsätzlich stellt sich die Frage, in welchem Ausmaß ökologische und soziale Standards in Deutschland und in der EU auf weniger entwickelte Länder übertragen werden können, ohne die dort Tätigen zu benachteiligen. Zudem ist noch ungeklärt, in welchem Ausmaß verlangt werden kann, dass sich einzelne Unternehmen gegen nationale Regelungen, Gesetze und kulturelle Normen stellen können, um die Gesetze in der EU zu erfüllen. Dies betrifft insbesondere autoritär regierte Staaten und damit auch Länder wie die VR China, die für Deutschland und die EU teilweise von erheblicher wirtschaftlicher Bedeutung sind.

Der **EU-Grenzausgleichsmechanismus (CBAM)** wurde vor allem kreiert, um eine Abwanderung von Produktionen in bzw. eine verstärkte Beschaffung aus Ländern zu vermeiden, die geringere Umweltstandards aufweisen und keine oder nur eine niedrige CO_2-Besteuerung im Produktionsbereich vornehmen. Diese, als Carbon Leakage bezeichnete Gefahr soll mit einer Besteuerung von Importen in die EU in Abhängigkeit von dem CO_2-Fußabdruck der jeweiligen Produkte reduziert werden. In der ersten Phase sind angesichts der jeweiligen CO_2-Intensität und der hohen wirtschaftlichen Bedeutung hiervon Produkte aus den Segmenten Zement, Eisen und Stahl, Aluminium, Dünger und Elektrizität sowie – durch das EU-Parlament ergänzend gewollt – Wasserstoff und Kunststoffe betroffen. Der Start der Regulierungen ist für den 1.1.2023 vorgesehen, wobei zunächst in einer Transitionsphase bis Ende 2026 quartalsweise Berichte zu importierten Scope-1-Emissionen, also solchen, die beim Zulieferer in der Produktion entstehen, fällig werden. Ab Januar 2026 sollen dann die „CO_2-Importsteuern" fällig werden, wobei andernorts bereits gezahlte Emissionssteuern abzugsberechtigt sein sollen. Die Steuer soll auf dem wochenbezogenen Durchschnittspreis für CO_2-Emissionszertifikate im EU-ETS-Handel basieren [36]. Erst dann soll nach Evaluation erwogen werden, auch Scope-2-Emissionen, also solche, die bei der Energieerzeugung für die Produktionen anfallen, sowie Scope-3-Emissionen der Liefer- und Distributionskette einbezogen werden (zur Unterscheidung dieser „Scopes" s. [42]). Dabei ist eine Ausdehnung der Regelungen auf alle Produkte

---

[7] Siehe DIRECTIVE OF THE EUROPEAN PARLIAMENT AND OF THE COUNCIL on Corporate Sustainability Due Diligence and amending Directive (EU) 2019/1937. Siehe auch [27].

bis 2030 vorgesehen. Da die Welthandelsorganisation WTO bereits ihren Einspruch angekündigt hatte, hat man sich – nach aktuellem Stand – darauf verständigt, die kostenlosen Zuteilungen von Emissionszertifikaten im Rahmen des EU-ETS parallel im Zeitablauf bis auf null zu senken [80, 23]. Stand Januar 2023 befindet sich das Gesetzgebungsverfahren noch im Trilog zwischen Kommission, Parlament und Council der EU, sodass weitere inhaltliche und zeitbezogene Änderungen zu erwarten sind. Zudem wird intensiv diskutiert, dass Entwicklungsländer und deren Unternehmen als Zulieferer von der CBAM-Steuer ausgenommen werden sollen, um deren Weiterentwicklungsmöglichkeiten nicht in unzumutbarer Weise einzuschränken [11].

Die potentiellen ökonomischen Auswirkungen des CBAM sind massiv, sodass auch diese Regulierungen die Unternehmen vor sich stark verändernde Rahmenbedingungen stellen. Auf diese muss mit einem adäquaten und langfristorientierten Risikomanagement, insbesondere in Bezug auf Supply Chains und Beschaffungsstrategien, reagiert werden.

2 Dekarbonisierung der Supply Chain als neue Kernaufgabe

Die oben skizzierten Auslöser für eine verstärkte Aufmerksamkeit hinsichtlich ökologischer und sozialer Nachhaltigkeitsaspekte betrifft insbesondere die Lieferkette(n) und die hierfür in den Unternehmen Verantwortlichen. Die Einhaltung grundlegender sozialer Mindestanforderungen wird seitens der Unternehmen typischerweise durch die Formulierung entsprechender Einkaufsrichtlinien, Supplier Code of Conducts sowie durch Selbstauskünfte seitens der Lieferanten zu erreichen versucht. Naturgemäß können sich in diesem Fall Opportunismusprobleme ergeben, sodass Auditierungen und regelmäßige Stichproben bei den Lieferanten erforderlich werden (zu diesem Themenfeld siehe u. a. [67, 56, 82]).

Ähnliches gilt für das Bemühen um die Sicherstellung der Einhaltung ökologischer Kriterien seitens der Lieferanten. Besondere Beachtung findet nunmehr, auch angesichts der oben beschriebenen Tendenzen hin zu einer steigenden nationalen und EU-weiten CO_2-Besteuerung, die Erfassung des CO_2-bezogenen Fußabdrucks von fremdbezogenen Produkten. Hier liegt auch der Schwerpunkt der Forschung in den vergangenen Jahren (vgl. [43]). Grund hierfür ist, dass der Einfluss aus diesen Zulieferprodukten auf die gesamte CO_2-Intensität der hergestellten Produkte im Mittel sehr hoch ist. So wird dieser Wert nicht selten auf über 80 % und teilweise sogar auf über 90 % hinsichtlich des Einflusses auf die Qualitäten und Niveaus von Luft, Land, Wasser, Biodiversität und geologische Ressourcen für Konsumentenprodukte angegeben [10]. Der CDP Supply Chain Report 2020 beziffert die lieferkettenbezogenen Treibhausgasemissionen auf das 11,4-Fache der in der Produktion der Unternehmen anfallenden Emissionen, was einen Anteil von rund 92 % der Gesamtemissionen ausmache [21, 34]. Naturgemäß sind diese Anteile in Abhängigkeit von Branche, Stellung in der Wertkette und Produktkategorie sehr unterschiedlich (zu Beispielen siehe u. a. [33]). Die Effekte von erfolgreichen

Dekarbonisierungsbemühungen in der Supply Chain können somit im Vergleich zur Reduzierung von Scope-1- und Scope-2-Emissionen extrem groß sein. So gibt CDP an, dass über eine Milliarde metrische Tonnen (1 Gigatonne) – und damit die Gesamtemissionen von Brasilien und Mexiko vereint – eingespart werden könnten, wenn 125 betrachtete multinationale Unternehmen ihren Anteil an erneuerbaren Energien bei der Produktion um 20 Prozentpunkte steigern würden [20]. Angesichts von weltweiten CO_2-Emissionen mit knapp 37 Mrd. metrischen Tonnen in 2019 [93] und nach einem gewissen Rückgang auf knapp 35 Gigatonnen im Jahr 2020 sogar über 37 Gigatonnen im Jahre 2021 [92] sowie den hieraus resultierenden massiven Folgen für das Weltklima ist Dekarbonisierung nicht nur eine Aufgabe für die Unternehmen, sondern für die Menschheit als Ganzes. Das aufstrebende Indien wird diesbezüglich die EU nun überholen, sollten nicht auch dort wirksame und stringente Dekarbonisierungsmaßnahmen greifen. Hauptverursacher bleiben wohl die USA, wobei für Russland und die VR China konstante Emissionshöhen vorausgesagt werden. Bei den globalen Verhandlungen zu den jeweiligen Umweltbemühungen ist zu berücksichtigen, dass die USA und Russland den mit Abstand höchsten CO_2-Fußabdruck pro Kopf haben und Indien hier im Vergleich zu den großen Nationen am besten abschneidet [17]. Zudem weisen die „alten" Industrieländer eine erheblich schlechtere CO_2-Bilanz über die letzten gut hundert Jahre auf als die Schwellenländer. Dementsprechend weist der Sharm el-Sheikh Implementation Plan der COP27 den Industrieländern besondere Verantwortung für die Übernahme von Schäden aus (klimabedingten) Umweltschäden zu, einschließlich einer entsprechenden (finanziellen) Kompensation („Loss and Damage") [100–104]. Diese Anforderungen wurden zumindest in Teilen anlässlich der COP28 in Teilen umgesetzt.

Das GHG Protocol ist grundlegend für nahezu alle Ausführungen und Initiativen in diesem Sektor. Institutionell stehen das World Resources Institute [112] und der World Business Council on Sustainable Development [109] hinter dieser Initiative [42]. Da WRI und WBCSD von unternehmerischer Seite getrieben und auch bestimmt sind und auch politische „Ratgebung" als Aktivität genannt werden, muss das GHG Protocol als interessengeleitet eingestuft werden. Das gilt auch für die Bemühungen zur Entwicklung und Etablierung entsprechender Messverfahren und Berichtsstandards für Treibhausgase.

Gemäß Kyoto-Protokoll von 1997 [101] werden folgende Treibhausgase betrachtet: Kohlendioxid (CO_2), Methan (CH_4), Lachgas (N_2O) sowie die fluorierten Treibhausgase (F-Gase): wasserstoffhaltige Fluorkohlenwasserstoffe (HFKW), perfluorierte Kohlenwasserstoffe (FKW) und Schwefelhexafluorid (SF_6). Zusätzlich wird seit 2015 Stickstofftrifluorid (NF3) einbezogen [99]. Um die Beiträge der verschiedenen Treibhausgase zum Klimawandel zu vergleichen, werden die jeweiligen Treibhausgaspotentiale (Global Warming Potentials – GWP) berechnet. Hierbei wird die Klimawirkung innerhalb eines festgelegten Zeithorizonts auf die von Kohlendioxid bezogen und auf diese Weise werden Kohlendioxid-Äquivalente errechnet. Zudem verweilen Treibhausgase unterschiedlich lang in der Atmosphäre und die jeweilige Substanz wirkt dort unterschiedlich stark [105].

Wie bereits oben angemerkt, entsteht der mit Abstand größte Teil an CO_2-Emissionen in der jeweiligen Supply Chain des Unternehmens und es ist Voraussetzung für alle Maßnahmen, sich über diese Transparenz zu verschaffen. Es liegt auf der Hand, dass dies für Unternehmen mit Hunderten von über die Welt verteilten Lieferanten und Tausenden von zugelieferten Materialien, Teilen und Komponenten eine überaus komplexe Herausforderung darstellt. Prinzipiell können Produkte in ihren jeweiligen Bestandteilen betrachtet werden, zumal diese in Stücklisten etc. ohnehin von sehr vielen Unternehmen geführt werden dürften. So ließen sich über die Stufen der Lieferketten auch gemäß Herkunftsnachweisen für die jeweiligen Zulieferprodukte und enthaltenen Stoffe deren jeweilige CO_2-Intensität feststellen. Letzteres kann grundsätzlich über geeignete IT-Systeme und Datenbanken wie GaBi [89] oder ecoinvent [30] erfolgen. Problematisch kann dabei sein, dass die Zulieferer nicht über einen Zugriff auf solche Datenbanken und Tools zum Life Cycle Assessment verfügen. In diesem Fall können ungenaue Schätzungen die Werte stark verzerren. Zudem sind zu niedrige Angaben im Interesse des Zulieferers nicht ohne Weiteres auszuschließen. Des Weiteren weisen unterschiedliche Vorkommen und Bergwerke, technisch unterschiedlich ausgeprägte Fördertechniken sowie die jeweils nachfolgende Raffinierung unter Umständen für einen bestimmten Rohstoff sehr unterschiedlich CO_2-Belastungen auf, und das sogar für dasselbe Herkunftsland. Hier müsste ein möglichst lückenloser, glaubwürdiger und fälschungssicherer Nachweis über die Entstehungs- und Weiterverarbeitungskette geführt werden. Während die Unveränderlichkeit der Information beispielsweise per Blockchain-Technologie gewährleistet werden könnte, erscheint der Aufwand für die Informationsgewinnung und Dokumentation teilweise prohibitiv. Aus diesem Grund ist davon auszugehen, dass sich eine eingehende Messung und Dokumentation von CO_2-Belastung entlang komplexerer Supply Chains auf die „Hotspots" konzentrieren wird, also auf die Güter, Materialien und Lieferanten, die anteilig den größten CO_2-Anteil an den Gesamtemissionen ausmachen.

Das Erfassen und die Messung von Treibhausgasemissionen über die (gesamte) Lieferkette ist der Einstieg in ein lieferkettenbezogenes Carbon Management (s. hierzu auch [90]). In diesem Rahmen müssen die Auswirkungen der aktuellen CO_2-Exposition in der Supply Chain seriös abgeschätzt und es müssen entsprechende Ziele gesetzt werden, die in der Regel in einer Reduzierung der Karbonlast liegen dürften. Die Folgen der gemessenen CO_2-Last für fremdbezogene Produkte bemisst sich in direkter Weise bzw. kostenbasiert anhand der zu erwartenden Entwicklung der CO_2-Bepreisung (nationale und EU-Besteuerung bzw. erforderliche Emissionszertifikate). Indirekte Folgen sind durch die im Zuge der zukünftig verpflichtenden Offenlegung aufseiten der Kundennachfrage und gegebenenfalls bei den Kapitalgebern zu sehen. Insofern geht es hierbei auch um eine Risikoidentifikation und Einschätzung der diesbezüglichen Folgen, worauf im Folgekapitel näher eingegangen wird. Die Entwicklung adäquater alternativer Maßnahmen wird im übernächsten Kapitel angesprochen.

Für das unternehmerische Carbon Management stehen inzwischen IT-basierte Lösungen zur Verfügung, die in der Regel als Software-as-a-Service (SaaS) über Internetplattformen angeboten werden (Beispiele von Lösungen, die dies für sich in Anspruch nehmen sind u. a. [18, 35, 72, 74, 113]). Gleichzeitig entwickeln sich industrieweite Initiativen, wie das „Automotive Network" Catena-X. Im Kern geht es um eine Standardisierung der Kommunikation von Daten, die beispielsweise auch im Bereich des Supply Chain Carbon Management von Bedeutung sind. Solche Standards können industriebezogen erhebliche Effizienzvorteile mit sich bringen [19]. Aus Umfangsgründen soll auf diese technischen Unterstützungsmöglichkeiten nicht näher eingegangen werden.

3 Nachhaltigkeitsbezogenes Risikomanagement in der Beschaffung

Der Umgang mit Risiken im Kontext unternehmerischen Handelns ist keinesfalls neu, vielmehr sind alle Unternehmensaktivitäten stets mit Risiken verbunden. Dies liegt vor allem darin begründet, dass Entscheidungen zukunftsgerichtet sind und eine Unsicherheit dahingehend besteht, wie sich das Geschäftsumfeld entwickelt. Die Auseinandersetzung mit Chancen und Risiken bildet daher die Grundlage strategischer Unternehmensentscheidungen.

Mit der Einführung eines Risikomanagements sollen Risiken im Unternehmensumfeld systematisch erfasst und bewertet werden, um auf dieser Grundlage geeignete Maßnahmen zum Management der Risiken einzuleiten. Aus strategischer Sicht geht es darum, Risikopotentiale, die mit Kosten für das Unternehmen verbunden sind und sich negativ auf die Zielerreichung eines Unternehmens auswirken können, transparent zu machen und die Steuerbarkeit der Organisation zu erhöhen [5].

Welche Relevanz und wettbewerbsbezogene Vorteilhaftigkeit ein adäquates, sprich funktionierendes und proaktives Risikomanagement für Unternehmen hat, wurde nicht zuletzt durch die Ereignisse der letzten Jahre verdeutlicht. Neben den durch die COVID-Pandemie ausgelösten schwerwiegenden Disruptionen in der Lieferkette stellte sowohl die Chipkrise als auch die Blockade des Suezkanals durch das Containerschiff Ever Given Unternehmen innerhalb kürzester Zeit vor zusätzliche Herausforderungen und verursachte erhebliche Kosten sowohl auf gesellschaftlicher als auch auf geschäftlicher Ebene. Während die Engpässe bei der Versorgung mit Halbleiterchips durch eine ungünstige Anhäufung von globalen Einzelereignissen – wie unter anderem Naturkatastrophen, fehlende Stromversorgung aufgrund von Kälteeinbruch und Schneestürme sowie Fabrikbände – verursacht wurden, hatte die havariebedingte Blockade des Suezkanals zu einem mehrere Wochen anhaltenden Rückstau zahlreicher Schiffe geführt und damit zu einer weiteren Störung der globalen Lieferketten beigetragen, mit der kaum jemand gerechnet hatte [70].

Diejenigen Unternehmen, die schon vor diesen Krisen in ein unternehmensweites Risikomanagement investiert bzw. zu Beginn der sich abzeichnenden Krisen dies nachgeholt hatten, konnten deutlich besser durch die Krise geführt werden, indem sie unter den neuen Rahmenbedingungen schneller agieren und passende Maßnahmen einleiten konnten [41].

Das Thema Risikomanagement ist durch die zuvor beschriebenen Ereignisse verstärkt in den Fokus vieler Unternehmen gerückt. Es ist sogar im gesellschaftlichen Diskurs angekommen, nachdem Fragen rund um Versorgungssicherheit und Lieferketten die mediale Berichterstattung geprägt haben. In der wissenschaftlichen Literatur hingegen, handelt es sich beim Thema Risikomanagement um ein etabliertes Forschungsfeld, dem sich seit Jahren zahlreiche wissenschaftliche Beiträge widmen. Mehrere Literaturüberblicke der letzten Jahre haben den Forschungsstand systematisch erfasst, Forschungsschwerpunkte sowie Forschungslücken herausgearbeitet und dabei unter anderem einen Schwerpunkt auf das Teilgebiet des Supply Chain Risk Management (SCRM) gelegt (siehe u. a. [22, 52, 57, 87, 110]). Innerhalb der SCRM-Literatur konnte wiederum das Teilgebiet des **Sustainable Supply Chain Risk Management (SSCRM)** als Forschungscluster identifiziert werden, das sich dem Management von Nachhaltigkeitsrisiken in Supply Chains widmet [44] und damit in enger Beziehung zur Literatur um Sustainable Supply Chain Management (SSCM) steht. In einem aktuellen Review wurden drei Forschungsstränge im Cluster SSCRM erkannt. Demnach beschäftigt sich ein Teil der Forschenden mit den negativen Auswirkungen von nachhaltigkeitsbezogenen Risiken auf die Leistung von Lieferketten, wobei hauptsächlich soziale Risiken thematisiert werden. Im zweiten Bereich stehen Strategien zur Identifikation und Bewertung von Nachhaltigkeitsrisiken im Fokus. Unterschiede zum traditionellen SCRM-Framework ergeben sich aus der Tatsache, dass Nachhaltigkeitsprobleme eher verborgen sind. Ein dritter Bereich setzt sich mit Strategien zur Abschwächung von nachhaltigkeitsbezogenen Risiken in Supply Chains auseinander ([111], S. 7168–7169).

Von Unternehmen wird die systematische Auseinandersetzung mit Nachhaltigkeitsrisiken spätestens mit dem Inkrafttreten des Lieferkettensorgfaltspflichtengesetzes ab 1.1.2023 unausweichlich, da hier die Implementierung eines Risikomanagements gefordert wird, um menschenrechtlichen oder umweltbezogenen Risiken vorzubeugen oder diese zu minimieren oder die Verletzung menschenrechtsbezogener oder umweltbezogener Pflichten zu beenden (vgl. § 3 Absatz 1 LkSG und § 4 LkSG). Da im Gesetz über die unternehmerischen Sorgfaltspflichten in Lieferketten in § 4(3) explizit gefordert wird, eine Person zu benennen, die dafür zuständig ist, das Risikomanagement zu überwachen, beispielsweise über die Ernennung eines Menschenrechtsbeauftragten, stellt sich für Unternehmen nicht nur die Frage, welche konkrete Person dafür zuständig sein soll, sondern auch in welchem fachlichen Bereich die Verantwortung für das nachhaltigkeitsbezogene Risikomanagement liegen soll. Infrage kommt eine Nachhaltigkeitsabteilung, die zentral alle Fachabteilungen im Hinblick auf die unternehmerische Nachhaltigkeit koordiniert und die Kommunikation zwischen der Geschäftsleitung und allen weiteren

Beteiligten sicherstellt. Vor dem Hintergrund der Entwicklungen im Bereich des Non-Financial bzw. Sustainability Reporting erscheint die Einbindung im Bereich Finance bzw. Controlling ebenso nachvollziehbar, da die Nachhaltigkeitsinformationen und -kennzahlen aller Abteilungen zur Berichterstattung und zum kontinuierlichen Monitoring der Nachhaltigkeitsperformance dort zusammenlaufen müssen. Anderseits steht die Lieferkette im Fokus, womit die besondere Rolle des Einkaufs als Schnittstelle zwischen den internen Bedarfsträgern und Unternehmensaktivitäten einerseits und der Zulieferkette als wesentlicher Teil der externen Unternehmenswelt anderseits zum Tragen kommt.

Da der Einkauf mit der Entscheidung für oder gegen die Zusammenarbeit mit einzelnen Lieferanten direkt beeinflusst, wie sich das Zuliefernetzwerk konkret ausgestaltet und welche Transportwege die zu beschaffenden Materialien und Rohstoffe zurücklegen, ist es naheliegend, die Verantwortung zur Schaffung von Transparenz in Bezug auf menschrechtliche und umweltbezogene Risiken sowie hinsichtlich GHG-Emissionen in der Lieferkette an die Einkaufsabteilung bzw. den jeweils für die strategische Beschaffung zuständigen Bereich (bspw. SCM) zu übertragen. In der Folge sollte das geforderte unternehmensübergreifende Risikomanagement in der Einkaufsabteilung angesiedelt oder zumindest in enger Zusammenarbeit mit dem Einkauf aufgesetzt werden. Denn nur so kann sichergestellt werden, dass die erforderlichen lieferkettenbezogenen Informationen verfügbar sind und die identifizierten Maßnahmen zur Steuerung der Risiken an der richtigen Stelle umgesetzt werden.

Ein **Risikomanagementprozess** besteht in der Regel aus den aufeinander aufbauenden Schritten Risikoidentifikation (Risk Identification), Risikobewertung (Risk Assessment), Risikosteuerung (Risk Treatment) sowie Risikoüberwachung (Risk Monitoring), die durch den rahmenbildenden Prozess der kontinuierlichen Verbesserung (Continous Improvement) begleitet werden ([65], S. 331). Im Folgenden sollen die einzelnen Phasen näher vorgestellt und dabei Bezüge zum Kontext Nachhaltigkeitsrisiken hergestellt werden.

Der Schritt **Risikoidentifikation** beinhaltet das Entdecken, Verstehen, Definieren und Klassifizieren von Supply-Chain-Risiken ([65], S. 333) und damit aller lieferkettenbezogenen Nachhaltigkeitsrisiken. Diese Phase ist besonders kritisch, da alle weiteren Schritte des Risikomanagements auf den hier identifizierten und charakterisierten Risiken aufbauen. Es ist daher sicherzustellen, dass alle an diesem Prozess beteiligten Akteure über das erforderliche Wissen zu Risiken im jeweiligen Branchen- und Supply Chain-Kontext verfügen und für das Thema Nachhaltigkeitsrisiken sensibilisiert sind. Als Tools kommen unter anderem Risiko-Checklisten oder ein Risiko-Mapping infrage ([44], S. 457). In der Literatur werden aber auch Technologien wie Maschinelles Lernen vorgeschlagen, um auf der Basis unstrukturierter Daten nachhaltigkeitsbezogene Risiken zu identifizieren ([111], S. 7168). Beim Einsatz von Checklisten ([81], S. 87) ist zu beachten, dass diese zwar mit vergleichsweise geringem Aufwand eine erste Bestandsaufnahme ermöglichen, durch ihren statischen Charakter aber die Gefahr besteht, aktuelle Entwicklungen unter Umständen zu übersehen. Zudem können keine komplexen Zusammenhänge abgebildet werden.

Im Rahmen der **Risikobewertung** werden die identifizierten Supply-Chain-Risiken anhand ihrer Eintrittswahrscheinlichkeit und ihres Einflusses bzw. ihrer Konsequenzen für die Unternehmensleistung priorisiert, wobei qualitative und quantitative Methoden zum Einsatz kommen können. Darüber hinaus sollen in diesem Prozess potentielle Wechselbeziehungen zwischen den Risken herausgearbeitet werden ([65], S. 333). In dieser Phase können außerdem das schlechtestmögliche (Worst Case) Szenario sowie weitere Faktoren wie die Exposition von Wettbewerbern zu ähnlichen Risiken in Betracht gezogen und evaluiert werden ([66], S. 145). Die Branche, in der ein Unternehmen tätig ist, die Position in der Lieferkette, aber auch das Vorhandensein bereits implementierter Nachhaltigkeitsstrategien und -maßnahmen können die Einstufung von Risiken beeinflussen. Methoden, die üblicherweise angewandt werden, um jeweils Eintrittswahrscheinlichkeit und potentiellen Impact zu beurteilen, können intuitiv (z. B. Brainstorming), induktiv (z. B. Checklisten, vorläufige Gefahrenanalyse, Ereignis- und Fehlerbaumanalysen) oder deduktiv (z. B. Unfallanalysen oder kontrollierte Experimente) sein. Die Priorisierung kann wiederum unter Zuhilfenahme von Pareto-Analysen oder komplexeren Methoden wie Fuzzy AHP erfolgen ([44], S. 457). Nachhaltigkeitsrisiken können in komplexen Wirkungszusammenhängen zueinander stehen. Sie können sich gegenseitig beeinflussen und das Eintreten eines einzigen Risikos kann der Auslöser für die Veränderung der Eintrittswahrscheinlichkeit einer Reihe weiterer Nachhaltigkeitsrisiken sein. Szenarioanalysen können dabei helfen, solche Verkettungen von Nachhaltigkeitsrisiken aufzuzeigen, indem mögliche zukünftige Situationen analysiert und unterschiedliche Entwicklungspfade einbezogen werden. Unternehmen können auf diese Weise mehrere Parameter gleichzeitig berücksichtigen und unterschiedliche Zukunftsbilder entwickeln. Mithilfe der identifizierten Szenarien können wiederum die möglichen Entscheidungen und Strategien der Phase Risikosteuerung getestet werden ([61], S. 105–106, [26], S. 210).

Im nächsten Schritt, der **Risikosteuerung,** erfolgt die Auswahl und Implementierung geeigneter Strategien, um entweder die Eintrittswahrscheinlichkeit oder den Einfluss eines Supply-Chain-Risikos zu reduzieren ([65], S. 333). In der Literatur zum Risikomanagement können vier Hauptstrategien zum Umgang mit Risiken identifiziert werden. Diese sind Risikovermeidung (Risk Avoidance), Risikominderung (Risk Mitigation oder Risk Reduction), Risikoakzeptanz (Risk Acceptance) sowie Risikotransfer (Risk Transfer) ([65], S. 333, [47], S. 50–51). Mithilfe solcher Risikostrategien soll die Wahrscheinlichkeit des Schadenseintritts im Zusammenhang mit den einzelnen Risiken reduziert werden ([66], S. 146).

Mit der Strategie **Risikovermeidung** wird auf Aktivitäten verzichtet, die dazu führen können, einer als (nicht akzeptablem) Risiko empfundenen Situation ausgesetzt zu sein. Die Strategie zielt darauf ab, sich aus risikoreichen Situationen zurückzuziehen, die Risikoeintrittswahrscheinlichkeit (theoretisch) auf null zu senken und damit die Risikoquelle zu beseitigen ([44, 47], S. 457). Maßnahmen, die im Hinblick auf das Lieferantenmanagement infrage kommen, sind beispielsweise die Beziehung zu Lieferanten zu beenden, die nicht nachhaltige Technologien oder Prozesse nutzen, Verträge mit solchen Lieferanten nicht zu verlängern oder sie durch alternative, nachhaltiger agierende Lieferanten zu ersetzen ([44], S. 457, [47], S. 52).

Risikominderung meint, dass die Eintrittswahrscheinlichkeit oder das Ausmaß von durch Risiken auslösbare Schäden reduziert wird [5]. Während Ersteres beispielsweise durch Lieferantenentwicklungsprogramme mit Nachhaltigkeitsfokus erreicht werden kann, kann Letzteres beispielsweise durch eine rasche Reaktion auf Berichte über nicht nachhaltiges Handeln von Lieferanten beeinflusst werden, wodurch entweder die Folgen eines nachhaltigkeitsbezogenen Risikos oder die Wahrscheinlichkeit von potentiellen Auswirkungen reduziert werden können ([44], S. 457). [47] differenzieren in diesem Zusammenhang zwischen auf Monitoring basierenden und auf Kollaboration basierenden Strategien zur Risikominderung. Maßnahmen, die der ersten Gruppe zugeordnet werden, sind u. a. die Einführung eines Supplier Code of Conduct, die Integration von Nachhaltigkeitskriterien in die Lieferantenauswahl sowie in die kontinuierliche Lieferantenbewertung, die Durchführung von Nachhaltigkeitsaudits, aber auch die Einforderung von Umweltmanagementsystemen bei Lieferanten. Kollaborationsbasierte Ansätze sind beispielsweise ein offener wechselseitiger Dialog, eine enge Zusammenarbeit zur Verbesserung der Nachhaltigkeitsleistung des Lieferanten (bspw. gemeinsame Investitionen, gemeinsame Planung), das Angebot von Trainings mit Nachhaltigkeitsbezug für das Personal der Zulieferer oder auch die Implementierung von Anreizsystemen zur Steigerung der Nachhaltigkeitsleistung ([47], S. 52–53, [111], S. 7169). Bei den zuvor genannten Maßnahmen wird deutlich, dass diese sich hinsichtlich des mit ihnen verbundenen Aufwands, der Kosten sowie des geforderten Aktivitätslevels der Unternehmen teilweise stark voneinander unterscheiden. Während Verhaltenskodizes als aufwandsarme und leicht umsetzbare Maßnahmen bei allen Lieferanten eingestuft werden können, sind beispielsweise Audits, die vom einkaufenden Unternehmen selbst durchgeführt werden, um die Einhaltung von Nachhaltigkeitsvereinbarungen zu überprüfen, mit einem gewissen Aufwand verbunden, der eine vorherige Klassifizierung und Priorisierung der Lieferanten in Bezug auf deren Nachhaltigkeitsrisiko erfordert. Kollaborationsorientierte Maßnahmen setzen ein hohes Maß an Kollaborationsbereitschaft auf beiden Seiten voraus. Die Wirksamkeit der Strategien dürfte stark vom Fachwissen der Verantwortlichen im einkaufenden Unternehmen hinsichtlich Nachhaltigkeitsmaßnahmen sowie vom implementierten Beziehungsmanagement, von der vorhandenen Kommunikationskompetenz und dem Verhandlungsgeschick abhängig sein.

Risikoakzeptanz bedeutet, dass Risiken bewusst in Kauf genommen oder sogar aktiv eingegangen werden. Es handelt sich um eine reaktive Strategie, bei der zur Schadensbegrenzung keine weiteren Maßnahmen ergriffen oder Budgets eingesetzt werden, insbesondere in Fällen, in denen die Kosten der Risikosteuerung in Form der oben genannten Strategien höher wären als die Gesamtkosten des potentiellen Schadens ([47], S. 51, [5, 44], S. 457). Im Hinblick auf das Lieferantenmanagement würden bei dieser Strategie keine Änderungen in der Beziehung zu den Lieferanten vorgenommen werden. Letztere werden zu Nachhaltigkeitsthemen bzw. über Bedenken aufseiten des einkaufenden Unternehmens beispielsweise lediglich informiert, aber es werden keine Maßnahmen mit Nachhaltigkeitsbezug bei den Zulieferern umgesetzt ([47], S. 52–53). Aus moralischer Perspektive dürfte die Akzeptanz von ökologischen oder sozialen Risiken bei Lieferanten wie beispielsweise Kinderarbeit wohl kaum vertretbar sein. Zudem würde gegebenenfalls gegen geltende gesetzliche Regelungen verstoßen. Doch auch aus wirtschaftlicher Perspektive erscheint es fragwürdig, diese Strategie zu verfolgen, wenn mit dem Eintritt eines Risikos Konsequenzen in Form von Sanktionen oder Ausschluss aus öffentlichen Vergabefahren und damit einhergehende Kosten oder Umsatzverluste für das Unternehmen verbunden sind.

Risikotransfer, auch als Risikoüberwälzung oder Risikoübertragung bezeichnet, beinhaltet die Übertragung von Risiken auf eine andere Organisation [5]. Hierzu gehört auch die Zusammenarbeit mit Lieferanten, um eine Bündelung des Risikos zu erreichen. Das Risiko wird dabei zum Teil in die Lieferkette übertragen. Ein Beispiel sind multilaterale Vereinbarungen über die Höhe der CO_2-Emissionen in der kompletten Lieferkette ([44], S. 457). Üblicherweise fällt unter die Strategie Risikotransfer die Übertragung von Risiken auf ein Versicherungsunternehmen. Viele Nachhaltigkeitsrisiken werden von Versicherungsunternehmen allerdings nicht in jedem Fall vollumfänglich oder überhaupt abgedeckt, wie dies beispielsweise bei Großunfällen in Atomkraftwerken der Fall ist.

Der Prozess der **Risikoüberwachung** zielt darauf ab, potentielle Muster in den Risikodimensionen der Lieferkette zu finden, indem die Ursachen von Supply-Chain-Risiken kontinuierlich überprüft werden ([65], S. 333). Dieser Schritt steht im engen Zusammenhang mit der Phase der kontinuierlichen Verbesserung. Es geht darum, die Auswirkungen der gewählten Strategie für ein bestimmtes Risiko kontinuierlich zu überwachen, potentielle Veränderungen aufgrund der Dynamik von Lieferketten oder sich ändernder Gesetzgebung bzw. Geschäftspolitik zu identifizieren, um daraufhin neue Lösungsansätze vorzuschlagen. Das Ziel ist eine ständige Anpassung an das sich wandelnde Geschäftsumfeld. Hierfür werden alle Kennzahlen im Zusammenhang mit dem Supply Chain Risk Management kontrolliert ([65], S. 333, [44], S. 457). Eine Herausforderung besteht für Unternehmen darin, relevante und aussagekräftige Kennzahlen zu identifizieren, die eine sinnvolle Messbarkeit sozialer und ökologischer Nachhaltigkeitsaspekte erlauben. Während ökologische Faktoren wie Abfall, Ressourcenverbrauch oder Emissionen in der Regel quantitativ messbar und die Werte damit vergleichbar sind, müssen soziale Aspekte überwiegend qualitativ beschrieben werden. Dies erschwert nicht nur die Erhebung, sondern auch die Vergleichbarkeit der mitunter lediglich graduellen Unterschiede.

4 Auswirkungen auf Beschaffungsstrategien und die globale Wertkettenstruktur

Aus Sicht der Einkaufsabteilung stellt sich die Frage, mithilfe welcher Beschaffungsstrategien bzw. Kombination von Strategien, die Steuerung der Nachhaltigkeitsrisiken in der Lieferkette bestmöglich erfolgen kann. Zu beachten ist hierbei, dass die Beschaffungsstrategie stets die Unternehmensstrategie unterstützen muss und dass der Faktor Nachhaltigkeit als strategischer Aspekt in Konkurrenz zu den „traditionellen" strategischen Wettbewerbsfaktoren Zeit, Kosten, Qualität und Flexibilität bzw. Agilität steht, die sich bekanntermaßen alle in einem Spannungsfeld zueinander befinden und mit Trade-offs verbunden sind. Eine weitere Herausforderung besteht darin, dass Entscheidungen über die Beschaffungsstrategie immer unter Berücksichtigung zukünftiger Entwicklungen getroffen werden müssen. Dies umfasst sowohl die interne strategische Unternehmensentwicklung (wie bspw. Geschäftsstrategie, Geschäftsfeldentwicklung, Investitionsentscheidungen, Produktentwicklung) als auch das externe Unternehmensumfeld in Form von politischen, wirtschaftlichen, soziokulturellen, technologischen, ökologisch-geografischen und rechtlichen Einflussfaktoren, um die Versorgung des Unternehmens mit den erforderlichen Rohstoffen und Materialien in der richtigen Menge, zum richtigen Zeitpunkt, in der richtigen Qualität und zum richtigen Preis (unter Total-Cost-of-Ownership-Betrachtung) sicherzustellen. Unsicherheiten und Risiken ergeben sich dabei insbesondere aufgrund der Dynamiken außerhalb des Unternehmens, wie die oben beschriebenen Ereignisse verdeutlichen.

Sobald die Notwendigkeit zur Anpassung von Beschaffungsstrategien als Reaktion auf Lieferketten- und Beschaffungsrisiken (bspw. Versorgungssicherheit) entsteht, ist dies insbesondere bei kurzfristigen strukturellen Veränderungen von Lieferketten mit einem nicht zu unterschätzenden Aufwand und in der Regel mit nicht unerheblichen Kosten verbunden. Aber auch die aufgrund des Inkrafttretens von (Nachhaltigkeits-)Gesetzen geforderte Reevaluation bestehender Beschaffungsstrategien lässt nicht ohne Weiteres eine daraus abgeleitete Restrukturierung von Lieferketten beispielsweise unter Berücksichtigung von Nachhaltigkeitsgesichtspunkten zu. Unter anderem können Abhängigkeiten von Beschaffungsmärkten (Know-how, Spezialisierung, Produkt-/Rohstoff- bzw. Ressourcenverfügbarkeit etc.), durch Vertragsbindung oder langjährig aufgebaute Lieferanten-Abnehmer-Beziehungen mit entsprechender Investition in Lieferantenentwicklung und integrierten Prozessen bestehen, die abhängig von Branche und Produkt zusätzlich an die Planungshorizonte von Entwicklungsprozessen und Lebenszyklen der Produkte im Unternehmensportfolio gekoppelt sind. In Branchen mit aufwendigen Lieferantenentwicklungs- und langwierigen bzw. sicherheitskritischen Freigabeprozessen herrschen überwiegend enge Beziehungen und langjährige Abhängigkeiten vor, sodass beispielsweise Lieferantenwechsel langfristig vorbereitet werden müssen.

Nachdem im vorherigen Kapitel bereits beispielhaft einige Ansatzpunkte aus dem Bereich des strategischen Lieferantenmanagements angeführt wurden, die eine nachhaltige Beschaffung unterstützen, sollen in diesem Kapitel verschiedene Konzepte, Ansätze und Dimensionen von Beschaffungsstrategien im Hinblick auf deren Auswirkungen auf die nachhaltige Ausgestaltung von Wertschöpfungsketten und damit auf deren Möglichkeiten zum Umgang mit Nachhaltigkeitsrisiken untersucht werden. Da die verschiedenen Strategietypen und Ansätze auf unterschiedliche Art und Weise miteinander kombiniert werden können, d. h. sich zum Teil gegenseitig bedingen und teilweise nur eingeschränkt oder nicht immer sinnvoll gemeinsam umgesetzt werden können, und sie darüber hinaus in unterschiedlichem Maße auf die zuvor genannten Wettbewerbsfaktoren Zeit, Kosten, Qualität, Flexibilität bzw. Agilität wirken und damit sogar diametral zu einer nachhaltigen Entwicklung stehen können, werden auch zu diesen Faktoren Bezüge hergestellt und potentielle kritische Trade-offs aufgezeigt. Die Betrachtung der einzelnen Beschaffungsstrategietypen orientiert sich an der Differenzierung, Systematisierung und Abgrenzung von Beschaffungsstrategien wie sie in der gängigen Fachliteratur und in grundlegenden Lehrbüchern zu finden sind (bspw. [108], S. 167–188, [63], S. 3–12, [79], S. 21–48), auf denen auch die nachfolgenden Ausführungen aufbauen). Im Fokus stehen Überlegungen zu Strategien mit Bezug zu Lieferantenanzahl (Risiko-/Chancen-orientiert), Beschaffungsobjekt (objektorientiert), Beschaffungszeit (logistik-/bestandsorientiert), Beschaffungssubjekt (subjektorientiert), Beschaffungsareal (geografie-/marktorientiert), aber auch zu entwicklungsorientierten Beschaffungsstrategien unter Einbezug von Produktlebenszyklen. Daneben wird die Bedeutung des Lieferantenmanagements bzw. von Lieferantenbeziehungen thematisiert.

Risiko-Chancen-orientierte Beschaffungsstrategien
Bei den Risiko-Chancen-orientierten Beschaffungsstrategien steht die Lieferantenanzahl, also die Zahl der Bezugsquellen im Fokus. In der Praxis wird zwischen Sole, Single, Dual und Multiple Sourcing unterschieden. Beim **Sole Sourcing** handelt es sich um einen monopolistischen Anbietermarkt, d. h., es gibt nur einen einzigen Anbieter, der eine hohe Verhandlungsmacht besitzt und von dem das beschaffende Unternehmen abhängig ist. Inwieweit Maßnahmen zum Umgang mit kritischen CO_2-Emissionen sowie umweltschädlichen und/oder menschenrechtsverletzenden Risiken, die im Zusammenhang mit Aktivitäten und/oder der Lieferkette des Lieferanten stehen, durch das abnehmende Unternehmen umgesetzt werden können, hängt in diesem Fall von der Kooperationsbereitschaft des Lieferanten und insbesondere der Lieferanten-Abnehmer-Beziehung ab. Sofern nicht in die Entwicklung neuer, alternativer Lieferanten investiert oder die Substitution von Materialen bzw. Komponenten angestrebt wird, sind Handlungsspielraum und Einkaufsmöglichkeiten der Einkaufsabteilung unter Umständen eher begrenzt.

Beim **Single Sourcing** hat sich das einkaufende Unternehmen bewusst für nur ein Unternehmen entschieden und damit in eine Abhängigkeit begeben. Diese Abhängigkeiten bestehen in der Regel beiderseitig, da durch die enge Zusammenarbeit grundsätzlich eine Win-win-Situation für beide Partner in Form von einer langfristigen strategischen Zusammenarbeit, gemeinsamen Kostenvorteilen oder der gemeinsamen Investition in eine Entwicklungspartnerschaft angestrebt wird. Vorteile für das abnehmende Unternehmen ergeben sich konkret in der Form von Preisvorteilen aufgrund von Bündelungseffekten, der Sicherstellung einer gleichbleibenden bzw. hohen Qualität und damit einhergehenden sinkenden Kosten für Qualitätskontrollen sowie sinkenden administrativen und Transaktionskosten. Durch die Fokussierung auf einen Lieferanten kann die Transparenz des Beschaffungsprozesses erhöht werden, was insbesondere im Hinblick auf die Ausgestaltung nachhaltiger Lieferketten bzw. -netzwerke ein entscheidender Faktor ist. Enge Lieferanten-Abnehmer-Beziehungen dürften nicht nur die Bereitschaft des Lieferanten steigern, relevante Nachhaltigkeitsinformationen und -daten, die beispielsweise für das Nachhaltigkeitsreporting des abnehmenden Unternehmens von Bedeutung sind, zu teilen, sondern insbesondere dazu beitragen, dass geforderte Nachhaltigkeitsmaßnahmen umgesetzt und auch an die nächste Zulieferebene weitergegeben werden. So ist etwa eine Zusammenarbeit zur gemeinsamen Reduktion von CO_2-Emissionen in der vorgelagerten Lieferkette denkbar, aber auch die Durchführung von Produktanalysen (Value Engineering) inklusive gemeinsamer Ökobilanzierung (Life Cycle Assessment) zur Identifizierung von Ansatzpunkten zur nachhaltigen Produktentwicklung, wobei hier auch die Gestaltung nachhaltiger Produktionsprozesse eine Rolle spielt. Die in den Lieferanten bzw. die Lieferantenbeziehung getätigten Investitionen zahlen sich außerdem im Kontext von entwicklungsorientierten Strategien aus. Einerseits kann das abnehmende Unternehmen den Status eines Preferred Customer erreichen und somit prioritären und/oder exklusiven Zugang zu nachhaltige(re)n Neuproduktentwicklungen des Lieferanten erhalten, andererseits kann der Lieferant frühzeitig in Neuproduktentwicklungen eingebunden werden (Early Supplier Involvement). Darüber hinaus können Entwicklungspartnerschaften mit ausgewählten Lieferanten angestrebt werden, um gezielt nachhaltige Produkte zu entwickeln, die beispielsweise CO_2-arm bzw. -neutral oder vollständig recyclebar sind. Die obigen Strategien für Nachhaltigkeitsinnovationen können nicht nur die Wettbewerbsposition des abnehmenden Unternehmens stärken, sondern insbesondere im Zusammenhang mit exklusiven Nutzungsrechten beispielsweise auch in Form von Patenten in einem nachhaltigen strategischen Wettbewerbsvorteil resultieren.

Nicht zu vernachlässigende Nachteile des Single Sourcing sind die aus der Fokussierung und Abhängigkeit entstehenden gravierenden Folgen von Lieferengpässen bei Ausfall des Lieferanten oder bei Disruptionen in der Lieferkette. Gründe im Zusammenhang mit Nachhaltigkeitsrisiken sind beispielsweise lokale Schließung von Produktionsstätten aufgrund von Vorfällen im Zusammenhang mit umweltschädlichen bzw. menschenrechtsverletzenden Aktivitäten wie Kinder- oder Zwangsarbeit, aber auch die Zerstörung von Produktions- oder Lagerhallen, die durch mangelnden Arbeitsschutz und Sicherheit am Arbeitsplatz beispielsweise zu Bränden führen. Darüber hinaus stellen Naturkatastrophen und logistische Probleme ein Risiko dar. Ein kurzfristiger Lieferantenwechsel wird durch die hohen Wechselkosten erschwert.

Dual Sourcing kann als Sicherheitsstrategie verstanden werden, indem ein alternativer Lieferant als Second Source geführt wird, um die Versorgungssicherheit des Unternehmens sicherzustellen und gleichzeitig Wettbewerb zwischen den Lieferanten herzustellen. Auf diese Weise kann bis zu einem gewissen Grad Druck auf die beiden Unternehmen ausgeübt werden, die Leistung zu steigern, Preise zu reduzieren oder innovativer zu werden. Nachhaltigkeitsaspekte können dabei zum Verhandlungsargument werden, wenn über die Zuteilung des Gesamtbedarfs auf die Lieferanten entschieden wird. Im Gegensatz zum Single Sourcing entstehen höhere Kosten für das Lieferantenmanagement auch in Bezug auf die Umsetzung von Nachhaltigkeitsmaßnahmen sowie gegebenenfalls höhere Kosten für die Fertigung von Werkzeugen, die beide Lieferanten benötigen, und für Bestell- und Logistikvorgänge.

Beim **Multiple Sourcing** werden zur Deckung der Bedarfe mehrere Quellen genutzt. Auf diese Weise soll der Wettbewerb unter den Lieferanten gesteigert, eine größere Unabhängigkeit des abnehmenden Unternehmens geschaffen oder eine höhere Versorgungssicherheit realisiert werden. Zeichnen sich beispielsweise Nachhaltigkeitsprobleme bei einem Zulieferer ab oder treten Probleme anderer Art auf, kann mit eher geringem Aufwand ein Lieferant gewechselt und das Beschaffungsvolumen neu zugeteilt werden. Durch diese Wechselmöglichkeit steigt einerseits die Flexibilität des abnehmenden Unternehmens, andererseits können Nachhaltigkeitsaspekte als Verhandlungsargument genutzt und im gesteigerten Wettbewerb nachhaltige Lieferanteninnovationen angestoßen werden. Multiple Sourcing geht allerdings auch mit zusätzlichen Kosten und erhöhtem Aufwand für das Management der Lieferantenbeziehungen einher, was auch für die Implementierung bzw. Sicherstellung von Nachhaltigkeitsstandards gilt. Denn nur wenn bei allen Lieferanten ein vom Unternehmen definierter und gesetzliche Anforderungen erfüllender Mindeststandard in Bezug auf Nachhaltigkeit eingehalten wird, ist ein schneller Wechsel möglich. Jeder Lieferantenwechsel wirkt sich zusätzlich auf weitere Aspekte einer Beschaffungsstrategie aus. Ändert sich mit dem Lieferantenwechsel etwa auch der geografische Beschaffungsmarkt, geht damit unter Umständen nicht nur ein anderes Verständnis von Nachhaltigkeit einher, sondern es können länderbezogene Nachhaltigkeitsgesetze und -regularien existieren, die in den Beschaffungsaktivitäten zu berücksichtigen sind. Die an den neuen Lieferanten gekoppelten Nachhaltigkeitsrisiken sind insbesondere im Zusammenhang mit dem LkSG neu zu evaluieren; in Verbindung mit dem CBAM müssen möglicherweise zusätzliche Kosten einkalkuliert werden.

Geografieorientierte Beschaffungsstrategien

Bei relativ kurzfristigen Wechseln in Zusammenhang mit geografieorientierten Strategien sind darüber hinaus Auswirkungen auf Transportwege sowie verfügbare Transportmittel und damit verbundene Emissionen zu berücksichtigen, die zum Teil nicht unerheblich ausfallen können. Hieraus ergeben sich ggf. veränderte Anforderungen an die Lagerhaltungsstrategie und abhängig vom Zeitpunkt, zu dem die Produkte benötigt werden, auch an das Transportmittel. Soll beispielsweise die Beschaffungszeit reduziert oder die Agilität gefördert werden, indem der Bezug per Flugzeug erfolgt, so wirkt sich dies nachteilig auf die Emissionen (und die Kosten) in der Lieferkette aus.

Geografieorientierte Strategien beziehen sich auf das Beschaffungsareal und werden in Local Sourcing bzw. Regional Sourcing, Domestic bzw. National Sourcing, Inter- oder Multinational Sourcing sowie Worldwide bzw. Global Sourcing differenziert.

Beim **Local Sourcing** befinden sich die Lieferanten in der näheren Umgebung bzw. im gleichen geografischen Gebiet wie das abnehmende Unternehmen. Vorteile ergeben sich durch kürzere Transportwege und damit einhergehende geringere Transportrisiken sowie -kosten. Als Nachteil werden aus der Sicht von Abnehmern in hoch entwickelten Industrieländern die oft hohen Preise genannt, die einerseits auf im internationalen Vergleich höhere Produktionskosten zurückgeführt werden können und andererseits aus der Beschränkung auf einen kleinen Lieferantenpool und einem verminderten Wettbewerb resultieren. Vor dem Hintergrund aktueller und zukünftiger (Nachhaltigkeits-)Gesetzgebung dürfte dieses Argument langfristig allerdings an Gewicht verlieren. Begründet werden kann dies unter anderem mit den kürzeren Transportwegen, die weniger CO_2-Emissionen und folglich geringere Kosten für Emissionen verursachen. Die unter den CBAM fallenden Ausgleichszahlungen dürften dabei ein entscheidungsrelevantes Kriterium sein.

Darüber hinaus sinkt das Risko für Nachhaltigkeitsprobleme aufgrund der lokalen Nähe und damit verbundenen besseren Kontrollierbarkeit von Nachhaltigkeitsstandards bei Lieferanten, aber auch da aufgrund dieser Nähe von einem ähnlichen Nachhaltigkeitsverständnis ausgegangen werden kann. Darüber hinaus gelten die gleichen (Nachhaltigkeits-)Gesetze bzw. das gleiche Rechtssystem, wodurch ein definiertes Mindestnachhaltigkeitsniveau vorausgesetzt werden kann. Dadurch sinken nicht nur Kosten und Aufwand für Risikomanagement und Kontrollen, sondern auch das Risiko, gegen Lieferkettengesetze zu verstoßen, was beispielsweise mit Strafzahlungen oder dem Ausschluss aus öffentlichen Vergabeverfahren verbunden ist.

Insbesondere unter dem Ansatz **local for local,** der als Beschaffungsstrategie in den letzten Jahren an Bedeutung gewonnen hat, kommen obige Überlegungen zum Tragen. Die Idee ist, dass Einkaufs-, Produktions- und Absatzmärkte räumlich nah zueinander liegen. Gerade zu Beginn können allerdings hohe Kosten und ein hoher Aufwand entstehen, da zur Umsetzung neue Lieferanten identifiziert oder sogar erst aufgebaut werden müssen, wenn es sich um Kompetenzen handelt, die lokal bisher nicht vorhanden sind. Alternativ kann ein (unter Vertrag stehender) Lieferant zu einem lokalen Lieferanten werden, indem er einen Standort in der Nähe des Produktionsstandorts aufbaut. Sobald diese Hürde gemeistert ist, lassen sich mit den lokal verfügbaren Lieferanten weitere kooperative Konzepte wie beispielsweise Just-in-Time-Belieferungen umsetzen, die wiederum in einer Reduktion der Bestands- und Kapitalbindungskosten resultieren können [1].

Beim **Domestic** oder **National Sourcing** befinden sich die Lieferanten im selben Land wie das abnehmende Unternehmen bzw. dessen lokale Produktionsstätte. Beschränkt sich die Beschaffungstätigkeit auf einen relativ homogenen Wirtschaftsraum kann von **International Sourcing** gesprochen werden. Beim International Sourcing werden zusätzlich zu den inländischen Lieferanten auch einige Lieferanten aus dem Ausland in die Beschaffungsaktivitäten einbezogen. Steht die Europäische Union als Beschaffungsraum im Fokus wird gelegentlich der Begriff **Euro Sourcing** genutzt. Vorteile von Domestic/National und Euro Sourcing im Hinblick auf Nachhaltigkeitsrisiken sind ebenfalls die relative kulturelle Nähe zu den Lieferanten, ein ähnliches Nachhaltigkeitsverständnis sowie einheitliche rechtliche Rahmenbedingungen, wie beispielsweise der CBAM oder die CSDDD im Europäischen Raum. Bestehen bleiben Zeitvorteile aufgrund der kürzeren Distanzen sowie durch den Wegfall der Zollabwicklung.

Ein nicht zu unterschätzender Kostenfaktor ist das erforderliche Verpackungsmaterial, das einen sicheren Transport ermöglichen soll. Auf sicheren und kurzen Transportwegen kann auf andere Formen der Verpackung zurückgegriffen werden, die unter Umständen kostengünstiger sind als beispielsweise Alternativen für den Seeweg. Außerdem führt eine Reduktion des benötigten Verpackungsmaterials zu weniger Verpackungsmüll, für dessen Entsorgung zusätzliche Kosten anfallen könnten. Auch sind in diesem Fall Mehrwegverpackungen und Umlaufsysteme eher wirtschaftlich.

Wird von vielen Lieferanten aus dem Ausland bezogen, kann von **Multinational Sourcing** gesprochen werden. Sobald Lieferanten aus der ganzen Welt einbezogen werden, ist dagegen eher von **Worldwide Sourcing** oder **Global Sourcing** die Rede. Dabei sollte beachtet werden, dass bei der Beschaffungsmarkt- und Lieferantenauswahl das strategische Ziel die Einbeziehung „aller" infrage kommenden Anbieter sein sollte, was ohne geografische Einschränkung einen globalen Ansatz darstellt. Die Vorteilhaftigkeitsbewertung kann dann aber durchaus dazu führen, dass man sich für konkrete Beschaffungsobjekte oder -projekte für lokale oder nationale Lieferanten entscheidet. Insofern kann ein strategischer Global-Sourcing-Ansatz im Einzelfall zu lokalen Lieferantenentscheidungen führen [8]. Die Vorteile solcher Strategien sind vor allem darin zu sehen, dass mit steigender geografischer Reichweite die Chance steigt, die wettbewerbsfähigsten Lieferanten zu finden. Dies umfasst nicht nur Produkt-Know-how und günstige Einstandspreise, sondern ebenso die Nachhaltigkeitsleistung von Lieferanten. Demgegenüber stehen Nachteile, die sich aus einer großen geografischen Distanz zwischen dem Zulieferer und dem Produktionsstandort des abnehmenden Unternehmens ergeben. So steigen mit langen Transportwegen auch die Transportrisiken, indem Disruptionen, beispielsweise durch Piraterie auf dem Seeweg, durch Umweltkatastrophen oder Wetterextreme, wahrscheinlicher werden, was sich negativ auf die Faktoren Zeit, Kosten, Flexibilität und gegebenenfalls auf die Qualität auswirkt. Liefer- und Logistikprobleme können außerdem durch politische und wirtschaftliche Strategien und Instabilitäten entstehen oder eine Folge des Eintritts ökologischer und/oder sozialer Risiken sein. Darüber hinaus können die Zusammenarbeit und der Informationsaustausch mit erhöhten Kosten und Aufwand verbunden sein, da die Kommunikation aufgrund kultureller Unterschiede und sprachlicher Herausforderungen unter Umständen erschwert ist.

Im Hinblick auf die nachhaltige Ausgestaltung von Lieferketten ist zu beachten, dass lange Transportwege zu einem erhöhten CO_2-Ausstoß führen, wobei zusätzlich die gewählten Transportmittel zu berücksichtigen sind. Die Entfernung wirkt sich außerdem tendenziell negativ auf die Kontrollmöglichkeiten des Lieferanten aus, was wiederum ein lieferantenseitiges opportunistisches Verhalten erleichtert und etwa die Einhaltung geforderter Nachhaltigkeitsstandards betrifft. Die Durchführung regelmäßiger Nachhaltigkeitsaudits bei den entsprechenden Lieferanten wäre in diesem Kontext in der Regel zu kostenintensiv. Hinzu kommt unter Umständen eine schwächere Gesetzgebung zum Schutz von Menschen und Umwelt, was in einem kulturell bedingten abweichenden Verständnis von Nachhaltigkeit begründet sein und zu Problemen bei der Erfüllung von Sorgfaltspflichten in der Lieferkette führen kann. Schließlich kann Korruption oftmals ein relevanter Risikofaktor im Rahmen globaler Aktivitäten werden. Da eine Global-Sourcing-Strategie mit einem hohen Aufwand und Ressourceneinsatz verbunden ist, müssen die (Preis-)Vorteile unbedingt den dargestellten höheren Risiken und Kosten in Bezug auf Transport und Nachhaltigkeit gegenübergestellt werden. Für eine fundierte Entscheidung bzw. zur Einschätzung der Vorteilhaftigkeit sollte eine TCO-Analyse unter Einbezug der Kosten im Falle des Eintritts von Nachhaltigkeitsrisiken durchgeführt werden.

Nachfrage- bzw. objektorientierte Strategien
Bei den nachfrage- bzw. objektorientierten Strategien steht die Komplexität des Produkts und damit die Wertschöpfungstiefe im beschaffenden Unternehmen im Fokus. Unterschieden wird dabei zwischen Unit Sourcing, Modular Sourcing und System Sourcing. Beim **Unit Sourcing** haben die beschafften Produkte eine eher geringe Komplexität. Das abnehmende Unternehmen kauft alle benötigten Rohstoffe oder Einzelteile für die eigene Fertigung zu, wodurch sich eine sehr große Lieferantenbasis und damit ein erhöhter Koordinationsaufwand sowie höhere Kosten für die damit verbundenen häufigen Bestell- bzw. Liefervorgänge ergeben. Mit steigender Lieferantenzahl ist auch mit einem erhöhten Aufwand im Hinblick auf das Nachhaltigkeitsmonitoring und die Umsetzung von Nachhaltigkeitsmaßnahmen bzw. der Einhaltung von Nachhaltigkeitsstandards bei den einzelnen Lieferanten zu rechnen. Andererseits erlaubt die niedrige Komplexität der Produkte bei Bedarf einen schnelleren Lieferantenwechsel, beispielsweise, wenn ein Verstoß gegen Nachhaltigkeitsstandards festgestellt oder keine Kooperationsbereitschaft im Hinblick auf die Umsetzung von geforderten Nachhaltigkeitsmaßnahmen zu erkennen ist. Somit ist für das abnehmende Unternehmen ein relativ hoher Grad an Unabhängigkeit von den Lieferanten und damit an Flexibilität gegeben. Weitere Vorteile liegen in vergleichsweise hohem Maße im Schutz für das fertigungstechnische Know-how für das Gesamtprodukt sowie in der Kontrolle über die Komponenten und Materialien, die in das Endprodukt einfließen. Dies wiederum ist vorteilhaft, wenn Nachhaltigkeitsaspekte des Produkts evaluiert und beispielsweise der CO_2-Fußabdruck gemessen werden soll.

Beim **Modular Sourcing** werden komplexere Teile, d. h. fertigungstechnisch zusammenhängende Einheiten wie Baugruppen oder Module, für die Montage beschafft. Hierbei können die Lieferantenbasis und in diesem Zusammenhang auch Aufwand und Kosten, die mit Montage- und Beschaffungsprozessen verbunden sind, reduziert werden. Dies kann sich positiv auf das nachhaltige Lieferantenmanagement auswirken, da von relativ wenigen Lieferanten Nachhaltigkeitsdaten erfasst und bewertet werden müssen. Allerdings hat das abnehmende Unternehmen keinen direkten Einfluss auf die Zulieferer des Lieferanten und ist somit auf dessen Kooperationsbereitschaft im Zusammenhang mit dem nachhaltigen Management von Sublieferanten angewiesen. Die steigenden Abhängigkeiten erschweren außerdem Lieferantenwechsel und führen gegebenenfalls zu einem Verlust von Fertigungs-Know-how.

Beim **System Sourcing** ist die Komplexität der beschafften Produkte und Teile am höchsten, meist bilden mehrere Module ein solches System. Da Systeme häufig unabhängig von den Lieferanten entwickelt werden, hat dies aus Sicht des abnehmenden Unternehmens tendenziell einen noch größeren Know-how-Verlust zur Folge. Hieraus und aus der Tatsache, dass die Anzahl der direkten Lieferantenbeziehungen beim System Sourcing weiter reduziert werden, resultiert eine noch stärkere Abhängigkeit von einzelnen Lieferanten. Solche Abhängigkeiten von Systemlieferanten können bei Engpässen und Lieferkettendisruptionen zum Produktionsstillstand beim abnehmenden Unternehmen führen. Aufgrund der hohen Produktspezifität sowie -komplexität und der Tatsache, dass das komplette Knowhow beim Zulieferer liegt, ist ein schneller Lieferantenwechsel nicht oder nur verbunden mit hohen Kosten möglich. In Bezug auf die nachhaltige Ausgestaltung der Lieferkette ist das abnehmende Unternehmen auch bei dieser Objektstrategie auf die Kooperationsbereitschaft des Lieferanten angewiesen. Dies bezieht sich einerseits auf die Weitergabe von Nachhaltigkeitsdaten, die im Zusammenhang mit den Systemen stehen und andererseits auf die Implementierung von Nachhaltigkeitsstandards sowie eine Durchführung von nachhaltigen Entwicklungsmaßnahmen durch den Zulieferer bei dessen direkten Lieferanten. Da mit Systemlieferanten in der Regel langfristige und partnerschaftliche Beziehungen eingegangen werden, sollte sich dies positiv auf die Zusammenarbeit bei Nachhaltigkeitsthemen auswirken, beispielsweise wenn es um die Erfassung von Nachhaltigkeitsdaten komplexer Produkte (wie CO_2-Fußabdruck) im Rahmen einer Lebenszyklusanalyse oder eine Innovationspartnerschaft geht. Insbesondere bei Modulen oder Systemen kann die Substitution einzelner Materialien oder Komponenten mit einer nachhaltigen Alternative erschwert sein, wenn daran sicherheitskritische Freigabeprozesse des Endprodukts gekoppelt sind oder sogar ausgeschlossen werden.

Logistik- bzw. inventarorientierte Beschaffungsstrategien
Bei den logistik- bzw. inventarorientierten Beschaffungsstrategien wird über die Höhe der Lagerbestände entschieden. Unterschieden wird zwischen Stock Sourcing, also traditionellen Formen der Lagerhaltung, Demand Tailored Sourcing, d. h. fallweise Beschaffung sowie Just-in-Time- bzw. Just-in-Sequence-Belieferung, was einer produktionssynchronen Beschaffung entspricht. Beim **Stock Sourcing** werden Materialien oder Teile in „größeren" Mengen bestellt und auf Lager gehalten. Vorteile sind der hohe Verfügbarkeitsgrad und damit Sicherheitsbestand sowie das Potential für Bündelungen. Während sich durch ersteres Produktionsunterbrechungen verhindern lassen, wirkt letzteres positiv auf die Verhandlung besserer Preise und Konditionen. Demgegenüber stehen Nachteile in Form von

höheren Lagerhaltungs- und Kapitalbindungskosten, aber auch der Raum- und Personalbedarf, der mit zusätzlichen Kosten verbunden ist. Zusätzlich sind negative Auswirkungen auf die Nachhaltigkeitsleistung des abnehmenden Unternehmens zu berücksichtigen. Aufgrund der größeren benötigten Flächen für Lagerhallen stellen Flächenversiegelungen ein Problem hinsichtlich einer nachhaltigen Land- und Bodennutzung sowie in Bezug auf Biodiversität dar. Mit großen Lagerhallen geht zudem ein erhöhter Energieverbrauch einher, der beispielsweise bei einer erforderlichen Kühlung eine noch größere Relevanz beizumessen ist. Hinzu kommt das Risiko von mit Lagerhaltung verbundenen, potentiell größeren Abfallmengen verderblicher oder veralteter Produkte, die eine Umweltbelastung darstellen und unter Umständen unter zusätzlichem Kostenaufwand entsorgt werden müssen.

Mit **Demand Tailored Sourcing** wird eine fallweise Beschaffung bezeichnet, bei der kleinere Losgrößen je nach kurz- bis mittelfristigem Bedarf bestellt und geliefert werden. Bei diesem Ansatz stehen niedrigere Lagerhaltungskosten den mit etwas häufigeren Lieferungen verbundenen höheren Lieferkosten gegenüber. Außerdem steigt die Abhängigkeit gegenüber dem Lieferanten und hierdurch das Versorgungsrisiko.

Die größten Abhängigkeiten und gleichzeitig das größte Versorgungsrisiko bestehen allerdings im Rahmen einer produktionssynchronen Beschaffungsstrategie wie **Just-in-Time** (JiT) oder **Just-in-Sequence**, wobei Lieferungen nach einem kurzfristigen Produktionsplan und ohne Lagerhaltung erfolgen. Dies setzt nicht nur eine regelmäßige Nachfrage mit sehr geringen Schwankungen voraus, sondern stellt höchste Anforderungen bezüglich Qualität, Lieferfähigkeit und Zuverlässigkeit an den Lieferanten. Damit einher gehen häufig strukturelle Voraussetzungen, wie zum Beispiel die Ansiedlung des Lieferanten in unmittelbarer räumlicher Nähe des Abnehmers. Inwiefern eine Realisierung von produktionssynchronen Lieferkonzepten in Kombination mit weltweitem bzw. Global Sourcing realisierbar sind, ist fraglich bzw. vom abnehmenden Unternehmen genau zu prüfen. Vorteile von JiT-Belieferungen liegen in den (für den Abnehmer) minimalen Lagerhaltungskosten, die jedoch den erhöhten Lieferkosten sowie den mit einem Ausfall verbundenen (Risiko-) Kosten gegenüberzustellen sind. Hierbei ist auch das erhöhte Risiko durch externe Umwelteinflüsse, etwa Streiks, einzubeziehen. Im Rahmen von Nachhaltigkeitsüberlegungen sind zudem die zumeist erhöhten ökologischen Belastungen aufgrund der mit den häufigen Lieferungen verbundenen Zunahme an LKW-Transporten von Relevanz. Grundsätzlich ist davon auszugehen, dass die aufgrund der für eine erfolgreiche Umsetzung produktionssynchroner Strategien ohnehin erforderliche, sehr enge Zusammenarbeit und Kommunikation zwischen Lieferant und Abnehmer einen positiven Beitrag leistet, Nachhaltigkeitsthemen zu platzieren und gemeinsam zu erarbeiten.

Subjektorientierte Strategien
Bei den subjektorientierten Strategien wird zwischen Individual Sourcing und Cooperative Sourcing unterschieden. Von **Individual Sourcing** wird gesprochen, wenn unabhängig von anderen Abteilungen und Organisationseinheiten beschafft wird. Im Gegensatz dazu beschreibt **Cooperative Sourcing,** wenn sich mehrere interne Einheiten (Standorte

oder Geschäftsbereiche) oder auch Unternehmen (extern) zusammenschließen, um einerseits Bündelungseffekte zu erzielen, die die Verhandlungsmacht stärken, und andererseits Preis- und Prozesskostenvorteile zu erreichen. Zusätzlich können sich Potentale aus der kooperativen Beschaffungsmarktforschung und -entwicklung ergeben. Die größere Verhandlungsmacht dürfte auch für das Durchsetzen von Nachhaltigkeitsstandards bei den Lieferanten hilfreich sein. Insbesondere kleinere und mittelständische Unternehmen könnten in diesem Zusammenhang von einem Zusammenschluss profitieren und sich besser gegenüber größeren Zulieferern positionieren. Darüber hinaus ist es sinnvoll, nur einen Kommunikationskanal für den Austausch mit einem Lieferanten zu Nachhaltigkeitsthemen zu nutzen. Auf diese Weise kann die Weitergabe einheitlicher Anforderungen sichergestellt sowie der effiziente Rücklauf von Nachhaltigkeitsdaten und -informationen umgesetzt werden. Erforderliche (Entwicklungs-)Maßnahmen können somit aus einer Hand angestoßen und überwacht werden. Indem bezüglich Nachhaltigkeit Doppelarbeit vermieden und Know-how gebündelt wird, kann ein effizienter Einsatz, der ohnehin knappen monetären und personellen Ressourcen zur Umsetzung eines nachhaltigen Lieferantenmanagements realisiert werden.

Lebenszyklusbetrachtungen
Schließlich leiten sich aus der Lebenszyklusbetrachtung von Produkten strategische Ansatzpunkte für den Einkauf ab, die zum Umgang mit Nachhaltigkeitsrisiken in der Lieferkette genutzt werden können. Beim Life Cycle Assessment handelt es sich um eine Methode, mit der die ökologischen und sozialen Auswirkungen in allen Lebensphasen eines Produktes bewertet werden sollen. Dies umfasst die Phasen Rohstoffgewinnung, Materialverarbeitung, Herstellung, Vertrieb, Nutzung, Reparatur und Wartung bis hin zur Entsorgung oder zum Recycling. Da das übergeordnete Ziel darin bestehen sollte, eine Kreislaufwirtschaft herzustellen, beginnt der Lebenszyklus schon beim Design bzw. dem Entwurf von Produkten, denn in dieser ersten Phase wird in besonderem Maße über die Nachhaltigkeit eines Produktes und die mit dem Produkt verbundenen Nachhaltigkeitsrisiken in jeder Lebensphase bestimmt. In der Design-Phase erfolgt die Festlegung auf Ressourcen und Rohstoffe, wodurch nicht nur eine Abhängigkeit von dieser Rohstoffverfügbarkeit geschaffen wird, sondern auch von den Bedingungen, unter denen der Abbau der benötigten Ressourcen erfolgt. Zur Evaluation der hiermit verbundenen Chancen und Risiken sollte unbedingt eine enge Zusammenarbeit zwischen Einkauf, Forschung und Entwicklung sowie Produktion erfolgen. Soll sich beispielsweise von Ressourcenabhängigkeiten gelöst werden, die ggf. mit ökologischen und/ oder sozialen Risiken verbunden sind, kann die Substitution dieser Materialien durch solche, die weniger umweltschädlich oder sozialkritisch sind, angestrebt werden. Der Einkauf liefert in diesem Zusammenhang einen Beitrag, indem er über das erforderliche Wissen zu Beschaffungs- und Rohstoffmärkten bereits verfügt oder die relevanten Informationen bevorzugt ermitteln kann. Der Einkauf sollte aber auch aufgrund der sich dadurch ändernden Rahmenbedingungen im Hinblick auf die Erfüllung von Sorgfaltspflichten in der Lieferkette

involviert werden. Ebenso wird mit dem Design und der Wahl von Rohstoffen und Komponenten die Recyclingfähigkeit des Endprodukts determiniert. Ein modularer Aufbau kann hier zielführend sein, setzt aber die Verfügbarkeit von Lieferanten auf dem Markt voraus, die die erforderlichen Komponenten und Produktionsverfahren bereitstellen können. Dem Einkauf kommt hierbei die Aufgabe zu, wettbewerbsfähige Lieferanten zu identifizieren, die einerseits solche nachhaltigen Produkte oder Prozesse bereits im Portfolio haben (Innovation Sourcing) und andererseits das Potential haben, solche Produkte zu entwickeln, gegebenenfalls nach Durchführung entsprechender Qualifizierungsmaßnahmen durch das abnehmende Unternehmen. Inkrementelle Produktinnovationen oder Neuproduktentwicklungen mit Nachhaltigkeitsfokus können daraufhin unabhängig vom Lieferanten oder im Rahmen einer durch den Einkauf angestoßenen Entwicklungspartnerschaft durchgeführt werden. In jedem Fall kommen hier Innovationsfähigkeit und -tätigkeit von Lieferanten zum Tragen, die durch das einkaufsseitige Beziehungs- und Lieferantenmanagement gesteuert werden können.

Darüber hinaus gibt es auch in der End-of-Life-Phase von Produkten Anknüpfungspunkte für den Einkauf, etwa dann, wenn die Rückbeschaffung von Produkten oder deren Teilkomponenten, die dem Recycling zugeführt werden sollen, angestrebt wird, um durch inhouse durchgeführte Aufbereitungsverfahren zukünftig den Zugang zu knappen Ressourcen zumindest zum Teil sicherzustellen und beispielsweise im Hinblick auf Konfliktmineralien und den damit verbundenen ökologischen und sozialen Risiken unabhängiger zu werden. Interessant an der End-of-Life-Phase ist außerdem, dass auch diese Stufe im Lebenszyklus im Rahmen von Scope-3-Emissionen zu berücksichtigen ist. Durch die Rückbeschaffung der betroffenen Produkte und Materialien gewinnt das Unternehmen eine größere Kontrolle über die damit verbundenen CO_2-Emissionen.

5 Fazit

Es dürfte deutlich geworden sein, dass ein Sustainable Supply Chain Risk Management (SSCRM) heute für die meisten Unternehmen zum betriebswirtschaftlichen Standardrepertoire gehören sollte. Eine sorgfältige Ausgestaltung und Implementierung eines solchen SSCRM stellt nicht unerhebliche Ansprüche an die Unternehmen. In jedem Fall muss diesbezüglich eine wohl bedachte Abstimmung mit der Unternehmensstrategie bzw. den Business-Unit-Strategien erfolgen. Die Risikoexposition im ökologischen und sozialen Bereich ist situationsspezifisch zu sehen. Dies gilt in Verbindung mit den jeweiligen Industriebereichen, mit denen das Unternehmen interagiert und in welchen dieses selbst verankert ist, und hängt von der Stellung in der jeweiligen Wertkette ab. So resultieren vermutlich zum einen aus Kostenführerschaftsstrategien andere ökologische und soziale Risikopräferenzen als dies bei Differenzierungsstrategien der Fall ist. Zudem sind die Handlungsmöglichkeiten je nach Marktstellung, Beschaffungsmarkt und jeweiligem Lieferanten unterschiedlich ausgeprägt. Es bedarf mithin einer eingehenden Analyse der vorliegenden Situation und der bestehenden Handlungsmöglichkeiten. Der individuell einzuschätzende Druck seitens der Finanzmärkte, der je nach Branche, aber vor allem hinsichtlich der Eignerstrukturen unterschiedlich ausfallen kann, aber auch seitens der Gesetzgebung und letztlich der Öffentlichkeit spielen hier eine mehr oder minder hervorgehobene Rolle.

Festzuhalten ist, dass aufgrund der in sehr vielen Unternehmen herausragenden Bedeutung der Treibhausgasemissionen in der Lieferkette, den Funktionen Einkauf und SCM eine hervorgehobene Rolle beim Carbon Management zukommt, das fest verknüpft mit dem SSCRM zu sehen ist. Dementsprechend dürfte es in sehr vielen Fällen empfehlenswert sein, der betrieblichen Beschaffungsfunktion die Hauptverantwortung hierfür zuzuweisen. Klar dürfte sein, dass eine adäquate Übernahme der mit dem Carbon Management und dem SSCRM verbundenen Aufgaben nur gelingen kann, wenn die Funktionen mit entsprechenden personellen und finanziellen Ressourcen ausgestattet werden. Dabei dürften die für diesen Aufgabenbereich bereitgestellten Finanzmittel primär für die Nutzung geeigneter IT-Systeme zwecks Schaffung von Transparenz über die CO_2-Verursacher auf Produkt-, Unternehmens- und Prozessebene sowie die voraussichtlich erforderlich werdenden nachhaltigkeitsbezogenen Auditierungen oder auch Zertifizierungen verwendet werden. Eine Chief-Sustainability-Officer-Position mit entsprechendem Team kann bei größeren Unternehmen und komplexeren Strukturen sehr positive Auswirkungen auf die interne Koordination und Kommunikation haben, die für eine erfolgreiche Umsetzung einer ganzheitlich orientierten Nachhaltigkeitsstrategie erforderlich sind. Die Verantwortung für konkrete Treibhausgasreduzierungen und das Carbon Management sowie für die Umsetzung von sozialen Nachhaltigkeitszielen dürfte jedoch in der jeweiligen Linienfunktion und damit für Scope-1-Emissionen im Produktions- bzw. Operationsbereich und für Scope 2 (Energie) bei Eigenerzeugung ebenfalls im Operationsbereich, andernfalls im Einkauf sowie für Scope 3 im Beschaffungs- und Logistikbereich angesiedelt sein.

Angesichts der sich verschärfenden Klimakrise, die aufgrund der Folgen auch als planetare Krise bezeichnet wird, dürfte sich der Druck auf Unternehmen in Bezug auf die nachdrückliche Verfolgung ökologischer, aber auch sozialer Ziele weiter und deutlich erhöhen. Dies gilt auch in globaler Perspektive, wobei aktuell noch ungeklärt ist, wie die „Spaltung" zwischen einer zunehmend nachhaltigkeitsorientierten Wirtschaft, beispielsweise in der EU, und einer weiterhin eher einseitig auf materielles Wachstum setzenden Wirtschaft, beispielsweise in großen Teilen des asiatischen Raums, im globalen Zusammenspiel funktionieren kann. Das Szenario, dass der „Rest der Welt" dem EU-Ansatz folgen wird, ist wünschenswert, aber keinesfalls garantiert. Zumindest in mittlerer Frist ist damit zu rechnen, dass andere Wirtschaftsräume (u. a. ASEAN, Mercosur, Afrikanische Wirtschaftsunion) angesichts des (unzweifelhaften) Bedarfs an zunehmendem materiellen Wohlstand für die dort lebenden Menschen „ihre" Wirtschaftsmodelle präferieren werden. Die obigen Aussagen zur Reduzierung von Treibhausgasen und zur Implementierung eines SSCRM sind somit EU-zentrisch definiert und müssen zumindest im Falle von reinen Nicht-EU-Wertketten – auch wenn diese von deutschen oder EU-Unternehmen/ Konzernen gesteuert werden – relativiert werden.

Literatur

1. BA – Beschaffung Aktuell. (2013, March 1st). Local-for-Local-Sourcing – Bestimmung des Lokalisierungsgrades der Beschaffung. https://beschaffung-aktuell.industrie.de/allgemein/local-for-local-sourcing/
2. BGR. (2022). BGR – Deutsche Rohstoffagentur. https://www.deutsche-rohstoffagentur.de
3. BlackRock. (2018). Larry Fink's 2018 Letter to CEOs. BlackRock. https://www.blackrock.com/corporate/investor-relations/2018-larry-fink-ceo-letter
4. BlackRock. (2022). Larry Fink's Annual 2022 Letter to CEOs. BlackRock. https://www.blackrock.com/corporate/investor-relations/larry-fink-ceo-letter
5. BMI. (2023). Organisationshandbuch – 3.10 Risikomanagement – 3.10 Risikomanagement. https://www.orghandbuch.de/OHB/DE/OrganisationshandbuchNEU/3_managementansaetze_u_instrumente/3_10_Risikomanagement/risikomanagement_inhalt.html
6. BMWK-Bundesministerium für Wirtschaft und Klimaschutz. (2017). Abkommen von Paris. https://www.bmwk.de/Redaktion/DE/Artikel/Industrie/klimaschutz-abkommen-von-paris.html
7. BNE. (2017). Nationaler Aktionsplan Bildung für nachhaltige Entwicklung. https://www.bne-portal.de/bne/shareddocs/downloads/files/nationaler_aktionsplan_bildung-er_nachhaltige_entwicklung_neu.pdf?__blob=publicationFile&v=2
8. Bogaschewsky, R. (2005). Global Sourcing – Wettbewerbsstrategische Bedeutung und methodische Umsetzung. In E. Fröhlich-Glantschnig (Hrsg.), *Marketing im Perspektivenwechsel* (S. 31–58), Berlin u. a.
9. Bonini, S., Koller, T. M., & Mirvis, P. (2009). Valuing Social Responsibility Programs. McKinsey Quarterly, 32, 11–18.
10. Bové, A.-T./Schwartz, S. (2016): Starting at the source: Sustainability in Supply Chains, McKinsey&Company. https://www.mckinsey.com/capabilities/sustainability/our-insights/starting-at-the-source-sustainability-in-supply-chains
11. Brandi, C. (2021): Priorities for a Development-Friendly EU Carbon Border Adjustment Mechanism (CBAM), Briefing Paper 20/2021, Deutsches Institut für Entwicklungspolitik / German Development Instiute. DOI: https://doi.org/10.23661/bp20.2021.
12. Bundesamt für Wirtschaft und Ausfuhrkontrolle. (2023). https://www.bafa.de/DE/Lieferketten/Ueberblick/ueberblick_node.html
13. Bundesministerium für Umwelt, Naturschutz, nukleare Sicherheit und Verbraucherschutz. (2023). Europäische Lieferkettenrichtlinie (CSDDD). https://www.bmuv.de/themen/nachhaltigkeit/wirtschaft/lieferketten/europaeische-lieferkettenrichtlinie-csddd
14. Bundesregierung. (2016). Nationaler Aktionsplan Umsetzung der VN-Leitprinzipien für Wirtschaft und Menschenrechte. https://www.auswaertiges-amt.de/blob/297434/8d6ab29982767d5a31d2e85464461565/nap-wirtschaft-menschenrechte-data.pdf
15. Bundesregierung. (2022). Deutsche Nachhaltigkeitsstrategie | Bundesregierung. Die Bundesregierung informiert | Startseite. https://www.bundesregierung.de/breg-de/themen/nachhaltigkeitspolitik/deutsche-nachhaltigkeitsstrategie-318846
16. Bundesregierung (2023). Anreiz für weniger CO_2-Emissionen | Startseite. https://www.bundesregierung.de/breg-de/themen/klimaschutz/weniger-co2-emissionen-1810636

17. C2ES. (2022). Global Emissions. Center for Climate and Energy Solutions. https://www.c2es.org/content/international-emissions/
18. Carbmee. (2022). Carbon management software & solutions I carbmee. https://www.carbmee.com/
19. Catena-X. (2022). Catena-X Automotive Network. https://catena-x.net/de/
20. CDP. (2019). Changing the Chain. Making environmental action in procurement the new norma. CDP Global Supply Chain Report 2019/20, London. https://www.cdp.net/en/articles/media/supply-chains-hold-the-key-to-one-gigaton-of-emissions-savings-finds-new-report
21. CDP. (2021). Transparency to Transformation. CDP Global Supply Chain Report 2020, London. https://cdn.cdp.net/cdp-production/cms/reports/documents/000/005/554/original/CDP_SC_Report_2020.pdf?1614160765
22. Colicchia, C., & Strozzi, F. (2012). Supply chain risk management: A new methodology for a systematic literature review. Supply Chain Management: An International Journal, 17(4), 403–418.
23. Deloitte Netherlands. (2022). EU Carbon Border Adjustment Mechanism. https://www2.deloitte.com/nl/nl/pages/tax/articles/eu-carbon-border-adjustment-mechanism-cbam.html
24. DGCN. (2014). LEITPRINZIPIEN FÜR WIRTSCHAFT UND MENSCHENRECHTE. Umsetzung des Rahmens der Vereinten Nationen „Schutz, Achtung und Abhilfe". Geschäftsstelle Deutsches Global Compact Netzwerk (DGCN). c/o Deutsche Gesellschaft für Internationale Zusammenarbeit (GIZ) GmbH. https://www.auswaertiges-amt.de/blob/266624/b51c16faf1b3424d7efa060e8aaa8130/un-leitprinzipien-de-data.pdf
25. Drucker, P. F. (1954). The practice of management (1st Perennial Library ed). Perennial Library.
26. Duinker, P. N., & Greig, L. A. (2007). Scenario analysis in environmental impact assessment: Improving explorations of the future. *Environmental impact assessment review*, 27(3), 206–219.
27. EU Kommission. (2022a). Corporate sustainability due diligence. https://commission.europa.eu/business-economy-euro/doing-business-eu/corporate-sustainability-due-diligence_en
28. EU Kommission. (2022b). EU-Emissionshandelssystem (EU-EHS). https://climate.ec.europa.eu/eu-action/eu-emissions-trading-system-eu-ets_de
29. EU Kommission. (2022c). Just and sustainable economy [Text]. European Commission – European Commission. https://ec.europa.eu/commission/presscorner/detail/en/fs_22_1147
30. Ecoinvent. (2023). ecoinvent Database – Ecoinvent. https://ecoinvent.org/the-ecoinvent-database/
31. EFRAG. (2022). https://www.efrag.org
32. End Fossil. (2022). https://endfossil.de/
33. EPA. (2018). Emerging Trends in Supply Chain Emissions Engagement. Report by EPA Center for Corporate Climate Leadership, U.S. Environmental Protection Agency. https://www.epa.gov/sites/default/files/2018-06/documents/emerging_trends_in_supply_chain_emissions_engagement.pdf
34. EPA. (2023). Supply Chain Guidance. https://www.epa.gov/climateleadership/supply-chain-guidance
35. ESG Enterprise. (2022). Carbon Management Software – Measure, Calculate, Benchmark, Reduce Emissions. https://www.esgenterprise.com/esg-solution/carbon-management-software/
36. European Commission. Directorate General for Taxation and Customs Union. (2021). Carbon border: Adjustment mechanism. Publications Office. https://data.europa.eu/doi/10.2778/584899

37. Europäische Kommission (2022d): Vorschlag für eine Richtlinie des Europäischen Parlaments und des Rates über die Sorgfaltspflichten von Unternehmen im Hinblick auf Nachhaltigkeit und zur Änderung der Richtlinie (EU) 2019/1937. https://eur-lex.europa.eu/legal-content/DE/ALL/?uri=CELEX:52022PC0071
38. Europäisches Parlament. (2020). Verlust der Biodiversität: Ursachen und folgenschwere Auswirkungen | Aktuelles | Europäisches Parlament. https://www.europarl.europa.eu/news/de/headlines/society/20200109STO69929/verlust-der-biodiversitat-ursachen-und-folgenschwere-auswirkungen
39. Europäisches Parlament. (2022). Deal on new law to ensure products causing deforestation are not sold in the EU | Aktuelles | Europäisches Parlament. https://www.europarl.europa.eu/news/de/press-room/20221205IPR60607/deal-on-new-law-to-ensure-products-causing-deforestation-are-not-sold-in-the-eu
40. Fridays for Future. (2022). https://fridaysforfuture.de/
41. Gartner. (2020). Risikomanagement und COVID-19. https://www.gartner.de/de/artikel/covid-19-verdeutlicht-den-geschaeftlichen-nutzen-des-unternehmensweiten-risikomanagements
42. GHG. (2022). Greenhouse Gas Protocol |. https://ghgprotocol.org/
43. Ghosh, P., Jha, A., & Sharma, R. (2020). Managing carbon footprint for a sustainable supply chain: A systematic literature review. Modern Supply Chain Research and Applications, 2(3), 123–141. https://doi.org/10.1108/MSCRA-06-2020-0016
44. Giannakis, M., & Papadopoulos, T. (2016). Supply chain sustainability: A risk management approach. International Journal of Production Economics, 171, 455–470.
45. Global Compact. (2022). Homepage. https://www.globalcompact.de
46. GRI. (2022). GRI – Interoperability between ESRS and GRI Standards good news for reporters. https://www.globalreporting.org/news/news-center/interoperability-between-esrs-and-gri-standards-good-news-for-reporters
47. Hajmohammad, S., & Vachon, S. (2016). Mitigation, avoidance, or acceptance? Managing supplier sustainability risk. Journal of Supply Chain Management, 52(2), 48–65. https://doi.org/10.1111/jscm.12099
48. Henderson, R., & Serafeim, G. (2020). Tackling Climate Change Requires Organizational Purpose. AEA Papers and Proceedings, 110, 177–180. https://doi.org/10.1257/pandp.20201067
49. Henderson, R., & Van Den Steen, E. (2015): Why Do Firms Have "Purpose"? The Firm's Role as a Carrier of Identity and Reputation, in: American Economic Review: Papers & Proceedings, 105(5): S. 326–330. https://doi.org/10.1257/aer.p20151072.
50. Henisz W., Koller T., & Nuttall R. (2019). Five ways that ESG creates value. McKinsey Quarterly.
51. Hirschfeld, J., Schulze, N., & Hock, A.-L. (2021): Priorisierung einzelner Schadens- und Kostendimensionen der Folgen des Klimawandels. Kurzstudie im Rahmen des Projektes Kosten durch Klimawandelfolgen in Deutschland. Institut für ökologische Wirtschaftsforschung (iöw), Berlin, 9.11.2021.
52. Ho, W., Zheng, T., Yildiz, H., & Talluri, S. (2015). Supply chain risk management: a literature review. International Journal of Production Research, 53(16), 5031–5069.
53. IFRS. (2022). IFRS – International Sustainability Standards Board. https://www.ifrs.org/groups/international-sustainability-standards-board/
54. International Labour Organization. (2022). https://www.ilo.org/
55. IPCC. (2022). Deutsche IPCC-Koordinierungsstelle – De-IPCC. https://www.de-ipcc.de/
56. Jentsch, M., & Zink, K. (2017). Strategische Bedeutung eines nachhaltigen Lieferkettenmanagements. In T. Wunder (Hrsg.), *CSR und strategisches Management: Wie man mit Nachhaltigkeit langfristig im Wettbewerb gewinnt* (S. 199–218). Heidelberg: Springer.

57. Jüttner, U., Peck, H., & Christopher, M. (2003). Supply chain risk management: outlining an agenda for future research. International Journal of Logistics: research and applications, 6(4), 197–210.
58. Kanning, T., Schönauer, I., & Siedenbiedel, C. (2022). Bundesstaaten ziehen Gelder ab: Gegenwind für Blackrock. FAZ.NET. https://www.faz.net/aktuell/finanzen/finanzmarkt/blackrock-und-esg-us-bundesstaaten-ziehen-gelder-ab-18399124.html
59. Keidel F. (2019). Der Zusammenhang zwischen ökologischer, sozialer und finanzieller Unternehmensperformance – Eine multitheoretische, empirische und praktische Analyse (E). Dissertation (Würzburg)
60. KMPG. (2022). Big shifts, small steps – KPMG Global. https://home.kpmg/xx/en/home/insights/2022/09/survey-of-sustainability-reporting-2022.html
61. Kraft, M. (2022). Nachhaltigkeitsrisiken in Versicherungsunternehmen. Regulatorische Entwicklungen, Szenarioanalysen und Stress-Tests. *Zeitschrift für die gesamte Versicherungswissenschaft*, *111*(1), 89–125.
62. Krüger, A. (2020, January 7). Materielle Brandschäden in Australien: Angst vor dem Feuersturm. Die Tageszeitung: taz. https://taz.de/!5650479/
63. Lasch, R. (2019). Strategisches und operatives Logistikmanagement: Beschaffung. Wiesbaden: Springer Gabler.
64. Letzte Generation. (2022). https://letztegeneration.de/
65. Louis, M., & Pagell, M. (2019). Categorizing supply chain risks: review, integrated typology and future research. In G. Zsidisin, & M. Henke (Hrsg.), *Revisiting Supply Chain Risk*. Springer Series in Supply Chain Management, vol 7. Springer, Cham.
66. Manuj, I., & Mentzer, J.T. (2008). Global supply chain risk management strategies. *International Journal of Physical Distribution & Logistics Management*, 38(3), 192–223. https://doi.org/10.1108/09600030810866986
67. Müller, M., & Siakala, S. (2020). Nachhaltiges Lieferkettenmanagement: Von der Strategie zur Umsetzung. De Gruyter Oldenbourg.
68. Munich Re. (2022). Naturkatastrophen: Schäden nehmen tendenziell zu | Munich Re. https://www.munichre.com/de/risiken/naturkatastrophen-schaeden-nehmen-tendenziell-zu.html
69. Nachhaltige Beschaffung. (2022). Home – Website kleine kniffe. https://nachhaltige-beschaffung.com/
70. ntv. (2021). Wie die Lieferkette für Mikrochips ins Chaos stürzte. n-tv.de. https://www.n-tv.de/wirtschaft/Wie-die-Lieferkette-fuer-Mikrochips-ins-Chaos-stuerzte-article22995563.html
71. ntv. (2022). Allianz rechnet mit weiteren Flutkatastrophen. n-tv.de. https://www.n-tv.de/wirtschaft/Allianz-rechnet-mit-weiteren-Flutkatastrophen-article23438837.html
72. Persefoni. (2022). Persefoni – Climate Management & Carbon Accounting Platform. https://persefoni.com/
73. PIK – Potsdam-Institut Für Klimafolgenforschung. (2020). Klimaschäden für unsere Wirtschaft: Studie zeigt höhere Kosten als erwartet. https://www.pik-potsdam.de/de/aktuelles/nachrichten/klimaschaeden-fuer-unsere-wirtschaft-studie-zeigt-hoehere-kosten-als-erwartet-1
74. Planetly. (2022). Planetly: Carbon Management, Made Simple. https://www.planetly.com/
75. Quinn, R. E., & Thakor, A. (2019). The economics of higher purpose: Eight counterintuitive steps for creating a purpose-driven organization (First Edition). Berrett-Koehler Publishers.
76. Rat der EU. (2022b, December 22). EU-Klimaschutzmaßnahmen: vorläufige Einigung über das CO2-Grenzausgleichssystem (CBAM). https://www.consilium.europa.eu/de/press/press-releases/2022/12/13/eu-climate-action-provisional-agreement-reached-on-carbon-border-adjustment-mechanism-cbam/
77. Rat der EU. (2022a). „Fit für 55". https://www.consilium.europa.eu/de/policies/green-deal/fit-for-55-the-eu-plan-for-a-green-transition/

78. Rhein-Zeitung. (2022, July 9). Die Zerstörung im Ahrtal auf einer interaktiven Karte: Daten und Fakten rund um die Flutnacht. https://www.rhein-zeitung.de/region/aus-den-lokalredaktionen/kreis-ahrweiler/ein-jahr-danach-die-flutkatastrophe-im-ahrtal_artikel,-die-zerstoerung-im-ahrtal-auf-einer-interaktiven-karte-daten-und-fakten-rund-um-die-flutnacht-_arid,2426178.html
79. Roland, F. (1993). Beschaffungsstrategien: Voraussetzungen, Methoden und EDV-Unterstützung einer problemadäquaten Auswahl. Eul.
80. Ruggiero, A. (2022). A brief explanation of the Carbon Border Adjustment Mechanism (CBAM) – Carbon Market Watch. https://carbonmarketwatch.org/publications/cbam-a-brief-explanation/
81. Schaltegger, S. et al. (2007). Nachhaltigkeitsmanagement in Unternehmen: Von der Idee zur Praxis: Managementansätze zur Umsetzung von Corporate Social Responsibility und Corporate Sustainability. BMU.
82. Schröder, S. (2015). Supplier Code of Conduct: CSR und Vertragsgestaltung mit Lieferanten – „Ansprüche an Compliance und Nachhaltigkeit glaubhaft vertreten und durchsetzen". In E. Fröhlich (Hrsg.), CSR und Beschaffung (S. 145–160). Berlin Heidelberg: Springer. https://doi.org/10.1007/978-3-662-46231-7_8
83. Science Based Targets. (2021). SBTi Progress Report 2021. Science Based Targets, S. 3 https://sciencebasedtargets.org/reports/sbti-progress-report-2021
84. Science Based Targets. (2022). Ambitious corporate climate action. Science Based Targets. https://sciencebasedtargets.org/
85. Scientists for Future. (2022). S4F Deutschland. https://de.scientists4future.org/
86. SEC. (2022). SEC.gov | Climate and ESG Risks and Opportunities. https://www.sec.gov/sec-response-climate-and-esg-risks-and-opportunities
87. Singh, G., & Wahid, N. A. (2014). Supply chain risk management: a review. International Journal of Supply Chain Management, 3(3), 59–67.
88. Sisodia, R., Sheth, J. N., & Wolfe, D. B. (2014). Firms of endearment: How world-class companies profit from passion and purpose (Second edition). Pearson.
89. Sphera. (2023). Search Product Sustainability (GaBi) Datasets. https://sphera.com/product-sustainability-gabi-data-search
90. Spiller, T. (2021). Making supply-chain decarbonization happen. McKinsey & Company
91. SPP. (2022). Sustainable Procurement Pledge – Let's drive change. Together. Sustainable Procurement Pledge. https://spp.earth/
92. Statista. (2022). CO_2-Ausstoß weltweit. https://de.statista.com/statistik/daten/studie/37187/umfrage/der-weltweite-co2-ausstoss-seit-1751/
93. Stanford University. (2019). Global carbon emissions increase. Stanford News. https://news.stanford.edu/2019/12/03/global-carbon-emission-increase/
94. Stern, N. H., & Great Britain (Hrsg.). (2007). The economics of climate change: The Stern review. Cambridge University Press.
95. TfS Initiative. (2022). Home. https://www.tfs-initiative.com/
96. Umweltbundesamt. (2022b). Der Europäische Emissionshandel | Umweltbundesamt. https://www.umweltbundesamt.de/daten/klima/der-europaeische-emissionshandel#vergleich-von-emissionen-und-emissionsobergrenzen-cap-im-eu-ets
97. Umweltbundesamt. (2022c). Marktdaten: Finanzen. Umweltbundesamt. https://www.umweltbundesamt.de/daten/private-haushalte-konsum/konsum-produkte/gruene-produkte-marktzahlen/marktdaten-bereich-finanzen#grune-bzw-nachhaltige-geldanlagen
98. Umweltbundesamt (2021). Gesellschaftliche Kosten von Umweltbelastungen. Umweltbundesamt. https://www.umweltbundesamt.de/daten/umwelt-wirtschaft/gesellschaftliche-kosten-von-umweltbelastungen#klimakosten-von-treibhausgas-emissionen

99. Umweltbundesamt (2022a). Die Treibhausgase. Umweltbundesamt. https://www.umweltbundesamt.de/themen/klima-energie/klimaschutz-energiepolitik-in-deutschland/treibhausgas-emissionen/die-treibhausgase
100. UN Department of Economic and Social Affairs – Sustainable Development. (2022). Home | Sustainable Development. https://sdgs.un.org/
101. UNFCCC. (1997). Kyoto-Protokoll. https://unfccc.int/resource/docs/convkp/kpger.pdf
102. UNFCCC. (2022a). COP27 Reaches Breakthrough Agreement on New "Loss and Damage" Fund for Vulnerable Countries | UNFCCC. https://unfccc.int/news/cop27-reaches-breakthrough-agreement-on-new-loss-and-damage-fund-for-vulnerable-countries
103. UNFCCC. (2022b). Sharm el-Sheikh Climate Change Conference – November 2022 | UNFCCC. https://unfccc.int/cop27
104. UNFCCC (2022c). Sharm el-Sheikh Implementation Plan. https://unfccc.int/sites/default/files/resource/cop27_auv_2_cover%20decision.pdf?download
105. UNFCCC. (2023). UN Climate Change Conference - United Arab Emirates | UNFCCC. https://unfccc.int/cop28
106. United Nations. (2019). World is 'on notice' as major UN report shows one million species face extinction. UN News. https://news.un.org/en/story/2019/05/1037941
107. United Nations. (2022). Homepage | UN Global Compact. https://www.unglobalcompact.org/
108. Wannenwetsch, H. (2021). Integrierte Materialwirtschaft, Logistik, Beschaffung und Produktion: Supply Chain im Zeitalter der Digitalisierung. Springer Berlin.
109. WBCSD. (2022). World Business Council for Sustainable Development (WBCSD). https://www.wbcsd.org/
110. Wicaksana, A., Ho, W., Talluri, S. & Dolgui, A. (2022). A decade of progress in supply chain risk management: risk typology, emerging topics, and research collaborators, *International Journal of Production Research*, 60(24), 7155–7177, DOI: https://doi.org/10.1080/00207543.2022.2077672
111. Wikipedia. (2022). Ölpreiskrise. In Wikipedia. https://de.wikipedia.org/w/index.php?title=%C3%96lpreiskrise&oldid=229797456
112. WRI. (2022). World Resources Institute | Making Big Ideas Happen. https://www.wri.org/
113. Yokogawa. (2022). Yokogawa Electric Corporation. https://www.yokogawa.com/

Prof. Dr. Ronald Bogaschewsky ist Inhaber des Lehrstuhls für Betriebswirtschaftslehre und Industriebetriebslehre an der Universität Würzburg.

Jasmin Möller M.Sc. ist wissenschaftliche Mitarbeiterin am Lehrstuhl für BWL und Industriebetriebslehre an der Julius-Maximilians-Universität Würzburg. Ihre Forschungsinteressen liegen im Bereich Nachhaltigkeit in Einkauf und Supply Chains sowie in den Themenfeldern Corporate Entrepreneurship und Innovative Work Behaviour.

Das neue Lieferkettensorgfaltspflichtengesetz – die juristische Perspektive

Erika Kanis

1   Einleitung

Das neue Lieferkettensorgfaltspflichtengesetz[1] (LkSG) bedeutet für Unternehmen einen enormen Anpassungs- und Aktualisierungsbedarf, besonders in den Bereichen Compliance, Einkauf und Vertragsgestaltung.

Das LkSG steuert seit dem 1. Januar 2023 das wirtschaftliche Handeln von in der Bundesrepublik Deutschland ansässigen Unternehmen mit in der Regel 3000 oder mehr inländischen Arbeitnehmer*innen, indem ihnen menschenrechtliche Sorgfaltspflichten auferlegt werden, die sie innerhalb ihres eigenen Geschäftsbereiches und in ihren Lieferketten zu beachten haben. Ab dem 1. Januar 2024 sinkt der Schwellenwert für betroffene Unternehmen auf 1000 Mitarbeitende. Aber auch kleinere und mittlere Unternehmen müssen mit Auswirkungen rechnen, wenn sie an die größeren Unternehmen zuliefern.

Unternehmen sind verpflichtet, im eigenen Geschäftsbereich und entlang der gesamten Lieferkette darzulegen und zu dokumentieren, dass sie die in den §§ 3 bis 10 des LkSG festgelegten menschenrechtlichen oder umweltbezogenen Sorgfaltspflichten in angemessener Weise beachten mit dem Ziel, menschenrechtlichen oder umweltbezogenen Risiken vorzubeugen oder diese zu minimieren oder bei einer Verletzung menschenrechtsbezogener oder umweltbezogener Pflichten die Geschäftsbeziehung zu beenden (§ 3 Abs. 1 Satz 1 LkSG). Unternehmen sollten jedoch bei der Umsetzung der Sorgfaltspflichten

---

[1] Beschlossen vom Bundestag am 11. Juni 2021 und vom Bundesrat am 25. Juni 2021, gilt seit dem 1. Januar 2023.

E. Kanis (✉)
Berlin, Deutschland
E-Mail: nkanis@t-online.de

© Der/die Autor(en), exklusiv lizenziert an Springer-Verlag GmbH, DE, ein Teil von Springer Nature 2024
E. Fröhlich und Y. Jamal (Hrsg.), *CSR und Beschaffung,* Management-Reihe Corporate Social Responsibility, https://doi.org/10.1007/978-3-662-67858-9_3

aus dem LkSG auch die Entwicklungen des zukünftigen Europäischen Lieferkettengesetzes (CSDDD) im Auge behalten, auf dessen Vorschläge am Ende dieses Beitrages eingegangen wird.

Aus Unternehmenssicht ist es im Rahmen der Umsetzung des Lieferkettengesetzes sinnvoll, eine Taskforce aus den unterschiedlichen Verantwortungsbereichen im Unternehmen zusammenzustellen. So können die entsprechenden Kompetenzen aus Compliance, Recht, SCM/Logistik, Nachhaltigkeit und Einkauf gebündelt und umgesetzt werden. Hierbei ist es nicht entscheidend, wo und in welcher Abteilung in einem Unternehmen diese Kompetenzen vorliegen, ob es nur einen Ansprechpartner und keine ganze Abteilung gibt oder ob es gegebenenfalls erforderlich ist, punktuell und temporär Kompetenzen dazuzukaufen. Wichtig wird vielmehr sein, alle genannten Kernkompetenzen und Wissensträger an einen Tisch zu bekommen, um keine Fehleinschätzungen vorzunehmen bzw. aufgrund mangelnder Informationsbasis Fehlentscheidungen zu treffen.

Der Einkaufsabteilung kommt mit den strategischen Einkäufer*innen, Lieferantenbewerter*innen und -manager*innen bei der Umsetzung des LkSG eine Schlüsselrolle zu.

Die Einkaufsabteilung greift sehr früh durch den Lieferantenauswahl- und -Onboarding-Prozess, die Messung der Lieferanten-Performance und das Vertragsmanagement in die Umsetzung des LkSG ein. Die Einkaufsabteilung verantwortet – natürlich in enger Abstimmung mit den Stakeholdern F&E, Produktion, QM/QS etc. – den Ausschreibungs- und Lieferantenauswahlprozess. Das, was viele Einkaufsabteilungen heute schon etabliert haben, gilt es jetzt, für alle zukünftig vom Lieferkettengesetz betroffenen Unternehmen aufzusetzen: Mithilfe eines zu definierenden Lieferanten-, Material-, Warengruppen- und Länderbezogenen Screening-Prozesses muss von Beginn an den Sorgfaltspflichten nachgekommen werden.

Startpunkt für die Einkaufsabteilung im Rahmen des Vergabeprozesses ist die Lieferantenrisikoanalyse und somit Lieferantenkategorisierung zur Einhaltung der in § 7 LkSG genannten Indikatoren. Standardverfahren, wie die Lieferantenselbstauskunft und das Hinzuziehen von externen Evaluierungsquellen (Netzwerkpartner, Dienstleister, Verbänden etc.) sind gegebenenfalls um neue Anforderungen zu ergänzen und bei Bedarf auch vor Ort an den jeweiligen Produktionsstandorten im Detail zu verifizieren.

Sollte die Risikoanalyse kritische Punkte aufweisen, so sind diese mit dem Lieferanten zu teilen, um einen kontinuierlichen Verbesserungsprozess bzw. Risiken der Nichteinhaltung der Sorgfaltspflichten durch neue Rahmenbedingungen zu vermeiden. Daraus ergibt sich ein Gesamtkonstrukt eines dem Lieferkettengesetz gerecht werdenden strategischen Lieferantenmanagements (Segmentierung, Bewertung, Klassifizierung, Entwicklung, Sustainability und LkSG).

Wesentlich für die erfolgreiche Umsetzung der menschenrechtlichen oder umweltbezogenen Sorgfaltspflichten nach dem LkSG ist die frühzeitige und führende Einbindung der Einkaufsabteilung im Unternehmen.

Um als Einkaufsabteilung diese Rolle auch erfolgreich auszugestalten, ist es wichtig, dass die Einkaufsorganisation entweder ihr bestehendes Risikomanagementsystem ausbaut oder ein umfangreiches Risikomanagement inklusive entsprechender Vermeidungs- und Gegenmaßnahmen aufsetzt. So schützt man sich vor Lieferantenausfällen, Versorgungsengpässen und Compliance-Vorfällen.

Selbstverständlich spielen alle Fachbereiche im Unternehmen eine große Rolle und sind notwendig bei der Umsetzung des Lieferkettengesetzes. Dem Einkauf kommt jedoch eine führende Rolle zu, insbesondere bei der durchzuführenden Risikoanalyse, auf die in den folgenden Ausführungen näher eingegangen wird.

2 Handreichungen des Bundesamtes für Wirtschaft und Ausfuhrkontrolle (BAFA)

Dem Bundesamt für Wirtschaft und Ausfuhrkontrolle (BAFA) obliegt nicht nur die Kontrolle und Durchsetzung der Sorgfaltspflichten. Das BAFA soll die betroffenen Unternehmen bei der Erfüllung ihrer Sorgfaltspflichten auch unterstützen.

Das BAFA hat bereits verschiedene sog. Handreichungen – Informationen, Hilfestellungen und Empfehlungen – zur Einhaltung des LkSG veröffentlicht. Den Unternehmen wird empfohlen, diese Handreichungen des BAFA sorgfältig zu lesen. So gewinnen sie einen Einblick, wie die zuständige Behörde das LkSG versteht.

Unternehmen sollten sich dabei aber vor Augen halten, dass das BAFA nicht der Gesetzgeber ist. Vielmehr sind die Handreichungen unverbindlich und – jedenfalls dann, wenn sie in einem Bußgeldbescheid oder einem anderen Verwaltungsakt konkrete Gestalt annehmen – gerichtlich überprüfbar. Das gilt auch für die Stellungnahmen, die das BAFA in seinen „Fragen und Antworten zum Lieferkettengesetz" auf seiner Internetseite veröffentlicht hat.[2] Die Kenntnis dieser Handreichungen ist wichtig, weil das BAFA Unternehmen zu konkreten Handlungen auffordern und Bußgelder verhängen kann.

2.1 Handreichung zum Thema „Risiken ermitteln, gewichten und priorisieren"

Das BAFA hat am 17. August 2022 die erste Handreichung zum LkSG veröffentlicht. Als Thema hat das BAFA zuerst die Risikoanalyse als wichtigste Sorgfaltspflicht des LkSG ausgewählt.[3] Im Gesetz wird die Risikoanalyse nur mit knappen Worten beschrieben, tatsächlich ist sie aber eine komplexe Aufgabe und eine Herausforderung, insbesondere für die Einkaufsabteilung.

---

[2] https://www.bafa.de/de/lieferketten/ueberblick/_functions/faq_table_lieferketten.html.
[3] https://www.bafa.de/DE/Lieferketten/Risikoanalyse/risikoanalyse_node.html.

Das LkSG fordert Unternehmen gemäß § 4 LkSG auf, ein angemessenes und wirksames Risikomanagement einzurichten, um menschenrechtliche oder umweltbezogene Risiken oder Verletzungen zu erkennen, zu verhindern, zu minimieren oder zu beenden. Hierbei sollen Unternehmen einem risikobasierten Ansatz folgen. Das heißt, sie sollen ihre Ressourcen zielgerichtet einsetzen und die wichtigsten und dringendsten Themen zuerst angehen.

Die Risikoanalyse ist gemäß § 5 Abs. 4 einmal im Jahr sowie anlassbezogen durchzuführen. Sie ist ein grundlegender Baustein des eigenen Risikomanagements und hilft Unternehmen dabei, ihre Ressourcen möglichst sinnvoll einzusetzen.

Die im Gesetz unter dem Risikomanagement beschriebenen Sorgfaltsprozesse und Maßnahmen bauen aufeinander auf und sollen sich in ihrer Wirkung gegenseitig verstärken. Für die Risikoanalyse bedeutet dies zum einen, dass Erkenntnisse aus anderen Bereichen in die Durchführung einfließen sollten. Dazu zählen zum Beispiel die Erfahrungen, die durch die Umsetzung von Präventions- und Abhilfemaßnahmen gesammelt wurden. Zum anderen sollten aber auch Informationen zu Risiken und tatsächlichen Pflichtverletzungen, die durch die Bearbeitung von Hinweisen und Beschwerden gewonnen wurden, berücksichtigt werden.

Ziel der Risikoanalyse nach dem LkSG ist es, Kenntnis über die menschenrechtlichen oder umweltbezogenen Risiken im eigenen Geschäftsbereich sowie in der Lieferkette zu erlangen und für die weitere Bearbeitung zu priorisieren. Die Risikoanalyse ist angemessen durchzuführen. Dies bedeutet, dass systematische und nachvollziehbare Prozesse zur Ermittlung, Gewichtung und Priorisierung von Risiken eingeführt werden müssen, wobei jedem Unternehmen ein gewisser Ermessensspielraum hinsichtlich Ausgestaltung und Methodenwahl zusteht.

Durchzuführen ist die Risikoanalyse für den eigenen Geschäftsbereich und für unmittelbare Zulieferer und für mittelbare Zulieferer bei substantiierter Kenntnis.

Die ermittelten menschenrechtlichen oder umweltbezogenen Risiken sind angemessen zu gewichten und zu priorisieren nach:

- Art und Umfang der Geschäftstätigkeit des Unternehmens
- Einflussvermögen des Unternehmens auf den unmittelbaren Verursacher eines menschenrechtlichen oder umweltbezogenen Risikos oder der Verletzung einer solchen Pflicht
- zu erwartender Schwere, Umkehrbarkeit und Wahrscheinlichkeit der Verletzung
- Art des Verursachungsbeitrages des Unternehmens zu dem Risiko oder der Verletzung

Das Ergebnis der Risikoanalyse ist an maßgebliche interne Entscheidungsträger (z. B. Vorstand, Einkaufsabteilung) zu kommunizieren.

Die Risikoanalyse ist einmal im Jahr und anlassbezogen durchzuführen, wenn das Unternehmen mit einer wesentlich veränderten oder wesentlich erweiterten Risikolage in der Lieferkette rechnen muss. Die Erkenntnisse aus der Bearbeitung von Hinweisen aus dem Beschwerdemanagement sind zu berücksichtigen.

Grundsätzlich ist wichtig zu beachten, dass es bei der Risikoanalyse nach dem LkSG nicht relevant ist, wie sich menschenrechtliche und umweltbezogene Risiken auf den geschäftlichen Erfolg des Unternehmens auswirken – sprich, inwiefern dadurch beispielsweise finanzielle Kosten oder Reputationsschäden für das eigene Unternehmen entstehen. Das LkSG fordert Unternehmen vielmehr auf, einen Perspektivenwechsel einzunehmen. Im Fokus stehen die **Interessen der eigenen Beschäftigten,** der **Beschäftigten innerhalb der Lieferkette** und **derjenigen, die in sonstiger Weise vom wirtschaftlichen Handeln des Unternehmens oder eines Unternehmens in seinen Lieferketten betroffen** sein können.

Es geht darum zu ermitteln, ob und inwiefern diese Personen(-gruppen) oder die Umwelt durch die eigene Geschäftstätigkeit und/oder Geschäftsbeziehungen mit Zulieferern zu Schaden kommen können.

Ein erster Schritt bei der Risikoanalyse ist die **Bewertung des Status quo,** um den aktuellen Stand und einen Reifegrad der Organisation mit Blick auf das Lieferkettengesetz zu definieren und zu bewerten. Dadurch werden mögliche Abweichungen und Prozesslücken bereits aufgezeigt.

Dem Einkauf kommt dabei eine besondere Rolle zu, denn er sollte nicht nur der Ausgangspunkt der Umsetzungsaktivitäten gemäß LkSG, sondern auch aufgrund seines Wissens der Treiber in der Transparenzphase sein. Dabei stellt sich die Frage, wo das Unternehmen heute steht und welche Anforderungen bereits erfüllt werden und welche nicht. Der Einkauf muss unter Berücksichtigung der identifizierten Risikogesichtspunkte und der erhobenen Daten (interne und externe Quellen) sog. Hotspots in der Lieferkette identifizieren, die Lieferanten im Anschluss nach Risikoarten bewerten, deren weitere Risikorelevanz priorisieren und entsprechend nach der Risikowahrscheinlichkeit und Risikoart segmentieren. In diesem Kontext sprechen wir vom präventiven bzw. proaktiven Risikomanagement, da der Einkauf durch die Sensibilisierung bezüglich möglicher Schwachstellen in den Lieferketten dafür Sorge tragen kann, dass der Eintritt eines Risikos durch frühzeitige Vermeidungs- oder Optimierungsmaßnahmen erst gar nicht erfolgt.

Die Identifizierung der Hotspots ergibt sich aus einem Abgleich der gewonnenen Informationen aus internen und externen Daten mit den jeweiligen LkSG-Pflichten und damit einhergehenden, oftmals bekannten und öffentlich zugänglichen Risikoeinschätzungen.

Im Rahmen der Transparenzschaffung geht es somit bei den **internen Datenquellen**

- um das Zusammentragen von Informationen aus dem eigenen ERP-System bezüglich Liefer-Performance, Umsatz, Art der Produkte, Art der Halbfertigerzeugnisse und Rohstoffe, Produktions- bzw. Leistungserbringungsstätte des Lieferanten oder auch
- um die eigenen Lieferantenbewertungen, die vertraglichen Grundlagen und

- um die Visualisierung der tiefergehenden, über das eigene unmittelbare Lieferantennetzwerk hinausgehende Strukturen.

Bei den **externen Datenquellen** geht es

- um die direkte Lieferantenansprache zur Daten-/Informationslieferung,
- um Unternehmensbewertungen von S&P, Fitch, Moody's oder D&B,
- um kurzfristige Finanzinformationen von Jahresabschlüssen, Liquiditätsinformationen oder Ad-hoc-Meldungen,
- um Länderrisikoanalysen (World Bank, BMI etc.) und
- um rechtliche, geopolitische oder operative Risiken.

In einem zweiten Schritt sollten alle Bereiche (Compliance, Recht, SCM/Logistik, Nachhaltigkeit und Einkauf) gemeinsam mit der Geschäftsleitung die **zukünftige Strategie definieren,** die strategischen Leitplanken und auch Ziele festlegen und hierbei idealerweise bereits über die eigentlichen Pflichten und Anforderungen des LkSG hinausdenken. So werden atypische LkSG-Risiken ebenfalls mit auf den Risikoradar genommen und ein umfangreiches Risiko-Screening kann in Zukunft umgesetzt werden. Dabei stellt sich die Frage, welche Ziele das Unternehmen durch eine erfolgreiche Umsetzung des Lieferkettengesetzes erreichen möchte.

In einem dritten Schritt auf dem Weg zur Umsetzung des LkSG stellt sich die **Frage, wie das Unternehmen seine Ziele erreichen möchte** und was für **eine erfolgreiche Transformation** vom Erkenntnisgewinn über die Strategieentwicklung hin zu einem Operating Model erforderlich ist. Wie soll das Zielbild aussehen, welche Maßnahmen sind zu priorisieren und mit welchem Technologieanbieter lassen sich effizient und revisionssicher die Sorgfaltspflichten, die sich aus dem Lieferkettengesetz ergeben, einhalten. Sicher ist die IT eine wesentliche Effizienz- und Compliance-Komponente bei der Umsetzung des LkSG.

In einem weiteren Schritt ist dann zu klären, wie zum Beispiel die Anpassung von Einkaufsbedingungen, die Regelungsoptionen über den Code of Conduct oder auch mögliche **Regelungs- oder Anpassungsbedarfe** (bei Auffälligkeiten) bei Einkaufsverträgen zu gewährleisten sind. Dies erfolgt mit Blick auf die Möglichkeiten der Evaluierung von Lieferketten, einer frühzeitigen Risikoerkennung, der Vermeidung von Risiken, der Beseitigung von Pflichtverletzungen und der Ermittlung von alternativen Lieferanten.

In Abb. 1 haben wir den Prozess für eine Risikoanalyse dargestellt, der als Grundlage genutzt werden kann.

Das neue Lieferkettensorgfaltspflichtengesetz ...

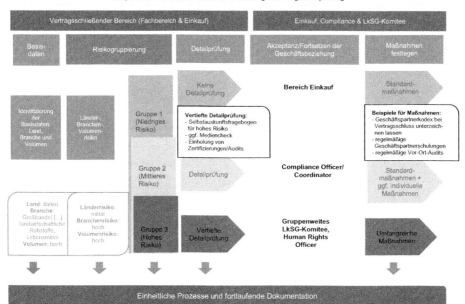

Abb. 1: Beispiel für einen Prozess für eine Risikoanalyse

In der Handreichung empfiehlt das BAFA die in Abb. 2 dargestellte Vorgehensweise.

Abb. 2: Empfehlungen des BAFA hinsichtlich der Risikoanalyse

Die Umsetzung von Sorgfaltsprozessen ist ein Lernprozess. Unternehmen wird empfohlen, sich im Rahmen von Multi-Stakeholder- oder Brancheninitiativen mit anderen auszutauschen, um Synergien zu schaffen und Lernerfahrungen zu teilen. Auch der Arbeitskreis CSR/Menschenrechte des Deutschen Instituts für Compliance e. V. (DICO) bietet eine gute Plattform, um von Best-Practice-Beispielen gemeinsam zu lernen.

2.2 Handreichung: Fragenkatalog der Berichterstattung[4]

Alle Unternehmen, die unter den Anwendungsbereich des Gesetzes fallen, sind verpflichtet, **jährlich** einen Bericht über die Erfüllung der im Gesetz verankerten Sorgfaltspflichten zu erstellen und **spätestens vier Monate nach dem Schluss des Geschäftsjahres** auf der Internetseite des Unternehmens für den Zeitraum von sieben Jahren kostenfrei öffentlich zugänglich zu machen.

Das BAFA hat im Oktober 2022 bereits einen Fragenkatalog zur Berichterstattung für das LkSG veröffentlicht.[5] Die Inhalte des Fragenkatalogs sind vollständig im Gesetz verankert und übersetzen die gesetzlichen Bestimmungen in leicht verständliche Fragen. Wichtig: Das BAFA erwartet keine Angaben über das Gesetz hinaus! Soweit die Unternehmen im Fragebogen freiwillige Angaben leisten können, sind diese Fragen eindeutig gekennzeichnet. Der Verzicht auf freiwillige Angaben wird in keinem Fall zu einem Nachteil für das Unternehmen führen.

Inhaltliche Anforderungen an diesen Bericht werden im Gesetzestext grob umrissen:

- **Nr. 1:** ob und, falls ja, welche menschenrechtlichen und umweltbezogenen Risiken oder Verletzungen das Unternehmen identifiziert hat
- **Nr. 2:** was das Unternehmen in Bezugnahme auf die im Gesetz definierten Sorgfaltspflichten unternommen hat
- **Nr. 3:** wie das Unternehmen die Auswirkungen und die Wirksamkeit der Maßnahmen bewertet
- **Nr. 4:** welche Schlussfolgerungen es aus der Bewertung für zukünftige Maßnahmen zieht

Damit erfüllt die **vollständige und wahrheitsgemäße Beantwortung** des Fragebogens die inhaltlichen Anforderungen an einen Bericht gemäß § 10 Absatz 2 Satz 2 LkSG.

Werden keine menschenrechtlichen oder umweltbezogenen Risiken sowie keine Verletzungen entsprechender Pflichten festgestellt und wird dies im Bericht plausibel dargelegt, sind keine weiteren Ausführungen erforderlich.

Der Bericht ist in deutscher Sprache und elektronisch über einen von der zuständigen Behörde bereitgestellten Zugang einzureichen.

In der Präambel zum Fragenkatalog stellt das BAFA seine Auslegung hinsichtlich des Umfangs der Berichterstattungspflicht klar: Fallen in einem Konzern sowohl die Konzernobergesellschaft als auch die Tochtergesellschaft unter das LkSG, haben alle unter den Anwendungsbereich von § 1 Abs. 1 LkSG fallenden Unternehmen einen eigenständigen Bericht abzugeben.

---

[4] https://www.bafa.de/DE/Lieferketten/Berichtspflicht/berichtspflicht_node.html.
[5] https://www.bafa.de/DE/Lieferketten/Ueberblick/ueberblick_node.html.

Der zukünftige Bericht generiert sich aus den Antworten in einem strukturierten Fragebogen. Der in einem vom BAFA bereitgestellten Portal über eine elektronische Eingabemaske zu beantwortende Fragebogen enthält offene und geschlossene Fragen sowie Mehrfachauswahlmöglichkeiten (Multiple Choice). Um den Bericht unbürokratisch einzureichen, hat das BAFA eine Online-Eingabemaske eingerichtet, in der die Berichtsfragen zu beantworten sind.[6]

Durch die vollständige und wahrheitsgemäße Beantwortung des Fragebogens sowie die Veröffentlichung des dann generierten Berichts auf der Internetseite des Unternehmens kommen die Unternehmen ihrer Berichtspflicht gemäß § 10 Abs. 2 LkSG nach.

Der Fragenkatalog orientiert sich an der im Gesetz angelegten Bemühenspflicht. Die Gestaltung der Fragen und Antwortmöglichkeiten soll nach Auffassung des BAFA den vielfältigen unternehmerischen Realitäten insbesondere im ersten Berichtsjahr Rechnung tragen. So soll an vielen Stellen die Möglichkeit bestehen, begonnene, aber nicht abgeschlossene Prozesse, komplexe, unternehmensspezifische Strukturen oder Inhalte aus bereits bestehenden Berichten und Dokumentationen über Freitextfelder in den Bericht einzubringen. Plausible Darlegungen werden bei der Prüfung durch das BAFA angemessen gewürdigt.

Der Fragenkatalog des BAFA macht deutlich, wohin die Reise gehen wird: Durch einen möglichst hohen Automatisierungsgrad möchte das BAFA verhindern, dass es sich einer Vielzahl unterschiedlich strukturierter Berichte nach § 10 Abs. 2 LkSG ausgesetzt sieht.

Der Wahrung von Betriebs- und Geschäftsgeheimnissen ist bei der Erstellung des Berichts gebührend Rechnung zu tragen (vgl. § 10 Absatz 4 LkSG). Die Dokumentation hingegen ist nicht öffentlich, sodass diese auch sensible Informationen enthalten kann, die Geschäfts- und Betriebsgeheimnisse berühren.

2.3 Handreichung zum Thema „Beschwerdeverfahren organisieren, umsetzen und evaluieren"[7]

Das angemessene Beschwerdeverfahren ist ein Kernelement der Sorgfaltspflichten, die über das LkSG zu etablieren sind.

Das Unternehmen muss dafür sorgen, dass ein angemessenes unternehmensinternes Beschwerdeverfahren eingerichtet wird (§ 8 LkSG).

Das Beschwerdeverfahren ermöglicht Personen, auf menschenrechtliche oder umweltbezogene Risiken sowie auf Verletzungen menschenrechtsbezogener oder umweltbezogener Risiken hinzuweisen, die durch das **wirtschaftliche Handeln eines Unternehmens im eigenen Geschäftsbereich** oder eines **unmittelbaren Zulieferers** entstanden sind (vgl. § 8

---

[6] https://elan1.bafa.bund.de/bafa-portal/lksg.
[7] https://www.bafa.de/DE/Lieferketten/Beschwerdeverfahren/beschwerdeverfahren_node.html.

Abs. 1 LkSG). Gleichzeitig schreibt das Gesetz auch vor, dass diese Möglichkeit **auch für mittelbare Zulieferer** bestehen muss (vgl. § 9 Abs. 1 LkSG).

Wichtig: Unternehmen können ein **unternehmensinternes** Verfahren nutzen, sich an einem **externen** Verfahren beteiligen oder interne und externe Beschwerdeverfahren kombinieren.

Zur weiteren Ausgestaltung dieser Verpflichtung hat das BAFA am 21. Januar 2022 eine weitere Handreichung zu den Anforderungen des LkSG zur Organisation, Umsetzung und Evaluation eines Beschwerdeverfahrens veröffentlicht, die Hilfestellungen und praktische Tipps für die Umsetzung gibt.

Beschwerdeverfahren sollen entsprechend den Vorstellungen des BAFA als **Frühwarnsystem** dienen, über das Probleme erkannt und im besten Fall gelöst werden, bevor Menschen oder die Umwelt tatsächlich zu Schaden kommen. Unternehmen sollten ihre Beschwerdeverfahren daher so gestalten, dass sie möglichst frühzeitig Hinweise auf menschenrechtliche oder umweltbezogene Risiken oder unzureichende Präventions- und Abhilfemaßnahmen erhalten. Dies ermöglicht Unternehmen, weitere Menschen- oder Umweltrechtsverletzungen zu verhindern und damit verbundene Kosten und Reputationsschäden zu vermeiden.

Wirksame Beschwerdeverfahren bieten bei Bedarf **Zugang zu angemessener Abhilfe.** Sofern Hinweise oder Beschwerden zu unmittelbar bevorstehenden oder tatsächlichen Pflichtverletzungen eingehen und diese sich bestätigen, müssen diese Missstände vom Unternehmen durch Abhilfemaßnahmen nach § 7 verhindert, beendet oder zumindest minimiert werden. Darüber hinaus müssen Unternehmen Präventionsmaßnahmen nach § 6 ergreifen, um weitere Rechtsverletzungen der gleichen Art zu verhindern bzw. das Risiko dafür zu minimieren. Auch wenn das LkSG keine Pflicht zur Wiedergutmachung enthält, wird ein entsprechendes Bemühen eines Unternehmens im Falle einer festgestellten Ordnungswidrigkeit bei der Bemessung von Geldbußen positiv berücksichtigt (§ 24 Abs. 4 Nr. 7 LkSG).

Das BAFA hat in seiner Handreichung nochmals klargestellt, dass das Beschwerdeverfahren **ab dem Inkrafttreten des Gesetzes** am 1. Januar 2023 (1. Januar 2024) eingerichtet sein muss.

Das BAFA schaut als Überwachungs- und Kontrollbehörde auch streng auf das Beschwerdeverfahren. Insbesondere im Hinblick auf die Sanktionsmöglichkeit besteht bei der mangelhaften Einrichtung des Beschwerdeverfahrens ein hohes Bußgeldrisiko (s. auch Kap. 3 zu den Sanktionsmöglichkeiten und den damit verbundenen Risiken).

Bei der Einrichtung und im alltäglichen Betrieb eines Beschwerdeverfahrens müssen Unternehmen eine Reihe von detaillierten gesetzlichen Anforderungen beachten. Diese gelten sowohl für unternehmenseigene Beschwerdeverfahren als auch für externe Verfahren, an denen sich das Unternehmen ergänzend zu einem internen Verfahren oder anstelle eines internen Verfahrens beteiligt. Bei der Überlegung, sich an einem externen Beschwerdeverfahren zu beteiligen, sollte das Unternehmen berücksichtigen, dass es für Fehler des externen Anbieters auch haftet.

Das verpflichtete Unternehmen muss das Beschwerdeverfahren nicht nur für eigene Beschäftigte zur Verfügung stellen, sondern **internen und externen potentiell betroffenen Personen** öffnen. Die wichtigsten Zielgruppen sind dabei neben den eigenen Beschäftigten auch Beschäftigte von unmittelbaren und mittelbaren Zulieferern sowie Anwohner rund um lokale Standorte.

Unternehmen müssen für das Beschwerdeverfahren eine **Verfahrensordnung** in Textform festlegen und diese öffentlich zugänglich machen.[8]

Bei der **Kommunikation und der Gestaltung der Verfahrensordnung** sollte das Unternehmen auf die Bedürfnisse der Zielgruppen des Verfahrens eingehen. Diese Zielgruppen werden im Rahmen der Risikoanalyse ermittelt. Die Verfahrensordnung sollte sowohl klar und übersichtlich als auch in den **Sprachen** aufbereitet sein, die für relevante Zielgruppen des Unternehmens wichtig sind.

Die Verfahrensordnung sollte an einem leicht auffindbaren Ort veröffentlicht werden (z. B. auf der Webseite des Unternehmens, des Anbieters des externen Beschwerdeverfahrens oder einer dafür gesondert eingerichteten Webseite) und barrierefrei zugänglich sein.

Mit Blick auf die Eignung, die Qualifikation und die zeitliche Verfügbarkeit der Ansprechpersonen, die über das Beschwerdeverfahren eingehende Meldungen bearbeiten, ist Folgendes zu beachten:

Die Personen müssen **unparteiisch handeln** können. Hierfür **müssen sie zur Erfüllung ihrer Aufgabe unabhängig, nicht an Weisungen gebunden sowie zur Verschwiegenheit verpflichtet sein.**

Das Unternehmen ist verantwortlich, diese Personen angemessen zu schulen und ausreichend zeitliche Ressourcen bereitzustellen, um die Sachlage und das Verfahren aus Sicht der Hinweisgebenden zu verstehen und zu beurteilen sowie im weiteren Verfahren bearbeiten zu können.

In Bezug auf den Ablauf des Beschwerdeverfahrens (Abb. 3) sowie die Einbindung und den Schutz der hinweisgebenden Personen sind folgende gesetzliche Anforderungen zu berücksichtigen:

- **Eingangsbestätigung und kontinuierlicher Kontakt mit der hinweisgebenden Person:** Ab dem Eingang des Hinweises oder der Beschwerde sollte die Ansprechperson im Unternehmen den Eingang von Hinweisen dokumentieren und gegenüber der hinweisgebenden Person bestätigen. Ebenso sollte die hinweisgebende Person über die nächsten Schritte, den zeitlichen Verlauf des Verfahrens und ihre Rechte in Bezug auf den Schutz vor Benachteiligung oder Bestrafung aufgrund des Verfahrens oder der Nutzung anderer formeller Beschwerdeverfahren informiert werden.

---

[8] Eine Muster-Verfahrensordnung nach dem LkSG ist beim Deutschen Institut für Compliance (DICO) Arbeitskreis Menschenrechte erhältlich: https://www.dico-ev.de/csrmenschenrechte/.

- **Prüfung der Beschwerde:** Zu Beginn des Verfahrens sollte geprüft werden, ob die Beschwerde bzw. das Thema des eingegangenen Hinweises unter den Anwendungsbereich des Beschwerdeverfahrens fällt. Im Falle einer Ablehnung sollte eine kurze Begründung an die hinweisgebende Person erfolgen.
- **Klärung des Sachverhalts:** Die Ansprechperson muss den Sachverhalt mit der hinweisgebenden Person erörtern mit dem Ziel, ein besseres Verständnis des Sachverhaltes zu gewinnen. Dadurch kann auch Vertrauen in den Prozess geschaffen werden. Ebenso sollte besprochen werden, welche Erwartungen in Bezug auf mögliche Präventions- oder Abhilfemaßnahmen aufseiten der hinweisgebenden Person bestehen. Anhand dessen kann später eine mögliche Lösung der Beschwerde erarbeitet werden. Optional kann das Unternehmen der hinweisgebenden Person ein Verfahren zur einvernehmlichen Streitbeilegung anbieten.
- **Vertraulichkeit der Identität:** Im Beschwerdeverfahren sind Vorkehrungen zu treffen, um die Vertraulichkeit der Identität von hinweisgebenden Personen sowie den Schutz ihrer personenbezogenen Daten zu gewährleisten. Es wird empfohlen, auch eine anonyme Nutzung des Verfahrens zu ermöglichen.
- **Schutz vor Benachteiligung oder Bestrafung aufgrund einer Beschwerde:** Unternehmen müssen festlegen und kommunizieren, welche Maßnahmen sie ergreifen, um hinweisgebende Personen vor Benachteiligung oder Bestrafung aufgrund der Nutzung eines Beschwerdeverfahrens zu schützen. Unternehmen können sich beispielsweise dazu verpflichten, Vergeltungsmaßnahmen aufgrund von Beschwerden oder Hinweisen nicht zu tolerieren, und konkrete Konsequenzen aufzeigen, mit denen Mitarbeitende oder Zulieferer rechnen müssen, wenn hinweisgebende Personen Repressalien ausgesetzt werden. Es wird empfohlen, auch nach Abschluss des Verfahrens im Kontakt mit der hinweisgebenden Person zu bleiben, um sicherzustellen, dass diese nicht im Nachgang durch Vergeltungsmaßnahmen gefährdet wird.

1. Eingang der Beschwerde oder des Hinweises	2. Prüfung der Beschwerde oder des Hinweises	3. Klärung des Sachverhaltes	4. Erarbeitung einer Lösung mit der hinweisgebenden Person	5. Abhilfemaßnahmen	6. Überprüfung und Abschluss	7. Wirksamkeitsprüfung
Der Empfang wird gegenüber der hinweisgebenden Person bestätigt und dokumentiert.	Die Beschwerde oder der Hinweis werden geprüft und das weitere Verfahren und die Zuständigkeiten werden festgelegt. Im Falle einer Ablehnung erhält die hinweisgebende Person eine Begründung.	Der Sachverhalt wird mit der hinweisgebenden Person erörtert und geprüft. Optional kann sich ein Verfahren zur einvernehmlichen Streitbeilegung anbieten.	Im Austausch mit der hinweisgebenden Person wird aufbauend auf Schritt 3 ein Vorschlag zur Abhilfe erarbeitet. Gegebenenfalls werden auch Vereinbarungen zur Wiedergutmachung getroffen.	Die vereinbarten Abhilfemaßnahmen werden umgesetzt und nachverfolgt.	Das erzielte Ergebnis sollte gemeinsam mit der hinweisgebenden Person evaluiert werden.	Die Wirksamkeit des Verfahrens wird jährlich und anlassbezogen überprüft. Bei Bedarf werden Anpassungen am Verfahren oder erfolgten Abhilfemaßnahmen vorgenommen.

Transparente Kommunikation gegenüber der hinweisgebenden Person zu Verlauf und Fortschritten

Abb. 3: Beispielhafter Ablauf eines Beschwerdeverfahrens

Unternehmen **steht es offen,** hinweisgebenden Personen ein **Verfahren der einvernehmlichen Streitbeilegung anzubieten.** Hierbei versuchen die beteiligten Parteien, mithilfe eines neutralen und vermittelnden Dritten gemeinsam eine einvernehmliche Lösung zu finden, anstatt eine Entscheidung über das offiziell greifende Beschwerdeverfahren herbeizuführen. Gerade bei einem hohen Reputationsschaden für das Unternehmen ist ein Verfahren der einvernehmlichen Streitbeilegung sinnvoll, insbesondere wenn es um den Erhalt einer langfristigen Geschäftsverbindung geht. Gerade hier ist der Einkauf als Bindeglied zu Zulieferern gefragt.

Ein **Beschwerdeverfahren** muss für die wichtigsten Zielgruppen eines Unternehmens **zugänglich** sein. Die Zugänglichkeit zum Beschwerdeverfahren ist maßgeblich für dessen Wirksamkeit. Für unterschiedliche Personenkreise können unterschiedliche Zugangsbarrieren bestehen, die sie davon abhalten, ein Verfahren zu nutzen. Diese Zugangsbarrieren sind häufig insbesondere für vulnerable Gruppen wie Kinder oder Menschen, die nicht alphabetisiert sind, hoch. Um diese Zugangsbarrieren zu überwinden, kann es notwendig sein, verschiedene Kanäle zu schaffen, über die Beschwerden eingegeben werden können (beispielsweise telefonisch, über eine Online-Maske, lokale Ansprechpersonen). Die konkret notwendigen Schritte richten sich nach dem vom Unternehmen ermittelten Risiko.

Viele Unternehmen verfügen bereits über Beschwerdeverfahren wie Whistleblowing-Hotlines oder digitale Hinweisgebersysteme. Vor diesem Hintergrund kann es ratsam sein, zunächst zu prüfen, ob bei der Errichtung eines Verfahrens nach dem LkSG auf bestehenden Mechanismen aufgebaut werden kann und diese gegebenenfalls angepasst werden können.

Die **Erkenntnisse aus dem Beschwerdeverfahren** müssen zudem dafür genutzt werden, bestehende Präventions- oder Abhilfemaßnahmen nach Bedarf anzupassen oder zu verbessern. Wenn zum Beispiel die eigenen Einkaufspraktiken ursächlich für Auswirkungen bei Zulieferern sind – beispielsweise bei exzessiven Überstunden oder ausbleibenden Lohnzahlungen – sollten zur Vermeidung weiterer Pflichtverletzungen Anpassungen im Einkaufs- oder Beschaffungsprozess vorgenommen werden. Gerade bei diesen Punkten spielt der **Einkauf eine entscheidende, wichtige Rolle.**

Das LkSG verpflichtet Unternehmen nicht nur, ein Beschwerdeverfahren einzurichten, sondern auch die **Wirksamkeit des Verfahrens mindestens einmal im Jahr sowie anlassbezogen zu überprüfen.** Die Wirksamkeit eines Beschwerdeverfahrens lässt sich grundsätzlich anhand von zwei Leitfragen beurteilen:

- Inwiefern ermöglicht und ermutigt das Verfahren relevanten Zielgruppen, Hinweise einzureichen, noch bevor eine Pflichtverletzung eingetreten ist?
- Inwiefern trägt das Verfahren dazu bei, Schäden von hinweisgebenden Personen abzuwenden oder angemessene Abhilfemaßnahmen bei tatsächlichen Pflichtverletzungen zu schaffen?

Für die Überprüfung der Wirksamkeit bestehender Beschwerdeverfahren sowie die Gestaltung und Einrichtung neuer Verfahren empfiehlt das BAFA den Unternehmen, sich an den Effektivitätskriterien der UN-Leitprinzipien zu orientieren, und zeigt in der Handreichung einzelne Kriterien auf.

3   Sanktionen bei Verstößen

Wenn ein Unternehmen die Anwendung der Sorgfaltspflichten missachtet, ist nach dem LkSG mit empfindlichen Sanktionen zu rechnen (Tab. 1).

Adressaten der (Sorgfalts-)Pflichten des LkSG sind zum einen Unternehmen. Zum anderen richtet sich § 24 LkSG als Ordnungswidrigkeitentatbestand unmittelbar an natürliche Personen.

Als ordnungswidrigkeitenrechtlich haftende Personen kommen sämtliche Leitungspersonen eines Unternehmens in Betracht. Mit einer Buße belegt werden können insbesondere die Organe der jeweiligen Unternehmen (unter anderem Geschäftsführer, Vorstände), die auch in der Praxis des allgemeinen, wirtschaftsbezogenen Ordnungswidrigkeitenrechts häufig Adressaten von Bußgeldern sind.

Daneben können Bußgelder gegenüber mit Leitungsbefugnissen ausgestatteten Beauftragten eines Unternehmens (vgl. § 9 Abs. 2 OWiG) verhängt werden. Im Falle des LkSG können dies unter anderem der Menschenrechtsbeauftragte, der Umweltschutzbeauftragte, der Compliance-Beauftragte oder ein Chief Sustainability Officer sein.

Tab. 1 Übersicht über die Ordnungswidrigkeiten nach dem LkSG

Bußgeldnorm im LkSG	Ordnungswidrigkeiten
§ 24 I Nr. 1	Mangelhafte Festlegung der Überwachung des Risikomanagements (§ 4 Abs. 3 S. 1)
§ 24 I Nr. 2	Mangelhafte Durchführung der Risikoanalyse (§ 5 Abs. 1 S. 1 oder § 9 Abs. 3 Abs. 1)
§ 24 I Nr. 3	Mangelhaftes Ergreifen angemessener Präventionsmaßnahmen (§ 6 Abs. 1)
§ 24 I Nr. 4	Mangelhafte Durchführung einer Prüfung von Präventionsmaßnahmen, Abhilfemaßnahmen und/oder Beschwerdeverfahren (§ 6 Abs. 5 S. 1, § 7 Abs. 4 S. 1 oder § 8 Abs. 5 S. 1)
§ 24 I Nr. 5	Mangelhafte Aktualisierung von Präventionsmaßnahmen, Abhilfemaßnahmen und/oder Beschwerdeverfahren (§ 6 Abs. 5 S. 3, § 7 Abs. 4 S. 3 oder § 8 Abs. 5 S. 2)
§ 24 I Nr. 6	Mangelhaftes Ergreifen einer Abhilfemaßnahme (§ 7 Abs. 1 S. 1)
§ 24 I Nr. 7	Mangelhafte Erstellung oder nicht rechtzeitige Umsetzung eines Plans für Abhilfemaßnahmen (§ 7 Abs. 2 S. 1)
§ 24 I Nr. 8	Mangelhafte Einrichtung eines Beschwerdeverfahrens (§ 8 Abs. 1 S. 1 i. V. m. § 9 Abs. 1)
§ 24 I Nr. 9	Verstoß gegen Dokumentationspflichten (§ 10 Abs. 1 S. 2)
§ 24 I Nr. 10	Verstoß gegen Berichtspflichten (§ 10 Abs. 2 S. 1)
§ 24 I Nr. 11	Verstoß gegen die Veröffentlichungspflicht des Berichtes (§ 10 Abs. 4 S. 1)
§ 24 I Nr. 12	Verstoß gegen die Einreichungspflicht des Berichtes (§ 12)
§ 24 I Nr. 13	Zuwiderhandeln gegen eine vollziehbare Anordnung (§ 13 Abs. 2 oder § 15 S. 2 Nr. 2)

Bei Verstößen gegen das LkSG kommen **gegenüber natürlichen Personen** verschiedene Bußgeldrahmen vor:

- Gemäß § 24 Abs. 2 S. 1 Nr. 1 lit. a und lit. b LkSG können Bußgelder für Verstöße nach § 24 Abs. 1 Nr. 3, 6, 7 und 8 LkSG bis zu **800.000 EUR** betragen.
- In den Fällen von § 24 Abs. 1 Nr. 1, 2, 4, 5 und 13 LkSG kann ein Bußgeld von bis zu **500.000 EUR** verhängt werden (§ 24 Abs. 2 S. 1 Nr. 2 LkSG).
- Für alle übrigen Verstöße gegen § 24 Abs. 1 LkSG beträgt das höchstmögliche Bußgeld **100.000 EUR** (§ 24 Abs. 2 S. 1 Nr. 3 LkSG).

Nach den anwendbaren allgemeinen Grundsätzen (vgl. § 17 Abs. 2 OWiG) halbiert sich das Höchstmaß des Bußgeldrahmens im Falle fahrlässigen Handelns. Danach können in den drei vom LkSG vorgesehenen Kategorien Bußgelder von bis zu 400.000 EUR (§ 24

Abs. 1 Nr. 3, 6, 7 und 8 LkSG), 250.000 EUR (§ 24 Abs. 1 Nr. 1, 2, 4, 5 und 13 LkSG) bzw. 50.000 EUR (für alle übrigen Verstöße gegen § 24 Abs. 1 LkSG) verhängt werden.

Gegenüber Unternehmen kann sich das Höchstmaß der Geldbuße verzehnfachen, sodass Bußgelder von bis zu 8 Mio. EUR (für Verstöße gegen § 24 Abs. 1 Nr. 3, 6, 7 und 8 LkSG) und 5 Mio. EUR (für Verstöße gegen § 24 Abs. 1 Nr. 1, 2, 4, 5 und 13 LkSG) möglich sind.

Allein die Höhe der möglichen Bußgelder zeigt den enormen Handlungsbedarf für Unternehmen und deren Leitungspersonen.

Außerdem können Unternehmen bis zur nachgewiesenen Selbstreinigung von der Teilnahme an Vergabeverfahren und damit **von der Vergabe öffentlicher Aufträge ausgeschlossen** werden, wenn sie wegen der Verletzung ihrer Pflichten nach dem LkSG mit einer Geldbuße in bestimmter Höhe belegt wurden.

4 Ausblick: Entwurf zur EU-Lieferkettenrichtlinie („Corporate Sustainability Due Diligence Directive")

Auch ein Blick auf den Richtlinienvorschlag der EU-Kommission für ein europäisches Lieferkettengesetz („Corporate Sustainability Due Diligence Directive", CSDDD) lohnt sich, den die EU-Kommission am 23. Februar 2022 vorgestellt hat.[9] Bereits am 7. November 2022 wurden weitere Anpassungsvorschläge durch das EU-Parlament vorgenommen. Am 14. Dezember 2023 haben das Europäische Parlament und Rat auf einen finalen Gesetzesentwurf geeinigt, somit ist mit einem zeitnahen Inkrafttreten auch der europäischen Variante des LkSG zu rechnen.

Der Richtlinienvorschlag der EU-Kommission für die CSDDD geht weit über das deutsche LkSG hinaus.

Neben den menschenrechtlichen Sorgfaltspflichten sind umfangreiche Umwelt- und Klimaschutzvorgaben entlang der gesamten Wertschöpfungskette einzuhalten. Zudem sieht der Entwurf eine zivilrechtliche Haftung und Sanktionen für Unternehmen und ihre Geschäftsführer vor.

Die EU-Kommission plant insbesondere, dass die Unternehmen die Anforderungen an die menschenrechtliche und ökologische Sorgfaltspflicht in ihrer **gesamten Wertschöpfungskette** in angemessener Weise erfüllen (Abb. 4).

Direkt betroffen von der EU-Lieferkettenrichtlinie wären aktuell Unternehmen mit Sitz in der EU mit mindestens 500 Beschäftigten und einem Nettoumsatz von mindestens 150 Mio. EUR weltweit (Gruppe 1) oder mit mindestens 250 Beschäftigten und einem

---

[9] EU-Richtlinienvorschlag in Deutsch abrufbar unter: https://eur-lex.europa.eu/resource.html?uri=cellar:bc4dcea4-9584-11ec-b4e4-01aa75ed71a1.0007.02/DOC_1&format=PDF; Anhang unter: https://eur-lex.europa.eu/resource.html?uri=cellar:bc4dcea4-9584-11ec-b4e4-01aa75ed71a1.0007.02/DOC_2&format=PDF.

Nettoumsatz von mindestens 40 Mio. EUR weltweit (Gruppe 2), die in einem Risikosektor (Landwirtschaft, Fischerei, Textil, mineralische Ressourcen) tätig sind und in diesem mindestens 50 % ihres Umsatzes erwirtschaften.

Um ein Level Playing Field mit ausländischen Unternehmen zu schaffen, wären auch Unternehmen mit Sitz in Drittstaaten von der EU-Richtlinie erfasst: zum einen Unternehmen mit mindestens 150 Mio. EUR Nettoumsatz in der EU; zum anderen Unternehmen, die in einem der Risikosektoren tätig sind und 40 Mio. bis 150 Mio. EUR Nettoumsatz in der EU erwirtschaften, davon mindestens 50 % in einem der Risikosektoren.

Branchen der Risikosektoren

- Fertigung von Textilien, Leder und verwandten Produkten (einschließlich Schuhen) und Großhandel mit Textilien, Bekleidung und Schuhen
- Landwirtschaft, Forstwirtschaft, Fischerei (einschließlich Aquakulturen), Fertigung von Lebensmitteln und Großhandel mit landwirtschaftlichen Rohstoffen, lebenden Tieren, Holz, Nahrungsmitteln und Getränken
- Förderung mineralischer Rohstoffe unabhängig vom Ort ihrer Förderung (einschließlich Rohöl, Gas, [Braun-]Kohle, Metalle und metallhaltige Erze sowie alle anderen nichtmetallischen Mineralien) und Großhandel mit mineralischen Rohstoffen, mineralischen Grund- und Zwischenprodukten (einschließlich Metalle und Metallerze, Baumaterialien, Brennstoffen, Chemikalien und anderen Zwischenprodukten)

Die Berichterstatterin des EU-Parlaments zur CSDDD hat am 7. November 2022 ihren Bericht zu Sorgfaltspflichten in Unternehmen vorgelegt. Ihre Empfehlungen sind in weiten Teilen deutlich strenger als im Kommissionsvorschlag vorgesehen.

Nach Einschätzung der Berichterstatterin sollte die CSDDD folgendermaßen verschärft werden:

1. Unternehmen ab 250 Beschäftigten und 40 Mio. EUR Umsatz (Kommission: ab 500 Beschäftigte)
2. Hochrisikobranchen Unternehmen ab 50 Beschäftigten und 8 Mio. EUR Umsatz (Kommission: ab 250 Beschäftigten und 40 Mio. EUR Umsatz)
3. 30 % Aktivität im Hochrisikobereich (Kommission: 50 %)
4. Hochrisikobereiche, die neben Textil, Landwirtschaft, Mineralien (Kommission) auch Energie, Bau, IT, Finanzdienstleistungen umfassen
5. nicht nur Upstream, das heißt Rohmaterialien, Produktion und Handel, sondern gesamte Wertschöpfungskette mit Downstream, das heißt Entsorgung und Umwelteinflüsse
6. neben Menschenrechten auch das Klima
7. nicht nur „etablierte" Geschäftsbeziehungen, sondern darüber hinaus
8. Direktoren und Unternehmensleitungen, deren Haftbarkeit und Bezahlung von der (Nicht-)Einhaltung des LkSG stärker abhängen sollen

9. Zugang zur Justiz und Klagemöglichkeiten auch für Interessensvertreter, damit verbunden eine höhere Anforderung an Unternehmen, Beweise zu ihrer Entlastung vorzubringen

Damit dürfte die Bühne für harte Verhandlungen um das EU-Lieferkettengesetz vorbereitet sein.

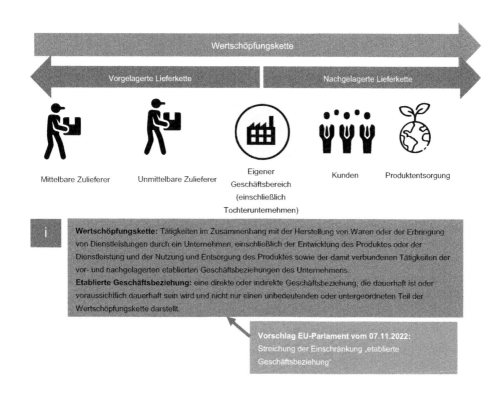

Abb. 4: Definition einer Wertschöpfungskette nach CSDD Directive

Zeitrahmen für die Umsetzung
Auf Basis der oben genannten Diskussionspunkte wurde eine vorläufige Einigung im Dezember 2023 durch das Europäische Parlament und den Europäischen Rat erzielt. Dies gilt als wesentlicher Schritt für die zukünftige Verabschiedung des Gesetzes.

Tritt die CSDDD in 2024 in Kraft, müssen Unternehmen der Gruppe 1 ab 2026 die Vorgaben der Richtlinie erfüllen. Für Unternehmen der Gruppe 2 tritt diese zwei Jahre später 2028 in Kraft.

Wesentliche Inhalte der EU-Lieferkettenrichtlinie
Die EU-Kommission geht mit ihrem Entwurf weit über das in Deutschland am 11. Juni 2021 verabschiedete LkSG hinaus. Dieser Vorschlag gilt nicht nur für die Unternehmen selbst, sondern auch für ihre Tochtergesellschaften und die Wertschöpfungsketten (direkt und indirekt bestehende Geschäftsbeziehungen). Um ihre Sorgfaltspflicht erfüllen zu können, müssen Unternehmen

- die Sorgfaltspflicht zum integralen Bestandteil ihrer Unternehmenspolitik machen,
- tatsächliche oder potentielle negative Auswirkungen auf die Menschenrechte und die Umwelt ermitteln,
- potentielle Auswirkungen verhindern oder abschwächen,
- tatsächliche Auswirkungen abstellen oder sie auf ein Minimum reduzieren,
- ein Beschwerdeverfahren einrichten,
- die Wirksamkeit der Strategien und Maßnahmen zur Erfüllung der Sorgfaltspflicht kontrollieren und
- öffentlich über die Wahrnehmung ihrer Sorgfaltspflicht kommunizieren.[10]

Die **Unternehmensleiter** der betroffenen Unternehmen sind **für die Einführung und Beaufsichtigung der** genannten **Sorgfaltspflichten verantwortlich**; dafür soll ein Sorgfaltspflichtenprozess etabliert werden. Um zu gewährleisten, dass die Sorgfaltspflicht Teil der gesamten Geschäftstätigkeit von Unternehmen wird, müssen die Chefetagen in den betroffenen Unternehmen eingebunden werden. Deshalb werden mit dem Vorschlag die Geschäftsleitungen dazu verpflichtet, für die Umsetzung und Überwachung der Sorgfaltspflicht und die Einbindung der Nachhaltigkeitsbestrebungen in die Unternehmensstrategie zu sorgen. Darüber hinaus müssen sie zusätzlich zu ihrer Pflicht, im besten Interesse des Unternehmens zu handeln, die Folgen ihrer Entscheidungen für Menschenrechte, Klimawandel und Umwelt berücksichtigen.

Folgende Verpflichtungen kommen bei einer Umsetzung des Vorschlages für eine europäische Lieferkettenrichtlinie auf Unternehmen zu:

- Mindestens einmal pro Jahr müssen **alle direkten oder indirekten Geschäftsbeziehungen** überprüft werden, sofern sie dauerhaft sind und einen bedeutenden Teil der Wertschöpfungskette darstellen.
- Betroffene Unternehmen sollen regelmäßig über die Einhaltung und Umsetzung der Sorgfaltspflichten berichten, in der Regel über den Nachhaltigkeitsbericht (CSRD).
- Unternehmen der Gruppe 1 sind darüber hinaus verpflichtet, ihre Unternehmensstrategie in Einklang mit dem Pariser Klimaabkommen (Begrenzung der Erderwärmung auf 1,5 °C) zu bringen.

---

[10] Vgl. Pressemitteilung des EU-Rates vom 14. Dezember 2023 abrufbar unter: https://www.consilium.europa.eu/de/press/press-releases/2023/12/14/corporate-sustainability-due-diligence-council-and-parliament-strike-deal-to-protect-environment-and-human-rights/.

- Unternehmen sollen einen **Beschwerdemechanismus** implementieren. So können direkt betroffene Personen sowie Gewerkschaften und Nichtregierungsorganisationen (NGOs) eine Verletzung oder den Verdacht einer Verletzung der Sorgfaltspflichten melden.
- Unternehmen müssen **für Schäden haften,** wenn sie gegen die Sorgfaltspflichten verstoßen haben UND infolge des Pflichtverstoßes eine „nachteilige Auswirkung" eingetreten ist, die zu einem Schaden geführt hat. Dies ist auch im Vergleich zum deutschen LkSG ein für die Unternehmen wichtiger Unterschied.

Die Mitgliedsstaaten bestimmen über die Sanktionen, die wirksam, verhältnismäßig sowie abschreckend sein sollen und sich am Umsatz des Unternehmens orientieren sollen. Bei der Bemessung der Sanktion soll das Bemühen des Unternehmens berücksichtigt werden.

Sobald der Entwurf von Europäischem Parlament und Rat gebilligt wird, haben die EU-Mitgliedsstaaten zwei Jahre Zeit, die Richtlinie in nationale Gesetze zu überführen.

Es ist dementsprechend davon auszugehen, dass Deutschland sein zum 1. Januar 2023 in Kraft getretenes LkSG noch einmal nachschärfen muss. Dies sollten Unternehmen bereits heute bei der Umsetzung der Sorgfaltspflichten im Auge behalten.

Daher lohnt sich daher bereits jetzt ein Blick auf die Entwicklung zur geplanten EU-Lieferkettenrichtlinie. Unternehmen sollten die Zeit nutzen.

Abschließende Bemerkungen
In diesem Beitrag wurden die wesentlichen Kernelemente des Deutschen Lieferkettensorgfaltspflichtengesetzes – die Risikoanalyse, der Fragenkatalog zur Dokumentationspflicht sowie das Beschwerdeverfahren – aus der Rechtsperspektive diskutiert. Für die Praxis ergeben sich wichtige Einsichten in die rechtlichen Grundlagen und konkrete Empfehlungen, wie die Anforderung möglichst erfolgreich, nicht nur im Sinne einer rechtssicheren Vorgehensweise, sondern auch im Sinne der Generierung eines Mehrwerts für das betroffene Unternehmen umgesetzt werden können. In den Ausführungen wurde deutlich, welche zentrale Rolle dem Einkauf zukünftig zukommen wird, um soziale und ökologische Anforderungen globaler Lieferketten im Sinne der Gesetzgebung zu implementieren. Dazu bedarf es nicht nur der kontinuierlichen Information der Beschaffungsmitarbeiter, sondern auch entsprechender Schulungsmaßnahmen. Dem Thema Wissensmanagement in der gesamten Lieferkette wird zukünftig eine wesentliche Bedeutung beigemessen werden, denn nur durch den Aufbau partnerschaftlicher Lieferketten werden sich die gesetzlichen Herausforderungen erfolgreich verwirklichen lassen. Dabei sollten den aufgeführten Sanktionsmaßnahmen nur bedingt Aufmerksamkeit geschenkt werden. Viel wichtiger ist es, dass Unternehmen verstehen, welche Chancen sich hinter der Implementierung einer nachhaltigen Beschaffung verbergen, nicht nur in Bezug auf Compliance, sondern vor allem im Kontext von Qualitätssteigerung, Innovation und Kostensenkungspotentialen. Der letzte wichtige Hinweis dieses Beitrags für die Unternehmensführung liegt darin, dass man sich schon jetzt mit den Anforderungen der Europäischen Lieferkettenrichtlinie (CSDDD) auseinandersetzen

sollte, denn diese geht weit über die Anforderungen des deutschen LkGS hinaus. Unternehmen sollten die Zeit, die ihnen noch bis zur Überführung der neuen Direktive in das LkSG bleibt, sinnvoll nutzen, um die eigenen Potentiale für den Aufbau von Wettbewerbsvorteilen zu erkennen und zu heben.

Erika Kanis Fachanwältin
  Rechtsanwältin (Syndikusrechtsanwältin)
  Compliance Officer
  Rechtsanwältin **Erika Kanis** ist ausgewiesene Compliance-Expertin. Die Autorin konnte seit über 15 Jahren in verschiedenen größeren mittelständischen Unternehmen als Inhouse-Juristin und zugleich Compliance-Officer umfangreiche praktische Erfahrungen mit der Einführung und Anpassung von Compliance Management Systemen, insbesondere auch zu Menschenrechten (Risikobewertung, Grundsätze und Richtlinien zur Risikominimierung, Schulungen, Verfahren zur Ermittlung und Überwachung von Menschenrechtsrisiken und -verstößen, z. B. Meldelinien), sammeln. Die Integration des Human Rights Management in bestehende Unternehmensprozesse, Bearbeitung von Hinweisen aus dem Beschwerdeverfahren/Hinweisgeber-Tool, die Durchführung von internen Compliance-Untersuchungen und Compliance-Schulungen für Mitarbeitende im Unternehmen, insbesondere auch zum Lieferkettensorgfaltspflichtengesetz, gehört zu ihren täglichen Aufgaben als Governance, Risk und Compliance Officer in einem mittelständischen Recyclingunternehmen mit internationalem Umfeld. Als Mehrwert verzeichnet die Autorin ihre langjährige Mitarbeit im Arbeitskreis Menschenrechte/CSR des Deutschen Instituts für Compliance e. V. (DICO). Mit Spannung blickt die Autorin auf die unternehmensinterne Umsetzung der Themen wie ESG, EU-Taxonomie und Corporate Sustainability Reporting Directive (CSRD).

Menschenrechte, Beschaffung und Verträge

Das LkSG erfordert die Verankerung gemeinsamer Verantwortung in Vertragsgestaltung und Einkaufspraktiken

Daniel Schönfelder und Michaela Streibelt

> Umsetzungsansätze durch Verträge und Supplier Codes of Conduct, die Pflichten schlichtweg auf Zulieferer abzuwälzen, werden dem Lieferkettengesetz nicht gerecht. Unternehmen müssen die Verantwortung ihres eigenen Einkaufsverhaltens adressieren.

1 Das LkSG und die Anforderungen an Beschaffung und Vertragsgestaltung

Mit dem Lieferkettensorgfaltspflichtengesetz (LkSG) treffen deutsche Unternehmen erstmals seit dem 1. Januar 2023 sanktionsbewehrte Handlungspflichten in Bezug auf Menschenrechte und Umwelt in ihren globalen Lieferketten.

Das LkSG verpflichtet Unternehmen mit relevanter Geschäftspräsenz sowie mindestens 1000 Beschäftigten in Deutschland zu menschenrechtlichen und umweltbezogenen

---

Die Nennung erfolgt in alphabetischer Reihenfolge. Daniel Schönfelder ist Rechtsanwalt und European Legal Advisor beim Responsible Contracting Project (RCP) und bei einem internationalen Großkonzern im Bereich LkSG Umsetzung tätig. Michaela Streibelt ist Rechtsanwältin und als Beraterin im Bereich Wirtschaft und Menschenrechte und ebenfalls European Legal Advisor beim RCP.

D. Schönfelder (✉)
Hamburg, Deutschland
E-Mail: schoenfelder@outlook.com

M. Streibelt
Berlin, Deutschland

Sorgfaltspflichten.[1] Verpflichtete Unternehmen müssen ein Risikomanagementsystem einschließlich klarer Zuständigkeiten einrichten, Risiken und Verletzungen analysieren, auf identifizierte Risiken und Verletzungen mit Präventions- und Abhilfemaßnahmen reagieren, potentiell Betroffenen und Dritten die Möglichkeit geben, über das einzurichtende Beschwerdeverfahren Hinweise auf mögliche Risiken und Verletzungen zu geben, das Risikomanagement und seine Elemente auf seine Wirksamkeit überprüfen sowie ihre Aktivitäten fortlaufend dokumentieren und öffentlich sowie gegenüber der Kontrollbehörde, dem Bundesamt für Wirtschaft und Ausfuhrkontrolle (BAFA), Bericht erstatten.[2] Da diese Sorgfaltspflichten sich explizit an den UNGP (UN Guiding Principles on Business and Human Rights) und an OECD-Vorgaben „orientieren", sind diese bei der Auslegung des LkSG zumindest als Indiz heranzuziehen.[3] Die vom LkSG geschützten menschenrechts- und umweltbezogenen Rechtspositionen nehmen Bezug auf Rechtsverletzungen, die typischerweise im Zusammenhang mit globalen Wertschöpfungsketten von Unternehmen des Globalen Nordens auftreten. Das LkSG wird durch die Richtlinie über unternehmerische Nachhaltigkeitspflichten (CSDDD) in den nächsten Jahren angepasst werden müssen. Auch die CSDDD orientiert sich an den UNGP und OECD-Vorgaben und verpflichtet Unternehmen zu Sorgfaltspflichten, die sowohl in Bezug auf die einzelnen Pflichten als auch den Maßstab Wirksamkeit und Angemessenheit (in der CSDDD Geeignetheit) dem LkSG sehr ähneln.

Das LkSG sieht sanktionsbewehrte Handlungspflichten vor, deren Einhaltung mit den Mitteln des Verwaltungszwanges durchgesetzt werden kann.[4] Die Nichteinhaltung des Gesetzes kann mit Bußgeldern und dem Ausschluss von der öffentlichen Auftragsvergabe sanktioniert werden.[5]

Da verpflichtete Unternehmen zur Sorgfalt nicht nur in Bezug auf ihren eigenen Geschäftsbereich, sondern gerade in ihren Lieferketten verpflichtet sind, müssen sie sich an verschiedene Akteure in ihrer Lieferkette wenden. Das LkSG bedingt also eine neue Zusammenarbeit in der Lieferkette zwischen verschiedenen nach dem LkSG verpflichteten und nichtverpflichteten Unternehmen im In- und Ausland. Im Rahmen der zu verankernden Präventionsmaßnahmen wird daher explizit die Rolle der eigenen Beschaffung und der Zusammenarbeit mit Zulieferern betont (§ 6 Abs. 3 Nr. 2 sowie Abs. 4 Nr. 1 und

---

[1] § 1 Abs. 1 LkSG; seit 2024 gilt das LkSG für Unternehmen mit mindestens 1.000 Beschäftigten in Deutschland.
[2] § 3 Abs. 1 LkSG.
[3] Siehe RegE, BT-Drs. 19/28649, 2, 23, 41. BeckOK LkSG/Haan, LkSG § 3 Rn. 9. Grabosch R in: Grabosch R (2022) Das Neue Lieferkettensorgfaltspflichtengesetz§ 2 Rn. 15. Fleischer H (2022) Grundstrukturen der lieferkettenrechtlichen Sorgfaltspflichten. CCZ. 15 (7):205–214 S. 206, [24] LkSG § 4 Rn. 38. Johann C, Sangi R in: [20] LkSG Einleitung Rn. 12 und§ 2 Rn. 15. Wissenschaftlicher Dienst des Deutschen Bundestages, Das Gesetz über die unternehmerischen Sorgfaltspflichten und die VN-Leitprinzipien für Wirtschaft und Menschenrechte, Sachstand vom 17.3.2021 WD 2 – 3000 – 022/21, S. 6. Krajewski M, Wohltmann H-W in: [21] LkSG § 7 Rn. 4.
[4] Vgl. § 23 LkSG.
[5] § 24 LkSG.

Nr. 2–4 LkSG). Bei der Organisation dieser Zusammenarbeit wie auch bei der Umsetzung von Beschaffungsstrategien spielen Verträge eine besondere Rolle. Die bisherige Umsetzungspraxis ist hierbei allerdings oftmals unzureichend.

2 Die bisherige Praxis wälzt Verantwortung auf Zulieferer ab

Bereits vor dem Inkrafttreten des LkSG haben viele Unternehmen ihre Zulieferer auf menschenrechtliche und umweltbezogene Standards verpflichtet.[6] Vertragsvereinbarungen werden in Gestalt etwa von Supplier Codes of Conduct (SCoCs), Lieferantenverhaltenskodizes oder auch Compliance Klauseln in Allgemeinen Einkaufsbedingungen eingesetzt, um von Zulieferern die Einhaltung von Menschenrechten und Umweltstandards einzufordern. Die bislang übliche Unternehmenspraxis sowie die Entwicklungen, die sich im Zusammenhang mit der Umsetzung des LkSG abzeichnen, zeigen jedoch, dass Unternehmen im Globalen Norden ihre Verantwortung für die Achtung von Menschenrechten und die Einhaltung von Umweltstandards in ihren Lieferketten nicht wahrnehmen, sondern stattdessen versuchen, die Verantwortung auf ihre Zulieferer, bei denen Probleme in Bezug auf Menschenrechte und Umwelt bestehen, zu verlagern.[7]

Teilweise sollen Zulieferer in Vertragsvereinbarungen zusichern, dass ihre Aktivitäten und Lieferketten frei sind von Risiken und Verletzungen. Kundenunternehmen behalten sich währenddessen vor, bei Risiken für und Verletzungen von Menschenrechten und Umweltpflichten das Vertragsverhältnis umgehend zu beenden. Derartige Anforderungen beruhen allerdings auf einem Missverständnis menschenrechts- und umweltbezogener Sorgfaltspflichten. Risiken und Verletzungen sind omnipräsent: Menschenrechtsrisiken sind auch in Deutschland allgegenwärtig, siehe nur die aktuellen Zahlen zum Gender Pay Gap[8]) und weitverbreiteten Rassismus[9] in Bezug auf das Verbot der Ungleichbehandlung gemäß § 2 Abs. 2 Nr. 7 LkSG oder Studien, nach denen rund 47.000 Menschen in

---

[6] Smit L, Bright B, et al. (2020) Study on due diligence requirements through the supply chain S. 152.

[7] Vgl. Dazu im Detail: Dadush S (2019) Contracting for Human Rights: Looking to Version 2.0 of the ABA Model Contract Clauses. Am. U. L. Rev. 68 (5) 1519–1554, Dadush S, Schönfelder D, Braun B (2023) Complying with Mandatory Human Rights Due Diligence Legislation Through Shared-Responsibility Contracting: The Example of Germany's Supply Chain Act (LkSG). Contracts for Responsible and Sustainable Supply Chains: Model Contract Clauses, Legal Analysis, and Practical Perspectives, ABA Business Law Section.

[8] Der Antidiskriminierungsstelle des Bundes zufolge liegt der Lohnunterschied zwischen Frauen und Männern 2020 unbereinigt bei 18 % und bereinigt bei 6 %. In der EU liegt Deutschland auf dem viertletzten Platz, siehe Website der Antidiskriminierungsstelle des Bundes: https://www.antidiskriminierungsstelle.de/SharedDocs/Glossar_Entgeltgleichheit/DE/14_Gender_Pay_Gap.html#:~:text=Der%20%E2%80%9EGender%20Pay%20Gap%E2%80%9C%20ist,betrug%20er%206%20Prozent%20

[9] Gemäß einer Studie der EU-Agentur für Grundrechte (abrufbar unter: https://fra.europa.eu/de/news/2023/schwarze-der-eu-sind-immer-groesserem-rassismus-ausgesetzt

Deutschland in moderner Sklaverei ausgebeutet werden.[10] Annahmen von Zero Risk in öffentlichen Erklärungen und Verträgen sollten daher von Regulierungsbehörden, NGOs und von Verbraucherverbänden (wegen der Möglichkeit, nach dem Gesetz gegen den unlauteren Wettbewerb, UWG, vorzugehen) als Red Flags im Hinblick auf den Verwender behandelt werden: Wer davon ausgeht, in seinem eigenen oder einem anderen Unternehmen inklusive Lieferketten bestünden realistischerweise keine Risiken, handelt in der Regel in Unkenntnis oder behauptet die Unwahrheit. Ein solches Vorgehen dürfte Unternehmen auch daran hindern, angemessene und wirksame Sorgfalt umzusetzen. Denn nur die Kenntnis von prioritären Risiken und Verletzungen ermöglicht es, diese zu adressieren. Bei Unternehmen, die offen über Risiken und Verletzungen sowie auftretende Fälle und konkrete Maßnahmen für prioritäre Risiken und Verletzungen sprechen, kann demgegenüber eher angenommen werden, dass sie Probleme erkennen und adressieren.[11]

Das Beschaffungsverhalten von Käufern wird währenddessen zumeist höchstens in internen Richtlinien, selten aber in Vertragswerken, auf die sich Zulieferer auch berufen könnten, adressiert. Rein zuliefererbezogene Ansätze bei Sorgfaltspflichten übersehen damit die wichtige Rolle des eigenen Beschaffungsverhaltens, das zur Verursachung und Vermeidung von Risiken und Verletzungen beim Zulieferer wichtige Anreize setzen kann. Aufgrund von systematischen und strukturellen Machtungleichgewichten zwischen multinationalen Unternehmen und ihren Zulieferern sowie staatlichen Akteuren in Produktionsländern und wegen der fehlenden gesetzlichen Regulierung von Sorgfaltspflichten in Lieferketten gelang vielen Käuferunternehmen bislang die Verankerung entsprechender Vertragsklauseln.[12]

Durch das LkSG wird es für Käuferunternehmen nötig, diese Ansätze grundlegend zu überdenken.

---

[10] Siehe Walk Free Foundation (2023) The Global Slavery Index S. 204.

[11] Bei derartigen Schilderungen kann es sich natürlich auch um Social Washing bzw. Greenwashing handeln. Angesichts vermehrter Aufmerksamkeit und Sanktionierbarkeit derartiger Falschbehauptungen – etwa nach dem deutschen UWG oder zukünftig nach der EU-Green-Claims-Verordnung – besteht aber Hoffnung, dass sich ehrliche Kommunikation stärker durchsetzt.

[12] [9] S. 13, mwN, in: Contracts for Responsible and Sustainable Supply Chains: Model Contract Clauses, Legal Analysis, and Practical Perspectives, ABA Business Law Section 2023 unter Verweis auf Beckers A (2021) Globale Wertschöpfungsketten: Theorie und Dogmatik unternehmensbezogener Pflichten. ZfPW. 8 (2): 220–251 (236 f.) und Bergstein N (2022) Das Lieferkettensorgfaltspflichtengesetz als Chance für echte Veränderung. REF. 4 (1): 72–80 S. 77.

3 Das LkSG und gemeinsame Verantwortung

3.1 Angemessenheit und Wirksamkeit erfordern gemeinsame Verantwortung

Das LkSG verpflichtet zu Sorgfalt und formuliert dem Grundsatz nach keine Garantiepflicht, sondern eine Bemühenspflicht.[13] Verpflichtete Unternehmen müssen nicht garantieren, dass ihre Lieferketten frei sind von menschenrechts- und umweltbezogenen Risiken und Verletzungen. Sie müssen ein Risikomanagementsystem einrichten, mit dem Risiken und Verletzungen proaktiv ermittelt und adressiert werden. Das gibt Unternehmen grundsätzlich einen flexiblen Handlungs- und Gestaltungsspielraum bei der Adressierung der Risiken und Verletzungen durch Sorgfaltspflichten.[14] Allerdings sind Unternehmen bei der Ausfüllung dieses Spielraums nicht völlig frei, denn die Sorgfaltspflichten müssen angemessen und wirksam ausgestaltet werden.[15] Damit orientiert sich das LkSG eng an den UNGP und den OECD-Leitsätzen, die ebenfalls vorsehen, dass Unternehmen einzelne Maßnahmen nicht flächendeckend nach dem Gießkannenprinzip umsetzen, sondern angemessen entsprechend der eigenen Risikodisposition priorisieren.[16] Jede Sorgfaltspflichtenmaßnahme muss demnach aus Ex-ante-Perspektive[17] angemessen und wirksam sein, ansonsten drohen Bußgelder wegen der Nichterfüllung der betroffenen Pflicht. Aus den Grundprinzipien Angemessenheit und Wirksamkeit ergibt sich, wie wir im Folgenden ausführen, die Notwendigkeit eines Ansatzes gemeinsamer Verantwortung, der in Einkaufspraktiken und Vertragsgestaltung Niederschlag finden sollte. Die Ausprägung der Kriterien der Angemessenheit in der betreffenden Zuliefererbeziehung und der Grundsatz der Wirksamkeit bestimmen, wie viel das verpflichtete Unternehmen selbst leisten muss und in welchem Maße es im Rahmen der gemeinsamen Verantwortlichkeit zulässig ist, den Zulieferer für die Erfüllung der eigenen Sorgfaltspflichten in Anspruch zu nehmen.[18] Der oben beschriebenen weitverbreiteten Praxis, Verantwortung vollständig auf Zulieferer abzuwälzen, erteilt das LkSG damit eine klare Absage.[19]

Sorgfaltspflichten als gemeinsame Verantwortung folgen hierbei nicht nur aus den Grundsätzen der Angemessenheit und Wirksamkeit, sondern auch daraus, dass mehrere

---

[13] Im eigenen Geschäftsbereich sieht das LkSG eine Erfolgspflicht vor, da im eigenen Geschäftsbereich das Unternehmen selbst originär verpflichtet ist (§ 7 Abs. 1 LkSG).
[14] RegE, BT-Drs. 19/28649, 42.
[15] § 3 Abs. 2 und § 4 Abs. 2 LkSG. Das ist nach der überzeugenden Ansicht des BAFA bereits bei der Ausgestaltung der Maßnahmen zu bedenken (s. BAFA, Handreichung Angemessenheit, S. 4 und S. 25).
[16] Prinzipien 15, 17, 18 UNGP A/HRC/17/31; OECD (2011) Leitsätze für multinationale Unternehmen, Kap. 4. OECD (2018), Leitfaden Sorgfaltspflicht unternehmerisches Handeln S. 17.
[17] BAFA, Handreichung Angemessenheit, S. 4.
[18] BAFA und Helpdesk, Handreichung Zusammenarbeit in der Lieferkette zwischen verpflichteten Unternehmen und ihren Zulieferern, S. 1.
[19] Ibid.

Unternehmen in der Lieferkette Rechtspflichten zur Adressierung von Risiken und Verletzungen treffen. So sind nach den bei der Auslegung zu berücksichtigenden UNGP und OECD-Leitsätzen grundsätzlich alle Unternehmen verpflichtet, im Rahmen einer gemeinsamen Verantwortung für die Lieferkette Menschenrechte zu respektieren und Risiken und Verletzungen adressieren.[20]

3.1.1 Wirksamkeit im Sinne des LkSG

Bereits aus der Wirksamkeit folgt die Anforderung eines Handelns im Sinne einer geteilten Verantwortung. Wirksam sind Sorgfaltsmaßnahmen, wenn sie „es ermöglichen, menschenrechtliche und umweltbezogene Risiken zu erkennen und zu minimieren sowie Verletzungen menschenrechtsbezogener oder umweltbezogener Pflichten zu verhindern, zu beenden oder deren Ausmaß zu minimieren, wenn das Unternehmen diese Risiken oder Verletzungen innerhalb der Lieferkette verursacht oder dazu beigetragen hat"[21].

Maßnahmen müssen also ex ante so konzipiert werden, dass sie tatsächlich darauf ausgerichtet sind, menschenrechtliche Risiken und Verletzungen zu minimieren bzw. zu beenden. Das heißt vor dem Hintergrund der Angemessenheitskriterien und der Bemühenspflicht nicht, dass sie in jedem Fall zum Erfolg führen müssen, aber sie müssen für diese Zielerreichung geeignet sein.[22] Dadurch wird deutlich, dass ein reiner Tick-Box-Ansatz dem LkSG nicht gerecht wird und Bußgeldrisiken schafft. Es reicht also nicht, formal alle in §§ 4–10 gelisteten Maßnahmen vorzunehmen, ohne bei der Konzipierung zu ermitteln, ob diese überhaupt die gewünschte Wirkung erzielen können. Anlässlich des jährlichen Berichts und anlassbezogen sind Unternehmen zudem verpflichtet, die Wirksamkeit bestehender Maßnahmen ex post zu evaluieren.[23] Hierbei dürfte die Perspektive der potentiell und tatsächlich betroffenen Rechteinhaber*innen zentral sein.[24] Für das Beschaffungsverhalten und die Vertragsgestaltung als Präventionsmaßnahmen ist der Verstoß gegen die Wirksamkeitskontrolle sogar eigenständig bußgeldbewehrt, mit einem Bußgeldrahmen von bis zu 5 Mio. EUR.[25]

---

[20] [9] S. 6 ff., Zudem können Pflichten für Zulieferer auch aus nationalem Recht folgen, etwa nationalem Arbeits- oder Umweltschutzrecht. Zentraler Pflichtenträger nach der Konzeption des LkSG wie auch der UNGP und der OECD-Leitsätze sind aber die LkSG-pflichtigen Käuferunternehmen.
[21] § 4 Abs. 2 LkSG.
[22] BeckOK LkSG/Rudkowski, 1. Ed. 1.2.2023, LkSG § 4 Rn. 25.
[23] § 10 Abs. 2 Nr. 3 LkSG.
[24] Schönfelder D, Neitzel N (2022) Menschenrechte als „S" in ESG – Updates aus Europa. REF. 5 (1): 55–64 mwN, Schönfelder D (2023) Pflicht zur Stakeholderbeteiligung nach dem LkSG. ESGZ. 2 (2): 23–27, S. 24.
[25] § 24 Abs. 2 S. 1 Nr.2, S. 2 LkSG. Wichtig ist hierbei auch der Grundsatz der Gewinnabschöpfung aus § 17 Abs. 4 OwiG: Wenn Unternehmen durch die Nichterfüllung der bußgeldbewehrten Rechtspflichten Gewinn schöpfen, ist dieser mit dem Bußgeld abzuschöpfen und kann auch der Bußgeldrahmen überschritten werden.

§ 4 Abs. 2 LkSG beschreibt außerdem die Situation, in der verpflichtete Unternehmen Sorgfaltspflichten treffen: wenn sie zu Risiken und Verletzungen beitragen oder sie verursachen.[26] Bereits die Auswahl eines Zulieferers kann für ein Verursachen im Sinne von § 4 Abs. 2 LkSG genügen.[27] Denn dadurch nutzt ein Unternehmen sein Gestaltungspotential bezüglich der Auswahl seiner Zulieferer und setzt damit Anreize für das Verhalten der (potenziellen) Zulieferer bei: Wählt es bewusst Unternehmen nach menschenrechtlichen Aspekten aus – wie es § 6 Abs. 4 Nr. 1 LkSG explizit verlangt –, kann es bewusst Anreize für besseres Verhalten setzen. Tut es das nicht, sondern wählt es nur nach Preis und Qualität aus, setzt es Anreize zum Vernachlässigen von menschenrechtlichen Aspekten. Damit ist diese Auswahlentscheidung mitursächlich für die Einhaltung von Menschenrechten: Sie motiviert positives bzw. negatives Verhalten. Dieses Verständnis entspricht auch den UNGP und den OECD-Leitsätzen, die ebenfalls vorsehen, dass Unternehmen nachteilige Auswirkungen adressieren, mit denen sie durch Lieferketten verbunden sind.[28]

Die Wirksamkeit gemäß § 4 Abs. 2 LkSG bestimmt damit zum einen das „Ob" der Pflicht (wenn die verpflichteten Unternehmen beitragen oder verursachen) und stellt zum anderen eine Anforderung in Bezug auf das „Wie" (das Handeln muss geeignet sein). Aufgrund der Wirksamkeitsanforderung können bestimmte Formen der Einbeziehung von Zulieferern also als nicht wirksame Sorgfaltsmaßnahmen einen Verstoß gegen die Pflichten des LkSG bedeuten und ein Bußgeldrisiko mit sich bringen. Das wird vor allem relevant, wenn Grundursachen nicht adressiert werden. Die Anforderung der Wirksamkeit erfordert eine Perspektive gemeinsamer Verantwortung: Grundursachen von Problemlagen können oftmals in der Anreizsetzung durch die Ausgestaltung der Lieferketten oder auch durch das eigene Einkaufsverhalten des Käuferunternehmens liegen. Dann sind nur durch ein Zusammendenken der Anreize für und (wirtschaftlichen) Grenzen von Zuliefererverhalten sowie der Rolle der Käuferanreize Ursachenstrukturen sichtbar und gestaltbar.

---

[26] Vgl. Regierungsbegründung, BT-Drs. 19/28649. Beachte aber die im Einklang mit den UNGP und OECD Due Diligence Guidance zutreffende Definition von Verursachungsbeiträgen seitens des BAFA, Handreichung Risikoanalyse, Fußnote 14, siehe unsere Fn. 24.
[27] BAFA, Handreichung Risikoanalyse, S. 15, Fußnote 14: Hier lässt es das BAFA ausreichen, dass das Verhalten eines Unternehmens das Verhalten eines anderen Akteurs ermöglicht bzw. motiviert, und verlangt, auch die Perspektive einzunehmen, inwiefern mögliche Verletzungen erkennbar waren und dennoch Gegenmaßnahmen unterlassen wurden. BeckOK LkSG/Rudkowski, 1. Ed. 1.2.2023, LkSG § 4 Rn. 28.
[28] UNGP 13b, OECD Due Diligence Guidance, S. 73. OECD Due Diligence Guidance, S. 17 betont explizit, dass die Verantwortung zur Erfüllung von Sorgfaltspflichten nicht unilateral auf andere Unternehmen „abgewälzt" werden kann.

3.1.2 Angemessenheit im Sinne des LkSG

Die Angemessenheit bestimmt, in welchem Umfang verpflichtete Unternehmen erwarten können, dass Zulieferer sich an Sorgfaltsmaßnahmen beteiligen.[29] Sie bemisst sich nach Art und Umfang der Geschäftstätigkeit des Unternehmens, nach dem Einflussvermögen auf den unmittelbaren Verursacher eines Risikos oder einer Verletzung, nach der typischerweise zu erwartenden Schwere der Verletzung, ihrer Umkehrbarkeit und der Wahrscheinlichkeit ihres Eintritts sowie nach der Art des Verursachungsbeitrages.[30] Je intensiver jeweils diese Kriterien ausgeprägt sind, desto mehr muss ein verpflichtetes Unternehmen leisten in Bezug auf das Risikomanagementsystem und seine einzelnen Elemente.[31] Als Ausdruck des Verhältnismäßigkeitsprinzips kommt hierbei auch das Kriterium der Zumutbarkeit zum Tragen.[32] Da die Kriterien nicht in einer bestimmten Hierarchie zueinander stehen und gleichrangig zu beachten sind,[33] müssen Unternehmen – je nach Ausprägung der Kriterien und ihrer Abwägung untereinander in Bezug auf Risiko- und Verletzungssituationen – unterschiedlich viel leisten. Das bedeutet, dass die Angemessenheit des Umfangs des Handelns eines verpflichteten Unternehmens sich auch allein aus der starken Ausprägung nur eines der Angemessenheitskriterien ergeben kann. Zudem spielen nicht alle Angemessenheitskriterien für alle Sorgfaltspflichten die gleiche Rolle. So dürften zum Beispiel Art und Umfang der Geschäftstätigkeit eine besondere Rolle bei der Einrichtung des Risikomanagements spielen, während Schwere, Eintrittswahrscheinlichkeit und Umkehrbarkeit einer Verletzung sowie der Verursachungsbeitrag bei der Risikoanalyse und insbesondere bei der Bewertung und Priorisierung von Risiken besonders relevant sind.[34]

Für die Ausgestaltung von Präventions- und Abhilfemaßnahmen in Bezug auf Zulieferer, die die gemeinsame Verantwortung von Käufer- und Zuliefererunternehmen berücksichtigen, sind vor allem Art und Umfang der Geschäftsbeziehung und der Verursachungsbeitrag relevant.

Bei der Ermittlung der jeweiligen Beiträge zu einer gemeinsamen Verantwortung kommt es beim Umfang der Geschäftstätigkeit auf die Frage an, in welchem Maße jeweils die an der Sorgfaltsmaßnahme beteiligten Unternehmen von ihren Ressourcen her imstande sind, Risiken und Verletzungen zu adressieren. Es geht hier also darum, welche finanziellen, technischen und personellen Ressourcen zur Verfügung stehen. Von

---

[29] Dabei erzeugt das LkSG und die Anforderung der Angemessenheit keine Rechtspflicht zur Beteiligung an Maßnahmen für nicht-verpflichtete Unternehmen, sondern der vom verpflichteten Unternehmen zu leistende Aufwand reduziert sich entsprechend.
[30] § 3 Abs. 2 LkSG.
[31] BeckOK LkSG/Haan, 1. Ed. 1.2.2023, LkSG § 3 Rn. 35.
[32] BAFA, Handreichung Risikoanalyse, S. 6.
[33] BAFA, Handreichung Angemessenheit, S. 4. Es kann durchaus sein, dass in Einzelfällen Angemessenheitskriterien gegeneinanderstehen und einzelne für eine stärkere Ausprägung der Pflichten, andere für eine weniger starke streiten. Hier ist sorgfältig abzuwägen und zur Rechtssicherheit auch zu dokumentieren.
[34] BeckOK LkSG/Haan, 1. Ed. 1.2.2023, LkSG § 3 Rn. 47.

einem verpflichteten Unternehmen ist vor dem Hintergrund von Art und Umfang der Geschäftätigkeit umso mehr zu erwarten, je leistungsfähiger es ist.[35] Viele Zuliefererunternehmen, vor allem kleinere und tendenziell Unternehmen im Globalen Süden sind wirtschaftlich nur in geringem Maße in der Lage, an Sorgfaltsmaßnahmen mitzuwirken. Insbesondere verfügen sie oft über nicht ausreichende finanzielle Ressourcen, um Risiken und Verletzungen zu adressieren. Von einem Unternehmen wird umso mehr erwartet, je größer die verfügbaren Ressourcen sind. Denkbar sind aber auch Konstellationen, in denen der Zulieferer, bei dem Risiken und Verletzungen adressiert werden sollen, selbst unter das LkSG fällt, deutlich größere Markmacht als der Käufer hat, und/oder mehrere vom LkSG oder ähnlichen Gesetzen verpflichtete Kunden hat. In diesen Konstellationen treffen Käuferunternehmen tendenziell weniger weitreichende Pflichten.

Zudem hat der Verursachungsbeitrag eine herausragende Bedeutung, wenn es um die Einwicklung und Umsetzung von Maßnahmen geht. Denn aus den Ursachen für Risiken und Verletzungen ergeben sich oft die geeigneten, also wirksamen Maßnahmen für ihre Beseitigung. Entsprechend gilt es hier zu ermitteln, wie groß jeweils die Verursachungsbeiträge der Unternehmen sind, die Risiken und Verletzungen adressieren sollen. Je mehr ein Unternehmen ein Risiko oder eine Verletzung verursacht oder zu ihr beigetragen hat, desto mehr muss es leisten, um diese zu adressieren. Unternehmen können Verletzungen unmittelbar allein oder gemeinsam mit anderen Akteuren – Zulieferern oder auch anderen Käuferunternehmen – verursachen.

Für beide Kriterien kommt dem Beschaffungsverhalten als Ursache von Rechtsverstößen eine besondere Rolle zu. Ein Verursachungsbeitrag kann beispielsweise darin liegen, dass Unternehmen einen Abnahmepreis für Waren entrichten, der es unmöglich macht, einen angemessenen Lohn zu zahlen und zugleich Umwelt- und Arbeitsschutzbestimmungen einzuhalten. Generell gestalten die Anreize des Käuferverhaltens und seine Preisgestaltung immer die Leistungsfähigkeit der Zulieferer mit, Menschenrechte zu respektieren, was auch vom LkSG explizit durch Regelbeispiele zu Pflichtpräventionsmaßnahmen in § 6 Abs. 3 Nr. 2 und Abs. 4 Nr. 1 LkSG abgebildet wird.[36] Das zeigt, dass den Verhaltensdimensionen Einkaufsverhalten und Auswahl von Lieferanten nach der gesetzgeberischen Konzipierung ein generelles Verursachungspotential beigemessen wird. In Fällen von Verletzungen bei Zulieferern, bei denen der Käufer keinerlei Anstrengungen unternommen und dokumentiert hat, dieses Potential zu gestalten, liegt daher eine Vermutung des Verursachungsbeitrags nahe, insoweit der Käufer sich nicht durch eine ordnungsgemäße Priorisierung und Fokussierung auf andere Zulieferer gemäß § 5 Abs. 2 LkSG oder Sondersituationen rechtfertigen kann. Bei Verletzungen bei Zulieferern wird andererseits in den meisten Fällen auch ein Beitrag zur Verletzung durch den Zulieferer

---

[35] Vgl. Regierungsbegründung, BT-Drs. 19/28649, S. 42.
[36] Hierbei knüpft das LkSG an der OECD Due Diligence Guidance, S. 24 an, die explizit den Zusammenhang des Beschaffungsverhalten mit der Fähigkeit des Zulieferers zur Einhaltung von menschenrechtlichen Vorgaben betont.

selbst erfolgen. Hier ist zu ermitteln, zu welchem Grad es angemessen ist, dass dieser sich an den Kosten beteiligt.

3.2 Gemeinsame Verantwortung und Beschaffungsverhalten

3.2.1 Anforderungen des LkSG

Die zentrale Rolle des Einkaufs wird vom LkSG explizit anerkannt: Er hat *„als Schnittstelle zwischen dem eigenen Geschäftsbereich und dem des Zulieferers ... eine entscheidende Rolle bei der Vermeidung oder Minimierung menschenrechtlicher und umweltbezogener Risiken"*.[37] Unternehmen werden daher vom LkSG verpflichtet, als Präventionsmaßnahme geeignete Beschaffungsstrategien und Einkaufspraktiken zu entwickeln und zu implementieren, um Risiken für Menschenrechte und Umwelt zu verhindern bzw. zu minimieren.[38] Außerdem sollen Unternehmen menschenrechts- und umweltbezogene Erwartungen bei der Auswahl von Zulieferern beachten.[39]

Diese Anforderungen an die Beschaffung sind vor dem Hintergrund der menschenrechtlichen Risiken und Verletzungen, die durch unverantwortliches Beschaffungsverhalten entstehen können, zu sehen. Verschiedene Studien führen Belege dafür an, dass die Kapazität von Zulieferern, Menschenrechte einzuhalten, zentral vom Beschaffungsverhalten der Käufer abhängt.[40] Das liegt zum einen ganz schlicht daran, dass Nachhaltigkeit Geld kostet. Wenn Zulieferer komplexe und technische Umweltvorgaben umsetzen oder Beschäftigten angemessene Löhne und Schutzausrüstung gewähren sollen, bedeutet das für sie finanziellen Aufwand. Wird allerdings seitens der Beschaffung nur nach Qualität und Preis und nicht – entsprechend § 6 Abs. 4 Nr. 1 LkSG – nach Nachhaltigkeitsperformance ausgewählt und auch keinerlei Preisanpassung bei steigenden Kosten, etwa durch höhere Mindestlöhne, Tarifanpassungen oder Information, gewährt, tragen Zulieferer diese Kosten allein. Dadurch entsteht für sie eine schwierige Situation: Sie können sich gezwungen fühlen, Nachhaltigkeitsaspekte zu vernachlässigen, schlicht um wettbewerbsfähig zu bleiben.[41] Das ist ein massiver Fehlanreiz für größere Investitionen in Menschenrechte und Umweltschutz. Was in größerem Rahmen als „Regulatory Race to

---

[37] RegE, BT-Drucks. 19/28649, S. 47.
[38] § 6 Abs. 3 Nr. 2 LkSG.
[39] § 6 Abs. 4 Nr. 1 LkSG.
[40] ILO (2017), Purchasing Practices and Working Conditions in Global Supply Chains: Global Survey Results https://www.ilo.org/travail/info/fs/WCMS_556336/lang-en/index.htmsowie Better Buying Institute, Special Report: Purchasing practices and factory-level noncompliances: How the available research can inform supply chain due diligence (2023), mwN (https://betterbuying.org/download/purchasing-practices-and-factory-level-noncompliances-how-the-available-research-can-inform-supply-chain-due-diligence/).
[41] [5] S. 77, Lidl's case study „Spanish Berry HRIA". Lidl Human Rights Impact Assessment: Spanish (Huelva) Berry Supply Chain 18 (2020): https://corporate.lidl.co.uk/sustainability/human-rights/hria/hria/7panish-berry

the Bottom" in Bezug auf das Regulierungsverhalten von Staaten beklagt wird, kommt so auch bei Zulieferern zum Tragen.[42] Zusätzlich können Käuferunternehmen durch kurzfristige Änderungen von Lieferfristen und Produktspezifikationen Überschreitungen von Arbeitszeiten und unkontrolliertes Subcontracting bei Zulieferern auslösen. Auf geringe Dauer angelegte Vertragsbeziehungen können Zuliefererunternehmen davon abschrecken, umfangreichere Investitionen in Arbeits- und Umweltschutz vorzunehmen. Nachhaltigkeit und Menschenrechte bei Zulieferern sind also schwer zu stärken, ohne das eigene Beschaffungsverhalten in den Blick zu nehmen.

Dass das LkSG bei der Formulierung der Anforderung in § 6 Abs. 3 Nr. 2 genau die Bewältigung der beschriebenen Problematik zum Ziel hat, wird in der Regierungsbegründung deutlich: Hier wird explizit betont, dass Einkaufspreise, Vertragslaufzeiten und Lieferzeiten einen maßgeblichen Einfluss auf die Erhöhung von Risiken bei Zulieferern haben und dementsprechend zur Prävention die Beschaffungsstrategien und die Einkaufspraktiken anzupassen sind.[43] Zu Recht weist auch die LkSG-Kommentarliteratur darauf hin, dass die Auswirkungen von Preisgestaltung, Vertragslaufzeiten und Lieferzeiten bedacht und adressiert werden müssen, um negative menschenrechtliche Auswirkungen zu vermeiden und damit § 6 Abs. 3 Nr. 2 LkSG zu erfüllen.[44] Sinnvollerweise wird in diesem Kontext in der Regierungsbegründung darauf hingewiesen, dass es Zielkonflikte zwischen Menschenrechten und anderen Zielen in der Beschaffung – wohl beispielsweise mit Blick auf die Ziele Kostengünstigkeit und Flexibilität für den Käufer – gibt, zu deren Identifizierung und Adressierung Einkäufer durch Schulungen befähigt werden sollen.[45] Vor dem Hintergrund der Erstreckung der Sorgfaltspflichten auch auf mittelbare Zulieferer im Falle substanziierter Kenntnis (§ 5 Abs. 4, § 9 Abs. 3 LkSG) ist hierbei konsequent, dass die Regierungsbegründung als Element auch die „Bemühung um Transparenz und Kenntnis der Lieferkette" betont.[46] Denn ohne schrittweise ausgeweitete Kenntnis darüber, welche Risiken und Verletzungen in der Rohstoffgewinnung und der Produktion in der tieferliegenden Lieferkette auftreten, ist auch eine – nach dem LkSG abgestuft

---

[42] [10] S. 1536.
[43] RegE, BT-Drucks. 19/28649, S. 47 und S. 43.
[44] Detailliert mwN Gehne K, Humbert F, Philippi T in: [20] LkSG § 6 Rn. 28 ff. Ebenso: Grabosch R in: [16] Das Neue LkSG§ 5 Rn. 85. Wagner E, Wagner S in: [33] Das Lieferkettensorgfaltspflichtengesetz in der Unternehmenspraxis § 4 Rn. 679. [12] Lieferkettensorgfaltspflichtengesetz S. 70. [1] LkSG. § 6 Rm–14. [11] LkSG § 6 Rn. 41. Krais J: in [23] Lieferketten in der Unternehmenspraxis S. 124. Kramme M, Ponholzer E in: [4] LkSG§ 6 Rn. 27. Ott in: [14] LkSG§ 6 Rn. 83, [24] LkSG § 6 Rn. 33.
[45] RegE, BT-Drucks. 19/28649, S. 47.
[46] Zustimmend: Grabosch R in: [16] Das Neue LkSG § 5 Rn. 85. Wagner/Wagner in: Wagner E, Wagner S in: [33] LkSG § 4 Rn. 679. [11] LkSG§ 6 Rn. 41.

erforderliche – Adressierung der dortigen Risiken nicht möglich.[47] Deshalb ist ein derartiges Bemühen um Transparenz und Kenntnis in der Lieferkette notwendiger Bestandteil geeigneter Beschaffungspraktiken zur Vermeidung eigener Verursachungsbeiträge.

Auch ohne die explizite Festlegung der Anpassung des Einkaufsverhaltens als Präventionsmaßnahme[48] ergibt sich diese Notwendigkeit aus der Systematik des LkSG und den Angemessenheitskriterien. Die in § 3 Abs. 1 LkSG beschriebenen Sorgfaltspflichten sind so auszugestalten, dass sie angemessen und wirksam sind (§ 3 Abs. 2 Nr. 4, § 4 Abs. 2 LkSG), eigene Verursachungsbeiträge erkannt (§ 5) und durch Prävention und Abhilfe adressiert werden (§§ 6 und 7). In der Regierungsbegründung wird betont, dass es einen mittelbaren Verursachungsbeitrag darstellt, wenn die Lieferzeit so kurzfristig und ohne Preisanpassung verändert wird, dass ein Zulieferer ohne Verstöße gegen menschenrechtliche Vorgaben – wohl insbesondere im Bereich Überstunden und Entlohnung[49] – die Anforderungen nicht erfüllen kann.[50] Dadurch wird die Rolle des eigenen Beschaffungsverhaltens noch einmal unterstrichen: Es stellt einen potentiellen mittelbaren Verursachungsbeitrag dar, wenn es nicht so gestaltet wird, dass es Risiken beim Zulieferer minimiert. Denn Menschenrechtsverletzungen beim Zulieferer entstehen oft aus wirtschaftlichen Drucksituationen und Zulieferer müssen sich Menschenrechte schlicht leisten können, um sie wirksam zu schützen.

Das LkSG erkennt also an, dass das eigene Beschaffungsverhalten zu menschenrechts- und umweltbezogenen Risiken und Verletzungen beitragen kann. Daher kommt der Ermittlung, ob Verursachungsbeiträge durch das eigene Beschaffungsverhalten entstehen, und der Anpassung des Beschaffungsverhaltens zu deren wirksamer Vermeidung eine besondere Bedeutung zu (vgl. § 4 Abs. 2 LkSG). Da der Verursachungsbeitrag ein Angemessenheitskriterium gemäß § 3 Abs. 2 Nr. 4 LkSG darstellt, sind zudem bei festgestellten Risiken und Verletzungen umso mehr Maßnahmen im Rahmen der Sorgfaltspflichten von einem Unternehmen zu verlangen, je weniger es getan hat, um sein Beschaffungsverhalten als potentiellen negativen Verursachungsbeitrag menschenrechtskonform auszugestalten. Das heißt, dass auch im Rahmen anderer Sorgfaltspflichten – beispielsweise bei später nötig werdenden Abhilfemaßnahmen – von durch das LkSG verpflichteten Käuferunternehmen mehr verlangt werden kann. Hat ein Unternehmen beispielsweise bei seiner Preisgestaltung überhaupt nicht beachtet, dass Zulieferer wirtschaftlich für die Umsetzung der menschenrechtlichen Anforderungen befähigt werden, und tritt in der Konsequenz eine Verletzung auf, kann es nach dem LkSG zu einem hohen Anteil der Bewältigungskosten verpflichtet werden.

---

[47] Auch die Ausschussbegründung weist auf diese Notwendigkeit hin, betont aber auch, dass eine vollständige und flächendeckende Rückverfolgbarkeit angesichts technischer Beschränkungen noch nicht geschuldet ist, BT-Drs 19/30505, S. 38.

[48] § 6 Abs. 4 Nr. 2 LkSG ist ein Regelbeispiel. Unternehmen erfüllen hierdurch zwar in der Regel ihre Pflicht zur Prävention, können die Pflicht aber auch durch andere Maßnahmen erfüllen.

[49] Siehe § 2 Abs. 2 Nr. 5 und 8 LkSG.

[50] Regierungsbegründung, BT-Drs. 19/28649, S. 43.

Eine flächendeckende Anpassung des Beschaffungsverhaltens ohne schrittweises und risikopriorisiertes Vorgehen würde Unternehmen überlasten. Es kann beim Einkaufsverhalten statt einer umfassenden Anpassung daher eine Anpassung dort priorisiert werden, wo besonders schwere Risiken drohen. Denn zur Erleichterung der Handhabbarkeit für Unternehmen kommt eine andere Ausprägung der Angemessenheit zum Tragen: Gemäß § 5 Abs. 2 und § 3 Abs. 2 LkSG dürfen Unternehmen bei Präventionsmaßnahmen priorisieren und priorisierte Risiken zuerst angehen.[51] Das enthält als Umkehrschluss und im Einklang mit der Bemühenspflicht die Möglichkeit, korrekt depriorisierte Risiken und Verletzungen vorerst nicht zu adressieren. Für den Umgang mit dem eigenen Beschaffungsverhalten heißt das, dass auch hier eine Priorisierung nach Art und Umfang der Geschäftstätigkeit, Schwere und Eintrittswahrscheinlichkeit von Risiken, dem Einflussvermögen und dem Verursachungsbeitrag zulässig ist.[52] Das hieße konkret, vorerst dort mit umfassenden Preisanpassungen zu arbeiten, wo Zulieferer und ihre Lieferketten besonders große Risiken aufweisen, die mit finanzieller Kapazität zusammenhängen. Wenn beispielsweise mit Zulieferern aus dem Niedriglohnsektor zusammengearbeitet wird, sind faire Preise zur Ermöglichung angemessener Löhne besonders wichtig. Wenn demgegenüber mit einem selbst nach dem LkSG verpflichteten Großunternehmen zusammengearbeitet wird, das durchaus größere Markt- und Preissetzungsmacht als das Käuferunternehmen haben kann, ist ein proaktives Anpassen der Preise nach oben weniger geboten.

Einen abstrakt gesehen besonders starken Zusammenhang zwischen dem Beschaffungsverhalten des Käufers und Menschenrechtsverletzungen bei Zulieferern sieht das Better Buying Institute bezüglich vom LkSG geschützter Rechtspositionen vor allem in den Bereichen Arbeitszeiten und angemessene Vergütung, aber auch im Bereich Arbeitsschutz.[53] Eher schwache Auswirkungen sieht es bei Kinderarbeit, Zwangsarbeit, Koalitionsfreiheit und Diskriminierung.[54] In Bezug auf Kinderarbeit ist das kritisch zu hinterfragen, denn zu den wichtigsten Ursachen gehört neben fehlenden Betreuungs- und Beschulungsstrukturen die unzureichende Vergütung der Eltern.[55] Bei lebensnaher Betrachtung ist hier von einem stärkeren Zusammenhang auszugehen, als es das Better Buying Institute annimmt. Ähnliches gilt für Zwangsarbeit, denn hier wird bei geringen Vergütungsniveaus das Risiko erhöht, dass Betroffene in finanzieller Bedrängnis in

---

[51] Hierbei orientiert sich das LkSG an den Prinzipien 17 und 24 der UNGP sowie an Kap. 2 der OECD-Leitsätze und dem OECD-Leitfaden S. 17.

[52] So auch Common Framework For Responsible Purchasing Practices (CFRPP), 1.3 und 1.4: https://static1.squarespace.com/static/601a4cf430876663b0f9c870/t/62d6a0d0d6a79f28ec6f7382/1658233044594/Updated+full+framework+CFRPP.pdf.

[53] Better Buying Institute (2023) Special Report: Purchasing practices and factory-level noncompliances: How the available research can inform supply chain due diligence.

[54] Ibid.

[55] ILO, Child Labour Business Guidance Tool for Business, How to do Business with Respect for Children's Right to be Free From Child Labour S. 11 (https://www.ilo.org/wcmsp5/groups/public/-ed_norm/-ipec/documents/instructionalmaterial/wcms_ipec_pub_27555.pdf).

die Abhängigkeit von privaten Gläubigern oder Arbeitgebern gebracht werden.[56] Ausgehend davon kann an der nach LkSG erforderlichen abstrakten Risikoanalyse nach Länder- und Branchenrisiken angeknüpft werden. Eine konkrete, vertiefende Analyse kann erfolgen, indem Zulieferern Kanäle zur Rückmeldung angeboten werden, um auf Probleme hinzuweisen. H&M bildet das beispielsweise über eine anonyme Umfrage an Zulieferer ab,[57] ebenfalls sinnvoll sein kann ein vertraulicher Kommunikationskanal (Responsible Purchasing Code of Conduct der American Bar Association, Schedule Q 4.3 und 4.7).[58] Zusätzlich sollten auch Beschäftigte beim Zulieferer als relevante potentielle Betroffene gemäß § 4 Abs. 4 LkSG einbezogen werden (Common Framework For Responsible Purchasing Practices, CFRPP 1.10 und 1.14).[59]

In gewissen Bereichen ihrer Produktion können Unternehmen durch ihre Stellung in der Lieferkette wirtschaftlich nur äußerst beschränkte Möglichkeiten haben, ihre Einkaufspreise nach oben anzupassen. Das kann etwa der Fall sein, wenn Zuwendungsgeber nach Zuwendungsrecht sehr enge Vorgaben zur Mittelverwendung machen oder ein massiver Preiswettbewerb oder Preisdruck durch eigene Kunden besteht. In diesen Fällen kommt das Angemessenheitskriterium des Einflussvermögens und der Zumutbarkeit zum Tragen: Dann kann statt umfassender eigener Preisanpassungen je nach Einzelfall eine Einflussnahme auf die eigenen Kunden mit dem Ziel der menschenrechtskonformen Anpassung des Beschaffungsverhalten die Konsequenz sein.

Derartige Priorisierungen müssen allerdings explizit und auf ausreichender Informationsbasis vorgenommen und dokumentiert werden: Nach der Konzeption ist Priorisierung möglich, aber nur, insoweit aus Kapazitätsgründen nötig.[60] Unzulässig wäre es daher, bei einer Vielzahl von Risiken und Verletzungen die Auswirkungen der eigenen Beschaffung generell zu depriorisieren und das Beschaffungsverhalten überhaupt nicht zu adressieren.

---

[56] Lebaron G (2021) Wages: An Overlooked Dimension of Business and Human Rights in Global Supply Chains. BHRJ. 6 (1):1–20 S. 14.

[57] Vgl. H&M Responsible Purchasing Practices: https://hmgroup.com/sustainability/leading-the-change/transparency/responsible-purchasing-practices/.

[58] Dabei handelt es sich um Empfehlungen zu Best Practice im Bereich Menschenrechte und Beschaffung, s. American Bar Association (2021) Responsible Purchasing Code of Conduct: Schedule Q (https://www.americanbar.org/content/dam/aba/administrative/human_rights/contractual-clauses-project/scheduleq.pdf).

[59] Ebenfalls Best-Practice-Empfehlungen, u. a. mitgezeichnet vom Bündnis für nachhaltige Textilien und der Fairwear Foundation: Common Framework For Responsible Purchasing Practices (CFRPP): https://www.cfrpp.org/s/CFRPP-full-Framework.pdf.

Warum Konsultationen mit Rechteinhaber*innen beim LkSG gemäß § 4 Abs. 4 LkSG verpflichtend sind, erläutert [25].

[60] Siehe RegE, BT-Drucks. 19/28649, S. 45 „*In einem zweiten Schritt sind die Risiken zu bewerten und, **wenn notwendig**, zu priorisieren. Auf dieser Grundlage kann das Unternehmen entscheiden, welche Risiken es zuerst adressiert, **sollte es nicht in der Lage sein**, alle Risiken gleichzeitig anzugehen.*" Siehe auch Gehne K, Humbert F, Phillipi T, In: [20] LkSG § 5 Rn. 24 mwN und Wagner E, Wagner S in: [33] LkSG §4 Rn. 635.

Denn zum einen sind damit Menschenrechtsverletzungen bei zumindest einigen Zulieferern vorprogrammiert, da diese regelmäßig in Situationen gebracht werden würden, in denen sie wirtschaftlich überfordert vor der Situation stehen, Menschenrechte zu missachten oder Verluste hinzunehmen. Zum anderen wird durch die doppelte Adressierung des eigenen Beschaffungsverhaltens – als Verursachungsbeitrag und als Regelbeispiel – deutlich, dass der Gesetzgeber es für den Regelfall hält, dass das Beschaffungsverhalten als Präventionsmaßnahme zu ändern ist. Ausnahmen von Regelbeispielen sind möglich, erfordern aber eine Sondersituation, in der klar ist, dass sie nicht nötig oder angebracht sind.[61] Eine solche Sondersituation wäre beispielsweise eine Struktur der Lieferkette, in der die Verhandlungsmacht ausnahmslos die Zuliefererseite begünstigt oder in der dem Käuferunternehmen durch wirtschaftliche Drucksituation seitens seiner eigenen Kunden kein Spielraum verbleibt. Das Vorliegen derartiger Situationen und damit das Abweichen vom gesetzlichen Regelfall sollte vom Unternehmen ausführlich dargelegt und dokumentiert werden. Dass das die Gesamtheit der Zuliefererbeziehungen betrifft, erscheint allerdings sehr unwahrscheinlich. In jedem Fall helfen nur eine spezifische Risikoanalyse und eine begründete Priorisierung, um rechtssicher Bußgeldrisiken zu minimieren. Zusammengefasst erkennt das LkSG also an, dass nicht nur der Zulieferer, sondern eben auch der Käufer für die Aufrechterhaltung von Menschenrechten beim Zulieferer Verantwortung trägt. Menschenrechte sind Teil einer gemeinsamen Verantwortlichkeit.

3.2.2 Praxisansätze für menschenrechtskonforme Beschaffungspraktiken

In der Praxis bedeutet das für Unternehmen, dass sie in einer „Verhaltensrichtlinie für die einzelnen Beschaffungsschritte (unter anderem Produktentwicklungen, Auftragsplatzierungen, Einkauf, Produktionsvorlaufzeiten) festlegen, welche Vorkehrungen zu treffen sind, um die identifizierten Risiken zu minimieren bzw. diesen vorzubeugen".[62]

---

[61] Grabosch R in: [16] Das Neue LkSG § 5 Rn. 5 und 82.
[62] RegE, BT-Drucks. 19/28649, S. 47.

Unternehmen können sich bei der Umsetzung an zahlreichen öffentlich zugänglichen Leitfäden, Guidances und Good-Practice-Beispielen orientieren.[63] Auch wenn viele dieser Ansätze vor dem Hintergrund der besonderen Herausforderungen im Bereich der Textilindustrie entstanden sind, lassen sich die Ansätze auch gut auf andere Industrien übertragen. Denn das durch sie vorgeschlagene Verhalten ist in jedem Falle eine hilfreiche Konkretisierung der Anforderung, die Beschaffung menschenrechtskonform auszugestalten. Unternehmen sollten demnach ihr Beschaffungsverhalten an folgenden Maßgaben orientieren, um § 6 Abs. 3 Nr. 2 LkSG auf angemessene und wirksame Weise im Sinne einer geteilten Verantwortung zu erfüllen:[64]

- In Bezug auf die **Preisgestaltung** sollten Unternehmen direkte und indirekte Arbeitskosten in Kostenberechnungen explizit einbeziehen und dabei steigende Lohnkosten – etwa durch höhere Mindestlöhne oder steigende Lebenshaltungskosten, Inflation – berücksichtigen. Best Practice ist hierbei das „Ringfencing" von Arbeitskosten, also die automatische und vertraglich verbindliche Erhöhung von Abnahmepreisen bei steigenden Lohnkosten und das Einbeziehen von Arbeitskosten als nicht verhandelbare Kostenbestandteile in Verhandlungen.[65] Das kann etwa durch explizite Klauseln in Verträgen abgebildet werden (s. Abschn. 3.3.1.3 „Preisgestaltung"). In Schedule Q 3.3. und CFRPP 5.1 wird zu Recht darauf hingewiesen, dass auch weitere Nachhaltigkeitskosten Berücksichtigung finden müssen. Orientierung zu anderen Kostenbestandteilen, die durch Nachhaltigkeitsanforderungen, beispielsweise im Bereich

---

[63] Siehe etwa: C&As Commitments to Responsible Purchasing Practices: https://www.c-and-a.com/uk/en/corporate/fileadmin/user_upload/Sustainability_Policies_2023/C_A_Purchasing_Practices_Policy_March_2023.pdf. H&M Responsible purchasing practices: https://hmgroup.com/sustainability/leading-the-change/transparency/responsible-purchasing-practices/. Common Framework For Responsible Purchasing Practices (CFRPP): https://www.cfrpp.org/s/CFRPP-full-Framework.pdf. Responsible Purchasing Code of Conduct: Schedule Q (A.B.A. 2021), https://www.americanbar.org/content/dam/aba/administrative/human_rights/contractual-clauses-project/scheduleq.pdf. ACT Global Purchasing Practices Commitments: https://actonlivingwages.com/app/uploads/2021/04/ACT-Global-Purchasing-Practices-Commitments.pdf. ETI, The ETI Base Code, 2018: https//www.ethicaltrade.org/eti-base-code. SAI Sample Buyer-Supplier Mutual Code of Conduct: https://sa-intl.org/resources/mutual-code-of-conduct/. Better Buying Institute: https://betterbuying.org/research-tools/five-principles-of-responsible-purchasing-practice/. Das Better Buying Institute stellt umfassende Materialien zu verantwortungsvollem Einkaufsverhalten zur Verfügung: https://betterbuying.org/research-tools/. Besonders hervorzuheben ist auch die Academy des JARO Instituts, das ein umfasssendes Schulungsprogramm für Einkäufer*innen zur nachhaltigen Beschaffung anbietet.

[64] Auch die Aufsichtsbehörde hat mittlerweile ihre Erwartungen in Bezug auf das Einkaufsverhalten gem. § 6 Abs. 3 Nr. 2 LkSG konkreter formuliert, siehe BAFA und Helpdesk, Handreichung Zusammenarbeit in der Lieferkette, Infobox 7: „Fragen zur Überprüfung von Beschaffungsverhalten und Einkaufspraktiken durchgehen", S. 22. Zu der Handreichung, siehe Schönfelder/Streibelt, ESG 2023 (356 ff.). Hierbei gilt freilich kein „one size fits all" – je nach Geschäftsmodell, Machtstellung oder Risikoprofil sind manche der Empfehlungen mehr und andere weniger relevant.

[65] Explizit zu diesem Punkt bietet etwa das ACT Labour Costing Protocol Orientierung: https://actonlivingwages.com/app/uploads/2021/04/ACT-Labour-Costing-Protocol.pdf.

Umwelt entstehen, gibt es derzeit noch nicht. Als „Progress Practice" rät CFRPP 5.4 dazu, sämtliche Anstiege externer Kostenfaktoren zu berücksichtigen. Gerade in langfristigen Verträgen kommen hierbei oftmals Preisgleitklauseln zum Einsatz, die ansteigende Kostenfaktoren, etwa durch höhere Mindest- oder Tariflöhne, berücksichtigen. Ebenfalls sinnvoll erscheinen Open-Book-Vergaben, bei denen alle Kosten offengelegt werden und Preise abhängig von diesen transparent festgelegt werden. Außerdem helfen die richtigen Anreize bei der Auswahl von Zulieferern bei der Vermeidung von Verursachungsbeiträgen durch unzureichende Preisgestaltung.

- Die Performance von Zulieferern im Hinblick auf Nachhaltigkeit sollte analysiert und bewertet werden und es sollten **Anreize** für eine gute Performance gesetzt werden,[66] etwa durch Belohnung mit besonders langfristigen Verträgen oder die Berücksichtigung einer guten Nachhaltigkeitsperformance als Auswahlkriterium neben Preis und Qualität.[67] Dazu gehört, Zulieferer nicht durch Vertragsschluss mit Vorlieferanten aus der Lieferkette auszuschließen, wenn der Käufer nur durch eine nachhaltigkeitsbedingte Offenlegung deren Identität erfahren hat. Ansonsten besteht der Fehlanreiz, nicht in Bezug auf problematische mittelbare Zulieferer zu kooperieren. Anreize für das eigene Beschaffungspersonal sollten ebenfalls nachhaltigkeitsincentivierend ausgestaltet werden, etwa dadurch, dass Fortschritte im Hinblick auf existenzsichernde Löhne bei Beschäftigten von Zulieferern oder Planungssicherheit für Zulieferer belohnt werden (CFRPP 1.12) oder auch das Auswählen nachhaltiger Zulieferer belohnt wird und nicht nur Kosteneffizienz. Insbesondere längere **Vertragslaufzeiten** setzen sinnvolle Anreize,[68] denn sie erlauben Zulieferern Planung von Kapazitäten und Sicherheit für Investitionen in nötige Verbesserungen, etwa Arbeitsschutzmanagementsysteme, Umweltmanagementsysteme oder höhere Lohnvereinbarungen. Daher werden langfristige Geschäftsbeziehungen angeregt (CFRPP 2.1, 2.2 sowie 2.7).

- Hinsichtlich **Lieferzeiten** und Kapazität ist es nötig, Zulieferern ausreichende Planung durch Vorlaufzeiten und regelmäßige Bestellvolumen zu gewährleisten, das Nichtabrufen von gebuchter Zuliefererkapazität weitestgehend zu vermeiden und einen kontinuierlichen Dialog zur Kapazitätsplanung aufrechtzuerhalten. Änderungen in Bestellungen sind möglichst frühzeitig und transparent und im Dialog mit dem Zulieferer festzulegen, insbesondere soll dabei zur Sprache kommen, ob durch Änderungen menschenrechtliche Probleme entstehen können. Bei Anforderungen oder Veränderungen, insbesondere kurzfristigen, ist durch besondere Maßnahmen zu gewährleisten,

---

[66] Zu Recht etwa [12] LkSG S. 70, und Gehne K, Humbert F, Philippi T in: [20] LkSG§ 6 Rn. 30. Das lässt sich neben dem Gebot zur Vermeidung eigener Verursachungsbeiträge auch direkt aus § 6 Abs. 4 Nr. 1 LkSG ableiten.

[67] Schedule Q 4.9 und CFRPP 2.11, unter Verweis auf den ETI Code. Zu Recht Gehne K, Humbert F, Philippi T in: [20] LkSG § 6 Rn. 34.

[68] Daher betonen Gehne K, Humbert F, Philippi T in: [20] LkSG § 6 Rn. 29 zu Recht, dass daher kurzfristige Geschäftsbeziehungen an Börsen ohne Nachhaltigkeitsstandards problematisch sind.

dass es nicht zu Risiken oder Verletzungen kommt, etwa indem Preise oder Lieferzeiten angepasst werden.[69] Weitergehend empfiehlt Schedule Q, Zulieferern ein Leistungsverweigerungsrecht aus menschenrechtlichen Gründen einzuräumen bzw. das Recht, menschenrechtliche Problemsituationen (beispielsweise übermäßige Überstunden) durch die Möglichkeit eines Subcontracting mit Verweigerungsvorbehalt des Käufers aus menschenrechtlichen Gründen zu bewältigen (4.4 und 4.5).

- Ebenfalls sinnvoll ist die aktive **Kommunikation** des eigenen Willens, das eigene Beschaffungsverhalten verantwortungsvoll zu gestalten (CFRPP 2.1), etwa durch öffentliche Policies wie die von H&M oder C&A oder – am wirksamsten – durch die vertragliche Verankerung von Käuferpflichten, sein Beschaffungsverhalten menschenrechtskonform auszugestalten und bei proaktiver Ansprache von Problemen seitens der Zulieferer kooperativ Lösungen zu finden. Dazu gehört, aktiv zu kommunizieren, dass Bedenken bei Vertragsverhandlungen nicht als automatische Ablehnung zu werten sind (Schedule Q 3.2). Zulieferern sollten Kanäle zur Verfügung gestellt werden, um auf Probleme hinweisen zu können. H&M bildet das beispielsweise über eine anonyme Umfrage an Zulieferer ab. In diesem Kontext wird auch seitens des Schedule Q dazu geraten, explizit Verhandlungen und Bedenken von Zulieferern zur Frage der menschenrechtlichen Auswirkungen des Käuferverhaltens auch während der Vertragslaufzeit zu ermöglichen, etwa durch anonyme jährliche Umfragen oder über vertrauliche Kommunikationskanäle (4.3 und 4.7). Als „Progress Practice" empfiehlt das CFRPP, auch Beschäftigte beim Zulieferer zu konsultieren (1.10, 1.14).
- Ebenfalls wird die Notwendigkeit betont, **Zahlungsfristen** und -verweigerungsrechte für Zulieferer transparent zu gestalten und unbedingt einzuhalten, also nicht unilateral zu verändern. Best Practice sind möglichst kurze Zahlungsfristen nach Rechnungsstellung und eine entsprechende vertragliche Verpflichtung seitens der Käuferunternehmen. Das CFRPP empfiehlt maximal 60 Tage (4.3).
- Zulieferern soll **Unterstützung,** etwa durch Guidances oder Schulungen, gegeben werden, um Lohnkosten korrekt zu berechnen und Nachhaltigkeitsanforderungen einzuhalten, was auch finanzielle und technische Unterstützung seitens des Käufers erfordern kann (Schedule Q 4.8). Das müsste angesichts der Anforderung des LkSG, auch existenzsichernde Löhne zu gewähren,[70] auch Hinweise auf entsprechende Referenzwerte, anhand derer Zulieferer die jeweils relevanten Lohnhöhen zur regionalen Existenzsicherung ablesen können, umfassen.[71]
- Im Kontext von verantwortungsvollen Beschaffungspraktiken wird auch betont, dass Beendigungen von Verträgen menschenrechtskonform erfolgen müssen („**Responsible**

---

[69] So explizit RegE, BT-Drucks. 19/28649, S. 41.

[70] Schönfelder D in: [16] Das Neue LkSG § 4 Rn. 39, BMAS FAQ V Nr. 3 und 4.

[71] Hierbei bieten sich etwa der Verweis auf die ALIGN Map (https://align-tool.com/source-map) an oder die Berechnung von existenzsichernden Löhnen auf Basis anerkannter Methoden zur Berechnung wie der Anker Methode (oder anderen etablierten Methoden, siehe: https://www.idhsustainabletrade.com/idh-living-wage-identifier/).

Exit", s. Abschn. 3.3.1.4).[72] Ein unverantwortlicher Rückzug im Kontext von COVID war auch Gegenstand einer kürzlichen Verurteilung von G-Star in einem Rechtsstreit mit seinem Ex-Zulieferer vor einem niederländischen Gericht im März 2023.[73]
- Im Bereich **Transparenz** hervorzuheben sind etwa die Bemühungen von Automobilherstellern und Schokoladenherstellern, basierend auf der Analyse von Rohstoffrisiken bestimmte Hochrisikolieferketten etwa mithilfe der Blockchain oder anderer technologischer Ansätze zurückzuverfolgen.[74] Nach dem LkSG wird wohl zumindest die Analyse von prioritären Vorprodukt- und Rohstoffrisiken zu verlangen sein.

Grundsätzlich können diese Ansätze durch rein unternehmensinterne Richtlinien und Praktiken umgesetzt werden. Allerdings stellt das Beschaffungsverhalten einen potentiellen eigenen Verursachungsbeitrag dar. Sorgfaltspflichten, die an eigenen Verursachungsbeiträgen anknüpfen, müssen gemäß § 4 Abs. 2 LkSG wirksam sein. Es ist fraglich, inwiefern rein interne Ansätze, die dem Zulieferer nicht kommuniziert werden und in Bezug auf die keine Verpflichtungen gegenüber dem Zulieferer eingegangen werden, relevant zur Verbesserung der Menschenrechtslage beitragen können. Wenn Zulieferer sich auf ein derartiges Verhalten nicht verlassen können und damit nicht planen können, werden sie oftmals nur eingeschränkt zu menschenrechtskonformen Verhalten incentiviert sein. Wenn vertragliche Vereinbarungen lediglich die menschenrechtliche Verantwortung von Zulieferern betonen, werden Zulieferer stark gehemmt sein, Probleme durch das Einkaufsverhalten des Käufers zu adressieren. Das spricht dafür, das Beschaffungsverhalten und eigene Verursachungsbeiträge des Käuferunternehmens explizit in Verträgen zu adressieren und so eine gemeinsame Verantwortung rechtlich explizit zu verankern (so auch CFRPP 2.9).

---

[72] So etwa der ABA Schedule Q unter 6 und CFRPP 2.12.

[73] Rechtsbank Amsterdam, C/13/7/713032/HA ZA 22-99, Urteil vom 22. März 2023 in Vert/G-Star, 4.19 ff., insbesondere 4.21.

[74] Siehe etwa: BMW, Wahrnehmung der unternehmerischen Sorgfaltspflicht im Lieferantennetzwerk, S. 10 (https://www.bmwgroup.com/content/dam/grpw/websites/bmwgroup_com/responsibility/downloads/de/2021/BMW%20Group%20Sorgfaltspflicht%20bei%20der%20Lieferantenauswahl_DE.pdf) und: https://tonyschocolonely.com/us/en/our-mission/serious-cocoa-info/tonys-beantracker.

3.3 LkSG und Vertragsgestaltung

Verträge sind ein zentrales Instrument, mit dem Unternehmen ihre Zusammenarbeit mit anderen Akteuren in Lieferketten zur Umsetzung ihrer menschenrechts- und umweltbezogenen Sorgfaltspflichten verankern können.[75] Dies war bereits vor der Verabschiedung des LkSG weitverbreitete Unternehmenspraxis.

Das LkSG erfordert nun explizit die Verankerung von menschenrechtsbezogenen und umweltbezogenen Pflichten in Verträgen mit Zulieferern.[76] In der Praxis werden derartige Verträge bzw. SCoCs nicht nur dazu genutzt, die Einhaltung von Standards bei Zulieferern einzufordern, sondern sie regeln darüber hinaus die Zusammenarbeit in Bezug auf einzelne Sorgfaltspflichten. Denn verpflichtete Unternehmen können ihre eigenen Sorgfaltspflichten gegenüber Zulieferern in ihren Lieferketten meist nicht umsetzen, wenn die Zulieferer nicht mitarbeiten bzw. dies nicht zumindest dulden. Grenzen und Anforderungen an die Vertragsgestaltung ergeben sich hierbei sowohl aus dem LkSG als auch den Anforderungen des AGB-Rechts.

3.3.1 Anforderungen des LkSG
3.3.1.1 Generelle Abbildung der gemeinsamen Verantwortung

Sorgfaltspflichten sind eine gemeinsame Verantwortung. Entsprechend sollte Sorgfalt als gemeinsame Aufgabe vertraglich verankert werden, anstatt Verantwortung vertraglich allein auf Zulieferer abzuwälzen.[77] Das bedeutet konkret, dass in SCoCs oder anderen

---

[75] Ohne vertragliche Verpflichtungen auf Menschenrechte dürfte eine Etablierung angemessener Sorgfaltspflichten in der Lieferkette schwierig sein. Allerdings reicht allein die Verankerung vertraglicher Pflichten selbst dann nicht zur vollständigen Erfüllung aus, wenn auch das eigene Beschaffungsverhalten angepasst wird: In konkreten Hochrisikosituationen und bei Verletzungen müssen zusätzlich Einzelfallmaßnahmen ergriffen werden, etwa durch Abhilfemaßnahmenpläne. Einer Studie von Claire Bright, Lise Smit und anderen zufolge handelt es sich bei Verträgen und Code of Conducts um eins der von Unternehmen am meisten genutzten Instrumente um Sorgfalt in ihren Lieferketten zu verankern, Smit L, Bright B, et al. (2020) Study on due diligence requirements through the supply chain S. 152.

[76] Die Verankerung einer menschenrechts- und umweltbezogenen Erwartung in Verträgen ist eines der Regelbeispiele im Rahmen der Präventionsmaßnahmen gegenüber unmittelbaren Zulieferern (§ 6 Abs. 4 Nr. 2 LkSG). Dabei sind unter anderem Kontrollrechte zu verankern (§ 6 Abs. 4 Nr. 4 LkSG).

[77] Schönfelder D, Braun B, Dadush S (2023) Contracting for Human Rights – Einhaltung menschenrechtlicher Anforderungen in Zulieferverträgen gemäß LkSG: Ansätze gemeinsamer Verantwortlichkeit durch MCC 2.0 und EMC. ESG. 2 (3): 73–79 S. 72, mwN. BeckOK LkSG/Schmidt-Räntsch, 1. Ed. 1.2.2023, LkSG § 6 Rn. 29. Göpfert B, Heimann T (2023) Due Diligence und Haftungsvermeidung in der Lieferkette. ESGZ. 2 (2) 18–22 S. 21 f. Hermann V, Rünz S (2021) Praktische Hinweise und Maßnahmen zur Umsetzung des Lieferkettensorgfaltspflichtengesetzes im Unternehmen. DB. 74 (51–52): 3078–3085 betonen ebenfalls zu Recht, dass auch die Beschaffung des Käufers in Verträgen zu adressieren ist. Unter Berufung auf AGB-rechtliche Anforderungen: Grabosch R in: [16] Das Neue LkSG § 5, Rn. 95. Kramme M, Ponholzer E in: [4] LkSG § 6 Rn. 41. Spindler G (2022) Verantwortlichkeit und Haftung in Lieferantenketten – das Lieferkettensorgfaltspflichtengesetz aus

Vertragsvereinbarungen zur Erfüllung von § 6 Abs. 4 Nr. 2 LkSG explizit verankert wird, dass die Einhaltung von Sorgfaltspflichten und Menschenrecht- und Umweltstandards eine gemeinsame Verantwortung von Zulieferern und Käufern ist, also Pflichten für beide Seiten entstehen, ein angemessenes Bemühen zu entfalten. Denn vor dem Hintergrund von Angemessenheit und Wirksamkeit verspricht ein bloßes Abwälzen von Pflichten in den meisten Fällen keinen Erfolg.[78] Reine Zulieferpflichten berücksichtigen nicht, dass Käufer durch ihr Verhalten generell Verursachungsbeiträge setzen können und nach dem Umfang der Geschäftsbeziehung je nach Leistungsfähigkeit Zulieferer unterstützen müssen. Freizeichnungserklärungen, nach denen keinerlei Risiken oder Verletzungen bestehen, berücksichtigen nicht, dass hiermit faktisch Unmögliches verlangt wird, insbesondere wenn nur der Zulieferer Pflichten übernimmt.[79] Rein abwälzende Vertragsvereinbarungen erfüllen auch nicht die Anforderungen der Wirksamkeit. Sie setzen für Zulieferer den Anreiz, Probleme zu verstecken, denn selbst dort, wo faktisch das Käuferverhalten Probleme erzeugt, werden Zulieferer bei derartigen Pflichten gehemmt sein, das auch zu adressieren: Ihnen droht nach dem Vertrag die Kündigung, denn nach dessen rechtlicher Fiktion sind allein sie für Missstände verantwortlich. Viele Missstände sind nur dann wirksam behebbar, wenn die Ursachen adressiert werden, die oft im Beschaffungsverhalten selbst liegen.[80] Vertragliche Vereinbarungen, die davon abweichend die

---

nationaler und europäischer Perspektive. ZHR. 27 (1): 67–124 S. 106. Gehne K, Humbert F, Philippi T in: [20] LkSG § 6 Rn. 53 f. betonen, dass Käufer auf die Befähigung der Zulieferer achten müssen. Das scheint auch die Ansicht der zuständigen Aufsichtsbehörden zu sein, denn BMWK und BMAS – die Ministerien mit Rechts- und Fachaufsicht über das BAFA, das das LkSG überwacht – führten am 23. Dezember 2022 in einem Schreiben an BDI, BDA und DIHK aus: „Die Pflichten aus dem LkSG können ihrer Natur nach nicht einfach an die Zulieferer weitergegeben werden." Das entspricht auch den internationalen Regelungsvorbildern des LkSG, die bei der Auslegung als Orientierungshilfe heranzuziehen sind, s. im Detail: [9] S. 6 ff. Auch nach Auffassung des BAFA ist die bloße Weitergabe von Sorgfaltspflichten an Zulieferer unzulässig, BAFA und Helpdesk, Handreichung Zusammenarbeit in der Lieferkette, S. 1, 2 sowie Infobox 8 auf S. 23 (mit weiteren Anforderungen an Vertragsgestaltung).

[78] Ob vertragliche Zusicherungen angemessen und wirksam Risiken mindern, ist jeweils für den Einzelfall zu bewerten. Was einem ausländischen Zulieferer bzw. einem deutschen KMU gegenüber als unangemessen gelten kann, kann gegenüber einem selbst nach LkSG verpflichteten Zulieferer, der gegebenenfalls sogar deutlich marktmächtiger als der Käufer ist, durchaus ausreichen. Da es allerdings gängige unternehmerische Praxis ist, im Sinne eines „one size fits all" einen Standard-SCoC bzw. Standard-Einkaufsbedingungen für alle Zulieferer zu verwenden, ist bei der generellen Bewertung dieser Maßnahme von der Perspektive der schwächeren Zulieferer auszugehen.

[79] Auch nach Auffassung des BAFA können Sorgfaltspflichten nicht durch „nicht durch bloßen Verweis auf eine schriftliche Zusicherung des Zulieferers oder durch pauschale vertragliche Unbedenklichkeitszusicherungen" erfüllt werden, BAFA und Helpdesk, Handreichung Zusammenarbeit in der Lieferkette, S. 2.

[80] Vgl. § 6 III Nr. 2, Regierungsbegründung, BT-Drs. 19/28649 zu § 6 III Nr. 2, 3 und zu § 3 II Nr. 4. Das belegen auch eine Studie der ILO [19], Purchasing Practices and Working Conditions in Global Supply Chains: Global Survey Results sowie die umfassende Zusammenfassung von Better

Verantwortung des Käufers fiktiv rechtlich wegdefinieren, verhüllen diese Verantwortlichkeit und setzen damit einen Anreiz *gegen* wirksame Lösungen. Das Käuferverhalten stellt für Menschenrechtsverletzungen beim Zulieferer immer einen potentiellen Verursachungsbeitrag dar. Bestimmte Risiken können nur minimiert werden, wenn auch der Käufer sich verantwortlich verhält – insoweit besteht auch ein relevantes Einflussvermögen des Käuferunternehmens, das vertraglich abzubilden ist. Positive Anreize, die Verursachungsbeiträge vermeiden, können gesetzt werden, indem Zulieferer dazu aufgefordert werden, sanktionsfrei Risiken und Verletzungen an Käuferunternehmen zu kommunizieren – unter dem Vorbehalt der angemessenen Mitwirkung an ihrer Adressierung.

Auch Vertragsklauseln, mit denen Zulieferer verpflichtet werden, einzelne Aufgaben zur Erfüllung der Sorgfaltspflichten zu übernehmen oder zusammenzuarbeiten, sollten von den Grundsätzen gemeinsamer Verantwortung ausgehen. Es kann insbesondere bei kleineren Unternehmen nicht davon ausgegangen werden, dass Zulieferer imstande sind, komplexe Sorgfaltspflichten zu übernehmen. Mit Klauseln, mit denen derartige Zulieferer ohne Unterstützung verpflichtet werden, selbst die Risikoanalyse für sich und ihre Lieferketten durchzuführen und Risiken und Verletzungen dann entsprechend zu adressieren, erfüllen verpflichtete Unternehmen in der Regel nicht ihre Pflicht zu angemessener und wirksamer Sorgfalt.[81] Im Zusammenhang mit der Risikoanalyse ist zu beachten, dass Zulieferer nicht verpflichtet werden sollten, alle angefragten Informationen ohne Einschränkungen und Schutzmechanismen preiszugeben.[82] Möglicherweise haben sie ein schutzwürdiges Interesse daran, Vorlieferanten nicht zu nennen, um nicht aus Lieferketten ausgeschlossen zu werden oder sensible Informationen über Produktionsverfahren geheim zu halten. Vertragsvereinbarungen sollten hierauf Rücksicht nehmen, etwa durch Geheimhaltungsvereinbarungen, Vertragsstrafen für die anderweitige Nutzung der erlangten Informationen oder den Einsatz eines neutralen Dritten zur Sichtung der Informationen. Zu beachten ist in diesem Zusammenhang auch, dass Selbstauskünfte oder Auditmaßnahmen mit nicht unerheblichem Aufwand und Kosten verbunden sind, weshalb Informationsrechte des Käufers mit Bedacht auszugestalten sind.

3.3.1.2 Kostenteilung bei Maßnahmen und Bußgeldern

Verträge müssen auch bei den Kosten für Maßnahmen, insbesondere für Abhilfemaßnahmen, eine Kostenteilung im Sinne einer gemeinsamen Verantwortung vorsehen, um den Anforderungen der Angemessenheit und Wirksamkeit zu entsprechen. Die Kostenteilung muss aufgrund der Wirksamkeit geeignet sein, Verletzungen zu beenden. Sollen Zulieferer allein die Kosten für Maßnahmen übernehmen und sind sie nicht in der Lage, diese

---

Buying Institute [7] Special Report: Purchasing practices and factory-level noncompliances: How the available research can inform supply chain due diligence.

[81] So auch BAFA und Helpdesk, Handreichung Zusammenarbeit in der Lieferkette, S. 4.

[82] Weitere Informationen zur bei der Risikoanalyse benötigten Informationen und Handlungsmöglichkeiten bei sensiblen Informationen finden sich bei BAFA und Helpdesk, Handreichung Zusammenarbeit in der Lieferkette Infobox 5, S. 18, Infobox 6, S. 19.

Kosten zu übernehmen, ist der Erfolg der Maßnahme von Anfang an ausgeschlossen.[83] Ebenso gilt es, negative Anreize durch Klauseln, mit denen sich Zulieferer zum Ersatz von etwaigen Bußgeldern verpflichten, zu vermeiden. Solche Klauseln können ebenfalls davon abschrecken, auf Probleme hinzuweisen, und genügen nicht der Anforderung angemessenen Handelns im Hinblick auf das Kriterium der Verursachungsbeiträge. Da Bußgelder gemäß § 24 Abs. 1 LkSG ein vorsätzliches oder fahrlässiges Verhalten des verpflichteten Unternehmens erfordern, kann es nie zu Bußgeldern kommen, wenn nur dem Zulieferer ein Fehlverhalten vorgeworfen werden kann. Entsprechend ist eine Kostenteilung, die vorsieht, dass Zulieferer die Bußgelder vollständig ersetzen müssen, nicht angemessen im Sinne des LkSG. Stattdessen sollten Verträge einen teilweisen Ersatz nach den Grundsätzen des Mitverschuldens gemäß § 254 BGB vorsehen.

Wie hoch jeweils der Anteil ist, den verpflichtetes Unternehmen und Zulieferer übernehmen müssen, entscheidet sich nach der Ausprägung der Angemessenheitskriterien.[84] Wirksamkeit und Angemessenheit bestimmen auch die Teilung der Kosten mehrerer Kunden eines Zulieferers, bei dem die Maßnahmen stattfinden sollen. Im Kontext der angemessenen Kostenteilung kommt es daher insbesondere auf die Leistungsfähigkeit (Umfang der Geschäftstätigkeit) und den Verursachungsbeitrag an. Je mehr finanzielle, technische und personelle Mittel zur Verfügung stehen und je mehr ein Unternehmen zur Verletzung beigetragen hat, desto größer ist der Anteil der durch den Käufer zu übernehmenden Kosten. Damit wird unmittelbar das Beschaffungsverhalten des Käuferunternehmens relevant: Wenn ein Unternehmen *ex ante* berücksichtigt, dass seine Preise und sein anreizsetzendes Verhalten Zulieferer finanziell und technisch dazu befähigen, Menschenrechtsstandards einzuhalten, kann eine Einzelfallmaßnahme ganz vom Zulieferer zu tragen sein. Wenn aber ein Unternehmen keinerlei derartige Anpassungen vornimmt, wird oft davon auszugehen sein, dass es Verletzungen mitverursacht bzw. nicht davon ausgehen konnte, dass der Zulieferer leistungsfähig genug war.[85] Der Umfang der Geschäftsbeziehung mit dem betroffenen Zulieferer ist hierbei ebenfalls relevant: Er bestimmt, wie stark sich ein Käuferunternehmen im Verhältnis zu anderen Käufern eines Zulieferers, bei dem die Maßnahmen stattfinden sollen, beteiligen muss. Ist ein Käufer etwa für einen Bruchteil der Umsätze des Zulieferers relevant, wird im Regelfall auch nur von einer minimalen Kostenbeteiligungspflicht auszugehen sein.

---

[83] Nach Auffassung des BAFA sind „Maßnahmen [...], die einen Zulieferer in der Umsetzung offenkundig überfordern, sind in aller Regel unwirksam und damit unangemessen.", BAFA und Helpdesk, Handreichung Zusammenarbeit, S. 3.
[84] Ebenso, BAFA und Helpdesk, Handreichung Zusammenarbeit, S. 5, 28.
[85] Das wird allerdings nicht auf jede Verletzungssituation zutreffen, sondern vor allem auf die, die in engem Zusammenhang mit mangelnder finanzieller und technischer Leistungsfähigkeit des Zulieferers stehen.

> **Beispielklausel Kostenteilung**
> Das Käuferunternehmen ist verpflichtet, den Zulieferer bei Präventions- und Abhilfemaßnahmen angemessen durch Sachleistungen, den Aufbau von Kapazitäten und technische oder finanzielle Unterstützung zu unterstützen. Die Höhe der Unterstützung bemisst sich nach der wirtschaftlichen Leistungsfähigkeit und dem Verursachungsbeitrag des Käuferunternehmens und des Zulieferers sowie dem Verhältnis des Einkaufsvolumens zu dem anderen Kunden des Verkäufers.

3.3.1.3 Preisgestaltung

Vertraglich sollte sichergestellt werden, dass durch die Vertragsgestaltung eine menschenrechts- und umweltkonforme Beschaffungspolitik umgesetzt wird und verhindert wird, dass Risiken und Verletzungen bei Zulieferern aufgrund der Vertragsgestaltung entstehen. Eine besondere Rolle spielt hier in Verträgen die Preisgestaltung. Unter Wettbewerbsdruck sehen sich Zulieferer oftmals gezwungen, Preise zu akzeptieren, die nicht ausreichen, um Risiken und Verletzungen zu adressieren.[86] Oftmals sind Abnahmepreise zu gering, um angemessene Löhne zu entrichten und Arbeitsschutz- und Umweltschutzmaßnahmen umzusetzen. Es ist realitätsfern anzunehmen, Zulieferer würden einen ausreichend hohen Preis verlangen und dabei riskieren, nicht den Zuschlag zu bekommen, insbesondere bei oft großen Machtasymmetrien zwischen Unternehmen im Globalen Norden und Unternehmen im Globalen Süden.

Es gibt mehrere Möglichkeiten, um sicherzustellen, dass die eigene Preisgestaltung angemessen zur Finanzierbarkeit von Menschenrechtsstandards beiträgt. Etwa können Unternehmen statt der klassischen Fokussierung auf Preis und Qualität als Auswahlkriterium auch die Nachhaltigkeitsperformance incentivieren, sodass der Wettbewerb nicht zu stark auf Preisdruck beruht. Sie können durch Open-Book-Vergaben sicherstellen, dass kostengerechte Preise gewählt werden. Ebenfalls kann bei der Ausgestaltung von Preisen durch das o. g. Ring Fencing von Arbeitskosten sichergestellt werden, dass Preise ausreichend sind. Durch Preisgleitklauseln, die nachhaltigkeitsbezogenen Kostenfaktoren berücksichtigen, kann verantwortungsvolles Preisverhalten in langfristigen Vertragsbeziehungen besonders effektiv sichergestellt werden.[87] Insbesondere bei Hochrisikozulieferern mit einem Risikoprofil, das in besonderem Maße mit unzureichender finanzieller Kapazität zusammenhängt, ist es sinnvoll, eine Preisklausel vertraglich zu verankern. Auch wenn in einzelnen Zuliefererbeziehungen die partnerschaftliche Zusammenarbeit so gut sein mag, dass derartige Klauseln nicht nötig sind, stärken sie – auch für Kontrollbehörden deutlich sichtbar – die Verhandlungsposition des Zulieferers, sodass er sich nicht alleine auf den

---

[86] [10] S. 1536.
[87] [9].

„Goodwill" des Käufers verlassen muss. Das erhöht seine Planungssicherheit und damit seine Fähigkeit und Bereitschaft, Menschenrechte wirksam zu schützen. Verträge sollten, wo möglich, langfristig gestaltet werden, damit Zulieferer auch tatsächlich vom Recht des Preisanpassung Gebrauch machen. Gegenüber Zulieferern, die eine deutlich höhere Marktmacht als die betreffenden Käufer aufweisen, kann auf derartige Klauseln regelmäßig verzichtet werden, da davon auszugehen ist, dass diese ohnehin für sie vorteilhafte Preise durchsetzen.

> **Beispiel für eine Klausel für angemessene Preisgestaltung, angelehnt an ABA MCC 2.0, 1.3 c)**[88]
>
> 1. Der Verkäufer hat das Recht, den Preis anzupassen, wenn dies zur Aufrechterhaltung eines verantwortungsvollen Geschäftsverhaltens erforderlich ist, das nachteilige Auswirkungen auf Menschenrechte und Umwelt verhindert und beseitigt.[89] Der Verkäufer kann auch entsprechende Anpassungen verlangen, wenn spätere Veränderungen (bspw. ein steigender Mindest- oder Tariflohn) diese Kosten nach Vertragsschluss erhöhen.
> 2. Dies beinhaltet die Zahlung des geltenden Mindestlohns oder eines existenzsichernden Lohns, je nachdem, welcher Wert höher ist. Der Verkäufer ist verpflichtet, unmittelbar sicherzustellen, dass alle seine Beschäftigten den örtlichen Mindestlohn erhalten. Wenn die Zahlung eines existenzsichernden Lohns aus betriebswirtschaftlichen Gründen nicht unmittelbar zumutbar ist (bspw., wenn der Mindestlohn über 25 % unter dem existenzsichernden Lohn liegt), verpflichten sich Käufer und Verkäufer zu einem kontinuierlich ansteigenden Lohn- und Preisplan, um innerhalb einer angemessenen Frist die Zahlung eines existenzsichernden Lohns sicherzustellen. Dabei können sie ihre Anstrengungen zunächst auf Länder mit besonders hohen Armutsraten und mit niedrigem oder ohne Mindestlohn konzentrieren.
> 3. Wenn der Verkäufer von einem der Rechte aus diesem Abschnitt Gebrauch macht, muss er dokumentieren, dass er die in der Folge vom Käufer gestellten finanziellen Ressourcen zur Vermeidung und Behebung nachteiliger Auswirkungen benutzt. Der Käufer hat das Recht, Einsicht in diese Dokumentation zu nehmen. Wenn der Verkäufer die Mittel nicht zur Prävention und Behebung nachteiliger Auswirkungen verwendet hat, kann der Käufer diese zurückfordern.

---

[88] Zur konkreten Implementierung in einzelnen Verträgen sind freilich kontextabhängige, deutliche genauere Preisgleitklauseln nötig, die die relevanten Kostenbestandteile (etwa: Tariflohn, Mindestlohn, Materialkosten…) einzeln erfassen.
[89] Die Verwendung dieser Klausel setzt voraus, dass im Vertrag oder SCoC diese Anforderungen, etwa durch eine an § 2 Abs. 2 und Abs. 3 LkSG orientierte Liste, definiert werden. Dabei kann sich

3.3.1.4 Responsible Exit

Das LkSG verankert zudem den Grundsatz „Befähigung vor Rückzug". Bereits aus dem Charakter als Sorgfaltspflichten und Bemühenspflichten folgt, dass es verpflichteten Unternehmen erlaubt ist, Vertragsbeziehungen zu Zulieferern zu haben, bei denen es menschenrechts- und umweltbezogene Risiken und Verletzungen gibt. Zwar können Klauseln, die ein Kündigungsrecht vorsehen und ihre tatsächliche Nutzung, eine abschreckende Wirkung haben und Zulieferer dazu motivieren, Risiken und Verletzungen zu adressieren. Daher sollten sie auf jeden Fall verankert werden, um zu signalisieren, dass die Einhaltung von Menschenrechten dem Käufer wichtig ist. Solche Klauseln können aber auch gegenteilige Effekte erzielen und verhindern, dass Zulieferer auf Missstände hinweisen, wenn sie Sorge haben, dass Verträge aufgrund eines solchen Hinweises beendet werden.[90] Dieses Risiko besteht insbesondere dann, wenn Kündigungsrechte zu weitreichend ausgestaltet werden. In der Praxis gibt es etwa Klauseln, die schon allein beim Auftreten von Risiken oder Verletzungen von Menschenrechten außerordentliche Kündigungen zulassen. Da Risiken und Verletzungen in den meisten Unternehmen und Lieferketten auftreten dürften, setzt eine derartige Regelung den Anreiz, Missstände zu verstecken und nicht zu adressieren. Sie entspricht damit nicht den Wirksamkeitsanforderungen aus § 4 Abs. 2 und § 6 Abs. 5 LkSG, sondern birgt vielmehr das Risiko, eigene Verursachungsbeiträge entgegen § 3 Abs. 2 Nr. 4 und § 4 Abs. 2 LkSG zu schaffen. Durch die Ausübung derartige Kündigungsrechte droht noch ein zusätzlicher eigener Verursachungsbeitrag: Die Beendigung von Vertragsbeziehungen wirkt in der Regel nicht risikomindernd oder verletzungsbeendend in Bezug auf die konkrete Problemsituation, sondern verschlechtert stattdessen die Lebens- und Arbeitsbedingungen der betroffenen Personen.[91] Im Einklang mit internationalen Vorgaben sind derartige Beiträge auch gemäß LkSG zu vermeiden.[92]

§ 7 Abs. 3 LkSG stellt daher strenge Voraussetzungen an die Gebotenheit der Beendigung einer Vertragsbeziehung. Diese ist als *Ultima Ratio* nur geboten bei schweren Verletzungen, wenn das Abhilfemaßnahmenkonzept fehlgeschlagen ist, keine anderen milderen Mittel zur Verfügung stehen und eine Erhöhung des Einflussvermögens nicht aussichtsreich erscheint. Kündigungsrechte, die diesen Anforderungen entsprechen sollen und eigene Verursachungsbeiträge vermeiden, sollten daher die potentielle negative

---

etwa an dem Muster der IHK München orientiert werden: IHK München, Verhaltenskodex für Lieferanten (https://www.ihk-muenchen.de/CR-Merkbl%C3%A4tter/Merkblatt_Verhaltenskodex-fuer-Lieferanten_Stand-20211118.pdf).

[90] [26] S. 76.

[91] Ibid.

[92] Sherman stellt zu Recht fest, dass sich diese Pflicht aus den bei der Auslegung des LkSG (dazu s. oben) zu berücksichtigenden UNGP ergibt, Sherman J (2020) Irresponsible Exit: Exercising Force Majeure Provisions in Procurement Contracts. BHRJ. 1, 6 (1): 127–134 S. 132 ff, vgl. UNGP 19 und Kommentierung. Die ebenfalls als Orientierungspunkt für das LkSG bei der Auslegung zu berücksichtigende OECD Guidance for Responsible Business Conduct, 31, 3.2 h) enthält ähnliche Vorgaben. Krajewski M, Wohltmann H-W in: [21] LkSG § 7 Rn. 51 betonen daher zu Recht, dass negative Auswirkungen von Geschäftsbeendigungen zu berücksichtigen sind.

menschenrechtliche Auswirkung abbilden und sich vor allem auf Situationen beschränken, in denen eine Verbesserung der Lage nicht realistisch ist.[93] Vor dem Hintergrund, dass Sorgfaltspflichten einen Prozess kontinuierlicher Verbesserung verlangen, sollte eine Kündigung nicht bereits bei anfänglichem Nichteintreten des Erfolges vorgesehen werden, sondern wenn absehbar keine Verbesserungen erzielt werden können. Das kann etwa der Fall sein, wenn ein Zulieferer auch nach Aufforderung keine Bereitschaft zeigt, problematische Praktiken abzustellen, oder in Extremfällen wie dem Zusammenbruch der örtlichen politischen Ordnung (etwa im Falle Myanmars). Zulieferern sollte grundsätzlich die Möglichkeit eingeräumt werden, Verbesserungen zu schaffen, und erst nach dem Scheitern derartiger Maßnahmenpläne sollten Beendigungen als Konsequenz erfolgen. Auch hier sollten jedoch Teilerfolge berücksichtigt werden. In Verträgen sollte ebenfalls klargestellt werden, dass die Mitteilung von Risiken oder Verletzungen nicht zu Kündigungsrechten führt. Für die menschenrechtskonforme Durchführung von Rückzügen ist zudem die Orientierung an internationaler Guidance zu empfehlen.[94] Eine vertragliche Verankerung dieser Vorgaben könnte mithilfe der folgenden Klausel geschehen:

> **Beispielklausel Vertragsbeendigung**
>
> 1. Der Käufer ist berechtigt, das dieser Vereinbarung unterliegende Vertragsverhältnis mit dem Verkäufer zu kündigen, wenn es beim Verkäufer oder in seiner Lieferkette zu schweren Verletzungen der Rechtspositionen gemäß [Abschnitt Rechtspositionen] kommt und
>   - der Verkäufer die Verletzung nicht innerhalb angemessener, vom Käufer zu setzender Frist beendet oder
>   - er sich weigert, mit dem Käufer zusammenzuarbeiten,
>   um die Verletzung zu beenden, oder die ergriffenen Maßnahmen oder der Abhilfemaßnahmenplan nach Ablauf der vorgesehenen Zeit keine Verbesserung versprechen und auch keine anderen möglichen Maßnahmen eine Verbesserung versprechen. Der Käufer und der Verkäufer sind insbesondere verpflichtet, zu versuchen, ihr Einflussvermögen zu erhöhen, um eine Beendigung der Verletzung zu erreichen.
>   Bei Sklaverei, Zwangsarbeit und den schlimmsten Formen der Kinderarbeit ist immer von einer schweren Verletzung auszugehen. Im Übrigen

---

[93] Vgl. ABA MCC Art. 1.3 f.
[94] Orientierung bieten etwa die ACT Responsible Exit Policy (https://actonlivingwages.com/app/uploads/2022/06/ACT_Fact_Sheets_ACT-Responsible-Exit-Policy_FA.pdf), die C&As Responsible Exit Policy (https://www.c-and-a.com/uk/en/corporate/fileadmin/user_upload/Sustainability_Policies_2023/C_A_Responsible_Exit_Policy_March_2023.pdf) oder die Empfehlung in der OECD Due Diligence Guidance zum Disengagement (Q39).

bemisst sich die Schwere nach der Ausprägung der Kriterien Art, Umfang und Unumkehrbarkeit der Verletzung.
2. Insoweit der Käufer durch sein eigenes Verhalten, etwa sein Einkaufsverhalten, einen Verursachungsbeitrag zur Verletzung gesetzt hat, kann er den Vertrag nur beenden, nachdem er angemessene Maßnahmen zur Beseitigung dieses Verursachungsbeitrags ergriffen hat.
3. Bei jeder Kündigung dieser Vereinbarung durch den Käufer, sei es aufgrund einer Nichteinhaltung dieser Vereinbarung durch den Verkäufer oder aus einem anderen Grund (einschließlich des Eintretens eines Ereignisses höherer Gewalt oder eines anderen Ereignisses, das außerhalb der Kontrolle der Parteien liegt), muss der Käufer die möglichen nachteiligen Auswirkungen für Rechtspositionen gemäß [Abschnitt Rechtspositionen] berücksichtigen und angemessene Anstrengungen unternehmen, um sie zu vermeiden oder zu mildern. Vor der Kündigung dieser Vereinbarung hat der Käufer alle ausstehenden und berechtigten Rechnungen des Verkäufers zu bezahlen.

3.3.2 Anforderungen des AGB-Rechts

Auch aus dem Vertragsrecht ergeben sich Anforderungen, die für die Abbildung des Ansatzes gemeinsamer Verantwortlichkeit im Vertrag sprechen. Meistens bilden nach dem LkSG verpflichtete Käuferunternehmen die Umsetzung der Anforderung aus § 6 Abs. 4 Nr. 2 LkSG durch standardisierte SCoCs bzw. Vertragsbedingungen ab. Da diese mit der Intention der mehrfachen Verwendung erstellt werden, liegen damit sog. „Allgemeine Geschäftsbedingungen" (AGB) vor, deren Einbeziehung in Verträge und Wirksamkeit einer strengen rechtlichen Kontrolle gemäß §§ 305 ff. BGB unterliegt. Das setzt freilich die Anwendbarkeit des deutschen Rechts und damit bei internationalen Verträgen eine entsprechende Rechtswahl voraus.[95] Gemäß § 307 Abs. 1 S. 1 BGB sind AGB bei unangemessener Benachteiligung des Vertragspartners unwirksam. Diese Unwirksamkeit erzeugt für Käuferunternehmen das Risiko, mangels rechtswirksamer vertraglicher Zusicherungen ihre Pflicht gemäß § 6 Abs. 4 Nr. 2 zu verletzen. Ein Ansatz gemeinsamer Verantwortlichkeit ist am besten geeignet, um diesen Anforderungen zu entsprechen.[96]

---

[95] Gemäß Art. 4 Abs. 1 a) Rom I VO gilt vor Gerichten in der EU ohne Rechtswahl das Recht des Verkäufers. Das internationale Privatrecht in den meisten Ländern der Welt sieht ähnliche Regelungen vor.

[96] Im Detail und mwN: [26] S. 77 f. Siehe ebenfalls: [15] S. 21 f. Kramme M, Ponholzer E in: [4] LkSG § 6 Rn. 41. Ähnlich: Grabosch R in Grabosch R, Das Neue LkSG § 5, Rn. 95. [32] S. 106. Gehne K, Humbert F, Philippi T in: [20] LkSG § 6 Rn. 53 f. Auch das BAFA verweist auf die Notwendigkeit, die Klauseln AGB-konform auszugestalten, BAFA, Executive Summary Zusammenarbeit, S. 5.

Zur Vermeidung unangemessener Benachteiligung ist es nötig, auch die Interessen des Gegenparts, also hier der Zulieferer, zu berücksichtigen – es muss ein angemessener Ausgleich mit den Käuferinteressen geschaffen werden.[97] Dem Käuferunternehmens ist ein grundsätzlich schützenswertes Interesse an der Erfüllung seiner Pflichten im Hinblick auf seine Lieferkette, insbesondere der Pflicht aus § 6 Abs. 4 Nr. 2 LkSG, zuzusprechen.[98] Allerdings ist eine Abbildung dieser Pflichten durch einen Ansatz, der nur einseitig Pflichten für den Zulieferer vorsieht, unter mehreren Gesichtspunkten rechtlich angreifbar:

- Zulieferer werden oft nicht selbst an das LkSG gebunden sein – entweder, weil sie einen Sitz im Ausland haben, oder weil sie unterhalb der LkSG-Schwellwerte operieren. Die, zumindest teilweise, vertragliche Verpflichtung auf für sie formal nicht geltendes Recht erzeugt ein erhöhtes Rechtfertigungs- bzw. Ausgleichsbedürfnis durch andere vorteilhafte Regelungen, wie etwa die Abbildung gemeinsamer Verantwortlichkeit.[99]
- Neben der oftmaligen indirekten Verpflichtung originär nicht verpflichteter Unternehmen ist zu berücksichtigen, dass das LkSG explizit Verpflichtungen für das Einkaufsverhalten zur Vermeidung eigener Verursachungsbeiträge durch Käufer aufstellt und ein System gemeinsamer Verantwortlichkeit durch Angemessenheit und Wirksamkeit (s. oben) schafft.[100] Eine vertragliche Ausgestaltung, die die Verantwortung für Menschenrechts- und Umweltaspekte vollständig auf Zulieferer abwälzt, weicht von diesen wesentlichen Grundgedanken zur Lastenverteilung ab und schafft damit das Risiko, wegen Verstoßes gegen § 307 Abs. 2 Nr. 1 BGB unwirksam zu sein.[101]
- Darüber hinaus ist zu berücksichtigen, dass einige Menschenrechtsverletzungen nur vermieden werden können, wenn Zulieferer überhaupt finanziell und technisch zu ihrer Bewältigung in der Lage sind – dafür ist das Einkaufsverhalten von Käufern essentiell. Wenn Zulieferer auch in Situationen, in denen ein relevanter Verursachungsbeitrag aus dem Einkaufsverhalten mitursächlich war, allein für die Bewältigung

---

[97] Vgl. [33] LkSG § 14, Rn. 2147 und Spießhofer B, Graf von Westphalen F (2015) Corporate Social Responsibility und AGB-Recht. BB. 65 (3) 75–83 S. 79 f. mwN.
[98] [33] LkSG § 14, Rn. 2148.
[99] [26] S. 77 unter Verweis auf [33] LkSG § 14 Rn. 2158 ff. und Schmidt H in: [17] BeckOK BGB § 307 Rn. 29.
[100] Zutreffend führen die Spitzen von BMWK und BMAS – den Ministerien mit Rechts- und Fachaufsicht über das BAFA, das das LkSG überwacht – am 23. Dezember 2022 in einem Schreiben an BDI, BDA und DIHK aus: „Die Pflichten aus dem LkSG können ihrer Natur nach nicht einfach an die Zulieferer weitergegeben werden."
[101] [26] S. 78.

verantwortlich gemacht werden, stellt das ein erhebliches Risiko einer unangemessenen Benachteiligung dar, auch weil „Cheapest Cost Avoider" hier der Käufer wäre.[102]
- Auch eine angemessene Ausgestaltung von Kündigungsrechten im Sinne des wesentlichen Grundgedanken „Befähigung statt Rückzug" im LkSG ist AGB-rechtlich geboten:[103] Wenn Käuferunternehmen auch bei geringen Verstößen gegen vertragliche Pflichten oder sogar schon bei Auftreten von Risiken oder Verletzungen im Sinne des LkSG außerordentlich kündigen können, verkennt das, dass sie selbst durch derartige Kündigungen – wenn sie vorschnell und ohne Einbeziehung menschenrechtlicher Auswirkungen stattfinden – Verursachungsbeiträge für daraus resultierende Menschenrechtsprobleme (Kündigungen oder Abwandern in informelle/weniger streng kontrollierte Lieferbeziehungen etwa) setzen. Im Sinne einer gemeinsamen Verantwortung als wesentlichem Grundgedanken muss daher ein „Responsible Exit" gem. den oben beschriebenen Grundsätzen verankert werden.

Ähnliche Anforderungen lassen sich auch aus dem in § 241 Abs. 2 BGB verankerten Grundsatz der gegenseitigen Rücksichtnahme in Vertragsverhältnissen und dem Grundsatz von Treu und Glauben in § 242 BGB ableiten.[104] Auch eine reine Verankerung von Erfolgspflichten des Zulieferers ohne Berücksichtigung seiner – insbesondere in der Lieferkette – eingeschränkten Einflussmöglichkeiten schafft AGB-rechtliche Risiken.[105]

4 Ausblick

Vor dem Hintergrund steigender gesetzlicher Anforderungen, aber auch aufgrund des zunehmenden Drucks von Investoren[106] setzen Unternehmen zunehmend Ansätze gemeinsamer Verantwortung um, um menschenrechtliche Sorgfaltspflichten zu erfüllen. So sind Unternehmen auch aufgrund des norwegischen Transparenzgesetzes oder des französischen „Loi de Vigilance" zu Sorgfalt verpflichtet. Die Taxonomie-Verordnung legt ein einheitliches Klassifizierungssystem für die Bestimmung der Nachhaltigkeit eines

---

[102] Ibid. mwN, unter anderem unter Verweis auf [32] S. 106, der zu Recht darauf hinweist, dass eine unangemessene Benachteiligung vorliegt, wenn Zulieferer von Käufern für Menschenrechtsverletzungen verantwortlich gemacht werden, die aus dem Preisdruck der Käufer resultieren.

[103] [32] S. 106, [26] S. 78.

[104] Beckers A (2022) Unternehmerische Lieferkettenpflichten und Vertrag. RW. 13 (4):492–517 S. 507 hält in diesem Kontext zumindest eine „negative Treuepflicht [...], die vom Unternehmen das Unterlassen einer bestimmten, die Vertragserfüllung unterlaufende, Maßnahme verlangen" für möglich.

[105] [26] S. 78.

[106] Morris Lang S, van den Beemt R (2023) Respect and Protect: The State of Corporate Human Rights Due Diligence in Canada (https://www.bmogam.com/uploads/2023/02/dadfcd61da37696475 bc54c0e84ab2bd/22-1892-gam-human-rights-report.pdf).

Finanzproduktes für Finanzmarktteilnehmer wie etwa Investmentfonds fest.[107] Hiernach ist eine Aktivität Taxonomie-konform, wenn sie einen wesentlichen Beitrag zu einem der Nachhaltigkeitsziele der Verordnung leistet, kein anderes Nachhaltigkeitsziel wesentlich beeinträchtigt und menschenrechtlicher Mindestschutz gewährleistet ist.[108] Bei dem Mindestschutz handelt es sich um ein Verfahren, mit dem Unternehmen sicherstellen, dass sie die OECD-Leitsätze für multinationale Unternehmen und die Leitprinzipien der Vereinten Nationen für Wirtschaft und Menschenrechte, einschließlich der Grundprinzipien und Rechte aus den acht Kernübereinkommen der Internationalen Arbeitsorganisation, und aus der Internationalen Charta der Menschenrechte einhalten.[109] Die Erfüllung dieser Anforderungen erfordert wie das LkSG Ansätze gemeinsamer Verantwortung.[110]

Immer mehr Benchmarking-Initiativen verlangen die Umsetzung verantwortungsvoller Beschaffungspraktiken und die Annahme der Model Contract Clauses (MCCs) der ABA. So stellte Tulipshare, eine aktivistische Investorenplattform, im März 2023 gegenüber Nike einen Aktionärsantrag, mit dem sie Nike empfohlen, die MCCs und ihren vertraglichen Ansatz gemeinsamer Verantwortung einzusetzen, um sicherzustellen, dass menschenrechtliche Risiken in den Lieferketten adressiert werden.[111] Auch die Organisation „Know the Chain", eine der wichtigsten Benchmarking-Organisationen für Zwangsarbeitsrisiken, bewertet neben anderen Kriterien die Umsetzung geeigneter Beschaffungspraktiken inklusive ihrer Abbildung in Verträgen im Sinne einer gemeinsamen Verantwortung, um zu bewerten, wie gut ein Unternehmen Zwangsarbeitsrisiken adressiert.[112]

Verschiedene Unternehmen implementieren bereits Ansätze gemeinsamer Verantwortung in ihren Beschaffungspraktiken und Verträgen. So setzen das Modeunternehmen S'Oliver[113] oder das Lebensmittelunternehmen Nestlé[114] auf langfristige Vertragsbeziehungen. Beide betonen wie das IT Unternehmen Epson, entweder die „Shared

---

[107] Verordnung (EU) 2020/852 des Europäischen Parlaments und des Rates vom 18. Juni 2020 über die Einrichtung eines Rahmens zur Erleichterung nachhaltiger Investitionen und zur Änderung der Verordnung (EU) 2019/2088.

[108] Artikel 3 Taxonomie-Verordnung.

[109] Artikel 18 Taxonomie-Verordnung.

[110] [9] Fn. 36 und S. 23.

[111] Masters, Katherine (2023), Nike faces shareholder proposal on human rights, Reuters (https://www.reuters.com/business/retail-consumer/nike-faces-shareholder-proposal-human-rights-2023-03-30/).

[112] Know the Chain (2022), Information and Communications Technology Benchmark Findings Report, (2022), S. 24–27.

[113] S'Oliver (2022), Social, Environmental and Ethical Code of Conduct and Handbook on Social, Environmental and Ethical Code of Conduct, Nr. 2 (https://assets.ctfassets.net/i3pgqz40redc/3KYRRv9YwUvPHHJV0TRWTC/6881ad141fffed2e125c46196b14f032/S.OLIVER_GROUP_CodeOfConduct_2023.pdf).

[114] Nestlé (2018) Responsible Sourcing Standard, S. 5 (https://www.nestle.com/sites/default/files/asset-library/documents/library/documents/suppliers/nestle-responsible-sourcing-standard-english.pdf).

Responsibility" oder die Rolle der eigenen Beschaffung in ihren SCoCs.[115] Hapag-Lloyd, die Deutsche Bahn und Zeeman beschreiben die Umsetzung von Sorgfaltsprozessen als gemeinsame Aufgabe mit ihren Zulieferern und verpflichten sich zu verantwortungsvollem Einkaufsverhalten, wobei Zeeman hierzu besonders detaillierte eigene Pflichten ausführt und explizit einen „Two Way Code of Conduct" formuliert.[116] Nestlé setzt auch auf kontinuierliche Erhöhung von Löhnen, wenn diese nicht einem „living wage" entsprechen.[117]

Auch der „Buyer-Supplier Mutual Code of Conduct" von Social Accountability International und der Code of Conduct von amfori BSCI setzen Ansätze gemeinsamer Verantwortung um. Der SAI Buyer-Supplier Mutual Code of Conduct sieht hierfür ebenfalls nicht nur Pflichten für Zulieferer, sondern auch detaillierte für Käufer vor.[118] Käufer sind verpflichtet, negative Auswirkungen unter anderem durch ihr Beschaffungsverhalten zu ermitteln.[119] Zudem sieht auch SAI eine Zusammenarbeit vor, um Sorgfaltspflichten zu erfüllen.[120] Käufer sind verpflichtet, Zulieferer zu unterstützen, Anreize zu schaffen, damit Zulieferer ihre Menschenrechtsperformance verbessern, und diese in die Bewertung ihrer Zulieferer einzubeziehen.[121] Der amfori BSCI Code of Conduct sieht ebenfalls vor, dass Käufer und Verkäufer bei der Erfüllung der Sorgfalt ganzheitlich zusammenarbeiten.[122] Er geht hierbei ausdrücklich davon aus, dass eine Zusammenarbeit zu größerer Effektivität führt, und adressiert Käufer- und Zuliefererpflichten gemeinsam.

---

[115] Siehe zu eigenen Verpflichtungen von Käuferunternehmen bezüglich Beschaffung etwa Epson, Group Supplier GuidelinesVer. 7.01, S. 5 Kapitel „Basic Procurement Principles"; Nestlé, Responsible Sourcing Standard of July 2018, dessen Chapter 1, S. 5 die eigene Verantwortung von Nestlés Einkauf ausführt (https://www.nestle.com/sites/default/files/assetlibrary/documents/library/documents/suppliers/nestle-responsible-sourcing-standard-english.pdf) und amfori BSCI (2021) Code of Conduct – Public Document V. 1/2017 S. 3 (https://www.amfori.org/sites/default/files/amfori%20BSCI%20Code%20of%20Conduct%20%20-%20English%20-%20December%202021_v2.pdf).

[116] Hapag Lloyd Supplier Code of Conduct (Oktober 2023): https://www.hapag-lloyd.com/en/services-information/procurement-supplier/container.html#:~:text=Hapag%2DLloyd%20is%20committed%20to,governance%20standards%20(ESG%20standards). Deutsche Bahn Verhaltenskodex Geschäftspartner (Januar 2024): https://www.deutschebahn.com/de/konzern/konzernprofil/compliance/geschaeftspartner/verhaltenskodex-6878730. Zeeman Two Way Code of Conduct (September 2022): https://www.corporate.zeeman.com/_files/ugd/72bca6_9822d72bba524b3cac23ab7f7dbbdc01.pdf.

[117] Nestlé (2018) Responsible Sourcing Standard, 2.2.6, S. 11.

[118] SAI Buyer-Supplier Mutual Code of Conduct (https://sa-intl.org/resources/mutual-code-of-conduct/).

[119] Ebda., section 2.3.

[120] Ebda., section 2.5.

[121] Ebda., section 2.6–2.8.

[122] Amfori BSCI (2021), Code of Conduct, S. 2 (https://www.amfori.org/sites/default/files/amfori%20BSCI%20Code%20of%20Conduct%20%20-%20English%20-%20December%202021_v2.pdf).

Es ist zu erwarten, dass dieser Trend weiter zunimmt, da neben dem LkSG auch die EU auf vertragliche Zusicherungen und verantwortungsvolles Einkaufsverhalten als Teil von Sorgfaltspflichten setzen. Dort kam es jüngst zur Einigung über eine Richtlinie über unternehmerischer Nachhaltigkeitspflichten (CSDDD). Der finale Text der Richtlinie liegt zum Zeitpunkt der Veröffentlichung noch nicht vor aber anhand von Kommissionvorschlag, Position des Rats und Position des Parlaments ist folgendes bereits klar: Die CSDDD verpflichtet Unternehmen zu geeigneten Präventions- und Abhilfemaßnahmen. Maßnahmen sind geeignet, wenn mit ihnen „die Ziele der Sorgfaltspflicht erreicht werden können, die dem Schweregrad und der Wahrscheinlichkeit der negativen Auswirkungen entsprechen und die dem Unternehmen nach vernünftigem Ermessen zur Verfügung stehen, wobei den Umständen des Einzelfalls, einschließlich der Besonderheiten des Wirtschaftssektors, der spezifischen Geschäftsbeziehung und des diesbezüglichen Einflusses des Unternehmens, sowie der Notwendigkeit, die Priorisierung der Maßnahmen sicherzustellen, Rechnung getragen wird".[123] Die Definition der Geeignetheit entspricht damit den Grundsätzen der Angemessenheit und Wirksamkeit des LkSG, weshalb auch nach der jetzigen Entwurfslage nur bei ausreichender Abbildung der Ansätze gemeinsamer Verantwortung die vertragsbezogenen Pflichten rechtssicher erfüllbar sind.[124]

Unterstützung und Orientierung bietet darüber hinaus auch das Responsible Contracting Project, das die Model Contract Clauses 2.0 der American Bar Association erarbeitet hat. Das Responsible Contracting Project stellt ein umfangreiches Toolkit zur verantwortungsvollen Vertragsgestaltung bereit und berät auch zur Umsetzung verantwortungsvoller Vertrags- und Beschaffungspraktiken.[125] Im European Model Clauses (EMC) Project unter Leitung von Prof. Martijn Scheltema und Prof. David Snyder werden derzeit auf den europäischen Kontext angepasste Musterklauseln entwickelt, die die Grundsätze gemeinsamer Verantwortlichkeit ebenfalls abbilden.

Abkürzungsverzeichnis

ABA	American Bar Association
ABA MCC 2.0	Model Contract Clauses 2.0 der American Bar Association
AGB	Allgemeine Geschäftsbedingungen
BAFA	Bundesamt für Wirtschaft und Ausfuhrkontrolle
BGB	Bürgerliches Gesetzbuch
CFRPP	Common Framework For Responsible Purchasing Practices
EMC	European Model Clauses

---

[123] Art. 3 q des Kommissionsvorschlags.
[124] Schönfelder D, Braun B, Scheltema M (2022) Contracting for human rights: experiences from the US ABA MCC 2.0 and the European EMC projects.
[125] Website des Responsible Contracting Project mit weiteren Informationen: https://responsiblecontracting.org/.

LkSG	Lieferkettensorgfaltspflichtengesetz
NGO	Non Governmental Organizations
OECD	Organisation for Economic Cooperation and Development (OECD)
ScoCs	Supplier Codes of Conduct
UNGP	UN Guiding Principles on Business and Human Rights
UWG	Gesetz gegen den unlauteren Wettbewerb

Literatur

1. Altenschmidt S, Helling, D (2022) LkSG. Erich Schmidt Verlag. Berlin
2. Beckers A (2022) Unternehmerische Lieferkettenpflichten und Vertrag. Rechtswissenschaft. 13 (4):492–517
3. Beckers A (2021) Globale Wertschöpfungsketten: Theorie und Dogmatik unternehmensbezogener Pflichten. Zeitschrift für die gesamte Privatrechtswissenschaft. 8 (2): 220–251
4. Berg D, Kramme M (2023) LkSG. C.H.Beck. München
5. Bergstein N (2022) Das Lieferkettensorgfaltspflichtengesetz als Chance für echte Veränderung. Rethinking Finance. 4 (1): 72–80
6. Walk Free Foundation (2023) The Global Slavery Index (https://cdn.walkfree.org/content/uploads/2023/05/17114737/Global-Slavery-Index-2023.pdf)
7. Better Buying Institute (2023) Special Report: Purchasing practices and factory-level noncompliances: How the available research can inform supply chain due diligence (https://betterbuying.org/download/purchasing-practices-and-factory-level-noncompliances-how-the-available-research-can-inform-supply-chain-due-diligence/?wpdmdl=1969&refresh=63dcbe5d3875a1675411037)
8. Morris Lang S, van den Beemt R (2023) Respect and Protect: The State of Corporate Human Rights Due Diligence in Canada (https://www.bmogam.com/uploads/2023/02/dadfcd61da37696475bc54c0e84ab2bd/22-1892-gam-human-rights-report.pdf)
9. Dadush S, Schönfelder D, Braun B (2023) Complying with Mandatory Human Rights Due Diligence Legislation Through Shared-Responsibility Contracting: The Example of Germany's Supply Chain Act (LkSG). Contracts for Responsible and Sustainable Supply Chains: Model Contract Clauses, Legal Analysis, and Practical Perspectives, ABA Business Law Section. (https://ssrn.com/abstract=4389817)
10. Dadush S (2019) Contracting for Human Rights: Looking to Version 2.0 of the ABA Model Contract Clauses. American University Law Review. 68 (5) 1519–1554
11. Depping A, Walden D (2022) LkSG. C.H.Beck. München
12. Falder R, Frank-Fahle C, Poleacov P (2022) Lieferkettensorgfaltspflichtengesetz. Springer Gabler. Wiesbaden
13. Fleischer H (2022) Grundstrukturen der lieferkettenrechtlichen Sorgfaltspflichten. Corporate Compliance. 15 (7):205–214
14. Gehling C, Ott N (2022) LkSG. Verlag Dr. Otto Schmidt. Köln
15. Göpfert B, Heimann T (2023) Due Diligence und Haftungsvermeidung in der Lieferkette. Fachzeitschrift für Nachhaltigkeit und Recht. 2 (2) 18–22
16. Grabosch R (2022) Das Neue Lieferkettensorgfaltspflichtengesetz. Nomos. Baden-Baden
17. Hau W, Poseck R (2023) BeckOK BGB. C.H. Beck. München

18. Hermann V, Rünz S (2021) Praktische Hinweise und Maßnahmen zur Umsetzung des Lieferkettensorgfaltspflichtengesetzes im Unternehmen. Der Betrieb. 74 (51–52): 3078–3085
19. ILO (2017), Purchasing Practices and Working Conditions in Global Supply Chains: Global Survey Results (https://www.ilo.org/travail/info/fs/WCMS_556336/lang-en/index.htm)
20. Johann C, Sangi R (2023) LkSG. Nomos. Baden-Baden
21. Kaltenborn M, Krajewski M, Rühl G, Saage-Maaß M (2023) LkSG. C.H.BECK. München
22. Lebaron G (2021) Wages: An Overlooked Dimension of Business and Human Rights in Global Supply Chains. Business and Human Rights Journal. 6 (1):1–20
23. Pelz C, Krais J (2022) Lieferketten in der Unternehmenspraxis. C.F. Müller. Heidelberg
24. Rothermel M (2022) LkSG. Deutscher Fachverlag GmbH. Frankfurt am Main
25. Schönfelder D (2023) Pflicht zur Stakeholderbeteiligung nach dem LkSG. Fachzeitschrift für Nachhaltigkeit und Recht. 2 (2): 23–27
26. Schönfelder D, Braun B, Dadush S (2023) Contracting for Human Rights – Einhaltung menschenrechtlicher Anforderungen in Zulieferverträgen gemäß LkSG: Ansätze gemeinsamer Verantwortlichkeit durch MCC 2.0 und EMC. Zeitschrift für nachhaltige Unternehmensführung. 2 (3): 73–79
27. Schönfelder D, Braun B, Scheltema M (2022) Contracting for human rights: experiences from the US ABA MCC 2.0 and the European EMC projects. Nova Centre on Business, Human Rights and the Environment Blog. 1st November 2022 (https://novabhre.novalaw.unl.pt/contracting-for-human-rights-experiences-from-the-us-aba-mcc-2-0-and-the-european-emc-projects/)
28. Schönfelder D, Neitzel N (2022) Menschenrechte als „S" in ESG – Updates aus Europa. Rethinking Finance. 5 (1): 55–64
29. Sherman J (2020) Irresponsible Exit: Exercising Force Majeure Provisions in Procurement Contracts. Business and Human Rights Journal. 1, 6 (1): 127–134
30. Smit L, Bright B, et al. (2020) Study on due diligence requirements through the supply chain (https://www.civic-consulting.de/reports/Supply%20chain.pdf)
31. Spießhofer B, Graf von Westphalen F (2015) Corporate Social Responsibility und AGB-Recht. Betriebs-Berater. 65 (3) 75–83
32. Spindler G (2022) Verantwortlichkeit und Haftung in Lieferantenketten – das Lieferkettensorgfaltspflichtengesetz aus nationaler und europäischer Perspektive. Zeitschrift für das gesamte Handels- und Wirtschaftsrecht. 27 (1): 67–124
33. Wagner E, Ruttloff M, Wagner S (2022) Das Lieferkettensorgfaltspflichtengesetz in der Unternehmenspraxis. C.H.Beck. München
34. Wissenschaftlicher Dienst des Deutschen Bundestages (2021) Das Gesetz über die unternehmerischen Sorgfaltspflichten und die VN-Leitprinzipien für Wirtschaft und Menschenrechte. Sachstand vom 17.3.2021. WD 2 – 3000 – 022/21 (https://www.bundestag.de/resource/blob/839528/7b4e6a1a751fd9c9395ec0e63f598637/WD-2-022-21-pdf-data.pdf)

Das Lieferkettengesetz und seine Auswirkungen auf ein nachhaltiges Beschaffungsmanagement – eine empirische Analyse

Isabelle Wehling und Nicolas Hilweg

1 Einführende Überlegungen – Das Lieferkettengesetz und seine Auswirkungen auf eine nachhaltige Beschaffung

„Der Einkauf ist der Multiplikator, der das Wirtschaften tausender Lieferanten sowie des eigenen Unternehmens deutlich verändern und somit einen unvergleichbaren Mehrwert für den Klimawandel leisten kann! Jetzt hat die Beschaffung die Gelegenheit, sich strategisch auf Augenhöhe zu behaupten und auf Vorstands- bzw. Geschäftsführungsebene die Weichen zu stellen." [1]

Unternehmerisches Handeln übt nicht nur Einfluss auf die Ökonomie eines Marktes aus, sondern auch auf die Komponenten Umwelt und Soziales. Vermehrt erkennen Unternehmen die Möglichkeiten, die ihnen als Wirtschaftsakteure auf dem weltweiten Markt zuteilwerden. Neben Chancen ergeben sich zudem neue Herausforderungen, insbesondere für Einkaufsorganisationen. Zu dem populären Thema Kostenoptimierung gesellen sich zukünftig weitere Schwerpunkte wie Risikomanagement und die Nachhaltigkeitsberichterstattung.

Die Einführung des Lieferkettengesetzes ist ein Hebel für eine nachhaltige und faire Wertschöpfung. Die im Gesetz beschriebenen Sorgfaltspflichten definieren einen Anreiz, Transparenz entlang der eigenen Lieferkette zu fördern. Die Unternehmen unterliegen einer Bemühungspflicht, sich mit potentiellen Risiken auseinanderzusetzen und Präventionsmaßnahmen einzuleiten.

I. Wehling · N. Hilweg (✉)
amc Group, Bonn, Deutschland
E-Mail: nicolas.hilweg@amc-group.de

I. Wehling
E-Mail: isabelle.wehling@amc-group.de

Die Auswirkungen des Sorgfaltspflichtengesetzes auf eine nachhaltige Beschaffung wurden empirisch in zwei unabhängigen Studien untersucht. In dem folgenden Buchbeitrag werden die Ergebnisse der Studien „Sicherstellung fairer Wertschöpfung durch ein Lieferkettengesetz" aus dem Jahr 2021 und „Nachhaltige Beschaffung – Gründe für die Einführung eines datenbasierten Nachhaltigkeitsmanagements und die Auswirkungen auf Unternehmen" aus dem Jahr 2022 zusammengeführt. Erklärungen über den Einfluss des LkSG (Lieferkettensorgfaltspflichtengesetz) auf Einkaufsprozesse und praktische Implikationen geben praxisnahe Umsetzungshilfen, um am Wandel einer nachhaltigen Beschaffung teilzuhaben.

2   Forschungsdesign und -methodik

Das folgende Kapitel setzt sich aus zwei verschiedenen Studien zusammen:

Die Studie „Sicherstellung fairer Wertschöpfung durch ein Lieferkettengesetz?" *(nachfolgend Studie 1)* wurde 2021 veröffentlicht. Im Rahmen dieser Forschungsarbeit wurden 193 Rohdaten gesammelt, von denen 162 vollständig verwendet werden konnten. Bei der Methodik entschied sich die Autorin für eine quantitative Studie in Form einer standardisierten Online-Befragung. Durch Kennzahlen, wie die der Korrelation, konnten die Zusammenhänge der Aussagen untersucht werden. Die statistische Auswertung erfolgte durch das Datenauswertungsprogramm SPSS.

Die zweite Grundlage des Beitrages bildet eine Masterarbeit mit dem Titel „Nachhaltige Beschaffung – Gründe für die Einführung eines datenbasierten Nachhaltigkeitsmanagements und die Auswirkungen auf Unternehmen" *(nachfolgend Studie 2)*. Im Rahmen dieser Arbeit wurde auf Grundlage von sechs Experteninterviews eine qualitative Inhaltsanalyse nach Mayring durchgeführt. Relevante, praktische Implikationen wurden ausgearbeitet, um ein aktuelles Bild der nachhaltigen Beschaffung in der Praxis abzugeben.

Die jeweiligen Unternehmen und Rollen sind in Tab. 1 abgebildet, um hier die praktischen Implikationen aus unterschiedlichen Branchen zuordnen zu können. Das gesamte Datenmaterial steht im Anhang der Masterarbeit (Studie 2) zur Verfügung.

3   Theoretische Modelle

3.1   Zur Bedeutung von Nachhaltigkeit in der Beschaffung

Durch die Verbindung von CSR (Corporate Social Responsibility) und Compliance kann die Umsetzung einer Nachhaltigkeitsstrategie in der Beschaffung erfolgen. Unter Berücksichtigung relevanter Aspekte der TBL (Triple Bottom Line) wird die Nachhaltigkeit nach den Kriterien der UN (United Nations) folgendermaßen definiert:

Tab. 1 Expertenübersicht. (Quelle: [2])

Interview Nr.	Unternehmen	Beschäftigung
1	Automobilzulieferer	Digitalisierung und Tools
2	Lebensmittelindustrie	Projektmanager/in nachhaltige Beschaffung
3 B1	Öffentliche Beschaffung	Teamleiter/in Baueinkauf
3 B2	Öffentliche Beschaffung	Einkaufsleiter/in
4	Institut für Nachhaltigkeit und Digitalisierung	Mitgründer/in des Instituts
5	Medienkonzern	Einkaufsleiter/in und Nachhaltigkeitsbeauftragte

„Procurement is called sustainable when it integrates requirements, specifications and criteria that are compatible and in favour of the protection of the environment, of social progress and in support of economic development, namely by seeking resource efficiency, improving the quality of products and services and ultimately optimizing costs." [3]

Eine Vielzahl an Prozessen entlang der Wertschöpfungskette werden durch die Integration der nachhaltigen Beschaffung angepasst [4]. Neben der Veröffentlichung von Geschäftsberichten gewinnt die Nachhaltigkeitsberichterstattung an Relevanz. Hieraus ergeben sich neue Herausforderungen, da Wissen und Ressourcen nicht in ausreichendem Maße zur Verfügung stehen [5]. Der Umgang mit zunehmenden Risiken und Kundenanforderungen entlang der Lieferkette ist ein entscheidender Faktor für die unternehmerische Wettbewerbsfähigkeit. Hier kann die nachhaltige Beschaffung als entscheidendes Instrument eingesetzt werden [6]. Mit einem nachhaltigen Lieferantenmanagement kann dafür gesorgt werden, dass bestehende Hürden in der Beschaffung überwunden werden und Lieferketten unter Berücksichtigung von Nachhaltigkeitsaspekten gestaltet werden. Hier wird durch Fröhlich und Steinbiß darauf verwiesen, dass nachhaltiges Beschaffungshandeln mit nachhaltigem Lieferantenmanagement gleichzusetzen ist. Ohne ein Lieferantenmanagement wäre eine nachhaltige Beschaffung nicht umsetzbar [7]. Um Maßnahmen effektiv umzusetzen, steht die Sensibilisierung der internen sowie externen Stakeholder im Mittelpunkt. Ein weiterer Punkt ist die Lieferantenbewertung, um die Entwicklung der nachhaltigen Einkaufsorganisation voranzutreiben [8].

Die Nachhaltigkeitsziele der Beschaffungsteams werden nicht in vollem Maße berücksichtigt. Zudem erfolgt eine falsche Incentivierung der Mitarbeiter, welche für die Gestaltung der nachhaltigen Lieferketten verantwortlich sind. Hier ist ein funktionierendes Change Management erforderlich, um die Herausforderungen der nachhaltigen Beschaffung zu bewältigen sowie die Nachhaltigkeitsstrategie und die Ausrichtung gemäß der SDG (Sustainable Development Goals) umzusetzen [9].

Die GRI (Global Reporting Initiative) bietet einen möglichen Standard, nach dem die Berichterstattung aufgebaut werden kann. Es werden unter anderem Kriterien aufgenommen, welche die Lieferantenbewertung oder das Performancemanagement beschreiben. Derzeit fehlt es noch an einem Standard-Kriterienkatalog. Vor allem kleine Unternehmen werden durch die fehlenden Standards vor große Probleme gestellt. Die Anforderungen, die teils länderspezifischen Vorgaben und Regelungen unterliegen, können aufgrund knapper Ressourcen der Zulieferer schwer erfüllt werden. Daraus ergibt sich eine unzureichende Qualifizierung für die Lieferantenbewertung der Kunden [8].

Eine Strategie mit gemeinsamen Zielen setzt eine klare Kommunikation über verschiedene Funktionsbereiche voraus und verdeutlicht die strategische Relevanz des Einkaufs im Unternehmen. Eine kollaborative Zusammenarbeit mit den Lieferanten stellt eine weitere Herausforderung für die Beschaffung dar. Es kann zudem betont werden, dass die offene Kommunikation mit Konkurrenten hilfreiche Impulse für eine Strategieentwicklung geben kann. Die geforderten Ziele sollten die gesetzlichen Anforderungen übertreffen, um alle Bereiche der TBL beeinflussen zu können und nachhaltige Supply Chains aufzubauen [10].

Lieferkettengesetz

Um eine faire Wertschöpfung von Lieferketten sicherstellen zu können, wurde das Lieferkettengesetz am 25.06.2021 verabschiedet. Die unternehmerischen Sorgfaltspflichten stehen im Mittelpunkt dieses Gesetzes und es werden klare Anforderungen an Unternehmen und ihre Lieferanten gestellt. Bislang gab es bezüglich der unternehmerischen Sorgfaltspflichten keine Einigung. Mit dem Lieferkettengesetz wurde die rechtliche Grundlage geschaffen. Durch eine Ausweitung der Verantwortung von Unternehmen auf die gesamte Lieferkette wird die Wertschöpfung von der Rohstoffgewinnung bis zum Endprodukt berücksichtigt. Es entscheiden Einfluss und Ebene in der Lieferkette darüber, welche Unterschiede im Rahmen der Haftung entstehen. Wird auf Verstöße in der Lieferkette hingewiesen, müssen Unternehmen Maßnahmen ergreifen. Die Einhaltung der Maßnahmen zu überprüfen, ist die Aufgabe des Bundesamts für Wirtschaft und Ausfuhrkontrolle. Durch die Überwachung von Unternehmensberichten und Beschwerdekanälen sollen Präventionsmaßnahmen der Unternehmen stärker kontrolliert werden. Falls sich Unternehmen nicht an die Regelungen des Gesetzes halten, drohen Bußgelder sowie der mögliche Ausschluss von öffentlichen Ausschreibungen. Durch deutsche Gerichtsverfahren sollen Menschenrechte besser geschützt werden. Beschwerdemechanismen, welche beim Bundesamt für Wirtschaft und Ausfuhrkontrolle implementiert werden, unterstützen dabei [11].

Das Lieferkettengesetz wurde insbesondere hinsichtlich seines Geltungsbereiches kritisiert. Dieser bestimmt, dass sich das Gesetz auf Unternehmen mit mehr als 3000 Beschäftigen beschränkt (ab 2024 Unternehmen mit mehr als 1000 Mitarbeitenden) (§ 1(1) Nr.1,2 Sorgfaltspflichtengesetz) [11]. Ein weiterer Kritikpunkt ist die fehlende Einbeziehung von gefährdeten Branchen, wie der Lebensmittel- oder Textilbranche [12].

Verpflichtend wird die Implementierung eines Risikomanagements. Eine verpflichtende jährliche Risikoanalyse soll sicherstellen, dass die Bewertung der Risiken zu aktuellen Gegebenheiten ermöglicht wird. Zudem müssen anlassbezogene Risikoanalysen durchgeführt werden (§ 5 Gesetz über die unternehmerischen Sorgfaltspflichten in Lieferketten). Durch eine transparente Menschenrechtsstrategie wird auf die Einhaltung der Menschenrechte verwiesen und die vorgelegten Maßnahmen werden jährlich auf die Wirksamkeit bei Eintritt eines Risikos überprüft (§ 6, § 7 Gesetz über die unternehmerischen Sorgfaltspflichten in Lieferketten) [11].

Verglichen mit dem deutschen Sorgfaltspflichtengesetz bezieht der EU-Gesetzesentwurf deutlich mehr Unternehmen ein. Die Kritik am deutschen LkSG bezüglich der Risikobranchen wird im EU-Entwurf aufgenommen, um gezielt Menschenrechtsverletzungen zu verhindern und Risiken zu minimieren. In beiden Fällen wird die zivilrechtliche Haftung aufgenommen. Grundsätzlich stünden die rechtlichen Regelungen des europäischen Lieferkettengesetzes bei der Verabschiedung über denen des deutschen Bundes [13].

In der Praxis wird deutlich, dass das Lieferkettengesetz von Unternehmen als Chance für eine nachhaltige Entwicklung der Beschaffung wahrgenommen wird. Durch die erstmalige Verpflichtung der gesetzlichen Regelungen und dem dadurch steigenden Druck auf die Unternehmen rückt eine Nachhaltigkeitsstrategie in den Fokus der Wirtschaftsakteure. Die verpflichtende Auseinandersetzung mit dem Thema lässt es nicht mehr zu, dass Unternehmen sich verstecken (Interview 4; Interview 3). Vorteile werden vor allem im Bereich des Lieferantenmanagements gesehen (Interview 3). Die Förderung der partnerschaftlichen Zusammenarbeit mit Lieferanten wird positiv bewertet und als Chance wahrgenommen. Durch das Hinzufügen der Nachhaltigkeit als weiteres Lieferantenbewertungskriterium werde nun nicht mehr überwiegend auf den Preis geachtet. Gleichzeitig solle jedoch berücksichtigt werden, dass die Anforderungen nicht nur an die Lieferanten weitergegeben, sondern als Chance für eine kollaborative Zusammenarbeit gesehen werden können (Interview 5; Interview 4) (Abb. 1).

3.2 Das Einkaufsfunktionsmodell der amc Group

Eine komplexe Wertschöpfungskette setzt eine detaillierte Planung und Steuerung voraus. Erfolgreich ist ein Unternehmen dann, wenn die Effizienz und Effektivität in der Lieferkette hochgehalten werden. Bewährte Leitplanken bietet das Einkauf & SCM Funktionsmodell der amc Group aus Bonn. Die darin definierten Prozesse weisen den Weg zu einer holistisch erfolgreichen Einkaufsstrategie. Die Prozesslandschaft wird in strategische, taktische und operative Prozesse gegliedert. Die Optimierung der einzelnen Haupt- oder Subprozesse, aber auch eine Gesamtsicht der Prozesslandschaft, spielt eine wichtige Rolle. Wie auch in der Lieferkette bedingen sich die Prozesse gegenseitig. In den beiden Forschungsarbeiten wurden aufbauend auf dem Lieferkettengesetz vor

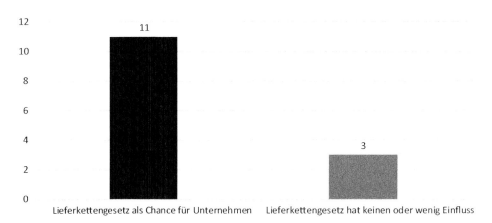

Abb. 1 Häufigkeitsverteilung: Lieferkettengesetz. (Quelle: [2])

allem die Prozesse untersucht, auf die das Gesetz direkten Bezug nimmt. Dazu gehören das Warengruppenmanagement, das Lieferantenmanagement und das Risikomanagement (Abb. 2).

4　Forschungsergebnisse

4.1　Auswirkungen des Lieferkettengesetzes auf das Warengruppenmanagement

Analysiert wurden die Auswirkungen des Lieferkettensorgfaltspflichtengesetzes auf das Warengruppenmanagement und die damit einhergehenden Änderungen der Beschaffungsstrategie. Die Ergebnisse der Studie 1 zeigen eine deutliche Tendenz in Richtung einer Strategieanpassung [14]:

1. 80 % der Studienteilnehmer stimmen zu, dass sich die Anforderungen an die Bezugsbasis von Warengruppen ändern werden.
2. 80,3 % bestätigen, dass sich das Preisniveau für Warengruppen durch das LKSG erhöhen wird.
3. 84 % gehen von einer Veränderung in der Bewertung von Warengruppen aus (Abb. 3).
4. 87 % assentieren die Einführung von gesonderten Kontrolllisten zur Identifizierung von möglichen Risikofeldern [14].

In Studie 2 wird zudem die Priorisierung der Beschaffungsprozesse anhand der Auswirkungen des Lieferkettengesetzes untersucht. Das Warengruppenmanagement wird als der am zweitstärksten betroffene Prozess eingestuft (Abb. 4).

Das Lieferkettengesetz und seine Auswirkungen … 133

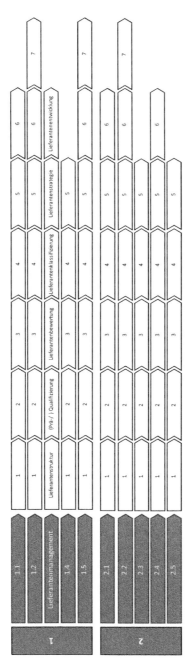

Abb. 2 amc Einkauf und SCM-Funktionsmodell. Auszug des Lieferantenmanagements. (amc Group, Bonn 2022)

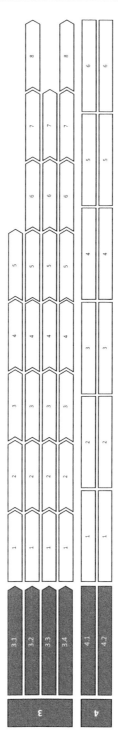

Abb. 2 (Fortsetzung)

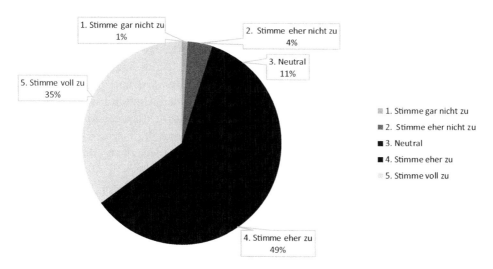

Abb. 3 Durch die Einführung des Lieferkettengesetzes wird sich die Bewertung von Warengruppen verändern. (Quelle: [14])

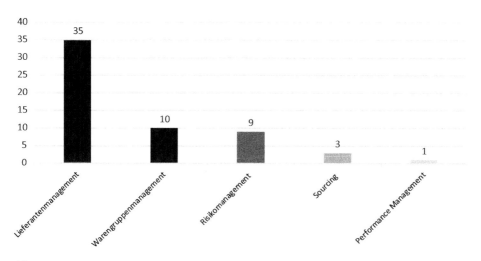

Abb. 4 Priorisierung der beeinflussten Prozesse durch die Einführung des Lieferkettengesetzes. (Quelle: [2])

4.2 Praktische Implikationen im Warengruppenmanagement

Das Warengruppenmanagement ist der Ausgangspunkt einer nachhaltigen Beschaffungsstrategie. Beschaffungsoptimierungen und alternative Produkte bilden eine Basis für die Entwicklung des zukünftigen Einkaufs. Einkaufsdaten jeder Form, wie die der

Bedarfsanalyse, der Lieferanten- & Marktanalyse müssen transparenter werden. Ein umfassendes Berichtswesen mit allen relevanten Einkaufsdaten sollte der Anspruch sein. Eine Ergänzung der Ausgabendaten (Spend) um nachhaltige Kriterien vervollständigt den Bericht. Mögliche Kriterien sind: Umweltschutz, Zertifizierungen, Ressourcenersparnis, Fairer Wettbewerb, CO_2-Fußabdruck, Energieersparnis, Schutz vor Kinderarbeit, gerechte Entlohnung, Berücksichtigung lokaler Lieferanten, Umweltmanagementsystem, Recyclingbemühungen, Lieferanten-Umwelt-Politik [15]. Die Transparenz der Daten hilft einerseits bei Kontrolltätigkeiten und dem täglichen Geschäft, andererseits kann es bei Neuausschreibungen die Entscheidung zu nachhaltigeren Lieferanten erleichtern. Studie 1 zeigt, dass sich das Preisniveau für Warengruppen erhöhen wird [14]. Im Mittelpunkt dürfen nicht mehr nur günstige Beschaffungskosten stehen. Eine risikoarme Lieferkette und die Zusammenarbeit und Förderung von fairen Lieferanten und Produzenten muss in den Fokus rücken. Risikolisten können helfen, menschenrechtliche und umweltbezogene Rechtspositionen zu bewahren. Die geschützten Rechtspositionen für Menschenrechte und Umwelt werden in § 2(2) des Sorgfaltspflichtengesetz [11] beschrieben. Dazu gehören die Freiheit von Sklaverei und Zwangsarbeit, Kinderschutz, Gleichbehandlung in der Beschäftigung, angemessene Entlohnung und Vereinigungsfreiheit (§ 2(2) Sorgfaltspflichtengesetz) [11]. Der Anwendungsbereich von Menschenrechten wird um gesundheitsschützende und umweltbezogene Risiken und Pflichten ergänzt (§ 2 (3) und (4) Sorgfaltspflichtengesetz) [11]. Die Standardisierung von Warengruppenbäumen ist ein Mittel zu höherer Transparenz im Warengruppenmanagement. Klassische Warengruppenschlüssel wie eCl@ss oder UNSPSC finden hier Anwendung. Ergänzend könnten Nachhaltigkeitsschlüssel eingeführt werden, wodurch eine nachhaltige Warengruppenstruktur leichter erkennbar wäre. Langfristig würde die Anwendung solcher Standardisierungen zeitaufwendige Untersuchungen obsolet werden lassen und die Effizienz im Warengruppenmanagement erhöhen.

Die Veränderung der Bewertung von Warengruppen lässt sich anhand der Wesentlichkeitsanalyse erklären. Auch lassen sich die Warengruppen identifizieren, die einen großen Hebel hinsichtlich der Verbesserung einer Nachhaltigkeitsstrategie aufweisen. Darunter fallen insbesondere die Warengruppen, die für das Kerngeschäft des jeweiligen Unternehmens von großer Bedeutung sind.

Zudem werden unterschiedlichste Anforderungen an das Warengruppenmanagement gestellt: Umweltstandards, rechtliche Maßnahmen wie das Sorgfaltspflichtengesetz, Green Procurement, Fachkräftemangel sind einige Beispiele für die Erhöhung der Komplexität im Warengruppenmanagement. Um einen Nachhaltigkeitsansatz zu entwickeln, ist es nötig, zunächst eine umfassende Risikoanalyse durchzuführen. Die sozialen und ökologischen Risiken in der Lieferkette lassen sich anhand der Beschaffungsländer und Warengruppen identifizieren. Untersuchte Risiken werden im nächsten Schritt hinsichtlich der Umweltauswirkungen und der Unternehmensrelevanz bewertet. Durch die Analyse können wichtige und dringende Themen priorisiert behandelt und Präventionsmaßnahmen entwickelt werden. Abschließend werden die Risiken in die Wesentlichkeitsmatrix eingeordnet.

Ein Beispiel der Studie 2 zeigt folgendes Szenario: In einem Unternehmen wurden die Positionen „Rohstoffe" und „Fahrzeuge" als Warengruppen mit wesentlichem Einfluss identifiziert (Interview 3). Aus der Analyse ergeben sich hohe Bedarfe an Stahl und anderen Metallen. Ein Risiko besteht in der Überprüfung der örtlichen Gegebenheiten (Interview 3; Interview 1; Interview 6). Als Maßnahme sollten Krisenherde bei der Rohstoffgewinnung identifiziert werden und nach Möglichkeit substituiert oder die Bedingungen in Zusammenarbeit mit den Lieferanten angepasst werden. Eine End-to-End-Betrachtung der Lieferkette und die Überprüfung der Tier-1- bis Tier-3-Lieferanten minimiert potentielle Risiken (Interview 4). Eine risikominimierende Möglichkeit besteht zudem in der Betrachtung von alternativen Rohstoffen und Produkten (Interview 5) (Abb. 5).

Dabei spielt das Managen der Maßnahmen eine nicht minder zu bewertende Rolle. Die Unternehmen sind verpflichtet, den im Gesetz geforderten Rechtspositionen nachzukommen. Das Steuern und Überwachen der Maßnahmen kann systemisch abgebildet werden [14]. Die Echtzeitdokumentation des aktuellen Umsetzungsgrades und der erzielten Ergebnisse wie Risikovermeidung oder -minimierung können dokumentiert werden. Zunächst müssen ein Ziel definiert, Verantwortlichkeiten festgelegt und ein Realisierungszeitraum bestimmt werden. Wurde eine Maßnahme erfolgreich umgesetzt, kann das System Abweichungen des Zielerreichungsgrades berechnen und somit im Laufe der Zeit präzise Aussagen über die Effektivität der eingesetzten Maßnahmen treffen [2].

Zusammenfassend werden im Warengruppenmanagementprozess die größten Effekte in der Lieferantenanalyse, in der Warengruppenstrategie- und -entwicklung sowie der

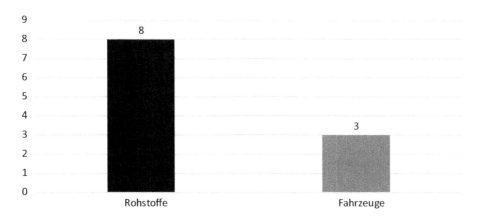

Abb. 5 Relevanteste Warengruppen befragter Unternehmen. (Quelle: [2])

Strategieanpassung erwartet. Die Wesentlichkeitsanalyse als praktisches Instrument unterstützt die Feststellung wesentlicher Warengruppen und möglicher Risiken. Insbesondere die Identifikation der Krisenherde im Rahmen der Rohstoffgewinnung dient als wichtiger Bestandteil für die Umsetzung einer nachhaltigen Beschaffung und deren Integration im Warengruppenmanagement.

4.3 Auswirkungen des Lieferkettengesetzes auf das Lieferantenmanagement

Hinsichtlich des Lieferantenmanagementprozesses wurde untersucht, ob die Umsetzung des Sorgfaltspflichtengesetzes in Unternehmen die Komplexität der Prozesse erhöhen würde. Die im Gesetz vorgegebenen Rechtspositionen erfordern die Neubewertung der Lieferanten [14]. Untersucht wurden folgende Aussagen:

- 90 % der Probanden rechnen mit der Ergänzung der Bewertungskriterien um nachhaltige Faktoren wie Menschenrechtsbeeinträchtigungen und Umweltaspekte (Abb. 6).
- 86 % der Experten stimmen einer Überprüfung der Lieferantenklassifizierung zu.
- 68 % erwarten, dass ISO-Zertifizierungen und weitere staatlich anerkannte Standards notwendig werden.
- 72 % der Teilnehmer gehen von einer Lokalisierung der Nachfrage aus [14].

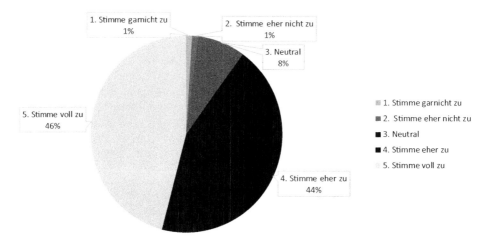

Abb. 6 Die Lieferantenbewertung wird durch nachhaltige Kriterien erweitert. (Quelle: [14])

Die in Studie 2 untersuchte Priorisierung der Beschaffungsprozesse anhand der Auswirkungen des Lieferkettengesetzes verdeutlicht die Bedeutung des Lieferantenmanagements für eine nachhaltige Beschaffung [2].

> „Die Lieferantenstrategie ... hat wesentlichsten Einfluss auf die Nachhaltigkeitsperformance." (Interview 2)

4.4 Praktische Implikationen im Lieferantenmanagement

Um die Komplexität im Lieferantenmanagement greifbar zu machen, muss das gesamte Lieferantenportfolio offengelegt werden. Die Nachverfolgbarkeit der Beschaffungswege ist ein wichtiges Gut. Sie schafft nicht nur Transparenz hinsichtlich der Warengruppen, sondern auch der Lieferanten und Herkunftsländer. Welchen Anteil machen beispielsweise Lieferanten aus China von den gesamten Ausgaben des Unternehmens aus? Die Lieferantendaten sind ebenso wichtig für eine Wesentlichkeitsanalyse wie die Informationen der Warengruppen. Durch die Lieferantenanalyse können nicht nur Risiken aufgedeckt werden, sondern Chancen entstehen, beispielsweise die Entdeckung von Nachhaltigkeitspionieren in der Lieferantenstruktur.

Eine Ergänzung von nachhaltigen Kriterien spielt in den Subprozessen des Lieferantenmanagements eine wichtige Rolle:

- Lieferantenqualifizierung
- Lieferantenbewertung
- Lieferantenklassifizierung

Die Präqualifizierung – oder Lieferantenauswahl – bildet eine Basis für die darauffolgenden Subprozesse im Lieferantenmanagement. Lieferanten durchlaufen einen meist strengen Selektionsprozess. Bereits in diesem Schritt kann das LkSG ansetzen und die Auswahlkriterien beeinflussen. Anschließend wird eine Lieferantenanalyse durchgeführt [16].

Im Rahmen der Analyse erhält der Anforderer eine Lieferantenselbstauskunft und den Unternehmensbericht [17]. Hier können hinsichtlich des Lieferkettengesetzes Anforderungen an Lieferanten und Formulierungen von Eignungskriterien definiert werden. Dazu zählen die Unterzeichnung eines Code of Conduct, der Nachweis von Nachhaltigkeitszertifizierungen, die Überprüfung des Umweltfußabdrucks oder das Nachhaltigkeitsrating des Unternehmens. Anhand des Auswahlverfahrens werden kritische Lieferanten, welche den Ansprüchen nicht gerecht werden, ausgeschlossen [18].

Die anschließende Lieferantenbewertung ist nach der DIN EN ISO 9001 Norm vorgeschrieben: „Die Organisation muss Lieferanten aufgrund von deren Fähigkeiten beurteilen und auswählen, Produkte entsprechend den Anforderungen der Organisation zu liefern. Es müssen Kriterien für die Auswahl, Beurteilung und Neubeurteilung aufgestellt werden. Aufzeichnungen über die Ergebnisse von Beurteilungen und über notwendige Maßnahmen müssen geführt werden." [19]. Der Prozess sollte unbedingt eine Bewertung der risikoorientierten Nachhaltigkeitsleistung wie Unfallquote, Weiterbildungsprogramme, Gleichstellung, Energieverbrauch, CO_2-Ausstoß beinhalten [8] (Tab. 2). Lieferanten sind immer im Hinblick auf eine langfristige Beziehung und strategische Partnerschaft auszusuchen [17]. Empfohlen wird nachfolgend, eine Lieferantenklassifizierung unter der Berücksichtigung von Nachhaltigkeitsaspekten durchzuführen. Die Klassifizierung erfolgt hinsichtlich des Nachhaltigkeitsengagements, der Relevanz des Risikos und der Auswirkungen. Zusätzliche Kriterien sind Zertifizierungen, eine Ökobilanzklassifizierung, der Nachweis über eine transparente Lieferkette, die Reduzierung des Umweltfußabdrucks und die Bemühungen, das Nachhaltigkeitsranking zu verbessern [14] (Tab. 2). Bestrebungen für eine nachhaltigere Beschaffung und die Messung des Nachhaltigkeitsfortschritts von Unternehmen werden immer relevanter. Die Einteilung der Stärken und Schwächen sowie Chancen und Risiken in ein Nachhaltigkeitsprofil und einen Entwicklungsplan stellen eine zweckgemäße Methode dar, die Gesetzesvorgaben zu dokumentieren und zu überwachen.

Weitere Kriterien eines nachhaltigen Lieferantenmanagements können Tab. 2 entnommen werden.

Tab. 2 Kriterien für eine nachhaltige Lieferantenbewertung. (Quelle: JARO & BME 2020, S. 29, [15])

Ökologische Leistungen	Soziale Leistungen	Ökonomische Leistungen
Umweltschutz	Kollektivverhandlungen	Zertifizierungen
Ressourcenersparnis	Vereinigungsrecht	Fairer Wettbewerb
Water Footprint	Antidiskriminierungsmaßnahmen	Informationssicherung
Carbon Footprint	Freie Mitarbeiter	Mitteilungsmöglichkeiten
Energieersparnis	Schutz vor Kinderarbeit	Sicherungssysteme
Tierschutz	Gerechte Entlohnung	Geldwäscheprävention
Sicherheitsmaßnahmen	Gesundheitsschutz	Berücksichtigung lokaler Lieferanten
Entsorgung schädlicher Abfallprodukte	Arbeitssicherheit	Innovationen
Umweltmanagementsysteme	Menschenrechte	
Recyclingbemühungen	Personalmanagement	
Lieferanten-Umwelt-Politik	Mitsprache im Betrieb	
Wareneingangsprüfung	Weiterbildung	

Das Lieferantenmanagement bietet eine Bewertungsgrundlage für die Nachhaltigkeitsperformance der Zulieferer (Interview 4). Die Verantwortung sollte keinesfalls an die Lieferanten ausgelagert werden. Wichtig ist eine kollaborative Zusammenarbeit für den Aufbau einer nachhaltigen Wertschöpfungskette (Interview 4). Gemeinsam mit den Lieferanten kann erarbeitet werden, wie die Nachhaltigkeitsstrategie mit Blick auf ISO-Zertifizierungen und die Erreichung der SDG angepasst werden muss. Hier gebe es schon Rückmeldungen der Lieferanten, jedoch sind die Lieferanten noch nicht ausreichend auf die Anfragen vorbereitet und verweisen häufig auf die Nachhaltigkeitsteams (Interview 5).

> „Eine absolute Quintessenz, ... [eine] absolute Voraussetzung dafür, dass es eine nachhaltige Beschaffung geben kann, ist die Kollaboration mit den Lieferanten. Ich muss mit dem Lieferanten Hand in Hand arbeiten ..." (Interview 4)

Der nachhaltige Lieferantenmanagementprozess beginnt mit einer gründlichen Analyse der Lieferantenstruktur, um die Diversität, Risiken und Chancen zu bewerten. Auf dieser Grundlage erfolgt die (Prä)Qualifizierung der Lieferanten, wobei Nachhaltigkeitsaspekte wie Zertifizierungen und transparente Lieferketten im Fokus stehen. Die Lieferantenbewertung nutzt nachhaltigkeitsrelevante Kriterien wie die Reduzierung des Umweltfußabdrucks und Innovationsgrad. Basierend auf diesen Bewertungen erfolgt die Klassifizierung der Lieferanten nach Relevanz in Bezug auf Risiken, Engagement für Nachhaltigkeit und Innovationsgrad. Schließlich wird die Lieferantenstrategie angepasst, um klare Ziele zu formulieren und den Weg für die Lieferantenentwicklung zu ebnen. Folgende Aspekte sind innerhalb der einzelnen Prozessschritte besonders zu beachten:

Lieferantenstruktur: Analyse des Lieferantenportfolios nach

- Diversität (z. B. Start-ups, KMU)
- Risiken (z. B. Menschenrechte, Umweltver-schmutzung, Korruption)
- Chancen (Nachhaltigkeitspioniere)

(Prä) Qualifizierung: Anforderungen an Lieferanten und Formulierung von Eignungskriterien z. B.

- Lieferanten mit Code of Conduct
- Nachhaltigkeits-zertifizierungen
- Nachweis von Umweltfußabdruck o. ä.
- Auditberichten
- Nachhaltigkeits-ratings

Lieferantenbewertung: Bi-direktionale Bewertung der Nachhaltigkeits-leistung z. B.

- Reduzierung Umweltfuß-abdruck

- Nachweis transparente Lieferkette
- Verbessertes Nachhaltigkeits-rating
- Neu- oder Rezertifizierung
- Innovationen

Lieferantenklassifizierung: Klassifizierung der Lieferanten unter Berücksichtigung von Nachhaltigkeits-aspekten u. a.

- Relevanz hinsichtlich Risiko/Impact (Unternehmens-sitz, Sorgfalts-pflichten, Umweltschutz)
- Nachhaltigkeits-engagement
- Innovationsgrad

Lieferantenstrategie: Definition von Zielen im Hinblick auf …

- THG Reduktion
- Kreislauffähigkeit
- Transparente Lieferketten (Vorlieferanten)
- Weiterbildung
- Zertifizierungen
- Berichterstattung

Lieferantenentwicklung: Maßnahmen definieren und umsetzen z. B. in Aktionsplänen

- Feedback
- Leitfäden
- Veranstaltungen (Lieferantendialog)
- Wettbewerbe (Awards)
- Incentivierung
- Trainings/eLearning
- Einkauf meets Einkauf

Schulungen gelten als ein wesentliches Instrument, die Nachhaltigkeitsperformance der Lieferanten zu verbessern. Vor allem die Schulung aller Mitarbeiter in Entwicklungsländern wird als eine Möglichkeit gesehen, um in den Bereichen Arbeitsschutz und Chemikalienumgang deutliche Verbesserungen zu erzielen (Interview 4). Hier entstünde zudem die Möglichkeit, Kriterien der Lieferantenbewertung einsetzen und zu messen (Interview 4).

Durch das Lieferkettengesetz gewinnt das Lieferantenmanagement an Transparenz. Bei der vollumfänglichen Dokumentation spielen digitale Tools eine wichtige Rolle. Mittels digitaler Abbildung des gesamten Liefernetzwerkes inklusive Transportwege und

Nachweis von Herkunftsländern können Materialien nach Lieferanten und Warengruppen gefiltert werden [14]. Folgender Prozess empfiehlt sich im Umgang mit einer nachhaltigen Lieferantenentwicklung:

- Verändern Sie Ihre IT-Systeme soweit, dass Lieferanten ihre Nachhaltigkeitsleistung dokumentieren und einpflegen können.
- Kategorisieren Sie Ihre Lieferanten nach ihrer Nachhaltigkeitsleistung.
- Erstellen Sie grobe Stärken/Schwächen-Profile für Top-Lieferanten und potentielle Lieferanten.
- Entwickeln Sie einen Plan mit spezifischen Maßnahmen, um die nachhaltige Entwicklung Ihrer Lieferanten zu fördern.
- Identifizieren und dokumentieren Sie alle Fortschritte und Nachhaltigkeitsprojekte Ihrer Lieferanten und überwachen Sie die Wirksamkeit Ihrer Maßnahmen regelmäßig.
- Belohnen Sie die Fortschritte Ihrer Lieferanten durch gezielte Anreize und machen Sie deutlich, welche Konsequenzen ein mangelndes Engagement haben kann [14].

4.5 Auswirkungen des Lieferkettengesetz auf das Risikomanagement

Durch die Einführung des Lieferkettengesetzes wird sich die Bedeutung des Risikomanagements in Unternehmen verstärken [14]:

- 89,6 % der Experten bestätigten, dass es zu einer stärkeren Überprüfung gesetzlicher Vorgaben wie dem Sorgfaltspflichtengesetzes kommen wird (Abb. 7).
- 90 % der Probanden bestätigen, dass Kompetenzen und Fähigkeiten im Risikomanagement aufgebaut werden und durch Schulungen erweitert werden müssen. Zusätzliche Schulungen im Bereich Compliance-Vorschriften und Nachhaltigkeit gelten als essentiell.
- 88 % befürworten die Nutzung von Risikomanagementsystemen.
- 90 % der Teilnehmer gehen von einer verstärkten Überwachung der Compliance-Prozesse durch das Lieferkettengesetz aus [14].

4.6 Praktische Implikationen im Risikomanagement

In Bezug auf die Risikoidentifizierung gilt es, Risikofelder zu analysieren und in Gruppen einzuteilen. Gängige Cluster sind Lieferantenrisiken, Produktrisiken, Logistikrisiken,

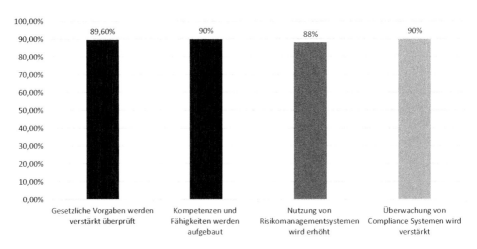

Abb. 7 Auswirkungen LkSG auf das Risikomanagement. (Quelle: [14])

Markt- und Länderrisiken oder Prozessrisiken [20]. Identifizierte Risiken werden hinsichtlich des erwarteten Schadens und der Eintrittswahrscheinlichkeit bewertet. Eine Einteilung in potentielle und tatsächliche Risiken wird ebenfalls empfohlen.

Auch von den Experten der Studie 2 wird die Relevanz des Risikomanagements betont. Hier stünde die Identifikation von Nachhaltigkeitsrisiken im Mittelpunkt sowie die Überprüfung der Resilienz der Lieferketten (Interview 2).

Der wichtigste Schritt ist auch im Risikomanagement eine Transparenz über Lieferanten, Waren und Herkunftsländer zu schaffen. Die Möglichkeit eines Überblicks besteht darin, die Lieferantenwege und Entfernungen zu visualisieren. Eine grafische Darstellung anhand einer Karte veranschaulicht bildlich die Komplexität der Lieferkette und kann End-to-End-Prozesse auf einen Blick darstellen [14]. Unternehmen haben somit ein Verständnis über die Anzahl und Verteilung der Lieferanten. Um die Prozesseffizienz und den Standardisierungsgrad zu erhöhen, sollte untersucht werden, ob tatsächlich alle Lieferanten benötigt werden. Je mehr Lieferanten mit einem Unternehmen zusammenarbeiten, desto mehr Lieferantenbeziehungen müssen gepflegt und kontrolliert werden. Ein Kriterium könnte die Einbindung der Entfernung des Lieferanten bei der Lieferantenbewertung darstellen. Bei Neuausschreibungen stellt die Entfernung ein wichtiges Kriterium der Vergabe dar. Vor allem in Schwellen- und Entwicklungsländern müsse die Entfernung als einer der wichtigsten Faktoren bei neuen Vergaben hinzugezogen werden. Ein weiterer Schritt wäre die Neuausschreibung von Produkten, die nicht von lokalen Lieferanten bezogen werden können, sowie die Identifikation von Lieferanten, die geringe Wechselbarrieren aufweisen. Hier bietet beispielsweise das Multiple Sourcing durch lokale Lieferanten eine gute Alternative [14].

Ferner wäre die Umsetzung einer Lokalisierungsstrategie eine Möglichkeit der Risikominimierung. Die Risiken erhöhen sich meist mit der Entfernung von Lieferanten. Ein lokales Lieferantenportfolio erleichtert die Kontrolle und Auditierung. Kurze Transportwege sind zudem umweltfreundlicher und verringern den Umweltfußabdruck.

Im Risikomanagement ist es sinnvoll, die Komplexität des Geschehens durch eine digitale Lösung zu unterstützen. Heutzutage sind Kontrollen und Risikobewertungen in Echtzeit möglich. Eine wichtige Rolle in diesem Zusammenhang spielen Datenbanken, welche genutzt werden, um potentielle Risiken zu bewerten. Auf Grundlage der gewonnenen Daten kann die Bewertung von Risiken verbessert werden. Gleichzeitig sollten die Risikoaspekte in die Lieferantenbewertung miteinfließen (Interview 2). Jedoch reicht eine Einordnung der Risiken allein durch Datenbanken nicht aus. Audits, die vor Ort bei den Lieferanten stattfinden, sollen zusätzlich immer durchgeführt werden (Interview 2).

Im Kontext des LkSG ist ein präventives Risikomanagement die wichtigste Form der Risikovermeidung. Dabei werden Maßnahmen zur Vorbeugung von Risiken definiert. Wesentliches Ziel ist es, Gefahren bei Lieferanten im Vorhinein durch Transparenz in der Lieferkette und regelmäßige Audits zu erkennen. In einer globalen Wertschöpfungskette ist ein präventives Risikomanagement ein Standard für Unternehmen [17].

Zusammenfassend hat das Lieferkettengesetz einen maßgeblichen Einfluss auf das Risikomanagement und damit auf eine nachhaltige Beschaffung. Im Mittelpunkt steht die Identifizierung der Risiken und die Ableitung von Strategien und Maßnahmen.

5 Fazit der Studien

Der Schwerpunkt der empirischen Untersuchungen lag auf der Einschätzung der Auswirkungen des Lieferkettensorgfaltspflichtengesetzes auf Einkaufs- und Supply-Chain-Prozesse. Die ermittelten Auswirkungen zeigen die Drehpunkte einer nachhaltigen Beschaffung auf und identifizieren den Weg einer fairen Wertschöpfung für Lieferanten und Unternehmen. Die Empfehlungen der quantitativen Studie und den individuellen Erfahrungen aus der Einkaufspraxis wurden gebündelt, um die Auswirkungen und praktischen Implikationen widerzuspiegeln.

Der Weg einer nachhaltigen Beschaffung in der Praxis ist durch viele individuelle Ansätze geprägt. Es fehlt an Branchenstandards und länderübergreifenden Vorgaben. Methoden wie das nachhaltige Lieferantenmanagement nach Fröhlich und Steinbiß [7] bringen Licht ins Dunkel. Die alleinige Orientierung entlang der SDG reicht meist nicht aus, um die Beschaffung nachhaltig zu verändern. Eine Möglichkeit besteht in der Implementierung nachhaltiger Aspekte in allen Einkaufsprozessen. Es sollte keinen separaten Nachhaltigkeitsprozess, sondern nur gänzlich nachhaltige Einkaufsprozesse geben. Die Digitalisierung der Prozesslandschaft bietet zusätzliche Anhaltspunkte, um Nachhaltigkeit in der Beschaffung zu fördern.

Aufgrund der zunehmenden Popularität des Themas Nachhaltigkeit durch die benötigte Resilienz in den Lieferketten wird eines überdeutlich: Es handelt sich um keinen

"Trend", sondern um einen nicht mehr wegzudenkenden Bestandteil der Unternehmensstrategie. Die Verankerung in den Unternehmenszielen wird von Stakeholdern und Gesetzen eingefordert. Nachhaltigkeit polarisiert und die Einführung des Lieferkettensorgfaltspflichtengesetzes könnte den Einkauf revolutionieren.

Literatur

1. Jamal, Y., & Rochnowski, D. S. (2019). BME-Leitfaden Nachhaltige Beschaffung Version 1, 03.06.2019. 44.
2. Hilweg, N. (2022). Nachhaltige Beschaffung – Gründe für die Einführung eines datenbasierten Nachhaltigkeitsmanagements und die Auswirkungen auf Unternehmen. CBS International Business School.
3. UN Global Compact (Hrsg.). (2012). Nachhaltigkeit in der Lieferkette, Ein praktischer Leitfaden zur kontinuierlichen Verbesserung. https://docplayer.org/57460059-Nachhaltigkeit-in-der-lieferkette-ein-praktischer-leitfaden-zur-kontinuierlichen-verbesserung.html
4. McKinsey & Company. (2011). McKinsey Global Survey results: The business of sustainability. https://www.mckinsey.com/business-functions/sustainability/our-insights/the-business-of-sustainability-mckinsey-global-survey-results
5. Fröhlich, E., Burian, L., & Sievers, K. (2013). Development of a Guideline for Implementing Sustainability into Procurement Processes of SMEs: An Empirical Investigation. In R. Bogaschewsky, M. Eßig, R. Lasch, & W. Stölzle (Hrsg.), Supply Management Research. Springer Fachmedien Wiesbaden. https://doi.org/10.1007/978-3-658-03061-2
6. Chopra, S., & Meindl, P. (2013). Supply Chain Management: Strategy, Planning, and Operation (5. Aufl.). Pearson.
7. Fröhlich, E., & Steinbiß, K. (2019). Integration der "Sustainable Development Goals" in eine nachhaltige Supply Chain – Der "nachhaltige Beschaffungs-Case". In W. Wellbrock & D. Ludin (Hrsg.), Nachhaltiges Beschaffungsmanagement: Strategien – Praxisbeispiele – Digitalisierung (S. 37–55). Springer Fachmedien Wiesbaden. https://doi.org/10.1007/978-3-658-25188-8
8. Fröhlich, E. (2015). Corporate Social Responsibility in der Beschaffung: Theoretische wie praktische Implikationen. In E. Fröhlich (Hrsg.), CSR und Beschaffung (S. 3–36). Springer Berlin Heidelberg. https://doi.org/10.1007/978-3-662-46231-7
9. HEC, & EcoVadis. (2013). Sustainable Procurment: Time to measure value creation. Whitepaper based on the 2013 – HEC/EcoVadis Sustainable Procurement Parometer. 6th Edition.
10. Fröhlich, E. (2014). Wie viel Marketing braucht der Einkauf? Best in Procurement, 5, 48–49.
11. BMZ. (2021, April 1). Lieferkettengesetz. Bundesministerium für wirtschaftliche Zusammenarbeit und Entwicklung. https://www.bmz.de/de/entwicklungspolitik/lieferkettengesetz
12. Institut für Handelsforschung (IfH), BBE Retail Experts, & Handelsverband Deutschland (HDE) (Hrsg.). (2009). Angebots- und Nachfragemacht – Zum Verhältnis von Industrie und Handel. Eine Studie des Instituts für Handelsforschung (IfH) und der BBE Retail Experts im Auftrag des Handelsverbands Deutschland. o. V.
13. Herwartz, C., & Koch, M. (2021, März 10). Menschenrechte: EU-Parlament bereitet ein Lieferkettengesetz vor, das Wirtschaftsminister Altmaier nicht gefallen dürfte. Handelsblatt. https://www.handelsblatt.com/politik/deutschland/menschenrechte-eu-parlament-bereitet-ein-lieferkettengesetz-vor-das-wirtschaftsminister-altmaier-nicht-gefallen-duerfte/26992068.html
14. Groß, I. (2021). Sicherstellung fairer Wertschöpfung durch ein Lieferkettengesetz. CBS International Business School.

15. Fröhlich, E. (Hrsg.) (2015). CSR und Beschaffung. Theoretische wie praktische Implikationen eines nachhaltigen Beschaffungsprozessmodells. In: Management-Reihe Corporate Social Responsibility. Berlin. Springer.
16. Arnold, D., Isermann, H., Kuhn, A., Tempelmeier, H., & Furmans, K. (2008). Handbuch Logistik (3. Auflage). Berlin, Heidelberg. Springer.
17. Weigel U. (2015). Lieferantenmanagement. In: Weigel, U., Rücker, M. (Hrsg.) Praxisguide Strategischer Einkauf (2. Auflage). Wiesbaden. Springer. https://doi.org/10.1007/978-3-658-08723-4.
18. Koplin, J. (2006). Nachhaltigkeit im Beschaffungsmanagement – Ein Konzept zur Integration von Umwelt- und Sozialstandards. Wiesbaden. Deutscher Universitätsverlag.
19. DIN EN ISO 9001 (2015). Online abgerufen am 14.02.2021 unter Internetseite: https://www.din.de/de/wdc-beuth:din21:235671251.
20. Van Weele, A., Eßig, M. (2017). Strategische Beschaffung. Grundlagen, Planung und Umsetzung einer modernen Beschaffungsfunktion. Wiesbaden. Springer Fachmedien.

Isabelle Wehling ist Senior Consultant mit einem akademischen Hintergrund in Betriebswirtschaftslehre und einem Master-Abschluss in Nachhaltigem Management. Seit drei Jahren arbeitet sie engagiert bei der Unternehmensberatung amc Group in Bonn, deren Fokus auf Einkauf und Supply Chain Management liegt. Ihre Leidenschaft für umweltbewusstes Handeln und unternehmerische Strategien spiegelt sich in ihrer Arbeit wider, in der sie komplexe Themen verständlich aufbereitet und dabei einen Fokus auf nachhaltige Lösungen setzt.

Die Autorin forschte im Rahmen ihrer Masterthesis über die Auswirkungen des Lieferkettensorgfaltspflichtengesetzes auf Einkauf- und Supply-Chain-Management-Prozesse.

Nicolas Hilweg ist Experte für Corporate Social Responsibility und Beschaffung. Seine akademische Laufbahn führte ihn zur Verfassung seiner Masterarbeit über das Lieferkettensorgfaltspflichtengesetz und die Auswirkungen auf die Beschaffung, wodurch er ein tiefgreifendes Verständnis für die Bedeutung und Herausforderungen der Lieferkettentransparenz und ethischer Beschaffung erlangte. Der Autor ist derzeit als Senior Consultant bei der amc Group in Bonn tätig, einer Unternehmensberatung für Einkauf und Supply Chain Management. Dort sammelt er wertvolle praktische Erfahrungen und arbeitet unter anderem daran, nachhaltige und verantwortungsbewusste Beschaffungsstrategien für Unternehmen zu entwickeln.

In enger Zusammenarbeit kombinierten beide Autoren die Erkenntnisse aus den jeweiligen Masterarbeiten. Diese Zusammenführung von Expertise ermöglicht es, in der vorliegenden Publikation fundierte Einsichten und praxisorientierte Lösungsansätze vorzustellen, die durch das Inkrafttreten des Lieferkettensorgfaltspflichtengesetzes und seine Auswirkungen auf ein nachhaltiges Beschaffungsmanagement entlang der Lieferkette notwendig sind.

Ein Lieferantenbeziehungsmanagementmodellentwurf zur Förderung der nachhaltigen Beschaffung

Carlotta Kux

1 Einleitung

Die Bedeutung unternehmerischen Handelns im nachhaltigen Sinne hat in der Vergangenheit an Relevanz gewonnen und ist für das Generieren von Wettbewerbsvorteilen, Wachstum und nicht zuletzt das grundlegende Überleben von Unternehmen verstärkt zur Notwendigkeit geworden [1, 8, 15]. Unethische oder unökologische Geschäftspraktiken der Zulieferer bedeuten oftmals Imageschäden und Umsatzeinbußen für betroffene Unternehmen [13]. Dabei wird der Einfluss auf Lieferanten und deren Lieferkette durch ein entsprechendes Beziehungsmanagement aufgrund abgenommener Fertigungstiefen in einer stark globalisierten Welt zunehmend komplexer und damit herausfordernder [45]. Durch den Anspruch externer Stakeholder an Transparenz und Nachhaltigkeit der Lieferkette sind Unternehmen heute mehr denn je gefordert, neben ihrer ökonomischen auch ihrer ökologischen und sozialen Verantwortung in der Lieferkette nachzukommen [16]. Die Supply Chain stellt einen wichtigen Hebel für das Erreichen unternehmerischer Nachhaltigkeitsbestrebungen dar, da in ihr ein Großteil der Umweltbelastungen entsteht [13]. Die Durchsetzung von Nachhaltigkeitspraktiken kann unternehmensseitig allerdings nicht ohne Berücksichtigung der Beziehung zu Lieferanten erfolgen, da deren Beteiligung für den Aufbau einer nachhaltigen Lieferkette von entscheidender Bedeutung ist [1]. Die Beziehung als dominanter Vermittler stellt beim Beziehungsaufbau und der Zusammenarbeit mit dem Lieferanten den nachweislich geeignetsten Weg dar, um Nachhaltigkeitspraktiken umzusetzen [31, 36]. Während der Einsatz bestimmter Maßnahmen,

C. Kux (✉)
Kallstadt, Deutschland
E-Mail: carlotta-kux@gmx.de

wie das Unterzeichnen von Verhaltenskodizes oder das Durchführen von Audits, von Lieferanten oftmals als Bestrafung angesehen wird und zu Unzufriedenheit führt [38, 39], können andere Maßnahmen, wie das Generieren gemeinsamen Wissens, Belohnungen und die Schaffung anderer Anreize, motivierend wirken und die Zusammenarbeit verbessern [41]. Dabei müssen beide Seiten bereit sein, dazuzulernen und sich auf andere Prozesse einzustellen, um Nachhaltigkeitsziele zu erreichen [49]. Ein entsprechendes Lieferantenbeziehungsmanagement kann daher die Chance bieten, Belastungen in der Lieferkette zu reduzieren und Arbeits-, Umwelt- und Unternehmensrisiken zu mindern oder zu vermeiden.

Somit wird die Frage adressiert, wie Lieferantenbeziehungen gestaltet werden können, um eine nachhaltigere Beschaffung zu fördern. Die für die Beantwortung der Forschungsfrage angewendete Methodik besteht in der Erweiterung des TrueSRM-Modells von Schuh et al. [45] um die Anforderungen nachhaltigen Lieferantenmanagements. Dieser Modellentwurf wird anschließend mittels Experteninterviews überprüft und ergänzt. Abschließend werden die gewonnenen Erkenntnisse zusammengefasst, diskutiert und Modelllimitationen sowie Handlungsempfehlungen aufgezeigt. Ziel der Forschung ist das Entwerfen eines realitätsnahen, zielgerichteten, vielseitig anwendbaren und verständlichen Lieferantenbeziehungsmanagementmodells zur Förderung einer nachhaltigen Beschaffung, was eine Orientierungshilfe für Entscheidungen in der Praxis darstellen kann.

2 Methodik

2.1 Literaturrecherche und theoretische Grundlage

Der anfänglichen Sondierung des Forschungsfeldes liegt eine systematische Literaturrecherche nach dem Ansatz von Cronin et al. [18] zugrunde. Das Screening verschiedener Suchmaschinen mit den Schlüsselbegriffen *Supplier Relationship Management, SRM, Framework/Modell, Sustainability/Nachhaltigkeit, Procurement/Beschaffung/Einkauf* und anschließendes Pyramiding ermöglichen einen möglichst vollständigen Überblick der relevanten und verfügbaren Literatur. Das TrueSRM-Framework von Schuh et al. [45], als primäre Modellgrundlage für die Entwicklung des nachhaltigen SRM-Modellentwurfs, konnte so identifiziert werden. Es eignet sich als theoretische Grundlage für das zu erhebende Modell, da zum einen seine Detailtiefe als 3×3-Matrix über die Detailtiefe verbreiteter Modelle, z. B. dem von Kraljic (2×2-Matrix) [29], hinausgeht. Während Kraljic die Zusammenarbeit anhand der Parameter der Beschaffungsmarktkomplexität und der Relevanz der Beschaffungsobjekte einordnet, differenzieren Schuh et al. [45] neun Lieferantentypen anhand ihrer Performance und ihres strategischen Potentials. Somit liegt der Fokus des Modells auf der Beziehungsebene und weniger auf Faktoren außerhalb der Zusammenarbeit. Zum anderen werden durch die langjährige Praxiserfahrung der Autoren die erhobenen Lieferantentypen durch Fallbeispiele ergänzt und detailreich illustriert. Die dadurch entstehende Praxisnähe, Nachvollziehbarkeit und vielseitige Anwendbarkeit des TrueSRM-Frameworks unterstützen das Ziel dieser Forschung, ein vergleichbares Modell zu entwickeln. Mithilfe der Literaturrecherche konnten zwar Literatur und Fallstudien, die die Verknüpfung von Lieferantenbeziehungsmanagement und dem Nachhaltigkeitsgrad der Lieferkette untersuchen [1, 7, 28, 31, 48], gefunden, Forschungsarbeiten, die einen praktischen Modell- oder Framework-Ansatz verfolgen, jedoch nicht identifiziert werden.

2.2 Modellevaluation und -ergänzung durch Experteninterviews

Wie im vorigen Abschnitt dargestellt, adressiert die Forschungsfrage ein bislang spärlich untersuchtes Teilgebiet der Beschaffungsmanagementforschung. Die sich daraus ergebenden Anforderungen, wie beispielsweise die grundlegende Sondierung des Forschungsfeldes, um einen Ausgangspunkt für weitere Forschungen zu bilden und einen praxisorientierten Ansatz zu verfolgen, sollte die Methode widerspiegeln. Ein hierfür geeignetes qualitatives Verfahren stellen leitfadengestützte Experteninterviews dar. Hierbei werden Personen, die aufgrund ihrer Tätigkeit ein spezifisches, praktisches (Mehr-) Wissen [9] besitzen zum Zweck der Wissensaneignung und des – abgleichs, sowie der Erkenntnissicherung befragt [25]. Diese Forschung verfolgt den explorativen und systematisierenden Ansatz der Interviewführung, bei der Experten einerseits als Orientierung in einem thematisch neuen Feld [9] und andererseits als Informationsquelle von Kontextwissen fungieren sollen. Abgeleitet aus dem Forschungsziel, ein praxisnahes Modell zu entwerfen, werden im Zuge der Datenerhebung verstärkt Praxiserfahrungen von Experten abgefragt, um den Entwurf anzureichern. Da in der Forschung wenig vergleichbare Modelle existieren, wird zunächst ein Modellentwurf auf generischer Ebene angestrebt, um einen ersten Untersuchungsansatz des Forschungsfeldes zu entwickeln, der die Grundlage für eine Anwendung in der Praxis bilden soll. Die folgenden Ausführungen innerhalb des Modellentwurfs betrachten deshalb die Lieferantenbeziehung unabhängig von der Branche, in der sich das beschaffende Unternehmen befindet.

Die befragten Branchenexperten wurden einerseits aus wissenssoziologischer Perspektive (der Ansicht entsprechend, dass Experten qua Tätigkeit und dem daraus resultierendem Wissen, Problemlösungskompetenzen und besonderen Informationszugang als solche zu bezeichnen sind) und andererseits aus konstruktivistischer Perspektive, die Expertentum als Folge eines Zuschreibungsprozesses auffasst [9], ausgewählt. Um möglichst differenzierte Daten zu erheben, wurden sechs Experten mit externem, internem [22], Betriebs- und Kontextwissen befragt [40].

Allgemein eigenen sich alle befragten Experten durch folgende Charakteristika:

- langjährige Berufserfahrung als Praxislogistiker, -einkäufer oder Berater,

- Nähe zur strategischen Ebene des Lieferantenbeziehungsmanagements,
- Praxis- oder Forschungsnähe zum Thema Nachhaltigkeit,
- Positionen in Entscheiderrollen.

Die Auswahl der Experten verspricht eine Datenerhebung mit hoher Diversität und Praxisnähe, geeigneten Vergleichsmöglichkeiten aufgrund ähnlicher Expertencharakteristika und das Generieren eines komplexeren Informationsbildes durch unterschiedliche, tätigkeitsbedingte Blickwinkel, welches für die Überprüfung des entworfenen Modells hilfreich ist (s. Tab. 1).

2.3 Datenerhebung und -auswertung

Die Experteninterviews wurden mithilfe eines nichtstandardisierten Leitfadens durchgeführt [33]. Frageformulierung und -reihenfolge variieren je nach Interview, teils um den Erzählfluss der Experten nicht zu unterbrechen, teils um eine natürliche Gesprächsatmosphäre aufkommen zu lassen, oder weil mit einer Antwort bereits einer anderen Frage vorweggegriffen wurde. Aus Zeitknappheit konnten in manchen Interviews nicht alle Fragen beantwortet werden. Um einem Informationsqualitätsverlust vorzubeugen, wurden die Fragen nach Relevanz priorisiert und im Interviewverlauf zuerst angesprochen. Die Fragen dienen der Überprüfung und Erweiterung des Modellaufbaus und -inhalts durch das Abfragen gemeinsamen, geteilten Wissens mit dem Anspruch auf Vergleichbarkeit der Information und Vollständigkeit. Diese adressieren alle Modelldimensionen (s. Abschn. 4.1):

- die Lieferanteneinordnung anhand der Achsenkriterien „Nachhaltigkeitsperformance" und „strategisches Nachhaltigkeitspotential",
- die Charakterisierung und Beziehungsgestaltung zu den ermittelten Lieferantentypen und
- kontextbezogene Praxiserfahrungen und Einschätzungen zur Modellanwendbarkeit.

Die aufgezeichneten Interviews wurden, ausgehend von den Überlegungen Gläser und Laudels [23], nach zuvor definierten Transkriptionsregeln transkribiert, um dem Risiko entgegenzuwirken die Daten zu früh oder gar „falsch" zusammenzufassen. Die Auswertung erfolgte in Anlehnung an die qualitative Inhaltsanalyse nach Mayring [37] durch die Einordnung der Expertenaussagen mittels eines zuvor definierten Kategoriensystems (Coding Tree) und ermöglicht eine schrittweise, durch analytische Methoden gestützte, nachvollziehbare Auswertung und Präsentation der Daten. Dabei wurden anhand der an die Modellgrundlage angelehnten Fragebogenelemente (FE) (deduktiv) und anhand bestimmter Interview-Aussagen und Themen sich aus dem Material ergebende (induktiv) Ober- und Unterkategorien (OK, UK) regelkonform gebildet und definiert [33]. Dieses

Tab. 1 Interviewte Experten in der Übersicht. Eigene Darstellung nach Kux [33]

Experte	Industrie	Rolle	Branchenzugehörigkeit (Jahre)	Methode	Dauer (Min)	Art des generierten Wissens
E1	Speditions- und Transportlogistik	Qualitätsmanagement	7	Persönliches Gespräch	41	Intern, Betriebswissen
E2	Unternehmensberatung, Schwerpunkt: Seefrachtlogistik	Geschäftsführung	16	Online; Videokonferenz	40	Extern, intern, Kontext- und Betriebswissen
E3	Beratung Transportlogistik, Forschung, Hochschullehre	Forschung, Dozent für Transport- und Lagerlogistik	23	Online; Videokonferenz	34	Extern, intern, Kontext- und Betriebswissen
E4	Speditions- und Transportlogistik	Geschäftsführung	22	Persönliches Gespräch	38	Intern, Betriebswissen
E5	Speditions- und Transportlogistik	Einkaufsleitung	44	Persönliches Gespräch	32	Intern, Betriebswissen
E6	Bau- und Werkstoffbranche	Leiter für Transport- und Lagerlogistik	37	Online; Videokonferenz	35	Intern, Betriebswissen

Vorgehen ermöglicht die Datenerhebung und -analyse in Anlehnung an ein festgelegtes Muster (deduktives Verfahren). Dies vereinfacht die Vergleichbarkeit der Aussagen, ohne jedoch andere, forschungsrelevante Aussagen während der Interviewdurchführung außer Acht zu lassen (induktives Verfahren). Ausgehend von der Forschungsfrage werden die geäußerten Inhalte in mehreren Durchläufen sortiert und komprimiert, interpretiert, ausgewertet und gewonnene Erkenntnisse auf den Modellentwurf übertragen. Die in diesem Aufsatz verwendeten empirischen Daten entstammen der Forschungsarbeit „Entwurf eines Lieferantenbeziehungsmanagementmodells zur Förderung der nachhaltigen Beschaffung" [33]. Im Folgenden werden die Auswertungsergebnisse den entsprechenden Modellausführungen zugeordnet, um einen zusammenhängenden, verständlichen Modellentwurf zu entwickeln, der seinem Anspruch als Entscheidungshilfe in der Praxis gerecht wird.

3 Definitorische Grundlage

3.1 Lieferantenbeziehungsmanagement

Lieferantenbeziehungsmanagement stellt ein Teilgebiet des strategischen Beschaffungsmanagements dar. Dieses umfasst die Bereiche des Einkaufs und der Beschaffung. Der Begriff „Beschaffungsmanagement" grenzt sich insofern vom häufig synonym verwendeten Begriff „Einkauf" ab, als dass „Einkauf" meistens den operativen Schwerpunkt der Versorgungstätigkeit beschreibt [11]. „Beschaffung" umfasst alle unternehmens- und/oder marktbezogenen Tätigkeiten, die das Bereitstellen aller benötigten Leistungen betreffen, welche über Eigenleistungen des Unternehmens hinausgehen [4]. „Strategisches Beschaffungsmanagement" beschreibt einen ganzzeitlichen, strukturierten, systematischen Beschaffungsansatz zur Senkung der Gesamtkosten für die Erfüllung der Geschäftsanforderungen mithilfe extern bezogener Leistungen unter Berücksichtigung der relativen Nachfrage- und Angebotsmacht von Beschaffer und Lieferanten, unter der Aufrechterhaltung und/oder Verbesserung des Qualitäts-, Service- und Technologieniveaus [45]. Da dessen Aufgaben unter anderem das Einkaufscontrolling und das Warengruppenmanagement umfassen, befasst sich das strategische Beschaffungsmanagement nicht ausschließlich mit der Beziehung zu Lieferanten. Dies ist dem Lieferantenbeziehungsmanagement vorbehalten.

Eine Lieferantenbeziehung entsteht dann, wenn ein Unternehmen die Zusammenarbeit mit einem Zulieferer aufnimmt. Was von einer Transaktionsbeziehung bis zu einer langfristigen Partnerschaft reicht, hat sich in der Vergangenheit stark in Richtung Letzterem verschoben: Intensive, strategische Partnerschaften werden verstärkt angestrebt, da sie nachweislich zu einer besseren Leistungserstellung sowie geringeren Transaktionskosten führen und einen Wettbewerbsvorteil generieren [27, 30, 34].

In der Literatur lassen sich viele Definitionen und Modelle zum Thema Lieferantenbeziehungsmanagement finden. Die Käufer-Lieferanten-Beziehung wird oftmals als von Steuerelementen wie Kooperation, Zusammenarbeit, Kommunikation und „Information Sharing" geprägt beschrieben [28]. Der Untersuchungsfokus von wissenschaftlichen Modellen zur Darstellung der Beschaffenheit der Beziehung, wie beispielsweise die „Kraljic-Matrix" oder das „Keiretsu Supplier-Partnering Model", bezieht sich weniger auf Nachhaltigkeitsaspekte, sondern oftmals auf den wirtschaftlichen Gewinn für das Zielunternehmen oder auf vertrauensbasierte Partnerschaften durch Zusammenarbeit und Kooperation [29, 34, 42]. Die eingangs erwähnte Verschiebung hin zu einer Partnerschaft, bei der selbstständige Unternehmen kooperieren, um im Rahmen der Lieferketten gemeinschaftliche Ziele zu definieren und diese zur Erreichung eines gemeinsamen Nutzens durchzuführen [14], wird von Schuh et al. [45] kritisiert. Der Begriff „Partnerschaft" würde oftmals inflationär und oberflächlich für allgemeine Beziehungen oder für Beziehungen zu großen Lieferanten verwendet werden, die jedoch nicht genug zum kompetitiven Vorteil des Unternehmens beitragen. Diese Beziehungen würden trotz intensiver Zusammenarbeit nicht die Grundvoraussetzung für eine „echte" Partnerschaft erfüllen, da sich nichts am Verhalten der Parteien ändere. Daher halten Schuh et al. [45] eine eigene Definition eines holistischen TrueSRM-Ansatzes dagegen. Demnach berücksichtigt Lieferantenbeziehungsmanagement alle Interaktionen zwischen beschaffenden Unternehmen und Lieferantenunternehmen mit folgenden Merkmalen:

Lieferantenbeziehungsmanagement

- umfasst die Beziehung zwischen zwei Unternehmen,
- beeinflusst das Lieferantenverhalten so, dass Lieferanten sich der Zielerreichung des beschaffenden Unternehmens entsprechend verhalten,
- ermöglicht es, die Unternehmensgröße, durch die Koordination über Abteilungen, Funktionen und Hierarchien hinweg, als Hebel zu nutzen.

Lieferantenbeziehungsmanagement bezieht sich also sowohl auf Umsatz- als auch Ertragswachstumsziele, die Innovation, Risiken und Kosten sowie Qualität und Reaktionsfähigkeit umfassen. Die Merkmale von Lieferantenbeziehungsmanagement können in dem Ausmaß umgesetzt und betrachtet werden, wie sie zu diesen Gesamtzielen beitragen.

Die obige Ausführung zeigt, dass Lieferantenbeziehungsmanagement ein eigenständiger Teil des strategischen Beschaffungsmanagements ist, welcher verfügbare Hebel im Zuge der Unternehmensbeziehungen zwischen Beschaffer- und Lieferantenorganisation im Sinne der Zielerreichung für das beschaffende Unternehmen zu nutzen weiß. Fraglich bleibt, wie eine Beziehungsgestaltung zum Erreichen von Nachhaltigkeitszielen in Unternehmen beitragen kann. Ausgehend von diesen Beobachtungen sollen Nachhaltigkeit und nachhaltige Beschaffung im folgenden Abschnitt definiert werden.

3.2 Nachhaltigkeit

Nachhaltigkeit, als einer der Megatrends der heutigen Zeit [35], umfasst diverse Subthemen und verschiedenste Definitionen. Folglich werden nur die für den Gesamtkontext der Arbeit relevanten Themenaspekte behandelt.

Erstmalig definiert die Brundtland-Kommission den Begriff der nachhaltigen Entwicklung 1987 als: „Sustainable development is development that meets the needs of the present without compromising the ability of future generations to meet their own needs" (World Commission on Environment and Development, 1987, Kap. 2, Abs. 1.1[50]). Aus Unternehmenssicht schien der alleinige Fokus auf die Umwelt unvollständig. Durch Elkingtons Einführung des 3-Säulen-Modells (Triple Bottom Line (TBL)) [21] wurde die ökologische Nachhaltigkeit um die wirtschaftliche und soziale Dimension erweitert. Diese Definition findet allgemeine Verwendung, um sich Nachhaltigkeitsthemen zu nähern und wird daher im Kontext dieser Forschungsarbeit als definitorische Grundlage gewählt. So definiert z. B. die deutsche Bundesregierung Nachhaltigkeit als eine „[…] wirtschaftlich leistungsfähige, sozial ausgewogene und ökologisch verträgliche Entwicklung" [10]. Wird dies auf den Beschaffungskontext übertragen, so ist nachhaltige Beschaffung laut der ISO 20400 eine Praxis, „die die bestmöglichen Auswirkungen auf Umwelt, Gesellschaft und Wirtschaft über den gesamten Lebenszyklus hat" [26]. Beschaffung verursacht bis zu 80 % der CO_2-Emissionen von Unternehmen [13] und stellt damit eine große Möglichkeit für Unternehmen und Lieferanten dar, ökologisch nachhaltiger zu wirtschaften.

An diesem Punkt setzt nachhaltiges Lieferantenbeziehungsmanagement an: Für die Integration von Nachhaltigkeitspraktiken in der Lieferkette und die Erreichung entsprechender Unternehmensziele sind strategische Partnerschaften mit Lieferanten einer der wichtigsten Erfolgsfaktoren [31]. Im Rahmen interorganisationsübergreifender Nachhaltigkeitspraktiken muss für das Generieren einer kollaborativen Nachhaltigkeitsleistung die Nutzung heterogener Ressourcen von Abnehmern als auch Zulieferern intensiviert werden [7]. Diese relationale Auffassung von Beziehungsmanagement beschreibt die Auffassung der Zusammenarbeit von Käufern und Lieferanten als Teil einer gemeinsamen Organisation; löst also die Beziehung von der Ebene des reinen vertraglichen Kontrollmechanismus und schafft die Möglichkeit für eine beidseitig unterstützte Kollaboration, deren Ausgestaltungsmöglichkeiten im Folgenden anhand des Modellentwurfes erläutert werden.

4 Lieferantenmanagementmodellentwurf zur Förderung nachhaltiger Beschaffung

4.1 Der Modellentwurf

Das folgende Modell, abgeleitet aus dem „TrueSRM"-Framework von Schuh et al. [45], klassifiziert, aus Sicht eines beschaffenden Unternehmens, zunächst verschiedene Typen von Lieferantenbeziehungen in Form einer Matrix ausgehend vom Tripple Bottom Line-Ansatz. Dabei bewegen sich die Lieferantenprofile zwischen der Dimension „Nachhaltigkeitsperformance", gemessen an ökologischer, ökonomischer und sozialer Performance, welche im Zuge der Experteninterviews um die Elemente „Ernsthaftigkeit", „Sinnhaftigkeit des Nachhaltigkeitskonstrukts" und „Mess- und Kontrollmechanismen" erweitert werden, und der Dimension „Strategisches Potential". Die Typen „Verbessern", „Erhalten" und „Abschöpfen" (Gruppe der „Mittelmäßigen") bilden die Grundlage des Lieferantenportfolios und benötigen, aufgrund ihrer mittleren bis hohen Performance bei geringem bis mittlerem strategischen Potential, eine weniger intensive managementseitige Betreuung durch das beschaffende Unternehmen (s. Abb. 1).

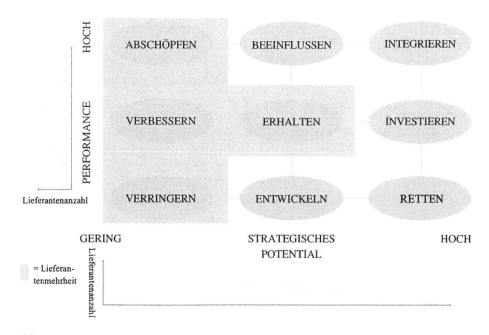

Abb. 1 Das TrueSRM-Framework. (Eigene Darstellung [45])

Die Beziehungen zu den Typen „Verringern", „Entwickeln", „Retten" (Gruppe der „Problematischen"), „Beeinflussen", „Investieren" und „Integrieren" (Gruppe der „Kriegsentscheidenden") sind hingegen ressourcenintensiver, da diese durch schlechte Performance die Gefährdung oder durch hohes strategisches Potential eine große Chance zur Nachhaltigkeitszielerreichung eines beschaffenden Unternehmens bereithalten. Daher beinhaltet der Entwurf Zusammenarbeitsmöglichkeiten, die im Folgenden ausgeführt werden.

Schuh et al. [45] unterteilen die Lieferantentypen in neun Cluster, abhängig von der Ausprägung ihrer Perfomance und ihres strategischen Potentials. Die Positionierung der Typen auf der Performance-Achse wird von den folgenden Variablen abhängig gemacht:

- Kosten (bspw. Preis-Leistungs-Verhältnis, Preisniveau, Verfügbarkeit von Informationen zu Preisveränderungen),
- Zeit (bspw. Termineinhaltung, Lieferzeit und -treue) und
- Qualität (bspw. Zertifizierungen, Fehlerrate).

Diese drei Dimensionen sind gängige Bewertungskriterien zur Messung von Lieferantenperformance [12]. Das zu entwerfende Modell erweitert auf dieser Grundlage diese Performance-Kriterien um die Elemente der Tripple-Bottom-Line:

- **ökonomische** (bspw. Innovationskapazitäten, fairer Wettbewerb, Berücksichtigung lokaler Lieferanten),
- **soziale** (bspw. Arbeitsbedingungen, Arbeitssicherheit, Weiterbildungsmöglichkeiten) und
- **ökologische** Performance (bspw. Verwendung von Strom aus erneuerbaren Energien, CO_2-Fußabdruck, Wasserverbrauch, Abfallminimierung, Recyclingbemühungen).

Im Zuge der durchgeführten Interviews konnte die Orientierung am TBL-Ansatz zur Einordnung der lieferantenseitigen Nachhaltigkeitsperformance bestätigt werden. Besonders Leistungskriterien, wie die Einhaltung von Normen, wie z. B. Abgasnormen, und Sicherheitsvorschriften entlang der gesamten Lieferkette und ganzheitlich innerhalb der Lieferantenorganisation werden von den befragten Experten angeführt. Experten 1 und 2 (fortan E1 und E2) führen in diesem Zusammenhang zusätzlich „Ernsthaftigkeit" und die „Sinnhaftigkeit des Nachhaltigkeitskonstrukts" als weitere Kriterien an [33]. Ersteres beschreibt die Konsequenz, mit der das Lieferantenunternehmen Nachhaltigkeitspraktiken im eigenen Unternehmen integriert, gemessen an der Diskrepanz zwischen Außenwerbung deren eigentlicher Umsetzung. Letzteres bezieht sich auf die einheitliche Ausrichtung von Nachhaltigkeitsdefinitionen, -zielen und -motivationen innerhalb des Lieferantenunternehmens. Auch das lieferantenseitige Erheben eigener Nachhaltigkeitsleistungen unterscheidet laut Experten einen schlechten von einem guten Lieferanten. Dabei werden als Beispiele für „Mess- und Kontrollmechanismen" Zertifizierungen Dritter oder regelmäßige Überprüfungsmechanismen mittels einiger, weniger Key Performance Indicators (KPIs), wie z. B. dem Carbon-Footprint, angeführt.

Um die hier vorgestellten Typen identifizieren zu können, ist zunächst eine Bestandsaufnahme der jüngst vergangenen oder aktuellen Lieferantennachhaltigkeitsperformance notwendig. Sollte eine Lieferantenperformancemessung noch nicht durchgeführt worden sein, existieren in der Praxis bereits quantitative und qualitative Ansätze, um diese wichtige Informationsgrundlage zu erheben. Je nach Beschaffungssituation können verschiedene Ansätze gewählt oder auch kombiniert werden. Experte 3 (fortan E3) merkt an dieser Stelle an, dass die Abhängigkeit von äußeren Umständen, durch z. B. Geografie oder regulatorische Maßnahmen, Lieferantenunternehmen in ihrer Performanceleistung einschränken können und daher einen limitierenden Faktor darstellen [33]. Sobald die anfängliche Bewertung erfolgt ist, sollten die Bewertungen miteinander verglichen werden. Schuh et al. [45] schlägt hierfür eine Aggregation der Berichte über verschiedene Geschäftseinheiten vor. Bei Größenunterschieden oder unterschiedlichen Geschäftsanforderungen zwischen den Geschäftseinheiten sollten Gewichtungen vorgenommen werden, um diese Unterschiede auszugleichen. Als Orientierungshilfe für die Gewichtung können relative Umsätze, angepasst an die jeweiligen Wachstumsaussichten, herangezogen werden. So wird vermieden, dass kleine, aber zukünftig wachstumsstarke Geschäftseinheiten vernachlässigt werden. Da eine Einordnung im Querschnitt entlang der gesamten Lieferantenmasse erfolgen soll und somit eine Normalverteilung angestrebt wird, würden die aggregierten Berichte kalibriert werden, um eine Leistungsachse in Form einer Glockenkurve zu erreichen. Dies impliziert eine Verteilung der Lieferanten entlang der Leistungskurve gemäß dem folgenden Muster: 90 % fallen in einen Bereich mittlerer Performance, die restlichen 10 % teilen sich auf in 5 % schwache und 5 % starke Performance. Es ist zu erwarten, dass sich die Nachhaltigkeitsperformance der Lieferanten ähnlich verhält, eine Einschätzung, die von Expertenseite im Zuge der Interviews bestätigt wird und somit auf das zu erhebende Modell übertragbar ist. Diese Aufteilung ist von Bedeutung, da sie indiziert, welche Beziehungen managementseitig verstärkt Investitionen (Geld, Zeit, Know-how) erfordern: In die der oberen und unteren 5 %. Schwach performende Lieferanten bedeuten einen erhöhten, aber vermeidbaren Ressourcenaufwand für das Unternehmen, stark performende Lieferanten stellen wiederum die Möglichkeit dar, den zukünftigen Unternehmenserfolg zu beeinflussen.

Auf der zweiten Achse wird das strategische Potential eines Lieferanten abgetragen. Für dessen Positionierung entlang dieser Achse liegen dem zu erhebenden Modell die Überlegungen von Schuh et al. [45] zugrunde, die das strategische Potential anhand folgender Indikatoren misst:

- **Wachstum** – Die Fähigkeit des Lieferanten einen Mehrwert für bestehende Kunden oder sogar das Generieren von neuen Kundenbeziehungen zu bieten (bspw.

durch Reichweite aufgrund geografischer Standortvorteile oder einem herausragenden Verständnis für Kundenbedürfnisse).
- **Innovation** – Das proaktive Weiterentwickeln eigener Leistungen, die einen signifikanten Vorteil für das beschaffende Unternehmen darstellen (bspw. Patente oder strategische Übernahmen).
- **Wirkungsbereich** – Die Relevanz des Lieferanten über einen Großteil der Geschäftseinheiten hinweg (bspw. durch die Belieferung mehrerer Divisionen).
- **Zusammenarbeit** – Die Übereinstimmung der Denkweisen beider Parteien innerhalb der Geschäftsbeziehung (bspw., wenn der Lieferant eigene Kernkompetenzen effektiv zu nutzen weiß).

Das zu erhebende Modell schlägt nun erweiternd folgende Einordnungskriterien für die Fähigkeit des Lieferanten, zum Erreichen der Nachhaltigkeitsziele des beschaffenden Unternehmens beizutragen (strategisches Nachhaltigkeitspotential), vor:

- **Wachstum** – Die Fähigkeit des Lieferanten, die Leistungserstellung der Beschafferorganisation und die nachgelagerter Lieferkettenmitglieder nachhaltiger zu gestalten und dadurch einen Mehrwert zu generieren (bspw. durch eigene Nachhaltigkeitspraktiken, wie die Nutzung erneuerbarer Energiequellen oder durch das individuelle Eingehen auf Nachhaltigkeitsbedürfnisse des beschaffenden Unternehmens).
- **Innovation** – Das proaktive Weiterentwickeln eigener Nachhaltigkeitsleistungen (bspw. Verpackungsmaterialeinsparungen durch Re-Design).
- **Wirkungsbereich** – Der Einfluss des Lieferanten auf Wirtschaft, Umwelt und Gesellschaft (bspw. durch Unternehmensgröße, Marktstellung oder Produktspezifika).
- **Zusammenarbeit** – Die Übereinstimmung der Denkweisen und Zielvorgaben beider Parteien gegenüber der Relevanz nachhaltiger Beschaffung (bspw. weiß der Lieferant eigene Möglichkeiten zur nachhaltigeren Leistungserstellung effektiv zu nutzen).

Die Übertragung der von Schuh et al. [45] erhobenen Einordnungskriterien auf eine Nachhaltigkeitsebene kann von Expertenseite bestätigt werden. Experte 6 (fortan E6) berichtet bezüglich des Kriteriums „Wachstum" von einem Lieferanten, der sich durch die angebotene Leistung so stark von der Konkurrenz abhebt, dass Unternehmen 2 (fortan U2) durch die Zusammenarbeit, trotz gesteigerter Beschaffungskosten, einen nachhaltigen Mehrwert für sich sieht [33]. Neben progressiven Produktneuerungen verweist E2 im Kriterium „Innovation" auf den Besitz geistigen Eigentums, wie z. B. Forschungsaktivitäten in Form von Aufsätzen oder Whitepapers, um einen strategisch weniger relevanten von einem relevanten Lieferanten zu unterscheiden [33]. Bezüglich des „Wirkungsbereiches" unterscheiden die Experten zum einen Auswirkungen auf Produktebene, also beispielsweise die CO_2-Wirkung in Abhängigkeit des Einkaufsvolumens. Zum anderen wird die Einflussebene unterschieden, die der Lieferant aufgrund eigener Ressourcen, wie z. B. Personal, hat, um den Leistungserstellungsprozess nachhaltig zu gestalten [33]. Schließlich spezifizieren die Experten das Kriterium „Zusammenarbeit" als Wert- und Strategiekongruenz beider Unternehmen und ziehen Nachweise vergangener Nachhaltigkeitsbestrebungen und -projekte mit anderen Unternehmen als Möglichkeit der Überprüfung dieses Kriteriums heran [33].

Die Verteilung der Lieferanten entlang der Leistungskurve des strategischen Potenzials verhält sich hier laut Schuh et al. [45] anders als die der Performanceachse: Die oberen 10 % verfügen über ein relevantes strategisches Potential, davon höchstens 8 % über ein mittleres und nur maximal 2 % über ein hohes. Eine Fokussierung auf die oberen 10 % des Lieferantenportfolios, wie Schuh et al. [45] es im Rahmen der Partnerschaft definieren, ist für das nachhaltige Lieferantenbeziehungsmanagement ebenfalls von Bedeutung, da hier die größte Hebelwirkung für das Erreichen von Nachhaltigkeitszielen besteht. Ob sich die Verteilung dieser Lieferanten innerhalb eines Portfolios so verhält, wie Schuh et al. [45] es angeben, ist in Bezug auf das strategische Nachhaltigkeitspotential fraglich. Aufgrund mangelnder wissenschaftlicher Untersuchungen, des Fehlens der Nachhaltigkeitsdimension in vergleichbaren Modellen [43] oder der alleinigen Betrachtung weniger Teilaspekte [2] kann dies grundsätzlich nicht übertragen und muss mithilfe der Experteninterviews konkretisiert werden. E1 schlägt für die Erhebung der Verteilung eine Orientierung an der ABC-Matrix vor, was in einer ähnlichen Verteilung resultieren würde, wie von Schuh et al. [45] angesetzt [33]. Diese Einschätzung wird von E2 geteilt, der im Bereich preisgetriebener Firmen den Anteil strategisch bedeutsamer Lieferanten auf „unter fünf Prozent" einschätzt [33]. Während die Performancebewertung als Bottom-up-Vorgang durchgeführt werden sollte, also von hierarchisch niedrigeren Ebenen der Einkaufsorganisation zu hierarchisch höheren Ebenen, sollte die Unterscheidung strategisch relevanter Lieferanten als Top-down-Vorgang durchgeführt werden, da höhere hierarchische Personalebenen stärker mit der Ausgestaltung der Unternehmensziele verknüpft sind.

Die im Zuge der Experteninterviews adressierten Anforderungen an das Modell können unter Praxisnähe, Einfachheit und Operationalisierbarkeit zusammengefasst werden. E5 erwartet außerdem, mittels der Orientierung am Modell eine vereinfachte Entscheidungsfindung zu haben und dadurch Zeit einzusparen [33]. Die Hälfte der Experten gibt an, sich in der Praxis bei der Entscheidungsfindung eher an Erfahrungswerten und nicht an solchen Modellen zu orientieren, während E1 und E2 dies tun. E1 betont, dass die Zuhilfenahme solcher Leitfäden für die Entscheidungsfindung besonders in mittelständischen Unternehmen zu kurz käme, was Experten 4 und 5 (fortan E4 und E5), die wie E1 für Unternehmen 1 (fortan U1) arbeiten, durch ihre Aussagen, dass solche Modelle vermehrt in Konzernen und weniger in mittelständischen Strukturen angewendet würden, bestätigen [33].

Zusammenfassend bestätigen die Expertenaussagen weitestgehend die Überlegungen zu den Einordnungskriterien beider Achsen. Auch die Lieferantenkonzentration, abhängig von ihrem strategischen Nachhaltigkeitspotential innerhalb des Lieferantenportfolios, wird von den Experten ähnlich eingeschätzt, wobei auf eine Unterscheidung zwischen regulierten und nicht regulierten Unternehmen hingewiesen wird.

Ausgehend von der Position der Lieferanten innerhalb der zu erhebenden Modellmatrix lassen sich die neun Typen in drei Hauptgruppen unterteilen: „Das Mittelmaß", „die Problematischen" und „die Kriegsentscheidenden". Diese werden im Folgenden unter Berücksichtigung der Anforderungen an den Modellentwurf erläutert. Die Lieferantenplatzierung bleibt im Laufe der Zusammenarbeit nicht fix, es handelt sich um einen dynamischen Modellentwurf, bei dem die Entwicklung der Lieferanten hauptsächlich auf das Erreichen der nächsthöheren Stufe hinausläuft und ein Beziehungsende und das Eingliedern eines neuen Lieferanten vermieden wird, was laut Expertenaussagen die einfachste Möglichkeit sei, um eine nachhaltige Beschaffung zu fördern. Entsprechende Bewegungen durch die Lieferantenentwicklung werden im Folgenden erläutert.

4.2 Das Mittelmaß

Diese Kategorie umfasst den Großteil der Lieferanten und unterteilt sich in die drei Typen „Verbessern", „Erhalten" und „Abschöpfen". Allgemein sollten in diese Beziehung nur so viel Ressourcen (zeitlich, monetär etc.) investiert werden, dass sie im Verhältnis zu den Erträgen aus diesen Investitionen stehen. Dennoch sind diese Typen nicht zu vernachlässigen, da bereits durch kleine Verbesserungen entlang der breiten Masse eine signifikante Wirkung erzielt werden kann (vgl. [45]).

4.2.1 Verbessern

Lieferanten dieser Kategorie stellen Leistungen im Gebrauchsartikelstil bereit (vgl. [45]), ohne einen großen Beitrag zur Nachhaltigkeitszielerreichung des beschaffenden Unternehmens beizutragen, verfügen daher über ein geringes strategisches Potential und bilden die Basis des Beschaffungsportfolios. Performancebezogen weisen sie gelegentliche Probleme oder Verzögerungen auf. Auf einer Nachhaltigkeitsebene könnte dies bedeuten, dass dieser Lieferantentyp zwar keine strategisch entscheidende, aber dennoch unverzichtbare Leistung erstellt, ohne jedoch viel zum Erreichen der Nachhaltigkeitsziele der Beschaffungsorganisation beizutragen. Ein Beispiel für kleine, aber störende Mängel in der Leistungserstellung wäre, wenn der Lieferant wiederholt selbstgesteckte Emissionsziele in einem mittleren bis leichten Ausmaß verfehlt und dadurch die CO_2-Emissionen der eigenen Unternehmensleistung erhöht. Aus Erfahrung wird das beschaffende Unternehmen versuchen, an anderer Stelle CO_2 einzusparen, z. B. indem es die Lagerhaltung erhöht, um Emissionen durch seltenere Transporte zu reduzieren. Dies hat wiederum höhere Lagerhaltungskosten und einen erhöhten Organisationsaufwand für das beschaffende Unternehmen zur Folge, ist also langfristig ineffizient.

Ziel des Beziehungsmanagements ist es an dieser Stelle, die Beziehungsebene von „Verbessern" auf „Abschöpfen" zu heben. Im Allgemeinen sollten die Investitionen seitens des beschaffenden Unternehmens in die Beziehung zum Zweck der Performanceverbesserung proportional zu denen des Lieferanten sein [5], da der Lieferant kein hohes strategisches Potential bereithält. In diesem Fall kann das Ersetzen des Lieferanten in Erwägung gezogen werden, sollte aber wohlüberlegt sein, denn oftmals gestaltet sich die Suche nach einem Nachfolgelieferanten ressourcenintensiver als das Beheben der aktuellen Performanceprobleme. E5 bestätigt dies: „Es ist einfacher, jemanden dazu zu bringen, dass er … seinen Strombezug über Ökostrom deckt, … als dass er Ausgleichszahlungen leistet für seinen konventionellen Strom, den er … bezieht" [33]. E6 ergänzt, dass im Laufe der Zeit die Einschätzung der Performanceleistung des Lieferanten durch die gesammelte Erfahrung und gegenseitige Rückmeldungen vereinfacht würde. Schuh et al. [45] empfiehlt, die identifizierten Performanceprobleme in zweijährig stattfindenden Überprüfungsgesprächen zu adressieren. Im Falle dieses Beispiellieferanten sollten die sich aus den Problemen ergebenden Konsequenten für den Lieferanten klar kommuniziert werden. Dies kann, angelehnt an die Einsparungsziele des beschaffenden Unternehmens, in Form einer klaren Aussage bezüglich der erwarteten, lieferantenseitigen CO_2-Einsparungen und einen Ausblick auf die Kosteneinsparung, die dadurch für den Lieferanten durch weniger Emissionssteuern (oder Ausgleichszahlungen im Beispiel von E5) entsteht, geschehen [33]. E1 merkt an, dass eine Selbsterklärung zum Einhalten nachhaltiger Praktiken des Lieferantenunternehmens Performanceproblemen vorbeugen kann, jedoch gibt E2 zu bedenken, dass das beschaffende Unternehmen mit gutem Beispiel vorangehen müsse, schließlich könne vom Lieferanten nichts verlangt werden, was selbst für das beschaffende Unternehmen nicht gelte [33].

4.2.2 Erhalten

Typen dieser Kategorie befinden sich mittig in der Modellmatrix und weisen durch die Relevanz der bezogenen Leistungen [45] für die Nachhaltigkeitszielerreichung des beschaffenden Unternehmens eine höhere strategische Relevanz als die restlichen „Mittelmaß"-Typen für das beschaffende Unternehmen auf, was eine Substitution erschwert. Die mediokre Performance, verursacht durch unzureichende Qualität oder Fristenüberschreitung, führt allerdings dazu, dass das Potential, einen noch größeren Nachhaltigkeitsbeitrag zur Zielerreichung durch diese Zusammenarbeit zu generieren, ungenutzt bleibt. Im Zuge der Nachhaltigkeitsbetrachtung kann dies bedeuten, dass der Lieferant seinen Teil zum Beitragen der eigenen Nachhaltigkeitsziele durch Performanceschwierigkeiten nicht leisten kann, obwohl er aus der Zusammenarbeitsperspektive Nachhaltigkeit als ähnlich relevant auffasst wie das beschaffende Unternehmen, und im Grunde genommen die Möglichkeit dazu bestünde. Ein Beispiel wäre das Beziehen eines vom Lieferanten hergestellten, nachhaltigeren Alternativproduktionsmaterials mit höheren Recyclinganteilen oder aus nachwachsenden Rohstoffen, welches durch den Bezug qualitativ schlechterer Rohstoffe oder schlechter Verarbeitung hin und wieder Mängel aufweist. Oder die Messungs- und Managementprozesse des Lieferanten könnten beispielsweise für eine Verzögerung der Übermittlung von Verbrauchszahlen (CO_2, Strom,

Wasser, etc.) sorgen und somit die Aussagekraft der eigenen Verbrauchsermittlung zum Zweck der Erstellung eines Nachhaltigkeitsberichts verzögern oder negativ beeinflussen, da auf veraltete Daten zurückgegriffen werden muss.

Innerhalb der Beziehungsausgestaltung zu diesem Typen sollten 1) in jedem Fall die Performanceschwierigkeiten adressiert werden. 2) Existieren allerdings neben dem „Erhalten"-Typen keine Alternativlieferanten mit einem höheren Performancelevel (Matrix-Typ: „Beeinflussen") und es sind lieferantenseitig größere Produktinnovationen vonnöten, sollte der „Erhalten"-Lieferant intensiver dazu ermutigt werden, seine Performance zu verbessern – immer unter der Berücksichtigung des Beziehungsreturn on Invest, da die „Mittelmaß"-Kategorie mit der zahlenmäßig höchsten Lieferantendichte viel Potential für Verbesserungen, jedoch ohne genaue Differenzierung auch eine Gefahr für Fehlinvestitionen birgt [45]. Für 1) kann ein quartalsweiser Austausch über vergangene Nachhaltigkeitsleistungen und zukünftige -ziele im Abgleich mit den bisherigen Unternehmungen des Lieferanten zum Erreichen dieser Ziele genügen. Für 2) sollten die Erwartungen bezüglich einer verbesserten Leistungserstellung gegenüber dem Lieferanten verstärkt hervorgehoben werden, oder, so schlägt E1 vor, sogar im Bereich der Kollaboration gemeinsam Ziele im Rahmen der Umweltfähigkeit oder -verträglichkeit gesteckt werden und entsprechende Regelungen verabschieden. Im Fall des nachhaltigen Produktionsmaterials könnten konkrete Mängel und Angaben der Charakteristika des Idealprodukts kommuniziert werden. Für die Verbrauchsdatenverzögerung können der Berichtsredaktionsplan geteilt, Deadlines abgestimmt, mögliche Verzögerungsgründe und deren Lösung herausgearbeitet werden.

4.2.3 Abschöpfen

Lieferanten des „Abschöpfen"-Typs sind das letzte Mitglied der „Mittelmaß"-Gruppe und zeichnen sich durch eine starke Performanceleistung bei geringem strategischem Nachhaltigkeitspotential aus. Ihre Produkte werden zwar benötigt, sie tragen aber aktuell und auch zukünftig nicht viel zum Erreichen der eigenen Nachhaltigkeitsziele bei. Beispielsweise könnte eine Zuliefererfirma für Büromaterial jährliche Benefizläufe zum Sammeln von Spenden für den guten Zweck veranstalten oder besonderen Wert auf Mitarbeiterdiversität oder -förderung legen. Diese Warengruppe besitzt oftmals ein gleichbleibendes Qualitätsniveau, dennoch gestaltet das Veranstalten der Benefizläufe oder die Fördermöglichkeiten das Produkt und damit die eigene Wertschöpfung nicht maßgeblich nachhaltiger.

Sind seltene Performanceschwierigkeiten und ein gleichbleibend geringes strategisches Potential abzusehen, sollte der Status quo wertschätzend gestaltet und mit angemessenen Anreizen ein Grund geboten werden, das Performancelevel aufrechtzuerhalten [45]. E5 führt hierfür regelmäßige Bestellungen und Kontakte an. Oft verleitet dieser Beziehungstyp dazu, diese Lieferanten als Partner wahrzunehmen, was aufgrund ihres fehlenden Potentials weder realisierbar noch zielführend ist. In halbjährlichen Zusammenkünften mit reinem Fokus auf zusammenarbeitsrelevanten Themen sollte eine gute Performance klar als solche anerkannt werden. Wohltätigkeitsveranstaltungen bieten die Möglichkeit für das beschaffende Unternehmen, durch eine Teilnahme seine Unterstützung zu signalisieren. Es kann außerdem ein Ausblick auf die weitere Zusammenarbeit gegeben, jedoch keine Initiative gezeigt werden, die Beziehung intensiver ausbauen zu wollen [45] und beispielsweise über die Beschaffung von Büromaterial zukünftig hinauszugehen. Insgesamt besteht die Herausforderung des Beziehungsmanagements der „Mittelmäßigen" darin, ein richtiges Verhältnis zwischen Investment in die Beziehung und dem Ertrag aus den eingesetzten Ressourcen zu finden. Die interviewten Experten empfehlen die Beziehung auszubauen, statt sie zu beenden.

4.3 Die Problematischen

Die Gruppe der „Problematischen" setzt sich aus den Typen „Verringern", „Entwickeln" und „Retten" zusammen. Manchmal kann fehlende Herausforderung oder Wertschätzung der Grund für ihre schlechte Performance sein, manchmal Bequemlichkeit [45] oder E2 zufolge, der Fokusverlust und die aufgrund fehlender Weiterentwicklung resultierende Rückständigkeit, nachdem ein Lieferant mit der nachhaltigen Leistungserstellung begonnen hat [33]. Die Herausforderung dieser Gruppe liegt in der Beurteilung ihres strategischen Potentials.

4.3.1 Verringern

Wie alle Lieferanten dieser Gruppe zeichnet sich der „Verringern"-Typ durch eine geringe Performanceleistung aus. Häufig liefern diese Typen Standard- oder Massenware [45], leisten daher keinen klaren Beitrag zur Nachhaltigkeitszielerreichung des beschaffenden Unternehmens durch deckungsungleiche Nachhaltigkeitspriorisierung oder unzureichende Innovation. Ihre schlechte Nachhaltigkeitsleistung, erkennbar an dauerhaften Mängeln im Laufe der Zeit, bietet sofortigen Handlungsbedarf, um die Risiken, die diese Beziehung mit sich bringt, durch Entwicklung des Lieferanten hin zur nächsten Stufe („Verbessern") oder der Beendigung der Geschäftsbeziehung, zu minimieren. Der Lieferant könnte beispielsweise schon lange durch hohe Transportkosten aufgrund schlechter Routenplanung, daraus resultierend vielen Leerfahrten und entsprechend hohem Treibstoffverbrauch oder durch den wiederholten Vorproduktbezug von Zulieferern mit menschenunwürdigen Arbeitsbedingungen zum Zwecke der günstigen Leistungserstellung negativ auffallen. Diese beiden Umstände könnten, je nach Zielsetzung, kontraproduktiv für die Nachhaltigkeitszielerreichung der Beschaffungsorganisation oder für Letztere sogar imageschädigend sein.

Klarheit und Offenheit sind in dieser Beziehung erstrebenswert. Sollte sich die Nachhaltigkeitsleistung nach der faktenbasierten Kommunikation der Mängel verbessern, bekommt der Lieferant die Chance, das Anhalten dieser Veränderung unter Beweis zu stellen. Sollte die Zusammenarbeit noch nicht lange bestehen, merkt E2 an, dass eine Mischung aus Single- und Multisourcing in Form der Erzeugung einer transparenten

Konkurrenzsituation zwischen zwei bis drei Lieferanten helfen kann, die Nachhaltigkeitsleistung des Lieferanten zu verbessern [33]. Besteht die Zusammenarbeit schon länger, wie im Beispiel der zu hohen Transportkosten, kann das Adressieren der Probleme dem Lieferanten die Chance geben, eine bessere Abstimmung und Planung anzustreben. Die Mehrheit der Experten betont, dass die Durchsetzung von Nachhaltigkeitsbestrebungen nur mithilfe des richtigen Ansprechpartners auf Entscheiderebene innerhalb des Lieferantenunternehmens durchgesetzt werden können, da Entscheider schlussendlich durch ihre Weisungsbefugnis Prozesse im Lieferantenunternehmen verändern können [33]. Weiterhin spezifiziert E2, dass der Ansprechpartner sich innerhalb des Lieferantenmanagements auf der Geschäftsführungsebene oder, im mittelständischen Kontext, auf der Nachhaltigkeitsverantwortlichenebene befinden sollte [33]. E2 hält außerdem ein standardisiertes Verfahren für sinnvoll, das entsprechende Kontakte in Entscheiderrollen für diesen Fall festschreibt und hinterlegt. So kann eine effiziente, wirkungsvolle Kontaktaufnahme und Zusammenarbeit mit dem Lieferantenunternehmen gewährleistet werden [33]. E1 führt an, dass Forecasts unter der Zuhilfenahme von Prognosemodellen helfen können, den Lieferanten in Form einer verlängerten Werkbank verstärkt einzubinden, um ihm so Planungssicherheit zu geben. Der Lieferant kann beginnen, die Kritik positiv zu nutzen, indem er nach Bedarfsabfragen im Voraus offen kommuniziert, was für ihn aus Sicht der Produktion- und Fahrtenplanung der geeignetste Zeitpunkt wäre, um die Ware gemeinsam mit anderen Bestellungen auszuliefern, oder, gemeinsam mit dem beschaffenden Unternehmen, sogar gänzlich in Richtung Vendor Managed Inventory gehen, was häufige Rücksprachen und damit Transaktionskosten reduzieren würde [33].

Im Zusammenhang der Befragung zur Beziehungsbeendigung merkte der Großteil der befragten Experten an, dass es einfacher sei, die Fähigkeiten eines bestehenden Lieferanten auszubauen und diesen im Portfolio zu halten, als die Geschäftsbeziehung zu beenden und einen neuen Lieferanten einzuführen. Als Beispiel berichtet E5 von Alternativlieferanten der Partnerunternehmen von U1, bei denen die Produktqualität der Verpackungsmaterialien eine höhere war, er jedoch nicht seinen bestehenden Lieferanten ausgetauscht hat, sondern, getrieben durch die Lieferantenmotivation, durch Kooperation die Qualitätsmängel beseitigt hat. Dennoch lässt sich das Beenden einer Beziehung unter Umständen nicht vermeiden [33].

Laut E2 können als Auslöser für ein Beziehungsende Schwere und Häufigkeit der Probleme als Kriterium angesehen werden [33]. Auch sehen E5 und E6 zuletzt keine andere Möglichkeit, als bei wiederholter Schlechtleistung den Lieferanten zu wechseln [33]. Lösen sich die Probleme also nicht und der Lieferant lässt, nach mehrmaligem Auffordern, beispielsweise weiterhin unter menschenunwürdigen Arbeitsbedingungen fertigen, muss die Geschäftsbeziehung, unter der Wahrung eines offenen Ausblicks, beendet werden. E3 betont, dass das beschaffende Unternehmen in dieser Phase, besonders im Sinne eigener Nachhaltigkeitspraktiken, die Lieferanten nicht gegeneinander ausspielen sollte [33]. Während des Phasing-Out sollte die Kommunikation weiter transparent und professionell gestaltet werden [45], während zum Ausgleich der akuten Performanceschwächen

Übergangslösungen, wie z. B. Lieferanten mit entsprechenden Selbsterklärungen und Zertifikaten, gefunden werden. Updates oder die gemeinsame Gestaltung eines Phasing-Out- oder Aktionsplans erleichtern zudem die Prozesstransparenz, wie E6 bestätigt [33]. Analysemethoden, wie z. B. das Business-Case-Szenario, oder das Untersuchen eigener innerbetrieblicher Interdependenzen verschiedener Geschäftseinheiten oder Standorte können für die Identifikation eines passenden Ersatzlieferanten angewendet werden [45]. Ist dieser identifiziert, kann er in Planung und Kommunikation einbezogen werden und sich durch das Teilen von Erfahrungen mit vergangenen Herausforderungen innerhalb dieser Beziehung eine Vorstellung von den an ihn gestellten Anforderungen machen und aus den Fehlern des vorherigen Lieferanten lernen.

4.3.2 Entwickeln

Auch die „Entwickeln"-Typen weisen Performanceprobleme auf, versprechen jedoch stärkeres strategisches Potential. Hier müssen ebenfalls die (Nachhaltigkeits-)Probleme adressiert werden, denn die bezogenen Leistungen könnte die Zielerreichung von Nachhaltigkeitsvorhaben des beschaffenden Unternehmens positiv beeinflussen. Oftmals liefern diese Typen Vorprodukte oder Halbfabrikate und befinden sich aufgrund des günstigeren Zugangs zu Ressourcen in kostengünstigeren Lieferantenländern [45]. Dieser Umstand birgt jedoch die Gefahr, dass für Leistungserstellungszwecke veraltete Technologien oder veraltetes Know-how verwendet werden, was bedeuten kann, dass der Lieferant, aufgrund veralteter Kenntnisse, seine Möglichkeiten, nachhaltige Rohstoffe zu beschaffen oder mit weniger Ausschuss oder Abfall und damit ressourcenschonender zu produzieren, nicht ausreichend wahrnimmt. Sein Potential bleibt ungenutzt, obwohl er einen stärken Beitrag zum Nachhaltigkeitsgrad des beschaffenden Unternehmens leisten könnte.

Nach der Identifikation des „Entwickeln"-Typs durch die Absprache in internen, crossfunktionalen Teams sollte dem Lieferantenunternehmen seine Entwicklungsmöglichkeiten, das Vertrauen und das Engagement des beschaffenden Unternehmens vor Augen geführt werden. Selbstbewusste Unterstützung auf Entscheiderebene und die Zusammenarbeit in interdisziplinären Teams sind hierbei notwendig, um das Vorhaben gut in die Realität umsetzen zu können [45]. Ein Business Case mit festem Entwicklungsplan, Meilensteinen und regelmäßigem, zweiwöchigem Austausch über den aktuellen Stand der Dinge helfen, ein gemeinsames Verständnis der zukünftigen Zusammenarbeit zu schaffen [45]. Im Beispiel des Halbfabrikatlieferanten läuft das Vorhaben auf die Weiterentwicklung der Lieferantenbeschaffungsorganisation oder der Produktionsprozesse hinaus. Hierbei ist das gemeinsame Entwickeln von Zielvorgaben, ein deckungsgleiches Verständnis der angestrebten Veränderungen und Festlegung von Kontrollmechanismen zur Fortschrittmessung essentiell und sollte vom Management des Lieferanten im Hinblick auf verfügbare Ressourcen als umsetzbar eingeschätzt werden. E2 kritisiert, dass es in diesem Kontext oft eine Herausforderung des Lieferantenmanagements darstellt, dass eine solches Vorhaben zu schnell inhaltlich oder taktisch wird, ohne die Rahmenbedingungen festgelegt zu haben [33]. Ist dies geschehen, kann auf taktischer Ebene ein weiterführender Schritt in der Umsetzung des Entwicklungsplanes darin bestehen, den Know-how-Mangel durch Schulungsprogramme auszugleichen und das Einkaufsteam für eine nachhaltige Beschaffung zu sensibilisieren. E3 bestätigt, dass dies im Idealfall durch gemeinsame Entwicklungs- und Ausbildungsprojekte in Kollaboration mit dem beschaffenden Unternehmen erfolgen kann [33]. In Bezug auf die ineffizienten Produktionsprozesse des „Entwickeln"-Beispiellieferanten führt E1 an, dass Qualitätsvereinbarungen im ersten Schritt die Performanceleistung des Lieferanten sichern könnten, im zweiten Schritt, im Sinne der ökologischen und ökonomischen Nachhaltigkeit angestrebt werden müsse, den Ausschuss im Rahmen einer gemeinsamen Prozessgestaltung zu reduzieren [33]. Nach einer erfolgreichen Entwicklung ist der Lieferant in die Ebene „Erhalten" übergegangen und stellt eine verlässliche Beschaffungsquelle zu den gewünschten Bedingungen dar.

4.3.3 Retten

Lieferanten des „Retten"-Typs sind das dritte Mitglied der „problematischen" Gruppe. Sie besitzen ein geringes Performanceniveau, ihr gleichzeitig hohes strategisches Potential liegt in der Bereitstellung innovativer Leistungen [45], durch die der Lieferant seine Fähigkeit, die Leistungserstellung der Beschaffungsorganisation und die nachgelagerter Lieferkettenmitglieder nachhaltiger zu gestalten, nutzt und durch den so generierten Mehrwert einen bedeutenden Beitrag zur Nachhaltigkeitsleistung beiträgt.

Beispielhaft könnte ein Lieferant, der für Recyclingzwecke Abfall oder alte Produkte des beschaffenden Unternehmens durch Aufbereitungsverfahren zu neuen Produktionsmaterialien umwandelt durch massive Fehler in der Produktion, Organisation oder andauernder Probleme im Betriebsablauf, z. B. aufgrund logistischer Probleme bei der Abholung des zu recycelnden Materials, die gewünschten Leistungen nicht zum richtigen Zeitpunkt zur Verfügung stellen und aufgrund seiner strategischen Relevanz das Geschäft des beschaffenden Unternehmens durch Versorgungsstörungen erheblich gefährden.

Trotz der schlechten Performance sollte aufgrund des strategischen Lieferantenpotentials die Beziehung nicht beendet, sondern kurzfristig eine Übergangslösung für die Situation, beispielsweise die vorübergehende zusätzliche Beschaffung eines Vergleichsmaterials zur Lückenschließung in der Produktion, gefunden werden. Laut E1 müsse hier abgewogen werden, inwieweit der Lieferant im Laufe der vergangenen Zusammenarbeit sich den Prozessen der Beschaffungsorganisation angepasst hat und wie hoch die Transaktionskosten und internen Aufwendungen innerhalb dieser Beziehung sind, um abzuwägen, ob die Beziehung auf- oder ausgebaut werden solle [33]. Ist dies der Fall, sollte langfristig ein gemeinsamer Lernprozess zur Rettungsaktion- bzw. Problemvermeidung und Entwicklung des Lieferanten hin zur Gruppe der „Kriegsentscheidenden" angestoßen werden. Hierfür ist eine gemeinsame Kraftanstrengung erforderlich, bei der der Lieferant das Ausmaß der Situation und die aus der Lösung resultierenden Vorteile erkennt sowie selbst Vorschläge für deren Umsetzung unterbreitet [45]. Beide Parteien sollten gegenseitige Erwartungen an die Zusammenarbeit und deren Nachhaltigkeitseffekte klären [19].

Externe Experten können für die Lösungserstellung zu Rate gezogen werden. Im Fall des Zulieferers recycelter Produkte kann ein Treffen auf dem Gelände des Lieferanten genutzt werden, um die Prozesse vor Ort zu begutachten und Defizite aufzudecken. Die befragten Experten bestätigen im Allgemeinen die Notwendigkeit sogenannter Audits, um sich als Beschaffungsorganisation ein Bild des Lieferantenunternehmens zu machen, wobei E1 darauf hinweist, dass die Kriterien der Auditchecklist Nachhaltigkeitsaspekte beinhalten sollten und darüber hinaus die Einstellung des Auditierenden gegenüber Nachhaltigkeit einen entscheidenden Erfolgsfaktor für Audits darstellt [33]. Bezüglich der Incentivierung und Sanktionierung von Lieferanten zur Performancesteigerung divergieren die Aussagen der Experten. Während E1 eine Bonus-Malus-Regelung bevorzugt, also eine Bestrafung schlechter Leistungen durch Malusse auf ein vereinbartes Fixum, um diese zukünftig zu vermeiden, oder eine Incentivierung guter Leistungen durch Boni auf den Stückpreis, merkt E3 an, dass, wenn man von Bestrafungsmechanismen spräche, man Nachhaltigkeit nicht verstanden hätte. Laut E3 müssen beide Seiten als Gewinner aus der Wirtschaftsbeziehung hervorgehen [33]. Besteht eine Lieferantenbeziehung schon länger, rät E2 dazu, eine Vertragsstrafe zu vereinbaren. Der Experte betont auch, dass zu frühe Pönalen Lieferanten, besonders nach einer kurzen Zusammenarbeitsphase, abschrecken könnten und rät daher von monetären Sanktionen ab [33]. Bevor also das Ausloten vertraglicher Konsequenzen dem Lieferanten als Abschreckung die Problematik der Situation verdeutlichen kann, ist es langfristig ratsamer, Anreize zu schaffen. Auf vertraglicher Ebene bestätigt E6 dies mit dem Bestreben, durch langfristige Verträge Lieferanten Anreize zu schaffen, um sich an Innovationen, neuen Verfahren und Energieprozessen beteiligen zu können, um eine partnerschaftliche Zusammenarbeit zu erzielen [33]. Weitere Anreize könnten von der Produktexklusivität bis hin zum Anbieten von Unternehmensanteilen reichen [45]. Allgemein ist ein schnelles Handeln erforderlich, um Schlimmeres zu vermeiden. Das Errichten von Frühwarnsystemen, wie z. B. ein bestimmtes Maß an Produktionslücken oder Unterlieferungen, gefolgt von einem im Vorfeld definierten Rettungsplan inklusive Auslaufphase zum Normalzustand, kann helfen negative Entwicklungen zu erkennen und effizient zu beheben.

Die schlechte Performance der „problematischen" Lieferantentypen kann die Wirtschafts- und Nachhaltigkeitsleistung des beschaffenden Unternehmens einschränken oder sogar gefährden und daher ist eine schnelle Handlungsnotwendigkeit von Nöten. In jedem Fall sollte diesen Lieferanten die Chance zur Verbesserung gegeben werden, da laut Expertenmeinung der Ausbau der Beziehung zu einem bestehenden Lieferanten einfacher sei, als den Lieferanten zu wechseln. Schafft der Lieferant es nicht, seine Leistungen zu verbessern, muss die Beziehung mithilfe eines geregelten Ablaufs und unter Wahrung einer offenen Haltung beendet werden. Dennoch unterscheiden sich die Lieferanten durch ihr Ausmaß des strategischen Nachhaltigkeitspotentials. Insofern muss bei der Beziehungsbeendigung die strategische Relevanz des Lieferanten berücksichtigt werden. Diese entscheidet überdies, welche Ressourcen in die Beziehung investiert werden. Obwohl die Expertenmeinungen bezüglich Sanktionen und Anreizen divergieren, überwiegt die Ansicht, sich von Sanktionen zu distanzieren und bevorzugt auf Anreizmechanismen zurückzugreifen. Besonders bei Lieferanten des strategisch relevanten „Retten"-Typs können Anreize helfen, um einen Mehrwert für alle Parteien zu bieten und, in Zusammenarbeit mit Unternehmensvertretern in Entscheiderrollen, die Beziehung langfristig in Richtung der Gruppe der „Kriegsentscheidenden" auszubauen, welche im Folgenden erläutert wird.

4.4 Die Kriegsentscheidenden

Die Typen „Beeinflussen", „Investieren" und „Integrieren" bilden die letzte Gruppe der „Kriegsentscheidenden" innerhalb der Modellmatrix. Alle hierin enthaltenen Typen können aufgrund ihres hohen strategischen Potentials einen Beitrag zum Wettbewerbsvorteil und zum Erreichen von Nachhaltigkeitszielen beitragen. Gegenseitiges Vertrauen durch gemeinsam geteilte Ressourcen (Geld, Wissen, Kompetenzen) und laut E2 eine enge Zusammenarbeit auf menschlicher Ebene bilden die Grundlage, das Beziehungspotential auszuschöpfen und diese zu einer Partnerschaft auszubauen [33]. Laut E1 besteht eine nachhaltige Beziehung in der gegenseitigen Entwicklung einer Bindung, die sich durch spezifische Investitionen intensiviert und somit das strategische Potential der Beziehung erhöht [33], es hierfür jedoch der Unterstützung der Geschäftsführung bedarf, um die Investitionsnotwendigkeit zur Umsetzung nachhaltiger Prozesse im Unternehmen zu verankern [20]. E4 und E5 (Geschäftsführung und Einkaufsleitung U1) betrachten hingegen die mit Nachhaltigkeit einhergehenden Investitionen als Hindernis, Nachhaltigkeitspraktiken im eigenen Unternehmen umzusetzen, was in einer verhaltenen Nachhaltigkeitsentwicklung von U1 resultiert und E1 Einschätzung belegt [33]. Die Aussage von E6, dass die mit Nachhaltigkeitsbestrebungen einhergehenden höheren Kosten Ernsthaftigkeit signalisieren würden, verdeutlicht umso mehr, dass die Durchsetzung von Nachhaltigkeitspraktiken wirtschaftlich vertretbare Investitionen und vor allem Unterstützung auf Entscheiderebene bedarf.

4.4.1 Beeinflussen

Der erste Typ zeichnet sich durch eine annähernd perfekte Performanceleistung und ein Innovationspotential, welches jedoch keinen dauerhaften Beitrag zur Wettbewerbsposition des beschaffenden Unternehmens leistet. Als Branchenführer, der Leistungsstandards bestimmt und Schlüsseltechnologien liefert, investiert er viel in Forschungs- und Entwicklungsprozesse. Die zu Amortisationszwecken der Investitionen genutzten Economies of Scale resultieren in einem entsprechend großen Kundenstamm und erschweren dementsprechend dem beschaffenden Unternehmen den intensiveren Beziehungsaufbau [45]. Auf der Nachhaltigkeitsebene kann dieser Typ beispielsweise ein besonders ressourcenschonendes Verfahren, ein neues, alternatives Produktionsmaterial, wie z. B. einen neuen

Brennstoff oder ein System zur skalierbaren Speicherung von Energie aus erneuerbaren Quellen, entwickelt haben, dessen Verarbeitung oder Nutzung einen großen Beitrag zum Erreichen der eigenen Nachhaltigkeitsziele leisten kann.

Da für den „Beeinflussen"-Typ das beschaffende Unternehmen nur einer von vielen Kunden ist, ist es ratsam, sich durch Anreize zu differenzieren, um eine exklusivere Beziehung zu diesem Lieferanten aufzubauen. Oftmals ist es für das beschaffende Unternehmen attraktiv, früh in Forschungs- und Entwicklungsprozesse einzugreifen, um die Endleistung der eigenen Nachhaltigkeitsstrategie entsprechend mitzugestalten. Allerdings ist bei patentierten Technologien die Bereitschaft besonders gering, sich anderen Unternehmen zu öffnen, um seine eigene Wettbewerbsposition nicht zu gefährden [45]. Eine vertrauensvolle Beziehung mit Fokus auf die strategischen Vorteile für beide Seiten kann ein Differenzierungsmerkmal des beschaffenden Unternehmens gegenüber anderen Kunden darstellen und durch regelmäßigen, offenen und beidseitigen Austausch (neben quartalsweisen Strategietreffen auch informelle Treffen zum Aufbau und Erhalt der Beziehung) aufgebaut werden [45]. E6 betont, immer wieder in den gegenseitigen Austausch zu gehen, um vermehrt eine gemeinschaftliche Entwicklungsleistung anzustreben und als beschaffendes Unternehmen Nachhaltigkeitsthemen und eigene Ziele wiederholt beim Lieferanten zu platzieren, jedoch auch Rückmeldungen und Ideen des Lieferanten einzuholen, wie das beschaffende Unternehmen seine Wertschöpfung nachhaltiger gestalten kann [33]. Geteilte Kernkompetenzen stabilisieren nachweislich die Beziehung [51], daher kann eine Zusammenarbeit, ausgehend vom „Beeinflussen"-Beispiellieferanten, durch eine exklusive Kollaboration zur Einführung des neuen Produktionsmaterials über die Verkaufskanäle des beschaffenden Unternehmens gestaltet werden. Das sichert dem beschaffenden Unternehmen einen besonderen Stellenwert im Kundennetzwerk des Lieferanten und wirkt sich gleichzeitig positiv auf den Nachhaltigkeitsgrad der eigenen Beschaffung aus. Einzelne strategische Bereiche können temporär durch Zusammenarbeitsintensivierung aneinander angepasst werden.

4.4.2 Investieren

„Investieren"-Typen weisen Performanceschwierigkeiten in wenigen, grundlegenden Bereichen auf (beispielsweise Versorgungs- oder Qualitätsschwierigkeiten), können aber dennoch, durch das Erfüllen der Kriterien zur Einordnung strategischen Nachhaltigkeitspotentials, langjährige Expertise, Innovationen oder einen hohen Wirkungsbereich durch ihre Unternehmensgröße deutlich zur Nachhaltigkeitszielerreichung der Beschaffungsorganisation beitragen.

Die Beziehung sollte von der Kooperationsbereitschaft zum Zwecke der Nachhaltigkeitsleistungsverbesserung geprägt sein, um das Potential voll auszuschöpfen und den Lieferanten zu einem strategischen Partner auszubauen. E1 bestätigt, dass Nachhaltigkeit darin bestünde, sich gegenseitig auf die Bedürfnisse der jeweils anderen Partei einzulassen, um als beschaffendes Unternehmen die Leistungsfähigkeit des Lieferanten und als Lieferantenunternehmen die Unterstützung des beschaffenden Unternehmens, zum

Beispiel im Rahmen gemeinsamer Forschungsprozesse als Testkunde, gesichert zu wissen, um „eine nachhaltige, im Sinne einer ökonomisch sinnvollen Wirtschaftsbeziehung" aufzubauen [33]. Im Zeitalter der Globalisierung und outgesourcten Produktionsprozessen könnte dies aus Sicht nachhaltigen Beschaffungsmanagements auf einen Lieferanten zutreffen, der zwar ein innovatives Produkt bereitstellt, aber seine Möglichkeiten nicht nutzt, nachhaltiger herzustellen. Ein Beispiel hierfür wäre ein Lieferant, der durch die Verwendung verbrauchseffizienterer Maschinen ein Produkt, das dem beschaffenden Unternehmen einen Wettbewerbsvorteil generiert, sehr viel energieärmer oder mit weniger Ausschuss produzieren könnte. Die aus der Unternehmensgröße des Lieferantenunternehmens resultierend hohen Anfangsinvestitionen lassen den Lieferanten Veränderungen gegenüber zögern.

Aufgrund seines strategischen Potentials kann es sinnvoll sein, Ressourcen in die Entwicklung des Lieferanten zu investieren, um ihn auf die Ebene des „Integrieren"-Typs zu heben. Dafür ist jedoch das Aufzeigen der eigenen Schwächen bedeutend, gefolgt von einem konsequenten, transparenten, proaktiven Entwicklungsplan in Business-Case-Form inklusive einer an die Nachhaltigkeitsziele des beschaffenden Unternehmens angelehnten Roadmap für die Performanceoptimierung [45]. Hier sollten besonders die Vorteile für den Lieferanten aufgezeigt werden, die durch das Befolgen der Roadmap entstehen [17]. Besonders geteilte finanzielle Ressourcen wirken vertrauensfördernd auf die Beziehung [24]. Im obigen Beispiel kann dies mithilfe des Aufzeigens der Investitionskosten gegenüber den Einsparungsmöglichkeiten durch eine energieärmere Produktion und geringere CO_2-Abgaben sowie mithilfe eines konkreten Umsetzungsplans für die Implementierung der neuen Maschinen oder sogar der Beteiligung des beschaffenden Unternehmens an den Investitionskosten bedeuten. Eine gemeinsame Prozessgestaltung, wie die Wieder- und Weiterverwertung des Ausschusses oder der Wiedereinführung von Rohstoffen in den Produktlebenszyklus in Form eines Rezyklats, kann in diesem Kontext die Performanceleistung des Lieferanten verbessern, so E1 [33]. Da den Lieferanten hohe Investitionskosten bisher vor einer emissions- und verbrauchsärmeren Produktion gehindert haben, sollte besonders das „Warum" betont werden: E2 zu Folge kann der aus Nachhaltigkeitspraktiken resultierende materielle, besonders aber der immaterielle Mehrwert definiert und in einem Top-down-Ansatz kaskadierend im Unternehmen verankert werden [33]. Hierbei können Veränderungsbeauftragte, beispielsweise Mitglieder der Unternehmensentwicklung oder der Produktion des Lieferanten ausfindig und verstärkt in den Optimierungsprozess eingebunden werden [45]. Teilweise, so sagt E2, befinden sich Kompetenzen für die Durchsetzung von Nachhaltigkeitspraktiken nicht in der Geschäftsführung, sondern in Nachhaltigkeitsteams oder bei gänzlich anderen Personen, weshalb die Leitung eines solchen Projektes sorgfältig ausgewählt und entsprechende Personen integriert werden sollten [33]. Besonders, wenn die Investition in neue Maschinen mit einer neuen Prozesseinführung einhergeht, sollten die Veränderungen auf dem Lieferantengelände von Mitgliedern des beschaffenden Unternehmens begleitet und für eine dauerhafte Problemlösung zur Erzielung eines Return on Invest für das beschaffende Unternehmen interne Unternehmensmitglieder am Prozess, beispielsweise das Qualitätsmanagement, in Form eines gemeinsamen Lenkungsausschusses beteiligt werden [33].

4.4.3 Integrieren

Schließlich vervollständigt der „Integrieren"-Typ die Gruppe der „Kriegsentscheidenden". Im Gegensatz zum „Beeinflussen"-Typ begegnen sich Lieferantenunternehmen und beschaffendes Unternehmen auf Augenhöhe und stellen für den jeweils anderen einen gleichermaßen wichtigen Partner dar. Durch ein einwandfreies Performanceniveau (was ihn vom „Investieren"-Typ abgrenzt) bei einem zeitgleich hohen strategischen Potential trägt diese Beziehung maßgeblich zur Nachhaltigkeitszielerreichung und nachweislich zum Unternehmenserfolg des beschaffenden Unternehmens bei [6]. Der Lieferant erkennt die Wachstumsmöglichkeiten durch eigene Nachhaltigkeitspraktiken und Innovationen, besitzt durch seine Marktstellung einen hohen Wirkungsbereich und seine Auffassung und Priorisierung nachhaltiger Beschaffungspraktiken stimmen mit jenen des beschaffenden Unternehmens überein. Die Nachhaltigkeitsleistungen beider Unternehmen sind also unmittelbar miteinander verknüpft.

Beide Unternehmen arbeiten als gleichberechtigte Partner mit integrierten Zielen auf Augenhöhe zusammen. Dieser besonderen Beziehung geht eine mehrjährige Zusammenarbeit voraus, die ein marktprägendes Ökosystem kreiert [45]. Durch die starke Teilung der Leistungserstellung können sich beide Partner auf ihre Kernkompetenzen fokussieren. E1 bestätigt die Relevanz kollaborativer und langfristig ausgerichteter Zusammenarbeit, durch die der Lieferant als gleichberechtigter, integrierter Bestandteil des Produktionsprozesses verstanden wird, um unternehmensspezifische Lösungen hervorzubringen [33]. Dies erfordert beidseitig hohe Investitionen und birgt ein gewisses Risiko, da sich beide Partner vom Geschäftserfolg des jeweils anderen abhängig machen. Indirekt könnte man den Lieferanten als Erweiterung des beschaffenden Unternehmens bezeichnen, da er Mitspracherecht in viele Entscheidungen bezüglich der Leistungserstellung, die ihn durch die Beschaffung unmittelbar betrifft, erhalten sollte [45]. Daher ist ein gemeinsames Ausrichten der Nachhaltigkeitsziele vonnöten, ebenso wie die Untersuchung, ob sich die Umsetzung der einzelnen Nachhaltigkeitsziele negativ auf einen anderen Zielbereich auswirkt. Ein mögliches Szenario könnte ein Lieferant darstellen, dessen Kernkompetenz im Design, Marketing und Vertrieb nachhaltiger Produkte besteht und der durch seine frühe Spezialisierung langjähriger Marktführer ist. Das beschaffende Unternehmen könnte sich durch Entwicklungstätigkeiten in der nachhaltigen Produktion auszeichnen und so die perfekte Symbiose bezüglich der Leistungserstellung mit dem Lieferanten eingehen, der dann die Produktvermarktung übernimmt. Die Zusammenarbeit könnte sogar so weit intensiviert werden, dass ein Joint Venture gegründet wird, bei dem Entwicklungs-, wie E5 im Bereich nachhaltiger Designs oder E1 im Bereich der Kreislaufwirtschaft vorschlägt,

Produktions- oder Beschaffungsprozesse gemeinsam gestaltet werden. Durch Überkreuzbeteiligungen am jeweils anderen Unternehmen können geeignete Rahmenbedingungen geschaffen werden [33].

Diese enge Beziehung basiert auf kooperierender Proaktivität und dem gegenseitigen Vertrauen beider Seiten. Der wechselseitige wirtschaftliche Einfluss innerhalb des Marktgeschehens beider Parteien aufeinander sollte genau berücksichtigt werden. Beide Einheiten müssen ein klares Verständnis darüber haben, was sie in die Beziehung tragen und wo ihre Kernkompetenzen liegen [45]. Ist ein solcher Lieferant identifiziert, bestätigt E5 in einem gemeinsam formulierten Mission Statement, das Ausmaß der gemeinsamen Ziele und den Zweck der Einheit zu definieren [33]. Für diese wichtige Beziehung sollten die bestmöglichen personellen, interdisziplinären Ressourcen eingesetzt werden, um in kurzen, regelmäßigen Abständen die Zusammenarbeit zu gestalten [45]. Eine gemeinsame EDI-Datenschnittstelle kann laut E2 beiden Seiten helfen, den Prozessfortschritt zu beobachten [33]. Im Rahmen einer solch engen Partnerschaft ist es außerdem ratsam, eine Exitstrategie zu formulieren, um im Falle des Scheiterns der Beziehung abgesichert zu sein.

Zusammenfassend birgt die Gruppe der „Kriegsentscheidenden" die größte Chance, das beschaffende Unternehmen in seiner Nachhaltigkeitszielerreichung zu unterstützen. Alle Entwicklungen benötigen einen hohe Ressourcenaufwand, um eine langfristige, integrierende Partnerschaft anzustreben. Während das beschaffende Unternehmen im Rahmen der Beziehung zum „Beeinflussen"-Typ seinen Fokus auf der Erlangung einer besonderen Stellung innerhalb des Kundenportfolios des Lieferantenunternehmens legen sollte, um die Leistungsausgestaltung früh im Sinne eigener Vorstellungen mitzugestalten, liegt der Fokus innerhalb der „Investieren"-Beziehung auf der Nachhaltigkeitsleistungsverbesserung des Lieferantenunternehmens, um die Beziehung zu beiden Lieferanten auf die Stufe des „Integrieren"-Typs zu heben. Diese Partnerschaft auf Augenhöhe kann nur mit einer Minderheit von Lieferanten eingegangen werden, da ihr bereits eine lange Zusammenarbeit vorausgeht. Auf sie sollte ein starkes Augenmerk des beschaffenden Unternehmens gerichtet werden, da sie einerseits durch die angestrebte enge Bindung und die daraus resultierende Abhängigkeit Risiken für beide Partner bereithalten kann und ihr andererseits für das Erreichen der eigenen Nachhaltigkeitsziele durch die Ausgestaltung der Lieferantenbeziehung eine Schlüsselrolle zukommt.

5 Fazit und Diskussion

5.1 Zusammenfassung

Bezüglich der eingangs formulierten Forschungsfrage variiert die Gestaltung der Lieferantenbeziehung zur Förderung nachhaltiger Beschaffung in Abhängigkeit der sich aus der Nachhaltigkeitsperformance und dem strategischen Nachhaltigkeitspotential (der

Fähigkeit, zur Nachhaltigkeitszielerreichung des beschaffenden Unternehmens beizutragen) ergebenden neun Lieferantentypen. Die Einordnung der Performanceleistung kann an der Erfüllung ökonomischer, ökologischer und sozialer Kriterien, Experten zufolge an der Ernst- und Sinnhaftigkeit des Nachhaltigkeitskonstrukts und der Nutzung von Mess- und Kontrollmechanismen gemessen werden, mithilfe der Aspekte „Wachstum", „Innovationen", „Wirkungsbereich" und „Zusammenarbeit" kann der Grad des strategischen Nachhaltigkeitspotentials bestimmt werden. Diese können in drei Gruppen zusammengefasst werden: Das „Mittelmaß", die „Problematischen" und die „Kriegsentscheidenden", wobei die erste den Großteil und letztere die Minderheit der Lieferanten innerhalb eines Lieferantenportfolios abbildet. Da die „Problematischen" durch eine schlechte Nachhaltigkeitsleistung und die „Kriegsentscheidenden" durch ihre hohe strategische Relevanz die Nachhaltigkeitszielerreichung des beschaffenden Unternehmens stark negativ oder positiv beeinflussen können, sind diese Gruppen die am beziehungs- und ressourcenintensivsten. Im Fall der „Mittelmäßigen" besteht die Herausforderung im Finden des richtigen Verhältnisses zwischen Investment in die Beziehung und dem Ertrag aus den eingesetzten Ressourcen. Überlegungen zu Modelldetails wurden durch die Experteninterviews durchgehend bestätigt oder erweitert. Allgemeingültige Gestaltungselemente des nachhaltigen Lieferantenbeziehungsmanagements können daher in der Bevorzugung von Anreiz- über Sanktionsmechanismen, dem Anstreben einer langfristigen Zusammenarbeit, der Vermeidung der Beziehungsbeendigung mit der Tendenz zum Halten und Weiterentwickeln von Lieferanten und einer von Kollaboration und Investitionen geprägte Beziehung zusammengefasst werden. Besonders die Unterstützung auf Entscheiderebene innerhalb der Beschaffer- und Lieferantenorganisation stellt einen Erfolgsfaktor für die Implementierung nachhaltiger Praktiken im Kontext der Beschaffung dar.

5.2 Kritische Betrachtung

Die im Zuge der kritischen Reflexion oftmals angeführten Vergleiche zu ähnlichen Untersuchungen können an dieser Stelle nur schwer durchgeführt werden, da andere Forschungsarbeiten oder Modelle nur Teilaspekte [2] oder die Nachhaltigkeitsdimension überhaupt nicht berücksichtigen [43]. Daher bietet diese Forschungsarbeit in vielerlei Hinsicht Anlass zu vertiefenden Untersuchungen. Branchenspezifische Case Studies sind für die Überprüfung des Modellentwurfs in der Praxis notwendig, da es sich hierbei um Annahmen auf Plausibilitätsniveau handelt. Der Modellentwurf berücksichtigt nur die Perspektive der Beschafferorganisation, Lieferantenbefragungen können weiterführende Aspekte der Zusammenarbeit aufdecken und den Entwurf bereichern. Unklar ist auch, wie einzelne Zielsetzungen und Beziehungselemente im Sinne der Triple-Bottom-Line innerhalb der einzelnen Beziehungstypen sich untereinander positiv oder negativ beeinflussen. Hierzu wären ebenfalls weitere Untersuchungen vonnöten. Ebenfalls anzumerken sind die individuellen Umstände, in der sich Unternehmen entlang einer Lieferkette befinden und die sie in ihrer Fähigkeit, nachhaltiger zu wirtschaften, limitieren können, wodurch die Allgemeingültigkeit des Modellentwurfs eingeschränkt werden kann.

5.3 Handlungsempfehlungen und Ausblick

Die praktische Umsetzung des Modellentwurfs kann in Unternehmen im Rahmen der regelmäßigen Performanceevaluierung stattfinden. Zunächst können exemplarisch einzelne Lieferanten den jeweiligen Typen zugeordnet werden, um die Zuordnung der übrigen Lieferanten zu erleichtern. Ist die Abgrenzung oder Einordnung eines Lieferanten unklar, kann die Zahl der insgesamt erfüllten, in Abhängigkeit der vom beschaffenden Unternehmen stärker gewichteten Kriterien, betrachtet werden. Abgeleitet von den Nachhaltigkeitszielen des beschaffenden Unternehmens können die je nach Typ erläuterten Maßnahmen definiert werden, um die Beziehung nachhaltiger zu gestalten. Hierbei sollte verstärkt auf die „Problematischen" und die „Kriegsentscheidenden" eingegangen werden. Im Rahmen der Forschung wurde aus der Perspektive der Beschaffungsorganisation argumentiert und somit die Lieferantensicht vernachlässigt. Da eine enge Bindung beider Seiten, besonders im Bereich der „Kriegsentscheidenden", ein ebenso großes Risiko für den Lieferanten darstellt, können beidseitige Audits genutzt werden, um sich einen Überblick über die Umsetzung der Nachhaltigkeitspraktiken innerhalb des beschaffenden Unternehmens zu verschaffen. Eine regelmäßige Überprüfung der Lieferanteneinordnung sowie die Anpassung entsprechender Beziehungsgestaltungselemente sind empfehlenswert, da sich die Beziehung und somit der Lieferantentypstatus je nach Erfolg der ergriffenen Maßnahmen dynamisch verändert. Die erhobenen Expertenaussagen verdeutlichen die Notwendigkeit der entscheiderseitigen Unterstützung, um Nachhaltigkeitspraktiken in Unternehmen zu verankern, was weitere Ergebnisse der Forschung ebenfalls belegen [3, 46, 47]. Das Zuratziehen externer Experten, die Ernennung eines Nachhaltigkeitsbeauftragten, die Teilnahme an Nachhaltigkeitsworkshops im Bereich der Berufsausbildung oder ein stärkeres Augenmerk auf entsprechende Qualifikationen bei der Mitarbeiter- und Führungspersonalauswahl könnte Nachhaltigkeit verstärkt in Unternehmen platzieren und zur Überzeugung der Geschäftsleitung beitragen. Nachhaltiges Lieferantenbeziehungsmanagement sieht sich durch das aktuelle Zeitgeschehen mit Herausforderungen konfrontiert, die die Beziehungsausgestaltung beeinflussen. E6 beobachtet eine Verschiebung der Beschaffungsmärkte, die sich im Zuge momentaner Lieferengpässe wieder in Richtung lokaler Beschaffung zurückentwickelt. Fehlende Innovationen, die sich den individuellen Anforderungen der Beschaffungsorganisation anpassen, beschränken zudem laut E6 U2 die stärkere Umsetzung von Nachhaltigkeitsmaßnahmen [33].

Angesichts der rezessiven wirtschaftlichen Entwicklung befürchtet E4, dass der Faktor der Wirtschaftlichkeit wieder an Relevanz gewinnt, um den Unternehmensbestand zu sichern [33]. Schließlich wird dies von E2 bestätigt, der beobachtet, dass, angesichts des Ukraine-Krieges und des daraus resultierenden „Survival-Modus" der Unternehmen, der

Fokus auf Nachhaltigkeitsthemen abnimmt [33]. Dies verdeutlicht die Notwendigkeit, der behandelten Thematik erhöhte Aufmerksamkeit zukommen zu lassen, um, angesichts einer weiteren Einschätzung des Experten, dass der Kapitalismus durch seine bislang ressourcenintensive Wirtschaftsweise am Ende sei, alternative Wirtschaftsweisen zu entwickeln.

Literatur

1. Adesanya, A., Yang, B., Bin Iqdara, F.W. & Yang, Y. (2020) Improving sustainability performance through supplier relationship management in the tobacco industry. In: Supply Chain Management, Vol. 25 Nr. 4, 413–426. https://doi.org/10.1108/SCM-01-2018-0034
2. Ahmadi, H.B., Lo, H.-W., Gupta H., Kusi-Sarpong S. & Liou, J. J.H. (2020) An integrated model for selecting suppliers on the basis of sustainability innovation. In: Journal of Cleaner Production, Vol. 277 (2020), 123261. https://doi.org/10.1016/j.jclepro.2020.123261
3. Ankele, K. & Grothe, A. (2019) Strategisches Nachhaltigkeitsmanagement durch Nachhaltigkeitsbewertung. In: Englert, M., Ternès, A. (eds) Nachhaltiges Management. Springer Gabler, Berlin, Heidelberg. https://doi.org/10.1007/978-3-662-57693-9_28
4. Arnold, U. (1997) Beschaffungsmanagement (2., überarb. und erw. Aufl.). Stuttgart: Schäffer-Poeschel
5. Bai, C. & Sarkis, J. (2016) Supplier development investment strategies: A game theoretic evaluation. In: Annals of Operations Research, Vol. 240, Nr. 2, 583–615. https://doi.org/10.1007/s10479-014-1737-9
6. Bai, C., Govindan, K., Satir, A. & Yan, H. (2019) A novel fuzzy reference-neighborhood rough set approach for green supplier development practices. In: Annals of Operations Research. https://doi.org/10.1007/s10479-019-03456-z
7. Bai, C., Kusi-Sarpong, S., Khan, S. A. & Vazquez-Brust, D. (2021) Sustainable buyer-supplier relationship capability development: A relational framework and visualization methodology. In: Annals of Operations Research, Vol. 304, Nr. 1, 1–34. https://doi.org/10.1007/s10479-021-04090-4
8. Beske, P. & Seuring, S. (2014) Putting sustainability into supply chain management. In: Supply Chain Management: An International Journal, Vol. 19, Nr. 3, 322–331. https://doi.org/10.1108/SCM-12-2013-0432
9. Bogner, A. & Menz, W. (2009) Das theoriegenerierende Experteninterview. Hrsg. Alexander Bogner, Beate Littig und Wolfgang Menz, 61–98. Wiesbaden: VS Verlag für Sozialwissenschaften
10. Bundesministerium für Familie, Senioren, Frauen und Jugend (BMFSFJ) (2021) Deutsche Nachhaltigkeitsstrategie. https://www.bmfsfj.de/resource/blob/174260/51385895309085c0ce567488920aca36/20210310-weiternetwicklung-dns-kurzfassung-data.pdf, Zugegriffen: 07. Apr. 2022
11. Bundesverband Materialwirtschaft, Einkauf und Logistik e.V. (BME) (2016) Grundlagen des Einkaufs. https://www.koinno-bmwk.de/fileadmin/user_upload/publikationen/Grundlagen_des_Einkaufs.pdf, Zugegriffen: 07. Apr. 2022
12. Bundesverband Materialwirtschaft, Einkauf und Logistik e.V. (BME) (2017) BME-Leitfaden „Strategisches Lieferantenmanagement". https://toolbox.koinnobmwi.de/api/tool-resource/5d283fe04e2a54010c85831d/Strategisches_Lieferantenmanagement.pdf, Zugegriffen: 20. Apr. 2022

13. Bundesverband Materialwirtschaft, Einkauf und Logistik e.V. (BME), JARO Institut für Nachhaltigkeit & Digitalisierung e.V., Jamal, Y. & Rof. Dr. Rochnowski, S. (2019) Leitfaden Nachhaltige Beschaffung (Version 1). https://jaro-institut.de/wp-content/uploads/2019/09/BME_Leitfaden_NachhaltigeBeschaffung2019_final.pdf, Zugegriffen: 07. Apr. 2022
14. Cao, M. & Zhang, Q. (2011) Supply chain collaboration: Impact on collaborative advantage and firm performance. In: Journal of Operations Management, Vol. 29, Nr. 3, 163–180. https://doi.org/10.1016/j.jom.2010.12.008
15. Carter, C. R. & Rogers, D. S. (2008) A framework of sustainable supply chain management: Moving toward new theory. In: International Journal of Physical Distribution and Logistics Management, Vol. 38, Nr. 5, 360–387. https://doi.org/10.1108/09600030810882816
16. Cavaleri, F. (2015) Beschaffen Sie bereits nachhaltig? In: Fröhlich, E. (Hrsg.) CSR und Beschaffung. Management-Reihe Corporate Social Responsibility. Springer Gabler, Berlin, Heidelberg. https://doi.org/10.1007/978-3-662-46231-7_6
17. Clinton, N. (2015) CSR, Sustainability and SRM – A Powerful Partnership (part 2). In: Spend Matters, LLC. https://spendmatters.com/uk/csr-sustainability-and-srm-apowerful-partnership-part-2/, Zugegriffen: 08. Mai 2022
18. Cronin, P., Ryan, F. & Coughlan, M. (2008) Undertaking a literature review: a step-by step approach. In: British Journal of Nursing, Vol. 17, Nr. 1, 38–43. https://doi.org/10.12968/bjon.2008.17.1.28059
19. Dou, Y., Zhu, Q. & Sarkis, J. (2014) Evaluating green supplier development programs with a grey-analytical network process-based methodology. In: European Journal of Operational Research, Vol. 233, Nr. 2, 420–431. https://doi.org/10.1016/j.ejor.2013.03.004
20. Dubey, R., Gunasekaran, A., Childe, S.J., Papadopoulos, T. & Helo, P. (2019) Supplier relationship management for circular economy: Influence of external pressures and top management commitment, In: Management Decision, Vol. 57 No. 4, 767–790. https://doi.org/10.1108/MD-04-2018-0396
21. Elkington, J. (1999) Cannibals with forks. The triple bottom line of 21st century business. Oxford: Capstone.
22. Froschauer, U. & Lueger. M. (2003) Das qualitative Interview. Zur Praxis interpretativer Analyse sozialer Systeme. Wien: WUV-Universitätsverlag
23. Gläser & Laudel (2010) Experteninterviews und qualitative Inhaltsanalyse als Instrumente rekonstruierender Untersuchungen. 4. Auflage, VS Verlag, Wiesbaden 2010
24. He, J., Ma, C. & Pan, K. (2017) Capacity investment in supply chain with risk averse supplier under risk diversification contract. In: Transportation Research Part e: Logistics and Transportation Review, Vol. 106, 255–275. https://doi.org/10.1016/j.tre.2017.08.005
25. Hoffmann, D. (2005) Experteninterview. In: Qualitative Medienforschung. Eine Einführung. Hrsg. Lothar Mikos und Claudia Wegener, 268–278. Konstanz: UVK.
26. ISO 20400:2017-04 (2017). Sustainable procurement – Guidance. http://gpp.golocalukraine.com/wp-content/uploads/ISO_20400_2017E-Character_PDF_document.pdf, Zugegriffen: 07. Apr. 2022
27. Jabbour, A. B. L. & Jabbour, C. J. (2009) Are supplier selection criteria going green? Case studies of companies in Brazil. In: Industrial Management & Data Systems, Vol. 109, Nr. 4), 477–495. https://doi.org/10.1108/02635570910948623
28. Korthals, W. (2021) THE IMPACT OF SUPPLIER RELATIONSHIP MANAGEMENT ON SUSTAINABILITY. https://feb.studenttheses.ub.rug.nl/29027/1/Supplier_Relationship_Management_Thesis_Korthals_Wouter_S3762335.pdf, Zugegriffen: 07. Apr. 2022
29. Kraljic, P. (1983) Purchasing Must Become Supply Management. In: Harvard Business Review. https://hbr.org/1983/09/purchasing-must-become-supply-management, Zugegriffen: 07. Apr. 2022

30. Krause, D. R., Vachon, S. & Klassen, R. D. (2009) Special topic forum on sustainable supply chain Management: Introduction and reflections on the role of purchasing management. In: Journal of Supply Chain Management, Vol. 45, Nr. 4, 18–25. https://doi.org/10.1111/j.1745-493X.2009.03173.x
31. Kumar, D. & Rahman, Z. (2015) Sustainability adoption through buyer supplier relationship across supply chain: A literature review and conceptual framework. In: International strategic management review, Vol. 3, Nr. 1–2, 110–127. https://doi.org/10.1016/j.ism.2015.04.002
33. Kux, C. (2022) Entwurf eines Lieferantenbeziehungsmanagementmodells zur Förderung der nachhaltigen Beschaffung. CBS International Business School, Köln
34. Liker, J. K. & Choi, T. Y. (2004) Building Deep Supplier Relationships. In: Harvard Business Review, Vol. 5, 1–11
35. Lubin, D. A. (2010) Megatrend Nachhaltigkeit. In: Harvard-Business-Manager: das Wissen der Besten, Hamburg: Manager Magazin Verlagsgesellschaft, Vol. 32, Nr. 7, 74–85
36. Mallet, M.-A., Owusu Kwateng, K. & Nuertey, D. (2022) Can trust moderate the relationship between supplier–buyer relationship and supply chain sustainability?, International Journal of Pharmaceutical and Healthcare Marketing, Vol. 16, Nr. 2, 222–242. https://doi.org/10.1108/IJPHM-10-2020-0086
37. Mayring (2010) Qualitative Inhaltsanalyse (11. Auflage). Beltz, Basel 2010
38. Meqdadi, O. A., Johnsen, T. E. & Johnsen, R. E. (2018) Power and Diffusion of Sustainability in Supply Networks: Findings from Four In-Depth Case Studies. In: Journal of Business Ethics, Vol. 159, Nr. 4, 1089–1110. https://doi.org/10.1007/s10551-018-3835-0
39. Meqdadi, O., Johnsen, T.E., Johnsen, R.E. & Salmi, A. (2020) Monitoring and mentoring strategies for diffusing sustainability in supply networks. In: Supply Chain Management, Vol. 25, Nr. 6, 729–746. https://doi.org/10.1108/SCM-08-2019-0288
40. Meuser, M. & Nagel, U. (2009) Das Experteninterview – konzeptionelle Grundlagen und methodische Anlage. In: Methoden der vergleichenden Politik- und Sozialwissenschaft. Hrsg. Susanne Pickel, Gert Pickel, Hans-Joachim Lauth und Detlef Jahn, 465–479. Wiesbaden: VS Verlag für Sozialwissenschaften
41. Nyaga, G. N., Lynch, D. F., Marshall, D. & Ambrose, E. (2013) Power asymmetry, adaptation and collaboration in dyadic relationships involving a powerful partner. In: Journal of Supply Chain Management, Vol. 49, Nr. 3, 45–65. https://doi.org/10.1111/jscm.12011
42. Rand, G. K. & Lamming, R. (1994) Beyond Partnership: Strategies for Innovation and Lean Supply. In: The Journal of the Operational Research Society. Vol. 25, Nr. 4, 425–426. https://doi.org/10.2307/2584131
43. Rezaei, J. & Fallah Lajimi, H. (2018) Segmenting supplies and suppliers: bringing together the purchasing portfolio matrix and the supplier potential matrix. In: International Journal of Logistics Research and Applications, Vol. 22, Nr. 4, 419–436. https://doi.org/10.1080/13675567.2018.1535649
45. Schuh, C., Ströhmer, M. F., Easton, S., Hales, M. D., Triplat, A. & Kearney, A. T. (2014) Supplier Relationship Management: How to Maximize Vendor Value and Opportunity [Lieferantenbeziehungsmanagement: Maximierung von Vendor Value und Opportunity]. Apress
46. Sprafke, N. Hohagen, S., Erlinghagen, M., Nolte, A., Wenig, P., Zechmann, A., Wilkens, U., Minssen, H., & Herrmann, T. A. (2019) Voraussetzungen der erfolgreichen Implementierung von Kompetenzmanagement in KMU. In: Bullinger-Hoffmann, A. (Hrsg.) Zukunftstechnologien und Kompetenzbedarfe. Kompetenzmanagement in Organisationen. Springer, Berlin, Heidelberg. https://doi.org/10.1007/978-3-662-54952-0_5
47. Tazir, M. & Schiereck, D. (2017) Den Beitrag von kleinen und mittleren Unternehmen zur Umsetzung der Sustainable-development-Goals der Vereinten Nationen – Ein Priorisierungswerkzeug. In: Leal Filho, W. (Hrsg.) Innovation in der Nachhaltigkeitsforschung. Theorie und

Praxis der Nachhaltigkeit. Springer Spektrum, Berlin, Heidelberg. https://doi.org/10.1007/978-3-662-54359-7_6
48. Tidy, M., Wang, X. & Hall, M. (2016) The role of Supplier Relationship Management in reducing Greenhouse Gas emissions from food supply chains: supplier engagement in the UK supermarket sector. In: Journal of Cleaner Production, Vol. 112, 3294–3305. https://doi.org/10.1016/j.jclepro.2015.10.065
49. Vachon, S. & Klassen, R. D. (2008) Environmental management and manufacturing performance: The role of collaboration in the supply chain. In: International Journal of Production Economics, Vol. 111, Nr. 2, 299–315. https://doi.org/10.1016/j.ijpe.2006.11.030
50. World Commission on Environment and Development. (1987) Our Common Future, Chapter 2: Towards Sustainable Development - A/42/427 Annex, Chapter 2 - UN Documents: Gathering a body of global agreements. www.un-documents.net. [http://www.un-documents.net/ocf-02.htm], Zugegriffen: 08. Mai 2022
51. Yang, Z., Jiang, Y. & Xie, E. (2019) Buyer-supplier relational strength and buying firm's marketing capability: An outside-in perspective. In: Industrial Marketing Management, Vol. 82, 27–37. https://doi.org/10.1016/j.indmarman.2019.03.009

Carlotta Kux spezialisierte sich während des Betriebswirtschaftsbachelors in Köln im Bereich Supply Chain Management. Dabei war sie während der zweiten Studienhälfte als Werkstudentin im Einkauf einer Kölner Kunstspedition beratend tätig. Diese Berufserfahrung weckte das Interesse an Procurementthemen und bot die Möglichkeit, erlernte Studieninhalte der Praxis gegenüberzustellen. Dies nahm sie als Anreiz, in ihrer Abschlussarbeit die Fragestellung zu behandeln, wie Lieferantenbeziehungen gestaltet werden können, um eine nachhaltigere Beschaffung zu fördern.

Circular Procurement – die neue Herausforderung im Einkauf?

Chiara Bernd und Elisabeth Fröhlich

1 Nachhaltige Beschaffung – The New Normal?

Die Beschaffung hat einen bedeutenden Einfluss auf die wirtschaftliche Entwicklung von Unternehmen [6]. Jedoch hat sie nicht nur einen Einfluss auf die Kosten, sondern sie wird auch als bedeutender Hebel für Nachhaltigkeit angesehen. Sie gibt die Richtung für den gesamten Wertschöpfungsprozess vor und dient damit als erste Schnittstelle des Unternehmens zur Umwelt [23]. Interessant wird die Beschaffung im Kontext der Nachhaltigkeit auch durch ihre Auswirkungen auf die Kaufkraft. Die Nachfrage bestimmt maßgeblich die Verfügbarkeit von Rohstoffen und Preise, was der Beschaffung die Verantwortung und Möglichkeit verleiht, als Hebel für Nachhaltigkeit zu wirken. Denn die Beschaffung bezieht sich nicht nur auf den Moment der Nachfrage oder des Kaufs, sondern umfasst den gesamten Prozess von der Bedarfsformulierung bis zur Neu- oder Wiederverwertung von Produkten oder Materialien [18]. Insbesondere im modernen Beschaffungsmanagement gewinnt das Thema Nachhaltigkeit zunehmend an Bedeutung. Neben den traditionellen Beschaffungszielen, die sich auf die richtige Ware zur richtigen Zeit, in der richtigen Menge, am richtigen Ort, in der richtigen Qualität und zu den richtigen Kosten konzentrieren, werden zwei weitere Aspekte berücksichtigt: soziale und ökologische Inhalte [23]. Ausgerichtet an der Triple Bottom Line umfasst das nachhaltige Beschaffungsmanagement soziale, ökologische und ökonomische Dimensionen. Die soziale Dimension

C. Bernd (✉)
CBS - International Business School, Köln, Deutschland
E-Mail: chiarabernd@gmx.de

E. Fröhlich
Hürth, Deutschland
E-Mail: froehlichlisa@googlemail.com

beinhaltet ethische Standards, die Sicherstellung vertretbarer Lebensumstände entlang der Wertschöpfungskette und den Kampf gegen Kinderarbeit. Die ökologische Dimension zielt auf den geschlossenen Rohstoffkreislauf, Ressourcenschonung, Recycling und erneuerbare Energien ab. Die ökonomische Dimension strebt nachhaltige wirtschaftliche Erfolge durch Kooperation, Einhaltung rechtlicher Vorgaben und faire Preise an. Durch die Integration dieser Dimensionen kann nachhaltiges Beschaffungsmanagement zur sozialen Gerechtigkeit, Umweltschutz und langfristigen Wirtschaftlichkeit beitragen (Abb. 1).

Die Beschaffung hat somit einen signifikanten Einfluss auf die Nachhaltigkeit von Unternehmen, da Entscheidungen im Beschaffungsprozess direkte Auswirkungen auf Umwelt, Ressourcenverbrauch, Markenreputation, Innovation und Compliance haben. Dieser Einfluss erstreckt sich auch auf die SDGs und ihre Unterziele. Die SDGs, auch bekannt als die Agenda 2030, wurden 2015 von den Vereinten Nationen verabschiedet und umfassen 17 Nachhaltigkeitsziele, die nochmals auf 169 detaillierte Unterziele heruntergebrochen sind [5]. Die SDGs haben es sich zum Ziel gesetzt bis 2030, nachhaltige Entwicklungen auf ökologischer, ökonomischer und sozialer Ebene zu fördern, Korruption entgegenzuwirken, Bildung und Gleichberechtigung voranzutreiben sowie weltweit gute Lebensstandards zu schaffen, ohne dabei die Belastungsgrenzen des Ökosystems zu überschreiten [9]. Eine umfangreiche Analyse zeigt die vielfältigen Auswirkungen

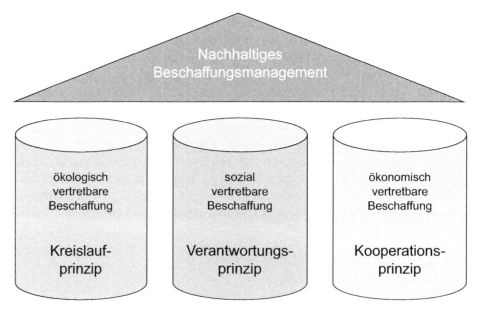

Abb. 1 Säulenmodell des nachhaltigen Beschaffungsmanagements. (Eigene Darstellung in Anlehnung an Wellbrock und Ludin, 2019, S. 7)

der Beschaffung auf die Nachhaltigkeit. Als Beispiel wird im Folgenden der Beitrag nachhaltiger Beschaffung auf das SDG 12 diskutiert.

Das Ziel von SDG 12 ist es, nachhaltige Konsum- und Produktionsmuster zu fördern, indem Ressourcen effizient genutzt, Abfälle vermieden und nachhaltige Konsummuster entwickelt werden. Beschaffungsaktivitäten können dazu beitragen, dieses Ziel zu erreichen, indem sie gezielt umweltfreundliche, langlebige und recyclebare Produkte und Materialien beschaffen. Dadurch wird die Umweltbelastung reduziert und Abfallmengen verringert, was wiederum zur Reduzierung von Treibhausgasemissionen und zur Förderung von Kreislaufwirtschaftsansätzen beiträgt. Die Auswahl von Lieferanten, die bereits nachhaltige Produktionsmuster verfolgen und Kreislaufwirtschaftsansätze umsetzen, kann ebenfalls zur Verwirklichung dieses Ziels beitragen. Insgesamt kann eine bewusste – im Sinne der Anforderungen zirkulärer Geschäftsmodelle – Produkt- und Lieferantenauswahl in der Beschaffung dazu führen, die Unterziele von SDG 12 zu erreichen und somit einen wichtigen Beitrag zum Umweltschutz und zur Nachhaltigkeit zu leisten. Weitere Beispiele sind Abb. 2 zu entnehmen.

Unterziel	Beschreibung	Beitrag nachhaltiger Beschaffung
12.2	Nachhaltige Bewirtschaftung und effiziente Nutzung natürlicher Ressourcen	Auswahl verantwortungsvoller Lieferanten oder Hersteller, die unter Einsatz von Kreislaufwirtschaft produzieren und damit Treibhausgasemissionen verringern.
12.3	Nahrungsmittelverschwendung und -verlusten entgegenwirken	Beschaffung effizienter Mengen und besonders gut funktionierende Transportketten, in denen die Lebensmittel nicht ablaufen oder vergehen bevor sie im Handel angekommen sind.
12.4	Umweltverträglicher Umgang mit Chemikalien	Einführung von Kreislaufwirtschaft und Verwendung von wenigen, im Kreislauf verbleibenden und weniger umweltschädlichen Chemikalien.
12.5	Abfallaufkommen vermeiden und reduzieren	Beschaffung von langlebigen, wiederverwendbaren und recyclebaren Ressourcen oder Produkten, die im besten Fall in einer Kreislaufwirtschaft funktionieren.
12.6	Unternehmen ermutigen nachhaltige Verfahren sowie eine Nachhaltigkeitsberichterstattung einzuführen	Auswahl von Lieferanten, die nachhaltige und im besten Fall zirkuläre Produktionsmuster verfolgen und diese Nachhaltigkeit durch Berichterstattungen transparent nach außen kommunizieren.
12.8	Bewusstsein für nachhaltige Entwicklungen und Lebensweisen schaffen	Nachhaltigkeit durch die eigenen Beschaffungsziele kommunizieren und das eigene Unternehmen wie auch die Lieferanten und Handelspartner dauerhaft darauf aufmerksam machen und sensibilisieren. Kreislaufwirtschaft vorantreiben.
12.a	Entwicklungsländer hinsichtlich wissenschaftlicher und technologischer Kapazitäten unterstützen	Auswahl von Lieferanten, die in Entwicklungsländern technologischen Fortschritt und Forschungen unterstützen.

Abb. 2 Beitrag nachhaltiger Beschaffung auf SDG 12. (Eigene Darstellung)

2 Die Bedeutung der Kreislaufwirtschaft und möglicher Geschäftsmodelle

Die Kreislaufwirtschaft ist ein Modell, das den Lebenszyklus von Produkten und Materialien im Kreislauf abbildet und darauf abzielt, Abfälle zu vermeiden, Ressourcen zurückzugewinnen und erneuerbare Energien zu nutzen [19]. Im Gegensatz zum linearen Modell, das auf Ressourcengewinnung, Produktion, Verkauf, Konsum und Entsorgung basiert, zielt die Kreislaufwirtschaft darauf ab, Ressourcen so lange wie möglich im Verwendungskreislauf zu halten und sie erst nach dem vollständigen Verbrauch zurückzuführen [4, 13]. Neben den Themen intelligentes Produktdesign, Wiederverwertung, Reparatur und Recycling spielen besonders Reverse-Logistik-Systeme eine wichtige Rolle, um Materialkreisläufe zu schließen [4, 13].

Zirkuläre Geschäftsmodelle haben das Potential, herkömmliche Produkt- und Materialströme zu revolutionieren, indem sie Veränderungen in Verbrauchs- und Produktionsmustern ermöglichen. Diese Modelle führen nicht nur zu einer effizienteren Ressourcennutzung und Materialproduktivität, sondern auch zu einer geringeren Müllproduktion und einem geringeren Ressourceneinsatz. Es gibt fünf verschiedene Geschäftsmodelle für die Kreislaufwirtschaft: Rückgewinnungsmodelle, Produktdienstleistungsmodelle, Produktlebensdauerverlängerungsmodelle, Sharing-Modelle und Circular-Supply-Modelle. Unternehmen können oft eine Kombination dieser Modelle anwenden, was zu erheblichen Umweltvorteilen führt, wie z. B. einer Reduzierung der Treibhausgasemissionen um bis zu 90 % durch den Einsatz von recycelten und erneuerbaren Rohstoffen [16].

- Die *Rückgewinnungs-Modelle,* auch Upcycling-Modelle genannt, fokussieren sich auf die Rückgewinnung von Ressourcen. Hierbei werden Abfälle zu Sekundärrohstoffen recycelt oder anderweitig wiederverwertet, sodass keine endgültige Entsorgung nötig ist (Veolia, 15.10.2020) [22].
- Die *Produktdienstleistungs-Modelle,* auch als Product-as-a-Service-Modelle bekannt, ermöglichen es dem Endkunden, Produkte als Dienstleistungen zu beziehen und diese nicht wie gewohnt selbst kaufen zu müssen. Somit werden Produkte effizienter genutzt und Ressourcen schonender eingesetzt. Der Kunde bezahlt eine Dienstleistung wie bei einem Abo inklusive Wartung und Entsorgung. Am Ende des Nutzungszyklus wird das Produkt vom Anbieter abgeholt, wiederaufbereitet, recycelt und wieder angeboten oder entsorgt. Dieses Modell ist aber nur mit dem richtigen Produktdesign möglich [1].
- Die *Produktlebensdauerverlängerungs-Modelle* fokussieren sich auf die Verlängerung der Nutzung und Lebensdauer einzelner Produkte. Der größtmögliche Wert wird aus jedem Produkt herausgeholt, bevor es am Ende des Lebenszyklus in die Wiederverwertung oder Entsorgung geht (Veolia, 12.11.2020) [21].
- Die *Sharing-Modelle* ermöglichen die gemeinsame Nutzung von Produkten, senken damit die Nachfrage nach neuem und verringern in diesem Zuge den Einsatz von

weiteren Rohstoffen. Diese Art des Verleihsystems wird auch Co-Ownership oder Co-Access bezeichnet [2, 16].
- Die *Circular-Supply-Modelle,* auch bekannt als Circularity-as-a-Service, fokussieren sich darauf, den Einsatz von neuen Ressourcen zu minimieren und alternativ durch erneuerbare und recycelte Ressourcen zu ersetzen. Dies verringert auf lange Sicht die Nachfrage nach neuen Ressourcen wie auch die Entstehung von Abfällen [7].

Was also hier in der Theorie klar abzugrenzen ist, stellt sich in der Praxis als schwieriger heraus.

Welche Rolle der Einkauf zur Realisierung dieser zirkulären Geschäftsmodelle spielen kann, soll an einem Beispielen – dem chemischen Recycling – aus der Praxis verdeutlicht werden. Covestro hat mit seinem Niaga Konzept ein passgenaues Recycling-Modell entwickelt, um die recycelten Einsatzstoffe zurückverfolgen zu können. Um die Umwelt dauerhaft zu schützen, muss sich das Verhältnis zu Plastikmüll verändern. Gerade im Bereich des chemischen Recyclings verbergen sich ungenutzte Möglichkeiten, dass z. B. Möbelpaneele, Matratzen oder Teppiche nicht mehr auf dem Sperrmüll landen [8]. Ein weiteres Beispiel zum Thema chemisches Recycling kommt von der OMV, dort soll ab 2023 30 % des österreichischen Kunststoffabfalls zu Öl verarbeitet werden. Das ReOil Projekt verspricht große Erfolge in der Reduzierung des Einsatzes von Rohöl [17]. Beide Beispiele können einen wesentlichen Beitrag zur sinnvollen Wiederverwendung von Plastikabfällen leisten, wäre da nicht die viel zu niedrige Recyclingquote [10]. In der Unternehmenspraxis liegt die Verantwortung der Gestaltung der Rückführungskanäle von Abfällen bei der Beschaffung. Ist diese nicht in der Lage, die notwendigen Abfallmengen zu besorgen, bleibt der innovative Fortschritt im chemischen Recycling ungenutzt. Im Kapitel zur Darstellung der Ergebnisse äußern sogar einige Einkaufsexperten ihre Befürchtung, dass Abfälle deutlich teurer werden als der ursprüngliche Rohstoff. Wenn dieses Szenario eintritt, haben zirkuläre Geschäftsmodelle keine Zukunft.

3 Das Modell der zirkulären Beschaffung

Eine einheitliche Definition von zirkulärer Beschaffung existiert bisher zwar nicht, aber im Allgemeinen versteht man darunter eine nachhaltige Beschaffung im Einklang mit dem Prinzip der Kreislaufwirtschaft. Dabei werden ressourcen- oder produktschonende Herstellungs- und Wiederaufbereitungsverfahren angewendet, um langlebige, reparierbare und recycelbare Produkte zu schaffen [11]. Zirkuläre Beschaffung geht über den reinen Kauf solcher Produkte und Rohstoffe hinaus und umfasst auch deren zirkuläre Nutzung sowie die Gewährleistung eines fortlaufenden Kreislaufs nach dem Verbrauch [18]. Obwohl Kreislaufwirtschaft und zirkuläre Beschaffung unterschiedliche Ziele und Umsetzungen haben, sind sie miteinander verbunden und bieten Unternehmen strategische, soziale, ökologische und wirtschaftliche Vorteile. Zirkuläre Beschaffung führt zu

Kosteneinsparungen und bietet langfristig einen ökonomische Mehrwert, da sie zu reduzierter Beschaffungshäufigkeit, längeren Produktlebenszyklen und geringerer Entsorgung führt. Dies trägt aktiv zur Stabilität der Preise bei. In Bezug auf soziale und ökologische Aspekte verhindert zirkuläre Beschaffung Abfallentstehung, reduziert den Einsatz gefährlicher Rohstoffe und wirkt der Verknappung von Ressourcen durch Wiederverwendbarkeit entgegen. Darüber hinaus fördert sie Transparenz und führt zu einer Verbesserung der Umwelt. Aus strategischer Sicht ermöglicht zirkuläre Beschaffung eine sicherere Zukunft durch erhöhte Transparenz entlang der Lieferkette und geringere Kosten. Lieferketten werden zudem durch neue Prozesse und eine engere Zusammenarbeit mit allen Akteuren entlang der Supply Chain robuster gestaltet [11].

Um nun die Möglichkeiten einer zirkulären Beschaffung besser erfassen zu können, wird auf das „7-R-Modell" zurückgegriffen. Dieses umfasst die „Rs" – Redesign/Rethink, Reduce, Reuse, Rebuild/Repair, Recycle, Refurbish und Recover – als mögliche Maßnahmen im Rahmen der Kreislaufwirtschaft (Abb. 3). Sie zielen darauf ab, geschlossene Kreisläufe zu schaffen und die Lebensdauer von Produkten zu maximieren. Die Maßnahme *Redesign/Rethink* beinhaltet grundlegende Veränderungen in Systemen, Designs und Prozessen, um Produkte herzustellen, die langlebig, reparierbar und vollständig abbaubar sind. *Reduce* zielt darauf ab, den Kauf- und Ressourcenbedarf zu verringern. *Reuse* bezieht sich auf die Wiederverwendung von Materialien und Produkten. *Rebuild/Repair* fördert die Reparatur von Produkten, um ihre Lebensdauer zu verlängern. *Recycle* zielt auf die Wiederverwertung von Materialien ab. *Refurbish* beinhaltet die Aufbereitung von gebrauchten Produkten, um ihnen einen neuen Lebenszyklus zu verschaffen. *Recover* konzentriert sich auf die Rückgewinnung von Wertstoffen am Ende des Lebenszyklus. Durch die Umsetzung dieser Maßnahmen können Unternehmen Ressourcen sparen, Abfallmengen reduzieren und eine nachhaltige Wirtschaft fördern [15]. Das 7-R-Modell ist somit ein aktiver Treiber zur Erreichung von Kreislaufwirtschafts- und Nachhaltigkeitszielen in Unternehmen. Dieser Einfluss erstreckt sich ebenso auf die SDGs und ihre Unterziele. Eine umfangreiche Analyse zeigt die vielfältigen Auswirkungen des 7-R-Modells auf die SDGs. Inwieweit das 7-R-Modell die SDGs beeinflusst, wird anhand des Beispiels SDG 12 verdeutlicht.

SDG 12 befasst sich, wie zuvor erläutert, mit nachhaltigem Konsum- und Produktionsmustern. Es wurde als Beispiel für diesen Beitrag ausgewählt, da es als einziges der siebzehn SDGs von allen 7 Rs beeinflusst werden kann. Der Rethink- und Redesign-Ansatz beinhaltet Designveränderungen an Produkten und neu durchdachte Produktionsprozesse, die es ermöglichen, sich an veränderte Konsumentenmuster und -präferenzen anzupassen. Die Verringerung von Abfällen und die Umstellung auf zirkuläres Wirtschaften unterstützen ebenfalls SDG 12, da sie zu geringeren Umweltbelastungen beitragen. Maßnahmen wie die Reduce, Reuse, Repair und das Recycling von Produkten tragen dazu bei, neue Produktionsmuster zu etablieren, die die Produktlebenszyklen verlängern und die Ressourceneffizienz verbessern. Auch die Wiederaufbereitung von Produkten (Refurbish) spielt dabei eine wichtige Rolle, da sie neue Produktionsmuster schafft, die zu längeren

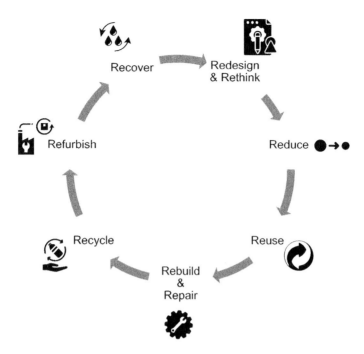

Abb. 3 Das 7-R-Modell. (Quelle: Eigene Darstellung)

Produktlebenszyklen und einer verbesserten Ressourceneffizienz führen. Diese Veränderungen in der Produktion tragen auch zur Reduzierung von Treibhausgasemissionen bei, was den steigenden Anforderungen der Verbraucher entspricht. Zusätzlich wird SDG 12 durch zirkuläres Wirtschaften und effiziente Entsorgungsmöglichkeiten unterstützt, da daraus geringeren Umweltbelastungen resultieren. Das Zurückgewinnen von Wertstoffen und Energien (Recover) spielt eine wichtige Rolle bei der Etablierung neuer Entsorgungsmuster, die eine effiziente Ressourcennutzung bis zum Ende des Lebenszyklus gewährleisten. Auch diese Entsorgungsmethoden tragen zur Reduzierung von Treibhausgasemissionen bei, was den Erwartungen der Konsumenten an Unternehmen entspricht.

In Abb. 4 findet sich eine Zusammenfassung der gesamten Literaturarbeit der diesem Beitrag zugrunde liegenden empirischen Studie. Wie bereits erläutert, wurde der Einfluss der Beschaffung auf die Unterziele der SDGs untersucht. Daran anschließend wurde erforscht, auf welche SDGs zirkuläre Geschäftsmodelle Einfluss nehmen. Aus der „Überlappung" dieser beiden Forschungsstränge wurde dann die nachfolgende Abbildung erstellt. Es werden nur die SDGs herausgegriffen, auf die der Einkauf und zirkuläre Geschäftsmodelle Einfluss nehmen können. Es wird aufbauend auf dem 7-R-Modell spezifisch erläutert, welche „Rs" durch einkaufspolitische Maßnahmen umgesetzt werden können.

	RETHINK/ REDESIGN	REDUCE	REUSE	REBUILD/ REPAIR	RECYCLE	REFURBISH	RECOVER
SDG 1						X	
SDG 6							X
SDG 7							X
SDG 8	X	X	X	X	X	X	X
SDG 9	X	X	X	X	X	X	X
SDG 11		X	X	X	X	X	X
SDG 12	X	X	X	X	X	X	X
SDG 13	X	X	X	X	X	X	X
SDG 14	X	X	X	X	X	X	
SDG 15	X	X	X	X	X	X	
SDG 17	X						

Abb. 4 Einfluss der Rs auf die SDGs – eine Übersicht. (Eigene Darstellung)

4   Methodisches Vorgehen

Um den praktischen Rahmen zirkulärer Beschaffung zu skizzieren, müssen Sichtweisen und Meinungen unterschiedlicher Personen erfasst und nachvollzogen werden. Für eine derartige Untersuchung, die Informationen aus unterschiedlichen Informationsquellen benötigt, eignet sich ein qualitativer Forschungsansatz. Aufgrund dessen wurde das Experteninterview als qualitativ-empirische Sozialforschungsmethode herangezogen [12]. Dafür musste zunächst die passende Interviewform bestimmt werden. Der Einsatz eines theoriegenerierenden Interviews erschien für diesen Forschungsansatz zielführend, da neben den sachlichen Inhalten auch individuelle Sichtweisen und Wahrnehmungen der Experten von Relevanz sind [3]. Zudem ist der bisherige Forschungsstand zu zirkulärer Beschaffung so gering, dass innerhalb dieser Forschung neue Inhalte und Erkenntnisse gewonnen werden. Aufgrund dessen ist ein kompakter Interviewleitfaden von Vorteil, der den Experteninterviews Struktur verleiht und damit ein Interview erlaubt, das alle Forschungsfragen umfänglich adressiert. Um diese Strukturierung zu ermöglichen, wurde ein Interviewleitfaden konzipiert, der alle relevanten Fragenkategorien zu Nachhaltigkeit, Kreislaufwirtschaft, zirkulärer Beschaffung und SDGs abdeckt [3]. Auf die Durchführung und Aufzeichnung der Interviews folgte die Transkription, um alle Interviews lückenlos zu erfassen [12].

Für die qualitative Forschung wurden neun Experten herangezogen, die aus unterschiedlichen Branchen stammen. Für die Auswahl der Experten waren folgende Kriterien relevant: Der Experte sollte einen Einkaufs- sowie Nachhaltigkeitsbezug sowie Führungskompetenzen aufweisen. Unterschiedliche Branchen sollten einbezogen werden und der

Unternehmen	Experte	Branche	Position
Unternehmen A	Experte A	Energieversorgung	Einkaufsleiter
Unternehmen B	Experte B	Verkehrssicherheit	Corporate Sustainability Lead
Unternehmen C	Experte C	Beratung für KLW	Projektleiterin Kreislaufwirtschaft
Unternehmen D	Experte D	Öl, Gas & Petrochemie	CPO
Unternehmen E	Experte E	Verpackung	Einkaufsleiter
Unternehmen F	Experte F	Nachhaltige IT	Corporate Responsibility Manager
Unternehmen G	Experte G	IT	Managing Sustainability Consultant
Unternehmen H	Experte H	Druck- & Digitalmedien	Sustainability Manager
Unternehmen I	Experte I	Lebensmittelindustrie	Projektmanager Kreislaufwirtschaft

Abb. 5 Experten, Branchen, Positionen. (Eigene Darstellung)

Experte sollte sich bereits im Vorfeld mit dem Thema zirkuläre Beschaffung auseinandergesetzt haben (Abb. 5). Denn nur eine so umfangreiche und branchenübergreifende Forschung mit unterschiedlichen Unternehmensgrößen und Fachbereichen ermöglicht es, allgemeine Aussagen zur Beantwortung der Forschungsfragen zu treffen.

Zur Auswertung der Forschungsergebnisse wurde anschließend die Mayring'sche Inhaltsanalyse verwendet. Anhand der zusammenfassenden Analysetechnik und der induktiven Kategorienbildung wurden die Inhalten auf das wesentliche reduziert und Kernthemen herausgestellt [14].

5 Zirkuläre Beschaffung: Darstellung und Diskussion der Forschungsergebnisse

Zunächst wird die generelle Bedeutung der Nachhaltigkeit und Kreislaufwirtschaft in den befragten Unternehmen erläutert. Daran anschließend werden die wesentlichen Ergebnisse zur zirkulären Beschaffung dargestellt sowie Effekte und die Zukunft dieses neuartigen Konzepts vorgestellt. Zum Abschluss stellt sich noch die Frage, ob die SDGs als Bewertungsmaßstab für den Fortschritt im nachhaltigen Einkauf herangezogen werden können.

5.1 Zur generellen Bedeutung der Nachhaltigkeit und Kreislaufwirtschaft in Unternehmen

Nachhaltigkeit spielt in allen befragten Unternehmen eine bedeutende Rolle. Die Art und Weise der Umsetzung variiert jedoch. Während Nachhaltigkeit fest in einigen Unternehmenskulturen integriert und von der Geschäftsführung aktiv vorangetrieben wird, wird in anderen Unternehmen Nachhaltigkeit überwiegend strategisch betrachtet, aber schrittweise umgesetzt. Beispielsweise wird in der Verpackungsindustrie zunehmend Wert auf eine umfassende Nachhaltigkeitsstrategie gelegt, die Umwelt-, soziale und ethische Aspekte berücksichtigt und durch einen Lieferantenkodex unterstützt wird. In der nachhaltigen IT konzentrieren sich Unternehmen darauf, die Wiederverwendung von Geräten zu fördern und Prozesse entsprechend anzupassen. In einem Unternehmen ist Nachhaltigkeit als prioritäres Thema in der Unternehmensstrategie verankert. In der Druck- und Digitalmedienbranche wurde kürzlich ein Nachhaltigkeitsbericht veröffentlicht und konkrete Ziele wurden festgelegt. In der Lebensmittelindustrie wird die Nachhaltigkeitsstrategie regelmäßig aktualisiert. Diese Ergebnisse können auch in Relation gesetzt werden zu den empirischen Ergebnissen aus Kap. 1 dieses Buches. In Abschn. 2.2 finden sich weitere Erkenntnisse zum Nachhaltigkeitsbewusstsein sowie zur Nachhaltigkeitsmotivation der Beschaffungsverantwortlichen.

In der Befragung wurde deutlich, dass Kreislaufwirtschaft bei allen Experten als relevantes Nachhaltigkeitsthema betrachtet wird. Die Umsetzung erfolgt jedoch auf unterschiedliche Weise: In der Verkehrssicherheit ist Kreislaufwirtschaft ein strategisches Handlungsfeld, das regelmäßig überprüft und an die Anforderungen der Stakeholder angepasst wird. Das Thema ist fest in die Unternehmensstrategie verankert. Die Umsetzung gestaltet sich jedoch als langwieriger Prozess aufgrund von Lobbyismus und regulatorischen Anforderungen.

In der Öl-, Gas- und Petrochemieindustrie liegt der Fokus auf der Transformation von einem Value-Process zu einem Value-Circle. Dies erfordert eine umfassende Umstrukturierung des Unternehmens und geht mit erheblichen Kosten einher. Ein konkretes Beispiel für Kreislaufwirtschaft ist die Umwandlung von genutzten Kunststoffbechern von Fluggesellschaften zu Öl, jedoch stellt die Beschaffung großer Abfallmengen, wie bereits zuvor erläutert, eine Herausforderung dar.

In der nachhaltigen IT ist Kreislaufwirtschaft bereits ein ernstgenommenes Thema. Es wurden z. B. Geräte-Rücknahmekonzepte für Schulen eingeführt, bei denen Schulen zwischen neuen oder wiederaufbereiteten Leasing-Geräten wählen können.

Im Bereich Druck- und Digitalmedien, insbesondere im Papierbereich, ist Kreislaufwirtschaft bereits weit fortgeschritten. Ein Beispiel dafür ist der „De-Ink-Prozess", bei dem die Farbe aus Altpapier entfernt wird, um es wiederverwenden zu können. Die dabei entstehenden Abfälle werden in anderen Branchen weiterverarbeitet, um Ressourcen einzusparen.

5.2 Forschungsergebnisse zur zirkulären Beschaffung

Mehrere Unternehmen haben bereits spezifische Maßnahmen ergriffen, um zirkuläre Beschaffung umzusetzen. Dafür wurden Pilotprojekte gestartet und mit ausgewählten, qualifizierten Lieferanten zusammengearbeitet, um die Umstellung auf eine kreislauffähige Wirtschaft zu erreichen. Es wurden Netzwerke für zirkuläres Wirtschaften aufgebaut und Lieferanten in den Prozess einbezogen.

Einige Unternehmen haben bereits konkrete Schritte unternommen, um Materialien zu recyceln und Recyclingmaterialien vermehrt einzusetzen. Sie nehmen auch aktiv an Reverse-Logistik-Systemen teil, um ihre eigenen Abfälle an Lieferanten zurückzugeben, die diese wiederverwerten können. Dieser Ansatz zielt darauf ab, den Einsatz von Neuwaren zu reduzieren und den Anteil recycelter Materialien zu erhöhen.

Einige Unternehmen arbeiten auch daran, ihre Produkte langlebiger zu gestalten und den Einsatz von Ersatzteilen zu minimieren. Sie nutzen gebrauchte Geräte als Ersatzteilspender, um den Bedarf an neuen Ersatzteilen zu reduzieren und somit das Beschaffungsvolumen zu verringern. Ein Unternehmen plant sogar, seine Einkaufsrichtlinien zu aktualisieren, um nachhaltigere Praktiken zu fördern.

Nicht unerwähnt bleiben darf die Erkenntnis, dass die Umsetzung der zirkulären Beschaffung in einigen Branchen mit bestimmten Herausforderungen verbunden ist. Zum Beispiel in der Lebensmittelbranche, wo pflanzliche Rohstoffe verwendet werden, ist es notwendig, Stoffkreisläufe zu schließen, um ökologischen und sozialen Problemen entgegenzuwirken. Allerdings gibt es gesetzliche Grenzen und wirtschaftliche Faktoren, die die Umsetzung dieser Maßnahmen in ihrer Umsetzungsmöglichkeit einschränken. Die Wiederverwendbarkeit und Reinigung von Verpackungsmaterialien stellen ebenfalls Herausforderungen dar, da häufig auf Plastik zurückgegriffen werden muss, um die erforderliche Produktqualität zu gewährleisten.

Insgesamt zeigt sich, dass zirkuläre Beschaffung ein zunehmend wichtiges Thema ist und von Unternehmen aktiv adressiert wird. Es konnten bereits bedeutende Fortschritte erzielt werden, dennoch steht das Konzept der zirkulären Beschaffung weiterhin vor großen Herausforderungen und Unsicherheiten. Die Zusammenarbeit mit Lieferanten, die Integration von Nachhaltigkeitskriterien in Einkaufsprozesse und die Entwicklung von Richtlinien und Zielen spielen eine zentrale Rolle bei der erfolgreichen Umsetzung der zirkulären Beschaffung.

5.2.1 SDGs: Ein möglicher Bewertungsmaßstab für den Erfolg zirkulärer Beschaffung?

Die bisherigen Ergebnisse haben gezeigt, dass die zirkuläre Beschaffung in deutschen Unternehmen angekommen ist. Dennoch sehen Beschaffungsverantwortliche noch deutliche Herausforderungen in der erfolgreichen Umsetzung der zirkulären Beschaffung. Aus diesem Grund wurde die Forschungsfrage aufgegriffen, ob die SDGs hilfreich für die Bewertung zirkulärer Beschaffungsmaßnahmen sein können. Als wesentliches Ergebnis kann festgehalten werden, dass die befragten Unternehmen die Sustainable Development Goals (SDGs) nicht als direkte Bewertungsmethode für zirkuläre Beschaffung nutzen. Stattdessen verwenden sie alternative Ansätze wie KPIs für Recyclingquoten, Abfallreduktion und den Verkauf von Wertstoffen, um ihre Nachhaltigkeitsbemühungen zu bewerten. Einige Unternehmen nutzen auch den CTI-Index oder die Global Reporting Initiative (GRI) zur Messung und Quantifizierung ihrer Zirkularitätsbemühungen. Es wurde betont, dass die SDGs als Orientierung dienen können, aber oft nicht spezifisch genug für Unternehmen sind. Unternehmen setzen ihre eigenen Ziele und Indikatoren, die besser auf ihre Bedürfnisse und die EU-Richtlinien zur Kreislaufwirtschaft abgestimmt sind. Die SDGs werden eher in der strategischen Ausrichtung und als gemeinsame Sprache auf politischer Ebene verstanden, während spezifischere KPIs und Instrumente für die Messung der Zirkularität in den Unternehmen verwendet werden. Es besteht jedoch Einigkeit darüber, dass die Umsetzung der zirkulären Beschaffung eine komplexe Aufgabe ist und weitere Anstrengungen erfordert, um Fortschritte zu erzielen.

In einem zweiten Forschungsstrang wurde die Meinung der Experten zur Relevanz der einzelnen SDGs in Bezug auf zirkuläre Beschaffung eingeholt. Einige Experten sind der Ansicht, dass alle SDGs positiv beeinflusst werden können, während andere argumentieren, dass der Einfluss indirekt oder nur auf bestimmte SDGs beschränkt ist. Es wird betont, dass die Messbarkeit eine zentrale Rolle spielt und dass einige SDGs leichter quantifizierbar sind als andere. Einige Experten sehen eine starke Verbindung zwischen zirkulärer Beschaffung und bestimmten SDGs wie Nummer 12 (nachhaltige Konsum- und Produktionsmuster) und Nummer 13 (Maßnahmen zum Klimaschutz). Andere betonen, dass die SDGs eher auf strategischer Ebene relevant sind und dass es Herausforderungen bei der Umsetzung auf operativer Ebene gibt, insbesondere bei der Überwachung von Sublieferanten und der Datenerfassung. Insgesamt besteht jedoch Konsens darüber, dass zirkuläre Beschaffung einen positiven Einfluss auf die Nachhaltigkeitsziele hat und dass staatliche Interventionen und unternehmensübergreifende Zusammenarbeit erforderlich sind, um die Kreislaufwirtschaft zu fördern und die SDGs zu erreichen.

Die Abb. 6 fasst die wichtigsten Ergebnisse in Bezug auf die Bedeutung zirkulärer Beschaffung für die Erreichung der SDGs zusammen. Wie bereits erläutert, erkennen alle Experten den Einfluss der Zirkularität für die Erreichung der SDGs, sie vertreten jedoch gänzlich unterschiedliche Meinungen zu den einzelnen SDGs und deren Relevanz in Bezug auf zirkuläre Beschaffung. Trotz der unterschiedlichen Argumente, die von jedem Experten vorgebracht wurden, stimmen fünf der neun Experten damit überein, dass alle genannten SDGs durch zirkuläre Beschaffung beeinflusst werden können. Einer dieser Experten betrachtet den Einfluss jedoch nur als indirekt, da er der Meinung ist, dass sie nur ein positiver Nebeneffekt einer gut strukturierten Kreislaufwirtschaft sind. Ein weiterer Experte stimmt der Relevanz aller SDGs zu, die aktuell nicht sein eigenes Unternehmen betreffen, da er in anderen Branchen und für andere Unternehmensgrößen darin definitiv einen Einfluss sieht. Ein Experte konnte sich zu dem Thema nicht äußern und die drei weiteren Experten fanden nur 3 bis 6 SDGs zutreffend für ihr Unternehmen.

SDG	A	B	C	D	E	F	G	H	I	Anzahl
1: Keine Armut		Ja	indirekt	theoretisch	Ja	Ja	indirekt			3
2: Kein Hunger		Ja	indirekt	theoretisch	Ja	Ja	indirekt		Ja	4
6: sauberes Wasser		Ja	indirekt	theoretisch	Ja	Ja	indirekt	Ja		4
7: saubere Energie			indirekt	theoretisch	Ja	Ja	indirekt	Ja	Ja	4
8: Menschenwürdige Arbeit		Ja	indirekt	Ja	Ja	Ja	indirekt	Ja		5
9: Industrie, Infrastruktur		Ja	indirekt	theoretisch	Ja	Ja	indirekt	Ja		4
11: Nachhaltige Städte		Ja	indirekt	theoretisch	Ja	Ja	indirekt			3
12: Nachhaltiger Konsum	Ja	Ja	Ja	Ja	Ja	Ja	indirekt	Ja	Ja	8
13: Klimaschutz	Ja	Ja	indirekt	Ja	Ja	Ja	indirekt	Ja		6
14: Leben unter Wasser	Ja	Ja	indirekt	Ja	Ja	Ja	indirekt			5
15: Leben an Land	Ja	Ja	indirekt	theoretisch	Ja	Ja	indirekt			4
17: Partnerschaften		Ja	indirekt	theoretisch	Ja	Ja	indirekt			3

Abb. 6 Impact zirkulärer Beschaffung auf die SDGs – eine Übersicht. (Eigene Darstellung)

Insgesamt sind die meisten Experten überzeugt davon, dass zirkuläre Beschaffung positive Auswirkungen auf die Erfüllung der Nachhaltigkeitsziele hat und diese auch messbar gemacht werden können.

5.2.2 Effekte und Zukunft zirkulärer Beschaffung

Die zukünftige Entwicklung der zirkulären Beschaffung wird von Experten unterschiedlich bewertet. Einige Experten sehen keine Nachteile, solange wirtschaftliche Vorteile für Unternehmen und Lieferanten entstehen und die Versorgungssicherheit erhöht wird. Zudem wird betont, dass die Kreislaufwirtschaft Mitarbeitern die Möglichkeit bietet, ihr Know-how zu steigern, da insgesamt mehr Verantwortung auf die Beschaffungsfunktion übertragen wird und die Beschaffung als ein Art Kompetenzzentrum fungieren kann. Andere Experten betonen, dass die Umsetzung einer Nachhaltigkeitsstrategie mit hohen Zeit- und Kostenaufwänden verbunden ist, insbesondere bei der Errichtung neuer Anlagen. Herausforderungen und wirtschaftliche Auswirkungen des Recyclings werden ebenfalls diskutiert. Es wird positiv hervorgehoben, dass die Berücksichtigung von Kreislaufwirtschaft und Nachhaltigkeit für den Einkauf positive Effekte haben kann, wie z. B. Resilienz, Kundenbeziehungen und Widerstandsfähigkeit gegenüber Preisschwankungen. Die Vorteile der zirkulären Beschaffung liegen unter anderem in einem geringeren CO_2-Fußabdruck, Kosteneinsparungen und der Förderung von Innovationen. Es werden jedoch auch Schwierigkeiten bei der Verpackungsaufbereitung und der Verfügbarkeit von Recyclingmaterialien sowie ansteigenden Recycling-Rohstoffpreisen genannt. Besonders

Positive Effekte	Negative Effekte
- Höhere Versorgungssicherheit	- Rechtliche Regularien
- Mitarbeiter steigern ihr Know-how	- Sehr zeit- und kostenintensiv
- Steigert Marktwert	- Verknappung des Angebots an Recyclingware
- Beschaffung entwickelt sich zu Kompetenzzentrum	- Höhere Preise
- Verbesserung der Kundenbedürfnisse	- Rechtliche Regularien verhindern Recover-Ansätze
- Mehr Verantwortung und Handlungsspielraum für Beschaffung	
- Mehr Resilienz	
- Abfederung von Preisschwankungen	
- Intensivere Kundenbeziehungen	
- Wettbewerbsvorteile	
- Enthusiastisches Verhalten der Mitarbeiter	
- Mehr Einfluss der Beschaffung	
- Zunehmende Innovationen	
- Verwendung zirkulärer Materialien führt zu geringerem CO_2-Fußabdruck	
- Einsparung von Transportwegen und Kosten	
- Förderung von Bodengesundheit führt zu mehr Erträgen	

Abb. 7 Effekte zirkulärer Beschaffung. (Eigene Darstellung)

rechtliche Regularien stellen aktuell branchenübergreifende Barrieren dar. Abb. 7 fasst die wesentlichen negativen und positiven Effekte der zirkulären Beschaffung zusammen.

Die zukünftige Entwicklung der zirkulären Beschaffung wird von einer Vielzahl der Experten als äußerst vielversprechend angesehen, da sie das Potential besitzt, nachhaltige und ressourcenschonende Wirtschaftspraktiken zu fördern. Durch die Umstellung auf zirkuläre Beschaffung können Unternehmen dazu beitragen, Ressourcenverschwendung zu minimieren, Umweltauswirkungen zu reduzieren und langfristig ihre Wettbewerbsfähigkeit zu steigern. Dennoch stehen die meisten Unternehmen vor bedeutenden Herausforderungen, um dieses Potential vollständig auszuschöpfen. Die Implementierung zirkulärer Beschaffung erfordert umfassende Veränderungen und Neustrukturierungen in den Organisationen. Es ist notwendig, bestehende Denkweisen und Geschäftsmodelle zu hinterfragen und anzupassen, um den Übergang zur Kreislaufwirtschaft zu ermöglichen. Dies erfordert ein Umdenken in Bezug auf die gesamte Wertschöpfungskette, angefangen beim Produktdesign über die Materialauswahl bis hin zu Produktionstechnologien und Lieferketten. Darüber hinaus ist die Integration von Lieferanten ein entscheidender Schritt, um die zirkuläre Beschaffung erfolgreich umzusetzen. Unternehmen müssen eng mit ihren Lieferanten zusammenarbeiten, um sicherzustellen, dass sie die erforderlichen Standards und Praktiken für eine effektive Rückgewinnung, Wiederverwendung und Recycling von Materialien erfüllen können. Dies erfordert eine enge Kooperation, den Austausch von Informationen und den Aufbau langfristiger Partnerschaften. Ein weiterer entscheidender Aspekt für die erfolgreiche Umsetzung der zirkulären Beschaffung sind wirtschaftliche Anreize. Unternehmen benötigen finanzielle Anreize, um die notwendigen Investitionen in Technologien, Prozesse und Schulungen zu tätigen. Dies kann beispielsweise durch steuerliche Vergünstigungen, Förderprogramme oder finanzielle Anreize seitens der Regierungen oder anderer Interessengruppen geschehen. Durch diese Anreize werden Unternehmen motiviert, den Übergang zur zirkulären Beschaffung voranzutreiben und langfristig von den damit verbundenen Vorteilen zu profitieren.

6   Abschließende Anmerkungen

Zusammenfassend lässt sich feststellen, dass alle befragten Unternehmen Projekte oder Initiativen zur zirkulären Beschaffung umsetzen und sich allgemein mit diesem Thema in der Wirtschaft befassen. Fünf der neun befragten Unternehmen haben bereits konkrete Richtlinien und Zielsetzungen zur zirkulären Beschaffung definiert und setzen diese aktiv um. Darüber hinaus erwähnen drei der neun Unternehmen explizit einen Verhaltenskodex für Lieferanten, der die Thematik der zirkulären Beschaffung enthält.

Die Experten sind sich einig, dass die Kreislaufwirtschaft ein wichtiges Konzept für eine nachhaltige Entwicklung ist und eine Veränderung des Denkens und der Geschäftsmodelle erfordert. Die öffentliche Beschaffung kann eine wichtige Rolle als Treiber für Veränderungen spielen, wobei auch die Politik eine entscheidende Rolle spielt. Eine erfolgreiche Umsetzung der zirkulären Beschaffung erfordert geeignete Lieferanten in der Lieferkette, die in der Lage sind, innovative Technologien umzusetzen.

In Zukunft werden Nachhaltigkeit und Kreislaufwirtschaft in allen Branchen eine bedeutende Rolle spielen. Es ist jedoch zu beachten, dass wirtschaftliche Interessen oft Entscheidungen beeinflussen. Daher ist es wichtig, wirtschaftliche Anreize für Lieferanten zu schaffen, um die erfolgreiche Umsetzung der zirkulären Beschaffung zu gewährleisten.

Insgesamt ist das Thema Kreislaufwirtschaft somit in deutschen Unternehmen angekommen, wobei zirkuläre Beschaffung dabei häufig noch in den Kinderschuhen steckt. Jedoch wird das Potential dieses Themas von Experten erkannt und auch zunehmend in Unternehmen vorangetrieben. Der wissenschaftliche Stand der Forschung ist jedoch noch recht gering. Weitere Forschungsprojekte könnten helfen, das Thema zukunftsfähiger zu gestalten und passende Bemessungsrichtlinien zu entwickeln.

An dieser Stelle soll noch einmal abschließend auf die Bedeutung der SDGs für die Bewertung von nachhaltigen Beschaffungsmaßnahmen eingegangen werden. Die UN hat 2023 Unternehmen dazu aufgerufen: „Turn words into action to get world back on track for 2030 goals" [20]. Im Rahmen dieses Forschungsvorhabens konnte verdeutlicht werden, dass Unternehmen kein „praktisches" Bewertungstool in den SDGs sehen. Diese

Sichtweise muss im gemeinsamen Austausch zwischen Theorie und Praxis adressiert werden, um das Erreichen der Agenda 2030 zu ermöglichen.

Literatur

1. Alder, M. (2023). Product Service Systems – Sustainable Future? Are Product Service Systems Our Sustainable Future? https://recycle.com/product-service-systems-sustainable-future/
2. Al-Sinan, M.A. und Bubshait, A. A. (2022). The Procurement Agenda for the Transition to a Circular Economy. Sustainability 2022 (14), 11582. DOI: https://doi.org/10.3390/su141811528
3. Bogner, A. und Littig, B. und Menz, W (2014). Interviews mit Experten. Eine praxisorientierte Einführung. Springer.
4. Bourguignon, D. (2016). Closing the loop. New circular economy package. EPRS European Parliamentary Research Service. https://www.europarl.europa.eu/RegData/etudes/BRIE/2016/573899/EPRS_BRI%282016%29573899_EN.pdf
5. BMUV – Bundesministerium für Umwelt, Naturschutz, Nukleare Sicherheit und Verbraucherschutz (2023). 17 Nachhaltigkeitsziele – SDGs. https://www.bmuv.de/themen/nachhaltigkeit-digitalisierung/nachhaltigkeit/17-nachhaltigkeitsziele-sdgs
6. Bräkling, E. und Oidtmann, K. (2019). Beschaffungsmanagement. Erfolgreich einkaufen mit Power in Procurement (2. Aufl.). Springer.
7. Circular Economy (27.01.2022). 5 circular economy business models that offer a competitive advantage. https://www.weforum.org/agenda/2022/01/5-circular-economy-business-models-competitive-advantage/
8. Covestro (2023). Innovatives Recycling – mehr Wiederverwertung, weniger Plastikmüll. https://www.covestro.com/de/sustainability/what-drives-us/circular-economy/innovative-recycling
9. Die Bundesregierung (2023). Globale Nachhaltigkeitsstrategie. Nachhaltigkeitsziele verständlich erklärt. https://www.bundesregierung.de/breg-de/themen/nachhaltigkeitspolitik/nachhaltigkeitsziele-erklaert-232174
10. Europäisches Parlament (18.01.2023). Plastikmüll und Recycling in der EU: Zahlen und Fakten. https://www.europarl.europa.eu/news/de/headlines/society/20181212STO21610/plastikmull-und-recycling-in-der-eu-zahlen-und-fakten
11. Jones, M. und Kinch Sohn, I. und Lysemose Bendsen, A. (2018). Circular Procurement. Best Practice Report. ICLEI – Local Governments for Sustainability, European Secretariat.
12. Kruse, J. (2015). Qualitative Interviewforschung. Ein integrativer Ansatz. (2. Aufl.). Beltz Juventa.
13. Lacy, P. und Long, J. und Spindler, W. (2020). The Circular Economy Handbook. Realizing the Circular Advantage. DOI: https://doi.org/10.1057/978-1-349-95968-6
14. Mayring (2022). Qualitative Inhaltsanalysen. Grundlagen und Techniken. (13. Aufl.). Beltz.
15. Münger, A. (19.01.2023). Definition: Design Circular.https://www.haufe.de/sustainability/umwelt/kreislaufwirtschaft-und-circular-economy/definition-design-circular_575774_577298.html
16. OECD (2018). Business Models for the Circular Economy. Opportunities and Challenges from a Policy Perspective. OECD Publishing Paris.
17. OMV-Konzern (20.09.2018). ReOil: Aus Kunststoff wieder Öl gewinnen. https://www.omv.com/de/blog/reoil-aus-kunststoff-wieder-oel-gewinnen
18. Oppen, C. van und Croon, G. und Bijl de Vroe, D. (2018). Circular Procurement in 8 Steps. https://www.copper8.com/wp-content/uploads/2018/10/Circular-Procurement-in-8-steps-Ebook.pdf

19. Tátrai, T. und Diófásí-Kovács, O. (2021). European Green Deal – the way to Circular Public. ERA Forum, (22), 523-539. DOI: https://doi.org/10.1007/s12027-021-00678-2.
20. United Nations (13.02.2023). Turn words into action to get the world back on track for 2030 goals. https://news.un.org/en/story/2023/02/1133452
21. Veolia, (12.11.2020). The Circular Economy: Product Life Extension. https://blog.veolianorthamerica.com/the-circular-economy-product-life-extension
22. Veolia, (15.10.2020). The Circular Economy: What is a Resource Recovery Model? https://blog.veolianorthamerica.com/circular-economy-what-is-resource-recovery-model

Chiara Bernd ist Unternehmensberaterin für Nachhaltigkeit, Einkauf und Lieferkettenmanagement. Mit einem Bachelorabschluss in General Management in den Schwerpunkten Supply Chain Management sowie Personal- und Unternehmensführung legte sie an der CBS International Business School in Köln den Grundstein für ihren akademischen Werdegang. Ihre Begeisterung für Nachhaltigkeitsthemen und der Wunsch nach fachlicher Vertiefung bewegten sie dazu, einen Masterabschluss in Nachhaltigem Management zu absolvieren. Sie sammelte vielfältige praktische Erfahrungen in der Schuhindustrie, der Tourismusbranche und Beratungen.

Prof. Dr. habil Elisabeth Fröhlich Betriebswirtin mit Abschlüssen an der Ludwig-Maximilians-Universität München sowie an der Universität zu Köln. Dissertation zum Thema „Lieferantenbewertung" und Habilitation zum Thema „Modellierung von Berufsprofilen in der Beschaffung" bei Prof. Dr. U. Koppelmann an der Universität Köln. Professorin für strategisches und nachhaltiges Beschaffungsmanagement. 2013–2022 Präsidentin der Cologne Business School, Vorstandsmitglied mehrerer wissenschaftlicher Organisationen, z. B. des BME e. V. Region Köln, Board Mitglied bei UN PRME, Vorsitzende des PRME NGC sowie des DACH-Chapter PRME, des UN Global Compact für Business Schools. Von 2020–2023 Sprecherin „Kölner Wissenschaftsrunde" und Wirtschaftsbotschafterin der Stadt Köln. Vorsitzende des wissenschaftlichen Beirats des JARO Instituts für Nachhaltigkeit und Digitalisierung e. V. in Berlin.

Ihre aktuellen Forschungsschwerpunkte liegen in den Themen Sustainable Supply Chain Management und Nachhaltige Beschaffung, Qualifizierung im Einkauf sowie im Strategischen Lieferantenmanagement. Beschaffung 4.0 sowie organisatorische und persönliche Herausforderungen eines „Agilen Einkaufs" bilden weitere Forschungsschwerpunkte. Sie ist Autorin zahlreicher Publikationen, so u. a. der Bücher „Personalentwicklung in der Beschaffung" oder „CSR und Beschaffung", beide erschienen im Springer-Verlag.

Die Rolle der Beschaffung für eine nachhaltige Digitalisierung

Dina Barbian und Steffi Kirchberger

1 Einleitung

Digitalisierungsstrukturen und -prozesse sind bereits oder werden vermehrt in Unternehmen aufgebaut. Diese dienen zur Unterstützung aller Funktionsbereiche und damit auch dem Bereich der Beschaffung. Zunehmend nutzt man in Unternehmen auch Cloud-Lösungen und externalisiert Daten zur Speicherung und Verarbeitung in Rechenzentren. Digitalisierungsprozesse wirken auf die physische Infrastruktur in einem Unternehmen. Damit bieten diese ein enormes Potential für die nachhaltige Nutzung von Ressourcen und für die Erhaltung natürlicher Lebensgrundlagen, aber auch hier sollte Vorsicht geboten sein, denn eine zunehmende Digitalisierung kann „als Brandbeschleuniger von Wachstumsmustern ... wirken, die die planetarischen Leitplanken durchbrechen" [1].

Innerhalb der Nachhaltigkeitsforschung hat sich herauskristallisiert, dass insbesondere die zunehmende Digitalisierung und der damit einhergehende hohe Energie- und Rohstoffverbrauch immense negative Auswirkungen auf das Ökosystem Erde haben. Es gibt jedoch Möglichkeiten, die Digitalisierung nachhaltig zu gestalten. Wie kann die Digitalisierung zum Nutzen der Menschen und zur Verbesserung der Lebensgrundlagen eingesetzt werden? Was hat eine nachhaltige Digitalisierung mit Beschaffung zu tun? Was kann die Beschaffung in einem Unternehmen zu einer nachhaltigen Digitalisierung beitragen? Diese Fragen versuchen die Autorinnen in diesem Kapitel zu beantworten.

D. Barbian (✉)
eco2050 Institut für Nachhaltigkeit – Institute for Sustainability GmbH, Nürnberg, Deutschland
E-Mail: barbian@eco2050.de

S. Kirchberger
JARO Services GmbH, Berlin, Deutschland
E-Mail: s.kirchberger@jaro-services.de

Dazu werden im folgenden Abschnitt zunächst die Begriffe „Nachhaltigkeit", „Digitalisierung", „Nachhaltige Digitalisierung" und „nachhaltig-digitale Geschäftsmodelle" erläutert.

2 Definitionen und Begriffsabgrenzungen

2.1 Was heißt Nachhaltigkeit?

Es gibt für den Begriff „Nachhaltigkeit" im deutschen Sprachraum keine allgemein gültige Definition. Die bis heute am häufigsten zitierte Definition ist die aus dem sogenannten Brundtland-Report [2, S. 7], worin unter „Nachhaltigkeit" eine Entwicklung verstanden wird, „die den Bedürfnissen der heutigen Generationen entspricht, ohne die Möglichkeiten künftiger Generationen zu gefährden, ihre eigenen Bedürfnisse zu befriedigen und ihren Lebensstil zu wählen." [3, 4]. Demnach handelt es sich um ein normatives Konzept, weil Empfehlungen gegeben werden, wie der Mensch sich verhalten soll. Das Konzept der Nachhaltigkeit (Abb. 1) berücksichtigt hierbei fünf Kernelemente (Mensch, Umweltschutz, Generationengerechtigkeit, Ganzheitlichkeit, Langfristigkeit) und baut auf den drei Säulen Ökologie, Soziales und Ökonomie auf. Diese werden auch die drei Säulen der Nachhaltigkeit genannt (TBL, Triple Bottom Line), womit das Unternehmensziel der Gewinnmaximierung (Bottom Line) um ökologische und soziale Ziele erweitert wird. Dahinter steckt der Gedanke, dass die Unternehmen selbstständig zu einer nachhaltigen Entwicklung der Wirtschaft beitragen sollten. Das Ziel ist eine positive Bilanz, insbesondere in Bezug auf den Einfluss auf Mensch und Natur [5]. Mittlerweile hat sich die Sichtweise auf das 3-Säulen-Konzept geändert. Viele Unternehmen sehen die Notwendigkeit, den Umweltschutz über alle anderen Ziele zu stellen. Seit etwa zehn Jahren hat sich daher das sogenannte „Vorrangmodell" (auch „Nested Circles" oder „Nested Dependencies") gebildet. In diesem Ansatz sind wirtschaftliche Aktivitäten von der Gesellschaft (soziale Ziele) umschlossen, die wiederum von der Umwelt (ökologische Ziele) abhängig sind. Die höchste unternehmerische Priorität hat hier der Umweltschutz. Unternehmen können nur noch bestehen, wenn die Umwelt entsprechende Ökosystemleistungen dauerhaft zur Verfügung stellen kann. Weiterhin ist die Wirtschaft auf eine stabile und gesunde Gesellschaft angewiesen. Somit sind die drei Zielsetzungen nicht gleichwertig [6].

Aus der Finanzwelt stammt der Begriff ESG-Kriterien. Diese Kenngrößen beschreiben ebenfalls die Dreiteilung der Nachhaltigkeit. Die drei nachhaltigkeitsbezogenen Verantwortungsbereiche von Unternehmen sind: „**E**" steht für **Environment** (Umwelt). **Social** („**S**") beinhaltet gesellschaftliche Aspekte und unter **Governance** („**G**") wird eine nachhaltige Unternehmensführung verstanden [7].

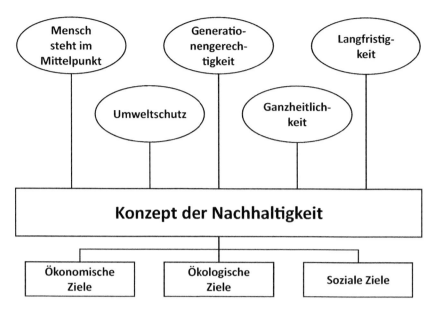

Abb. 1 Konzept der Nachhaltigkeit (Bildrechte: [2, S. 46, in Anlehnung an: 8, S. 47]

2.2 Was heißt Digitalisierung?

Der Begriff „Digitalisierung" hat sich im Laufe der Zeit inhaltlich gewandelt. Während Digitalisierung im ursprünglichen Sinne die Umwandlung von quantitativen (oftmals physikalischen) Größen in digitale Einheiten (0 und 1) bedeutet, wird in diesem Artikel unter „Digitalisierung" der zunehmende Einzug von Informations- und Kommunikationstechnologien (IKT) in nahezu alle Lebensbereiche verstanden.

Bei der Digitalisierung geht es nicht mehr um die Optimierung von Liefernetzwerken und der Bereitstellung von physischen Gütern, sondern es geht um die Verfügbarkeit eines globalen Netzes, nämlich dem weltweiten Internet. Die Besonderheit besteht hier darin, dass die Daten und damit Informationen überall und jederzeit auf der Welt abgerufen werden können. Es ist bereits heute absehbar, dass die übertragenen Nachrichten und damit der Datenverkehr in Zukunft noch weiter steigen werden. Die gesamte auf der Welt vorhandene gespeicherte und verarbeitbare Dateninformation verdoppelt sich circa alle 18 Monate [9]. Damit verursacht die Digitalisierung zwangsläufig einen Anstieg des Energieverbrauchs und – solange die Energiegewinnung fossil erfolgt – auch einen Anstieg der globalen CO_2-Emissionen, der laut „The Shift Project" bereits 4 % der globalen CO_2-Emissionen ausmacht [10]. Den Strom verbraucht die Infrastruktur, die aus Servern, Rechenzentren, Übertragungstechnik und digitalen Endgeräten besteht. Dabei werden kostbare Rohstoffe verbraucht, sodass die Digitalisierung einen direkten Einfluss auf die natürlichen Ressourcen hat [11].

2.3 Nachhaltige Digitalisierung – was ist das?

Noch sind wenige Institutionen sowohl international als auch in Deutschland mit dem Thema „Nachhaltige Digitalisierung" befasst, jedoch rückt dieses immer stärker ins Bewusstsein. Nachhaltigkeit sollte bei der Digitalisierung berücksichtigt werden. Dies betrifft sowohl die Hard- als auch die Software. Schon der Abbau der Rohstoffe für die Hardware führt in vielen Fällen zu Umweltproblemen in den jeweiligen Abbauländern. Bei der Nutzung von Informations- und Kommunikationstechnologien erfolgt der Datenaustausch nicht nur zwischen Computern, sondern auch zwischen Maschinen und Konsumgütern. Durch diese Vernetzung kommen andere Risiken zum Tragen. Dies sind Gefahren wie Machtkonzentration, Datenklau, Cyberangriffe, Tracking, Einsatz von KI-Algorithmen zur personalisierten Klassifizierung etc. [12, 13].

In der digitalen Welt herrschen überwiegend Monopole vor. Tech-Riesen dominieren das Internet. Eine Digitalisierung, die sowohl ethisch als auch ressourcenschonend ist, wäre jedoch möglich. Bereits in den Abbau- und Rohstoffländern sollte auf die Einhaltung von Umweltschutzstandards und menschenwürdigen Arbeitsbedingungen geachtet werden. Es sollten vermehrt Recycling- und Wiederverwendungslösungen bei der Hardware umgesetzt werden. Um dem Problem des zunehmenden Energieverbrauchs bei der Nutzung von digitalen Endgeräten entgegenzuwirken, sollte der Ausbau von erneuerbaren Energien vorangetrieben werden. Schlussendlich müssen der Schutz persönlicher Daten, Manipulationsfreiheit und die informationelle Selbstbestimmung national und global gewährleistet sein [14].

2.4 Was sind nachhaltig-digitale Geschäftsmodelle?

Nachhaltig-digitale Geschäftsmodelle fußen auf Geschäftsideen, die einen Beitrag für Umwelt und Gesellschaft leisten. Sie begründen ein Geschäft, welches auf den Prinzipien der Nachhaltigkeit und Digitalisierung aufbauen und diese ins Unternehmerische übersetzt. Nachhaltig-digitale Geschäftsmodelle orientieren sich an den Grundsätzen der nachhaltigen Entwicklung und der Umsetzung der von den Vereinten Nationen verabschiedeten Agenda 2030 für nachhaltige Entwicklung (17 Ziele, SDGs, Sustainable Development Goals) (Tab. 1). Das Ziel ist ein gutes Leben der heutigen und zukünftigen Generationen. Deshalb gelten folgende Grundsätze für nachhaltig-digitale Geschäftsmodelle (in Anlehnung an: [15]):

1. Digitalisierung muss den Menschen unterstützen.
2. Digitale Technologien müssen der Gesellschaft dienen.
3. Digitalisierung soll dem Erhalt der natürlichen Lebensgrundlagen (Boden, Wasser, Luft) nützen.

Somit bieten diese Art von Geschäftsmodellen einen Mehrwert für alle an der Wertschöpfungskette beteiligten Personen, Unternehmen und zivilgesellschaftlichen Gruppen.

Tab. 1 Die 17 Nachhaltigkeitsziele der Vereinten Nationen (In Anlehnung an: [16])

Nr.	Ziel
1	Armut in jeder Form und überall beenden
2	Den Hunger beenden, Ernährungssicherheit und eine bessere Ernährung erreichen und eine nachhaltige Landwirtschaft fördern
3	Ein gesundes Leben für alle Menschen jeden Alters gewährleisten und ihr Wohlergehen fördern
4	Inklusive, gerechte und hochwertige Bildung gewährleisten und Möglichkeiten des lebenslangen Lernens für alle fördern
5	Geschlechtergerechtigkeit und Selbstbestimmung für alle Frauen und Mädchen erreichen
6	Verfügbarkeit und nachhaltige Bewirtschaftung von Wasser und Sanitärversorgung für alle gewährleisten
7	Zugang zu bezahlbarer, verlässlicher, nachhaltiger und zeitgemäßer Energie für alle sichern
8	Dauerhaftes, inklusives und nachhaltiges Wirtschaftswachstum, produktive Vollbeschäftigung und menschenwürdige Arbeit für alle fördern
9	Eine belastbare Infrastruktur aufbauen, inklusive und nachhaltige Industrialisierung fördern und Innovationen unterstützen
10	Ungleichheit innerhalb von und zwischen Staaten verringern
11	Städte und Siedlungen inklusiv, sicher, widerstandsfähig und nachhaltig machen
12	Für nachhaltige Konsum- und Produktionsmuster sorgen
13	Umgehend Maßnahmen zur Bekämpfung des Klimawandels und seiner Auswirkungen ergreifen
14	Ozeane, Meere und Meeresressourcen im Sinne einer nachhaltigen Entwicklung erhalten und nachhaltig nutzen
15	Leben an Land
16	Frieden, Gerechtigkeit und starke Institutionen
17	Umsetzungsmittel stärken und die globale Partnerschaft für nachhaltige Entwicklung wiederbeleben

2.5 Chancen und Risiken der Digitalisierung für die Nachhaltigkeit

Um Entscheidungen im Sinne einer positiven Wirkung der Digitalisierung treffen zu können, muss die Beschaffung jedoch zunächst die Chancen und Risiken verstehen, die in ihr stecken. Tab. 2 zeigt einige der Chancen und Risiken der Digitalisierung entlang der drei Nachhaltigkeitsdimensionen auf.

Tab. 2 Chancen und Risiken der Digitalisierung entlang der drei Nachhaltigkeitsdimensionen (© JARO Institut für Nachhaltigkeit und Digitalisierung e. V., 2023; in Anlehnung an: [1, 17, S. 36])

	Ökonomisch	Sozial	Ökologisch
Chancen	• Digitale Geschäftsmodelle, die eine nachhaltige Entwicklung der Gesellschaft und der Umwelt aktiv fördern • Nutzung der „kostenlosen" Daten aller durch alle im Sinne von Nachhaltigkeit • Entwicklung kundenindividueller Produkte • Schaffung von Transparenz zur Unterstützung von Entscheidungsprozessen • Effizienzsteigerungen und Freisetzung von Ressourcen für Reinvestitionen in die Nachhaltigkeit • Innovationen und wissenschaftliche Durchbrüche durch Kooperationen schützen	• Stärkung und Unterstützung demokratischer Prozesse und Meinungsbildung durch transparente Informationen und einfachen Zugang • Schaffung neuer Jobs in der Verwertung und Aufbereitung • Ermöglichung der Teilhabe an Politik, Kunst und Kultur, Bildung und Arbeit • Einsatz der Technologien zum Schutz und zur Vorsorge • Neue Jobprofile und Arbeitsplätze • Unterstützung von Selbstorganisation und resilienten Netzwerken	• Treibhausgasminimierung und Senkung des Ressourcenverbrauchs durch Effizienzsteigerung in der Energienutzung und Ressourcenverwendung • Befähigung zu Kreislaufwirtschaft und Recycling • Vorantreiben der Dematerialisierung • Einsatz der Technologien für die Überwachung und für eine nachhaltige Optimierung von Ressourcen • Erstellung und Überwachung von ressourcenschonenden Wertschöpfungsketten • Schnelle Verarbeitung großer Datenmengen/Voraussagen
Risiken	• Auf Gewinnmaximierung und Wachstum ausgelegte digitale Geschäftsmodelle, die monopolistisch die weltweiten ökonomischen Strukturen beeinflussen • Monetarisierung der „kostenlosen" Daten durch wenige Tech-Riesen • Druck eines schnellen Time-to-Market verhindert Produktreife • Steuervermeidung und Steuerflucht • Extrem hohe Schäden durch Datenverbrechen • Abhängigkeit der Firmen und Länder von den digitalen Produkten, fehlende Resilienz	• Verhinderung/Störung demokratischer Prozesse und Meinungsbildung durch Unterdrückung von Informationen, Fake News, algorithmisch unterstützte Meinungsblasen und Datenmonopolen • Ausbeutung von Menschen für Ressourcengewinnung und Abfallverwertung • Ausgrenzung von Menschen ohne digitalen Zugang („Digitaler Graben") • Entstehung eines Niedriglohnsektors („Clickworker") • Datenmissbrauch und Datenverbrechen, Verletzung von Persönlichkeitsrechten • Fehlinterpretation von Daten, Datengrundlagen nicht vorurteilsfrei, Datensammelwut	• Treibhausgassteigerung und steigender Ressourcenverbrauch durch eine steigende Nachfrage nach IT-Produkten, Hardwareproduktion, ineffiziente Programme und IT-Services • Umweltschädlicher Rohstoffabbau • Immer kürzere Lebenszyklen und fehlende Reparaturmöglichkeiten • Wachsende Berge von Elektroschrott und schädliches „Recycling" in Entwicklungsländern • Wachsende Anzahl von Funktionen und fehlende Rückwärtskompatibilität • Globale Lieferketten führen zu erhöhtem Transportaufkommen

3 Beschaffung im Zusammenhang mit einer nachhaltigen Digitalisierung – der Handlungsbedarf

Bei der Analyse der Beschaffung im Zusammenhang mit einer Digitalisierung unterscheidet man zwei Ebenen: Zum einen dient die Digitalisierung dazu, um die Prozesse im Unternehmen effizienter zu gestalten. Die Beschaffung sollte hier durchgängig digitalisiert sein und den Menschen bei der Ausführung seiner Arbeit dergestalt unterstützen, dass operative Tätigkeiten (z. B. Bestellprozesse, Zahlungsabwicklung) weitgehend automatisiert sind und strategische Aufgaben (z. B. Einkaufs- und Warengruppenstrategien) durch eine gute und umfassende Datenbasis unterstützt werden. Zum anderen ist der Funktionsbereich Beschaffung in einem Unternehmen zuständig für den Einkauf von digitalen Warengruppen für das gesamte Unternehmen. In dieser Funktion kommt ihr die Aufgabe zu, für das Unternehmen darauf zu achten, dass die digitalen Produkte und Services ebenfalls nachhaltig erbracht werden.

In den folgenden Unterabschnitten wird nicht auf die Digitalisierung des Einkaufs eingegangen, sondern hier wird auf die Nachhaltigkeit der digitalen Warengruppen bei deren Beschaffung fokussiert. Es erfolgt eine Einteilung der digitalen Produktgruppen und die Erläuterung der Phasen des Produktlebenszyklus von Hard- und Software.

3.1 Einteilung der digitalen Produktgruppen

Tab. 3 zeigt eine mögliche Unterteilung der digitalen Produktgruppen. Eine strikte Trennung ist schwierig, denn oftmals verschwimmen die Grenzen zwischen den Produktgruppen. Die neuen Technologien, wie z. B. IoT (Internet of Things) oder KI (Künstliche Intelligenz), sind meist eine Mischung aus allen drei der genannten Produktgruppen. Daher kann es sinnvoll sein, die Unterteilung eher nach Einsatzgebieten vorzunehmen.

Für eine Betrachtung der Chancen und Risiken für die Nachhaltigkeit ist die gezeigte Unterteilung jedoch nützlich, da sie eine Betrachtung entlang der Lebenszyklen erlaubt.

Tab. 3 Digitale Produktgruppen (© JARO Institut für Nachhaltigkeit und Digitalisierung e. V., 2023)

Hardware	Software	IT-Services
• Workstations & Laptops • Mobile Endgeräte (Telefone, Tablets) • Monitore • Server • Keyboards, Mäuse, Kabel etc. • Drucker/Scanner • Router, Switches & andere Infrastruktur-relevante Peripheriegeräte • Sensoren • Kameras	• Administrationsprozesse (ERP etc.) • Entwicklungsumgebungen/-frameworks • Cloud Services • Hosting • Spezialanwendungen • Hardwarenahe Software für z. B. Roboter	• Strategieberatung • Beratung für Spezialthemen • Datenanalyse • Entwickler:innen, Architekt:innen und weitere Spezialist:innen • Services • Hosting • Project Manager:innen & andere Rollen • Training

Anm.: Diese Tabelle listet Beispiele auf und erhebt keinen Anspruch auf Vollständigkeit.

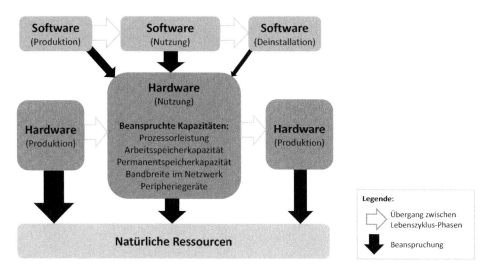

Abb. 2 Zusammenhang Software – Hardware – natürliche Ressourcen (Bildrechte: [11])

Digitale Produktgruppen sind bereits im Alltag eines Unternehmens angekommen und Prognosen zufolge wird ein weiterer Ausbau in den nächsten Jahren erfolgen. Bei all den Vorzügen einer zunehmenden Digitalisierung wird oft vergessen, dass diese eine Wirkung auf die Umwelt und die natürlichen Ressourcen hat (Abb. 2). Die technologische Entwicklung von digitalen Strukturen verläuft exponentiell. Der Einfluss auf Rohstoffe, Energie, Logistik, Transport, Produktion und Entsorgung ist dabei enorm [11, 18]. Sowohl Software als auch Hardware haben entlang ihres Produktlebenszyklus einen Einfluss auf die natürlichen Ressourcen.

Eine ethisch korrekte und umweltfreundliche Ausgestaltung ist abhängig von den Menschen und im Speziellen von Politiker:innen, Produzent:innen, Einkäufer:innen und allgemein allen Nutzer:innen, die bestimmen, wie Digitalisierung ausgebaut und genutzt wird und damit auch ihre Wirkung entfaltet. Die Beschaffung, deren Aufgabe es ist, die Märkte, Lieferketten und Lebenszyklen der Warengruppen zu kennen, kann für eine nachhaltige Digitalisierung ein wichtiger Baustein für die Bedarfsträger:innen im Unternehmen sein.

3.2 Lebenszyklus von Hardware und Auswirkungen auf die Nachhaltigkeit

Um die Auswirkungen der digitalen Produktgruppen auf die drei Dimensionen der Nachhaltigkeit (Ökonomie, Ökologie, Soziales) besser zu verstehen, wird in Abb. 3 der Lebenszyklus von Hardware grafisch dargestellt.

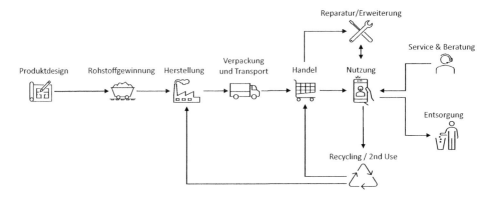

Abb. 3 Der Lebenszyklus von Hardware (Bildrechte: JARO Institut für Nachhaltigkeit und Digitalisierung e. V., 2023)

Unabhängig von der Art und dem Einsatzzweck der Hardware, beginnt der Lebenszyklus mit dem Produktdesign. Schon mit der ersten Idee zu einem Produkt oder einer Dienstleistung werden die Weichen für eine nachhaltige Gestaltung des kompletten Lebenszyklus gestellt. Was zu Beginn nicht beachtet wurde, hat Auswirkungen auf alle nachgelagerten Stufen im Lebenszyklus und kann im Nachhinein nur eingeschränkt und manchmal sogar gar nicht korrigiert werden. In den meisten Fällen führt dies zu Ineffizienzen beim Einsatz und der Verwendung von Materialien, oftmals sogar zu Verlusten. Daher ist das Produktdesign der ausschlaggebende Faktor für eine nachhaltige IT, vor allem wenn es um die Erreichung einer Kreislaufwirtschaft geht, in der es keine Abfälle, sondern nur noch Rohstoffe gibt.

Nach dem Produktdesign erfolgt im Lebenszyklus der Hardware dann die Rohstoffgewinnung, die Verarbeitung der Rohstoffe zu Komponenten und schließlich zu fertiger Hardware. Mit Verpackung und Transport geht die Ware in den Handel und dann in die Nutzungsphase. Während der Nutzung kann es zur Reparatur und/oder Erweiterung der Hardware kommen sowie auch zu Service und Beratung zur Nutzung. Nach der Nutzung kommt es zur Entsorgung und/oder zu einem Recycling oder einer Aufbereitung und Zuführung in eine zweite Nutzung („2nd Use"). Diese Phase wird auch als „Produktrecycling" bezeichnet. Weitere Synonyme sind Re-Use, Re-Building, Re-Manufacturing bzw. Recycling nach der Gebrauchsphase. Dabei bleibt das Produkt als solches erhalten und wird lediglich für eine neue Nutzung aufgearbeitet [19].

An allen Stufen des Lebenszyklus von Hardware kommt es zu Auswirkungen auf die drei Dimensionen der Nachhaltigkeit. Im Folgenden werden die Hardwarestationen näher erläutert.

3.2.1 Produktdesign

Das Produktdesign von Hardware bestimmt maßgeblich die Umwelt- und sozialen Auswirkungen. Je komplexer und kurzlebiger und inkompatibler ein Produkt erdacht wird, desto negativer die Auswirkungen. Daher ist es wichtig, bereits zu Beginn des Hardwarelebenszyklus Konzepte wie Design-to-Recycle oder Design-to-Repair vor der Produktion und in den Herstellungsprozessen von Hardware mit zu berücksichtigen. Hier sind modular aufgebaute Geräte ein Beispiel für ein gutes Produktdesign [20]. Diese Konzepte werden bisher von wenigen Unternehmen weltweit umgesetzt. Führend ist hier das im Jahr 2013 gegründete niederländische Unternehmen Fairphone B.V. mit Sitz in Amsterdam, das bereits das vierte Smartphone als komplett modular aufgebautes Gerät auf den Markt gebracht hat. Der deutsche Hersteller Shift GmbH hat im Jahr 2014 ebenfalls ein modular aufgebautes Smartphone, das Shiftphone, herausgebracht. In der Zwischenzeit bietet dieses Unternehmen auch noch modulare Kopfhörer, Tablets, Ladegeräte etc. an.

3.2.2 Rohstoffgewinnung

Für die Herstellung von Hardware werden viele verschiedene und auch kritische Rohstoffe benötigt. Einige der Rohstoffe stehen auf der Liste der kritischen Rohstoffe der EU, wie z. B. Beryllium, Kobalt, Gallium, Indium, Lithium, Tantal und seltene Erden [21]. Diese sind kritisch, weil sie lediglich in wenigen Ländern der Erde vorkommen, nicht erneuerbar sind und die europäische Wirtschaftskraft immens vom Import dieser Stoffe abhängig ist [22].

Die größten Vorkommen und auch Abbaugebiete dieser Rohstoffe befinden sich in Ländern mit überwiegend geringen Arbeits- und Umweltschutzstandards (Abb. 4). Die Herkunftsländer sind in der Abbildung in grüner Farbe mit ihren Weltmarktanteilen dargestellt. An den Anteilen ist erkennbar, wie dominant einige wenige Länder bei der Bereitstellung der jeweiligen Rohstoffe sind und wie stark bereits die importierenden Länder abhängig sind.

Während des Abbaus vieler dieser kritischen Rohstoffe kommt es zu einem starken Ausstoß von Treibhausgasemissionen, vor allem wenn die Energie dafür fossil generiert wird. Auch die Luft wird durch Feinstaub und andere Schadstoffe verschmutzt. Des Weiteren kommt es zu einer starken Belastung der Gewässer, da unter anderem beim Abbau Schwermetalle ins Wasser gelangen (z. B. Quecksilberbelastung beim Abbau von Gold). Zwangs- und Kinderarbeit sind leider ebenfalls immer noch bei der Gewinnung der Rohstoffe eine Tatsache. Die Arbeitssicherheit wird häufig nicht genügend beachtet. Arbeiter:innen können sich kaum gegen unmenschliche Arbeitsbedingungen wehren, da es für sie keine Möglichkeiten zur Bildung von Vereinigungen zum Durchsetzen ihrer Rechte gibt [23]. Umso wichtiger ist hier die vollumfängliche Umsetzung des im Jahr 2021 beschlossenen und seit 1. Januar 2023 in Kraft getretenen Lieferkettensorgfaltspflichtengesetzes (LkSG)[1] in Deutschland. Unternehmen sind demnach ab einer Größe

---

[1] Gesetz über die unternehmerischen Sorgfaltspflichten zur Vermeidung von Menschenrechtsverletzungen in Lieferketten (Lieferkettensorgfaltspflichtengesetz – LkSG).

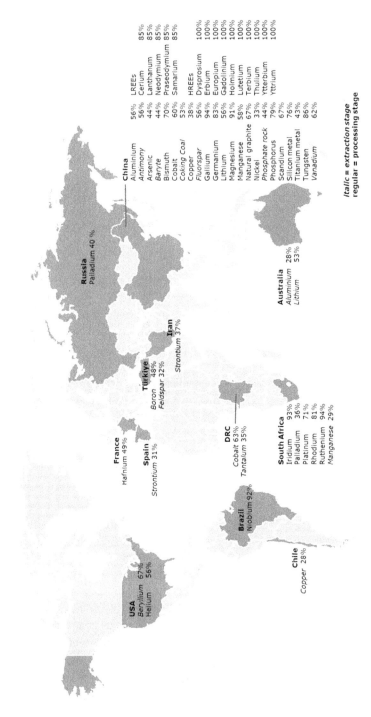

Abb. 4 Herkunftsländer kritischer Rohstoffe (Quelle: [21])

von 3000 Mitarbeitenden verpflichtet, menschenrechtliche und umweltbezogene Sorgfaltspflichten entlang der Lieferkette in angemessener Weise zu beachten. Ab 1. Januar 2024 gilt dieses Gesetz für Unternehmen mit mehr als 1000 Mitarbeitenden.

3.2.3 Herstellung

Während der Herstellung der Komponenten und der Endmontage kommt es ebenfalls zu Treibhausgasemissionen, da auch hier häufig noch Energie aus fossilen Brennstoffen genutzt wird. Oftmals werden auch Chemikalien eingesetzt, die zusätzlich zu einer Luft- und Wasserverschmutzung führen. Auch in der Herstellung kommt es immer noch zu Kinder- und Zwangsarbeit und es gibt meist ungenügende Arbeitssicherheitsstandards [23].

3.2.4 Verpackung und Transport

Die Lieferketten sind bei der Hardware über den ganzen Globus verteilt, sodass die weiten Wege meist per Schiff (oder Flugfracht) und dann mit LKWs zurückgelegt werden. Hier wird ein großer Teil der Treibhausgasemissionen ausgestoßen. Für die Verpackung müssen zusätzliche Ressourcen wie Papier und Plastik entsprechend zur Verfügung gestellt werden.

3.2.5 Nutzung

Kommt die Energie für die Nutzung nicht aus erneuerbaren Energien, so werden auch bei der Nutzung der Hardware Treibhausgasemissionen ausgestoßen. Die Art der Nutzung bestimmt darüber hinaus, wie lange die Hardware im Einsatz ist, ob sie repariert und erweitert oder nach zu kurzen Nutzungszeiten ausgetauscht wird [24, 25].

3.2.6 Entsorgung/Recycling/2nd Use

Noch immer wird Hardware zu wenig recycelt und folglich entsteht sehr viel Elektronikmüll. In 2019 gab es weltweit circa 53,6 Mio. Tonnen alter Hardware, wobei nur 17,4 % davon recycelt wurde. Der Rest wurde „entsorgt", meist verbrannt, was zu 98 Mio. Tonnen CO_2-Emissionen geführt hat. Prognosen sagen für 2030 einen Anstieg des Elektroschrotts auf 74,7 Mio. Tonnen voraus. Es kommt beim Entsorgen aber nicht nur zu Umweltverschmutzungen, sondern auch immer wieder zu Kinder- und Zwangsarbeit [26].

3.3 Lebenszyklus von Software und Auswirkungen auf die Nachhaltigkeit

Nicht nur die Hardware hat einen Einfluss auf die Nachhaltigkeit, sondern auch die Software. Software kann jedoch nicht ohne Hardware existieren (vgl. Abb. 2). Daher fällt mit jedem Softwareprodukt auch immer der Hardwarelebenszyklus ins Gewicht. Jedes Softwareprodukt ist für einen quantifizierbaren Teil des Lebenszyklus aller der für

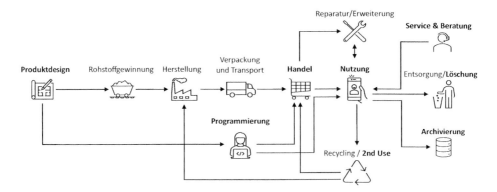

Abb. 5 Der Lebenszyklus von Software (Bildrechte: JARO Institut für Nachhaltigkeit und Digitalisierung e. V., 2023)

seinen Betrieb erforderlichen Hardwareprodukte verantwortlich. Software hat ebenfalls einen Einfluss auf den Energieverbrauch und die Obsoleszenz (Verschleiß, Überalterung) von Hardware. Dabei zeigt sich dies in erster Linie dadurch, dass Software-Updates nicht mehr zur Verfügung gestellt werden. Die Folgen sind ein vermehrter Konsum von elektronischen Produkten und gleichzeitig mehr Elektroschrott [22].

Aufbauend auf den in Abb. 3 dargestellten Hardwarelebenszyklus zeigt Abb. 5 noch zusätzlich die einzelnen Stufen im Lebenszyklus von Software, welche bei der Beschaffung von Bedeutung sind. Auch hier beginnt der Lebenszyklus genauso wie bei der Hardware beim Produktdesign und geht über die Stufe der Programmierung zum Handel und letztendlich zur Nutzung der Software bis hin zum Ausphasen (Phase-out oder Sun-down). Darunter versteht man das Abschalten von Software, wenn diese nicht mehr genutzt wird. Hierbei wird den Nutzer:innen die Möglichkeit gegeben, ein Nachfolgeprodukt zu erwerben. Während der Nutzungsphase spielen Service und Beratung (z. B. für die Erweiterung und Anpassung der Software) eine Rolle, aber es kann auch zur Archivierung und/oder Löschung von Daten und/oder Funktionen kommen. Auch bei der Software sollte ein 2nd Use mitberücksichtigt werden.

Die einzelnen Stufen des Produktlebenszyklus werden in den folgenden Abschnitten erläutert.

3.3.1 Produktdesign

Zu Beginn des Lebenszyklus wird die Software zunächst entworfen. Die Softwarearchitektur bestimmt maßgeblich die Umwelt- und sozialen Auswirkungen. Je komplexer und kurzlebiger und inkompatibler ein Softwareprodukt erdacht wird, desto größer die Auswirkungen auf natürliche Ressourcen. Den Softwarearchitekten kommt hier eine wichtige Rolle zu, Architekturen zu entwerfen, die Nachhaltigkeitsanforderungen genügen. Ein wichtiger Aspekt im Design von Software ist deren Einsatzzweck. Es ist zwingend notwendig, klare ethische Leitplanken zu setzen, um sicherzugehen, dass die Software nicht zum Schaden anderer eingesetzt werden kann. Hier mangelt es noch an einer gesetzlichen Grundlage.

3.3.2 Programmierung

Während der Programmierung kommt es zu Treibhausgasemissionen durch den Energieverbrauch beim Einsatz der Hardware, auf der programmiert wird. Wenn es auch nicht zu Kinderarbeit in diesem Bereich kommt, so ist zunehmend zu beobachten, dass sich ein Niedriglohnsektor herausbildet. Insbesondere für das Trainieren von Modellen (der KI) und für sonstige Programmierarbeiten werden vermehrt günstige „Clickworker" eingesetzt. Darunter versteht man eine hyperflexible Arbeitsform für Personen, die auf digitalen Plattformen kleine Arbeiten mithilfe ihres Smartphones oder Rechner übernehmen und dafür pro ausgeführte Aktion geringfügig entlohnt werden. Diese Menschen sind oftmals nicht ausreichend versichert, was Arbeitslosigkeit und etwaige Rentenansprüche betrifft. Darüber hinaus stehen oft Arbeitsaufwand und Entlohnung nicht angemessen im Verhältnis, sodass in vielen Fällen der Mindeststundenlohn weit unterschritten wird [27–29]. Als ein Beispiel ist der Text-Generator ChatGPT des US-amerikanischen Unternehmens OpenAI zu nennen. Arbeitskräfte aus Kenia mussten für einen geringen Tageslohn (2 Dollar pro Tag) aus dem Internet gesammelte Texte auf schädliche Inhalte hin untersuchen und die entsprechenden Stellen markieren. Daraus wurde dann ein Datensatz erstellt, mit dem die KI lernte, was „schädliche" Inhalte sind, damit Nutzer:innen nicht damit konfrontiert werden, wenn sie ChatGPT nutzen [30]. Die Erstellung von Software steht darüber hinaus unter einem enormen Druck hinsichtlich einer schnellen Fertigstellung. Daten- und Energiekosten für fehlerhafte oder „große" Programme werden in Kauf genommen. Überlegungen zu nachhaltiger Softwareprogrammierung (Green Coding) spielen daher selten eine Rolle in den Unternehmen.

3.3.3 Nutzung

Der Wunsch, dass der technologische Fortschritt zu einer „automatischen" Dematerialisierung führt, ist leider bis heute nicht in Erfüllung gegangen. Es kann zwar eine Verbesserung der Energieeffizienz unserer Hardware verzeichnet werden, jedoch führt der immer größer werdende Bedarf an Telekommunikation und Rechenzentren zu einer gegenläufigen Entwicklung [31]. Dieses Phänomen bezeichnet man als „Rebound-Effekt". Von Rebound-Effekten bei Effizienzsteigerungen spricht man, wenn die Effizienzsteigerung eine vermehrte Nachfrage bzw. Nutzung bewirkt und dadurch die möglichen Einsparungen beim Einsatz von Ressourcen nicht voll oder gar nicht ausgeschöpft werden [10].

Kommt die Energie für die Nutzung nicht aus erneuerbaren Energien, entstehen während der Nutzung von Software ebenfalls Treibhausgasemissionen. Studien sagen voraus, dass 2025 rund 21 % des weltweiten Energiebedarfs aufgrund der Nutzung von digitalen

Produkten anfallen wird, was einen Anteil von 8 % an den weltweiten Treibhausgasemissionen ausmacht [10, 32, 33]. Das Design der Software bestimmt maßgeblich diesen Verbrauch. Eine Hauptursache für den steigenden Energieverbrauch sind die Datenmengen, die erzeugt werden und auf Servern gespeichert oder verarbeitet werden. Es wird erwartet, dass bis 2025 circa 175 Zetabytes an Daten weltweit gemanagt werden müssen [34].

3.3.4 Archivierung und Löschung

Nicht mehr genutzte Daten werden in der Regel archiviert. Dies gilt insbesondere für Daten, die rechtliche und steuerliche Relevanz haben bzw. Aufbewahrungsfristen unterliegen. Auch dafür benötigen Unternehmen Hardware, die ebenfalls hergestellt werden muss. Aufgrund der stetig wachsenden Datenmengen wird es aus Gründen der Nachhaltigkeit aber auch aus Kostengründen notwendig, vermehrt über gezielte Löschkonzepte nachzudenken.

3.3.5 2nd Use

Für Software hat sich mittlerweile ein Markt etabliert, in dem gebrauchte Lizenzen gehandelt werden. Hier ergibt sich die Möglichkeit, wirtschaftlich schwache Organisationen bei der Digitalisierung zu unterstützen, indem sie die Lizenzen aus dem Re-Marketing für einen geringeren Preis erwerben können.

3.3.6 Service & Beratung (IT-Services)

IT-Services können Services die Hardware betreffend (wie z. B. Leasing inklusive Vor-Ort-Verbringung, Aufbau/Anschluss, Reparatur während der Laufzeit, Rücknahme und Entsorgung), oder aber Software-Services (wie z. B. Architektur und Design, Programmierleistung oder Customizing, Testing, Beratung) sein. In beiden Fällen kommt es darauf an, dass die IT-Service-Dienstleistungsbetriebe das Wissen zu den oben genannten Auswirkungen entlang der Schritte der Lebenszyklen von Hardware und Software kennen und die für ihre Dienstleistung passenden Schlüsse für die Nachhaltigkeit daraus ziehen und konsequent bei ihren Kunden anwenden.

Zu Beginn gibt es immer die Idee einer Dienstleistung oder aber den Bedarf eines Kunden, aufgrund dessen eine Dienstleistung neu entworfen wird. Die hier getroffenen Entscheidungen sowie der Wissenstand der Menschen, die die Dienstleistung entwerfen, bestimmen maßgeblich den Einfluss, den die Dienstleistung auf Mensch und Umwelt haben wird. Wie bei Software ist der Einsatzzweck – das Ziel –, das die Dienstleistung verfolgt, ein wichtiger Aspekt im Design. Es ist auch hier, mehr denn je geboten, klare ethische Leitplanken zu setzen, um sicherzugehen, dass die angebotene Dienstleistung nicht zum Schaden anderer eingesetzt werden kann bzw. deren Auswirkung vielleicht dem einen Kunden nutzt, aber anderen oder der Allgemeinheit schadet.

Während der Erbringung der Dienstleistung unterliegen die IT-Service-Anbieter den Auswirkungen und Zwängen der Lebenszyklen der Hardware und/oder Software. Sie sind daher diejenigen, die im Namen des Kunden, all die Aspekte während der Erbringung ihrer Dienstleistung berücksichtigen müssen. Des Weiteren sollten sie in der Lage sein, ihre Kunden hinsichtlich der Verbesserung derer Hardware- und Softwarelebenszyklen zu beraten. Dazu ist es notwendig, dass sie ihr Personal entsprechend ausbilden. Tatsächlich sind die IT-Serviceprovider diejenigen, die für die Nachhaltigkeit eine besonders wichtige Rolle spielen, da sie die Umsetzung der Digitalisierung in den Firmen maßgeblich mitprägen. Ihre Vorschläge und ihr eigenes gelebtes Verhalten färbt auf die Unternehmen entsprechend ab.

Alle Stufen im Produktlebenszyklus von Software haben einen Einfluss auf die Umwelt und auf soziale Faktoren. Im folgenden Abschnitt werden die Potentiale der Beschaffung für eine nachhaltige Digitalisierung aufgezeigt.

4 Was der Einkauf für eine nachhaltige Digitalisierung tun kann

Wie bereits in Abschn. 1 erwähnt, kann die nachhaltige Digitalisierung eines Unternehmens nicht ohne den Funktionsbereich der Beschaffung vorangetrieben werden. Der Einkauf muss den Überblick über die Hard- und Software sowie über die IT-Services haben. Es geht hier nicht alleine um die Kosten und den zeitlichen Aufwand, sondern auch darum, dass die gewonnenen Erfahrungen mit den Märkten den Bedarfsträger:innen und Entscheider:innen im Unternehmen als Informationsbasis dienen können. Es ist unabdingbar, dass der Einkauf stets die Entwicklungen im Blick hat und relevante Technologien kennt und versteht, nicht nur hinsichtlich ihrer Funktionen, sondern auch hinsichtlich deren Auswirkungen auf die drei Dimensionen der Nachhaltigkeit (Wirtschaftlichkeit, Umweltschutz, Sozialverträglichkeit).

Es ist für Unternehmen daher wichtig, ihre digitalen Warengruppen zu kennen. Entscheidungsträger:innen sollten sich einen Überblick über die Warengruppen verschaffen und sich im Rahmen der Erstellung einer Warengruppenstrategie intensiv mit dem Lebenszyklus der Produkte im Einsatz (Hard-, Software, IT-Services) auseinandersetzen. Auch das Wissen von Instituten, Vereinen und NGOs kann dazu herangezogen werden. Tab. 4 listet einige hilfreiche Quellen zur Wissensgenerierung auf. Erworbene Kenntnisse können dann in die nächste Bedarfsplanung und Ausschreibung einfließen und zu einem Mehrwert im Unternehmen führen.

Tab. 4 Hilfreiche Quellen zum Wissensaufbau in den digitalen Produktgruppen (© eco2050 Institut für Nachhaltigkeit – Institute for Sustainability GmbH; JARO Institut für Nachhaltigkeit und Digitalisierung e. V., 2023)

Hardware	Software und IT-Services
NGOs und weitere Electronics watch TCO Certified United Nations e-Waste Monitor	**NGOs und Weitere** Algorithm Watch IÖW – Institut für ökologische Wirtschaftsforschung GmbH Big Brother Watch
Gesetzliche Vorgaben und Richtlinien EU-Regeln und Design-Richtlinien EU-GPP (Green Public Procurement) Kriterien für die Beschaffung	**Gesetzliche Vorgaben und Richtlinien** Datenschutzgesetze, BSI Datenstrategie der Bundesregierung EU-Plattformregulierung KI-Strategie der Bundesregierung KI-Stellungnahme des Ethikrats
Praxisbeispiele AfB green & social IT Cloud & Heat Technologies GmbH Fairphone Shiftphone	**Praxisbeispiele** GFT Technologies SE Microsoft

Weitere Organisationen
BITKOM – Branchenverband der deutschen Informations- und Telekommunikationsbranche e. V.
BITMi – Bundesverband IT-Mittelstand e. V.
Bits und Bäume – Konferenz für Digitalisierung und Nachhaltigkeit
Borderstep Institut für Innovation und Nachhaltigkeit gemeinnützige GmbH
BVMW – Bundesverband mittelständische Wirtschaft – Unternehmerverband Deutschlands e. V
HPI – Hasso-Plattner-Institut
Kompetenzstelle Nachhaltige Beschaffung
Öko-Institut Freiburg e. V.
Potsdam-Institut für Klimafolgenforschung e. V.
The Shift Project
UBA – Umweltbundesamt
Wuppertal Institut für Klima, Umwelt, Energie gGmbH

5 Schlussbetrachtung, Empfehlungen und Ausblick

Entlang des Lebenszyklus der drei Produktgruppen gibt es für die erwähnten Problemfelder Lösungsansätze, die die Beschaffung aktiv nutzen kann. Zusammenfassend zeigt Abb. 6, welche Aktivitäten und Empfehlungen entlang der Lebenszyklen von Hard- und Software zu beachten sind.

Noch ist die Beschaffung von digitaler Infrastruktur und Services nicht nachhaltig. Zusätzlich zu Aspekten der Wirtschaftlichkeit müssen in Zukunft ebenfalls Umweltschutz

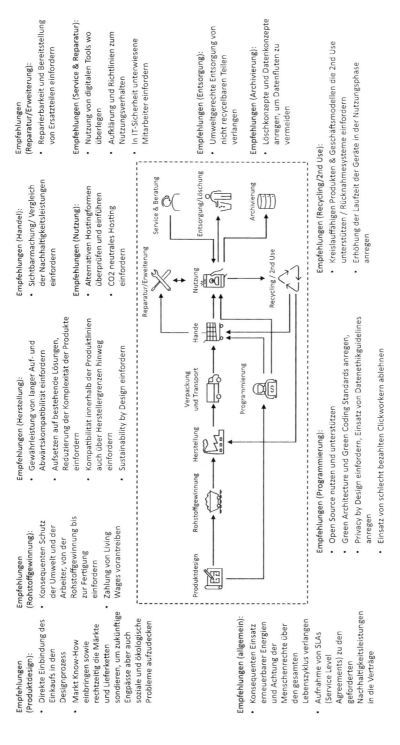

Abb. 6 Empfehlungen entlang des Produktlebenszyklus (Bildrechte: JARO Institut für Nachhaltigkeit und Digitalisierung e. V., 2023)

und soziale Belange bedacht werden. Zur Berücksichtigung von ethischen Grundsätzen wird oft von CDR (Corporate Digital Responsibility) gesprochen [17, 28, 35]. Auch Kreislaufwirtschaftsstrategien sollten auf allen Stufen der Produktlebenszyklen integriert werden. Es werden bisher weder anfallende Mengen an E-Waste noch eine generelle Kreislauffähigkeit der eingesetzten Materialien umfassend mitbetrachtet. Laut dem Bericht „Circularity Gap Report 2022" der Circle Economy [36] ist die Welt derzeit lediglich 8,6 % zirkulär. Die Kreislauffähigkeit aller Materialien müsste auf 17 % erhöht werden, damit die Erderwärmung deutlich unter 2 °C bleiben kann. Insgesamt würde eine Verdoppelung der Kreislauffähigkeit aller globalen Materialien die weltweiten Treibhausgasemissionen um 39 % senken. Bisher sind die von Digitalisierung ausgehenden Treibhausgasemissionen entlang der Lieferkette noch wenig berücksichtigt. Auch das Lieferkettengesetz geht darauf nicht ein. Dieses regelt, wie eine Risikobewertung hinsichtlich Menschenrechte und Umweltschutz entlang der Lieferkette aussehen soll. Unternehmen müssen Rechenschaft darüber ablegen, wie sie diesen negativen Effekten im Rahmen ihrer Entscheidungsfindungs- und Risikomanagementsysteme begegnen, um Risiken vorzubeugen oder abzuschwächen. Auch der Einsatz von unterstützender Software wird propagiert, jedoch nicht danach verlangt, dass diese selbst nachhaltig sein sollte. Gerade beim Vorantreiben der Schaffung von Transparenz in den Lieferketten ist die Software unabdingbar, daher ist es wichtig, Nachhaltigkeitsaspekte stringent mitzudenken.

Literatur

1. WBGU (Wissenschaftlicher Beirat der Bundesregierung Globale Umweltveränderungen) (2019) Hauptgutachten Unsere gemeinsame digitale Zukunft. Berlin
2. Barbian D (2001) Ökonomie und Sustainable Development – Entwicklung eines Ansatzes zur Umsetzung von Nachhaltigkeit. Shaker. Aachen
3. Hauff V (1987) Unsere gemeinsame Zukunft – Der Brundtland-Bericht der Weltkommission für Umwelt und Entwicklung. Eggenkamp. Greven
4. WCED (World Commission on Environment and Development) (1987) Our common Future. Oxford University Press. Oxford/New York
5. Elkington J (1997) Cannibals with Forks – the triple bottom line of 21st century business. Capstone. Oxford
6. Senge PM et al. (2011) Die notwendige Revolution – Wie Individuen und Organisationen zusammenarbeiten, um eine nachhaltige Welt zu schaffen. Carl-Auer. Heidelberg
7. Gabler-Wirtschaftslexikon (2019) ESG-Kriterien. Online: https://wirtschaftslexikon.gabler.de/definition/esg-kriterien-120056/version-369280 (abgerufen am 09.01.2024)
8. Vornholz G (1997) Zum Spannungsverhältnis von Ökonomie und Sustainable Development. In: Feser H-D, Hauff M von (Hrsg.) Neuere Entwicklungen in der Umweltökonomie und -politik. Regensburg: 39–56
9. Moore GE (1965) Cramming More Components onto Integrated Circuits. Electronics, 38, 114–117

10. The Shift Project (2019) Lean ICT – Towards Digital Sobriety. Online: https://theshiftproject.org/wp-content/uploads/2019/03/Lean-ICT-Report_The-Shift-Project_2019.pdf (abgerufen am 09.01.2024)
11. Hilty L et al. (2017) Kriterienkatalog für nachhaltige Software. Online: https://www.umwelt-campus.de/fileadmin/Umwelt-Campus/Greensoft/Kriterienkatalog_nachhaltige_Software_v01_2017-05-31.pdf (abgerufen am 09.01.2024)
12. Lange S, Santarius T (2018) Smarte grüne Welt? Digitalisierung zwischen Überwachung, Konsum und Nachhaltigkeit. Oekom. München
13. Spiekermann S (2019) Digitale Ethik: Ein Wertesystem für das 21. Jahrhundert. Droemer. München
14. Krüger J, Treu N (2019) Agenda für eine nachhaltige Digitalisierung. In: Höfner A, Frick V (Hrsg.) Was Bits und Bäume verbindet – Digitalisierung nachhaltig gestalten. Oekom. München: 137–143
15. Borderstep Institut für Innovation und Nachhaltigkeit (2019) Nachhaltige digitale Geschäftsmodelle. Start-ups als Motor, Fachforum 4 im Rahmen des Borderstep Impact Forums 2019. Berlin. Online: https://www.borderstep.de/nachhaltige-digitale-geschaeftsmodelle/ (abgerufen am 09.01.2024)
16. Vereinte Nationen (2023) Sustainable Development Goals. Online: https://www.un.org/sustainabledevelopment/ (abgerufen am 09.01.2024)
17. Dörr S (2020) Praxisleitfaden Corporate Digital Responsibility. Springer Gabler. Berlin.
18. Sühlmann-Faul F, Rammler S (2018) Der blinde Fleck der Digitalisierung – Wie sich Nachhaltigkeit und digitale Transformation in Einklang bringen lassen. Oekom. München
19. Gabler-Wirtschaftslexikon (2023) Produktrecycling. Online: https://wirtschaftslexikon.gabler.de/definition/produktrecycling-44335 (abgerufen am 09.01.2024)
20. Barbian D (2017) Our common WASTE – solutions for a sustainable society. In: Plöhn J, Chobanov G (Hrsg.) Sustainability and Welfare Policy in European Market Economies. Frankfurt am Main: 127–145
21. European Commission, Study on the Critical Raw Materials for the EU 2023 – Final Report. Brüssel: 20–24. Online: https://single-market-economy.ec.europa.eu/publications/study-critical-raw-materials-eu-2023-final-report_en (abgerufen am 14.04.2023)
22. Barbian D, Spiegel G, Bender K (2022) Digitalisierung nachhaltig gestalten – Utopie oder notwendige Bedingung für CSR? In: Herzner A, Schmidpeter R (Hrsg.) CSR in Süddeutschland. Management-Reihe Corporate Social Responsibility. Springer Gabler. Berlin, Heidelberg: 127–147
23. Hartmann E (2016) Wie viele Sklaven halten Sie? Über Globalisierung und Moral. Campus. Frankfurt am Main
24. BAFU (Bundesamt für Umwelt) (2019) Relevanzmatrix – Orientierungshilfe für Beschaffende und Bedarfsstellen. Methodenbericht zu den ökologischen und sozialen Kriterien. Bern. Online: https://www.bafu.admin.ch/dam/bafu/de/dokumente/wirtschaft-konsum/fachinfo-daten/relevanzmatrix.pdf.download.pdf/relevanzmatrix-gesamt.pdf (abgerufen am 09.01.2024)
25. McGovern G (2020) World Wide Waste – How digital is killing our planet – And what we can do about it. Silver Beach Publishing. Meath
26. Forti V et al. (2020) The Global E-waste Monitor 2020: Quantities, flows and the circular economy potential. United Nations University (UNU)/United Nations Institute for Training and Research (UNITAR) – co-hosted SCYCLE Programme, International Telecommunication Union (ITU) & International Solid Waste Association (ISWA), Bonn/Geneva/Rotterdam
27. Schneider-Dörr A (2019) Erwerbsarbeit in der Plattformökonomie – eine kritische Einordnung von Umfang, Schutzbedürftigkeit und arbeitsrechtlichen Herausforderungen. Working Paper der

Hans-Böckler-Stiftung, Nummer 116, Düsseldorf. Online: https://www.boeckler.de/fpdf/HBS-007097/p_fofoe_WP_116_2019.pdf (abgerufen am 09.01.2024)
28. Lautermann C, Frick V (2022) Corporate Digital Responsibility – Wie Unternehmen im digitalen Wandel Verantwortung übernehmen. Schriftenreihe des IÖW, Berlin. Online: https://www.ioew.de/fileadmin/user_upload/BILDER_und_Downloaddateien/Publikationen/2022/Lautermann_Frick2022-CDR-Grundlagenstudie.pdf (abgerufen am 09.01.2024)
29. Hinsch W, Brandtstädter S (Hrsg.) (2022) Gefährliche Forschung? – Eine Debatte über Gleichheit und Differenz in der Wissenschaft. De Gruyter, Berlin/Boston
30. Leisegang D (2023) Prekäre Klickarbeit hinter den Kulissen von ChatGPT. Netzpolitik.org. Online: https://netzpolitik.org/2023/globaler-sueden-prekaere-klickarbeit-hinter-den-kulissen-von-chatgpt/ (abgerufen am 09.01.2024)
31. Fraunhofer IZM und Borderstep Institut für Innovation und Nachhaltigkeit (o. J.) Entwicklung des IKT-bedingten Strombedarfs in Deutschland (Abschlussbericht), Studie im Auftrag des Bundesministeriums für Wirtschaft und Energie Projekt-Nr. 29/14: 23–24
32. Edler A (2015) On global electricity usage of Communication Technology: Trends to 2030
33. Lange S, Pohl J, Santarius T (2020) Digitalization and energy consumption. Does ICT reduce energy demand? In: Ecological Economics 176. Online: https://www.sciencedirect.com/science/article/abs/pii/S0921800919320622 (abgerufen am 09.01.2024)
34. Koker M (2018) Weltweite Datenmengen sollen bis 2025 auf 175 Zetabytes wachsen – 8 mal so viel wie 2017. Wirtschaftswoche vom 27. November 2018. Online: https://blog.wiwo.de/look-at-it/2018/11/27/weltweite-datenmengen-sollen-bis-2025-auf-175-zetabyte-wachsen-8-mal-so-viel-wie-2017/ (abgerufen am 09.01.2024)
35. CDR Building Bloxx (2023) Corporate Digital Responsibility. Online: https://www.cdr-building-bloxx.com/cdr-building-bloxx-framework/ (abgerufen am 09.01.2024)
36. Circle Economy (2022) Circularity Gap Report. Online: https://www.circularity-gap.world/2022 (abgerufen am 09.01.2024)

Dr. Dina Barbian ist Geschäftsführerin des im Jahr 2012 gegründeten eco2050 Institut für Nachhaltigkeit in Nürnberg. Dessen Kernkompetenzen liegen u. a. in der Forschung und Beratung zu einer nachhaltigen Digitalisierung sowie in der Berechnung von CO_2-, Wasser-, Abfall- und Land-Fußabdrücken.

Frau Barbian ist Wirtschaftsingenieurin, hat in Volkswirtschaftslehre zum Thema Nachhaltigkeit promoviert und lehrt die Fächer Digitalisierung & Nachhaltigkeit, Nationale Nachhaltigkeitsstrategien und Supply Chain Management.

Steffi Kirchberger ist Mitgründerin des JARO Institut für Nachhaltigkeit und Digitalisierung e. V. und Geschäftsführerin der JARO Services GmbH. Sie ist Mitglied der Expertengruppe für nachhaltige Digitalisierung und im Präsidium des Bundesverband IT-Mittelstand e. V. (BITMi). Im Rahmen ihrer Arbeit beschäftigt sie sich mit dem Lebenszyklus und den negativen Auswirkungen von Software und Hardware auf Umwelt und Gesellschaft und wie diese in der Praxis minimiert werden können.

Besondere Herausforderungen bei der Implementierung nachhaltiger Beschaffung im öffentlichen Sektor

Alessa Kozuch, Christian von Deimling, Michael Eßig und Markus Amann

1 Auslöser, Hebel und Treiber der nachhaltigen öffentlichen Beschaffung

1.1 Klimaentwicklung als Auslöser und Treiber einer nachhaltigen öffentlichen Beschaffung

Das Bewusstsein für die Herausforderungen und die Bedeutung nachhaltigen Wirtschaftens hat in den letzten Jahren stetig zugenommen. Seit der Industrialisierung ist ein Anstieg der globalen Durchschnittstemperatur zu beobachten – um mehr als 1,2 °C im Zeitraum von 1880 bis 2020 [16]. Während die Auswirkungen der menschlichen Eingriffe bis zum Beginn der Industrialisierung noch auf lokaler Ebene zu beobachten waren, führen sie nun zu überregionalen und globalen Veränderungen im Stoffhaushalt der Atmosphäre. Prognosen zufolge werden die natürlichen Ressourcen und das Ökosystem der Erde der globalen Entwicklung nicht standhalten können [49]. Um die weitere Entwicklung menschlicher Gesellschaften und die Erhaltung des Erdsystems in einem widerstandsfähigen und anpassungsfähigen Zustand miteinander zu verbinden, entwickelten Rockström et al. das Konzept der planetaren Belastbarkeitsgrenzen [36].

A. Kozuch (✉) · C. von Deimling · M. Eßig · M. Amann
Arbeitsgebiet Beschaffung, Universität der Bundeswehr München, Neubiberg, Deutschland
E-Mail: alessa.kozuch@unibw.de

C. von Deimling
E-Mail: c.von.deimling@unibw.de

M. Eßig
E-Mail: michael.essig@unibw.de

Wissenschaftlich begründete Schwellenwerte bilden Indikatoren für die Störung des Erdsystems durch den Menschen, bei deren Überschreitung die Funktionsweise des Planeten wesentlich verändert werden kann. In zwei der neun definierten Bereiche, „genetische Vielfalt" und „biogeochemische Flüsse" (Phosphor und Stickstoff), sind diese Grenzen bereits überschritten, sodass ein hohes Risiko gravierender Folgen besteht; in den Bereichen „Landnutzungswandel" und „Klimawandel" wurde der Grenzbereich erreicht, sodass von einem erhöhten Risiko gesprochen wird [9, 41]. Bei der Interpretation dieser Grenzen ist jedoch zu beachten, dass das Konzept nach dem Vorsorgeprinzip funktioniert [36] und im Klimasystem keine einfache Ursache-Wirkungs-Kette vorliegt [49], was die Einschätzung tatsächlicher Auswirkungen erschwert.

Ohne das Fundament einer stabilen Umwelt und intakten Natur sind auch soziale und ökonomische Entwicklungsziele, wie gesunde Lebensbedingungen zu schaffen, Armut zu beenden, gesellschaftliche und wirtschaftliche Stabilität zu ermöglichen, Gerechtigkeit und Frieden zu fördern sowie Lebensqualität und Wohlstand zu erhalten, schwer zu erreichen [9, 41]. Die Einbettung der Wirtschaftssysteme und Gesellschaften in die Biosphäre bringt eine Abhängigkeit von deren Erhalt mit sich, sodass eine Entwicklung innerhalb der planetaren Belastbarkeitsgrenzen erfolgen muss. Die Forschung im Bereich des nachhaltigen Managements von Organisationen hat eine Vielzahl von Instrumenten und Ansätzen entwickelt und etabliert, wobei ebenso ein großer Schwerpunkt auf den Umweltaspekten der Nachhaltigkeit liegt [33]. Als Kenngrößen ökologischer Nachhaltigkeit wurden beispielsweise Biodiversität, Landnutzung, Zertifizierungen, Schadstoffausstoß, Energieeffizienz, Recycling oder Wasserverbrauch identifiziert.

Aus diesem Konzept und seinen ökologischen Grenzwerten auf der einen Seite und den ökonomischen und sozialen Interdependenzen auf der anderen Seite werden zwei Aspekte sichtbar: Nachhaltigkeit muss wirksam sein und Nachhaltigkeit muss in organisationsübergreifenden Wertschöpfungsketten stattfinden. Um den globalen Entwicklungen entgegenzuwirken, müssen auch die einzelnen Akteure der Lieferketten Nachhaltigkeit als festen Bestandteil in der Organisation verankern [18]. Dem Beschaffungsteil der Lieferkette kommt in diesem Zusammenhang eine besondere Bedeutung zu, da er in der Regel für einen größeren – und vor allem vor dem Hintergrund globaler Lieferketten auch „nachhaltigkeitssensibleren" – Teil der gesamten Wertschöpfung unter Umweltgesichtspunkten verantwortlich ist. Zudem hat die Beschaffung durch den Einfluss auf Lieferanten, nachhaltige Praktiken einzuführen, eine wesentliche Steuerungsfunktion [37]. Dies betrifft insbesondere auch den öffentlichen Sektor, dessen Institutionen in Deutschland jährlich rund 350 Mrd. EUR für die Beschaffung von Gütern und Dienstleistungen ausgeben [19]. In Anbetracht der wirtschaftlichen Bedeutung der öffentlichen Hand wird ihr eine wesentliche Nachfragerolle zugesprochen, um im Beschaffungsmarkt als Wachstumstreiber nachhaltige, d. h. umweltfreundliche und sozial verantwortungsbewusste Produkte und Dienstleistungen im großen Umfang zu fördern. Zudem obliegt öffentlichen Auftraggebern das Einnehmen einer Vorbildrolle für eine sozial-ökologische Transformation der Wirtschaft [10].

1.2 Öffentliche Beschaffung als Transformationshebel

Die Hebelfunktion der öffentlichen Beschaffung für eine Transformation hin zu nachhaltigem Wirtschaften wird von politischer Seite erkannt und gefördert. Die Umweltorientierung des öffentlichen Beschaffungswesens als Ziel hob die EU erstmals 2003 in einer Aufforderung der Mitgliedsstaaten zur Veröffentlichung nationaler Aktionspläne hervor [20]. In der „Richtlinie über die öffentliche Auftragsvergabe" von 2004 wurde die Einbeziehung von Umweltschutzaspekten in das öffentliche Auftragswesen gefordert. Nachdem bis Anfang 2008 nur 14 der Mitgliedsstaaten nationale Aktionspläne verabschiedet hatten, veröffentlichte die Europäische Kommission 2008 die Mitteilung „Public Procurement for a better environment", mit dem Ziel, bis 2010 bei 50 % der öffentlichen Ausschreibungen grüne Kriterien zu berücksichtigen [29]. Dieser Beschaffungsfokus auf der Erhaltung der Biosphäre wird von der Europäischen Kommission konkret der „grünen" öffentlichen Beschaffung zugeordnet (Green Public Procurement = GPP) und als Prozess definiert, bei dem Behörden versuchen, Waren, Dienstleistungen und Bauleistungen zu beschaffen, die während ihres gesamten Lebenszyklus geringere Umweltauswirkungen haben als andere mit derselben Hauptfunktion [29]. Mit Artikel 67 Abs. 2 RiLi 2014/24/EU eröffnete die EU-Regulierung 2014 als Grundlage des deutschen Vergaberechts die Möglichkeit, Zuschläge auf Basis des „optimalen Preis-Leistungs-Verhältnisses" zu erteilen und damit einen umfassenderen wirtschaftlichen, ökologischen und sozial-gesellschaftlichen Nutzen zu generieren. Diesen, im Vergleich zu GPP breiter gefassten Ansatz, bezeichnet die europäische Kommission als nachhaltige öffentliche Beschaffung (Sustainable Public Procurement = SPP). Sie definiert SPP als einen Prozess bei dem Behörden versuchen, bei der Beschaffung von Waren, Dienstleistungen und Bauleistungen in allen Projektphasen ein angemessenes Gleichgewicht zwischen den drei Säulen der nachhaltigen Entwicklung (Wirtschaft, Soziales und Umwelt) zu erreichen [21].

In den letzten Jahren sind immer höhere politische Ambitionen zur nachhaltigen öffentlichen Beschaffung auf allen Aktionsebenen zu beobachten. 2015 wurde durch die Staats- und Regierungschefs der Vereinten Nationen die Entwicklungsagenda 2030 mit 17 Zielen der nachhaltigen Entwicklung (Sustainable Development Goals = SDGs) veröffentlicht. Mit dem Ziel 12 zu nachhaltigen Konsum- und Produktionsmustern wird auch konkret die „Förderung einer nachhaltigen Beschaffung im öffentlichen Sektor" adressiert [45]. Die SDGs der UN bilden auch die Grundlage der 2016 veröffentlichten und 2021 weiterentwickelten deutschen Nachhaltigkeitsstrategie (DNS) [17], ebenso wie für verschiedene Landesnachhaltigkeitsstrategien, wie z. B. in den Ländern Brandenburg, Bremen und Hamburg [6, 31, 38]. Der aktuelle Koalitionsvertrag der Bundesrepublik bezieht sich konkret auf das Schaffen sicherer Absatzmärkte durch Mindestquoten in der öffentlichen Beschaffung (SPD, Bündnis 90/Die Grünen, FDP 2021 [40]), wie für die Beschaffung von Fahrzeugen bereits durch das Gesetz über die Beschaffung sauberer Straßenfahrzeuge (SaubFahrzeugBeschG) geregelt ist. Für die Umsetzung dieser Ambitionen muss eine Transformation des Vergaberechts erfolgen, weshalb durch das Bundesministerium für Wirtschaft und Klimaschutz (BMWK) von Dezember 2022 bis Mitte 2023 eine öffentliche Konsultation betroffener Organisationen, Unternehmen, Verbände sowie interessierter Bürgerinnen und Bürger durchgeführt wurde. Die ersten Ergebnisse dieser Umfrage wurden veröffentlicht und könnten zu einer deutlichen Veränderung in der öffentlichen Beschaffung führen.

1.3 Rechtlicher Rahmen als Voraussetzung der Implementierung einer nachhaltigen öffentlichen Beschaffung

Das Vergaberecht bietet auch jetzt schon Möglichkeiten für öffentliche Auftraggeber, Nachhaltigkeit in Vergabeverfahren zu integrieren. Gehörte Nachhaltigkeit mit ihren sozialen und ökologischen Zielen traditionell noch zu den sog. „vergabefremden Aspekten" [13] – weil vermeintlich nicht mit dem Wirtschaftlichkeitsziel vereinbar –, so wird sie heute als „strategisches Ziel" bzw. „strategische Aufgabe" verstanden [28]. Die Regelungen zur Umsetzung von Nachhaltigkeit aus der EU-Richtlinie, nach der öffentliche Aufträge an das wirtschaftlichste Angebot vergeben werden müssen, wurden mit der Novellierung des Vergaberechts in Deutschland im Jahr 2016 verabschiedet. Nachhaltigkeitskriterien können in Form von Eignungs- bzw. Ausschlusskriterien (§ 124 GWB) sowie im Rahmen der Bedingungen für die Auftragsausführung (§ 128 (2) GWB) integriert werden, aber auch neben dem Preis (oder den Kosten oder sogar den Lebenszykluskosten) in die Zuschlags- bzw. Bewertungskriterien inkludiert werden (§ 127 GWB, § 58 Abs. 2 und § 59 Abs. 1 VgV, § 43 Abs. 2–4 UVgO). Die Lebenszykluskosten können je nach Beschaffungsobjekt zum einen Anschaffungskosten, Nutzungskosten, Wartungskosten und Entsorgungs- oder Recyclingkosten, zum anderen aber auch externe Effekte (z. B. Umweltbelastungen durch Emissionen) beinhalten. In Deutschland gelten zudem seit 2020 das novellierte Kreislaufwirtschaftsgesetz (KrWG) mit konkreten Bevorzugungspflichten klimafreundlicher Leistungen für die öffentliche Hand (§ 45 KrWG) sowie seit 2022 die AVV Klima (Allgemeine Verwaltungsvorschrift zur Beschaffung klimafreundlicher Leistungen), die für Dienststellen des Bundes neue Vorgaben zum Einbezug von Nachhaltigkeitskriterien enthält.

Dem jährlichen Bericht des United Nation Environment Programme aus 2022 sind politische Verpflichtungen, Ziele und Aktionspläne zum einen, verbindlich nachhaltige Beschaffungsregeln bzw. Gesetzgebung zum anderen als die beiden wichtigsten Faktoren zur Umsetzung der nachhaltigen Beschaffung zu entnehmen. Die Ergebnisse basieren auf einer Befragung von 322 Beschäftigten im Beschaffungs- oder Nachhaltigkeitsbereich [44]. Insbesondere vor dem Hintergrund des obersten Ziels der Vergaberechtskonformität im öffentlichen Sektor können die Regelungen als wesentliche Triebfedern gesehen werden. Die Nutzung der vergaberechtlichen Spielräume und

Verfolgung der weit darüber hinausgehenden politischen Ambitionen zur nachhaltigen öffentlichen Beschaffung obliegt jedoch letztendlich den öffentlichen Auftraggebern [34].

1.4 Verdacht auf ein Implementierungsdefizit der nachhaltigen öffentlichen Beschaffung

Inwiefern die durch Politik und Vergaberecht angestrebten Nachhaltigkeitsbemühungen tatsächlich Eingang in die Vergabeverfahren gefunden haben, wurde in den vergangenen Jahren in verschiedenen Ländern (Schweden, Finnland, Dänemark, Norwegen, Italien, Spanien, Belgien etc.) und zu verschiedenen Warengruppen (IT, Reinigung, Bau, Möbel etc.) anhand veröffentlichter Ausschreibungsunterlagen untersucht [23, 25, 27, 34, 35, 42, 50]. Obwohl sich diese Studien auf bestimmte Länder und Beschaffungsobjekte konzentrieren und zu unterschiedlichen Zeitpunkten durchgeführt wurden, kamen sie alle zu dem ähnlichen Ergebnis, dass Umwelt- oder Nachhaltigkeitskriterien noch nicht als integraler Bestandteil öffentlicher Ausschreibungen etabliert sind.

Das Umweltprogramm der Vereinten Nationen von 2017 [43] lieferte weitere Indizien zum noch wenig ausgeschöpften Potential der Implementierung nachhaltiger öffentlicher Beschaffung. Die Fortsetzung der UN-Berichterstattung verzeichnete 2022 zwar Fortschritte in der Verwendung von Nachhaltigkeitskriterien, zeigte jedoch nach wie vor geringe Verankerungen von Nachhaltigkeit in Zuschlagskriterien und einen Mangel an Monitoring-Maßnahmen auf [43]. Der Bericht der Vergabestatistik des BMWK für das erste Halbjahr 2021 bestätigt diese Beobachtung auch für die öffentliche Auftragsvergabe in Deutschland – in 12,4 % der Aufträge oder Konzessionen wurden Nachhaltigkeitskriterien berücksichtigt [11], in lediglich rund 4 % der Vergaben wurde Nachhaltigkeit auch in den Zuschlagskriterien inkludiert. Der Großteil der Kriterien wurde in der Leistungsbeschreibung verankert, was nicht zu einem Nachhaltigkeitswettbewerb unter den Anbietern führt. Der Berichtszeitraum von sechs Monaten kann jedoch noch nicht als repräsentativ angesehen werden.

2 Implementierung von Nachhaltigkeit in die öffentliche Beschaffung

2.1 Grundsätze zur Implementierung nachhaltiger öffentlicher Beschaffung

Für öffentliche Auftraggeber stellt sich die Frage, wie sich Nachhaltigkeit konkret in der Organisation manifestieren lässt [46]. Sönnichsen & Clement zufolge bedarf es insbesondere ausreichend finanzieller und personeller Ressourcen. Um deren Verfügbarkeit und den entsprechenden Einsatz langfristig gewährleisten zu können, muss eine Verankerung

Abb. 1 Modell zur Implementierung nachhaltiger öffentlicher Beschaffung. (Eigene Darstellung)

des Nachhaltigkeitsgedankens in der Organisationskultur und der Beschaffungsstrategie erfolgen [39]. Für eine Wirksamkeit der formulierten Strategie sind daraus abgeleitete Handlungsmaßnahmen entscheidend [34]. D´Agostini et al. zufolge fallen darunter beispielsweise die Durchführung einer Lebenszykluskostenanalyse, die Auswahl nachhaltiger Lieferanten, die Spezifikation nachhaltiger Lieferungen und Leistungen sowie Tätigkeiten der Wiederverwertung und Wiederverwendung [15]. Öffentlich sichtbar wird die Anwendung dieser Maßnahmen in Form konkreter Kriterien im Vergabeverfahren [27]. Der Erfolg der Implementierung schlägt sich im Zuschlag tatsächlich nachhaltigerer Angebote nieder, d. h. in der Verbesserung der ökologischen, ökonomischen und sozialen Beschaffungsleistung [26]. Zusammenfassend lässt sich die Implementierung anhand eines dreistufigen Modells nachzeichnen (Abb. 1).

1) Policy/Strategy – Nachhaltigkeit wird innerhalb der beschaffenden Organisation konzeptualisiert, in der Organisationskultur verankert und in einer Beschaffungsstrategie formuliert [39].
2) Practices – Entsprechend der jeweiligen Strategie wird Nachhaltigkeit im Rahmen konkreter Maßnahmen umgesetzt, die sich insbesondere auf den Beschaffungsprozess bzw. das Vergabeverfahren beziehen [34]. Die Sichtbarkeit des Implementierungsergebnisses erfolgt in Form konkreter Kriterien im Vergabeverfahren bzw. den Ausschreibungsunterlagen [1, 5, 27].
3) Performance – Die Leistung der Implementierung nachhaltiger öffentlicher Beschaffung in Policy, Strategie und Praktiken schlägt sich im tatsächlichen Zuschlag nieder [26].

Im Rahmen der „Practices" können unter anderem ökologische Beschaffungskriterien integriert werden, welche auch als „öko", „grün", „umweltfreundlich" oder „umweltbewusst" bezeichnet werden [3, 7, 47]. Ökonomische Kriterien, welche qualitatives Wachstum zur Steigerung der Wohlfahrt bzw. der Verbesserung der Lebensqualität anstreben, z. B. durch Steigerung der Kosteneffizienz, Erhöhung der Gewinne, operative Stabilität und Risikominderung [32] sowie soziale Kriterien, die auf eine Verbesserung von sozialer Gerechtigkeit, Vielfalt, Arbeitsbedingungen und Menschenrechte abzielen, eine stärkere Beteiligung der Gemeinschaft und deren wirtschaftliche Entwicklung ersuchen, z. B. durch Bevorzugung kleinerer und/oder lokaler Unternehmen, sind weitere wichtige Kriterien. Soziale Beschaffungskriterien werden auch als „gerecht", „fair" oder „verantwortlich" bezeichnet [7, 47]. Neben der inhaltlichen Ausgestaltung der Kriterien muss auch eine Entscheidung bzgl. der betreffenden Verfahrensstufe getroffen werden.

2.2 Implementierung von Nachhaltigkeit in unterschiedliche Verfahrensstufen

Vergaberechtlich sind mehrere Verfahrensstufen für die Integration von Nachhaltigkeitskriterien vorgesehen mit unterschiedlichen Auswirkungen des ausgewählten Nachhaltigkeitskriteriums auf die letztendliche Lieferantenauswahl:

a) die Verankerung von Nachhaltigkeitsaspekten in den Eignungsbedingungen, die der Auftragsgegenstand (Spezifikationskriterium) oder die den Auftragsgegenstand anbietende Organisation (Qualifikationskriterium) erfüllen müssen („Muss-Kriterien");
b) die Verankerung von Nachhaltigkeitsaspekten in den Zuschlags- oder Bewertungskriterien, die der Auftragsgegenstand oder die anbietende Organisation idealerweise erfüllen sollte, um die Chance auf den Zuschlag zu erhöhen („Kann-Kriterien");
c) sowie die Verankerung von Nachhaltigkeitsaspekten in den Ausführungsbedingungen, die sich häufig aus den Eignungsbedingungen heraus ergeben und verpflichtend eingehalten werden müssen [27, 34].

Die Ausformulierung und Mitteilung der Kriterien an potentielle Bieter erfolgt bei der Erstellung und Veröffentlichung der Ausschreibungsunterlagen [8]. Mittels der Eignungskriterien wird eine Vorauswahl der eingegangenen Angebote getroffen, bevor die Zuschlagskriterien die Entscheidung der tatsächlichen nachhaltigen Lieferantenauswahl treffen. Bei der Ermöglichung eines echten Nachhaltigkeitswettbewerbs, durch den sich besonders nachhaltige Bieter profilieren können, sind die Zuschlagskriterien eine wesentliche Stellschraube. Nachhaltige Lieferantenauswahl stellt daher eine erfolgsorientierte Sichtweise der SPP-Implementierung dar. Potentielle Lieferanten erhalten echte Anreize, ihre Produktionstechnologie, den Produktionsprozess oder das Produkt selbst zu ändern, um die geforderten Nachhaltigkeitskriterien zu erfüllen, was zu einer Stimulierung des Marktes in Richtung nachhaltigerer Produkte führt [1]. Der Fokus auf nachhaltige Zuschlagskriterien kann als höchste Form der SPP-Implementierung angesehen werden.

3 Empirische Befunde zur Implementierung nachhaltiger öffentlicher Beschaffung

Um die Implementierung tatsächlich untersuchen zu können, ist die Gewinnung empirischer Daten notwendig. Aussagekräftige Ergebnisse aus realen Daten zur Wirksamkeit der nachhaltigen öffentlichen Beschaffung genügen zudem den Anforderungen an Objektivität, Validität und Reliabilität. Die Datengewinnung aus Vergabeakten der Vergangenheit und Gegenwart erfasst das tatsächliche Vergabeverhalten mit minimierten subjektiven Verzerrungseffekte anhand einerseits archivierter und andererseits aktuell veröffentlichter Vergabedokumente. Inwiefern nachhaltige öffentliche Beschaffung in der tatsächlichen Beschaffungspraxis bereits manifestiert ist und sich die Implementierung auch empirisch belegen lässt, soll daher im folgenden Abschnitt in zwei Teiluntersuchungen analysiert werden (Abb. 2).

1) Die erste Teiluntersuchung nimmt dabei bereits abgeschlossene Vergabeverfahren in den Blick und analysiert sowohl die Ausschreibungsunterlagen als auch die eingegangenen Angebote und den letztendlichen Zuschlag (Fokus auf der „Performance").
2) Die zweite Teiluntersuchung widmet sich aktuell laufenden Vergabeverfahren und analysiert die Ausschreibungsunterlagen hinsichtlich ökologischer Nachhaltigkeitskriterien in der Tiefe (Fokus auf den „Practices").

3.1 Teiluntersuchung 1: Untersuchung von abgeschlossenen Vergabeverfahren

Im Rahmen der ersten Teiluntersuchung wurden Vergabeakten aus den Ländern Deutschland, Großbritannien, Niederlande und Österreich aus dem Ausschreibungszeitraum zwischen 2007 und 2009 im Hinblick auf die Berücksichtigung von Umweltschutz und

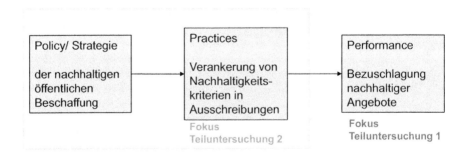

Abb. 2 Einordnung der Teiluntersuchungen. (Eigene Darstellung)

Tab. 1 Produktgruppen für die Auswahl der Vergabeakten

CPV-Code	Bezeichnung
18.000.000	Kleidung, Fußbekleidung, Gepäckartikel und Zubehör
30.000.000	Maschinen, Material und Zubehör für Büro und Computer, außer Möbeln und Softwarepaketen
31.000.000	Elektrische Maschinen, Geräte, Ausstattung und Verbrauchsartikel
32.000.000	Rundfunk- und Fernsehgeräte, Kommunikations- und Fernmeldeanlagen und Zubehör
39.700.000	Haushaltsgeräte
45.000.000	Bauarbeiten
55.500.000	Kantinen- und Verpflegungsdienste
90.900.000 & 98.310.000	Reinigungs- und Hygienedienste & Dienstleistungen von Wäschereien und chemischen Reinigungen

sozialen Aspekten analysiert. Die Ausschreibungen mussten zudem zu einer der festgelegten Produktgruppen gehören (Tab. 1). Innerhalb dieser Rahmenbedingungen erfolgte die Auswahl der 281 Vergaben zufällig.

Die Auswertung der mittels Vergabeaktenanalyse erhobenen Daten erfolgte durch die Strukturgleichungsmodellierung als ein statistisches Verfahren zur Identifikation von Abhängigkeiten zwischen nicht direkt beobachtbaren Konstrukten bzw. Variablen. Strukturgleichungsmodelle bestehen aus einem Messmodell und einem Strukturmodell [24]. Beide Modelle sind miteinander verknüpft und beruhen auf unterschiedlichen Variablentypen. Manifeste Variablen sind beobachtbar, können direkt gemessen werden und sind Bestandteil des Messmodells. Im Gegensatz dazu beinhaltet das Strukturmodell latente Variablen, welche nicht direkt beobachtbar und damit nicht direkt messbar sind [4]. Das Strukturmodell dient zur Bestimmung und Messung von Abhängigkeiten zwischen latenten endogenen und latenten exogenen Variablen. Der Einfluss der Policy und Practices auf die Performance der Auftragsvergabe stellt eine Korrelation zwischen zwei latenten Variablen des Strukturmodells dar, wobei „Einbeziehung politischer Ziele durch den Zuschlag" als höchste Form der Implementierung der latenten endogenen Variable entspricht. Die Datenerhebung orientiert sich am obigen Modell und lässt sich untergliedern in die Analyse der Ausschreibungsunterlagen (Practices), die Analyse der eingegangenen Angebote (Supplier Readiness) und die Analyse des Zuschlags hinsichtlich von Indikatoren für eine nachhaltige Entwicklung (Performance) (Abb. 3).

Das Messmodell bildet den Zusammenhang zwischen latenten Variablen und deren Indikatoren ab. Die Indikatoren basieren auf der Policy bzw. Strategie zur nachhaltigen öffentlichen Beschaffung des jeweiligen Auftraggebers und lassen sich in die Bereiche umweltbewusste öffentliche Beschaffung (Ökologie) und sozial verantwortliche

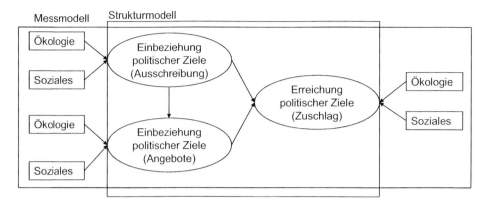

Abb. 3 Untersuchungsmodell. (Eigene Darstellung)

öffentliche Beschaffung (Soziales) unterteilen. Zu den Indikatoren, die eine umweltbewusste öffentliche Beschaffung abbilden, zählen die Gewährleistung der Vielfältigkeit, Verringerung der Emissionen in Luft und Wasser, Reduzierung des Energie-, Wasser- und Chemikalienverbrauchs sowie des Abfallaufkommens [29]. Indikatoren für sozial verantwortliche öffentliche Beschaffung sind die Förderung von Beschäftigung, menschenwürdiger Arbeit, sozialer Eingliederung und Zugänglichkeit für alle Personen (besonders Personen mit Behinderung), die Mittelstandsförderung, die Betrachtung von ehrlichem Handel (Fair Trade) sowie die freiwillige Einhaltung von CSR-Standards [22].

Zudem werden im Untersuchungsmodell moderierende Effekte berücksichtigt, wie z. B. Innovationsindikatoren (Nutzung der funktionalen Leistungsbeschreibung, Zulassung von Nebenangeboten und die Betrachtung von Lebenszykluskosten sowie die Anwendung der vorkommerziellen Auftragsvergabe), Charakteristika des Produkts bzw. der Dienstleistung und der Bieter, die Vergabeart, die Einordnung nachhaltiger Indikatoren in der Ausschreibung sowie die Charakteristika der Vergabestelle (Abb. 4).

Die Überprüfung des Untersuchungsmodells erfolgt mithilfe der Software Smart-PLS bzw. der Partial-Least-Squares-Methode, einem varianzbasierten Vorgehen im Rahmen der Strukturgleichungsmodellierung [14]. Die Analyse der 281 gesichteten Vergabeakten ergab, dass die Integration von umweltfreundlichen Aspekten in Ausschreibungen einen moderaten Einfluss (ß = 0,60) auf das Verhalten potentieller Lieferanten hat, da diese dadurch ökologischere Produkte und Dienstleistungen anbieten (Abb. 5). Die Einbeziehung umweltfreundlicher Aspekte in den Angeboten ist nur zu 36 % ($R^2 = 0,36$) auf die Forderung nach ökologischen Aspekten in Ausschreibungen zurückzuführen. Damit beeinflussen andere Faktoren wie die Unternehmensphilosophie oder produktspezifische Eigenschaften zu 64 % das Umweltbewusstsein potentieller Lieferanten.

Bei der Betrachtung der Relation zwischen den Practices „Einbeziehung ökologischer Ziele (Ausschreibung)" und der Performance „Erreichung ökologischer Ziele (Zuschlag)" mit Bezug zur umweltbewussten öffentlichen Beschaffung ist ein moderater Einfluss (ß

= 0,19) der Ausschreibung auf den Zuschlag erkennbar. Im Gegensatz dazu stellt die Berücksichtigung ökologischer Kriterien in Angeboten durch die Bieter eine wichtige Rolle für den Zuschlag (Performance) umweltschonender Produkte bzw. der Dienstleistungen dar (ß = 0,54). Der Beschaffungsprozess, bestehend aus der Ausschreibungs- und Angebotsphase, hat einen tatsächlichen Einfluss von 45 % (R^2 = 0,45) auf ein umweltfreundlicheres Beschaffungsergebnis.

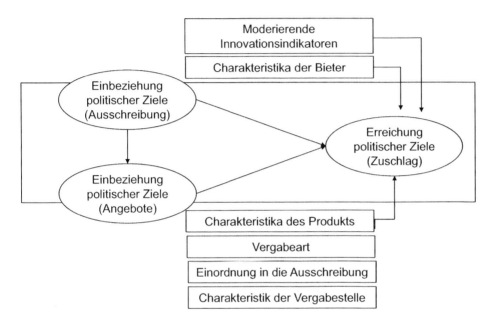

Abb. 4 Strukturmodell mit moderierenden Variablen. (Eigene Darstellung)

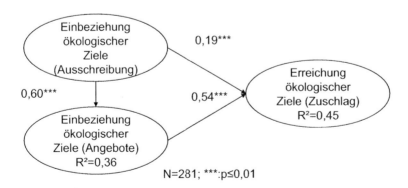

Abb. 5 Effekte bei der Berücksichtigung ökologischer Kriterien im öffentlichen Beschaffungsprozess. (Eigene Darstellung)

Es wurde davon ausgegangen, dass der nicht erklärte Anteil der Varianz von 55 % auf freiwillige ökologische Initiativen der Bieterunternehmen zurückzuführen sei. So hatten bspw. mehr als ein Viertel der beteiligten Unternehmen Umweltmanagementsysteme wie ISO 14001 von sich aus implementiert. Für viele Unternehmen erschien eine Einbeziehung umweltfreundlicher Aspekte in Angebote als selbstverständlich, da diese bereits Umweltzertifikate aus Eigeninitiative in ihre technischen Datenblätter integrierten. Aus Unternehmenssicht kann technologischer Fortschritt auch Kosteneinsparungen bedeuten, da bspw. bei intelligenten Verpackungssystemen sowohl der Verpackungsverbrauch als auch die Entsorgungskosten für Verpackungsabfälle negativ beeinflusst werden. Daher können Faktoren wie die intrinsische Motivation der Unternehmen einen größeren Effekt auf den Zuschlag haben als das Vergabeverfahren. Umweltfreundliche politische Ziele wirkten somit auf einen besser vorbereiteten Markt.

Bei der Betrachtung von moderierenden Faktoren, die zu einer Steigerung des Einflusses der ökologischen Kriterien als Practices auf die Performance führen können, stechen v. a. die Charakteristika der Vergabestelle mit einem stark signifikanten Effekt ($\beta = 0{,}42$) auf die Beziehung hervor. Diese Erkenntnis unterstützt die Existenz von Umweltmanagementsystemen der Unternehmen und deren intrinsische Motivation. Zudem hat auch die Wahl der Vergabeart einen positiven Einfluss ($\beta = 0{,}31$) auf das Beschaffungsergebnis. Öffentliche Ausschreibungen erzeugen den größten Wettbewerb unter Bietern und sind am geeignetsten, um den Einfluss der Practices auf die Performance zu erhöhen. Im Vergleich dazu ergab die Untersuchung keine signifikanten Effekte bezüglich der Innovationsindikatoren und der Charakteristika des Produktes, was aber auch auf die Stichprobenziehung zurückzuführen sein kann.

Nachdem das Untersuchungsmodell hinsichtlich umweltfreundlicher Kriterien analysiert wurde, soll in der Folge die Effektivität der Einbeziehung sozialer Kriterien in der Ausschreibung betrachtet werden. Die multivariate Analyse der Konstrukte „Einbeziehung sozialer Ziele (Ausschreibung)" und „Einbeziehung sozialer Ziele (Angebote)" verdeutlicht, dass die Ausschreibung (Practices) einen erheblichen Einfluss ($\beta = 0{,}77$) auf eingehende Angebote hat (Abb. 6). 59 % ($R^2 = 0{,}59$) der Einbeziehung sozialer Ziele in Angeboten ist auf die Berücksichtigung sozialer Ziele in Ausschreibungen zurückzuführen.

Zudem stellt das Konstrukt „Einbeziehung sozialer Ziele (Ausschreibung)" eine wesentliche Determinante für die „Erreichung sozialer Ziele (Zuschlag)" (Performance) dar. Der Effekt der „Einbeziehung sozialer Ziele (Angebote)", den Zuschlag zu ändern, ist hingegen nur moderat ($\beta = 0{,}37$). Durch den öffentlichen Einkaufsprozess insgesamt (Ausschreibung und Angebot) kann ein sozialverträglicheres Beschaffungsergebnis zu 81 % ($R^2 = 0{,}81$) erklärt werden. Damit wird die hohe Bedeutung von Vergabestellen im Hinblick auf die Beeinflussung von Beschaffungsmärkten bei sozialverträglicheren Produkten und Dienstleistungen deutlich, wenn soziale Kriterien in Ausschreibungen mit aufgenommen werden. Andere Faktoren, die sich auf das Beschaffungsergebnis zu sozialverträglicheren Produkten auswirken, scheinen mit einem nur 19-prozentigen Anteil an

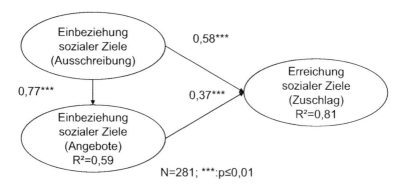

Abb. 6 Effekte bei der Berücksichtigung sozialer Kriterien im öffentlichen Beschaffungsprozess. (Eigene Darstellung)

nicht erklärter Varianz eine untergeordnete Rolle zu spielen. Es wurde vermutet, dass Unternehmen hinsichtlich sozialer Kriterien zum Zeitpunkt der Untersuchung noch nicht so weit entwickelt waren wie in Bezug auf ökologische Faktoren. Bspw. hatten nur 11 % der Bieter bei den untersuchten Vergabeverfahren ein Sozialmanagementsystem in ihrem Unternehmen implementiert.

Zusätzlich können innovationsfördernde Maßnahmen die Erreichung von sozialen Zielen im Zuschlag (Performance) moderat erhöhen ($\beta = 0{,}35$). Die Anwendung von Innovationsindikatoren, wie der Gebrauch funktionaler Leistungsbeschreibungen oder die Zulassung von Nebenangeboten, die den Innovationsfortschritt von Bietern berücksichtigen sollen, führen damit nicht nur zu innovativeren, sondern gleichzeitig auch zu sozialverträglicheren Beschaffungsergebnissen. Eine ähnliche Einflussnahme zeigte die Positionierung von sozialen Kriterien in der Ausschreibung ($\beta = 0{,}38$). Je mehr soziale Aspekte in die Ausschreibung integriert werden, desto eher wird ein sozialverträgliches Produkt beschafft. Produktcharakteristika, d. h. die Zugehörigkeit zu einer Produktgruppe, haben einen schwachen Einfluss ($\beta = 0{,}13$) auf das Beschaffungsergebnis hinsichtlich sozialer Ziele. Die gemessene Einflussnahme war bei Sachgüterbeschaffungen höher als bei Dienstleistungskäufen (bspw. Reinigungsdienstleistungen). Als mögliche Ursache wurde angenommen, dass Dienstleistungen größtenteils von Unternehmen ausgeführt werden, die im Inland ansässig sind. Zudem wurde davon ausgegangen, dass Unternehmen in den untersuchten Ländern wesentliche soziale Kriterien wie die Einhaltung von Menschen- und Arbeitsrechten berücksichtigten.

3.2 Teiluntersuchung 2: Untersuchungen von laufenden Verfahren im Oberschwellenbereich

Nachdem in der ersten Teiluntersuchung die Zusammenhänge zwischen Policy/Strategy, Practice und Performance überprüft wurden und insbesondere bei ökologischer Nachhaltigkeit die „Supplier Readiness" festgestellt werden konnte, soll im Rahmen der zweiten Teiluntersuchung innerhalb der Practices in die Tiefe gegangen werden. Der Fokus soll also auf einer ergebnisorientierten Sicht der „Practices" der Implementierung nachhaltiger öffentlicher Beschaffung liegen, um die Fähigkeiten des Bietermarktes auch abzurufen. Dafür wurden die Ausschreibungsunterlagen von 160 in den Jahren 2020 bis 2021 laufenden Vergabeverfahren ausgewählt und mit Fokus auf ökologische Nachhaltigkeit ausgewertet [30]. Die Untersuchung beschränkte sich auf die Warengruppe der Reinigungsleistungen, die zum einen aufgrund der chemischen Zusammensetzung [12, 43], zum anderen aufgrund der Coronapandemie als besonders relevant eingestuft wurde. Die Auswahl der 160 Verfahren erfolgte teils zufällig und teils aufgrund eines Anfangsverdachts, dass dort Nachhaltigkeitskriterien integriert sein könnten, weil die ausschreibenden öffentlichen Auftraggeber bereits durch eine Analyse der Metadaten der Vergabeverfahren in Zusammenhang mit nachhaltigen Zuschlagskriterien identifiziert wurden. Zu den untersuchten Ausschreibungsunterlagen gehören nach § 29 VgV alle der Bekanntmachung beigefügten Dokumente, wie die Angebotsaufforderung, die Leistungsbeschreibung oder das Leistungsverzeichnis, Bewertungsmatrizen sowie die Ausführungsbedingungen oder die Vertragsbedingungen. Diese Dokumente sind in der TED-Datenbank nur für laufende, offene Bekanntmachungen verfügbar, für die noch ein Angebot abgegeben werden kann. Die Dokumente wurden einzeln gelesen und nach den Schlüsselwörtern „umwelt*", „öko*", „kreisl*" und „nachh*" durchsucht.

Die einzelnen Ausschreibungen enthielten zwischen 2 und 212 Dokumente und zwischen 9 und 1040 Seiten insgesamt. So wurden insgesamt 4222 Dokumente mit 25.731 Seiten gesichtet. Bei der Analyse der Unterlagen wurden 69 verschiedene Dokumententypen wie Leistungsbeschreibungen, Eigenerklärungen zur Bietereignung, zu Bietergemeinschaften oder Unterauftragnehmern oder auch Bewertungsmatrizen kategorisiert. Insgesamt konnten in 153 von 160 Verfahren (und damit in 91 % der Verfahren) 1330 Textstellen mit einem Bezug zu Nachhaltigkeit identifiziert werden (Tab. 2).

Auf den ersten Blick sieht es also durchaus nach einer erfolgreichen Implementierung der ökologischen Nachhaltigkeit in der öffentlichen Beschaffung aus. Für die Auswertung wurden auch die jeweiligen Verfahrensstufen, die die Kriterien betreffen, herangezogen (Spezifikation, Qualifikation, Zuschlag, Ausführungsbedingung). Mit 669 beziehen sich die meisten der 1330 Textstellen zur Nachhaltigkeit auf die Spezifikation des Bedarfes, welche in Unterlagen wie Leistungsverzeichnissen, Eigenerklärungen und Produktdatenblättern zu finden sind. Die 331 Kriterien aus den Vertragsunterlagen beziehen sich auf die letzte Verfahrensstufe der Ausführungsbedingungen. Die Qualifikation des Bieterunternehmens in Bezug auf Nachhaltigkeit wird in 276 Textstellen überwiegend in

Tab. 2 Analysierte Ausschreibungsunterlagen

Messkategorie	Daten
Analysierte Verfahren	160
Ablaufdaten der Verfahren	15. April 2020–09. März 2021
Enthaltene Dokumentenanzahl (je Ausschreibung)	2–212
Enthaltene Seiten (je Ausschreibung)	9–1040
Enthaltene Dokumentenanzahl (Gesamt)	4222
Enthaltene Seiten (Gesamt)	25.731
Identifizierte Dokumententypen (Gesamt)	69
Identifizierte Nachhaltigkeitskriterien-Typen (Gesamt)	69
Enthaltene Textstellen mit Nachhaltigkeitsbezug (Gesamt)	1330

Eigenerklärungen und Leistungsbeschreibungen spezifiziert. All diese Textstellen dienen als Ausschlusskriterien, welche jedes Bieterunternehmen erfüllen muss. Auf den Zuschlag beziehen sich nur 54 der 1330 Nachhaltigkeitstextstellen (Abb. 7).

Inhaltlich betrachtet sind die Kriterien insbesondere in den Verfahrensstufen der Spezifikation, Qualifikation und Auftragsausführung allgemein gehalten. 192 der 1330 Kriterien nehmen Bezug auf die gegebenen gesetzlichen Anforderungen zum Umweltschutz, 146 beinhalten unspezifische Hinweise, dass „auf nachhaltige Reinigung geachtet werden soll" und weitere 146 erfordern die „Minimierung von Umweltauswirkungen", meist jedoch wiederum ohne diese Auswirkungen klar zu benennen oder die Minimierung gar zu quantifizieren. Konkreter wird es bei einigen Ausschreibungen, die bspw. ein Abfallsystem oder ein Umweltmanagementkonzept fordern oder bestimmte umweltgefährdende Reinigungsmittelinhaltsstoffe ausschließen (Abb. 8).

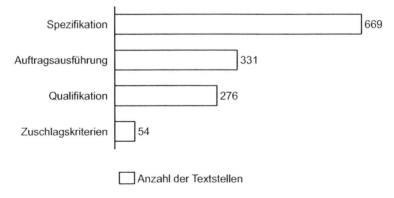

Abb. 7 Verteilung der Nachhaltigkeitskriterien auf die Verfahrensstufen. (Eigene Darstellung)

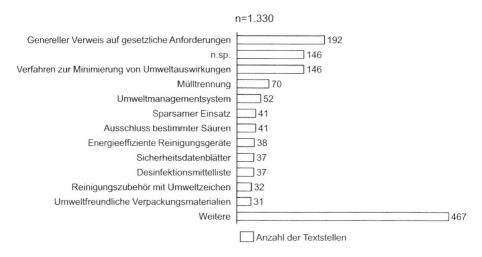

Abb. 8 Inhaltliche Verteilung der Nachhaltigkeitskriterien. (Eigene Darstellung)

Die 54 identifizierten Zuschlagskriterien mit Bezug zur Nachhaltigkeit verteilen sich auf nur 27 der 160 verschiedenen Vergabeverfahren. In den übrigen 133 untersuchten Vergabeverfahren wurde ausschließlich nach anderen Kriterien wie Preis und Qualität vergeben (wobei nicht bestritten werden soll, dass auch diese, indirekt positive Auswirkungen auf die ökologische Nachhaltigkeit haben können). In die Analyse wurden jedoch nur konkret benannte Umweltkriterien einbezogen. Der Preis war bei den meisten Ausschreibungsunterlagen das Hauptkriterium. Bei 39 Vergaben lag die Preisgewichtung bei 100 %, wodurch der günstigste Bieter bevorzugt wurde. Als zweithäufigstes Kriterium wurden die Reinigungsstunden gezählt, d. h. die zu einem Festpreis angebotene Reinigungszeit. Inhaltlich lassen sich die identifizierten Zuschlagskriterien auf 10 Kategorien verteilen. Mit Abstand am häufigsten werden ausgearbeitete Umweltmanagementsysteme mit mehreren Komponenten gefordert. Dazu können z. B. Kombinationen aus mehreren der aufgeführten Einzelmaßnahmen gehören, wie umweltfreundliche Inhaltsstoffe, Dosierhilfen, Zertifizierungen und Schulungen für umweltfreundliche Produktanwendung. Die Gewichtung der umweltfreundlichen Zuschlagskriterien lag zwischen 20 % und 0,59 %, wobei die durchschnittliche Gewichtung von 5 % die niedrigste unter allen identifizierten Kategorien der Zuschlagskriterien ist. Der Mittelwert der Gewichtung der Nachhaltigkeitskriterien liegt bei den 27 Verfahren, in denen diese verwendet wurden, bei nur 10,25 %. Der Mittelwert des Anteils an Nachhaltigkeit in den Zuschlagskriterien für alle 160 Verfahren liegt bei nur 1,73 %.

4   Diskussion und Fazit

Nachhaltigkeit gewinnt in der öffentlichen Beschaffung zunehmend an Bedeutung. Die Beschaffung kann einen wesentlichen Beitrag zum Erfolg der Organisationsstrategie für mehr ökologische und soziale Nachhaltigkeit leisten. Die Politik hat sich in der Zwischenzeit zu diesen Zielen global bekannt, bspw. durch das 2020 novellierte Kreislaufwirtschaftsgesetz, die seit 2022 in Kraft getretene AVV Klima oder das Lieferkettensorgfaltspflichtengesetz. Der rechtliche Rahmen für die Berücksichtigung ökologischer und sozialer Kriterien im Beschaffungsprozess des öffentlichen Sektors existiert.

Die Analyse der Vergabeakten in Deutschland, Großbritannien, Niederlande und Österreich aus den Jahren 2007 bis 2009 hat ergeben, dass die Einbeziehung ökologischer Kriterien in die Ausschreibung einen messbaren und signifikanten Einfluss auf das Beschaffungsergebnis ausübt. Die Effektivität umweltfreundlicher öffentlicher Beschaffung wurde als stark eingestuft, da fast 50 % des Beschaffungsergebnisses, also der Performance, durch die Ausschreibungs- und Angebotsphase beeinflusst wurde. Die andere Hälfte des Einflusspotentials wurde darauf zurückgeführt, dass Unternehmen mit ökologischen Kriterien vertraut waren und oftmals von sich aus, eine umweltschonende Orientierung anstrebten. Ökologische Ziele trafen schon zu dieser Zeit auf einen gut vorbereiteten Markt. Die Untersuchung der Vergabeakten hinsichtlich sozialer Kriterien zeigte, dass die Einflussnahme der Integration sozialer Kriterien in die Ausschreibung auf den Zuschlag stärker war als bei ökologischen Aspekten. Bei der Beschaffung sozialverträglicher Produkte oder Dienstleistungen konnten alleine Ausschreibungs- und Angebotsphase das Beschaffungsergebnis zu 80 % beeinflussen. Andere Faktoren, die Einfluss auf das Beschaffungsergebnis ausüben, wie die intrinsische Motivation der Bieter, spielen eine untergeordnete Rolle. Die „Supplier Readiness" für soziale Belange scheint geringer als für Ökologie gewesen zu sein. Das Einflusspotential sozial verantwortlicher, öffentlicher Beschaffung kann nur dann vollständig entfaltet werden, wenn Auftraggeber und Bieter gleichermaßen sicher mit sozialen Aspekten vertraut sind.

Obwohl zehn Jahre zuvor der Markt insbesondere aus ökologischer Perspektive bereits gut vorbereitet schien, zeigt die zweite Teiluntersuchung der Ausschreibungsunterlagen aus den Jahren 2020 bis 2021 weiterhin ein Implementierungsdefizit nachhaltiger öffentlicher Beschaffung auf. Mit nachhaltigen Zuschlagskriterien in 16 % der Verfahren und einer durchschnittlichen Gewichtung von unter 2 % kann keine Leistungsprofilierung durch besonders nachhaltig agierende Bieter erfolgen. Die Spezifikation als meistgewählte Phase zur Integration von Umweltkriterien muss jeder Bieter erfüllen. Die hier eingesetzten Kriterien beziehen sich weitgehend auf gesetzliche Anforderungen. Insbesondere produkt- bzw. leistungsbezogene konkrete Kriterien, bestenfalls mit Informationen der zu erbringenden Nachweise, um die Angaben der Bieterunternehmen auf ihre Richtigkeit überprüfen zu können, fehlen bisher. Eine Einbettung von Nachhaltigkeitsaspekten, auch als Ausschlusskriterien in die Spezifikations- oder Qualifikationsstufe, verhilft zu einem ersten Nachhaltigkeitsstandard bzw. einer Vorselektion besonders umweltkritischer

Angebote. Um jedoch die Bieterzahl und damit den Wettbewerb nicht zu stark einzuschränken, kann das Nachhaltigkeitsniveau der Leistung auf diese Weise nicht zu hoch angesetzt werden. Idealerweise werden die Kriterien folglich auf mehrere Verfahrensstufen verteilt. In der Zuschlagsphase können die Bewertungspunkte sowohl auf den Preis vergeben werden, um auch an dieser Stelle den Wettbewerb nicht außen vor zu lassen, als auch an das Nachhaltigkeitskonzept des Angebots. Dem Environment Programme der UN von 2022 zufolge stehen einer besseren Implementierung noch wesentliche Hürden im Wege. Dazu gehören insbesondere die Wahrnehmung, dass nachhaltige Produkte und Dienstleistungen teurer sind, das Fehlen verpflichtender Regeln und Gesetze für noch nachhaltigere Beschaffung, Fehlen stärkerer politischer und organisationaler Führung der SPP-Implementierung, konkurrierende Ziele der Beschaffung sowie fehlende Kompetenzen und Trainings [44].

Weiser et al. [48] argumentieren, dass es für eine verbesserte Implementierung eines kontinuierlichen Wechselspiels zwischen Konzeptualisierung und Umsetzung der jeweiligen Strategie bedarf, also eines stetigen Reflektierens des Policy- bzw. Strategy-Practice-Performance-Modells. Sönnichsen und Clement [39] plädieren für eine verbesserte Ausbildung und Qualifizierung der öffentlichen Einkäufer in Bezug auf Nachhaltigkeit. Um eine proaktive, strategische Position bei der Integration von Nachhaltigkeitsaspekten einnehmen zu können, bedarf es entsprechender Schulungen mit ausreichendem Wissen über Nachhaltigkeitsinstrumente. Darüber hinaus stellen sie fest, dass neben formalen Verträgen auch Beziehungsnormen von strategischer Bedeutung sind. So spielen neben der Anatomie der Lieferantenauswahl auch gemeinsame Beziehungswerte, die über formale Verträge hinausgehen, eine Rolle bei der Steuerung effektiver SPP-Prozesse. Der wettbewerbliche Dialog ermöglicht es dem öffentlichen Auftraggeber, bereits vor der eigentlichen Ausschreibungsphase Beziehungen aufzubauen. Die Kommunikation über formale Anforderungen kann und sollte mit den Auftragnehmern in der engeren Wahl vor und während des Ausschreibungsverfahrens stattfinden. Dieser Prozess kann das Vertrauen des Entscheidungsträgers stärken, indem wahrgenommene Risiken durch den Dialog gemildert werden [2].

Zukünftige Forschung sollte den strukturellen Forschungsstrom der Untersuchung von Ausschreibungsunterlagen und die adaptive Wende mit der Untersuchung der Anwendung von Entscheidungsfindungsmethoden kombinieren. Darüber hinaus würde eine Datenerhebung von öffentlichen Auftraggebern direkt durch Interviews den Erkenntnisfortschritt um die vermuteten Hindernisse und mögliche Wege zu ihrer Überwindung vorantreiben. Auch dies ist ein Ansatzpunkt für weitere Studien.

Literatur

1. Akenroye, Temidayo O.; Oyegoke, Adekunle Sabitu; Eyo, Ama Bassey (2013): Development of a framework for the implementation of green public procurement in Nigeria. In: *IJPM* 6 (1), Artikel 50607, S. 1. DOI: https://doi.org/10.1504/IJPM.2013.050607.

2. Alhola, Katriina; Ryding, Sven-Olof; Salmenperä, Hanna; Busch, Niels Juul (2019): Exploiting the Potential of Public Procurement: Opportunities for Circular Economy. In: *Journal of Industrial Ecology* 23 (1), S. 96–109. DOI: https://doi.org/10.1111/jiec.12770.
3. Amann, Markus; K. Roehrich, Jens; Eßig, Michael; Harland, Christine (2014): Driving sustainable supply chain management in the public sector. In: *Supply Chain Management: An International Journal* 19 (3), S. 351–366. DOI: https://doi.org/10.1108/SCM-12-2013-0447.
4. Backhaus, Klaus; Erichson, Bernd; Plinke, Wulff; Weiber, Rolf (2016): Multivariate Analysemethoden. Berlin, Heidelberg: Springer Berlin Heidelberg.
5. Badaso, Chalton Jillo (2014): Challenges of Implementing Procurement Policies in State Corporations in Kenya. In: *European Journal of Business and Management* (6), Artikel 3, S. 56–61.
6. Behörde für Umwelt, Klima, Energie und Agrarwirtschaft, Freie Hansestadt Hamburg (2017): Nachhaltigkeitsziele der Vereinten Nationen – Hamburgs Fahrplan zur Umsetzung.
7. Behravesh, Shirley-Ann; Darnall, Nicole; Bretschneider, Stuart (2022): A framework for understanding sustainable public purchasing. In: *Journal of Cleaner Production* 376, S. 134122. DOI: https://doi.org/10.1016/j.jclepro.2022.134122.
8. BMI (2011): UfAB – Unterlage für Ausschreibung und Bewertung von IT-Leistungen.
9. BMUV (2021): Planetare Belastbarkeitsgrenzen. Online verfügbar unter https://www.bmuv.de/themen/nachhaltigkeit-digitalisierung/nachhaltigkeit/integriertes-umweltprogramm-2030/planetare-belastbarkeitsgrenzen.
10. BMWK (2022a): Eröffnungsbilanz Klimaschutz. Online verfügbar unter https://www.bmwk.de/Redaktion/DE/Downloads/Energie/220111_eroeffnungsbilanz_klimaschutz.pdf?__blob=publicationFile&v=8.
11. BMWK (Hg.) (2022b): Vergabestatistik – Bericht für das erste Halbjahr 2021. Online verfügbar unter https://www.bmwk.de/Redaktion/DE/Publikationen/Wirtschaft/bmwk-vergabestatistik-2021.pdf?__blob=publicationFile&v=14.
12. Bogaschewsky, Ronald; Fischer, Jennifer; Blank, Felix (2019): Beschaffung biobasierter Produkte Studienergebnisse 2019 Auswertung öffentliche Auftraggeber. Projekt: Eine in der Breite verbesserte Zusammenführung von öffentlichen Auftraggebern und Anbieterunternehmen biobasierter Produkte in Deutschland. München (Pocket-Power).
13. Burgi, Martin (2001): Vergabefremde Zwecke und Verfassungsrecht. In: *NZBau - Neue Zeitschrift für Bau- und Vergaberecht* (2), S. 64–72.
14. Chin, Wynne W.; Newsted, Peter R. (1999): Structural Equation Modeling Analysis with small samples using partial least squares. In: Rick H. Hoyle (Hrsg.): Statistical strategies for small sample research. Thousand Oaks: Sage, S. 307–341.
15. D´Agostini, Marina; Goncalves Tondolo, Vilmar Antonio; Camargo, Maria Emília; dos Santos Dullius, Angela Isabel; Portella Tondolo, Rosana da Rosa; Leitao Russo, Suzana (2017): Relationship between sustainable operations practices and performance: a meta-analysis. In: *International Journal of Productivity and Performance Management* (66), Artikel 8.
16. Deutsche IPCC-Koordinierungsstelle (2022): Beitrag von Arbeitsgruppe I zum Sechsten IPCC-Sachstandsbericht, Zusammenfassung für die politische Entscheidungsfindung.
17. Die Bundesregierung (Hg.) (2021): Die deutsche Nachhaltigkeitsstrategie. Weiterentwicklung 2021. Wiesbaden.
18. Eccles, Robert; Miller Perkins, Kathleen; Serafeim, George (2012): How to become a sustainable company. In: *MITSloan Management Review* (53), Artikel 4.
19. Eßig, Michael; Schaupp, Markus (2016): Ermittlung des innovationsrelevanten Beschaffungsvolumens des öffentlichen Sektors als Grundlage für eine innovative öffentliche Beschaffung. Hg. v. Arbeitspapier Universität der Bundeswehr München.

20. Europäische Kommission (2003): GPP National Action Plans. Online verfügbar unter https://ec.europa.eu/environment/gpp/pdf/210406_GPP%20NAPs_April%202021.pdf, zuletzt geprüft am 13.02.2023.
21. Europäische Kommission (2023): Green and Sustainable Public Procurement. Online verfügbar unter https://ec.europa.eu/environment/gpp/versus_en.htm, zuletzt geprüft am 22.03.2023.
22. European Commission - DG Employment (2014): Corporate Social Responsibility National Public Policies in the European Union - Compendium 2014.
23. Fuentes-Bargues, José Luis; González-Cruz, Mª Carmen; González-Gaya, Cristina (2017): Environmental Criteria in the Spanish Public Works Procurement Process. In: *International journal of environmental research and public health* 14 (2). DOI: https://doi.org/10.3390/ijerph14020204.
24. Götz, Oliver; Liehr-Gobbers, Kerstin (2004): Analyse von Strukturgleichungsmodellen mit Hilfe der Partial-Least-Squares(PLS)-Methode. In: *Die Betriebswirtschaft* (64), S. 714–738.
25. Grandia, J.; Kruyen, P. M. (2020): Assessing the implementation of sustainable public procurement using quantitative text-analysis tools: A large-scale analysis of Belgian public procurement notices. In: *Journal of Purchasing and Supply Management* 26 (4), S. 100627. DOI: https://doi.org/10.1016/j.pursup.2020.100627.
26. Green, Kenneth W.; Zelbst, Pamela J.; Meacham, Jeramy; Bhadauria, Vikram S. (2012): Green supply chain management practices: impact on performance. In: *Supply Chain Management: An International Journal* 17 (3), S. 290–305. DOI: https://doi.org/10.1108/13598541211227126.
27. Igarashi, Mieko; Boer, Luitzen de; Michelsen, Ottar (2015): Investigating the anatomy of supplier selection in green public procurement. In: *Journal of Cleaner Production* (108), S. 442–450.
28. Kahlenborn, Walter; Moser, Christine; Frijdal, Joep; Eßig, Michael (2010): Strategic use of public procurement in Europe. Final Report to the european Commission. Hg. v. adelphi.
29. Kommission der europäischen Gemeinschaften (2008): Communication from the commission to the european parliament, the council, the european economic and social committee of the regions. Public Procurement for a better environment. Brüssel.
30. Kozuch, Alessa Carina; Deimling, Christian von; Eßig, Michael (2022): Implementing green public procurement: A replication study. In: *Journal of Cleaner Production* 377, S. 134424. DOI: https://doi.org/10.1016/j.jclepro.2022.134424.
31. Land Brandenburg (2022): Landesnachhaltigkeitsstrategie für das Land Brandenburg. Entwurf: Stand 29.11.2022. Unter Mitarbeit von Leonie Eilers. Online verfügbar unter https://landesregierung-brandenburg.de/wp-content/uploads/Landesnachhaltigkeitsstrategie-Entwurf-Stand-29.11.2022.pdf, zuletzt geprüft am 29.03.2023.
32. Laukkanen, Minttu; Tura, Nina (2020): The potential of sharing economy business models for sustainable value creation. In: *Journal of Cleaner Production* 253, S. 120004. DOI: https://doi.org/10.1016/j.jclepro.2020.120004.
33. Lozano, Rodrigo; Huisingh, Don (2011): Inter-linking issues and dimensions in sustainability reporting. In: *Journal of Cleaner Production* 19 (2–3), S. 99–107. DOI: https://doi.org/10.1016/j.jclepro.2010.01.004.
34. Lundberg, Sofia; Marklund, Per-Olov; Strömbäck, Elon; Sundström, David (2015): Using public procurement to implement environmental policy: an empirical analysis. In: *Environ Econ Policy Stud* 17 (4), S. 487–520. DOI: https://doi.org/10.1007/s10018-015-0102-9.
35. Nissinen, A.; Parikka-Alhola, K.; Rita, H. (2009): Environmental criteria in the public purchases above the EU threshold values by three Nordic countries: 2003 and 2005. In: *Ecological Economics* 68 (6), S. 1838–1849. DOI: https://doi.org/10.1016/j.ecolecon.2008.12.005.

36. Rockström, Johan; Steffen, Will; Noone, Kevin; Persson, Âva; Chapin, F., III; Lambin, Eric et al. (2009): Planetary Boundaries: Exploring the safe operating space for Humanity. In: *Ecology and Society* (14), Artikel 2.
37. Saunders, Lance W.; Paul Brooks, J.; Merrick, Jason R. W.; Autry, Chad W. (2020): Addressing Economic/Environmental Sustainability Trade-offs in Procurement Episodes with Industrial Suppliers. In: *Prod Oper Manag* 29 (5), S. 1256–1269. DOI: https://doi.org/10.1111/poms.13162.
38. Senatskanzlei Freie Hansestadt Bremen (2021): Bericht zur Umsetzung des SDGs im Land Bremen. Indikatorenbericht 2021.
39. Sönnichsen, Sönnich Dahl; Clement, Jesper (2020): Review of green and sustainable public procurement: Towards circular public procurement. In: *Journal of Cleaner Production* (245).
40. SPD, Bündnis 90/Die Grünen, FDP (2021): Mehr Fortschritt wagen. Bündnis für Freiheit, Gerechtigkeit und Nachhaltigkeit (Koalitionsvertrag). Online verfügbar unter https://www.spd.de/fileadmin/Dokumente/Koalitionsvertrag/Koalitionsvertrag_2021-2025.pdf.
41. Steffen, Will; Richardson, Katherine; Rockström, Johan; Cornell, Sarah E.; Fetzer, Ingo; Bennett, Elena M. et al. (2015): Sustainability. Planetary boundaries: guiding human development on a changing planet. In: *Science (New York, N.Y.)* 347 (6223), S. 1259855. DOI: https://doi.org/10.1126/science.1259855.
42. Testa, Francesco; Grappio, Paolo; Gusmerotti, Natalia M.; Iraldo, Fabio; Frey, Marco (2016): Examining green public procurement using content analysis: existing difficulties for procurers and useful recommendations. In: *Environ Dev Sustain* 18 (1), S. 197–219. DOI: https://doi.org/10.1007/s10668-015-9634-1.
43. UN Environment Programme (2017): Global Review of Sustainable Public Procurement.
44. UN Environment Programme (2022): 2022 Sustainable Public Procurement Global Review. Part I. Current state of sustainable procurement and progress in national governments.
45. United Nations (2022): The Sustainable Development Goals Report. Online verfügbar unter https://unstats.un.org/sdgs/report/2022/The-Sustainable-Development-Goals-Report-2022.pdf.
46. van den Brande, Karoline; Happaerts, Sander; Bouteligier, Sofie (2011): Keeping the sustainable development flame alive. In: *The Broker* (1–4). DOI: https://doi.org/10.1016/B978-1-85573-346-6.50004-3.
47. Walker, Helen; Brammer, Stephen (2009): Sustainable procurement in the United Kingdom public sector. In: *Supply Chain Management: An International Journal* 14 (2), S. 128–137. DOI: https://doi.org/10.1108/13598540910941993.
48. Weiser, Ann-Kristin; Jarzabkowski, Paula; Laamanen, Tomi (2020): Completing the Adaptive Turn: An Integrative View of Strategy Implementation. In: *ANNALS* 14 (2), S. 969–1031. DOI: https://doi.org/10.5465/annals.2018.0137.
49. WMO (2021): State of the global climate 2020. WMO. Genf (WMO). Online verfügbar unter https://library.wmo.int/index.php?lvl=notice_display&id=21880, zuletzt aktualisiert am 2021.
50. Yu, Chunling; Morotomi, Toru; Yu, Haiping (2020): What Influences Adoption of Green Award Criteria in a Public Contract? An Empirical Analysis of 2018 European Public Procurement Contract Award Notices. In: *Sustainability* 12 (3), S. 1261. DOI: https://doi.org/10.3390/su12031261.

Alessa Kozuch ist seit 2020 als wissenschaftliche Mitarbeiterin und Doktorandin des Arbeitsgebiets Beschaffung und Supply Management der Universität der Bundeswehr München tätig. Sie absolvierte ein Betriebswirtschaftsstudium mit Schwerpunkt Logistik an der OTH Regensburg, bevor sie ein Masterstudium mit Schwerpunkt Strategisches Management an der Universität Bayreuth abschloss. Kernthemen ihrer wissenschaftlichen Tätigkeit sind Fragestellungen zur Implementierung insbesondere ökologischer Nachhaltigkeit in die öffentliche Beschaffung.

Jun.-Prof. Dr. Christian von Deimling ist Mitglied der Leitung des Arbeitsgebietes Beschaffung und seit 2019 Inhaber der Professur für Allgemeine Betriebswirtschaftslehre, insbesondere industrielle Beschaffung an der Universität der Bundeswehr München. Seine Forschung konzentriert sich auf Fragestellungen rund um die strategische Beschaffung und deren Implementierung, den Zugang zu Lieferanteninnovationen, die Bildung und den Betrieb von Einkaufskooperationen und Einkaufsnetzwerken und die Evolution der Beschaffungsfunktion bzw. die Beschaffung der Zukunft.

Univ.-Prof. Dr. Michael Eßig ist Inhaber der Professur für Allgemeine Betriebswirtschaftslehre, insbesondere Beschaffung und Supply Management sowie Sprecher der Leitung des Arbeitsgebiets Beschaffung an der Universität der Bundeswehr München. Er forscht und lehrt im Bereich der strategischen Beschaffung, des öffentlichen Einkaufs sowie des Defence Acquisition Management zu Themen der Innovation und Digitalisierung im Supply Management, der anreizorientierten Lieferantensteuerung sowie zum Wertbeitrags des Einkaufs. Er publiziert u. a. im Journal of Purchasing and Supply Management, im Journal of Public Procurement und im International Journal of Operations & Production Management, für die beiden erstgenannten Journals agiert er zudem als Associate Editor.

Dr. Markus Amann war Post-Doc am Lehrstuhl für Beschaffung und Supply Management der Universität der Bundeswehr München und Geschäftsführer des Forschungszentrums für Recht und Management öffentlicher Beschaffung. Als externer Dozent nahm er unterschiedliche Lehraufträge wahr, u. a. an der Fachhochschule in Salzburg. Zudem war er Visiting Researcher an der School of Management der University of Bath, Großbritannien. Seine Forschungsschwerpunkte sind Supply Management und Innovationen in Beschaffung sowie Public Procurement.

Praxisbeiträge

Nachhaltige Beschaffung bei der FUNKE Mediengruppe – ein strategischer Fahrplan von der Idee zur Umsetzung

Gundula Ullah

1   FUNKE – Journalismus aus Leidenschaft

Informationen, Entertainment, Services – das ist die FUNKE Mediengruppe. Der Fokus liegt auf drei Geschäftsfeldern: Regionalmedien, Frauen- und Programmzeitschriften sowie Digitales. Mehr als 1500 Journalist*innen und rund 4500 Medienmacher*innen arbeiten bei FUNKE. In Deutschland gibt das Unternehmen Tageszeitungen in Berlin, Hamburg, Niedersachsen, Nordrhein-Westfalen und Thüringen heraus, darunter Berliner Morgenpost, Braunschweiger Zeitung, Hamburger Abendblatt, Westdeutsche Allgemeine Zeitung und Thüringer Allgemeine. Im Magazinbereich gehört FUNKE zu den größten Anbietern. Zum Portfolio zählen Titel wie Hörzu, Gong, TV Digital, BILD der FRAU, Frau im Spiegel, die aktuelle, myself und DONNA. Hinzu kommen zahlreiche Rätsel- und Spezialzeitschriften sowie Lebensart-Magazine. Im Digital-Bereich baut FUNKE unter anderem ein Netzwerk an spezialisierten Jobportalen wie ABSOLVENTA und joblocal auf. An all ihren Tageszeitungsstandorten gibt die FUNKE Gruppe die jeweils führenden Anzeigenblätter heraus. In NRW hält FUNKE Mehrheitsbeteiligungen an lokalen Radiosendern. Darüber hinaus ist das Unternehmen auch auf dem österreichischen Zeitungsmarkt engagiert (Kronen Zeitung, Kurier). Mit der GOLDENEN KAMERA und der GOLDENEN BILD der FRAU werden zwei hochkarätige Events von FUNKE veranstaltet.

Nach der Schaffung einer neuen Gesellschafterstruktur im Juni 2021 liegen Nachhaltigkeit und Umweltbewusstsein – neben der anhaltenden Stärkung von unabhängigem

G. Ullah (✉)
Chief Procurement & Sustainability Officer, FUNKE Mediengruppe GmbH & Co KgaA, Essen, Deutschland
E-Mail: gundula.ullah@funkemedien.de

BASIEREND AUF DEN AUSGEWÄHLTEN SGSs VERPFLICHTET SICH FUNKE ZU FIRMENWEITEN NACHHALTIGKEITSZIELEN

Nachhaltigkeitsziele der FUNKE Mediengruppe

- Erreichen der CO2-Neutralität für die Medienhäuser bis 2035
- CO2-neutrale Wertschöpfungskette unserer Produkte (ZS/ZT) – „vom Baum bis zum Briefkasten"
- Stärkung des sozialen Engagements sowie Förderung von Diversity & Inklusion innerhalb der Gruppe
- Einhaltung von hohen Standards, gesetzlichen Regelungen und journalistischer Unabhängigkeit in unserem täglichen Handeln

Abb. 1 FUNKE Mediengruppe

Qualitätsjournalismus – noch mehr als bisher im Fokus des unternehmerischen Handelns bei FUNKE. Daher hat die Führung des traditionsreichen Medienunternehmens in einem ersten Schritt entschieden, ein professionelles Nachhaltigkeitsmanagement im Unternehmen zu etablieren und aufzubauen (Abb. 1).

Es wurden vier strategische konzernweite Ziele, aufbauend auf den Sustainable Development Goals (SDG) der Vereinten Nationen, definiert:

Diese Entscheidung hatte auch maßgeblichen Einfluss auf die Strategie und Prozesse des Einkaufs bei FUNKE hin zur Entwicklung einer nachhaltigen Beschaffungsorganisation. So haben die Einkaufsaktivitäten im Verlag doch insbesondere einen hohen Einfluss auf die Erreichung der ersten beiden klimaorientierten Ziele.

Um die Implementierung der Nachhaltigkeitsstrategie im Einkauf bei FUNKE voranzutreiben, wurde ein dezidierter Fahrplan erarbeitet.

Der Einkauf bei FUNKE orientiert sich dabei am Leitfaden des Bundesverbandes Materialwirtschaft, Einkauf und Logistik e. V. (BME) und verfolgt dabei das Ziel, den im Leitfaden beschriebenen Zertifizierungsprozess bis Level 3 zu durchlaufen.

2 Einholung des Management Commitment

Im Rahmen eines Management Review mit der Konzerngeschäftsführung wurden die Kernelemente für ein Management Commitment rund um das Thema Nachhaltigkeit im Einkauf vorgestellt. Insbesondere die nachstehenden Punkte sind dabei verabschiedet worden:

- Erklärung der Geschäftsführung zur Einhaltung der Menschenrechte
- Erstellung eines Supplier Code of Conduct
- Entwicklung einer nachhaltigen Beschaffungsstrategie (inklusive Risikoanalyse, Zielen, Maßnahmen und Indikatoren)
- Benennung eines Nachhaltigkeitsverantwortlichen für den Einkauf
- Umsetzung und Fortführung der Beschaffungsstrategie in Form eines Nachhaltigkeitsprogramms für den Einkauf mit priorisierten Handlungsfeldern, Zielsetzung und Verantwortlichkeiten
- Integration von Nachhaltigkeitsmaßnahmen in die operativen und strategischen Beschaffungsprozesse durch die Integration von Nachhaltigkeitskriterien in die Einkaufsrichtlinie
- Kaskadierte Lieferkettenanalyse: Schaffung von Transparenz in der Lieferkette von mindestens drei wesentlichen Lieferanten pro Jahr
- Erstellung eines jährlichen Nachhaltigkeitsberichts der Beschaffung mit Management Review der Strategie/gesetzten Ziele und Optimierungsplan
- Beteiligung an einer jährlichen BME-Erhebung zu definierten KPIs (Key Performance Indicators) für eine regelmäßige Benchmark-Analyse

Die o. a. Ziele bildeten für den Einkauf bei FUNKE die Grundlage, das Thema Nachhaltigkeit in der Organisation zu etablieren.

3 Definition nachhaltiger Beschaffungsziele

Um die nachhaltigen Beschaffungsziele für die Funktion Einkauf sowie die im Einkauf verantworteten Warengruppen zu definieren, wurde in vier Schritten vorgegangen:

Schritt 1: Workshop mit Einkäufer*innen
Gemeinsam mit den Einkäufer*innen wurde ein Workshop durchgeführt, um auf das Thema „Nachhaltige Beschaffung" aufmerksam zu machen. Unter Nutzung der Methodik des World Café wurde der Input der Mitarbeitenden zu folgenden Fragestellungen eingeholt:

- Welche Voraussetzungen müssen wir im Einkauf für mehr Nachhaltigkeit schaffen?
- Wie verankern wir Nachhaltigkeit in den Warengruppen?
- Wie sichern wir Nachhaltigkeit in unseren Lieferantenbeziehungen?
- Wie bringen wir Nachhaltigkeit den Stakeholdern im Unternehmen näher?

Basierend darauf wurde ein Zielbild für den Einkauf rund um das Thema Nachhaltigkeit entwickelt.

Schritt 2: Lieferantenselbstauskunft einholen
Um die Sicht der Top-100-Lieferanten von FUNKE auf das Thema Nachhaltigkeit zu erfahren, wurde eine Lieferantenselbstauskunft bei den Geschäftspartnern angefragt. Insgesamt 61 von 100 Lieferanten haben teilgenommen und ihre Position zum Thema Nachhaltigkeit geteilt. Die Abfrage erfolgte über Microsoft Forms und enthielt 78 Fragen um die drei Säulen der Nachhaltigkeit: Ökonomie, Ökologie und Soziales.

Schritt 3: Zieldefinition
Auf Grundlage der Ergebnisse aus Schritt 1 und Schritt 2 wurden daraufhin nachhaltige Ziele bzw. Benchmarks je Warengruppe vom Nachhaltigkeitsteam definiert und final festgehalten.

Schritt 4: Validierungsphase
Die entwickelten Ziele wurden im letzten Schritt von den Einkäufer*innen sowie der Einkaufsleitung noch einmal final validiert und angepasst.

Die Betrachtung beider Seiten – sowohl der Buy-Side aus Sicht der Einkäufer*innen wie auch der Sell-Side aus Sicht der Lieferanten – sollte dazu dienen, eine Gesamtsicht der relevanten Kriterien rund um das Thema Nachhaltigkeit in den jeweiligen Warengruppen zu erhalten.

> Die Herausforderung bei der Durchführung des internen Workshops wie auch der Lieferantenbefragung lag darin, dass das Thema Nachhaltigkeit als Oberbegriff zwar jedem Teilnehmenden bzw. Lieferanten bekannt war, aber dass eine Ableitung für den tatsächlichen Einkaufsprozess für alle komplett neu war. Es ist daher wichtig, die Teilnehmenden über die Grundlagenprinzipien der Nachhaltigkeit im Unternehmenskontext zu informieren und so strukturiert an das Thema heranzuführen.

4   Durchführung der Wesentlichkeitsanalyse

Die Ergebnisse des internen Workshops sowie der Lieferantenselbstauskunft wurden im nächsten Schritt in einer Wesentlichkeitsanalyse zusammengefasst.

Im ersten Schritt wurden die Mitarbeitenden des operativen und strategischen Einkaufs im Rahmen eines Workshops tiefer in die Thematik des nachhaltigen Einkaufens eingeführt. Hierbei wurde insbesondere der Fokus auf folgende Themen gelegt:

- Nachhaltigkeit und Impact auf FUNKE
- UN Sustainable Development Goals und Ableitung der Nachhaltigkeitsziele für den Konzern
- BME-Zertifizierung „Nachhaltige Beschaffungsorganisation"

- Anforderungen des Lieferkettensorgfaltspflichtengesetzes (LkSG)

Nach dem Aufbau des Grundlagenwissens wurden dann die Ergebnisse der Lieferantenselbstauskunft in den jeweiligen Warengruppen präsentiert und mit den Einkäufer*innen die Benchmarks und Nachhaltigkeitsziele je Warengruppe diskutiert und definiert und mit den Ansprechpartner*innen in den Fachabteilungen abgestimmt.

Hierbei ist wichtig zu wissen, dass diese Wesentlichkeitsanalyse die speziellen Gegebenheiten der jeweiligen Warengruppen im Einkauf bei FUNKE berücksichtigt hat, da die Nachhaltigkeitsanforderungen in Teilen doch sehr unterschiedlich sind.

Ein Beispiel: Im Bereich Papier sind insbesondere die Anforderungen an Ökologie bzw. Arbeitsschutz von hoher Relevanz. Das von FUNKE eingekaufte Papier ist durchgängig PEFC-zertifiziert (gemäß dem „Programme for the Endorsement of Forest Certification Schemes"). So wird unter anderem sichergestellt, dass für die Herstellung von Papier keine borealen Wälder abgeholzt werden. Darüber hinaus ist in diesem Geschäftsumfeld unter anderem ebenfalls wichtig, dass der Schutz der Mitarbeitenden des Lieferanten im Handling mit schweren Stämmen oder Papierrollen im Herstellungsprozess durchweg sichergestellt ist.

Demgegenüber stehen zum Beispiel die Anforderungen aus dem Bereich IT, einer Warengruppe mit ganz anderem Fokus: Hier stehen neben der Zirkularitätsanforderung für die eingesetzte Hardware (Stichwort: Aufbereitung gebrauchter Laptops) vor allem die sozialen/Governance-orientierten Kriterien im Fokus, so zum Beispiel der ordnungsgemäße Umgang mit den eingesetzten und genutzten Daten (Stichwort: Datenschutz, Datenethik usw.).

Man sieht: Die Anforderungen an die Warengruppen im Einkauf bei FUNKE könnten nicht unterschiedlicher sein.

Hochaggregiert auf das Gesamtunternehmen ergeben sich generell nachstehende Handlungsfelder, die sowohl von Stakeholdern (intern: Fachbereiche, extern: Lieferanten) und dem Unternehmen als sehr relevant eingeschätzt werden (Abb. 2).

Der Einkauf bei FUNKE hat diese Kernkriterien in seine Einkaufsstrategie integriert und entsprechende Handlungsfelder abgeleitet.

5 Entwicklung einer nachhaltigen Einkaufsstrategie und Ableiten von Handlungsfeldern

Die durch die Wesentlichkeitsanalyse identifizierten Kriterien haben entsprechend Eingang in die Einkaufsstrategie, die Maßnahmen zur Umsetzung, aber auch die unterliegende Prozesskette gefunden.

Im Rahmen des Lieferantenmanagements finden dabei folgende Methoden Anwendung:

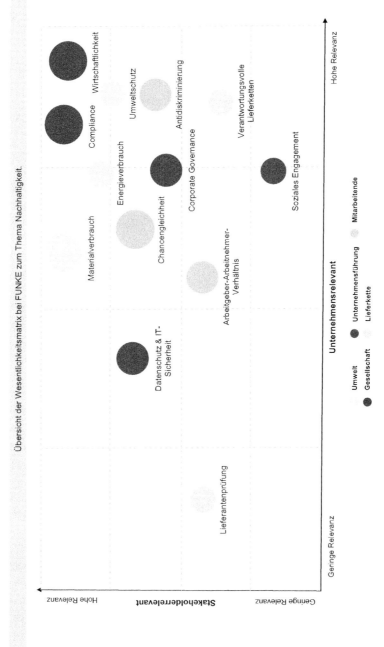

Abb. 2 FUNKE Mediengruppe

- Supplier Code of Conduct: Hier werden die Rahmenparameter zur Zusammenarbeit zwischen FUNKE und seinen Lieferanten festgelegt. Dieser Code of Conduct ist für alle Lieferanten öffentlich über die Webseite von FUNKE einsehbar und bildet ein verpflichtendes Rahmenwerk für die laufende Zusammenarbeit.
- Lieferantenbewertung: interne qualitative Bewertungsmatrix, die im Rahmen von Ausschreibungen die Lieferanten nach non-monetären Kriterien (z. B. Qualität, Customer Support, aber auch Nachhaltigkeit) bewertet.
- Cost of Sustainability: internes Instrument zur „virtuellen" Bepreisung des Angebots im Hinblick auf die Einhaltung von nachhaltigen Aspekten. Der Lieferant kann somit einen internen Bonus, aber auch einen Malus auf sein Angebot erhalten, je nachdem, wie nachhaltig er sich aufgestellt hat (vgl. Abschn. 10.8).

Das Thema Nachhaltigkeit hat zudem Eingang in das interne Prozesshandbuch des Einkaufs bei FUNKE erhalten. Hier bekommen die Einkäufer*innen pragmatisch konkrete Handlungsanweisungen, was sie rund um das Thema Nachhaltigkeit im Einkaufsprozess – sei es operativ oder strategisch – zu berücksichtigen haben.

Anhand von drei Kernfragen für die Einkäufer*innen wird das Thema „Nachhaltigkeit" in die Einkaufsprozesse integriert:

Frage 1: „Prüfe, ob der Supplier Code of Conduct (Verhaltenskodex für Lieferanten) Anwendung findet und berücksichtigt wird."

Frage 2: „Prüfe die Nachhaltigkeitsziele je Warengruppe und bewerte diese. Stimme Dich ggf. mit dem Bereich FUNKE Sustainability ab."

Frage 3: „Prüfe, ob der Lieferant bereits bei Integrity Next[1] registriert ist. Falls nein, initiiere das Onboarding ggf. mithilfe des Bereichs Sustainability."

▶ Insbesondere in der operativen Umsetzung ist es wichtig, die Einkäufer*innen bei den notwendigen Handlungsmaßnahmen rund um das Thema Nachhaltigkeit pragmatisch durch klar definierte Abläufe an die Hand zu nehmen, auch um sicherzustellen, dass die neuen Prozesse Anwendung finden.

6 Der „FUNKE Lieferantendialog" als Kommunikationsmittel

Im Zuge der Kollaboration mit seinen Lieferanten wollte FUNKE allerdings einen Schritt weitergehen, als lediglich Informationen über Fragebögen abzufragen. Daher wurde im September 2022 der „FUNKE Lieferantendialog" ins Leben gerufen. Der Lieferantendialog ist eine zukünftig jährlich aufgesetzte Plattform zum Austausch zwischen FUNKE und seinen Kernlieferanten – zunächst wurde das Format für die Top-45-Lieferanten für das

---

[1] FUNKE nutzt die Softwarelösung des Anbieters Integrity Next zum Monitoring und Risikomanagement seiner unmittelbaren Zulieferer.

"direkte" Material etabliert, also für alle Lieferanten, die produktionsrelevante Produkte und Dienstleistungen zuliefern. Im weitesten Sinne sind dies Papier, Farben, Druckplatten, produktionsnahe Services, aber auch externe Druckdienstleistungen. Der Beitrag aus der Lieferkette aus diesen Warengruppen hat eine nicht unerhebliche Auswirkung auf die Nachhaltigkeitsbemühungen des Medienhauses.

Im Rahmen eines erweiterten Stakeholder-Dialogs ging FUNKE mit diesen Partnern in den Austausch rund um die für FUNKE strategischen Nachhaltigkeitsziele (s. oben).

Die Fokusthemen hierbei lagen auf:

- Klimaschutz: Welchen Beitrag können die Lieferanten von FUNKE leisten im Hinblick auf das CO_2-Neutralitätsziel von FUNKE? Wie kann die Datenqualität rund um das CO_2-Reporting verbessert werden?
- Energieeffizienz: FUNKE und seine Lieferanten operieren in einem energieintensiven Umfeld. Obwohl die Industrie per se intrinsisch motiviert ist, so energieeffizient wie möglich zu arbeiten, gibt es in der Zusammenarbeit noch Optimierungsfelder. Welche sind dies?
- Kreislaufwirtschaft: Obwohl der Recycling-Kreislauf rund um das Altpapier in Deutschland sicherlich schon fast perfekt ist, bestehen in anhängigen kleineren Kreisläufen rund um den Druckprozess (z. B. Entsorgung von Farbe, Platten) noch Optimierungsmöglichkeiten. Welche sind dies?
- Compliance: Die gesetzlichen Anforderungen rund um das Thema Nachhaltigkeit steigen. Unter anderem geht es um das Lieferkettensorgfaltspflichtengesetz, die EU Supply Chain Directive, CSRD etc. Nur durch Transparenz in den Lieferketten und im Reporting werden sowohl Lieferanten wie auch Kunden in der Lage sein, diese Anforderungen zu erfüllen (Abb. 3).

FUNKE ist es wichtig, gemeinsam mit den Lieferanten den Weg in Richtung mehr Nachhaltigkeit zu beschreiten – auch in Zeiten, in denen steigende Inflation, sinkende Wettbewerbsfähigkeit und immer neue Lieferkettenunterbrechungen das Tagesgeschäft bestimmen.

Am Ende des Lieferantendialogs forderte der Einkauf von FUNKE seine Top-45-Lieferanten auf, ein „Supplier Sustainability Committment" abzugeben – eine Zielvereinbarung, gemeinsam mit FUNKE an einer konkreten Zielsetzung rund um die Fokusthemen in den nächsten zwölf Monaten zu arbeiten. Das Sustainability Team treibt die Umsetzung dieser Ziele gemeinsam mit dem Einkauf von FUNKE voran, um zum Lieferantendialog 2023 über den Fortschritt berichten zu können.

▶ Ein High-Level-Ziel ist schnell abgegeben – dieses auf eine konkrete Maßnahme herunterzubrechen, die scharf umrissen und auch umsetzbar ist, ist die

Abb. 3 FUNKE Mediengruppe

größere Herausforderung! Seien Sie konsequent im Nachfassen beim Lieferanten, damit Sie den richtigen Impact für Ihren Lieferanten, aber auch für Ihr Unternehmen erzielen!

7 Rechtliche Rahmenbedingungen erfassen und abbilden (Stichwort: Lieferkettensorgfaltspflichtengesetz)

Wie im vorhergehenden Kapitel beschrieben, waren die rechtlichen Rahmenbedingungen ebenfalls ein wichtiges Element des „FUNKE Lieferantendialogs".

An dieser Stelle wird auf einen Exkurs zu den Anforderungen aus dem Lieferkettensorgfaltspflichtengesetz (LkSG) verzichtet, da der Fokus dieses Kapitels auf der Umsetzung des Risikomanagements liegt. Hierfür hat FUNKE ein crossfunktionales Team bestehend aus Compliance, Legal und Einkauf etabliert. Dieses Team evaluiert die internen wie auch die externen Maßnahmen zum Risikomanagement und trifft die entsprechenden nachgelagerten Entscheidungen.

Der Einkauf von FUNKE hat sich dafür entschieden, das Risikomanagement der unmittelbaren Zulieferer über die Plattform „Integrity Next" zu steuern. Die zu prüfenden Lieferanten in den jeweiligen Warengruppen wurden nach jährlichem Geschäftsvolumen

(Spend) sowie strategischer Relevanz von den Einkäufer*innen bewertet und auf die Plattform eingeladen. FUNKE hat hierbei im ersten Schritt den Fokus auf die „unmittelbaren Lieferanten" gemäß Definition des LkSG gelegt.

Mithilfe von vordefinierten, standardisierten Fragebögen werden die für das LkSG relevanten Informationen abgefragt sowie weitergehende Punkte zum Beispiel rund um Compliance-Themen geklärt. Durch ein integriertes Ampelsystem erkennt der Warengruppen-Manager dann, ob sein Lieferant im Vergleich zum Branchen-Benchmark besser, gleich oder schlechter gestellt ist.

Im Rahmen von monatlichen „Sustainsights"-Jours-fixes der strategischen Einkäufer*innen mit der Einkaufsleitung werden Lieferanten, die im Status „rot" oder „gelb" sind, regelmäßig überprüft und notwendige Maßnahmen vereinbart, die die Einkäufer*innen mit ihren Lieferanten adressieren müssen, um deren Status zu verbessern. Sollte ein Lieferant in letzter Konsequenz nicht bereit sein, offensichtliche und dokumentierte Verstöße in seiner Lieferkette abzustellen, kann dies zur Beendigung der Geschäftsbeziehung führen, was allerdings die Ultima Ratio darstellt.

Gemeinsam mit der Rechtsabteilung werden zudem die Standard-Vertragswerke (Allgemeine Einkaufsbedingungen, Supplier Code of Conduct) im Hinblick auf das LkSG überarbeitet und es wird an einem Bericht gearbeitet, der den Berichtsanforderungen des BAFA im Hinblick auf das LkSG-Reporting entspricht.

▶ Es ist wichtig, für die Implementierung einer digitalen Lösung rund um das LkSG zunächst die notwendigen internen Prozesse zu skizzieren, diese in „User Journeys" der Nutzer*innen zu übersetzen und zu prüfen, ob das Tool diese gewünschten Prozessschritte abbilden kann. Ansonsten kauft man sich gegebenenfalls eine Lösung ein, die sich nicht in die Prozesslandschaft des Einkaufs einbetten lassen kann. Nicht zu vergessen sind die notwendigen Schulungen der Einkäufer*innen. Beachten Sie: Diese Schulungen kommen in vielen Fällen „on top of daily work", daher müssen sie so effizient und ressourcenschonend wie möglich erfolgen.

8 Konzeptstudie: Cost of Sustainability als zukünftiger Entscheidungsfaktor in der Vergabe

Um das Thema Nachhaltigkeit in der Gesamtorganisation fester zu verankern, wollte FUNKE einen Schritt weiter gehen. Die Teams aus den Bereichen Einkauf und Sustainability haben daher das Konzept der „Cost of Sustainability" entwickelt. FUNKE möchte mit dieser Methodik nachstehende Ziele erreichen:

- Nachhaltiges Geschäftsgebaren von Lieferanten im Rahmen der Angebotsabgabe/Ausschreibung soll durch die eigenentwickelte Methodik eines Fragebogens virtuell als sogenannte „Cost of Sustainability" bepreist werden.
- „Aufschlagen" des Cost of Sustainability auf den Angebotspreis, um Sichtbarkeit für nachhaltige Maßnahmen zu erhöhen.
- Berücksichtigung der gesamten Kosten (inklusive Cost of Sustainability) im Rahmen der Entscheidung für einen Lieferanten.

Der Fragebogen enthält vier Oberkriterien, die je nach Ausschreibungsart und Warengruppe unterschiedlich gewichtet werden können:

- Antikorruption
- Umweltschutz
- CO_2-Fußabdruck
- Menschen-/Arbeitsrechte

Im Rahmen einer transparenten Vorgehensweise wird der Fragebogen bei der Ausschreibung an die teilnehmenden Lieferanten verteilt und auch das Prozedere rund um den Fragebogen erklärt. So kann jeder Lieferant darüber entscheiden, wie viel Informationen er rund um die oben genannten Kriterien mitteilen möchte.

Nach Eingang der Angebote und weiterführender Informationen sichten Einkauf und Fachabteilung die Antworten auf die Fragen. Je nach Antwortqualität wird ein „virtueller" Aufschlag auf den eigentlichen Angebotspreis des Lieferanten getätigt. Bei Nichtbeantwortung des Fragebogens kann somit die „Cost of Sustainability" den Angebotspreis des Lieferanten quasi per Malus verdoppeln. Die „Cost of Sustainability" werden im Rahmen der Entscheidungsvorlage als zusätzlicher Kostenbaustein ausgewiesen. Die finale Entscheidung, welches Angebot den Zuschlag erhält, verbleibt natürlich weiterhin bei der Fachabteilung – diese wird aber durch die „Cost of Sustainability" über den Nachhaltigkeitsfußabdruck des ausgewählten Lieferanten sensibilisiert.

Dieses Konzept wurde im Rahmen des FUNKE-internen Nachhaltigkeitsgremiums, des „Green Circle", den betreffenden Bereichsleitern (z. B. aus den Bereichen Druck, Real Estate, Logistik, IT, Digital) vorgestellt und dort verabschiedet. Nun folgt die Ausrollung des Konzepts im Rahmen der anstehenden Ausschreibungen.

9 Changemanagement und Kommunikation

Nachhaltigkeit ist in großen Teilen auch Kommunikation: Vermittlung von Know-how und Wissen rund um diesen Megatrend an die Leser*innen, Kommunikation über die Nachhaltigkeitsstrategie von FUNKE und deren Maßnahmen an die Anzeigenkunden, an Lieferanten und natürlich an die Mitarbeitenden unserer Mediengruppe. Gerade als

Medienhaus will FUNKE sich dieser Verantwortung stellen und die entsprechenden Gruppen kontinuierlich über den Umsetzungsstand der definierten Maßnahmen informiert halten. Glaubwürdigkeit und Wahrhaftigkeit sind Kernelemente in der internen wie auch externen Kommunikation.

Im Einkauf von FUNKE wollen wir unsere Mitarbeitenden und auch unsere Geschäftspartner durch kontinuierliche Informationssessions auf diese Reise mitnehmen und haben folgende Maßnahmen entwickelt:

Stakeholder-Dialog
Durch Nachhaltigkeitsworkshops und Lieferantendialoge wollen wir in das Thema Nachhaltigkeit einführen, unsere Nachhaltigkeitsstrategie auf Wesentlichkeit kontinuierlich überprüfen und durch gemeinsam entwickelte Maßnahmen unsere Nachhaltigkeitsziele im Einkauf und für die gesamte Gruppe erreichen.

Projekt-Updates „BME Nachhaltige Beschaffungsorganisation"
Durch regelmäßige Projekt-Updates in der Ausrollung des BME-Konzepts sowohl mit den Einkäufer*innen wie auch mit den internen Stakeholdern aus den Fachbereichen (z. B. Druck, Logistik, IT, Real Estate) wollen wir die Kolleg*innen zu den Erfolgen und anstehenden Themen abholen. Insbesondere der Austausch mit den Bereichen Recht und Compliance ist hier im Hinblick auf anstehende Gesetzgebungen von hoher Relevanz. Hinzu kommt ein regelmäßiger Austausch auf Management-Level mit der Konzerngeschäftsführung und den Bereichsleitern, um die Nachhaltigkeitsziele zu verabschieden und die Umsetzung voranzutreiben.

Schulungen und Trainings
Eine zügige Implementierung der Nachhaltigkeitsziele wird ohne zuverlässige Daten und Technologie nicht möglich sein. Daher ist es FUNKE wichtig, seine Mitarbeitenden regelmäßig in der Anwendung der eingesetzten Technologien zu schulen und ihnen die notwendige Dokumentation an die Hand zu geben. FUNKE hat daher das Thema Nachhaltigkeit ins Prozesshandbuch des Einkaufs, das alle Mitarbeitenden im Einkauf im hausinternen Sharepoint abrufen können, integriert. Zudem werden die Einkäufer*innen ebenfalls regelmäßig in der Nutzung von „Integrity Next" wie in der Anwendung der Methodik der „Cost of Sustainability" geschult.

Allgemeine Informationskampagne „Sustainability @ FUNKE"
Selbstverständlich treibt das Nachhaltigkeitsteam in Zusammenarbeit mit der Unternehmenskommunikation von FUNKE den Wissenstransfer für alle Mitarbeitenden bei FUNKE über das Intranet voran. Hierfür wurde ein dezidiertes Kommunikationskonzept erstellt. Ziel ist es, einmal wöchentlich zum Thema Nachhaltigkeit an die Belegschaft über die vorhandenen internen Kanäle zu kommunizieren. Unter anderem werden dort auch einkaufsrelevante Inhalte ihren Platz finden.

> „Wege entstehen dadurch, dass man sie geht!" (Franz Kafka)

Nach 2 Jahren auf dem Weg zur „Nachhaltigen Beschaffungsorganisation" gemäß BME steht der Einkauf von FUNKE nunmehr auf Level 3. Rückblickend lässt sich sagen, dass das Zitat von Franz Kafka „Wege entstehen dadurch, dass man sie geht" durchaus in diesem Kontext seine Anwendung gefunden hat.

Zu Beginn unserer Reise in Richtung mehr Nachhaltigkeit im Einkauf hatte niemand ein Patentrezept, wie man Nachhaltigkeit in Warengruppenstrategien und Prozessen verankert und wie man gesetzliche Anforderungen abbildet, die insbesondere zu Beginn noch sehr vage und undefiniert waren und sich auch in den folgenden Monaten nach Verabschiedung des Gesetzes nur wenig konkretisierten.

Aber gemeinsam hat das Team im Einkauf, unterstützt durch den Rückhalt der Konzerngeschäftsführung, konsequent einen Schritt nach dem anderen gemacht. Manche Ideen entstanden spontan durch Brainstorming, aber auch durch Best-Practice-Austausch mit anderen Einkaufsorganisationen, vieles haben wir uns gemeinsam erarbeitet.

Und dies hat uns dorthin gebracht, wo wir heute stehen. Ich bin sehr stolz auf mein Team und möchte ihm an dieser Stelle meinen Dank aussprechen – denn ohne die Unterstützung und Begeisterung der Kolleg*innen für dieses Zukunftsthema wäre dieses tolle Ergebnis nicht möglich gewesen.

Gundula Ullah ist seit 2019 Bereichsleiterin Einkauf & Nachhaltigkeit der FUNKE Mediengruppe, einem der größten Verlagshäuser Deutschlands. Sie blickt auf mehr als 25 Jahre Einkaufserfahrung in unterschiedlichen Branchen (Telekommunikation, Luft- und Raumfahrt, Retail Fashion und Medien) zurück. Seit 2021 ist sie zudem Vorstandsvorsitzende des Bundesverbands Materialwirtschaft, Einkauf & Logistik e.V. Da Nachhaltigkeit ihr schon lange am Herzen liegt, ist sie seit Gründung des JARO Instituts aktives Beiratsmitglied. Gundula Ullah hat einen Abschluss als Executive Master of Business Administration der HULT International Business School, London.

Die Möglichkeiten des nachhaltigen Einkaufs zur Erreichung der Sustainable Development Goals am Beispiel der Elektromobilität

Jennifer Lenz

1 Einleitung

Die Einkaufsorganisation in einem Unternehmen hat nicht nur eine tragende Rolle bezüglich der Kostenersparnisse und somit Einfluss auf das Gesamtergebnis, sondern den größten Einfluss in die Lieferkette. In der Industrie ist es mittlerweile geläufig, die Beschaffung strategisch zu planen und auch strategische Beschaffungsprozesse zu implementieren. Dabei spielt die Strukturierung der internen Organisation eine wesentliche Rolle. Denn auf der Organisationsstruktur bauen Prozesse auf bzw. ist die Organisation am Ende für die operative Umsetzung und Einhaltung der Beschaffungsprozesse verantwortlich. Um den Einkauf nun auch nachhaltig ausrichten zu können, bedarf es zum einen einer soliden Organisationsstruktur und Festlegung von Verantwortlichkeiten und zum anderen eines fachlichen Basiswissens im breitgefächerten Bereich Nachhaltigkeit [1, 2]. Wenn der Einkauf nun strategisch organisiert ist und das benötigte Fachwissen in einer Beschaffungsorganisation vorhanden ist, kann die Beschaffungsorganisation die in der Agenda 2030 festgelegten Nachhaltigkeitsziele, die 17 SDGs (Sustainable Development Goals), positiv beeinflussen [3]. Die Agenda 2030 wurde von den Vereinten Nationen im Jahr 2015 für eine nachhaltige Entwicklung verabschiedet. Die SDGs haben die MDGs (Millennium Development Goals) der UN aus dem Jahr 2000 abgelöst, die nur für Entwicklungs- und Schwellenländer beschlossen und verabschiedet worden waren. Der Zielerreichungsgrad der SDGs wird kontinuierlich überwacht, auch speziell von der Europäischen Union, die EU-SDG-Indikatoren entwickelt hat, um den Fortschritt der SDGs im

J. Lenz (✉)
Stv. Vorstandsvorsitzende JARO Institut für Nachhaltigkeit und Digitalisierung e. V, Berlin, Deutschland
E-Mail: dr.jennifer.lenz@web.de

Kontext der EU zu überwachen [4, 5]. Diese Indikatoren wurden in einem breitgefächerten Gremium, bestehend aus Vertretern der Mitgliedsstaaten, Ratsausschuss, NGOs und Wissenschaft, und unter Beteiligung von internationalen Organisationen entwickelt und verabschiedet. Der Fortschritt wird jährlich überprüft und ausgewertet [5].

Im folgenden Abschnitt wird darauf eingegangen, was eine nachhaltige Beschaffung bedeutet, welche Werkzeuge für eine Umsetzung benötigt werden, und veranschaulicht, wie die Beschaffung die SDGs der UN sowohl in ökonomischer und ökologischer als auch in sozialer Hinsicht beeinflussen kann. Da die SDGs national, regional und international sowohl für Industrie-, Entwicklungs- und Schwellenländer gelten, hat der Einkauf die Macht und auch die Verantwortung, Nachhaltigkeitskriterien in die komplette Lieferkette zu tragen, und somit auch internationalen Einfluss [6].

2 Was bedeutet nachhaltige Beschaffung?

Um eine nachhaltige Beschaffung in einem Unternehmen zu implementieren, muss die Definition einer nachhaltigen Beschaffung in dem jeweilgen Unternehmen geklärt sein. Noch einen Schritt zuvor muss zunächst das Thema Beschaffung generell in dem Unternehmen definiert sein, mit einer festgelegten Organisationsstruktur, mit den entsprechend definierten Verantwortlichkeiten und den dazugehörigen Prozessen.

Zunächst braucht man einen strukturierten Ansatz, um eine Organisation zu implementieren. Klar sollte sein, welche dezidierten Funktionen benötigt werden: welcher Warengruppenmanagementansatz, also welche explizite Warengruppenstrategie, zentral oder dezentrale Organisation, Projekteinkauf, Kostenoptimierungsgruppe und diverse andere Funktionen.

Nicht in jedem Unternehmen bedarf es einer strategischen Beschaffung [7]. Dies ist abhängig von der Branche, ob ein Unternehmen zum produzierenden Gewerbe gehört oder Serviceanbieter ist, welche Produkte es anbietet u. v. m. Ist die Entscheidung für eine strategische Beschaffung gefallen, muss der Einkauf so strategisch ausgelegt werden, dass ein positiver nachhaltiger Effekt auf die Einkaufskennzahlen und das Gesamtergebnis bewirkt wird. Dazu gehört auch ein ganzheitliches Warengruppenmanagement mit einem Risikomanagement in den jeweiligen Unterwarengruppen. Der Einkauf hat zum einen die Aufgabe, das Versorgungs- und Kostenrisiko durch eine spezifische Warengruppenstrategie und ein gutes Risikomanagement so gering wie möglich zu halten. Zum anderen sollte er die zeitlich notwendigen Volumina und die Einhaltung der verschiedenen Lieferantenanforderungen, wie Qualitätsstandards, technische Spezifikationen, logistische Anforderungen usw. vertraglich festhalten und auch durchsetzen, was sich in der Praxis nicht immer bestätigt.

Der Einkauf ist somit der Prozesseigner für den Beschaffungsprozess und verantwortlich für die Erfüllung bzw. Akzeptanz der unternehmensspezifischen Anforderungen bei den Lieferanten. In der RFQ-Phase (RFQ: Request for Quotation) muss der Einkauf sicherstellen, dass alle relevanten Anforderungen vom Lieferanten erfüllt bzw. akzeptiert werden und ein Maßnahmenplan mit einem festgelegten vereinbarten Datum festgehalten wird, bis wann der Lieferant die Anforderungen erfüllen wird. Nur dann ist ein Lieferant auch nominierungsfähig und sollte im Nominierungsprozess berücksichtigt werden. Je weniger Anforderungen ein Lieferant in der frühen Phase erfüllt bzw. zu je weniger er sich verpflichtet, desto größer ist auch das Kostenrisiko für ein Unternehmen in späteren Phasen, was wiederum von der Komplexität der jeweiligen (Unter-)Warengruppe abhängig ist.

In diesem Zusammenhang sollten sich Unternehmen über Folgendes klar werden: Welche (Unter-)Warengruppen gibt es in der Einkaufsorganisation? Wie läuft der Beschaffungsprozess ab und wo gibt es Optimierungspotentiale? Wo liegen die Verantwortungen bezüglich der Lieferantenanforderungen? Was müssen die Lieferanten in der RFQ-Phase erfüllen und was kann nach der Nominierung unter Berücksichtigung einer vereinbarten Zeitschiene nachgereicht werden? Gibt es Schwerpunktwarengruppen und mit welchen Kriterien wurden diese definiert? Welche Risiken existieren in den Schwerpunktwarengruppen und welche Maßnahmen können zur Risikominimierung herangezogen werden (Risikomanagement in der Lieferkette)? Wo besteht gegebenenfalls genereller Handlungsbedarf, sprich Umstrukturierungen oder Prozessüberarbeitungen? [8].

Und auch die Frage, ob Nachhaltigkeit beim Thema Einkauf eine Rolle spielt, gilt es zu beantworten. Nachhaltigkeitskriterien (wie z. B. Menschenrechte, Umweltthemen, Arbeitssicherheit, Klimaneutralität und CO_2-Emissionen, Compliance-Themen) zur Erfüllung der Nominierungsanforderungen müssen implementiert werden [9].

Eine wichtige Rolle spielt das Lieferantenmanagement mit einer gesamtheitlichen Lieferantenentwicklung als operativer Einheit, um sicherzustellen, dass die definierten Anforderungen in den Bereichen Technik, Qualität, Logistik und auch die definierten Nachhaltigkeitskriterien eingehalten werden. Es gibt vielfältige Gründe für eine ausgeprägte und kontinuierliche Lieferantenentwicklung: Versorgungsabsicherung, Preissicherungen, Qualitätsansprüche, Herstellbarkeit usw., was letztendlich alles über ein Risikomanagement im Lieferantenmanagement abgesichert werden muss. Aber auch eine operative Einheit ist dabei wichtig, wobei regelmäßige Vor-Ort-Audits und -Gespräche wichtig sind. Um dies operativ umsetzen zu können, müssen die Kriterien für eine standardisierte, vergleichbare Lieferantenbewertung festgelegt werden. Dazu gehören Kosten, Qualität, Logistikanforderungen, technische Machbarkeitsstudien und technische Anforderungen – und eben auch das Thema Nachhaltigkeit. Nachhaltigkeit ergibt sich nun als zusätzliches Nominierungskriterium, sprich damit verbunden sind neue Anforderungen, die für eine Lieferantennominierung bedeutend sind. Die Festlegung eines dezidierten Prozesses in der Beschaffung und im Lieferantenmanagement ist wichtig, aber auch die Definition der unternehmensrelevanten Nachhaltigkeitskriterien sowie die Definition der Verantwortlichkeiten in einem Unternehmen für das Thema Nachhaltigkeit als Governance und in den einzelnen Fachbereichen, die zu dem Thema beitragen können. Ein wichtiger Beitrag, der aus dem Einkauf gesteuert werden sollte, ist der Entwurf eines

Nachhaltigkeitsfragebogens für die Lieferkette, der am besten in der RFQ-Phase von den direkten Lieferanten zu beantworten ist und ein Minimum an Kriterien (Menschenrechte, Compliance, Umwelt, Gesundheit, Soziales, CO_2-Ziele etc.) abfragt, damit ein potentieller Lieferant überhaupt zur Nominierung freigegeben werden kann. Dies erfolgt über einen Fragebogen mit Scoring als Nominierungskriterium und wird auch explizit in Verträgen mit Lieferanten festgehalten, wie zum Beispiel das in Abschn. 4.5 zum Klimaschutz angesprochene Ziel, 100 % grüne Energie in der eigenen Produktion zu verbrauchen. Dies ist zum Beispiel in der Automobilbranche mittlerweile Standard, d. h., es müssen definierte Standards und Ziele erfüllt werden können, um neue Aufträge bekommen zu können.

Nachhaltigkeit erweist sich u. a. in der Elektromobilität als kritisch für den Geschäftserfolg und muss in einer ganz frühen Phase in der Beschaffung verfolgt werden, um die globalen Nachhaltigkeitsziele positiv zu beeinflussen. Damit verändern sich die Machtverhältnisse in der Lieferkette, was eine Art Wende im Einkauf bedeutet. Es wird verstärkt auf nachhaltige Geschäftspartner und Geschäftsbeziehungen auf Augenhöhe gesetzt: weg von der Einkaufsstrategie Best-Cost Sourcing (BCS) in Low-Cost Countries (LCCs) [10] zurück zu einem lokalen Ansatz. Befördert wird dieser Trend auch durch den regulativen Druck der Gesetzgebungen auf nationaler und europäischer Ebene in der Elektromobilität (s. Kap. Menschenrechte, Beschaffung und Verträge) [11, 12], aber auch durch den gesetzlichen Druck in die Lieferkette selbst [13, 14]. Durch solche regulatorischen Vorgaben wird ein Wirtschaftsraum unterstützt und geschützt. Die Schwierigkeit liegt aber oft darin, die Vorgaben einzuhalten und operativ umsetzen zu können. Darauf wird später im Abschnitt zur Elektromobilität eingegangen (s. Kap. Menschenrechte, Beschaffung und Verträge).

3 Einflussmöglichkeiten des strategischen Einkaufs auf die SDGs

Aber wie kann man nun mit seiner Einkaufsorganisation die Ziele der Vereinigten Nationen [3] beeinflussen? Wo liegen die größten Hebel in einem Unternehmen? Das ist generell für das Thema Nachhaltigkeit immer spezifisch für jedes Unternehmen zu analysieren. Auf diese Einflussanalyse folgen dann die Aufnahme des Ist-Zustandes, Zieldefinitionen und eine dezidierte Erarbeitung von Maßnahmen, die zeitlich terminiert einen positiven Einfluss auf den Erfüllungsgrad der SDGs implizieren.

Die Lieferkette hat einen enormen Einfluss auf das Thema Nachhaltigkeit in einem Unternehmen. Stark ausgeprägt ist dieser Einfluss der Lieferkette beispielsweise in der Automobilbranche. Hier zeigt sich, dass der größte Anteil der CO_2-Emissionen (nach eigenen Erfahrungswerten in der Automobilindustrie ≥ 80 %) aus der Lieferkette kommt. Demnach muss eine CO_2-Reduzierung gleich am Anfang vor Nominierung als Zielsetzung mit den Lieferanten vereinbart werden. Dabei ist der Einkauf in der Verantwortung. Der Umsetzungsgrad selbst kann dann über die Lieferantenentwicklung operativ verfolgt und von der Nachhaltigkeitsorganisation, falls vorhanden im Unternehmen, evaluiert und statistisch ausgewertet werden.

Somit erklärt sich, dass der Einkauf eine tragende Rolle auch beim Thema Nachhaltigkeit für das Gesamtunternehmen hat und dadurch Einfluss auf verschiedene SDGs nimmt. Wie im vorherigen Abschnitt erwähnt, ist eine Art Zeitenwende für den Einkauf im Gange. Partnerschaftliche Verhältnisse in der Lieferkette zu implementieren wird immer bedeutender. Das liegt vor allem auch daran, dass Unternehmen die Nachhaltigkeitsziele gemeinsam mit den Lieferanten umsetzen müssen. Nur durch einen intensiven Austausch bezüglich der relevanten Themen, Transparenz in der Lieferkette und stetige Kommunikation lassen sich die Ziele der Vereinten Nationen auch positiv beeinflussen und nur so kann der Einkauf zum Gesamtergebnis beitragen. Indem in der Einkaufsorganisation ein Umdenken stattfindet und partnerschaftliche Lieferanten-Beschaffer-Beziehungen aufgebaut werden, hat der Einkauf automatisch einen Einfluss auf das Nachhaltigkeitsziel Nummer 17 (SDG 17: Partnerschaften zur Erreichung der Ziele). Diese Entwicklung bekommt einen immer größeren Stellenwert und führt mehr denn je zu nachhaltigen Geschäftspartnerschaften.

Somit werden die Themen Kommunikation und Transparenz zu tragenden Säulen beim Thema nachhaltige Beschaffung, wie Abb. 1 zu entnehmen ist. Es zeigt sich, dass die Säulen Qualität, Einkauf und Nachhaltigkeit stark dazu beitragen, die Nachhaltigkeitsziele eines Unternehmens nicht nur intern, sondern extern – sprich: in der Lieferkette – zu beeinflussen.

So ist das Thema 100 % Rückverfolgbarkeit in der Säule Qualität ein Instrument, einen hohen Grad an Transparenz zu schaffen in den internen und externen Prozessen. Diese Transparenz kann man nur durch ein durchdachtes, strukturiertes und eng vernetztes IT-System darstellen, wobei das Thema Green IT dann ebenso für die Qualität eine große

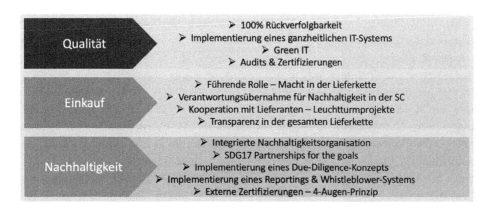

Abb. 1 Zusammenfassung der wesentlichen Punkte bezüglich Kommunikation, Transparenz in den Unternehmensbereichen Qualität, Einkauf und Nachhaltigkeit. (SVOLT Energy Technology (Europe) GmbH)

Rolle spielt. Des Weiteren bietet eine Qualitätsorganisation die beste Basis für externe und interne Audits. Zertifizierungen stehen ebenfalls im Fokus, um gewisse Standards zu erfüllen und somit wettbewerbsfähig zu bleiben.

Der Einkauf hat die Macht [15] – so heißt es – und ja, der Einkauf hat die Zügel immer noch in der Hand, wer am Ende die Zukaufteile liefern wird. Dabei muss der Einkauf die Verantwortung für die Nachhaltigkeit in der Lieferkette übernehmen. Mithilfe der Einkaufsorganisation kann die notwendige Transparenz in der Lieferkette geschaffen werden. Das kann zum Beispiel mit strategischen Lieferanten als sogenanntes Leuchtturmprojekt verprobt werden, mit dem dann die Durchführung getestet wird und der Prozess bei der Umsetzung angepasst werden kann. Es soll als Vorzeigeprojekt dienen, um den Rest der Lieferkette zu mobilisieren.

In diesem Bereich spielt das Thema Partnerschaften eine immens wichtige Rolle, wenn über externe Schnittstellen und Netzwerk gesprochen wird. Des Weiteren sind die Implementierung eines Due-Diligence-Konzepts, eines Whistleblower-Systems und eines regelmäßigen Reporting wichtige Werkzeuge einer Nachhaltigkeitsfunktion.

In der produzierenden Industrie hat sich gezeigt, dass sich die SDGs 7 (Bezahlbare und saubere Energie), 8 (Menschenwürdige Arbeit und Wirtschaftswachstum), 9 (Industrie, Innovation und Infrastruktur), 12 (Verantwortungsvolle Konsum- und Produktionsmuster), 13 (Maßnahmen zum Klimaschutz) und 17 (Partnerschaften zur Erreichung der Ziele) durch eine nachhaltige Beschaffung positiv beeinflussen lassen, was im folgenden Abschnitt in der Fallstudie Elektromobilität näher veranschaulicht wird.

4 Fallstudie Elektromobilität

In diesem Abschnitt wird auf die aktuelle Transformation in der Automobilindustrie [16] eingegangen, auf Einflussfaktoren, warum es dazu kam und was dies nun für eine nachhaltige Beschaffung und für die Lieferkette bedeutet. In diesem Zusammenhang wird detailliert dargestellt, welchen positiven Einfluss die Automobilindustrie auf die Erreichung der SDGs hat [17], ein Best-Practice-Ansatz in der Elektromobilität aufgezeigt und es werden Einfluss und Aufgaben für die Beschaffung diskutiert.

Was hat sich nun in der Automobilbranche geändert? Was hat dazu beigetragen, dass sich die Mobilitätsbranche in einem solchen Umbruch befindet? Die Forderung nach immer mehr Nachhaltigkeit vonseiten der OEMs (OEM: Original Equipment Manufacturers), die gesetzlichen Anforderungen und die Nachfrage der Endverbraucher nach nachhaltigeren Produkten führen dazu, dass die Automobilindustrie auf neue Antriebstechniken setzen muss. Dadurch erfährt die Elektromobilität ihren Aufschwung. Neue Produkte im Bereich der Elektromobilität müssen gefunden werden, neue Lieferanten müssen entwickelt und neuartige Lieferantennetzwerke ausgebildet werden und neue Geschäftsmodelle z. B. im Bereich des Recyclings (s. Abschn. 4.6) ergeben sich, was

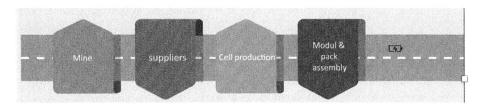

Abb. 2 Schematische Übersicht der Lieferkette einer Batterieherstellung. (SVOLT Energy Technology (Europe) GmbH)

neue Herausforderungen für die Lieferkette darstellt. Nun stehen Hersteller und Lieferanten vor einem Berg an Anforderungen, die zeitnah erfüllt werden müssen, um produzieren bzw. die hergestellten Produkte überhaupt auf dem Markt anbieten zu dürfen. Diverse nationale Gesetzgebungen, aber auch Gesetzgebungen auf europäischer Ebene, wie zuvor bereits erwähnt (s. Kap. Nachhaltigkeitsrisiken in der strategischen Beschaffung), sind dabei zu beachten und spezifische Anforderungen zeitlich zu erfüllen [11–14].

Was bedeutet das für den Einkauf in der Elektromobilitätsbranche? Und wie muss sich das Lieferantenmanagement als ausführendes operatives Organ aufstellen? Abb. 2 gibt einen groben Überblick über die Hauptabschnitte einer Batterielieferkette.

Zunächst geht es um Transparenz in der Lieferkette, von der Mine bis zum Tier-1-Zulieferer, also dem direkten Zulieferer. Woher kommen die Rohstoffe? Wo wird was bei den Lieferanten produziert? Welche Prozesse wurden vielleicht zu einem Unterlieferanten ausgelagert? Wo findet die eigene Produktion letztendlich statt? Dabei spielt nun das Thema lokale Produktion eine immer größere Rolle entlang der gesamten Lieferkette. Wie zuvor bereits erwähnt, liegt der Fokus vermehrt auf einem Local-for-local-Ansatz, d. h., in diesem Zusammenhang wird eine fokussierte Lieferantenentwicklung mit regelmäßigen Vor-Ort-Audits bei Lieferanten zur Transparenzschaffung und Sensibilisierung unabdingbar. Es wird notwendig, die Lieferkette entlang der gesamten Wertschöpfung bezüglich der Risiken und Chancen mit Blick auf Nachhaltigkeit zu bewerten. Dabei ist eine Strukturierung und Eingliederung der einzelnen Warengruppen in hohe, mittlere und niedrige Risiko-(Unter-)Warengruppen bezüglich Nachhaltigkeitsthemen unverzichtbar. Somit spielen ein strategischer Beschaffungsprozess und ein ausgeprägtes Warengruppenmanagement inklusive einzelner Warengruppenstrategien im Abgleich mit Nachhaltigkeitsansprüchen und Risikominimierung eine entscheidende Rolle.

In der Automobilbranche und somit in der Elektromobilität sind festgesetzte internationale Standards nach IATF 16949 (International Automotive Task Force), VDA (Verband der Automobilindustrie e. V.), AIAG (Automotive Industry Action Group) usw. ein Muss, d. h., diese Standards müssen neben diversen ISO-Normen inklusive Zertifizierungen erfüllt werden [18–20]. Mit Blick auf die Elektromobilität sind in der Lieferkette in die Tiefe bis zur Mine zusätzlich andere Standards zu berücksichtigen, weshalb man gegebenenfalls die bisherigen Automobilstandards nicht unbedingt abbilden kann. Dies hat zur Folge, dass handhabbare Wege zur operativen Umsetzung gefunden werden müssen, wobei die Lieferketten trotzdem abzusichern sind. Neue Standards müssen international gesetzt werden.

Schwerpunktthema in der Elektromobilität ist vor allem die nachhaltige Rohstoffbeschaffung, sprich die zeitliche Verfügbarkeit, Zugänglichkeit und Volumenabsicherung. Derzeit steht die Beschaffung global gesehen vor einer recht angespannten Marktlage. Jedes produzierende und rohstoffverarbeitende Unternehmen sieht sich aktuell dieser Marktdynamik ausgesetzt. Die Nachfrage und somit auch die Preise werden in diesem Bereich weiterhin steigen. Aus diesem Grund wird das gesetzlich geforderte Recycling auch aus Versorgungssicht interessant, wobei der Markt im Batterierecycling aktuell noch in der Entwicklungsphase ist [21]. An diesem Beispiel wird auch deutlich, dass der Umgang mit Lieferanten und Partnerschaften in der Lieferkette ein immer wichtigerer Aspekt in der Beschaffung wird.

Die gesetzlichen Anforderungen beschleunigen das Umsetzen von Nachhaltigkeit in der Branche, wobei vor allem in der Elektromobilität darauf geachtet werden muss, dass die Branche nicht gelähmt wird, handlungsunfähig wird oder die hohen Kosten nicht mehr stemmen kann. Hierbei müssen Umsetzungsmöglichkeiten und Lösungsansätze gefunden werden, um auf der einen Seite sein Business weiter vorantreiben zu können, auf der anderen Seite aber auch die regulatorischen Vorschriften zu erfüllen.

Um nun generell das Thema nachhaltige Beschaffung inklusive eines Lieferantenmanagements in der Elektromobilitätsbranche zu beleuchten, können die Nachhaltigkeitsziele der Vereinten Nationen herangezogen werden. In Abb. 3 sind die 17 SDGs dargestellt und diejenigen SDGs hervorgehoben, die in der Fallstudie Elektromobilität im Fokus stehen.

Abb. 3 Die 17 Nachhaltigkeitsziele der Vereinigten Nationen. (https://www.un.org/sustainabledevelopment/wp-content/uploads/2019/01/SDG_Guidelines_AUG_2019_Final.pdf)

Die SDGs mit dem höchsten potentiellen Zielerreichungsgrad durch die Elektromobilität sind SDG 7, SDG 8, SDG 9, SDG 12, SDG 13 und SDG 17. Diese werden in den folgenden Abschnitten mit Blick auf die Elektromobilität näher analysiert und der Beitrag der Elektromobilität veranschaulicht.

4.1　SDG 7: Bezahlbare und saubere Energie

SDG 7 umfasst den Zugang zu und die Sicherung bezahlbarer, verlässlicher, nachhaltiger und moderner Energie für alle [22]. Dies ist ein Ziel, das in der Elektromobilität deutlich durch die kundenspezifischen Forderungen an die Lieferanten bezüglich des eigenen Verbrauchs an grüner Energie und somit auch durch das nachhaltige Errichten von Produktionsstätten positiv beeinflusst wird [23]. Saubere Energie definiert sich über den Bezug der Energie. Man sprich hier meist von regenerativer Energie, wie Sonnen-, Wasser- und Windenergie oder aber Energie, die aus Biomasse und Erdwärme generiert wird [24]. Zum einen fordern immer mehr Automobilhersteller, vor allem in Deutschland und Europa, bei neuen Auftragsvergaben von ihren Zulieferern, einen Großteil des Energiebedarfs über erneuerbare Energien abzudecken. Dies hat den Vorteil, dass die Industrie letztendlich gezwungen ist, erneuerbare Energien für ihre Produktion einzusetzen. Zum anderen achten immer mehr Unternehmen selbst darauf, den Anteil von erneuerbaren Energien an ihrem Verbrauch so hoch wie möglich zu halten. Des Weiteren wird durch die sehr ambitionierten CO_2-Ziele in der Branche ebenso der Verbrauch an erneuerbaren Energien favorisiert, da erneuerbare Energien den CO_2-Footprint der Automobilbranche deutlich verbessern [25].

Vor allem dem Unterziel 7.2, bis 2030 den Anteil erneuerbarer Energien am globalen Energiemix deutlich zu erhöhen [26], wird in der Elektromobilität durch die Forderung der Kunden Rechnung getragen, erneuerbare Energien möglichst flächendeckend für alle Produktionsprozesse zu nutzen.

Da es in der Elektromobilität einen signifikanten Anteil an Zukaufteilen gibt, hat der Energiekonsum in der Lieferkette einen großen Einfluss auf das nachhaltige Gesamtergebnis. Und hier kommt wieder die nachhaltige Beschaffung ins Spiel. Der Einkauf muss sicherstellen, dass diese Kundenforderungen, die vom Vertrieb intern kommuniziert werden, in der Lieferketten ebenso umgesetzt werden und nicht nur im eigenen Unternehmen.

4.2　SDG 8: Menschenwürdige Arbeit und Wirtschaftswachstum

SDG 8 befasst sich mit der Förderung eines dauerhaften, breitenwirksamen und nachhaltigen Wirtschaftswachstums, einer produktiven Vollbeschäftigung und einer menschenwürdigen Arbeit für alle [27]. Die Verantwortung für die Einhaltung der Arbeitsbedingungen bei Lieferanten entsprechend den vorgegebenen Normen liegt weitestgehend im Einkauf, der dadurch SDG 8 positiv beeinflussen kann. Auch in der Elektromobilitätsbranche verpflichtet sich ein Unternehmen demzufolge, darauf zu achten, dass die Lieferanten menschenwürdige Arbeitsbedingungen sicherstellen.

Des Weiteren wird die Zielerreichung von SDG 8 generell durch Industrialisierungsprojekte an in- und ausländischen Standorten gefördert, was somit zum positiven Wirtschaftswachstum eines Landes beiträgt. Die Förderung des Wirtschaftswachstums in weniger entwickelten Länder ist ebenso Bestandteil von SDG 8. Neue Arbeitsplätze werden geschaffen, wobei darauf geachtet werden muss, dass weder Zwangsarbeit noch Kinderarbeit beim jeweiligen Zulieferunternehmen vorzufinden ist. Ein weiteres Unterziel von SDG 8 ist es, Kinderarbeit bis 2025 zu beenden [27], was in der Elektromobilitätsbranche durchaus aktiv überprüft wird, gerade im Bereich Mining, zum Beispiel über „The Initiative for Responsible Mining Assurance" (IRMA) [28, 29], worauf nochmal in Abschn. 4.6 eingegangen wird.

4.3   SDG 9: Industrie, Innovation und Infrastruktur

Bei SDG 9 stehen die Aspekte Industrie, Innovation und Infrastruktur im Fokus. Dabei geht es darum, eine nachhaltige und widerstandsfähige Infrastruktur aufzubauen bzw. diese zu erneuern, eine nachhaltige Industrialisierung zu fördern, indem Industrien nachgerüstet werden, um diese somit nachhaltiger zu gestalten und Innovationen weitestgehend zu unterstützen. In diesem Zusammenhang liegt besonderes Augenmerk auf der Forschung, um neue Technologien in der Industrie zu implementieren [30]. So liegt das Augenmerk zum Beispiel auch auf dem wichtigen Thema Batterierecycling (s. Abschn. 4.6) in der Elektromobilität, wobei in der Lieferkette und entlang der Wertschöpfungskette einer Batterie Forschungsprojekte ins Leben gerufen werden, die neue Technologien im Bereich Recycling vorantreiben [31].

Die gesamte Branche der Elektromobilität wird durch die Nachhaltigkeitsanforderungen von B2B-Kunden, Endkunden und gesetzlichen Vorgaben beeinflusst. Die Automobilindustrie ist im Umbruch, da innovative Lösungen für eine „saubere" Mobilität gefunden werden müssen. Diese Suche nach innovativen Lösungen für Produkte, Prozesse und Fabriken zieht sich durch die gesamte Lieferkette, d. h. von den Rohstoffen (Minen) über die Komponentenfertigung bis hin zur Endproduktion beim Tier-1-Lieferanten eines Automobilherstellers.

Durch die Einflussnahme auf die Industrialisierungsprojekte der eigenen Lieferanten in der Lieferkette setzen Unternehmen immer besser einheitliche Standards durch und tragen somit zu einer positiven Beeinflussung von SDG 9 bei. Die Lieferantenqualität bzw. Lieferantenentwicklung geht spezifische Themen mit den Lieferanten in einem APQP-Prozess (Advanced Product Quality Planning) [32] durch, wobei auf Standards in der Automobilbranche geachtet wird [18–20]. Somit werden bei den Lieferanten effiziente

Prozesse in der Produktion gestaltet und globale Standards in der ganzen Lieferkette festgesetzt. Die Schwierigkeit liegt allerdings in der Erfüllung und Einhaltung aller Standards. Dafür gibt es fallspezifische Nebenvereinbarungen, wenn z. B. eine Anforderung in einer bestimmten Warengruppe nicht zu erfüllen ist, denn beispielsweise Schmiedeteile sind anders zu behandeln als Schmierstoffe oder auch Rohstoffe, die zugekauft werden. Dies muss dann aber ebenso vertraglich in einer Nebenvereinbarung festgehalten werden, damit man im Falle einer Reklamation als Unternehmen abgesichert ist. Die Einflussnahme auf die Industrialisierungsprojekte bei Lieferanten spielt eine tragende Rolle im Bereich nachhaltiger Industrialisierung inklusive nachhaltiger Innovations- und Technologieansätze.

4.4 SDG 12: Nachhaltiger Konsum und nachhaltige Produktion

Mit Blick auf Unternehmen zielen die SDGs nicht nur auf die Entwicklung von innovativen Produkten und die Industrialisierung. SDG 12 fokussiert nachhaltigen Konsum und Produktion [33]. Dabei werden Unternehmen aufgefordert, nachhaltige Konsum- und Produktionsmuster sicherzustellen. Für die Elektromobilität heißt das, dass auf innovativere und nachhaltigere Prozesse und Verfahren gesetzt werden muss.

SDG 12 bezieht sich also vor allem in der Elektromobilität auf das Thema Produktionsstätten. Diese müssen sowohl im eigenen Unternehmen als auch bei den Lieferanten in der Lieferkette nachhaltig geplant werden. Die Produktion soll so sauber und so schlank wie möglich umgesetzt werden, der Energieverbrauch durch neue Technologien und innovative Prozesse so niedrig wie möglich gehalten werden. Die Nutzung erneuerbarer Energien könnte ein Lösungsansatz sein. Ein intelligentes Abfallmanagement und die Möglichkeit der Wasseraufbereitung sind weitere innovative Lösungsansätze, die v. a. bereits in die Planungsphase einer Fabrik mit einfließen können.

Auch in dieser Hinsicht können die Unternehmen die Produktionsprozesse ihrer Lieferanten in Entwicklungs- und Schwellenländern beeinflussen. Denn wenn die eingeforderten Nachhaltigkeitskriterien von den Lieferanten nicht erfüllt werden, werden sie weder für einen Auftrag nominiert noch bekommen sie ein Folgegeschäft. Es werden zum Teil „harte" Forderungen gestellt, die schwierig umzusetzen sind, wobei aber wiederum gewährleistet werden kann, dass dadurch Standards in der Lieferkette gesetzt werden und sich die Player in globalen Lieferketten wegen der drohenden Geschäftsverluste oder hohen Strafzahlungen an Abmachungen halten. Die Unternehmen in Entwicklungsländern werden so auch bezüglich des Themas nachhaltige Produktion sensibilisiert, was sich wiederum positiv auf den CO_2-Footprint des betroffenen Mobilitätsunternehmens auswirkt. Im Folgenden wird explizit auf das Thema Klimaschutz und den Einfluss durch die Elektromobilität eingegangen.

4.5 SDG 13: Maßnahmen zum Klimaschutz

Die Themen Klimaschutz und Klimaneutralität spielen eine wesentliche Rolle im Rahmen der Agenda 2030, insbesondere mit Blick auf SDG 13. Bei diesem SDG geht es darum, umgehende Maßnahmen zur Bekämpfung des Klimawandels und seiner Auswirkungen zu ergreifen. Es geht um einen verantwortlichen Verbrauch an natürlichen Ressourcen sowie die Verminderung und Vermeidung von Treibhausgasen, wo es möglich ist [34].

Im Jahre 2015 fand in Paris die UN-Klimakonferenz statt, woraus das globale Pariser Klimaschutzabkommen hervorging, auf das sich 197 Staaten verständigt haben. Mittlerweile wurde das Abkommen von 191 Staaten ratifiziert (Stand September 2021), inklusive Deutschland und der Europäischen Union. Die Staaten haben sich als globales Ziel gesetzt, die Erderwärmung im Vergleich zum vorindustriellen Zeitalter auf „deutlich unter" 2 °C zu begrenzen, im Idealfall soll der Anstieg unter 1,5 °C bleiben [35, 36].

Zum Teil fordern die Kunden von ihren Lieferanten bereits den Einsatz von 100 % grüner Energie in Produktionsstätten sowie die Zustimmung der Unternehmen zum 1,5-Grad-Ziel (Science Based Target). Dies trägt dazu bei, SDG 13 zu erreichen. Somit werden Anforderungen zum Klimaschutz auch in der Lieferkette relevant. Je tiefer ein Lieferant allerdings in der Lieferkette steht oder wenn sich dieser in einer Region befindet, in der regenerative Energiequellen kaum vorhanden sind oder nicht gefördert werden, desto schwieriger können solche Ziele gesetzt werden, da sie nach heutigem Stand nicht erreicht bzw. umgesetzt werden können. Der Strommix eines Landes bestimmt maßgeblich neben innovativen Technologien und Prozessen den CO_2-Fußabdruck eines produzierenden Unternehmens.

Nach dem Treibhausgasprotokoll sind die Emissionsquellen in drei Scopes eingeteilt: Scope 1, 2 und 3 [37]. In der Automobilbranche – vornehmlich in der Elektromobilität – können die Scopes wie in Abb. 4 dargestellt untergliedert werden.

Scope 1 bezieht sich auf die direkten Emissionen eines Unternehmens, sprich in den eigenen Produktionsstätten, und somit auf die internen Produktionsprozesse.

Scope 2 umfasst indirekte Emissionen. Der Hebel liegt in der Beschaffung von Energie wie Strom, Wärme, Kühlung, Dampf etc. für einen möglichst klimaneutralen Energie- und Wasserverbrauch in den eigenen Produktionsstätten.

Unternehmen fokussieren sich allerdings zu sehr auf das „Sauberhalten" der eigenen Produktionsstätten – wie in Scope 1 abgebildet. Jedoch liegt der eigentliche Löwenanteil der CO_2-Emissionen in der Elektromobilität in der Lieferkette, sprich also in Scope 3. Von besonderer Bedeutung für Scope 3 ist die Rohstoffbeschaffung. Hier muss der Einkauf bis hin zur Mine vordringen und Standards und Ziele bezüglich der CO_2-Emissionen setzen. Zunächst einmal muss die Einkaufsorganisation damit für Transparenz in der Lieferkette sorgen. Als Unternehmen sollte man wissen, woher Rohstoffe oder Unterkomponenten kommen und welche Produktionsprozesse gegebenenfalls nach Extern vergeben werden. Denn nur mit dieser Transparenz kann eine Lieferantenentwicklung in der Lieferkette erfolgreich sein und auch für eine Umsetzung der gesetzten vereinbarten Ziele sorgen.

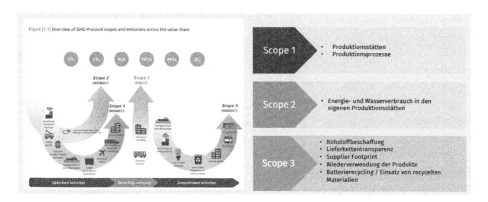

Abb. 4 Scope-Konzept zur Kategorisierung der Treibhausgasemissionen entlang der Wertschöpfung (links: THG-Scopes 1, 2 und 3; rechts: Beitrag zu den einzelnen Scopes in der Elektromobilität). (Corporate Value Chain – Scope 3, Accounting and Reporting Standard, GHG protocol)

Die Beschaffung muss ganz zu Beginn eines Beschaffungsprozesses Ziele für die Lieferkette auf Warengruppen- und Unterwarengruppenebene festlegen und gegebenenfalls Maßnahmenpläne gemeinsam erarbeiten, abstimmen und verabschieden, wie dies zum Beispiel für Batteriehersteller bzgl. CO_2-Kalkulation der Fall ist, da die Lieferkette, Förderung und Verarbeitung von Rohstoffen und Produktion einen hohen Energieverbrauch in Anspruch nehmen und gemeinschaftlich mit dem Lieferanten dann nach z. T. innovativen CO_2-Einsparpotentialen gesucht wird. Dieses gemeinsame Vorgehen wird auch noch einmal in SDG 17 „Partnerschaften zur Erreichung der Ziele" hervorgehoben und im nächsten Abschnitt vertieft dargestellt.

Um das 1,5-Grad-Ziel zu unterstützen, müssen Unternehmen ihren CO_2-Footprint inklusive der Lieferkette definieren, indem die CO_2-Emissionen entlang der Wertschöpfungskette inklusive der externen Lieferkette (GHG Scope 1–3) berechnet werden. Diese Berechnung sollte über ein zertifiziertes Berechnungstool durchgeführt werden, wobei auf eine standardisierte Datenbank zugegriffen werden kann, wie zum Beispiel die Software GaBi (Ganzheitliche Bilanzierung) [38]. Eine externe Validierung ist dann ebenso ratsam, um sich offiziell die Berechnung bestätigen zu lassen. Wenn man weiß, wo man aktuell ungefähr steht, können konkrete Ziele abgeleitet werden. Diese internen CO_2-Ziele werden dann in einem weiteren Schritt in der Lieferkette heruntergebrochen und warengruppenspezifisch festgelegt. Um die gesetzten Ziele zu erreichen, empfiehlt es sich, ein crossfunktionales CO_2-Reduktionsteam zu etablieren, das einen gesamtheitlichen Maßnahmenplan erarbeitet, um die Ziele im vorgesehenen Zeitrahmen zu erreichen. Beim Zielsetzungsprozess müssen nationale und internationale Gesetzesanforderungen beachtet und spezifische Kundenanforderungen integriert werden.

4.6 SDG 17: Partnerschaften zur Erreichung der Ziele

SDG 17 bezieht sich auf Partnerschaften zur Erreichung aller anderen 16 SDGs. Dabei sollen globale Partnerschaften für eine nachhaltige Entwicklung wiederbelebt und neu geschlossen werden [39].

In der Elektromobilität, aber auch in anderen Branchen kann man einen deutlichen Trend in Richtung Partnerschaften zwischen Lieferanten und Automobilherstellern erkennen [40].

Strategische Vereinbarungen werden vermehrt geschlossen, da nachhaltige Lieferketten ohne eine Kollaboration schwer umzusetzen sind. Denn ohne Partnerschaften mit gemeinsamen Zielen, erarbeiteten und abgestimmten Maßnahmenplänen, Programmen und dezidierten Projekten, vor allem in der Lieferkette, wird es immer schwieriger, die eigenen Konzernziele, aber auch die globalen Klimaziele allgemein zu erreichen.

In der Elektromobilität hat sich deutlich gezeigt, dass durch die verschiedensten Gesetze auf nationaler und europäischer Ebene der Druck immer größer wird und Unternehmen ohne Partnerschaften nicht weiterkommen. Vor allem in den Bereichen Rohstoffe und Rohstoffversorgung ist der Bedarf an Partnerschaften besonders groß. Ein Beispiel ist Catena-X, ein digitales Datenökosystem in der Automobilindustrie, das ein viel flexibleres Lieferantenmanagement ermöglicht. Lieferantendaten werden durchgängig digitalisiert und damit dokumentiert, wodurch eine Rückverfolgbarkeit entsprechend dem Lieferkettengesetz gegeben ist. Es soll ein global agierendes Netzwerk entstehen, das „Catena-X Automotive-Network", das das erste offene und kollaborative Datenökosystem in der Automobilindustrie darstellen wird. Dies geschieht partnerschaftlich und es wird auf Augenhöhe miteinander gearbeitet [41]. Ein weiteres Beispiel in der Elektromobilität ist die Initiative for Responsible Mining Assurance (IRMA), die einen internationalen Standard zur Zertifizierung von Bergbaustandorten nach sozialen und ökologischen Kriterien darstellt. Damit soll der Wandel im Bergbau zu mehr nachhaltigen Produktionsprozessen im Hinblick auf soziale und ökologische Standards vorangetrieben werden [42].

Durch diesen internationalen Zertifizierungsstandard entstehen Zusammenarbeitsmodelle, die es zuvor in dieser Art in dieser Industrie noch nicht gab.

Ebenso ein wichtiges Thema, das in naher Zukunft sowohl aus Kostengründen als auch wegen verfügbarer Kapazitäten auf dem Markt geschäftskritisch sein könnte, ist das Thema Batterierecycling. Auch ökologische Gründe spielen neben dem Thema Wettbewerbsfähigkeit dabei eine Rolle. Es muss nach neuen, effizienten Verfahren geforscht werden, um die Ausbeute an recyceltes Material so hoch wie möglich zu halten und um recyceltes Rohmaterial in verwendbarer Form zu gewinnen. Für den europäischen Markt zeigt sich hier eine große Chance, jetzt in dieses Geschäftsfeld aktiv einzusteigen und Europa durch Partnerschaften und Kooperationen in der Lieferkette das Batterierecycling auf dem Weltmarkt zu positionieren. Die Kreislaufwirtschaft in der europäischen Region wird dadurch angekurbelt [21].

Per Gesetz werden sehr hohe Recyclinganteile von verschiedenen Rohstoffen in der Europäischen Union vorgeschrieben [11, 12]. Dies unterstützt ebenso, dass dieser wichtige Geschäftszweig regional entwickelt werden muss. Um sich bereits Kapazitäten zu sichern, gehen Unternehmen in der Lieferkette immer mehr Partnerschaften ein. Ein weiterer wichtiger Aspekt sind Technologiepartnerschaften, wobei ein gemeinsames Wissen erarbeitet und geteilt wird. Konkrete Beispiele hierfür sind aktuell Partnerschaften auf dem Gebiet der Zellforschung, Kathodenmaterialentwicklung und wie erwähnt beim Batterierecycling. Diese Partnerschaften entlang der Batteriewertschöpfungskette beeinflussen dadurch wiederum SDG13 im Bereich CO_2-Vermeidung [43–46].

5 Zusammenfassung und Ergebnis

In diesem Artikel wurde das Thema nachhaltige Beschaffung und dessen Einfluss auf die SDGs 7, 8, 9, 12, 13 und 17 diskutiert. Zunächst galt es, nachhaltige Beschaffung zu definieren und zu erläutern, was konkret sich dahinter verbirgt und was sich nun durch Nachhaltigkeitsanforderungen in einem Unternehmen, speziell im Einkauf, verändert. Bei der Transformation der Automobilindustrie/Elektromobilität spielt die Transformation im Einkauf selbst eine wesentliche Rolle, wie sich gezeigt hat. Ein Umdenken wird nicht nur angestoßen, sondern zum Teil auch durch sich zunehmend verschärfende regulatorische Vorgaben eingefordert. In diesem Zusammenhang wurde gezeigt, welche tragende Rolle nicht nur die Einkaufsorganisation selbst hat, sondern auch das Lieferantenmanagement, das die regulatorische und operative Einheit im Kontext der Nachhaltigkeit in der Lieferkette darstellt. Es wurde aufgezeigt, wo genau eine Beeinflussung der SDGs durch beschaffungspolitische Maßnahmen umgesetzt werden kann und was das genau für das Unternehmen inklusive der Lieferkette bedeutet. Dabei wurde auf die Schwierigkeiten und Herausforderungen bei der Umsetzung dieser zunehmend restriktiveren Nachhaltigkeitsanforderungen eingegangen und darauf, wie diese von Unternehmen erfolgreich umgesetzt werden können. Eine nachhaltige Einkaufsorganisation nimmt sowohl direkt als auch indirekt Einfluss auf das für Unternehmen erfolgskritische Thema Nachhaltigkeit. Die herausragende Bedeutung der Beschaffung für die Umsetzung der SDGs wurde durch das Fallbeispiel der Elektromobilität erläutert, besonders hinsichtlich der beiden Herausforderungen Lieferkettentransparenz und der Rohstoffversorgung.

Literatur

1. Fröhlich, E. (2015). Corporate Social Responsibility in der Beschaffung: Theoretische wie Praktische Implikationen. In: Fröhlich, E. (Hrsg.) CSR und Beschaffung. Management-Reihe Corporate Social Responsibility. Springer Gabler, Berlin, Heidelberg. https://doi.org/10.1007/978-3-662-46231-7_1

2. Fröhlich, E., Weber, T., Willers, C. (2017). Nachhaltigkeit in der unternehmerischen Supply Chain, epubli; 2. Aufl.
3. THE 17 GOALS | *Sustainable Development*. (o. D.). United Nations Department Of Economic And Social Affairs Sustainable Development. Abgerufen am 16. Februar 2024, von https://sdgs.un.org/goals
4. *Overview – Eurostat*. (o. D.). Eurostat. Abgerufen am 16. Februar 2024, von https://ec.europa.eu/eurostat/web/sdi/overview
5. SDG Progress Report Special Edition 2023 Adance Unedited Version. (2023, Mai). United Nations Department Of Economic And Social Affairs Sustainable Development. Abgerufen am 16. Februar 2024, von https://sdgs.un.org/sites/default/files/2023-04/SDG_Progress_Report_Special_Edition_2023_ADVANCE_UNEDITED_VERSION.pdf
6. *Die Agenda 2030 mit den 17 SDGs*. (o. D.). SDG-Portal. Abgerufen am 16. Februar 2024, von https://sdg-portal.de/de/ueber-das-projekt/17-ziele
7. Ref. Die 3 Faktoren des Einkaufs. Sven C. Schumacher, Holger Schiele, Markus Contzen und Thomas Zachau, Copyright © 2008 WILEY-VCH Verlag GmbH & Co. KGaA ISBN 978-3-527-50327-8
8. Kerkhoff, G., Schäfer, D. (2018). Restrukturierungsmethoden im Einkauf. In: Knecht, T.C., Hommel, U., Wohlenberg, H. (Hrsg.) Handbuch Unternehmensrestrukturierung. Springer Reference Wirtschaft. Springer Gabler, Wiesbaden. https://doi.org/10.1007/978-3-658-04116-8_33
9. Schröder, S. (2015). Supplier Code of Conduct: CSR und Vertragsgestaltung mit Lieferanten – „Ansprüche an Compliance und Nachhaltigkeit glaubhaft vertreten und durchsetzen". In: Fröhlich, E. (eds) CSR und Beschaffung. Management-Reihe Corporate Social Responsibility. Springer Gabler, Berlin, Heidelberg.https://doi.org/10.1007/978-3-662-46231-7_8
10. Zollenkop, M., Rinn, T. (2016). Global Sourcing und Low-Cost Country Sourcing. In: Spath, D., Westkämper, E. (Hrsg.) Handbuch Unternehmensorganisation. Springer Reference Technik. Springer Vieweg, Berlin, Heidelberg. https://doi.org/10.1007/978-3-642-45370-0_32-1
11. BGBl. I S. 1582, Batteriegesetz vom 25. Juni 2009, das zuletzt durch Artikel 1 des Gesetzes vom 3. November 2020 (BGBl. I S. 2280) geändert worden ist
12. Proposal for a Regulation of the European Parliament and the Council concerning batteries and waste batteries, repealing Directive 2006/66/EC and amending Regulation (EU) No 2019/1020, Brussels, 13.01. 2023
13. LK Germany: Bundesgesetzblatt Jahrgang 2021 Teil I Nr. 46, Gesetz über die unternehmerischen Sorgfaltspflichten in Lieferketten, 16.07.2021
14. LK EU: European Commission, Proposal for a DIRECTIVE OF THE EUROPEAN PARLIAMENT AND OF THE COUNCIL on Corporate Sustainability Due Diligence and amending Directive (EU) 2019/1937, Brussels, 23.02.2022
15. Yvonne Jamal | Prof. Dr. habil Lisa Fröhlich | Emily Knothe, JARO Studie – Nachhaltige Beschaffung und verantwortungsvolle Lieferketten, 2023, https://jaro-institut.de
16. Kathiresh, M., Kanagachidambaresan, G. R., Williamson, S. S.; E-Mobility, A New Era in Automotive Technology, EAI/Springer Innovations in Communication and Computing. Springer, 2022
17. Lenz, J., Fröhlich, E., Jamal, Y., Reichardt, U. (2023). Illustration of How Industry and Institutions in Germany Impact the SDGs. In: Leal Filho, W., Dinis, M.A.P., Moggi, S., Price, E., Hope, A. (eds) SDGs in the European Region. Implementing the UN Sustainable Development Goals – Regional Perspectives. Springer, Cham. https://doi.org/10.1007/978-3-030-91261-1_32-1
18. *Was ist die IATF 16949 im QM der Automobilindustrie?* (2024). Vorest AG Qualitätsmanagement ISO 9001. Abgerufen am 16. Februar 2024, von https://qualitaetsmanagement.me/qualitaetsmanagement-iso-9001/iatf-16949-einfuehrung/

19. *Verband der Automobilindustrie e. V.* (2024). VDA. Abgerufen am 16. Februar 2024, von https://www.vda.de/de
20. *AIAG.org – Automotive Industry Action Group.* (o. D.). Abgerufen am 16. Februar 2024, von https://www.aiag.org
21. *Nachhaltiges Batterierecycling: Welche Marktpotenziale für Europa?* (2021, 17. November). Fraunhofer-Institut für System- und Innovationsforschung ISI. Abgerufen am 16. Februar 2024, von https://www.isi.fraunhofer.de/de/presse/2021/presseinfo-26-nachhaltiges-batterierecycling-marktpotenziale-europa.html
22. *SDG 7: Bezahlbare und saubere Energie.* (2024). Bundesministerium für Wirtschaftliche Zusammenarbeit und Entwicklung. Abgerufen am 16. Februar 2024, von https://www.bmz.de/de/agenda-2030/sdg-7
23. Stroh, C. A. (2021, 2. Juli). Porsche fordert von Zulieferern die Umstellung auf Grünstrom. *Automobil Produktion Online.* Abgerufen am 16. Februar 2024, von https://www.automobil-produktion.de/management/porsche-fordert-von-zulieferern-die-umstellung-auf-gruenstrom-129.html
24. *Energiearten und Energieumwandlung.* (2024). EnBW Physik. Abgerufen am 16. Februar 2024, von https://www.enbw.com/energie-entdecken/physik/energiearten-und-umwandlung/
25. Neißendorfer, M. (2023b, April 18). BMW setzt in der Produktion auf regional und vor Ort erzeugten Ökostrom. *Elektroauto-News.net.* Abgerufen am 16. Februar 2024, von https://www.elektroauto-news.net/news/bmw-produktion-regional-vor-ort-erzeugter-oekostrom
26. Global Policy Forum. (o. D.). Ziel 7 *Nachhaltige und moderne Energie für alle.* Bundesministerium für Wirtschaftliche Entwicklung und Zusammenarbeit (BMZ). Abgerufen am 16. Februar 2024, von https://www.bmz.de/resource/blob/83902/01b-sdg-07-unterziele.pdf
27. *SDG 8: Menschenwürdige Arbeit und Wirtschaftswachstum.* (2024). Bundesministerium für Wirtschaftliche Zusammenarbeit und Entwicklung. Abgerufen am 16. Februar 2024, von https://www.bmz.de/de/agenda-2030/sdg-8
28. Initiative for Responsible Mining Assurance. (2023, 2. April). *Purchasing companies – IRMA – The Initiative for Responsible Mining Assurance.* IRMA – The Initiative For Responsible Mining Assurance. https://responsiblemining.net/what-you-can-do/purchasing-companies/)
29. Initiative for Responsible Mining Assurance. (2024). *What are "Critical Requirements" in the IRMA Standard?* IRMA – The Initiative For Responsible Mining Assurance. Abgerufen am 16. Februar 2024, von https://responsiblemining.net/wp-content/uploads/2022/02/What-are-Critical-Requirements-in-the-IRMA-Standard-Updated2022.pdf
30. *Industrie, Innovation und Infrastruktur.* (o. D.). SDG-Portal. Abgerufen am 16. Februar 2024, von https://sdg-portal.de/de/ueber-das-projekt/17-ziele/industrie-innovation-und-infrastruktur).
31. Technologie, K. I. F. (2023, 28. März). *KIT – Das KIT – Medien – Presseinformationen – Archiv Presseinformationen – PI 2023 – Batterierecycling: 70 Prozent des Lithiums zurückgewonnen.* Abgerufen am 16. Februar 2024, von https://www.kit.edu/kit/pi_2023_15-batterierecycling-70-prozent-des-lithiums-zuruckgewonnen.php
32. *Kurzinfo APQP – Advanced Product Quality Planning.* (2014, 31. Juli). Deutsche Gesellschaft für Qualität. Abgerufen am 16. Februar 2024, von https://www.dgq.de/themen/apqp/
33. *Verantwortungsvolle Konsum- und Produktionsmuster.* (o. D.). SDG-Portal. Abgerufen am 16. Februar 2024, von https://sdg-portal.de/de/ueber-das-projekt/17-ziele/verantwortungsvolle-konsum-und-produktionsmuster
34. *SDG 13: Maßnahmen zum Klimaschutz.* (2024). Bundesministerium für Wirtschaftliche Zusammenarbeit und Entwicklung. Abgerufen am 16. Februar 2024, von https://www.bmz.de/de/agenda-2030/sdg-13

35. Tietz, C. (2024, 31. Januar). *Übereinkommen von Paris*. Umweltbundesamt. Abgerufen am 16. Februar 2024, von https://www.umweltbundesamt.de/themen/klima-energie/internationale-eu-klimapolitik/uebereinkommen-von-paris#ziele-des-ubereinkommens-von-paris-uvp)
36. *Bundesministerium für Wirtschaft und Klimaschutz (BMWK)*. (2024). Abkommen von Paris. Abgerufen am 16. Februar 2024, von https://www.bmwk.de/Redaktion/DE/Artikel/Industrie/klimaschutz-abkommen-von-paris.html
37. Greenhouse Gas Protocol, World Business Council for Sustainable Development & World Resources Institute. (2021, 19. April). Corporate Value Chain (Scope 3) Standard | GHG Protocol. Abgerufen am 16. Februar 2024, von https://ghgprotocol.org/sites/default/files/standards/Corporate-Value-Chain-Accounting-Reporing-Standard_041613_2.pdf
38. Sphera Solutions. (2022, 2. Dezember). *Software für die Lebenszyklus-Beurteilung (LCA) | Sphera*. Sphera. Abgerufen am 16. Februar 2024, von https://sphera.com/software-fuer-die-lebenszyklus-beurteilung-lca/?lang=de
39. *SDG 17: Umsetzungsmittel stärken und die globale Partnerschaft für nachhaltige Entwicklung wiederbeleben*. (2024). Bundesministerium für Wirtschaftliche Zusammenarbeit und Entwicklung. Abgerufen am 16. Februar 2024, von https://www.bmz.de/de/agenda-2030/sdg-17
40. Fröhlich, E., Baid, V., Lenz, J., Peters, S. (2021). Developing Partnerships Across Global Supply Chains. In: Leal Filho, W., Marisa Azul, A., Brandli, L., Lange Salvia, A., Wall, T. (eds) Partnerships for the Goals. Encyclopedia of the UN Sustainable Development Goals. Springer, Cham. https://doi.org/10.1007/978-3-319-95963-4_89
41. *Catena-X Automotive Network | Catena-X*. (o. D.). Catena-X. Abgerufen am 16. Februar 2024, von https://catena-x.net/de/
42. *Internationaler IRMA-Standard | Nachhaltigkeit | SQM-Lithium*. (2023, 5. September). SQM. Abgerufen am 16. Februar 2024, von https://www.sqmlithium.com/de/sustentabilidad/initiative-for-responsible-mining-assurance/
43. *Gemeinsame Presse-Information – BASF und SVOLT schließen Partnerschaft, um die Zusammenarbeit bei der Entwicklung von Batteriematerialien und Lösungen für Batterierecycling weltweit voranzutreiben*. (2021, 25. Oktober). BASF Global Medien. Abgerufen am 16. Februar 2024, von https://www.basf.com/global/de/media/news-releases/2021/10/p-21-357.html
44. Bönnighausen, D. (2022, 1. Juli). *Tier und Remondis erweitern Kooperation beim Batterie-Recycling | electrive.net*. Abgerufen am 16. Februar 2024, von https://www.electrive.net/2022/07/01/tier-und-remondis-erweitern-kooperation-beim-batterie-recycling/
45. *BASF und Tenova Advanced Technologies kooperieren beim Batterierecycling | CHEManager*. (2023, 22. Februar). News. Abgerufen am 16. Februar 2024, von https://www.chemanager-online.com/news/basf-und-tenova-advanced-technologies-kooperieren-beim-batterierecycling
46. Neißendorfer, M. (2023a, April 18). BASF & CATL Kooperation: Batterierecycling und Kathodenmaterialien | Elektroauto-News.net. *Elektroauto-News.net*. Abgerufen am 16. Februar 2024, von https://www.elektroauto-news.net/news/basf-catl-starten-kooperation-batterierecycling-kathodenmaterialien

Dr. Jennifer Lenz ist Director QM Operations Europe bei der SVOLT Energy Technology (Europe) GmbH. Bevor sie im November 2021 zu SVOLT Europe kam, war sie in verschiedenen Leitungsfunktionen bei der ZF Friedrichshafen AG in den Ressorts Qualität und Materialwirtschaft tätig. In ihrer Position als Director Corporate Materials Management und Head of Sustainability Supply Chain für den Konzern schuf sie Strukturen, um in der Materialwirtschaft das Thema Nachhaltigkeit und insbesondere die Klimaneutralität zu verankern. Jennifer Lenz promovierte in Elektrochemie über Elektrodenherstellung, Elektrokatalyse und Flow-Cell-Applikationen an der

Universität des Saarlandes (UdS) und der École Nationale Supérieure de Chimie, de Biologie et de Physique (ENSCBP) in Bordeaux. Sie sammelte bereits in ihrer Ausbildung internationale Erfahrung, wie auch während des internationalen Doppeldiplomstudiengangs in Chemie der UdS und der Ingenieursschule École européenne de Chimie, Polymères et Matériaux (ECPM) in Straßburg. Außerdem hat sie einen MBA-Abschluss in Europäischem Management. Seit 2021 ist sie zudem stellvertretende Vorsitzende des JARO Instituts für Nachhaltigkeit und Digitalisierung e. V. in Berlin.

Nachhaltige Transformation im Einkauf in der vertikalen Landwirtschaft (vertikales Farming)

Alexandra Morton

1 Vertikale Landwirtschaft und Nachhaltigkeit

Definition: Vertikales Farming, obwohl ein relativ junges Konzept, erfreut sich in Anbetracht des positiven Potentials, eine der bahnbrechendsten Entwicklungen im Bereich Ernährungssicherheit und nachhaltiger Agrarwirtschaft zu sein, mit wachsender Popularität sowohl unter Konsumenten als auch bei Unternehmensgründern und Investoren. Ziel der Betreiber von vertikalen Farmen ist es zum einen, den Zugang zu hochwertigen Lebensmitteln zu verbessern, die auf nachhaltige, zirkuläre Weise produziert werden [13]. Zum anderen verspricht vertikales Farming auch eine Revolutionierung des traditionellen Anbaus mit dem Resultat, dass geringere Flächen benötigt werden, um die wachsende Bevölkerung mit Obst und Gemüse zu versorgen, ohne Nutzung von Pestiziden und Insektiziden [17].

Vertikales Farming ist die Praxis, Pflanzen auf wenigen Quadratmetern in übereinander angelegten Etagen in geschlossener, kontrollierter Umgebung zu kultivieren. Für den Anbau der Pflanzen werden Methoden wie Hydroponik und Aquaponik angewandt [16]. Die Versorgung der Pflanzen erfolgt in beiden Fällen über einen in Wasser gelösten Nährstoff. Die in Anspruch genommene Fläche wird durch das gestapelte Anordnen von Pflanzenschalen um 95 % reduziert, und im Gegensatz zur traditionellen Landwirtschaft sind die Pflanzen nicht der Natur und damit Wetter- und Umwelteinflüssen ausgesetzt. Luftfeuchtigkeit, Wasserbedarf, Temperatur und Lichtverhältnisse innerhalb des Raumes, in dem die Schalen vertikal angelegt sind, werden durch den Einsatz von Cloud-Computing-Technologien präzise kontrolliert und an die Bedürfnisse der Pflanzen

A. Morton (✉)
Zaandam, Niederlande
E-Mail: mortonalexandra2@gmail.com

angepasst. Der Wasserverbrauch der Pflanzen ist optimiert und Pestizide sind aufgrund der fehlenden Umwelteinflüsse nicht erforderlich.

Da diese Weise des Anbaus klimaresistent ist, ist sie verlässlicher und Produktions- bzw. Ernteleistungen sind besser planbar. Transparenz und Vertrauen in die Herstellung sind nur zwei der treibenden Faktoren in dem ansteigenden Trend, Obst und Gemüse von der vertikalen Farm zu beziehen. Denn durch den vertikalen Anbau von Pflanzen werden im Durchschnitt, wie zuvor angedeutet, 95 % weniger Land und 95 % weniger Wasser im Vergleich zur konventionellen Landwirtschaft verbraucht [13]. Zudem produzieren die Farmen Kräuter, Salate, Gemüse und Micro-Greens lokal in urbanen Zentren, so nah wie möglich am Endverbraucher. Dieser Ansatz führt in der Regel zu einer nachgelagerten Lieferkette, von der Produktion bis hin zum Konsumenten, die deutlich kürzer als im traditionellen Anbau ist [13] und somit die Umwelt weniger stark belastet, als dieser Teil der Lieferkette es im traditionellen Anbau verlangt.

Ein Blick auf die aktuellen Herausforderungen, vor denen unser globales Ernährungssystem steht, zeigt uns, dass die Art und Weise, wie wir derzeit unsere Lebensmittel produzieren und transportieren, Mutter Natur zunehmend schadet. Der Globale Erdüberlastungstag [7], der Tag, an dem die Menschheit alle biologischen Ressourcen aufgebraucht hat, die die Erde innerhalb eines Jahres regenerieren kann, fiel im Jahr 2022 auf den 28. Juli. Im Jahr 2023 erreicht die Menschheit den Punkt der Überlastung bereits einen Tag früher, am 27. Juli [7]. Der erste Erdüberlastungstag wurde 1971 gemessen und fiel auf den 25. Dezember des Jahres. Der Trend ist ebenso deutlich wie besorgniserregend und die Landwirtschaft, ob traditionell oder vertikal, spielt eine große Rolle.

Landwirtschaft und Lebensmittelproduktion sind die Hauptursachen für den Verlust der biologischen Vielfalt. 27 % der globalen Treibhausgasemissionen werden von der Lebensmittelindustrie verursacht und 50 % der bewohnbaren Fläche der Welt werden landwirtschaftlich genutzt. Eine wachsende Bevölkerung bedeutet jedoch, dass wir mehr Land benötigen und daher mehr Entwaldung erleben werden [25]. 70 % der Süßwasserentnahmen werden für die landwirtschaftliche Nutzung verwendet. Und wenn man bedenkt, dass inzwischen (Stand 2022) 3,2 Mrd. Menschen oder 40 % der Weltbevölkerung in Gebieten mit hoher bis sehr hoher Wasserknappheit leben, scheint es aussichtslos, dass eine Rechnung in irgendeiner Weise aufgeht: Wenn wir weiterhin auf traditionelle Landwirtschaft bauen, werden wir natürliche Ressourcen wie Wasser und Land erschöpfen [8].

Bedenkt man außerdem, dass 78 % der weltweiten Meeres- und Süßwasserverschmutzung durch Pestizide verursacht werden [26], dass für 86 % von 28.000 Arten, die vom Aussterben bedroht sind, die Landwirtschaft als potentiell beitragender Faktor genannt wird [21] und dass die landwirtschaftliche Produktivität sich durch den von Menschen verursachten Klimawandel bisher um 21 % verringert hat [20], leuchtet es ein, dass Alternativen zur traditionellen Landwirtschaft in Betracht gezogen werden müssen. Lange Lieferketten tragen zusätzlich zum Klimawandel bei und sind anfällig für kurzfristige

Schocks. Wenn wir nicht in der Lage sind, größere Resilienz in unsere Ernährungssysteme zu bringen, haben wir keine Chance, den Klimawandel anzuhalten.

Die Welt muss auf eine Landwirtschaft hinarbeiten, die Land, Wasser, pflanzen- und tiergenetische Ressourcen schont und die umweltschonend, technisch angemessen, wirtschaftlich tragfähig und sozial akzeptabel ist [18]. Vertikales Farming erfüllt diese Anforderungen der Ressourcen- und Umweltschonung, speziell im Hinblick auf die reduzierte Nutzung von Land und Wasser und auf die Vermeidung von Pestiziden.

Im Durchschnitt kann eine vertikale Farm 17.000 Pflanzen pro Woche oder 850.000 pro Jahr anbauen und ernten [13]. Durch qualitativ hochwertige Daten, die von Cloud-verbundenen Farmen gesammelt, analysiert und interpretiert werden, lernen, verbessern und optimieren die Betreiber von Farmen den Anbau und Ernteertrag kontinuierlich [29].

Auswirkung: Das planetare Grenzkonzept zielt darauf ab, Umweltgrenzen zu definieren, innerhalb derer die Menschheit sicher agieren kann [28]. Von den ursprünglich neun vorgeschlagenen Erd-System-Prozessen, die 28 Wissenschaftler identifiziert haben, um somit das planetare Grenzkonzept ins Leben zu rufen, hat die Menschheit bisher die Grenzen von mindestens fünf Prozessen bereits überschritten:

- Klimawandel: Die Grenzsetzung verfolgt das Ziel, klimatisch induzierte Risiken zu minimieren und berücksichtigt Störungen in Klimasystemen.
- Integrität der Biosphäre: Änderungen in der biologischen Vielfalt haben schwerwiegenden Einfluss auf die Funktionen der einzelnen Erdsysteme und auf das Erdsystem in ihrer Gesamtheit. Die Grenzsetzung des Verlustes der Biodiversität verfolgt das Ziel, das Kollabieren des Gesamtsystems der Biosphäre zu verhindern. Die Bestimmung der Grenze ist aufgrund des Zeitversatzes bei der Bestimmung und die generelle Ungenauigkeit schwierig.
- Biogeochemischer Kreislauf: Die Grenzsetzung verfolgt das Ziel, den Einfluss von Phosphor- und Stickstoffkreisläufen auf die Ökosphäre zu quantifizieren und zu begrenzen.
- Veränderung des Landsystems: Diese Grenzsetzung versucht, die Belastung der weltweit von Menschen genutzten Landfläche für agrarwirtschaftliche Zwecke auf 15 % zu limitieren.
- Neuartige Stoffe: Chemikalien und Plastik zählen zu den fremdartigen Stoffen für Natur und Erdsystem, an die sich Lebewesen in der Evolution nicht anpassen konnten, die jedoch tiefgreifende Auswirkungen auf die Gesundheit von Umwelt und Lebewesen haben. Diese Belastungsgrenze kann in der Zukunft nur dann eingehalten werden, wenn die Verwendung neuer Substanzen reduziert wird und die Kreislaufwirtschaft ausgebaut wird [11].

Jede Überschreitung von individuellen Belastungsgrenzen, wenn diese über einen längeren Zeitraum aufrechterhalten wird, hat das Potential, das Erdsystem in einen neuen

Zustand zu bringen [24]. Und obwohl derzeit noch nicht quantifiziert, birgt jede Überschreitung auch das Risiko und die Wahrscheinlichkeit, einen durchdringenden Einfluss auf die verbleibenden Grenzen zu haben. Die Forschung in diesem Bereich steht jedoch noch vor vielen Herausforderungen [28].

Der Wasserbedarf dieser Anbauverfahren ist vergleichsweise gering und da intelligente, technologiegesteuerte Systeme am Werk sind, verrichten vertikale Farmen die notwendigen Aufgaben weitgehend selbstständig. Computer düngen und wässern ihre Zöglinge, kontrollieren die Temperatur, messen Wachstum und Ertrag und sammeln auf diese Weise Daten, die genutzt werden, um den Betrieb kontinuierlich zu optimieren [12].

Weil die Farmen über eine geschlossene und kontrollierte Umwelt verfügen, kann der Einzug von Keimen und Bakterien verhindert werden. Deswegen kommt die vertikale Anbaumethode auch mit weniger oder ganz ohne Pestizide aus.

Anbaumethoden, die von vertikalen Farmen etabliert und genutzt werden, können den planetaren Grenzen zugutekommen und haben einen direkten positiven Einfluss auf die Veränderung der Landsysteme, da vertikales Farming im Vergleich zum traditionellen Farming 90 % weniger Land nutzt, 70 bis 95 % weniger Wasser, keine Pestizide einsetzt und geschützt vor externen Einflüssen wie Wind, Wetter und Jahreszeit eine Ernteoptimierung im Hinblick auf Qualität und Quantität ermöglicht [32].

Ein weiteres und wichtiges Unterscheidungsmerkmal zwischen traditionellem und vertikalem Farming sind Geschmack und Haltbarkeit der Pflanzen. Dank zugesetzter Nährstoffe werden Lebensmittel aus vertikalen Farmen mitunter als wohlschmeckender empfunden, was auf die zunehmende Nährstoffarmut vieler konventioneller Böden zurückzuführen ist [32]. Auch die längere Haltbarkeit, die mit der modernen Anbaumethode erzielt werden kann, spielt für einige Länder und die Gastronomie eine Rolle [35].

Vertikalen Farmen wird zugetraut, eine wachsende Weltbevölkerung effizient und relativ klimaneutral zu ernähren. Die größte vertikale Farm der nahen Zukunft, Crop One in Dubai, soll bald in der Lage sein, bis zu 2700 kg Gemüse pro Tag zu produzieren [22]. Das ist insbesondere bemerkenswert, wenn man das Klima bedenkt, das in großen Teilen der Arabischen Emirate vorherrscht: Hitze, begrenzte Ackerflächen und Wasserknappheit. Obst und Gemüse müssen deshalb importiert werden – was neben den Preisen auch den CO_2-Ausstoss erhöht [35].

In Bezug auf Nachhaltigkeit hebt eine Studie hervor, dass vertikale Farmen nicht nur grundsätzlich von Vorteil sind, sondern notwendig sein werden, um eine wachsende Weltbevölkerung in der Zukunft ernähren zu können. Die Folgen des Klimawandels und der Landsystem-Veränderungen könnten das Wachstum der traditionellen Agrarwirtschaft in Zukunft deutlich begrenzen, da diese Art des Anbaus die Kapazitätsgrenze erreicht [4].

Vertikale Farmen bringen auf einer globalen Skala mehr ökologische Vor- als Nachteile [4]. Je nach Region, zeigt sich die Anbaumethode jedoch mehr oder weniger sinnvoll. In diesem Zusammenhang sprechen einige Punkte für vertikales Farming, wenn man es im Rahmen der Nachhaltigkeit und im Vergleich zum konventionellen Farming betrachtet:

- Kurze Wege von der Farm zum Kunden ermöglichen den Transport ohne Kühlung. Das reduziert sowohl die benötigten Ressourcen als auch die Menge an verdorbenen Lebensmitteln.
- Durch den mehrstöckigen Anbau können kleine Flächen effizienter genutzt und somit eine größere Anzahl an Menschen versorgt werden.
- Der Wasserverbrauch einer vertikalen Farm ist geringer als auf dem Feld, da das Wasser im vertikalen Kreislaufsystem nicht versickert oder verdunstet.
- Vertikale Landwirtschaft ist den Wetter- und Klimabedingungen nicht ausgesetzt, da es sich um ein geschlossenes, kontrolliertes System (CEA – Controlled Environment Agriculture) handelt. Demzufolge sind die Erträge deutlich höher, sie sind vor Ernteausfällen geschützt und der Ertrag ist qualitativ hochwertiger.
- Ein CEA unterstützt den Schutz vor Schädlingen, was zur Reduzierung oder Eliminierung von Pestiziden führt.
- In den regulierbaren Gewächshäusern können aufgrund der vorzüglichen Bedingungen auch exotische Pflanzen angebaut werden. Saisonales Gemüse ist unabhängig von den Jahreszeiten.
- Der Energiebedarf vertikaler Farmen kann durch regenerierbare Energiequellen abgedeckt werden (z, B. Solarzellen). Entstehende organische Abfälle können in nahegelegenen Biogasanlagen zur Stromerzeugung dienen.

Energieverbrauch: Vertikales Farming ist in vielerlei Hinsicht also ein nachhaltiger Ansatz, dessen Konzept den Schutz der planetaren Grenzen unterstützt und Möglichkeiten zur Bereitstellung von Ernährungssicherheit kreiert [13]. Vertikales Farming bringt jedoch eine Anzahl anderer Herausforderungen mit sich, die über die soeben erläuterten Stärken des Konzeptes hinausgehen und nicht selten Kritik ernten [32]. Gründe für die Kritik an vertikalen Farmen und deren Behauptung, nachhaltig zu sein, werden unter anderem wie folgt benannt:

- Aus ökologischer Sicht ist auch die Menge an benötigter Technik umstritten, wie beispielsweise LED-Lampen, die produziert und entsorgt werden müssen.
- Das Risiko von Ernteausfällen besteht trotz des kontrollierten Umfelds und kann nicht völlig ausgeschlossen werden. Zwar spielen klimatische Faktoren keine Rolle mehr. Durch die Größe der Gebäudekomplexe, die notwendig sind, um vertikale Farmen unterzubringen, ist das Risiko von kritischen Vorkommnissen wie Stromausfällen, Erdbeben oder Sabotagen noch immer erhöht.
- Der Bau einer vertikalen Farm ist mit hohen Kosten verbunden. Wird der CO_2-Fußabdruck für die Installation einer Farm auf Basis der verursachten Kosten berechnet, liegen die Emissionen einer vertikalen Farm deutlich höher. Eingesparte Transportkosten und -emissionen können so unter Umständen zunichtegemacht werden und somit eine „Net-negative" Auswirkung haben.

- Vertikales Farming erzeugt einen zusätzlichen Energiebedarf aufgrund der hohen Automatisierung und verwendeten Technologie. Die Signale zum Bewässern, zur Belüftung und Beleuchtung sowie die Cloud-basierte Überwachung des Wohlbefindens jeder Pflanze sind energieaufwendiger im Vergleich zum konventionellen Farming.

So liegt der Energieverbrauch pro Kilogramm des geernteten Endprodukts im Durchschnitt bei 38,8 Kilowattstunden (kWh). Wenn man annimmt, dass die CO_2-Intensität von Elektrizität im Durchschnitt bei 475 g/kWh liegt [32], haben vertikale Farmen also einen CO_2-Fussabdruck von 18,43 kg pro Kilogramm geerntetes Endprodukt. Verglichen mit dem CO_2-Fussabdruck von beispielsweise 1 kg Tomaten, die im traditionellen Anbau erwirtschaftet wurden und im Durchschnitt 2,09 kg CO_2 ausstoßen, liegt der Ausstoß beim Vertikalen Farming durchschnittlich beim Achtfachen [32].

Für Unternehmen, die frische Waren und Lebensmittel produzieren und liefern, hat die Verpackung eine besondere und wichtige Funktion: Sie schützt das Produkt vor Kontamination, hält es frisch und verhindert den Verlust und frühzeitigen Verfall der Ware [13]. Zusätzlich kommuniziert die Verpackung wichtige Informationen über das Produkt an den Verbraucher. Es werden in der Regel nichtstandardisierte Verpackungsarten genutzt, um entweder den bestehenden regionalen Unterschieden wie Sprache, Regulierungen oder Kultur gerecht zu werden oder um die Unterschiede in Produktarten zu berücksichtigen. Unterschiedliche (Groß-)Kundenanforderungen tragen zusätzlich zu Verpackungsdifferenzierungen bei.

Verpackungen für Produkte aus dem vertikalen Farming bestehen in der Regel aus Lösungen auf Kunststoffbasis wie zum Beispiel Polypropylen, aus sogenannten Papierkegeln oder aus Hybridlösungen wie zum Beispiel Siegelschalen. Die Produktion, der Einkauf und die Nutzung von Verpackungsmaterialien dieser Art tragen zur indirekten Emission in den Lieferketten für vertikales Farming bei. Allerdings sind die Produktion und die Nutzung der Verpackung nicht der kritischste Faktor, insbesondere bei Kunststoffverpackungen [23]. Wesentlich relevanter sind die Entsorgung von Verpackung und das damit verbundene Potential der Verschmutzung.

Studien haben gezeigt [23], dass Kunststoffverpackungen eine tendenziell „Netpositive" Auswirkung auf Treibhausgasemissionen, Energie, Wasser oder die Nutzung von Ressourcen haben, da die Auswirkungen der Herstellung und Handhabung von Kunststoffen geringer sind als die Auswirkungen, die sich aus Lebensmittelabfällen ohne Verpackung ergeben würden [25].

Eines der kritischen Umweltprobleme von Verpackungen, insbesondere von Verpackungen auf Kunststoffbasis, ist ihr Potential, zu einer Abfallquelle zu werden. Der Abfall und die Verschmutzung durch Kunststoffe sind ein zentrales Umweltproblem – insbesondere im Hinblick auf die Auswirkungen auf die Gesundheit der Ozeane und die Tierwelt. Die Herstellung von Verpackungen dominiert den Verbrauch von Primärkunststoffen, 42 % aller Kunststoffe weltweit werden für Verpackungszwecke hergestellt [23].

Betrachtet man vertikales Farming ganzheitlich und objektiv, erkennt man ohne Zweifel die inhärent positiven Auswirkungen des Konzeptes und Unternehmensmodells. Gleichzeitig müssen die Anbieter erkennen, dass das Konzept Herausforderungen mit sich bringt, die kontraproduktiv zum Net-Zero-Ziel und zum Erreichen einer Kreislaufwirtschaft erscheinen. Eine Lösung für die Bereiche, die diese Kritik ernten, muss angestrebt werden. Eine dahin gehende Transformation in der Lieferkette und insbesondere im Einkauf bietet in diesem Zusammenhang eine exzellente Basis.

2 Einfluss des Einkaufs auf Nachhaltigkeit

Seit Hunderten von Jahren betreibt die überwiegende Anzahl von Organisationen ihr Unternehmen mit dem Hauptziel der Gewinngenerierung und der Steigerung des Wertes für Aktionäre, Investoren und andere Interessensgruppen.

Im Laufe der Zeit, unter Einwirkung der stets fortschreitenden Industrialisierung und Entwicklung geopolitischer Herausforderungen, hat sich zu den Anforderungen der Kostenoptimierung und Wertsteigerung auch das Risikomanagement in den Vordergrund geschoben. Lieferketten sind zunehmend von Unterbrechungen betroffen. Eine Pandemie und ein Krieg vor der Haustür haben die Dringlichkeit eines nötigen Mentalitätswandels zur Erreichung von größerer Resilienz in der Lieferkette unterstrichen [14].

Ohne Ausnahme spielt der Einkauf die zentrale Rolle im Unternehmen, die verschiedenen Anforderungsdimensionen zufriedenstellend zu adressieren, denn das fundamentale Ziel des Einkaufs ist es, Dienstleistungen, Rohmaterialien und Waren in bester Qualität zu konkurrenzfähigen Preisen und mit geringstem Risiko für die Verfügbarkeit von Rohmaterialien und Produkten zu beschaffen [14].

Der Einkauf ist verantwortlich für die Etablierung solider strategischer Partnerschaften mit Lieferanten und Dienstleistern, um Agilität und Verfügbarkeit zu optimieren. Aufgabe des Einkaufs ist es außerdem, Lieferanten zu überprüfen, deren geografische Repräsentation eingehend zu evaluieren, um Risiken zu identifizieren und zu minimieren.

Allein die genannten Dimensionen von Wertsteigerung, Kostenoptimierung und Risikomanagement im Einklang zu halten ist ein Balanceakt ohnegleichen. Die Hinzufügung der Nachhaltigkeitsdimension, die der Einkauf zusätzlich adressieren muss, verursacht eine hohe Komplexität: Die Ziele der einzelnen Dimensionen stoßen immer öfter auf Konflikte, wie etwa ein kurzfristiger Lieferantenwechsel aufgrund von Lieferengpässen in einem Unternehmen [5].

Um die notwendigen Materialien dennoch beschaffen zu können, muss der Einkauf nach Alternativen suchen und somit unter Umständen langfristig strategische Partnerschaften aufkündigen, um Verfügbarkeit zu garantieren – ein Umstand, der auch finanzielle Auswirkungen haben kann: Die kurzfristige Beschaffung von Ersatzmaterialien ist mit hohen Kosten verbunden und nicht selten werden in dem Zusammenhang auch ESG-Ziele verletzt oder missachtet. Um Verfügbarkeit zu garantieren, müssen Materialien per Frachtflug an die Verbrauchsstelle gebracht werden, auch wenn allen Beteiligten klar ist, dass solche Vorfälle zu vermeiden oder einzuschränken [2] sind.

Der Einkauf, als der Ausgangspunkt für Lieferantenengagement und Lieferkettendesign, ist ein wesentlicher Treiber in dem Bestreben, Nachhaltigkeit im Unternehmen zu etablieren. Nachdem die eigenen direkten (Scope 1) und indirekten (Scope 2) CO_2-Emissionen adressiert sind, ist es Aufgabe des Einkaufs, als Betreiber des Wandels zu agieren. Der Einkauf ist in jeder Organisation der Kontrollpunkt für die Einhaltung nachhaltiger Aktivitäten und das Geschäftsgebaren von externen Partnern und Lieferanten. Mehr und mehr rückt der Einkauf in den Vordergrund, wenn es darum geht, Nachhaltigkeit unternehmensweit zu etablieren. Relevante CSR-Prinzipien müssen in Einkaufsprozesse und Entscheidungen integriert werden [14].

CEOs von Großkonzernen und mittelständischen Organisationen erklären sich zunehmend bereit [14], Ziel und Gegenstand ihrer Unternehmen zu modernisieren, um zu demonstrieren, dass Nachhaltigkeit – also die Vermeidung der Erschöpfung natürlicher Ressourcen –, Profitabilität und wirtschaftliches Wachstum im Einklang miteinander erzielt werden können. Ihr eigendefiniertes Mandat ist es, die herkömmliche Regel der Profitmaximierung zu hinterfragen und in Kollaboration und Partnerschaft mit anderen den Umweltschutz zu unterstützen, indem nachhaltige Praktiken als Teil der Unternehmensziele verinnerlicht werden [10].

Ein nachhaltiger Einkauf evaluiert ständig, welche Auswirkungen ein Kauf oder eine Partnerschaft auf die Umwelt, auf die Wirtschaft und auf Soziales hat, statt den Fokus lediglich auf den Preispunkt oder die Qualität zu legen [10].

3   Notwendigkeit einer Transformation zu einem nachhaltigen Einkauf

Der Einkauf der Anbieter von vertikalem Farming sieht sich diesen Anforderungen ebenso ausgesetzt. Die Herausforderung, mit der sich vertikale Farmen auseinandersetzen müssen, liegt in der Tatsache, dass das Unternehmenskonzept an sich relativ nachhaltig ist, wenn es aus der Perspektive der nachgelagerten Wortschöpfungskette betrachtet wird. Durch eine lokale Produktion und durch ein Konzept, das die Verfügbarkeit von Grundnahrungsmitteln in höchster Qualität und ohne Pestizide ermöglicht [13], rücken die Herausforderungen, die sich im Hinblick auf Nachhaltigkeit in der vorgelagerten Lieferkette ergeben, vorerst in den Hintergrund und werden zwangsläufig erst im Nachgang adressiert.

Die Lieferketten für den Bau und für die Installation von vertikalen Farmen sind lang und Rohmaterialien, die für die Produktion der vertikalen Lifte benötigt werden, sind emissionsbelastet. Die relativ junge Industrie hat derzeit noch keinen oder nur limitierten Zugriff auf ein geografisch breitgefächertes Netzwerk, das ebenso nah am Kunden ist wie die Nahrungsmittelproduktion.

Die Hürden zur Nachhaltigkeit im vertikalen Farming sind unter Umständen verankert in der Dringlichkeit, die Technologie, die vertikales Farming durchführbar macht, schnellstmöglich zu entwickeln, um einen First-Mover-Vorteil und somit einen Wettbewerbsvorsprung zu erzielen – ein regelrechtes Rennen gegen die Zeit. Dazu mussten zum Teil neue Wege eingeschlagen werden, die zu weniger nachhaltigen Materialien, Prozessen und Lieferwegen führten.

Nicht selten wurden Lieferanten involviert, die ihre Prozesse noch nicht an Nachhaltigkeitsanforderungen angepasst hatten. Verfügbarkeit und Schnelligkeit stehen im Kontext volatiler Lieferketten im Fokus, während der Nachhaltigkeit eine untergeordnete Rolle zukommt. Gleichzeitig ergeben sich hieraus immense Möglichkeiten, den Einkauf im vertikalen Farming nachhaltig aufzusetzen und eine nachhaltige Transformation zu verwirklichen. Eine transparente und nachhaltige, vorgelagerten Lieferkette ist somit nicht nur ein logischer Schritt in die richtige Richtung, sondern auch dringend notwendig, um das Potential des Konzeptes gänzlich ausschöpfen zu können.

Und nachdem eindeutig geklärt ist, dass die bisher umweltschädlichen Food-System-Konzepte durch innovative und zweckorientierte Ansätze in resilientere Konzepte verwandelt werden können [13], kann Zirkularität und somit eine umfassende Nachhaltigkeit erzielt werden, indem eine Transformation zum nachhaltigen Einkauf stattfindet.

Mehr als je zuvor muss der Einkauf also Prioritäten untersuchen im Hinblick auf die existierenden Prozesse und bestehenden Verbindungen, die dazu dienen, Waren, Materialien und Dienstleistungen auf eine Art und Weise zu erwerben, die soziale, wirtschaftliche und ökologische Auswirkungen dieser Kaufentscheidungen in Betracht ziehen und nicht lediglich die Profitabilität.

Hierbei geht es darum, nachhaltige Waren und Dienstleistungen zu identifizieren und deren Erwerb zu priorisieren, während eine Zusammenarbeit mit Lieferanten angestrebt wird, die diese anspornt, nachhaltigen Praktiken zu folgen und diese in ihren Unternehmen zu etablieren.

4 Empfehlung für eine nachhaltige Transformation im Einkauf der Anbieter von vertikalem Farming

Während die Vorteile und die Notwendigkeit einer Transformation deutlich sind, ist der Weg zu einer aussichtsreichen Nachhaltigkeitstransformation im Einkauf weniger offensichtlich. Um erfolgreich zu sein, müssen Unternehmen mit Lösungen arbeiten, die den Anforderungen und Gegebenheiten des Unternehmens in Bezug auf Kultur und Mentalität entsprechen, anstatt mit einer einheitlichen, allen Unternehmen zuträglichen Lösung zu arbeiten. Bei der Erarbeitung des „passenden" Ansatzes kann sich ein Unternehmen jedoch an einem Rahmenwerk orientieren, der die folgenden Maßnahmen inkludiert:

4.1 Bekanntgabe einer offiziellen Mission und Verpflichtung der Führungsebene zur Umsetzung einer nachhaltigen Beschaffung

Klare Ziele und eine eindeutige Vision beim Aufbau einer nachhaltigen Einkaufsstrategie zur Realisierung einer nachhaltigen Lieferkette geben der Strategie die notwendige Richtung und unterstützen die Definition der Selbstverpflichtung. Eine Vision ist ein nützlicher Maßstab, wenn es darum geht, die Erfolge und die Schwachpunkte des Nachhaltigkeitsprogramms zu bewerten [2].

Entscheidend für den Programmerfolg ist, dass sich die Geschäftsleitung für die Entwicklung der unternehmerischen Vision und Ziele einsetzt. Um sich die Unterstützung der Führungskräfte zu sichern, müssen Entscheidungsträger und leitende Angestellte aller Unternehmensbereiche, die mit der Lieferkette zu tun haben, in die Entwicklung der Vision einbezogen werden. Die Rollen, die die Vertreter der betroffenen Abteilungen wie Produktion, Marketing, Logistik, Qualitätssicherung, Personal sowie Arbeits-, Gesundheits- und Umweltschutz und vor allem der Einkauf bei der Entwicklung und Umsetzung des Programms für Nachhaltigkeit in der Lieferkette spielen sollen, müssen eindeutig definiert sein.

Auch bei kleineren Unternehmen, wie bei Anbietern von vertikalem Farming oft üblich, ist es wichtig, dass die Geschäftsleitung die Vision einer nachhaltigen Lieferkette unterstützt [6].

Am Ende dieses Prozesses sollte eine Erklärung über die Vision und die Selbstverpflichtung stehen. Und in diesem Zusammenhang muss auch definiert werden, welche die motivierenden Faktoren für das Unternehmen sind, die es dazu bewegen, eine nachhaltige Lieferkette aufzustellen. Ist das Unternehmen daran interessiert, die Forderungen oder Bedenken der Kunden zu adressieren? Sind es Anfragen von Investoren bezüglich der Risiken in der Lieferkette und ihrer Handhabung? Welche rechtlichen Anforderungen müssen zwingend erfüllt werden? Oder ist der Treiber eine Unternehmenskultur, in der Nachhaltigkeit großgeschrieben wird? Letzteres ist die hauptsächliche Motivation von Unternehmen, die vertikales Farming betreiben und deren Unternehmensmodell darauf abzielt, den größtmöglichen Einfluss auf einen nachhaltig positiven Wandel im Bereich der Ernährungssicherung zu nehmen [13].

4.2 Definition von Zielen

Sobald die Vision und die bereichsspezifische Strategie klar definiert sind, untermauert die Definition ambitionierter Ziele sowie potentieller Hindernisse oder Risiken, die das Unternehmen am Erreichen seiner Ziele hindern können, das Vorhaben. Was hofft das Unternehmen mit einem Nachhaltigkeitsprogramm zu erreichen? Inwiefern unterstützt eine nachhaltige Lieferkette die Geschäftsstrategie des Unternehmens?

Infarm, ein Berliner Start-up im Bereich vertikales Farming, hat in diesem Zusammenhang im Jahr 2022 ein „Impact Vision Paper" publiziert, das die Vision und Ziele des Unternehmens artikuliert, unterstreicht und sich öffentlich dem Zweck der Revolutionierung des Ernährungssystems verpflichtet [13]. Um die größte Wirkung auf Menschen und Planet zu erzielen, konzentriert sich das Unternehmen auf vier Wirkungsbereiche:

1. Lokale Produktion und städtisches Farming
2. Landnutzung und Biodiversität
3. CO_2 und Energie
4. Wasser

Bei seinem Streben nach Net Zero, der Messung und Berichterstattung von Daten zur Spezifizierung des Nachhaltigkeitslevels und bei der Gestaltung des Weges zur Minderung negativer Auswirkungen orientiert sich Infarm an der SBTi (Science Based Targets Initiative). Die SBTi stellt sicher, dass Reduktionsziele für CO_2 in der Branche im Einklang mit der Klimawissenschaft und im Einklang mit dem Pariser Klimaabkommen stehen [3]. Die Initiative hat einen eigenen Standard auf Grundlage des GHG-Protokolls sowie bewährte Praktiken bei der Festlegung von wissenschaftsbasierten Zielen definiert und gefördert [27]. Sie bietet Unterstützung bei der Überwindung von Hürden in der Implementierung und bewertet sowie genehmigt unabhängig die erklärten Ziele von Unternehmen.

Hervorzuheben ist in diesem Zusammenhang die freiwillige Verpflichtung von Infarm, über die Basis, die Ziele und Fortschritte jährlich im Nachhaltigkeitsbericht zu kommunizieren.

Weitere Ziele des Betriebs beinhalten Effizienzgewinne durch moderne LED-Technologie sowie laufende Forschung und Entwicklung in der Pflanzenwissenschaft. Ein Stichtag für den Bezug von nahezu 100 % grün zertifizierter, erneuerbarer und kohlenstoffarmer Stromquellen im Netzwerk wurde ebenso benannt wie eine Verbesserung der Kreislaufwirtschaft in den Betriebsabläufen [13].

Die Beschaffung von Verpackungslösungen auf Papierbasis, die aus zertifizierten oder recycelten Quellen stammen, sowie die Beschaffung, Gestaltung und Verwendung von kunststoffbasierten Verpackungslösungen, die zu 100 % recycelbar sind, wird von Betrieben des vertikalen Farmings ebenso angestrebt wie auch die Zusammenarbeit mit Lieferanten und Forschungspartnern, um vollständig zirkuläre Verpackungslösungen zu entwickeln.

Diese Zieldefinition am Beispiel von Infarm ist repräsentativ für die Industrie und unterstreicht den Einfluss und die Wichtigkeit von Beschaffungsprozessen, um diese Vision zu erreichen.

Um den Fortschritt in diesem Bereich messen zu können, müssen relevante Kennzahlen definiert werden, um Metriken zu erstellen, die mit den Nachhaltigkeitszielen des Unternehmens verknüpft werden und die eine Bewertung der Lieferantenbasis ermöglichen.

Standard-Kennzahlen zur Messung der Nachhaltigkeit der Lieferantenleistung inkludieren den jährlichen CO_2-Fußabdruck, Emissionen von Geschäftsreisen, die Anzahl von Lieferungen, den Anteil an recycelbaren Materialien in Produkten, die Nutzung alternativer Energien sowie die Verwendung und Zirkularität von Kunststoffverpackungen [19].

Die CO_2-Emission ist für die Branche des vertikalen Farmings eines der wichtigsten Fokus-Themen, da sie ressourcenintensiv ist. Etwa 50 % der gesamten CO_2-Emissionen eines Systems zum vertikalen Farming entstehen in der Lieferkette und zwei Fünftel werden durch den Stromverbrauch verursacht [13].

4.3 Transparenz

Eine weitere wichtige Voraussetzung für eine glaubhafte Transformation hin zum nachhaltigen Einkauf, speziell bei Anbietern von vertikalem Farming, ist die Etablierung eines holistischen Ansatzes, anstatt sich auf weitgehend inhärente, ohnehin schon nachhaltige Bereiche einer vertikalen Farm zu konzentrieren. Nachhaltigkeit sollte hier in allen ESG-Aspekten ganzheitlich betrachtet werden, Standards sollten geschaffen und eingehalten werden, Ziele müssen gesetzt und erreicht werden [19]. All diese Ziele und Standards sollten dann zertifiziert werden, um die nötige Verantwortung zu signalisieren. Hilfreich in der Exekution sind etablierte Organisationen, die es sich zur anerkannten Aufgabe gemacht haben, existierende Nachhaltigkeit oder das Bestreben nach Nachhaltigkeit in Unternehmen zu zertifizieren.

Eine B-Corp-Zertifizierung ist ein hilfreicher Ansatz. Die Zertifizierung bildet die Voraussetzung und Selbstverantwortung, die gestellten Ziele zur Nachhaltigkeit zu erreichen. Eine B-Corp-Zertifizierung bestätigt, dass ein Unternehmen hohe Standards für die verifizierte Leistung, Verantwortlichkeit und Transparenz in Bezug auf Leistungen an Beschäftigte und wohltätige Spenden sowie mit Blick auf Lieferkettenpraktiken und Eingangsmaterialien erfüllt. Die Bezeichnung wird von der Organisation B Lab zertifiziert, einem Unternehmen, das es sich zum Ziel gesetzt hat, Standards, Mittel und Programme zu etablieren, um eine nachhaltigere Ökonomie ins Leben zu rufen [1]. Um eine Zertifizierung zu erhalten, muss ein Unternehmen eine hohe soziale und ökologische Leistung vorweisen, indem eine von B Lab vorgenommene Auswirkungsbewertung von mindestens 80 erreicht wird. Maximal sind 140 Bewertungspunkte erreichbar. Eine zusätzliche Risikobewertung seitens B Lab muss erfolgreich bestanden werden.

Des Weiteren muss das Unternehmen eine rechtliche Verpflichtung eingehen, wonach seine Unternehmenssteuerungsstruktur auf eine Art und Weise verändert wird, die es ermöglicht, allen Interessengruppen gegenüber rechenschaftspflichtig zu sein und nicht lediglich den Aktionären. Das Unternehmen muss zusätzlich Transparenz zeigen, indem Informationen über die Unternehmensleistung, die an Standards von B Lab gemessen wird, in seinem B-Corp-Profil auf der Webseite von B Lab öffentlich zugänglich gemacht werden [1].

Sobald die Transparenz hergestellt und die Verpflichtung gegenüber potentiellen Stakeholdern kommuniziert ist, muss die notwendige interne Transparenz geschaffen werden. Der Einkauf steht in der Verantwortung, dem Unternehmen und sich selbst einen Überblick über den generellen Beschaffungsprozess zu verschaffen [14].

Die übergeordnete Struktur der Lieferkette ist zu erfassen und die Teilnehmer der Lieferkette sind zu identifizieren und zu überprüfen mit Blick auf soziale, ökologische, geografische und industrie- oder branchenspezifische Risiken. Bereits bestehende und zusätzlich verfügbare Standards sind ebenfalls zu berücksichtigen. Ein logischer Ansatz der Priorisierung der zu ergreifenden Maßnahmen zur Implementierung eines nachhaltigen Einkaufs ist eine Ausgabenanalyse. Transaktionen, Volumen und Ausgaben der zurückliegenden zwölf Monate sind gute Indikatoren für den Einfluss von Lieferanten und Materialien auf den Nachhaltigkeitsgrad des Einkaufs [2] durch die Nutzung der inhärenten Beziehung zwischen Kosten und den damit verbundenen ökologischen und gesellschaftlichen Auswirkungen. Für jede Ware oder Dienstleistung, die beschafft wird, gibt es eine entsprechende Wirkung, wie beispielsweise den CO_2- oder den Wasser-Fußabdruck, der mit seiner Entstehung verbunden ist. Der Prozess stützt sich auf zwei grundlegende Bereiche: Ausgaben und ESG-Einflussfaktoren.

Dieser Ansatz kann dabei helfen, Verbesserungspotentiale zu identifizieren und Einkaufskategorien vorab zu priorisieren, die eine nachhaltige Wirkung ohne erheblichen Ressourcen- oder Kostenaufwand erzielen.

Neben der bereits erwähnten Arbeit zur Evaluierung der Auswirkungen des vertikalen Farmings auf die planetaren Grenzen ist ein Life-Cycle-Assessment ein zusätzlicher Ansatzpunkt in der Orientierung und Messung zur Identifizierung und Priorisierung von emissionsschweren Aktivitäten entlang der Lieferkette [13].

Interne und externe Transparenz, wie oben beschrieben und definiert, bildet die Grundlage für die nachfolgenden Punkte im Rahmen dieser Empfehlung.

4.4 Entwicklung der Beschaffungsstrategie

Die Erstellung einer klaren Beschaffungsstrategie und -politik, die die Verpflichtung der Organisation zum nachhaltigem Beschaffungswesen beschreibt und die Grundsätze und Kriterien festlegt, bildet den Rahmen für detaillierte Richtlinien, die die Beschaffungsentscheidungen nach vorne schauend leiten.

Der Einkauf der Anbieter von vertikalem Farming definiert in diesem Zusammenhang Leitlinien für Einkäufer und einen Verhaltenskodex für Lieferanten [2]. Beide sollten im Einklang mit einer übergeordneten ESG-/CSR-Strategie stehen und die folgenden für die Nachhaltigkeit in der nichttraditionellen Agrarwirtschaft wichtigsten Fragen beantworten:

- Wie kann ein nachhaltiger Einkauf einen Anbieter von vertikalem Farming stärken?
  - Nachhaltigkeit im Einkauf schafft Resilienz, unterstützt den Unternehmenszweck, sichert die Qualifizierung und Überwachung von Lieferanten und deren Leistung im Hinblick auf Nachhaltigkeit.
- Wie können Lieferanten am effektivsten kategorisiert werden?
  - Gegensätzlich zu den traditionellen Ansätzen einer Kategorisierung, die Lieferanten beispielsweise in strategische, unkritische oder kostensenkende Segmente unterteilt, ist es für Anbieter von vertikalem Farming ratsam, Lieferanten nach ESG-Kategorien und deren Unternehmensfokus sowie nach Risikoaspekten für die Erzielung der Nachhaltigkeit bei Vertikalen Farmen zu unterteilen [27].
- Welche Ziele werden mit welcher Priorität verfolgt?
  - Indem ein Verhaltenskodex etabliert wird und die Lieferanten dazu verpflichtet werden, diesen einzuhalten, wird das Ziel der sozialen und ökologischen Nachhaltigkeit unterstützt.
  - Mit der Wahl eines lokalen Lieferanten beispielsweise wird das Ziel der CO_2-Emissionsreduzierung verfolgt.

Die Umsetzung der Beschaffungsstrategie erfordert die Definition konkreter Maßnahmen. Die Einschätzung der Risikohöhe für Produkt und Lieferanten kann als Maßstab und Richtlinie genutzt werden, um entsprechende Maßnahmen zu priorisieren.

Die Verpflichtung seitens der Lieferanten zur Einhaltung eines **Verhaltenskodex** bildet das Fundament für den Aufbau der Zusammenarbeit mit Lieferanten. Infarm hat als Anbieter von vertikalem Farming einen Verhaltenskodex an den ESG-Bereichen ausgerichtet (dieser Kodex ist nicht öffentlich zugänglich): Umwelt, Soziales und Regulierung/Steuerung (Governance).

Als Teil des Verhaltenskodex wird im Bereich Umwelt von den Lieferanten des Unternehmens ausdrücklich verlangt, dass diese eine Umweltpolitik etabliert haben und mit allen relevanten umweltbezogenen Gesetzen und Regulierungen konform sind. Lieferanten sollten außerdem ihre Verantwortung gegenüber dem lokalen und globalen Umfeld, in dem ihr Unternehmen betrieben wird, anerkennen und ihr Unternehmen in einer Art und Weise betreiben, die eine negative Auswirkung auf unseren Planeten oder auf unsere natürlichen Ressourcen vermeidet. Eine zusätzliche Anforderung ist die Einrichtung eines Better-Practice-Ansatzes, wonach die Lieferanten sich nicht nur auf die Vermeidung einer negativen Auswirkung konzentrieren, sondern in dem Zusammenhang anstreben, eine positive Auswirkung auf die Regenerierung von Lebensräumen und Biodiversität zu bewirken.

Konkret wird im vertikalen Farming von den Lieferanten verlangt, dass diese bestrebt sind, Energieverbrauch und Treibhausgasemissionen zu minimieren, Kohlenstoffintensität zu reduzieren und in erneuerbare Energien oder neue Technologien zu investieren, um dies zu erleichtern. Lieferanten werden ermutigt, ihren CO_2-Fußabdruck zu bewerten und zu verstehen, um eine Strategie zur Emissionsreduzierung zu entwickeln, wobei zu berücksichtigen ist, dass Restemissionen über seriöse Kompensationssysteme auszugleichen sind.

Ebenso verlangt der Kodex von Lieferanten, für Verpackungsmaterialien die Verwendung von überprüfbaren nachhaltigen und/oder recycelten Materialien in größtmöglichem Umfang zu maximieren. Die Verwendung von Hybridverpackungen, bei denen Materialien für das Recycling nicht einfach getrennt werden können, sollte vermieden werden. Lieferanten sollten darauf abzielen, Verpackungen und die Verwendung von Einwegkunststoffen durch die Neugestaltung von Verpackungen oder alternative Materialien zu minimieren. Wenn Kunststoffverpackungen verwendet werden, müssen sie aus einem weitgehend recycelten Basispolymer hergestellt werden.

Im Bereich Soziales verlangen Anbieter von vertikalem Farming zum Beispiel von Lieferanten, den Modern Slavery Act einzuhalten, der darauf abzielt, Verbrechen der Sklaverei und des Menschenhandels innerhalb der EU und der globalen Lieferketten zu bekämpfen [30]. Lieferanten werden ermutigt, Schulungen für Beschäftigte durchzuführen, um deren Bewusstsein zu schärfen und sicherzustellen, dass diese wissen, wie sie Anzeichen von Sklaverei und Menschenhandel erkennen und melden können.

Aus der Perspektive des dritten ESG-Bereichs, der Steuerung/Governance, wird von Lieferanten verlangt, alle Gesetze und Vorschriften in den Ländern, in denen sie tätig sind, einzuhalten. Andere anwendbare internationale Gesetze und Vorschriften sind ebenfalls zu befolgen, einschließlich derjenigen, die sich auf den internationalen Handel (Sanktionen, Exportkontrollen und Berichtspflichten), Datenschutz, Kartell-/Wettbewerbsgesetze oder moderne Sklaverei beziehen [13].

Lieferanten ist es nicht gestattet, Personen oder Organisationen, einschließlich Regierungsbeamten, unangemessene Vorteile, Geschenke oder Bewirtungen zu versprechen oder anzubieten. Es sollten angemessene Richtlinien und Verfahren vorhanden sein, um Bestechung bei allen Geschäftsbeziehungen mit Lieferanten zu verhindern.

Besonders wirksam und zielführend ist es, den Verhaltenskodex und die Verpflichtung von Lieferanten zum transparenten CO_2-Emissionsmanagement in Lieferverträge einzubauen. Unter Berücksichtigung aller emissionsfreundlichen Vorteile, die vertikales Farming im Vergleich zum traditionellen Farming mit sich bringt, besteht, wie bereits erwähnt, eine Herausforderung, den CO_2-Ausstoß für die vorgelagerte Lieferkette sowie auch für den ressourcenintensiven Betrieb der Farmen zu reduzieren. Dazu bedarf es nicht nur der Verpflichtung des Anbieters von vertikalem Farming an sich, sondern auch der Verpflichtung der Lieferanten, den CO_2-Ausstoß zu messen, zu reduzieren und zu minimieren.

Eine Grundvoraussetzung für die Umsetzung der Reduzierung ist Transparenz und die Zusammenarbeit zwischen Anbietern von vertikalem Farming und deren Lieferanten. Ein erprobter Ansatz ist die Nutzung eines Carbon-Management-Systems, das die Emissionen des Unternehmens, seiner Produkte und seiner Lieferanten erfasst, auf Emissionsebene analysiert und somit Brennpunkte und Optionen für die Emissionsreduzierung identifiziert. Ein solches System ermöglicht die Zusammenarbeit mit Lieferanten durch den Einsatz einer Datenplattform, die in Echtzeit den CO_2-Ausstoß kalkuliert.

Als Bestandteil eines Lieferantenauswahlsystems wird von Lieferanten einiger Betreiber von vertikalen Farmen verlangt, sich der Datenplattform anzuschließen und den eigenen CO_2-Fußabdruck transparent zu machen.

Die Neugestaltung eines Lebensmittelökosystems als Mittel zur positiven Beeinflussung der Nachhaltigkeit war der Antrieb und Zweck der „Geburt" der vertikalen Landwirtschaft. Teil einer Branche zu sein, die aus nachgelagerter Sicht von Natur aus nachhaltig ist, bietet Betreibern vertikaler Farmen einen Wissensvorsprung, der auch den Lieferanten zugutekommen sollte. Die Organisation zusammen mit dem Lieferanten sollten in regelmäßigen Evaluierungsprozessen den Status der Nachhaltigkeit überprüfen. Der dabei ermittelte Schulungsbedarf ist dann entsprechend zu berücksichtigen.

Für alle o. g. Ansätze gilt es, strategisch und schrittweise vorzugehen. Ein Beispiel aus der Industrie zeigt, dass ein Berliner Unternehmen sich zunächst den Lieferanten mit der höchsten Bedeutung und gleichzeitig mit dem höchsten Produktrisiko widmet und die aufgeführten Maßnahmen in vollem Umfang implementiert. Allerdings gilt es sicherzustellen, dass sich ein positives Kosten-Nutzen-Verhältnis ergibt [13]. Die Erfolgsaussicht bei der Durchsetzung hängen vom Einfluss und der Marktmacht des Einkaufs auf den Lieferanten ab. Auch Alternativen für Produkte und Lieferanten sollten bewertet werden.

Die Zusammenarbeit mit Lieferanten an Nachhaltigkeitsthemen ist eine kritische und unabdingbare Aufgabe. Unternehmen müssen mit ihren Lieferanten zusammenarbeiten, um die positiven Auswirkungen von Kollaborationen zur Nachhaltigkeit zu heben und den Betrieb beider Unternehmen zu verbessern. Ohne eine Partnerschaft mit Lieferanten werden Nachhaltigkeitsziele schwer erreichbar sein. Aktuelle sowie potentielle Lieferanten sind in der Zusammenarbeit zu berücksichtigen, um Nachhaltigkeitspraktiken zu verstehen und Verbesserungspotentiale zu identifizieren.

Die Verwendung von auf Nachhaltigkeit ausgerichteten Beschaffungsrahmenwerken, wie der Global Reporting Initiative (GRI), die Leitlinien der Kompetenzstelle für nachhaltige Beschaffung [15] oder die von den Vereinten Nationen entwickelten Leitlinien für nachhaltiges Beschaffungswesen [6], erweisen sich als kompetente Hilfestellung.

4.5 Der Aufruf an das Ökosystem der vertikalen Farmer

Die Ziele für nachhaltige Entwicklung (Sustainable Development Goals, SDGs), auch bekannt als „Global Goals", wurden 2015 von den Vereinten Nationen als universeller Aufruf zum Handeln verabschiedet, um Armut zu beenden, den Planeten zu schützen und sicherzustellen, dass bis spätestens 2030 alle Menschen Frieden und Wohlstand genießen [31].

Die 17 identifizierten Ziele sind zu integrieren und die Zielerreichung eines Ziels kann sich positiv oder negativ auf weitere Ziele auswirken. Das SDG-Ziel 17 „Partnerschaft für die Zielerreichung" (Partnership for the goals) erkennt an, dass die Zusammenarbeit über Sektoren, Unternehmen, Länder und Organisationen hinweg unerlässlich ist und dass ohne eine Partnerschaft keines der Ziele erreicht werden kann [31].

Die Zusammenarbeit mit anderen ist nicht nur unabdingbar, sondern verschafft den teilnehmenden Organisationen einen Wettbewerbsvorteil. Das Ökosystem der vertikalen Farmer kann nicht von einem Unternehmen allein transformiert werden. Keine einzelne Lösung kann die Klima-, Natur- und Ernährungskrise lösen. In Partnerschaft mit anderen können Stimmen gehört und Bewegungen unterstützt werden, die für Unternehmen und Gesellschaft am wichtigsten sind.

In dem Zusammenhang müssen Anbieter von vertikalem Farming ihre Nachhaltigkeitsversprechen nicht nur einhalten, sondern auch andere unterstützen, die im Kampf für den Planeten an vorderster Front stehen [13]. Organisationen aus dem Bereich vertikales Farming nehmen regelmäßig an Konferenzen wie der Klimakonferenz (COP), Fridays for Future und dem Earth Day teil. Diese Gruppe vertikaler Farmen hat das sogenannte „Vertical Farming Manifesto" entwickelt und unterzeichnet. In diesem Manifest verpflichten sich Anbieter von vertikalem Farming, Initiativen zur Sicherstellung der Ernährungssicherheit und des Klimaschutzes gemeinsam anzugehen [33].

4.6 Einrichtung und Sicherstellung der organisatorischen Bereitschaft

Die Verankerung nachhaltiger Beschaffungsstrategien im Unternehmen hat nicht zu unterschätzende Auswirkungen auf das Unternehmen und die Beschäftigten. Neben der Überprüfung und Adaption einer nachhaltigen Unternehmensstrategie müssen Unternehmen ihre Beschäftigten intensiv auf das Thema vorbereiten [14].

Nicht nur Schulungen sind gefragt, ebenso geht es um die Änderung des Mindsets mit dem Ziel, nachhaltiges Handeln in möglichst allen Unternehmensbereichen zu etablieren. Die Verantwortlichen im Einkauf stehen im Fokus, da sie für die Auswahl von Lieferanten zuständig sind und entsprechend instruiert werden sollten, ihre Entscheidungen auf der Grundlage von Nachhaltigkeitsüberlegungen zu treffen. Beschäftigten sollte der Wert der Bemühungen um Nachhaltigkeit verdeutlicht werden, spezifische Ziele und KPIs müssen entsprechend definiert und kommuniziert werden [6]. So entsteht die nötige Klarheit darüber, wie zum Erfolg beigetragen werden kann. Anreizmechanismen zur Orientierung an der Unternehmensvision und Unternehmensstrategie sind ebenso unerlässlich.

Das Unternehmen muss außerdem mit den passenden digitalen Tools ausgestattet sein, um Nachhaltigkeitsdaten erfassen, verfolgen, überwachen und verstehen zu können. Die entsprechenden Tools können dann als zusätzliche Informationsquelle zur Entscheidungsfindung beitragen. So kann ein Emissionsmanagementprogramm die CO_2-Belastung mehrerer Lieferanten miteinander vergleichen und das Lieferantenauswahlverfahren optimieren.

4.7 Nachhaltigkeitsreporting

Da soziale und ökologische Belange zukünftige geschäftliche Risiken mit sich bringen, verbessert die Investition von Zeit und Ressourcen in Nachhaltigkeitslösungen das Risikomanagement. Die Nachhaltigkeitsberichterstattung ist eine Möglichkeit, die langfristige Strategie zu stärken.

Tatsächlich gibt die Nachhaltigkeitsberichterstattung einen Überblick über die wirtschaftlichen, ökologischen und sozialen Auswirkungen eines Unternehmens. Unter Berücksichtigung dieser Aussage ist eine Organisation in der Lage, ihre Leistungen zu messen, zu verstehen und zu bewerten [9].

Die Berichterstattung unterstützt die Identifizierung von Verbesserungspotentialen und demonstriert das Engagement des Unternehmens für Nachhaltigkeit. Die Nutzung von bereits etablierten Berichterstattungsrahmenwerken, wie zum Beispiel der GRI-Standards (Global Reporting Initiative), und weiterer global anerkannter Standards kann die Berichterstattung zum größten Teil vereinfachen [6]. 23 führende Anbieter von vertikalem Farming haben in dem Zusammenhang ein Identitätsstatement erlassen, in dem sie ihre Kollaboration und die Verpflichtung zur transparenten Berichterstattung nach etablierten Rahmenwerken publizieren [34].

5 Fazit

Vertikales Farming ist eine valide und wichtige Alternative zur traditionellen Landwirtschaft. Die genutzte Technologie ist in der Lage, vielen der Herausforderungen, die die Menschheit bedrohen, erfolgreich zu begegnen. Die Branche widmet sich der kontinuierlichen Innovation und Verbesserung involvierter Systeme, investiert in Forschung und Entwicklung, um so zur Schaffung zukunftsfähiger und klimaresistenter Lebensmittelsysteme beizutragen.

Trotz des reduzierten Wasserverbrauchs, einer reduzierten Landnutzung und reduzierter Transportstrecken aufgrund lokaler Anbauzentren stellt die Reduzierung des CO_2-Fußabdrucks die größte Herausforderung für die Branche dar. Neben einer Verpflichtung der Branchenteilnehmer zur Kollaboration in der Erreichung von Klimazielen und Transparenz in der Lieferkette spielt der Einkauf in der vertikalen Landwirtschaft die zentrale Rolle, Beschaffungsaktivitäten so aufzusetzen und zu optimieren, dass die Maßnahmen in dieser Funktion nicht nur der Organisation zugutekommen, sondern auch einen Nutzen für Gesellschaft und Wirtschaft erzielen und die Schäden für die Umwelt minimieren oder sogar vollständig eliminieren [14].

Die Verpflichtung zur Nachhaltigkeit im Einkaufsbereich seitens der Führungsebene bildet eine der wichtigsten Grundvoraussetzungen in dem Bestreben zur Transformation. Die Definition und Transparenz von relevanten, die Nachhaltigkeit fördernden

Zielen gegenüber internen und externen Partnern und Stakeholdern tragen zur Einhaltung kommunizierter Pläne und assoziierter Verpflichtungen des Unternehmens bei. Etablierte Organisationen, deren Aufgabe es ist, existierende Nachhaltigkeit oder das Bestreben zur Nachhaltigkeit zu zertifizieren, bieten entsprechende Rahmenwerke an. Der Kernpunkt der Transformation zum nachhaltigen Einkauf in der vertikalen Landwirtschaft ist die Implementierung einer entsprechenden Beschaffungsstrategie, deren Schwerpunkt auf der Entwicklung und Einführung eines Verhaltenskodex für Lieferanten liegt. Leitlinien für Nachhaltigkeit in der Einkaufsfunktion sind mit einer entsprechenden Unternehmensstrategie in Einklang zu bringen.

Die Zusammenarbeit über Sektoren, Unternehmen, Länder und Organisationen hinweg ist in der Transformation zum nachhaltigen Einkauf unerlässlich. Ohne Partnerschaft und Kollaboration kann keines der Ziele zur Nachhaltigkeit, insbesondere Net Zero, erreicht werden [32].

Literatur

1. B Lab (2013), B Lab & the B Corp Movement. https://bcorporation.eu/about/about-b-lab-europe/. Zugegriffen: 01. Sep 2022
2. BME, Bundesverband Materialwirtschaft, Einkauf und Logistik e.V. (2019), Leitfaden Nachhaltige Beschaffung, Eschborn
3. ClimatePartner (2020), Was bedeutet Net Zero wirklich? https://www.climatepartner.com/de/climate-action-insights/was-bedeutet-net-zero-wirklich. Zugegriffen: 01. Nov 2022
4. Clinton, N., Stuhlmacher, M., Miles, A., Aragon, N.U., Wagner, M., Georgescu, M., Herwig, C., Gong, P. (2018), A Global Geospatial Ecosystem Services Estimate of Urban Agriculture https://agupubs.onlinelibrary.wiley.com/doi/full/https://doi.org/10.1002/2017EF000536. Zugegriffen: 21. Jan 2023
5. von Decken, T. (2023), Nachhaltiger Einkauf – Was ist möglich, was ist nötig? In: Efficio https://www.efficioconsulting.com/de/publikationen/insights/nachhaltiger-einkauf-was-ist-moeglich/. Zugegriffen: 01. Jan 2023
6. Deutsches Global Compact Netzwerk (2021), Nachhaltigkeit in der Lieferkette. Ein praktischer Leitfaden zur kontinuierlichen Verbesserung, Berlin
7. Earth Overshoot Day (2023), About Earth Overshoot Day. https://www.overshootday.org/about-earth-overshoot-day/. Zugegriffen: 05. Jan 2023
8. FAO (2020), The state of food and agriculture 2020 https://www.fao.org/documents/card/en/c/cb1447en/. Zugegriffen 25. Apr 2022
9. Greenly (2023), What is sustainability reporting and why is it important? Delubac, A, 24. Jan 2023. https://greenly.earth/en-us/blog/company-guide/what-is-sustainability-reporting-and-why-is-it-important. Zugegriffen: 25. Jan 2023
10. GEP (2022), What is sustainable Procurement? https://www.gep.com/sustainable-procurement-benefits-challenges-best-practices. Zugegriffen: 29. Dez 2022
11. Helmholtz Klima Initiative (2022), Wie wir das Land verändern und die planetare Grenze überschreiten, Krautwig, T. https://helmholtz-klima.de/planetare-grenzen-land-wald. Zugegriffen: 15.Dez 2022

12. Holy, M. (2020), Stapelweise Grün: Wie Vertical Farms die Landwirtschaft verändern. In: Utopia, 12.06.2020 https://utopia.de/stapelweise-gruen-wie-vertical-farms-die-landwirtschaft-veraendern-128321/. Zugegriffen: 01. Nov 2022
13. Infarm, A Vision For The Future (2022), Impact Vision Paper, https://www.infarm.com/vision. Zugegriffen: 15. Dez 2022
14. INVERTO (2022), Nachhaltiger Einkauf: Von Worten zu Taten in 5 Schritten https://www.inverto.com/de/lp/nachhaltigkeit-im-einkauf Zugegriffen: 30. Nov 2022
15. KNB (n.d.). Beschaffungsamt des BMI. Kompetenzstelle für nachhaltige Beschaffung – Die KNB (nachhaltige-beschaffung.info). Zugegriffen: 26. Mrz 2023
16. Logistics Viewpoints (2020), Vertical Farming for Supply Chain Efficiency, Cunnane, C. https://logisticsviewpoints.com/2020/01/29/vertical-farming/. Zugegriffen: 21. Dez 2022
17. Market Research Future (2023), Vertical Farming Market Research Report, https://www.marketresearchfuture.com/reports/vertical-farming-market-2779. Zugegriffen: 01. Feb 2023
18. Masterson, V. (2022), Race to Zero: Vertical Farming – is this the future of agriculture? 24. Mai 2022. https://climatechampions.unfccc.int/vertical-farming-is-this-the-future-of-agriculture/. Zugegriffen: 15. Nov 2022
19. Meier, S. (2023), Die wichtigsten Nachhaltigkeitszahlen in der Praxis. In: Haufe Controlling https://www.haufe.de/controlling/controllerpraxis/nachhaltigkeitscontrolling-die-wichtigsten-kennzahlen_112_527322.html. Zugegriffen: 16. Feb 2022
20. Nature (2021), Anthropogenic climate change has slowed global agricultural productivity growth https://www.nature.com/articles/s41558-021-01000-1. Zugegriffen: 15. Apr 2022
21. Our World in Data (2019), Breakdown of global land use today https://ourworldindata.org/land-use. Zugegriffen: 15. Apr 2022
22. Ratajczyk, C (2023), Building the World's largest Vertical Farm for the Future, CropOne https://cropone.ag/news/2023/1/26/building-the-worlds-largest-vertical-farm-for-the-future-craig-ratajczyk-tedxboston. Zugegriffen: 27. Jan 2023
23. Ritchie, H., Roser, M. (2018), Plastic Pollution. https://ourworldindata.org/plastic-pollution. Zugegriffen: 10. Jan 2023
24. Rockström, J., W. Steffen, K. Noone, Å. Persson, F. S. Chapin, III, E. Lambin, T. M. Lenton, M. Scheffer, C. Folke, H. Schellnhuber, B. Nykvist, C. A. De Wit, T. Hughes, S. van der Leeuw, H. Rodhe, S. Sörlin, P. K. Snyder, R. Costanza, U. Svedin, M. Falkenmark, L., Karlberg, R. W. Corell, V. J. Fabry, J. Hansen, B. Walker, D. Liverman, K. Richardson, P. Crutzen, and J. Foley. (2009). Planetary boundaries: exploring the safe operating space for humanity. Ecology and Society 14(2): 32. [online] URL: http://www.ecologyandsociety.org/vol14/iss2/art32/. Zugegriffen: 01. Jan 2023
25. Roser, M (2021), Umweltauswirkungen der Lebensmittelproduktion https://52klima.de/studien/umweltauswirkungen-der-lebensmittelproduktion/. Zugegriffen: 02. Jan 2023
26. Science (2021), Reducing food's environmental impacts through producers and consumers; 360(6392), 987–992, 2021 https://www.researchgate.net/publication/325532198_Reducing_food's_environmental_impacts_through_producers_and_consumers. Zugegriffen: 24. Apr 2022
27. Science Based Targets (2021), Developing the Net-Zero Standard. https://sciencebasedtargets.org/developing-the-net-zero-standard. Zugegriffen: 01. Okt 2022
28. ScienceDirect (2018), Multiple criteria framework for the sustainability risk assessment of a supplier portfolio https://www.sciencedirect.com/science/article/abs/pii/S0959652617326100. Zugegriffen: 17. Jan 2023
29. Stockholm Resilience Center (2022), Planetary boundaries. https://www.stockholmresilience.org/research/planetary-boundaries.html. Zugegriffen: 01. Jan 2023

30. Supply Chain 247 (2023), Inside the Modern vertical Farm, Trebilcock, B 12. Jan 2023. https://www.supplychain247.com/article/inside_the_modern_vertical_farm. Zugegriffen: 13. Jan 2023
31. The National Archives (2023), UK Public General Acts, Modern Slavery Act 2015, London
32. UNDP (2015), The SDGs in Action. https://www.undp.org/sustainable-development-goals. Zugegriffen: 01. Okt 2022
33. Weidner, T. (2022), A holistic look at vertical Farming's Carbon Footprint and Land Use. In: Agritecture https://www.agritecture.com/blog/2022/5/9/a-holistic-look-at-vertical-farmings-carbon-footprint-and-land-use. Zugegriffen: 08. Jan 2023
34. Weschnowsky, S (2022), Vertical-Farming-Unternehmen verfassen Manifest. In: TASPO https://taspo.de/uebersicht/vertical-farming-unternehmen-verfassen-manifest/. Zugegriffen: 10. Okt 2022
35. Wiegand, E (2023), Weltweit größte Verticale Farm in Dubai eröffnet: https://zukunftsmacher.cool/beitrag/weltweit-groesste-vertical-farm-in-dubai-eroeffnet/. Zugegriffen: 14. Feb 2023

Alexandra Morton ist Praxis-Dozentin für Supply Chain Management und Digitale Transformation an der Quadriga Hochschule in Berlin. Sie ist die Gründerin und Geschäftsführerin einer Beratungs- und Investmentfirma, die sich auf nachhaltige Lieferketten konzentriert. Alexandra absolvierte ein Studium der Betriebswirtschaftslehre mit Schwerpunkt Global Business an der City University in Seattle, WA, und anschließend schloss Alexandra ihren MBA an der Walden University in Minneapolis, MN, mit dem Schwerpunkt Global Supply Chains erfolgreich ab. Nachdem sie mehr als 25 Jahre in leitenden Positionen in den Lieferketten Multinationaler Großunternehmen gearbeitet hat, konzentriert sich ihre Arbeit und Leidenschaft auf die Entwicklung, Optimierung und Transformation von Lieferketten mit besonderem Schwerpunkt auf Nachhaltigkeit und Dekarbonisierung.

Nachhaltige Transformation: die Macht der Procurement-Professionals

Pia Pinkawa

1 Das Ende von „buy as usual" – der Beginn von „buy sustainable"

Noch immer wird dem Einkauf in vielen Unternehmen die Rolle des reinen Kostenoptimierers zugeschrieben, dabei haben sich die Funktion und insbesondere die Mitarbeitenden in der Beschaffung längst zu wertvollen Strategiepartnern entwickelt. Kaum ein anderer Unternehmensbereich hat die Möglichkeiten und die Hebelwirkung, über das eigene Unternehmen hinaus in die Lieferketten, bis hinein in Wirtschaft und Gesellschaft, die Transformation zu nachhaltigem und verantwortungsvollem Wirtschaften zu ermöglichen und zu beschleunigen. Der Einkauf hat die Macht; es gilt jetzt, sie zu nutzen.

Nach Angaben des Bundesverbandes Materialwirtschaft, Einkauf & Logistik e. V. [3] repräsentieren die ca. 10.000 BME-Mitglieder – überwiegend aus der Privatwirtschaft stammend, aber mitunter auch aus dem öffentlichen Sektor – ein jährliches Beschaffungsvolumen von rund 1,25 Bio. EUR [1]. Das öffentliche Beschaffungsvolumen in Deutschland, alleinstehend betrachtet, liegt bei 500 Mrd. EUR jährlich [2].

224.000 Menschen sind laut der Business-Plattform LinkedIn am Standort Deutschland in der Beschaffung tätig [6]. Daraus resultiert hochgerechnet ein durchschnittliches Pro-Kopf-Beschaffungsvolumen je Einkäufer*in in Deutschland von ca. 10 Mio. EUR jährlich.

Die Entscheidungsmacht und damit die Transformationskraft für Unternehmen, die in der Beschaffung und in den einzelnen Mitarbeitenden liegt, ist immens. Immer mehr

P. Pinkawa (✉)
Sustainable Procurement Pledge gGmbH, Düsseldorf/Berlin, Deutschland
E-Mail: contact@pia-pinkawa.com

© Der/die Autor(en), exklusiv lizenziert an Springer-Verlag GmbH, DE, ein Teil von Springer Nature 2024
E. Fröhlich und Y. Jamal (Hrsg.), *CSR und Beschaffung,* Management-Reihe Corporate Social Responsibility, https://doi.org/10.1007/978-3-662-67858-9_13

Beschaffungsfachkräfte erkennen, dass es kein „buy as usual" in Anbetracht der Klimakrise, geopolitischer Konflikte, Ressourcenknappheit und Menschenrechtsverletzungen mehr geben kann, und werden sich ihrer Verantwortung bewusst, Beschaffungsentscheidungen nicht nur nach den traditionellen Kriterien umzusetzen, sondern Nachhaltigkeit gewichtet einzubinden und damit den Einkauf zukunftsgerichtet und als positive Kraft zu nutzen.

2 Die Rolle des Einzelnen – die Kraft der Masse

Es gibt eine Vielzahl guter und tiefgreifender Nachhaltigkeitsinitiativen, -verpflichtungen und -gesetze, die Unternehmen, Regierungen und Institutionen adressieren und auch Netzwerke und Gruppierungen, die auf persönlicher Ebene Einkäufer*innen zusammenbringen, jedoch zu selten einen Fokus auf das Thema Nachhaltigkeit setzen.

Gleichzeitig hat die Initiative „Fridays for Future" eine deutliche Antwort auf die grundlegende Frage gegeben, wie wir den Wandel beschleunigen können, um eine unmittelbare Wirkung zu erzielen: Fangen wir bei uns selbst an!

Wenn die mehr als 200.000 Beschaffungsfachkräfte in Deutschland nur einen Prozentpunkt des Beschaffungsvolumens für nachhaltige Lieferanten verwenden würden, ergäbe das bereits eine Investitionssumme in nachhaltige Lieferketten von 15,25 Mrd. EUR pro Jahr.

Wenn viele einzelne Einkäufer*innen weltweit ihren Entscheidungsspielraum für das Gute nutzen, bedingt dies kleine Veränderungen, die zu einer großen Transformation führen.

Oftmals werden Veränderungen ausgebremst, weil entweder auf individueller Ebene ein Gefühl der Machtlosigkeit besteht („Welche Veränderungen kann mein Handeln als einzelne Person herbeiführen?") oder/und weil das Phänomen der Verantwortungsdiffusion auftritt und – bewusst oder unbewusst – die Verantwortung anderen zugeordnet wird.

Als Greta Thunberg 2018 mit gerade einmal 15 Jahren alleine den „Skolstrejk för klimatet" („Schulstreik für das Klima") vor dem Stockholmer Parlament startete und damit eine weltweite Bewegung initiierte, die Klimakrise in den Fokus der Öffentlichkeit rückte, inspirierte sie unzählige Menschen weltweit zu Veränderungen – darunter auch Thomas Udesen, Chief Procurement Officer von Bayer, und Bertrand Conquéret, Chief Procurement Officer von Henkel.

Beide Beschaffungsleiter setzen sich seit mehr als zehn Jahren aktiv für verantwortungsvolle Beschaffung und nachhaltige Lieferketten in ihren Unternehmen und darüber hinaus ein. Brancheninitiativen wie Together for Sustainability (TfS), zu deren Gründungsmitgliedern Bayer und Henkel gehören und der Bertrand Conquéret von 2019 bis 2023 als Präsident vorstand sind enorme Treiber für mehr Nachhaltigkeit in Lieferketten. Dennoch erkannten die beiden CPOs mit dem „Skolstrejk för klimatet", dass es mehr braucht, um eine globale Transformation zu erzielen: Es braucht Awareness, es braucht Change-Management und vor allem braucht es die Menschen, die in der Beschaffung arbeiten und in Unternehmen top-down oder bottom-up Nachhaltigkeit in Beschaffungsprozessen einfordern, einbinden und so Veränderungen umsetzen.

3 Der Sustainable Procurement Pledge

3.1 Persönliches Commitment – ein globaler Aufruf an Procurement und Supply Chain

Aus dieser Erkenntnis und dem Wissen, dass es weltweit keine Gemeinschaft oder Initiative gibt, die das persönliche Nachhaltigkeitscommitment von Beschaffungsfachleuten adressiert und gleichzeitig die persönliche Entwicklung von Awareness zu Fachwissen unterstützt, entstand im Herbst 2019 die Idee des Sustainable Procurement Pledge. Mit einem Video auf LinkedIn bekannten sich Thomas Udesen und Bertrand Conquéret persönlich und in ihrer Funktion als CPOs zu ihrer Verantwortung, Nachhaltigkeit im Rahmen ihres Entscheidungsspielraums zu gewichten, und forderten ihre Kolleg*innen im Einkauf weltweit auf, sich ihnen anzuschließen.

> „Ein echter Wandel kann nur vor Ort stattfinden, wo Geschäfte gemacht und Hände geschüttelt werden. Wir sind die Dealmaker und damit die ultimativen Hüter von verantwortungsvollen Lieferketten. Wir schließen jeden Tag Geschäfte in Milliardenhöhe ab, und jeder von uns hat mehr oder weniger freie Hand bei der Entscheidung, welche Geschäfte wir mit wem machen." [7]

Das Video war ein „wake-up call" und ein Aufruf an alle Menschen in der Beschaffung weltweit – und mehrere Hundert von ihnen bekannten sich innerhalb weniger Tage zum „Sustainable Procurement Pledge" (s. Abb. 1) und damit zum persönlichen Commitment, für die Zukunft der Erde einzustehen und als Sustainable Procurement Ambassadors den Pledge und die Mission zu unterstützen. Der Pledge[1] basiert auf dem Global Compact der Vereinten Nationen und den Zielen für nachhaltige Entwicklung und richtet sich branchenübergreifend und international an alle Beschaffungsleute, von Studierenden bis hin zu CPOs.

Mit dem Start der Initiative verknüpften die beiden Initiatoren ambitionierte und Impact-gerichtete Ziele: Bis 2030 sollen sich eine Million Beschaffungsfachkräfte zum Pledge bekennen und der SPP ihre Beschaffungsentscheidungen positiv in Bezug auf Nachhaltig beeinflussen. Diese Zielsetzung basiert auf der Impact-Strategie des SPP:

---

[1] Der Sustainable Procurement Pledge kann auf der Webseite von SPP aufgerufen und unterzeichnet werden: www.spp.earth.

Sustainable Procurement Pledge

The world is facing tremendous environmental and social challenges where we in Procurement have a critical role to contribute, to steer and to develop responsible supply chains.

The Sustainable Procurement Pledge addresses all Procurement professionals, academics and students who want to become a Sustainability Ambassador and drive a Responsible Procurement agenda through personal engagement.

By personally committing yourself to the statements below, you pledge to foster a common understanding of responsible, inclusive and cooperative Procurement behavior while including them in your day-to-day business conduct.

Standing up for people and our planet!
I fully understand the criticality of climate change and the need for me to become active. I pledge to do my best to stop exploitation of nature and human beings, environmental pollution, rising inequality and injustice. I will act against modern slavery, human trafficking, child labor, corruption and bribery while upholding business ethics and law-abiding behavior.

Together we will change the world!
I am convinced that all of us involved in Procurement can make a difference by joining forces to accelerate the creation of a just and low-carbon emissions world by contributing to the UN Sustainable Development Goals. I will team up with my Procurement colleagues, my Procurement networks, academics, NGOs and government bodies to exchange on and advance responsible business behavior.

Starting with myself!
I commit myself to lead by example and include sustainability as part of my overall mindful vision and values. I will integrate sustainability aspects into my every-day Procurement decision-making criteria and work with my colleagues and suppliers to drive lasting improvements.

Sharing my knowledge and listening to others!
I will actively share my sustainability knowledge while keeping confidentiality obligations and antitrust rules in mind and always collaborate with all involved stakeholders on our shared mission. I will remain open to the advice and proposals of my peers.

Leaving the right legacy!
I pledge to raise concerns in case of inappropriate business behavior or when I observe unsustainable practices. I fully respect the principles of the UN Global Compact and other international standards and agreements. I am determined to ensure that Procurement leaves the legacy of protecting a sustainable planet for us and future generations.

☐ I commit myself to be a Sustainable Procurement Ambassador!

Abb. 1 Mit Unterzeichnung des Sustainable Procurement Pledge bekennen sich Beschaffungsfachkräfte zur Nachhaltigkeit im Rahmen ihres Entscheidungsspielraums

Wenn diese eine Million Menschen Nachhaltigkeit im Rahmen ihres Entscheidungsspielraums in ihre Beschaffungsentscheidungen einbinden, können viele einzelne Verbesserungen kumuliert einen immensen Impact erzeugen. Ausgehend von einem jährlichen Ausgabenvolumen von ca. 10 Mio. EUR pro Jahr und je Beschaffungsfachkraft würde bereits eine Verschiebung von 15 % des Spend hin zu nachhaltigen Lieferanten in der Summe von einer Million Menschen ein jährliches Investment in Nachhaltigkeit von 1,5 Bio. EUR ergeben. Jede Beschaffungsentscheidung für mehr Nachhaltigkeit zählt. Mit die immensen Volumina an Ausgaben, die Unternehmen weltweit Jahr für Jahr in ihren Lieferketten tätigen, ist die Beschaffung die wahrscheinlich meist skalierbare interne Funktion für realen positiven Impact und globale Transformation (Abb. 2).

Zum Vergleich: Die Fortune-500-Unternehmen erzielten im Jahr 2021 Umsätze in Höhe von 31,7 Bio. US-$. Der Bericht „The State of Spend" von Proxima zeigt, dass die Kosten für externe Lieferanten den größten Teil der Ausgaben bei den Fortune-500- und auch bei den FTSE-350-Unternehmen ausmachen. Bei den Fortune-500-Unternehmen machen diese Kosten im Durchschnitt 75 % ihrer Ausgaben und 65 % ihrer Umsätze aus. Wenn diese Fortune-500-Unternehmen 15 % ihres Spend an nachhaltige Lieferanten vergeben würden, wären das ca. 3,1 Billionen US-$, die schätzungsweise 5 Mio. Lieferanten und 450 Mio. Arbeitnehmer*innen betreffen [5].

SPP PURPOSE	SPP VISION
Wir sind Procurement. Nachhaltigkeit in Lieferketten ist in unserer Verantwortung. Wir bauen eine nachhaltige Zukunft für die Menschen und unseren Planeten.	Alle Lieferketten weltweit haben bis 2030 nachhaltige Beschaffungspraktiken implementiert.

SPP STRATEGY	SPP GOAL
2 Säulen-Strategie "Close the Gaps" • Empower & Equip Beschaffungsfachkräfte, um nachhaltige Beschaffungspraktiken zu verankern. • Encourage Leadership zur Befähigung der Mitarbeitenden.	Unser Ziel ist es, bis 2030 75 % der 1 Million Beschaffungsfachkräfte in ihrer Entscheidungsfindung positiv zu beeinflussen.

Abb. 2 Überblick über die Mission, Vision, Ziele und Strategie von SPP zur Stärkung der nachhaltigen Beschaffung

3.2 Closing the Gaps: Die Notwendigkeit von Wissensaufbau und Unterstützung für Beschaffungsfachkräfte

Die Herausforderungen, die auf dem Weg zur Erreichung der Ziele des SPP liegen, sind jedoch vielfältig. Da sich der Pledge insbesondere an das persönliche Commitment der Beschaffungsfachkräfte richtet, fokussiert sich die Impact-Strategie des SPP darauf, diese Fachkräfte bestmöglich in ihrer persönlichen und beruflichen Nachhaltigkeitsentwicklung zu unterstützen. Hierfür wurden die „Gaps", die Gründe analysiert, die Einkäufer*innen daran hindern oder dabei bremsen, Nachhaltigkeit einzubinden (s. Abb. 3). Dazu gehören:

- der **„Knowledge Gap"**, fehlendes Wissen zu nachhaltigen Beschaffungspraktiken und -thematiken und deren Umsetzung
- Der **„Support Gap"**, unzureichender Überblick und Wissen zu Tools und Lösungen, die bei der Implementierung und Umsetzung nachhaltiger Beschaffung unterstützen
- Der **„Confidence Gap"**, das Gefühl der Machtlosigkeit und Alleinkämpfer*in sein, bedingt durch fehlenden Austausch und Unterstützung durch interne und/oder externe Kolleg*innen
- Der **„Leadership Gap"**, mangelnde Unterstützung und/oder Engagement der Führungskräfte im eigenen Unternehmen

Die Impact-Strategie des SPP fokussiert sich darauf, diese Lücken zu schließen, und basiert daher auf zwei Säulen: „Empower & Equip" und „Encourage Leadership" (s. Abb. 3). Die erste Säule hat zum Ziel, Einkäufer*innen durch Wissensaufbau und Erfahrungsaustausch innerhalb einer unterstützenden Community zu befähigen und zu

Abb. 3 Vom Sustainable Procurement Pledge identifizierte Gaps, die Beschaffungsfachkräfte daran hindern oder bremsen, Nachhaltigkeit einzubinden

bestärken („Empower & Equip"). Gleichzeitig sollen Beschaffungsfachkräfte, unabhängig von ihrer Seniorität und ihrer Position im Unternehmen, darin bestärkt werden, für ihr Commitment einzustehen und selbst eine Leadership-Rolle einzunehmen („Encourage Leadership"), in der sie die Nachhaltigkeit weiter vorantreiben und andere inspirieren.

> „Als ich den Sustainable Procurement Pledge zum ersten Mal entdeckte, war ich fasziniert und wollte sofort Mitglied werden. Für mich war der SPP ein Antrieb, tiefer in das Thema nachhaltige Beschaffung einzutauchen und meine Karriere darauf auszurichten, und ich möchte mein Fachwissen in diesem Bereich weiter ausbauen." [10]

Stand Januar 2024 hat der SPP mehr als 14.000 Menschen aus 142 Ländern zusammengebracht, die sich in der „Sustainable Procurement Ambassadors"-Gruppe[2] auf LinkedIn und auf der SPP-Webseite verbinden und austauschen. Die vielfältige und engagierte Ambassador-Community besteht aus Beschaffungsleiter*innen und -praktiker*innen aus führenden Unternehmen und KMUs aus einer Vielzahl an Branchen, aus Studierenden und Akademiker*innen von Universitäten und Hochschulen, aus Nachhaltigkeitsexpert*innen und Supply Chain Professionals. Wer sich für nachhaltige Lieferketten interessiert, sich zu Nachhaltigkeit bekennt, mehr erfahren oder Erfahrungen teilen möchte, ist beim SPP willkommen.

Die Zeit drängt, die Klimakrise, Menschenrechtsverletzungen, Umweltverschmutzungen und der Verlust an Biodiversität sind menschengemacht und gleichzeitig haben wir Möglichkeiten und Lösungen an der Hand, um eine nachhaltige Zukunft für folgende Generationen zu gestalten. Um Nachhaltigkeit bis 2030 in allen Lieferketten zu etablieren und eine Million Menschen in der Beschaffung zu erreichen, zu informieren und zu bestärken, braucht es den Mut und den Willen jedes Einzelnen, sich auf ein Umdenken einzulassen.

> „Wir haben bereits alle Fakten und Lösungen. Alles, was wir tun müssen, ist, aufzuwachen und uns zu verändern." [8]

Genau hier setzt der SPP an, um die Transformation zu beschleunigen: Menschen, die sich ganz am Anfang oder auf der Reise zu mehr Nachhaltigkeit befinden, treffen auf Menschen, die sich seit vielen Jahren in ihren Unternehmen in der nachhaltigen Beschaffung engagieren. Die Strategien, die Best Practices, die positiven und negativen Erfahrungen, Inspirationen, Leadership, positiver Impact – all dies ist bereits vorhanden, initiiert und umgesetzt von Menschen im Einkauf, die all dies mit Kolleg*innen teilen. Wenn es um Nachhaltigkeit in der Beschaffung geht, stehen viele Unternehmen und Einkäufer*innen noch ganz am Anfang, aber sie müssen keinesfalls das Rad neu erfinden, sondern können von vielen Erfahrungswerten im Markt profitieren und so ihre Entwicklung beschleunigen.

---

[2] Die „Sustainable Procurement Ambassadors"-Gruppe auf LinkedIn ist über die Suchleiste zu finden oder über den Link: https://www.linkedin.com/groups/8845732/.

4 Commitment und Leadership für nachhaltige Beschaffung

4.1 Persönliches Commitment: Impact starts with „I"

In Anbetracht der immensen sozialen und umweltbezogenen Herausforderungen, mit denen die Welt aktuell konfrontiert ist, trifft der SPP den Nerv der Zeit. Jobs mit Purpose sind auf dem Vormarsch, verantwortungsvolle Unternehmen sind bevorzugte Arbeitgeber und immer mehr Arbeitnehmer*innen möchten durch ihre berufliche Tätigkeit etwas Positives bewirken und einen Beitrag zur Transformation leisten. Die Beschaffung steht in Anbetracht des Fachkräftemangels nicht nur vor der Herausforderung, neue Mitarbeitende zu gewinnen, sondern auch vorhandene Fachkräfte zu halten. Wenn zwischen 70 und 90 % der CO_2- und Treibhausgasemissionen von Unternehmen in deren Lieferketten liegen, welcher Impact auf Nachhaltigkeit könnte dann größer sein als der der Beschaffung?

> „Als mir bewusst wurde, vor welchen ökologischen und sozialen Herausforderungen wir als Menschheit stehen, habe ich beschlossen, meinen Beitrag zu einer nachhaltigeren Wirtschaft leisten zu wollen. Als erfahrener Einkäufer war mir anfangs nicht klar, wie ich das realisieren sollte. Der SPP trug wesentlich zu der Erkenntnis bei, dass man als Einkäufer einen erheblichen Einfluss auf das Thema Nachhaltigkeit haben kann." [11]

Immer mehr Mitarbeitende im Einkauf und in der Supply Chain denken um und fragen sich, wie sie einen positiven Beitrag leisten können.

Produktinnovationen, Ideen, Umdenken, Purpose und Verantwortung sind nicht in erster Linie in einem Unternehmen angesiedelt, es sind die Menschen, die diese Skills mitbringen und damit das Unternehmen formen. Eine Leadership-Rolle für mehr Nachhaltigkeit hängt nicht von der Seniorität oder dem Funktionslevel ab, sondern basiert auf dem persönlichen Commitment.

Unternehmen und Führungskräfte, die an dieser Stelle auf die Bremse treten oder keinen Nutzen darin sehen, die bisherige Einkaufskomfortzone zu verlassen, werden mittelfristig nicht nur engagierte Mitarbeitende verlieren, sondern auch den Wettlauf zu mehr Nachhaltigkeit und damit auch gegebenenfalls ihre „license to operate".

Die Rolle des Einkaufs und dementsprechend der Mitarbeitenden in der Beschaffung ist so unbestritten wie unterschätzt in der Eigenwahrnehmung und in vielen Unternehmen. Es ist jetzt an der Zeit, dafür einzustehen und den Einkauf zu einer Kraft des Guten zu machen.

Jede Beschaffungsfachkraft kann dafür einstehen und sich persönlich zu Nachhaltigkeit bekennen – und dies auch im beruflichen Rahmen versuchen umzusetzen.

Nachhaltige Beschaffung ist kein Sprint, sondern ein Marathon, für den es Ausdauer, Commitment und auch Mut braucht, um dafür einzustehen.

Im jährlichen „SPP Pulse Survey" in Zusammenarbeit mit Gartner bestätigten 71 % der befragten Ambassadors, dass der SPP ihre Entscheidungen positiv beeinflusst hat, und

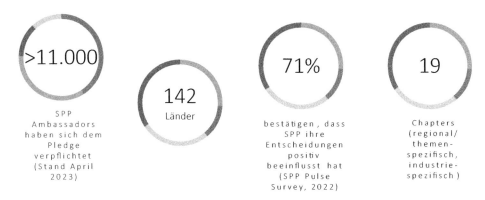

Abb. 4 Kennzahlen zur globalen Reichweite des Sustainable Procurement Pledge und des Impact auf Beschaffungsentscheidungen

76 % fühlen sich durch den SPP ermutigt, aktiv zu werden und Maßnahmen zu ergreifen (s. Abb. 4). In der SPP Community gibt es eine Vielzahl an Ambassadors, die durch ihr Commitment konkrete Veränderungen in ihren Unternehmen angestoßen, eingefordert und umgesetzt und dadurch Verbesserungen erzielt haben. In vierteljährlichen Ambassadors Meetings, die virtuell stattfinden, diskutieren und tauschen sich die Ambassadors zu relevanten Themen aus, teilen Best Practices, nützliche Ressourcen und netzwerken. Mehrere Hundert und mitunter sogar weit über 1000 Ambassadors nehmen regelmäßig an den Meetings teil. Darüber hinaus findet in der Sustainable-Procurement-Ambassadors-Gruppe auf LinkedIn mit mehr als 11.500 Mitgliedern ein kontinuierlicher und proaktiver Austausch zwischen den Ambassadors statt.

Jede Einkäuferin und jeder Einkäufer kann ein Sustainable Procurement Leader sein. Leadership ist nicht an die Rolle im Unternehmen, an Titel, Alter oder Expertise gebunden – Leadership basiert auf Commitment: „Sei du selbst die Veränderung, die du in der Beschaffung sehen willst." [9]

We are Procurement – eine persönliche Einladung von Thomas Udesen, Co-Founder des Sustainable Procurement Pledge

„Stellen Sie sich eine Welt vor, in der die Menschheit innerhalb der ökologischen planetaren Grenzen lebt, Menschenrechte und die Umwelt schützt, und wir in Unternehmen kontinuierlich an der Weiterentwicklung eines verantwortungsvollen und umweltfreundlichen Wirtschaftens arbeiten.

Auch wenn dies angesichts der aktuellen Realität etwas weit hergeholt erscheint, ist persönliches Engagement wichtiger denn je und ich bin fest überzeugt, dass wir eine Million Beschaffungsfachkräfte erreichen können, die über Organisationen auf der ganzen Welt verteilt sind und eine entscheidende Rolle bei der Verwirklichung der Vision des SPP spielen, dass alle Lieferketten bis 2030 nachhaltige Beschaffungspraktiken implementiert haben.

Dafür braucht es uns alle gemeinsam. Uns und allen, die sich dem Pledge anschließen, liegt die Zukunft unseres Planeten und der nächsten Generationen sehr am Herzen. Die Bequemlichkeit des Leugnens oder Wegschauens haben wir hinter uns gelassen.

Wenn jeder von uns im Einkauf damit beginnt ‚nachhaltig' zu denken, die Verantwortung für sein eigenes Beschaffungsverhalten übernimmt, die kleinen Dinge anpackt, die wir in unserer Art zu denken, zu reflektieren, zu entscheiden oder zu eskalieren ändern können, wenn wir alle Nachhaltigkeitsaspekte in unsere Entscheidungsmatrix einbeziehen, dann wird die Summe dieser kleinen Veränderungen eine große Wirkung auf unsere Welt haben! Jede Beschaffungsentscheidung ist ein Votum!

Wir vertrauen darauf, dass jede*r von uns in der Beschaffung am besten weiß, welche kleinen und großen Dinge er oder sie verändern kann, um einen Einfluss auf eine verantwortungsvolle Beschaffung zu haben. Natürlich gibt es keine Einheitslösung oder eine konkrete Anleitung dafür, wie man das drängendste Thema der Welt lösen kann, aber wir glauben fest an unsere SPP Ambassadors und die Kraft, Expertise und das gemeinsame Ziel, um viele Ideen und Best Practices zu teilen und sicherzustellen, dass jede*r eine Inspiration für seinen individuellen nächsten Schritt finden wird.

Wir alle können uns in jedem Entscheidungsprozess fragen, welche Nachhaltigkeitsaspekte wir einbeziehen können, welche Nachhaltigkeitsauswirkungen unsere Entscheidung haben wird und welche unserer Entscheidungen einen Impact für eine nachhaltigere Beschaffungstätigkeit haben kann. Wir glauben, dass es immer Optionen gibt! Wir müssen uns selbst und andere herausfordern und ‚buy as usual' durchbrechen. Wenn wir unseren Ermessensspielraum zum Guten nutzen, können wir viele kleine Veränderungen herbeiführen, die letztendlich zu einer großen Veränderung führen.

Niemand von uns weiß, was die Zukunft bringen wird. Wir sind jedoch verpflichtet, persönlich unser Bestes zu geben und dafür zu sorgen, dass die Beschaffungsfunktion und damit wir als Einkäufer*innen einen positiven Beitrag zur Transformation und zum Erhalt der Erde für nachfolgende Generationen leisten.

Es bleibt nicht mehr viel Zeit und wir haben keinen zweiten Planeten!

Wir laden Sie herzlich ein, sich dem Sustainable Procurement Pledge anzuschließen und Ihr Engagement für die Welt sichtbar zu machen.

Lassen Sie uns gemeinsam Veränderungen vorantreiben. Lassen Sie uns gemeinsam der Wandel sein." [9]

4.2 Engagement in den SPP Chapters: Expertise bündeln und teilen

Um die Komplexität des Themas nachhaltige Beschaffung aufzubrechen und gleichzeitig die Expertise in der globalen Gemeinschaft fokussiert zu bündeln, hat der SPP 2021 eine Chapter-Strategie aufgesetzt. Die Chapter sind ein fundamentales Element der Wachstumsstrategie des SPP und leisten einen enormen Beitrag zum Wissensaustausch und Community-Aufbau auf globaler Ebene.

Die Chapters sind lokal oder global ausgerichtete Sektionen des SPP, die ehrenamtlich von je zwei Ambassadors als Co-Chairs geleitet werden und themenspezifisch, industriespezifisch oder regional die Herausforderungen und Chancen in der nachhaltigen Beschaffung adressieren (s. Abb. 5). Stand 2023 bestehen 19 SPP Chapters, die regelmäßig Veranstaltungen, Chapter Meetings und Wissensaustausch für Ambassadors organisieren und eigene Communities aufbauen – Tendenz wachsend. Ambassadors und Nachhaltigkeitsinteressierte können sich in den SPP Chapters zu lokalen, industriespezifischen und globalen Herausforderungen der nachhaltigen Beschaffung austauschen, voneinander lernen und netzwerken.

Die SPP Chapters sind nicht nur ein wichtiges Element der SPP-Wachstumsstrategie, sondern nehmen insbesondere eine aktive Rolle als Gestalter und Teilnehmer am Nachhaltigkeitsdialog ein. Untereinander stehen die Chapters in einer gegenseitigen Symbiose und Kollaboration, um das Know-how skalierbar der SPP Community zugänglich zu machen. Damit bieten die Chapters für Beschaffungsfachkräfte eine herausragende Möglichkeit, sich zu engagieren.

Abb. 5 Ambassadors und Nachhaltigkeitsinteressierte können sich in den Chapters des Sustainable Procurement Pledge zu lokalen, industriespezifischen und globalen Herausforderungen der nachhaltigen Beschaffung austauschen, voneinander lernen und netzwerken

4.3 SPP League of Champions: Commitment globaler Einkaufsorganisationen

Neben den Chapters setzt der SPP seit 2022 auf das Engagement und die Unterstützung von Unternehmen in ihrer Vorbild- und Führungsrolle mit Blick auf nachhaltige Lieferketten und eine verantwortungsvolle Beschaffung. Führungskräfte (CPOs) der Einkaufsorganisationen vertreten ihre jeweiligen Unternehmen („SPP Champions") in der „League of Champions". Neben ihrer Führungsrolle nach außen übernehmen Champions eine Multiplikatorenrolle innerhalb ihrer Einkaufsorganisationen, indem sie Mitarbeitende in der Beschaffung motivieren, sich zum Pledge zu bekennen, sich aktiv als Ambassador in der SPP-Gemeinschaft zu engagieren und Wandel in der Praxis voranzutreiben. Die Teilnahme in der SPP League of Champions ist dabei an eine finanzielle Zuwendung der Unternehmen an den SPP gekoppelt, die das Wachstum des SPP als unabhängige Non-Profit-Organisation fördert. Die SPP League of Champions besteht derzeit aus 20 Unternehmen (Stand April 2023): Accenture, Allianz, AstraZeneca, Avantor, BAT, Bayer, CBRE, Colgate-Palmolive, Eaton, GSK, Klöckner Pentaplast, The LEGO Group, Merck Group, NSG Group, Schneider Electric, Solvay, Tetra Pak, Thermo Fisher Scientific, Vodafone und Walgreens Boots Alliance [6].

4.3.1 Das SPP Transformation Panel & das CPO Panel

Die SPP League of Champions besteht aus Unternehmen, die bereits seit vielen Jahren engagiert im Bereich der nachhaltigen Lieferketten aktiv sind. Um das enorme Wissen, das in den Unternehmen und bei den Mitarbeitenden vorliegt, zu kanalisieren, hat der SPP zu Beginn des Jahres 2023 zwei Arbeitsgruppen gebildet. Das „Transformational Panel" besteht aus führenden Mitarbeitenden und Führungskräften der SPP-Champion-Unternehmen aus den Bereichen Nachhaltigkeit, Beschaffung, Lieferkette und Innovation. Das „CPO Panel" bringt die Chief Procurement Officers der jeweiligen Unternehmen aus der SPP League of Champions zusammen.

In den regelmäßigen Treffen dieser Arbeitsgruppen, die unter Einhaltung kartellrechtlich erlaubter und wettbewerbskonformer Bedingungen stattfinden, werden praktisches Know-how, Learnings, Werkzeuge und fachliche Expertise unternehmensübergreifend zusammengebracht und globale Herausforderungen, Chancen und Lösungen diskutiert.

Ziel ist es, dieses Wissen als Fallstudien, Empfehlungen und Best Practices der Community zugänglich zu machen und auf diese Weise Ambassadors und Unternehmen auf ihrem Weg zu nachhaltiger Beschaffung zu unterstützen.

Die SPP Champions leisten damit nicht nur einen kritischen Beitrag zur Wachstumsstrategie von SPP, sondern übernehmen mit ihrem Engagement in den Arbeitsgruppen eine aktive Rolle im Dialog über die Zukunft der Beschaffung und deren Gestaltung.

5 Der SPP als Organisation: Rückblick und Ausblick

Was mit einem Video auf LinkedIn im Herbst 2019 begann, ist zu einer globalen Bewegung des persönlichen Commitments geworden, die bereits Menschen in 142 Ländern erreicht hat. Die Ziele des SPP, dass sich eine Million Menschen als Ambassadors „committen" und dass alle Lieferketten bis 2030 nachhaltige Beschaffungspraktiken implementiert haben, sind noch nicht erreicht. Jedoch arbeitet die Community gemeinsam jeden Tag engagiert an diesen Zielen und macht sich täglich für Nachhaltigkeit in der Beschaffung stark.

5.1 Der World Sustainable Procurement Day: Nachhaltige Beschaffung geht um die Welt

Mit der Initiierung des „World Sustainable Procurement Day" (WSPD) im Jahr 2022 wurde ein einzigartiges globales Event aufgesetzt, das seitdem jährlich am 21. März Tausende Menschen aus den Bereichen Beschaffung, Supply Chain und Nachhaltigkeit zusammenbringt, um Erfahrungen und Wissen zu teilen. Das Besondere an der Veranstaltung ist, dass sie vollständig „For Procurement, By Procurement" organisiert und inhaltlich ausgerichtet ist und einen reinen Fokus auf nachhaltige Beschaffungsthemen legt. Der WSPD 2023 fand als 24-h-Online-Event statt, das alle vier Weltregionen abdeckte. Mehr als 80 Expert*innen aus führenden Unternehmen, Organisationen und NGOs teilten in 24 Sitzungen ihre Erfahrungen, gaben Impulse und vermittelten Inspiration und Motivation an die Teilnehmer*innen aus 121 Ländern.

> „Der ‚World Sustainable Procurement Day' ist ein Katalysator für die Erweiterung des kollektiven Wissens und der globalen Gemeinschaft um nachhaltige Beschaffungspraktiken. Diese einmal im Jahr stattfindende Veranstaltung bietet allen, die praktische Ratschläge und Anleitungen zu nachhaltigen Beschaffungspraktiken suchen, Zugang zu unschätzbaren Ressourcen." [4]

Darüber hinaus hat der WSPD einen Impuls in die Einkaufsgemeinschaft gesendet und die Awareness für nachhaltige Beschaffung weltweit erhöht. Beschaffungsteams nutzen den Tag, um eigene interne Arbeits- und Diskussionstreffen zu Nachhaltigkeitsthemen durchzuführen, Mitarbeitende kommen zusammen, um Sessions zu verfolgen und sich mit ihren Kolleg*innen auszutauschen, und eine Vielzahl an NGOs, Lösungsanbietern, Unternehmen und Beratungsfirmen im Einkaufsökosystem reichert den Wissensaustausch an diesem Tag mit eigenen Formaten und Veranstaltungen an.

5.2 Governance und Global Office: Der Weg von der Freiwilligeninitiative zur gemeinnützigen Organisation

Der SPP als Initiative hat sich seit der Gründung ebenfalls enorm weiterentwickelt: Während die Initiative in den ersten 1000 Tagen ihres Bestehens ausschließlich von Freiwilligen in einem Steering-Team organisiert und geleitet wurde, war die Gründung einer offiziellen gemeinnützigen GmbH (gGmbH) nach deutschem Recht im Jahr 2022 ein immenser Schritt zur Formalisierung der Initiative hin zu einer Organisation. Im November 2022 folgte darauf mit Melissa de Roquebrune in der Rolle als Executive Director die erste offizielle Mitarbeiterin im Global Office des SPP. In 2023 nahmen bereits zwei weitere FT-Mitarbeiterinnen ihre Arbeit auf und bildeten als Global Office ein neues, formalisiertes Lenkungsteam. Für 2024 sind weitere Personaleinstellungen geplant, die die strategischen Ziele und den weiteren Organisationsaufbau des SPP, das Community-Management und die Impact-Strategie unterstützen und zukunftsfähig ausbauen. Der SPP und das Global Office werden weiterhin durch Freiwilligenarbeit unterstützt.

6 Ihr Commitment zählt

Wir laden Sie alle herzlich dazu ein, sich dem Sustainable Procurement Pledge anzuschließen und mit Ihrem persönlichen Commitment für Nachhaltigkeit in der Beschaffung einzustehen. Wir als Einkauf sind verpflichtet, persönlich unser Bestes zu geben und dafür zu sorgen, dass die Art und Weise, wie wir heute beschaffen und unsere Lieferketten gestalten, zu einem positiven Erbe für zukünftige Generationen wird. Nur gemeinsam können wir den positiven Impact skalieren und Verbesserungen für den gesamten Planeten und die Gesellschaft erzielen. Werden Sie Teil des Pledge auf www.spp.earth.

Literatur

1. BME e. V. & tns infratest (2010). Pressemitteilung: Zentraler Wirtschaftsfaktor: 1,25 Billionen Euro Einkaufsvolumen. Abgerufen am 06.04.2023 von: https://www.verbaende.com/news/pressemitteilung/zentraler-wirtschaftsfaktor-125-billionen-euro-einkaufsvolumen-72431/
2. Bundesministerium für Umwelt, Naturschutz, nukleare Sicherheit und Verbraucherschutz (2023). Umweltfreundliche öffentliche Beschaffung. Abgerufen am 06.04.2023 von: https://www.bmuv.de/themen/nachhaltigkeit-digitalisierung/konsum-und-produkte/umweltfreundliche-beschaffung#:~:text=Die%20%C3%B6ffentliche%20Beschaffung%20hat%20deutschlandweit,Beschaffer%20von%20Waren%20und%20Dienstleistungen.
3. Bundesverband Materialwirtschaft, Einkauf und Logistik e. V. (2023). Abgerufen am 06.04.2023 von https://www.bme.de/
4. Conquéret, B. (2019). SPP-Launch-Video 2019. Abgerufen am 06.04.2023 von YouTube: https://www.youtube.com/watch?v=x1XACsb0do8&ab_channel=SustainableProcurementPledge

5. Proxima – Part of Bain & Company & Cebr (Center for Economic and Business Research) (2023). The State of Spend – An analysis of how Fortune 500 and FTSE 350 companies spend their money. Abgerufen am 06.04.2023 von: https://www.proximagroup.com/state-of-spend-report-and-supplier-cost-reductions/
6. Recherche (2023) auf LinkedIn. Abgerufen am 14.04.2023 von: www.linkedin.com
7. Sustainable Procurement Pledge gGmbH. (2019). SPP Launch Video. Abgerufen am 06.04.2023 von YouTube: https://www.youtube.com/watch?v=x1XACsb0do8&ab_channel=SustainableProcurementPledge
8. Thunberg, G., The rebellion has begun. Declaration of Rebellion, Parliament Square, London, 31 October 2018. Abgerufen am 06.04.2023 von Medium: https://medium.com/wedonthavetime/the-rebellion-has-begun-d1bffe31d3b5
9. Udesen, T. (2023). A personal invitation to drive change. (übersetzt von P. Pinkawa)
10. Interview mit Delana, A. (2023). (geführt und übersetzt von P. Pinkawa)
11. Interview mit Carella, M. (2023). (geführt und übersetzt von P. Pinkawa)

Pia Pinkawa ist Kommunikations- und Marketingexpertin im Bereich der nachhaltigen Beschaffung. Als freiberufliche Beraterin und Content Creator unterstützt sie Unternehmen und Einkaufsorganisationen weltweit in der internen sowie in der Lieferantenkommunikation. Darüber hinaus ist sie als Expertin für Lösungsanbieter im Nachhaltigkeitssektor tätig. Von 2019 bis 2023 war sie Mitglied des Steering-Teams des Sustainable Procurement Pledge (SPP) und unterstützte den Aufbau der gemeinnützigen Initiative in der strategischen Kommunikation, Öffentlichkeitsarbeit und Content-Erstellung.

Einen Netzbetreiber fit für das Lieferkettensorgfaltspflichtengesetz machen – der Case der Stromnetz Hamburg GmbH

Thomas Nast

1 Die Lieferkettensorgfaltspflicht – von der Freiwilligkeit zur Verbindlichkeit

1.1 Das deutsche Lieferkettensorgfaltspflichtengesetz

Am 25. Juni 2021 hat der Bundesrat das Gesetz über die unternehmerischen Sorgfaltspflichten zur Vermeidung von Menschenrechtsverletzungen in Lieferketten (Lieferkettensorgfaltspflichtengesetz – LkSG) gebilligt. Das Gesetz legt Anforderungen an ein verantwortliches Management globaler Lieferketten fest, d. h., es wird verbindlich geregelt, welche Sorgfaltspflichten Unternehmen wahrzunehmen haben. Ziel des Gesetzes ist es, den Schutz grundlegender Menschenrechte zu verbessern und dabei auch relevante Umweltbelange zu berücksichtigen. In dem Gesetz wird geregelt, wie

- Unternehmen ihre Umwelt- und Menschenrechtlichen Risiken analysieren,
- ein angemessenes Risikomanagement im Zuge des LkSG umzusetzen ist,
- Präventions- und Abhilfemaßnahmen ergriffen werden müssen,
- ein unternehmensinterner Beschwerdemechanismus eingerichtet werden muss und
- das Unternehmen über seine Aktivitäten zu berichten hat.

Die Verantwortung der Unternehmen erstreckt sich auf die gesamte Lieferkette.

Mit dem Gesetz setzt Deutschland als eines der ersten Länder in der EU unternehmensbezogene Menschenrechtsanforderungen in einem Gesetz um. Weitere nationale

---

T. Nast (✉)
Sustainable Procurement Pledge gGmbH, Düsseldorf, Deutschland
E-Mail: thomas.nast@stromnetz-hamburg.de

Sorgfaltspflichtengesetze wurden bereits in anderen europäischen Ländern umgesetzt, um mehr Transparenz in den Lieferketten der Unternehmen zu schaffen. So trat in Großbritannien im Jahr 2015 der UK Modern Slavery Act [22] in Kraft. In Frankreich wurde im Jahr 2017 das französische Lieferkettengesetz „Loi de Vigilance" [6] eingeführt. In den Niederlanden wurde 2019 das Gesetz zur Sorgfaltspflicht bei Kinderarbeit „Wet zorgplicht kiderarbeid Dutch" [16] verabschiedet (s. Abb. 1).

1.2 Der Nationale Aktionsplan für Wirtschaft und Menschenrechte

Im deutschen LkSG wurden wesentliche Inhalte aus dem bisherigen deutschen Nationalen Aktionsplan für Wirtschaft und Menschenrechte (NAP 2016–20) [15] abgeleitet, den die Bundesregierung am 21. Dezember 2016 verabschiedet hatte mit dem Ziel, die UN-Leitprinzipien [23] und die OECD-Leitsätze [17] umzusetzen. Die deutschen Unternehmen sollten diese Anforderungen als freiwillige Selbstverpflichtung umsetzen. Der NAP umfasst fünf Kernelemente: Grundsatzerklärung zur Achtung der Menschenrechte, Verfahren zur Ermittlung tatsächlich und potentiell nachteiliger Auswirkungen auf die Menschenrechte, Maßnahmen zur Abwendung potentiell nachteiliger Auswirkungen und Überprüfung der Wirksamkeit dieser Maßnahmen, Berichterstattung sowie Beschwerdemechanismus.

Da die freiwillige Selbstverpflichtung aus Sicht des deutschen Gesetzgebers nicht zum gewünschten Erfolg führte, wurde mit dem deutschen LkSG eine verbindliche gesetzliche Regelung festgelegt.

1.3 EU-Richtlinie über die Sorgfaltspflichten

Die EU-Kommission hat am 23. Dezember 2022 einen europäischen Richtlinienentwurf über die Sorgfaltspflichten von Unternehmen im Hinblick auf Nachhaltigkeit [4] vorgelegt. Die Richtlinie soll unter anderem regulatorische Wettbewerbsbenachteiligungen einzelner EU-Länder in Europa verhindern, die durch nationale Einzellösungen zustande kommen können. Die Mehrheit des Europäischen Parlaments hat am 1. Juni 2023 für eine Verschärfung des ursprünglichen Gesetzesvorschlags gestimmt. Das europäische Lieferkettengesetz nimmt somit immer konkretere Form an.

Wenn die Richtlinie verabschiedet wird, müssen die EU-Länder die Richtlinie innerhalb von zwei Jahren in nationales Recht überführen, was für Deutschland dann eine Anpassung des LkSG bedeutet.

Einen Netzbetreiber fit für das Lieferkettensorgfaltspflichtengesetz ... 319

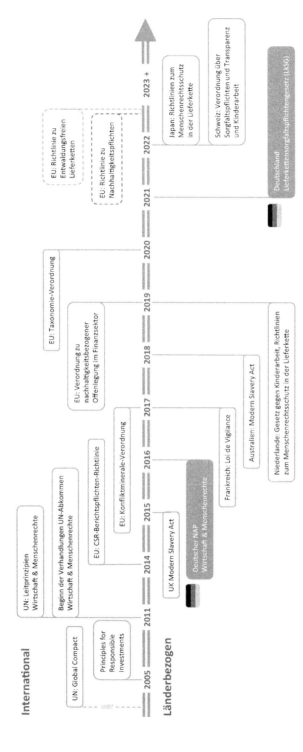

Abb. 1 Auswahl politischer und rechtlicher Entwicklungen weltweit

2 Umsetzung des LkSG bei der Stromnetz Hamburg GmbH

In diesem Kapitel wird das Unternehmen Stromnetz Hamburg vorgestellt und erläutert, welche Fragen vor dem Beginn des Projektes zur Umsetzung des LkSG aufgetreten sind und wie die Projektorganisation aufgestellt wurde.

2.1 Vorstellung der Stromnetz Hamburg GmbH

Die Stromnetz Hamburg GmbH (SNH) ist Eigentümer und Betreiber des zweitgrößten städtischen Stromverteilungsnetzes in Deutschland und versorgt rund 1,2 Mio. Kund*innen jährlich mit 11 Mrd. Kilowattstunden elektrischer Energie. Außerdem ist SNH grundzuständiger Messstellenbetreiber und kümmert sich um den Einbau, den technischen Betrieb und die Wartung der Stromzähler sowie den flächendeckenden Einbau moderner Messeinrichtungen und intelligenter Messsysteme.

Als zentraler Akteur im Masterplan der Stadt Hamburg ist SNH für den Aufbau, den Betrieb und die Wartung der E-Ladestationen im Stadtgebiet zuständig. SNH treibt den Ausbau der Ladeinfrastruktur für Elektromobilität in der Freien und Hansestadt Hamburg weiter voran (Abb. 2).

2.2 Rahmenbedingungen

Im Frühjahr 2021 gab es in der SNH-Geschäftsleitung die ersten Diskussionen über das LkSG. Es wurden der notwendige Handlungsbedarf und die Voraussetzungen zur

Abb. 2 Unternehmensdaten der Stromnetz Hamburg GmbH, Geschäftsjahr 2020

Umsetzung des LkSG hinterfragt. Aus der Beantwortung bestimmter Fragen ergaben sich Rahmenbedingungen für die weitere Umsetzung.

Nachfolgende Fragestellungen wurden formuliert:

- Gibt es Anforderungen aus dem LkSG, die bereits im eigenen Unternehmen, z. B. als Unternehmensziel oder in der Unternehmenskultur, berücksichtigt werden?
- Ist SNH verpflichtet, das Gesetz anzuwenden?
- Welcher Mehrwert ergibt sich aus dem LkSG für das Unternehmen?
- Welche Risiken bestehen bei einer Nichtbeachtung des Gesetzes?
- Wie hoch ist der Aufwand, das Gesetz umzusetzen?
- Starten wir mit der Umsetzung zum frühsten Anfangszeitpunkt oder zum spätesten Anfangszeitpunkt?

SNH hat sich zu einer nachhaltigen Unternehmensführung verpflichtet. Dies bedeutet für das Unternehmen, die Umwelt- und Sozialaspekte unter Wahrung der ökonomischen Ziele in alle Geschäftsprozesse zu integrieren. SNH fördert eine Nachhaltigkeits- und Innovationskultur, veröffentlicht alle zwei Jahre einen Nachhaltigkeitsbericht [19] und hat seit 2020 ein internes Nachhaltigkeitsnetzwerk etabliert.

Als 100 % städtisches Unternehmen hat SNH eine besondere Verpflichtung zum Wohl der Allgemeinheit.

Das LkSG hat inhaltlich einen direkten Bezug zu den Nachhaltigkeitsdimensionen Ökologie und Soziales und zu den eigenen Unternehmensanforderungen.

2.2.1 Anwendungsbereich des LkSG

Der Anwendungsbereich ist im LkSG (1. Abschnitt § 1 Abs. 1–3, 2021) [12] geregelt. Die Umsetzungsverpflichtung und der Umsetzungszeitpunkt richten sich an der Unternehmensgröße aus. Das Gesetz betrifft ungeachtet der Rechtsform alle Unternehmen seit dem 1. Januar 2023, die in der Regel mindestens 3000 Beschäftigte und ihre Hauptverwaltung, Hauptniederlassung, ihren Verwaltungssitz (in der Regel bei mehreren selbstständigen Niederlassungen) oder satzungsmäßigen Sitz im Inland haben. Hiervon betroffen sind circa. 900 Unternehmen [3]. Dies gilt auch für ausländische Unternehmen, die in Deutschland eine Zweigniederlassung gemäß § 13d HGB haben.

Ab dem ab 1. Januar 2024 betrifft das Gesetz nun auch Unternehmen, die in der Regel mindestens 1000 Beschäftigte haben und bei denen ansonsten die oben genannten Voraussetzungen vorliegen. Dies betrifft circa. 4800 Unternehmen [3].

Zuzurechnen sind dem Unternehmen auch Arbeitnehmer*innen, die ins Ausland entsandt sind (§ 1 Abs. 1 Nr. 2 LkSG), sowie Leiharbeitnehmer*innen, deren Einsatzdauer beim Unternehmen sechs Monate übersteigt (§ 1 Abs. 2). Innerhalb verbunder Unternehmen (im Sinne von § 15 AktG) sind im Inland beschäftigte Arbeitnehmer*innen sämtlicher konzernangehöriger Unternehmen bei der Berechnung der Arbeitnehmerzahl der Obergesellschaft zuzurechnen (§ 1 Abs. 3 LkSG).

Die Stromnetz Hamburg GmbH hat knapp 1350 Mitarbeiter*innen (s. Abb. 2) und ist somit verpflichtet, ab diesem Jahr das LkSG umzusetzen.

2.2.2 Chancen und Vorteile des LkSG

Durch die Umsetzung der Anforderungen aus dem LkSG ergeben sich Chancen und Vorteile für das eigene Unternehmen und auch für die Kooperationspartner und Lieferanten:

- Festlegung von messbaren sozialen und ökologischen Anforderungen
- Verbesserung der Lieferantenbeziehung durch offene Kommunikation mit den Lieferanten, da für beide Parteien teilweise gleiche Anforderungen bestehen
- Know-how-Aufbau über die Lieferkette und den Produktionsprozess
- Berücksichtigung von Lieferanten, die in ihren Produktions- und Lieferprozessen mehr Rücksicht auf umweltbezogene und soziale Belange nehmen
- Frühzeitiges Erkennen von Risiken in den Lieferketten bei den Dienstleistern
- Definition von Nachhaltigkeitsindikatoren als Kriterien für die Bewertung und Auswahl von Lieferanten und Dienstleistern
- Ausschluss von Lieferanten, die Menschenrechte, Umweltschutzvorschriften oder sonstige Rechtsvorschriften missachten
- Sensibilisierung für Menschenrechtsthemen innerhalb der Lieferkette bei Lieferanten und Dienstleistern, die nicht vom LkSG betroffen sind

Die aktive Auseinandersetzung mit dem LkSG schafft eine Basis, die bei den zunehmenden Nachhaltigkeitsberichtspflichten gefordert wird. Exemplarisch seien hier die Kriterien „Tiefe der Wertschöpfungskette" und „Menschenrechte" genannt, zu denen berichtet werden muss, um den Standard des Deutschen Nachhaltigkeitskodex zu erfüllen.

Weitere Vorteile sind in Abb. 3 dargestellt. Es ist ersichtlich, dass die Umsetzung des LkSG dem Unternehmen einen Mehrwert mit Vorteilen und Chancen bietet.

Abb. 3 Die Vorteile des LkSG aus Unternehmenssicht

2.2.3 Sanktionen

Ein Verstoß gegen das LkSG kann zu Bußgeldern und Sanktionen führen (LkSG § 22 Abs. 2 Ziff. 1–3 und § 24, 2021) [12]. Bei Nichtbeachtung des Gesetzes können hohe Straf- und Bußgelder erhoben und/oder Unternehmen für bis zu drei Jahren von öffentlichen Auftragsvergaben ausgeschlossen werden. Bei Nichteinreichung von geforderten Nachweisen kann ein Zwangsgeld von bis zu 50.000 EUR verhängt werden. Bei der Verletzung von Sorgfaltspflichten kann die Geldbuße bis zu 800.000 EUR oder bei Unternehmen mit einem durchschnittlichen Jahresumsatz von mehr als 400 Mio. EUR bis zu 2 % des Umsatzes betragen. Für die Durchsetzung ist das Bundesamt für Wirtschaft und Ausfuhrkontrolle (BAFA) zuständig.

Die Geschäftsführung hat entschieden, sich frühzeitig um die Anforderungen aus dem LkSG zu kümmern und das LkSG in einem internen Projekt umzusetzen.

2.3 Projektaufbau

Um das Lieferkettensorgfaltspflichtengesetz und damit die Achtung von Menschenrechten und den Schutz der Umwelt entlang der gesamten Wertschöpfungskette noch stärker in die Geschäftsbereiche und die Unternehmenskultur einfließen zu lassen, hat SNH ein eigenes Projekt initiiert, dessen Umsetzung von der Geschäftsführung beauftragt und unterstützt wird.

Wichtig dabei ist die Besetzung des Projektteams mit internen Stakeholdern. Das Projektteam besteht aus einem abteilungsübergreifenden Team aus den Unternehmensbereichen

- Compliance und Gleichbehandlung
- Dienstleisterentwicklung
- Einkauf
- Nachhaltigkeitsnetzwerk/-management
- Öffentlichkeitsarbeit und Geschäftsführungsbüro
- Unternehmensentwicklung
- Umweltmanagement

Weitere Fachexpert*innen werden themenspezifisch eingebunden.

Das Projekt ist 2021 gestartet. Die Projektumsetzung soll den internen Ressourcenaufwand und damit die Linienaufgaben der Projektmitglieder möglichst wenig belasten.

Da das Gesetz erst im Jahr 2023 zur Anwendung kam, lagen zu Projektbeginn keine Erfahrungen aus Vorgängerprojekten vor. Es handelt sich um ein sehr komplexes Thema und es müssen bestimmte Ansätze ausprobiert werden. Daher haben wir uns dazu entschlossen, erst einmal zu beginnen und während der Umsetzung gegebenenfalls die Methodik anzupassen (Abb. 4).

2.3.1 Vergleich mit anderen Unternehmen

Vor dem Projektstart erfolgte ein Austausch über die Anforderungen des LkSG und die Umsetzungsplanung mit anderen städtischen Unternehmen sowie mit der Finanzbehörde und der Umweltbehörde der Stadt Hamburg.

2.3.2 Unterstützung durch den Helpdesk für Wirtschaft & Menschenrechte

Zur Unterstützung des Projektes haben wir uns an den Helpdesk für Wirtschaft & Menschenrechte gewandt, der vom Bundesministerium für wirtschaftliche Zusammenarbeit und Entwicklung (BMZ) gefördert wird [8]. Der Helpdesk unterstützt mit Beratungen und Schulungen.

Mit dieser Unterstützung konnten wir in der weiteren Projektumsetzung immer wieder Feedback zur eigenen Projektumsetzung einholen und das Projektteam schulen. Es werden über den Helpdesk Online-Tools zur Identifizierung von Nachhaltigkeitsrisiken und zur Erstellung von Risikoanalysen zur Verfügung gestellt, die – wie in den nachfolgenden Kapiteln beschrieben – zur Risikoanalyse eingesetzt wurden.

3 Projektumsetzung

Im Rahmen der Projektumsetzung sind folgende Stufen zu bearbeiten: Die verschiedenen Projektphasen sind zu definieren, Sorgfaltsprozesse und Pflichten abzuleiten sowie die Liefer- bzw. Wertschöpfungsketten zu definieren.

3.1 Projektphasen

Die Projektumsetzung ist in vier Phasen aufgeteilt (s. Abb. 5).

In der zweiten Phase des Projektes wurden in mehreren Workshops die Themen und Anforderungen aus dem LkSG vorgestellt und im Projektteam diskutiert. Das Projektteam bestimmte die relevanten Risikowarengruppen und Produkte. Die Sorgfaltsprozesse und Sorgfaltspflichten wurden besprochen und Projektziele abgeleitet. Von Workshop zu Workshop wurden Zwischenziele verortet, die von den Projektmitglieder in Arbeitsgruppen bearbeitet wurden.

Zum Projektstart ist es wichtig, Begrifflichkeiten aus den LkSG kennenzulernen und ein Grundverständnis über die gesamte Wertschöpfungskette zu erlangen.

Projektsteckbrief	Umsetzung der Nachhaltigkeitsanforderungen aus dem Lieferkettengesetz (LkSG)	

Umsetzung der Nachhaltigkeitsanforderungen aus dem Lieferkettensorgfaltspflichtengesetzgesetz (LkSG)

Autor(en):	T
Qualitätssicherung:	S

Inhalt

1 Projektdefinition 2
    1.1 Hintergrund 2
    1.2 Projektziel 3
    1.3 Angestrebte Ergebnisse 3
    1.4 Erwarteter Nutzen 3
    1.5 Erwartete negative Nebeneffekte 4
    1.6 Abgrenzung des Projektes 4
    1.7 Zeitrahmen 4
    1.8 Kosten für Planung 4
2 Struktur des Projektmanagementteams 4
    2.1 Auftraggeber 5
    2.2 Lenkungsausschuss 5
    2.3 Projektteam 5
3 Verweise 5

Abb. 4 Projektbeauftragung LkSG, Deckblatt Projektordner

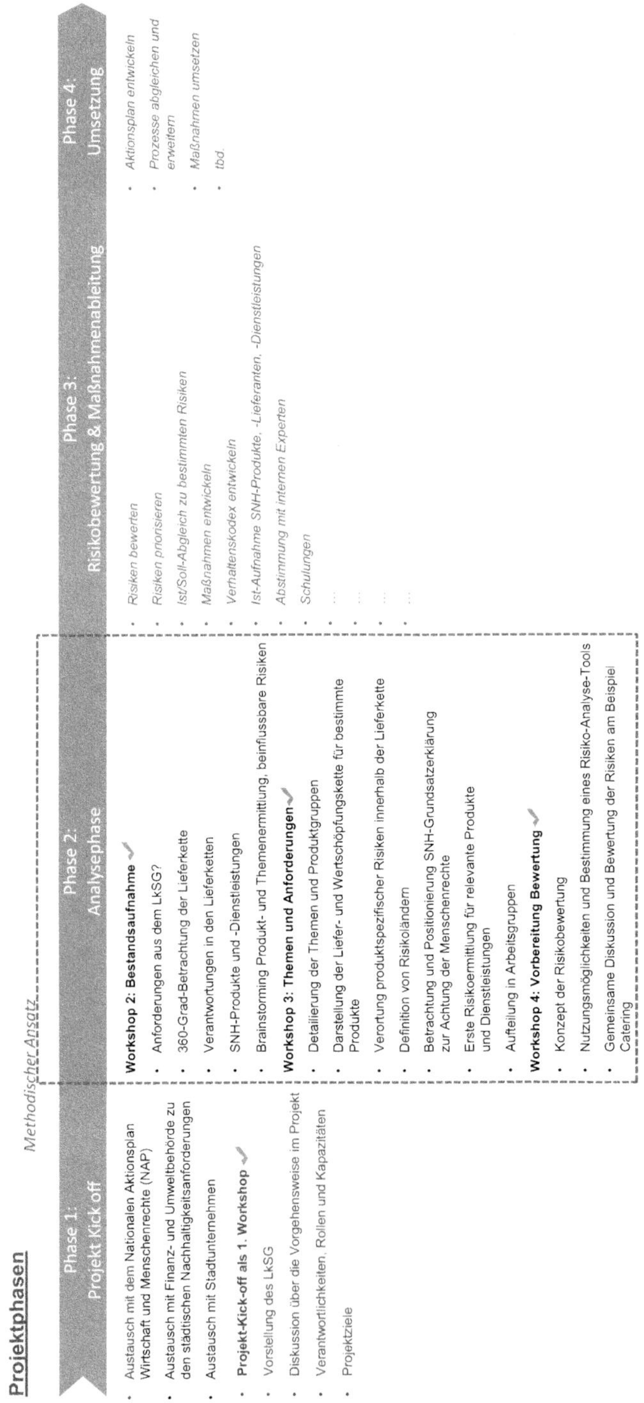

Projektphasen

Methodischer Ansatz

Phase 1: Projekt Kick off

- Austausch mit dem Nationalen Aktionsplan Wirtschaft und Menschenrechte (NAP)
- Austausch mit Finanz- und Umweltbehörde zu den städtischen Nachhaltigkeitsanforderungen
- Austausch mit Stadtunternehmen
- **Projekt-Kick-off als 1. Workshop** ✓
- Vorstellung des LkSG
- Diskussion über die Vorgehensweise im Projekt
- Verantwortlichkeiten, Rollen und Kapazitäten
- Projektziele

Phase 2: Analysephase

- **Workshop 2: Bestandsaufnahme** ✓
- Anforderungen aus dem LkSG?
- 360-Grad-Betrachtung der Lieferkette
- Verantwortungen in den Lieferketten
- SNH-Produkte und -Dienstleistungen
- Brainstorming Produkt- und Themenermittlung, beinflussbare Risiken
- **Workshop 3: Themen und Anforderungen** ✓
- Detaillierung der Themen und Produktgruppen
- Darstellung der Liefer- und Wertschöpfungskette für bestimmte Produkte
- Verortung produktspezifischer Risiken innerhalb der Lieferkette
- Definition von Risikoländern
- Betrachtung und Positionierung SNH-Grundsatzerklärung zur Achtung der Menschenrechte
- Erste Risikoermittlung für relevante Produkte und Dienstleistungen
- Aufteilung in Arbeitsgruppen
- **Workshop 4: Vorbereitung Bewertung** ✓
- Konzept der Risikobewertung
- Nutzungsmöglichkeiten und Bestimmung eines Risiko-Analyse-Tools
- Gemeinsame Diskussion und Bewertung der Risiken am Beispiel Catering

Phase 3: Risikobewertung & Maßnahmenableitung

- _Risiken bewerten_
- _Risiken priorisieren_
- _Ist/Soll-Abgleich zu bestimmten Risiken_
- _Maßnahmen entwickeln_
- _Verhaltenskodex entwickeln_
- _Ist-Aufnahme SNH-Produkte, -Lieferanten, -Dienstleistungen_
- _Abstimmung mit internen Experten_
- _Schulungen_
- ...
- ...
- ...

Phase 4: Umsetzung

- _Aktionsplan entwickeln_
- _Prozesse abgleichen und erweitern_
- _Maßnahmen umsetzen_
- _tbd_

Abb. 5 LkSG-Projektphasen, Projektordner

3.2 Sorgfaltsprozesse und -pflichten

Im Zuge der Umsetzung des LkSG trifft man immer wieder auf zwei Begrifflichkeiten: die Sorgfaltsprozesse und die Sorgfaltspflichten. Nachfolgend werden die Sorgfaltsprozesse und die Sorgfaltspflichten erläutert.

3.2.1 Sorgfaltsprozesse

Die Sorgfaltsprozesse sind kontinuierliche Risikomanagementprozesse, die das eigene Unternehmen benötigt, um nachteilige menschenrechtliche Auswirkungen zu identifizieren, zu verhindern, zu mindern und wiedergutzumachen sowie Rechenschaft darüber abzulegen, wie es mit diesen umgeht [7]. Die im LkSG aufgeführten Sorgfaltsprozesse resultieren aus den fünf Kernelementen des Nationalen Aktionsplans Wirtschaft und Menschenrechte [15]. Die Prozesse sind in die Unternehmensprozesse zu integrieren (Abb. 6).

3.2.2 Sorgfaltspflichten

Das LkSG beschreibt die einzelnen Sorgfaltspflichten, die umgesetzt werden müssen, um der unternehmerischen Verantwortung zur Achtung der Menschenrechte in globalen Liefer- und Wertschöpfungsketten nachzukommen, d. h., den menschenrechtlichen oder umweltbezogenen Risiken vorzubeugen oder sie zu minimieren oder die Verletzung menschenrechtsbezogener oder umweltbezogener Pflichten zu beenden [12].

Die einzelnen Pflichten sind miteinander verknüpft. So zählt die Grundsatzerklärung auch zu den Präventionsmaßnahmen. Das Risikomanagement, die Risikoanalyse,

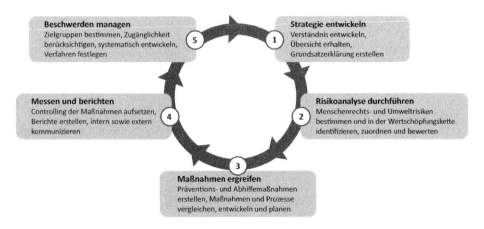

Abb. 6 Einstieg in den Sorgfaltsprozess (Integration der Sorgfaltsprozesse)

die Prävention sowie die Abhilfemaßnahmen beeinflussen sich gegenseitig (Handreichung BAFA-Risikoanalyse, Abb. 1 Zusammenspiel Risikoanalyse und Sorgfaltsprozesse, 2022)[2].

3.3 Liefer- und Wertschöpfungskette

Bei der Umsetzung des LkSG spricht man neben der Lieferkette auch über die Wertschöpfungskette.

Die Lieferkette im Sinne des LkSG bezieht sich auf alle Produkte und Dienstleistungen eines Unternehmens (§ 2 Absatz 5)[12]. Sie umfasst alle Schritte im In- und Ausland, die zur Herstellung der Produkte und zur Erbringung der Dienstleistung erforderlich sind, angefangen von der Gewinnung der Rohstoffe bis zur Lieferung an den Endkunden, d. h. vom eigenen Unternehmen bis zu den unmittelbaren Zulieferern.

Die Wertschöpfungskette des eigenen Unternehmens umfasst alle Aktivitäten, die durch Wertschöpfung Input in Output umwandeln, und alle Unternehmen, mit denen es eine direkte oder indirekte Geschäftsbeziehung als Lieferant oder Kunde von Produkten oder Dienstleistungen pflegt. Die Wertschöpfungskette ist in drei Abschnitte eingeteilt: die vorgelagerten Stufen der Wertschöpfung, die eigene Wertschöpfung und die nachgelagerten Stufen (s. Abb. 7). Die nachgelagerten Stufen der Wertschöpfungskette umfassen Prozesse, die der Erstellung eines Produktes bzw. einer Dienstleistung folgen. Hierzu gehören unter anderem die Weiterverarbeitung, die Nutzung durch die Endverbraucher*innen oder das Recycling und die Entsorgung eines Gutes bzw. seiner Bestandteile. Zur Wertschöpfung zählen auch unterstützende Funktionen wie Investitions- und Finanzierungstätigkeiten [21].

3.3.1 Mittelbare und unmittelbare Zulieferer

In den Sorgfaltspflichten, bei der Festlegung von Präventionsmaßnahmen und bei der Betrachtung der Lieferkette unterscheidet das Gesetz in unmittelbare und mittelbare Zulieferer (Lieferanten).

Der unmittelbare Zulieferer ist der direkte Vertragspartner, dessen Zulieferung für die Herstellung des Produktes oder zur Erbringung und Inanspruchnahme der betreffenden Dienstleistung notwendig ist (LkSG § 2, Abs. 7, 2021)[12].

Der mittelbare Zulieferer ist jedes Unternehmen, das kein unmittelbarer Zulieferer ist und dessen Zulieferungen für die Herstellung des Produktes des Unternehmens oder zur Erbringung und Inanspruchnahme der betreffenden Dienstleistung notwendig sind (LkSG § 2, Abs. 8, 2021)[12].

Ein Unternehmen ist zur Einhaltung der Sorgfaltspflichten im eigenen Geschäftsbereich und über die gesamte Lieferkette verpflichtet. Im Verhältnis zu den mittelbaren Zulieferern muss das Unternehmen tätig werden, wenn es „substantiierte Kenntnis über

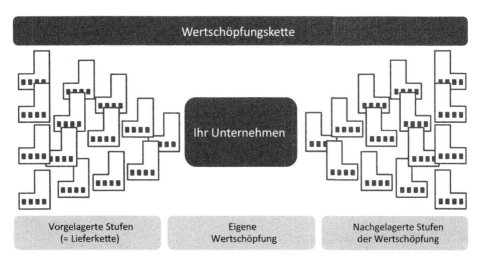

Abb. 7 Darstellung von Anordnung und Schnittmenge in der Liefer- und Wertschöpfungskette

eine mögliche Verletzung einer geschützten Rechtsposition oder einer umweltbezogenen Pflicht bei mittelbaren Zulieferern" erlangt (LkSG § 9, Abs. 3, 2021)[12].

3.3.2 Substantiierte Kenntnis

Eine substantiierte Kenntnis liegt dann vor, wenn dem Unternehmen tatsächliche Anhaltspunkte vorliegen, die eine menschenrechtliche oder umweltbezogene Verletzung bei einem mittelbaren Zulieferer möglich erscheinen lassen [13]. Das können zum Beispiel Berichte über die schlechte Menschenrechtslage in der Produktionsregion sein, die Zugehörigkeit zu einer Branche mit besonderen menschenrechtlichen oder umweltbezogenen Risiken oder frühere Vorfälle bei einem mittelbaren Zulieferer. Diese Information kann zum Beispiel erfolgen:

- über das interne Beschwerdeverfahren,
- über die zuständige Behörde,
- über Medien,
- über die Lieferantendatenbank.

Die Kenntnis kann zu einer anlassbezogenen Risikoanalyse führen (s. Abb. 8).

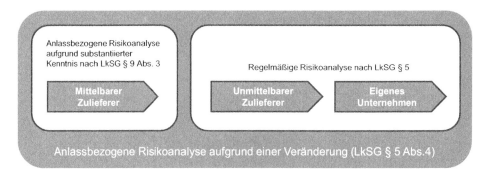

Abb. 8 Darstellung der anlassbezogenen und regelmäßigen Risikoanalyse

4 Risikobetrachtung

In diesem Kapitel werden die Begrifflichkeiten Risikomanagement und Risikoanalyse mit Bezug zum LkSG erläutert und der Ansatz, den SNH zur Risikoanalyse gewählt hat, vorgestellt.

4.1 Risikomanagement

Allgemein bezeichnet das Risikomanagement die systematische Erfassung und Bewertung von Risiken für den Geschäftsbetrieb eines Unternehmens.

Innerhalb der Sorgfaltspflichten und bei der Umsetzung des LkSG nehmen die Risikoanalyse und das Risikomanagement eine wesentliche Rolle ein (LkSG §§ 4 und 5)[12]. Die Risikoanalyse ist die Basis, auf der das gesamte Gerüst des Lieferkettengesetzes aufbaut.

Bei der Bestimmung des Untersuchungsumfangs für die ersten Risikoanalysen haben wir mit dem Projektteam einen offenen Ansatz gewählt und im ersten Workshop in einem Brainstorming die für uns risikorelevanten Produkte, Warengruppen, Dienstleistungen und Länder bestimmt. Die ermittelten Themen haben wir in weiteren Workshops mit internen und externen Datenauswertungen und Anforderungen aus dem LkSG abgeglichen und die Themenauswahl konkretisiert.

Ein Zwischenziel war es, die zu untersuchenden Produkte und Dienstleistungen auf die „wichtigsten" zu beschränken und mit den „Top-Themen" in die Umsetzung zu gehen.

In den nächsten Schritten haben wir potentielle und konkrete Risiken beschrieben und bewertet. In der Folge werden dann Präventionsmaßnahmen abgeleitet und dokumentiert.

Um die Risikoanalyse mit möglichst wenig Prozessaufwand durchzuführen, haben wir im eigenen Unternehmen die bestehenden Risikomanagementrichtlinien mit den Anforderungen aus dem LkSG verglichen und versucht, Bestandsprozesse zu nutzen. Es bestehen zwei Richtlinien, die im Wesentlichen die Risiken aus der Informationsverarbeitung und die finanziellen Risiken abdecken. Die Bestandsprozesse konnten nicht für die Anforderungen aus dem LkSG genutzt werden.

Die Risikoanalyse wird sukzessiv erweitert, wobei die Erfahrungen der durchgeführten Analysen in die Folgeprozesse aufgenommen werden.

4.1.1 Leitfragen zur Standortbestimmung

Um sich zu Beginn einen Überblick zur Standortbestimmung zu machen, sind nachfolgend Fragen aufgeführt, die sich im Laufe des Projektes entwickelt haben.

- Gibt es ein Risikomanagement und Risikoanalysen im Unternehmen?
- Welche Managementsysteme und Zertifizierungen gibt es im Unternehmen?
- Gibt es interne Prozesse, um Nachhaltigkeitsrisiken zu adressieren?
- Welche Produkte und oder Dienstleistungen haben die höchsten Einkaufsvolumina?
- Welche Produkte und oder Dienstleistungen sind strategisch für das Unternehmen relevant?
- Gibt es einen eigenen Verhaltenskodex für Lieferanten?
- Nach welchen Kriterien wählt das Unternehmen Lieferanten und Kunden aus?
- Sind im eigenen Unternehmen Arbeits- und Menschenrechtsverletzungen oder Umweltschäden aufgetreten?
- Sind bei der Nutzung unserer Produkte oder Dienstleistungen Arbeits- und Menschenrechtsverletzungen oder Umweltschäden aufgetreten?
- Sind bei Lieferanten Arbeits- und Menschenrechtsverletzungen oder Umweltschäden aufgetreten?
- In welchen Ländern befinden sich unmittelbare und mittelbare Lieferanten?
- Bestehen bereits Beschwerdekanäle im Unternehmen, die Betroffene im Hinblick auf Menschenrechtsverletzungen nutzen können?
- Stellen Kunden, Shareholder oder andere Akteure konkrete Nachhaltigkeitsanforderungen an das Unternehmen?
- Wie werden Lieferanten bisher zu bestimmten Unternehmensanforderung verpflichtet?
- Welche Maßnahmen führen Sie durch, um Menschenrechts- und Umweltrisiken zu verhindern, zu mindern und bei bereits eingetretenen Vorfällen Abhilfe zu leisten?

In den nachfolgenden Abschnitten werden einzelne Risikothemen und der Prozess näher beschrieben.

4.1.2 Perspektivwechsel bei der Projektumsetzung

Vor der weiteren Projektumsetzung sollte der Unterschied der Betrachtungsweise erläutert werden. Im klassischen Risikomanagement wird analysiert, welche Auswirkungen das Umfeld auf das eigene Unternehmen hat.

Abb. 9 Perspektivwechsel im Risikomanagement

Das LkSG verfolgt einen anderen Ansatz. Wir wechseln die Sichtweise und betrachten, welchen Einfluss bzw. welche Auswirkungen unser Unternehmen mit seinen Aktivitäten auf andere hat (s. Abb. 9), auf die eigenen Mitarbeiter*innen, auf die Menschen in der Lieferkette und im Umfeld der Lieferketten.

Ein Ziel ist es, mit dem Perspektivwechsel zu ermitteln, ob und inwiefern diese Personen oder die Umwelt durch die eigene Geschäftstätigkeit und/oder Geschäftsbeziehungen mit Zulieferern zu Schaden kommen können [28].

4.1.3 Bestimmung der Risiken

Im Lieferkettensorgfaltspflichtengesetz werden zwölf Menschenrechtsrisiken und acht Umweltrisiken beschrieben (LkSG § 2 Abs. 2 und 3, 2021)[12]. Sie dienen als Basis für die weitere Risikoermittlung und Bewertung und sind in Tab. 1 zusammengefasst.

4.2 Risikoanfälligkeit

In dem Projekt bei SNH wurde festgelegt, dass in einer ersten Welle für das Unternehmen wichtige und risikoanfällige Themen (Produkte, Dienstleistungen und Lieferanten) identifiziert werden und für diese Themen eine Risikoanalyse durchgeführt wird.

Bei der Identifizierung von risikoanfälligen Produkten, Dienstleistungen und Lieferanten sind unterschiedliche Risiken zu berücksichtigen.

Aus Sicht des Gesetzgebers sind das vor allem länder-, branchen- und warengruppenspezifische Risiken [13]. Sehr stark betroffene Unternehmen sind zum Beispiel jene, die Waren aus dem außereuropäischen Ausland beziehen. Unternehmen aus den Branchen Baugewerbe, Landwirtschaft und Fischerei, Personal-, Reinigungs- und Sicherheitsdienstleistungen sowie Transport und Logistik haben eine geringe internationale Verflechtung, jedoch höhere menschenrechtliche Risiken. Für diese Gruppen an Unternehmen liegen die Risiken nach Ansicht des Gesetzgebers vorwiegend innerhalb der Bundesrepublik Deutschland und weniger im Ausland [13].

Tab. 1 Umwelt- und Menschenrechtsrisiken

Umweltbezogene Risiken	Menschenrechtsrisiken
Verstoß gegen ein aus dem Minamata-Übereinkommen resultierendes Verbot (Nr. 1–3)	Verstoß gegen das Verbot von Kinderarbeit (Nr. 1 und 2)
Verstoß gegen das Verbot der Produktion und/oder Verwendung von Stoffen im Anwendungsbereich der Stockholm-Konvention (POP) sowie nicht umweltgerechter Umgang mit POP-haltigen Abfällen (Nr. 4 und Nr. 5)	Verstoß gegen das Verbot von Zwangsarbeit und aller Formen der Sklaverei (Nr. 3 und Nr. 4)
Verstoß gegen das Verbot der Ein- und Ausfuhr gefährlicher Abfälle im Sinne des Basler Übereinkommens (Nr. 6–8)	Missachtung von Arbeitsschutz und arbeitsbedingten Gesundheitsgefahren (Nr. 5)
	Missachtung der Koalitionsfreiheit, Vereinigungsfreiheit und Recht auf Kollektivverhandlungen (Nr. 6)
	Verstoß gegen das Verbot der Ungleichbehandlung in Beschäftigung (Nr. 7)
	Verstoß gegen das Verbot des Vorenthaltens eines angemessenen Lohns (Nr. 8)
	Zerstörung der natürlichen Lebensgrundlage durch Umweltverunreinigungen (Nr. 9)
	Widerrechtliche Verletzung von Landrechten (Nr. 10)
	Verstoß gegen das Verbot der Beauftragung oder Nutzung privater/öffentlicher Sicherheitskräfte, die aufgrund mangelnder Unterweisung oder Kontrolle zu Beeinträchtigungen führen können (Nr. 11)
	Verstoß gegen das Verbot eines … Tuns oder pflichtwidrigen Unterlassens, das unmittelbar geeignet ist, in besonders schwerwiegender Weise eine geschützte Rechtsposition (= weitere Menschenrechte) zu beeinträchtigen und dessen Rechtswidrigkeit bei verständiger Würdigung aller in Betracht kommenden Umstände offensichtlich ist (Nr. 12)

Eigene Darstellung in Anlehnung [2]

Hinzu kommt die angemessene Betrachtung des eigenen Unternehmens bezogen auf Art und Umfang der Geschäftätigkeit, auf das Einflussvermögen auf unmittelbare Verursacher und die Lieferkette sowie auf die zu erwartende Schwere der Verletzung.

SNH hat ein wiederkehrendes Beschaffungsvolumen von knapp 350 Mio. EUR. Das Beschaffungsvolumen verteilt sich auf circa 1500 aktive Lieferanten. 40 % des Beschaffungsvolumen liegen im regionalen Umfeld und etwas über 60 % der Ausgaben fallen in der Warengruppe Bau, Kabel & Anlagen Verteilnetz an. Die Top-Lieferanten finden sich auch in dieser Warengruppe wieder (s. Abb. 10).

4.2.1 Identifizierung der Top-Warengruppen und Dienstleistungen

Die Top-Warengruppen wurden über das im SAP-System den Warengruppen und Dienstleistungen zugeordnete Beschaffungsvolumen ermittelt.

4.2.2 Länderbetrachtung zur Identifizierung von Lieferanten und Risiken

Bei der Länderanalyse wurden im ersten Schritt die im eigenen SAP-System hinterlegten Rechnungsadressen der Vertragslieferanten/der unmittelbaren Zulieferer ausgewertet (s. Abb. 11).

In einem zweiten Schritt wurden Firmendaten aus der Lieferantendatenbank ausgewertet, in der ergänzend zu den Rechnungsanschriften der Firmen unter anderen auch Informationen über Produktionsstätten und Zweigstellen der Firmen enthalten sind. Über die Auswertung der Lieferantendatenbank ergaben sich weitere Länder im nichteuropäischen Ausland, und zwar in Afrika und Asien.

Zur Ermittlung der Einstufung von Risikoländern wurden verschiedene Risikolandkarten genutzt:

- ITUC, globaler Rechtsindex des Internationalen Gewerkschaftsbundes IGB [10]
- Amfori Countrys Risk Classification [1]

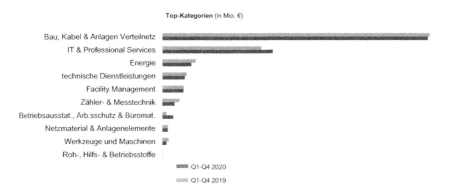

Abb. 10 Top-Warengruppen und Dienstleistungen

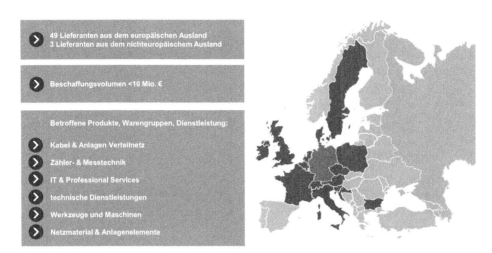

Abb. 11 Länderanalyse der SNH-Lieferanten über SAP-Daten

- CSR-Risiko-Check mit der Weltkarte von MVO, einem niederländischen CSR-Netzwerk [14]

Im weiteren Projektverlauf wurde die MVO-Karte genutzt. Über die Weltkarte von MVO (Maatschappelijk verantwoord ondernemen) gelangt man durch Anklicken der Länder direkt zu den Länderrisiken.

Das Projektteam hat bei der Festlegung des Untersuchungsumfangs für die erste Welle die Länderrisiken bei Vertragslieferanten und Produkten berücksichtigt.

4.3 Zwischenergebnis der Risikobetrachtung

Unter Berücksichtigung der Risikoanfälligkeit und der Betrachtung unseres eigenen Unternehmens haben wir in der ersten Welle nachfolgende Themen für die weitere Risikoanalyse festgelegt:

- Batterien/Akkumulatoren
- Bewachungsdienst/Werkschutz
- Baudienstleistung
- Catering/Betriebsgastronomie
- E-Fahrzeuge
- Gefährliche Abfälle
- IT-Hardware
- Kabel

- Persönliche Schutzausrüstung (PSA), Textilien
- Reinigungsleistungen
- Reifen
- Transformatoren
- Zähler, Smart Meter

5 Umsetzung der Risikoanalyse

In diesem Kapitel wird beschrieben, wie SNH die Risikoanalyse umgesetzt hat.

5.1 Tool zur Risikoanalyse

Die Risikoanalyse haben wir mit dem Unterstützungstool des KMU Kompass der Agentur für Wirtschaft & Menschenrechte [11] durchgeführt. Dieses Tool unterstützt die Verortung wesentlicher Menschenrechts- und Umweltrisiken entlang einer mehrstufigen Wertschöpfungskette.

Die Anzahl der Stufen innerhalb einer Wertschöpfungskette ist abhängig vom zu untersuchenden Produkt. Die nachfolgend für Kabel aufgeführte Wertschöpfungskette ist in fünf Stufen aufgeteilt: beginnend mit 1) der Rohstoffgewinnung über 2) die Verarbeitung der Rohstoffe und 3) die Produktion oder Endfertigung bis hin zu 4) der Nutzung und 5) der nachgelagerten Wertschöpfung bzw. Entsorgung (s. Abb. 12).

Die Risikoeinstufung erfolgt in alle Stufen der Wertschöpfung und teilt sich in drei Risikokategorien auf. Die Einschätzung richtet sich nach der Schwere des Risikos und der Eintrittswahrscheinlichkeit. Die Risikokategorien sind in dem KMU-Risikoanalyse-Tools definiert. Mithilfe dieser Übersicht lassen sich die Schwere und die Eintrittswahrscheinlichkeit der Risiken entlang der Wertschöpfungskette bewerten (s. Abb. 13).

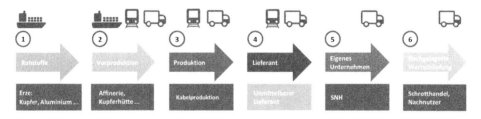

Abb. 12 Liefer- und Wertschöpfungskette am Beispiel Kabel

	HOCH	MITTEL	GERING
Ausmaß: Wie gravierend ist die negative Auswirkung für Betroffene?	Das Eintreten des Risikos führt zum Tod oder zu gesundheitlichen Beeinträchtigungen, die zu einer erheblichen Verminderung der Lebensqualität und/oder Langlebigkeit der Betroffenen führen können	Das Eintreten des Risikos führt zu: • einer konkreten Menschenrechtsverletzung des Zugangs zu grundlegenden Lebensnotwendigkeiten (einschließlich Bildung, Lebensunterhalt usw.) • Auswirkungen auf kulturelle, wirtschaftliche, natürliche und soziale Infrastruktur/Vermögenswerte, die von bestimmten Gruppen oder Fachleuten im Rahmen des Folgenabschätzungsprozesses als hoch bewertet wurden • Auswirkungen auf die Ökosystemleistungen, die im Prozess der Folgenabschätzung als Priorität für Lebensgrundlagen, Gesundheit, Sicherheit oder Kultur identifiziert wurden	alle andere Auwirkungen, die nicht als hoch/mittel bewertet werden
Umfang: Wie viele Menschen sind davon betroffen?	>20% der Gesamtbevölkerung im Wirkungsgebiet oder >50% der identifizierbaren Gruppe	>10% der Gesamtbevölkerung im Wirkungsgebiet oder >11–50% der identifizierbaren Gruppe	>5% der Gesamtbevölkerung im Wirkungsgebiet oder <10% der identifizierbaren Gruppe
Unumkehrbarkeit: Inwieweit besteht die Möglichkeit, die Betroffenen wieder in eine Situation zu versetzen, die mindestens der Situation vor der negativen Auswirkung entspricht?	schwierig zu beheben: • komplexe technische Anforderungen • geringe Akzeptanz von Sanierungsmaßnahmen durch die identifizierte Gruppe • geringe Kapazität des Implementierungspartners, kein tragfähiger Ersatz für durch die Auswirkungen verursachte Verluste	• einfachere technische Anforderungen • Akzeptanz durch die identifizierte Gruppe • Implementierungspartner kann mit etwas Kapazitätsentwicklung die Auswirkungen beheben	einfach zu beheben: • einfache technische Anforderungen • Akzeptanz durch die identifizierte Gruppe der Implementierungspartner hat die Fähigkeit zu beheben
Eintrittswahrscheinlichkeit Wie wahrscheinlich ist es, dass die negative Auswirkung eintritt?	Häufig: Das Risiko ist bereits mehrmals pro Jahr aufgetreten.	wahrscheinlich: Das Risiko ist bereits mehrmals in der Vergangenheit aufgetreten.	gelegentlich: • Das Risiko tritt selten auf, kann aber auftreten. • Das Risiko trat mehrmals in der Branche auf. Es ist aber eher unwahrscheinlich, dass es auftritt.

Abb. 13 Orientierung zur Risikobewertung

5.2 Risikobewertung und Präventionsmaßnahmen

Die Risikobewertung erfolgt abhängig vom Thema in einem oder in mehreren Schritten.

Im nachfolgenden Beispiel (s. Abb. 14) haben wir im ersten Schritt intern mit dem Projektteam die potentiellen Risiken für das Thema Catering bewertet. In einem weiteren Schritt erfolgte eine Risikobewertung gemeinsam mit dem Lieferanten. Eine gemeinsame Betrachtung und Diskussion über die Wertschöpfungsstufen und die Risiken war erforderlich, da im eigenen Unternehmen das Know-how über die vorgelagerten Lieferketten nicht vorliegt bzw. die bestehenden Verträge noch nicht mit den Anforderungen aus dem LkSG abgestimmt sind.

Zu bestimmten Rohstoffen und Produkten liegen substantiierte Kenntnisse vor, die zu klären sind.

Zur Ermittlung der potentiellen Risiken nutzen wir unter anderem den „CSR Risiko-Check" des Helpdesk für Wirtschaft & Menschenrechte [25]. Das Tool gibt einen Einblick in die potentiellen sozialen und ökologischen Risiken, die relevant sein können und kann als Instrument zur Berichterstattung an Kunden, Investoren oder Behörden dienen. Der Risiko-Check kann für ein Produkt oder eine Dienstleistung mit oder ohne Länderbezug durchgeführt werden. Das Tool steht online frei zur Verfügung.

Im weiteren Verfahren wurden die potentiellen Risiken den Wertschöpfungsstufen zugeordnet, Ideen zur Risikoeindämmung bzw. Präventionsmaßnahmen abgeleitet und dokumentiert (s. Abb. 15).

Beispiel Bewertung der Risiken/Vorabfragen

Catering	Rohstoffgewinnung	Produktion von Vorprodukten	Direkte Lieferanten	SNH	Nachgelagerte Wertschöpfung
Klima & Energie	nein	nein	nein	nein	nein
Biodiversität & Entwaldung	ja	nein	nein	nein	nein
Wasserverbrauch & Wasserverfügbarkeit	ja	nein	nein	nein	nein
Luftverschmutzung	nein	nein	nein	nein	nein
Boden- & (Grund-) Wasserverschmutzung	ja	nein	ja	nein	nein
Umwelt & Abfall	ja	nein	ja	nein	ja
Tierschutz	ja	ja	ja	nein	nein
Vereinigungs- & Versammlungsfreiheit	nein	nein	ja	nein	nein
Arbeitsbedingungen (Verträge, Arbeitszeiten)	nein	nein	ja	nein	nein
Zwangsarbeit & Menschenhandel	nein	nein	nein	nein	nein
Kinderarbeit	ja	nein	nein	nein	nein
Diskriminierung	nein	nein	ja	nein	nein
Lohn & Vergütung	nein	nein	ja	nein	nein
Arbeitsschutz & Arbeitssicherheit	ja	nein	ja	nein	Nein
Besteuerung	nein	nein	ja	nein	Nein
Korruption	nein	nein	nein	ja*	nein
Markt- und Wettbewerbsverzerrung	nein	nein	nein	nein	nein
Einfluss der Regierung	ja	nein	nein	nein	nein
Konflikte & Sicherheit	nein	nein	nein	nein	nein
Landnutzung & Eigentumsrechte	ja	nein	nein	nein	nein
Auswirkungen auf die lokale Gemeinschaft	nein	nein	nein	nein	nein
Verbraucherinteressen & Produktsicherheit	nein	nein	nein	nein	nein

Abb. 14 Identifikation potentieller Risiken

Menschenrechtsthemen	Vorhandenes Risiko	Risikoeindämmung	Maßnahmenableitung
Vereinigungs- & Versammlungsfreiheit	kein Risiko		
Arbeitsbedingungen (Verträge, Arbeitszeiten)	Branchenbedingt werden viele Arbeitsmigranten eingesetzt. Sprachbarrieren, fehlendes Wissen über das deutsche Rechtssystem und fehlende bzw. unzureichende Dokumente, Vertragsinhalte, führen zu einer strukturellen Unterlegenheit gegenüber dem Arbeitgeber.	• SNH gibt Vorgaben, stellt Grundvoraussetzungen für die Beteiligung am Ausschreibungsverfahren. • SNH gibt Vertragsbedingungen vor. • Zustimmung des Lieferanten zur Einhaltung des Übereinkommen der Internationalen Arbeitsorganisation (ILO) für faire und transparente Arbeitsverträge und Arbeitsbedingungen für alle Mitarbeiter • Zustimmung des Lieferanten zur Einhaltung der 10 Prinzipien des UN Global Compact • Zustimmung des Lieferanten zur Einhaltung des SNH Code of Conduct • Auftragnehmer muss an bestimmten Schulungen teilgenommen haben.	• Die ILO-Kernarbeitsnorm sind im Ausschreibungsprozess aufzunehmen. • Ein SNH Code of Conduct für Vertragspartner und Lieferanten wird erstellt. • regelmäßige Überprüfung des durch den Auftragnehmer eingesetzten Personals • Schulungsmöglichkeiten prüfen • Gespräch mit Lieferanten aufnehmen
Zwangsarbeit & Menschenhandel	kein Risiko		
Kinderarbeit	kein Risiko		
Diskriminierung	Branchenbedingt sind viele Arbeitsmigranten und Ungelernte im Einsatz. Es kann zu einem Mangel an Chancengleichheit bei der Beförderung, erniedrigenden Behandlungen und Diskriminierung in Bezug auf Arbeitszeiten kommen.	• SNH gibt Vorgaben, stellt Grundvoraussetzungen für die Beteiligung am Ausschreibungsverfahren. • SNH gibt Vertragsbedingungen vor. • Quotenabfragen, Quotenvorgaben nutzen, Quotenregelungen prüfen • Zustimmung des Lieferanten zur Einhaltung des Übereinkommen der ILO	• Die ILO-Kernarbeitsnorm sind in den Ausschreibungsprozess aufzunehmen. • Ein SNH Code of Conduct für Vertragspartner und Lieferanten wird erstellt. • Gespräche mit Beschäftigten des Lieferanten • Begehungen

Abb. 15 Maßnahmendokumentation

5.3 Zwischenergebnis der Risikoanalysen

Nach Auswertung der Risikoanalysen aus der ersten Welle konnten wir feststellen, dass es für viele potentielle und tatsächliche Risiken im eigenen Unternehmen und bei den direkten Vertragspartnern (unmittelbaren Lieferanten) Präventionsmaßnahmen gibt. Einzelne Präventionsmaßnahmen sind klar einem Risiko zugeordnet und werden bereits umgesetzt. Andere Ideen oder Maßnahmen zur Risikoeindämmung müssen unter Einbeziehung weiterer Fachleute geklärt und geprüft werden. Weitere Maßnahmen befinden sich in der Umsetzung und können erst zu einem späteren Zeitpunkt geprüft werden (z. B. zukünftige Zertifizierungen, Warengruppenstrategien, Nachhaltigkeitsstrategien).

Die Maßnahmen und Maßnahmenansätze werden in einen Maßnahmenkatalog überführt. Maßnahmen können auch geplante Dialoge mit den Lieferanten oder die Einbindung von in- und/oder externen Fachleuten sein.

Auf Grundlage der ersten Risikoanalyse erfolgte eine vertiefte Risikoanalyse im Zuge von Gesprächen oder Audits mit bestimmten Vertragslieferanten und, wenn erforderlich, mit der Einbindung weiterer Fachleute.

Der Austausch mit den Lieferanten war bisher sehr informativ. Durch die Anforderungen aus dem LkSG wurden Themen und Risiken besprochen, die in bisherigen Gesprächen nicht thematisiert wurden.

Alle angesprochenen Unternehmen waren zu Gesprächen bereit und haben die angeforderten Informationen über ihre Sorgfaltspflichten mitgeteilt. Dies betrifft sowohl

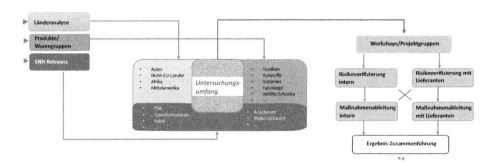

Abb. 16 Risikoanalyse Lieferantenabstimmung: vom Untersuchungsumfang zum Lieferantengespräch

deutsche Unternehmen, die verpflichtet sind, das LkSG umzusetzen, als auch ausländische Unternehmen, die nicht dem LkSG unterliegen.

Einige unserer direkten Vertragspartner (unmittelbare Lieferanten) führen ähnliche Aktivitäten mit ihren direkten Lieferanten durch. Im Zuge des Dialogs findet ein Knowhow-Transfer statt, der zur weiteren Lieferantenentwicklung und Zusammenarbeit genutzt werden kann.

Der kritische Abschnitt in der Wertschöpfungskette bzw. die kritischen Stufen in der Lieferkette liegen nicht beim unmittelbaren Lieferanten, sondern tiefer in der Lieferkette.

Aktuell führen wir zu den Themen „Hochspannungskabel, Arbeitsschutzbekleidung und Betriebsgastronomie" vertiefte Gespräche mit den Lieferketten und den mittelbaren Lieferanten durch (s. Abb. 16).

Bei allen Gesprächen und Analysen müssen wir uns immer wieder die Frage stellen, wie weit wir die Wertschöpfungskette/Lieferkette betrachten müssen und wollen.

5.4 Maßnahmen zur Risikominimierung und Prävention

Im Zuge der Maßnahmenableitung werden Maßnahmen und Ideen in einen Maßnahmenkatalog überführt.

Bei der Betrachtung der Präventionsmaßnahmen, die im Zuge der Risikoanalyse aufgenommen wurden, unterscheiden sich die Maßnahmen generell in themenabhängige Präventionsmaßnahmen (Produkt, Dienstleistung, Land) und generelle Präventionsmaßnahmen.

Nachfolgend werden beispielhaft Präventionsmaßnahmen und -ansätze beschrieben.

Im bestehenden Lieferanten-Onboarding-Prozess im eigenen Unternehmen durchlaufen externe Vertragspartner verschiedenen Registrierungs- und Qualifizierungsstufen.

5.4.1 Ausschreibungsverfahren

In allen Ausschreibungsverfahren und in den Verträgen sind Vorgaben und Bedingungen aufgenommen, die präventiv auf einzelne Risiken Bezug nehmen. Ein Code of Conduct (CoC) für Lieferanten befindet sich in der Entwicklung, die Akzeptanz des CoC durch die Lieferanten wird ebenfalls ein verbindlicher Bestandteil des Verfahrens.

5.4.2 Lieferantendatenbank

Bestimmte Lieferanten müssen sich in unserer Lieferantendatenbank (externer Dienstleister Achilles) registrieren und regelmäßig ihre Daten und Zertifikate aktualisieren. In der Datenbank ist ein Fragenkatalog mit direktem Bezug zu den LkSG-Risiken hinterlegt. Der Fragenkatalog ist aufgeteilt in die Rubriken Unternehmensinformation, Produkt- und Dienstleistungsportfolio, Umwelt, CO_2-Management, Arbeitssicherheit und Gesundheitsanforderungen, ethische Geschäftspraktiken, Lieferkettenmanagement, Qualitätssicherung, Nachhaltigkeit, Finanzen und Versicherungen sowie Datensicherheit. Der Fragenkatalog befindet sich in der Überarbeitung, um zukünftig die Anforderungen aus dem LkSG den Fragen zuordnen zu können.

5.4.3 Qualifizierungssysteme

Produkt- und dienstleistungsabhängig kommen bestimmte Produkte nur zum Einsatz oder werden Dienstleistungen nur beauftragt, wenn die Lieferanten ein Qualifizierungssystem nach § 48 SektVO [18] durchlaufen haben. Dies betrifft zum Beispiel die Beschaffung von Transformatoren, Hochspannungskabeln, Zählern und Messtechnik oder Dienstleistungen wie den Leitungstiefbau.

5.4.4 Zertifikatsmanagement

Um bestimmte Tätigkeiten und Dienstleitungen für unser Unternehmen auszuführen oder Produkte an uns zu liefern, müssen auch die Lieferanten Zertifizierungen und Standards vorweisen. Soweit die Zertifikate oder Standards nachweisbar die gesetzlichen Sorgfaltsanforderungen erfüllen, können sie zur Erfüllung der Sorgfaltspflichten genutzt werden. Welche Zertifikate und Standards welche Risiken aus dem LkSG abdecken bzw. welche Sorgfaltspflichten sich ableiten lassen, wird geprüft.

Zertifikate und Standards (ISO)[9] mit LkSG-Bezug:

- SA 8000 Internationaler CSR-Standard zur sozialen Verantwortung
- ISO 9001 Qualitätsmanagement
- ISO 14001 Umweltmanagement
- ISO 26000 Leitfaden zur gesellschaftlichen Verantwortung
- ISO 27001 Informationssicherheitsmanagementsystem
- ISO 28000 Sicherheitsmanagement in der Lieferkette
- ISO 37001 Anti-Korruptions-Managementsystem
- ISO 37301 Compliance-Managementsystem

- ISO 45001 Arbeitsschutzmanagement
- ISO 50001 Energiemanagementsystem
- Nachweis Konfliktmaterialien
- Nachweis Zollsicherheitsprogramm
- Nachweis Management und Eigentümer
- BSCI Business Social Compliance Initiative
- FLA Fair Labor Association

6 Fazit

In diesem Beitrag konnte nicht auf alle Anforderungen aus dem LkSG und auf Projektthemen eingegangen werden. Das SNH-Projekt befindet sich mitten in der Umsetzung und aktuell wird an weiteren Anforderungen wie der Menschenrechtserklärung, dem Beschwerdemanagement, dem organisatorischen Handlungsbedarf sowie der Ablauforganisation gearbeitet.

Auf dem Markt gibt es mittlerweile verschiedene Dienstleister, die softwaregestützte Lösungen zur Abdeckung der Anforderungen aus dem LkSG anbieten. In welcher Form wir zukünftig eine oder mehrere Systemlösungen einsetzen, wird untersucht.

„Die Sorgfaltspflichten gemäß § 3 sind kein einmaliger Prozess. Sie beinhalten einen sich wiederholenden Kreislauf der verschiedenen, in den §§ 4 bis 10 definierten Verfahrensschritte, die aufeinander aufbauen und sich aufeinander beziehen", so der Gesetzgeber [13]. Damit wird der mit dem LkSG bezweckte Schutz der Menschenrechte für die vom Gesetz betroffenen Unternehmen und deren Lieferanten zu einer Daueraufgabe.

Mit dem Ansatz der frühzeitigen Integration des LkSG in die Prozesse bei SNH hat sich das Unternehmen auch für die zukünftige Umsetzung einer EU-weiten Sorgfaltspflichtenrichtlinie gut aufgestellt.

Ein regelmäßiger Austausch zu den Sorgfaltspflichten im eigenen Unternehmen und mit den Lieferanten ist notwendig, um die menschenrechtliche Sorgfalt im eigenen Unternehmen und in der Lieferkette zu verankern und zu entwickeln.

Wie viel Aufwand ein Unternehmen betreibt, ist auch abhängig davon, was es mit der Umsetzung bewirken will. Das Unternehmen hat eine Bemühungspflicht und keine Erfolgspflicht. Und es hat seine Sorgfaltspflichten in angemessener Weise zu beachten und zu handeln.

Die bisher durchgeführten Maßnahmen, um SNH auf die Herausforderungen des deutschen und damit auch des zukünftigen europäischen Lieferkettengesetzes vorzubereiten, wurden von der bestehenden Vision bei SNH beflügelt und haben diese zugleich weiter geschärft:

„Für die Stromnetz Hamburg ist Nachhaltigkeit kein Modewort, sondern die Entscheidung für eine langfristig ausgerichtete Unternehmensführung. Wir binden die Dimensionen Ökonomie, Ökologie und Soziales in unsere Unternehmensziele und -strategie ein. Wir fördern eine Nachhaltigkeits- und Innovationskultur im Unternehmen. Wir treiben den konstruktiven Dialog mit verschiedenen Interessensgruppen."

Abkürzungsverzeichnis

AktG	Aktiengesetz
BAFA	Bundesamt für Wirtschaft und Ausfuhrkontrolle
BMAS	Bundesministerium für Arbeit und Soziales
BMZ	Bundesministerium für wirtschaftliche Zusammenarbeit und Entwicklung
CoC	Code of Conduct
CSR	Corporate Social Responsibility
ITUC	International Trade Union Confederation
KMU	Kleine und mittlere Unternehmen
LkSG	Lieferkettensorgfaltspflichtengesetz
MVO	Maatschappelijk verantwoord ondernemen (niederländisches CSR-Netzwerk)
NAP	Nationaler Aktionsplan
OECD	Organisation für wirtschaftliche Zusammenarbeit und Entwicklung
PSA	Persönliche Schutzausrüstung
SektVO	Sektorenverordnung
SNH	Stromnetz Hamburg GmbH
UN	United Nations

Literatur

1. Amfori, Amfori Business Social Compliance Initiative, Country Risk Classification, https://www.amfori.org/sites/default/files/amfori-2020-11-12-Country-Risk-Classification-2021_0.pdf
2. BAFA 2022, Handreichung zur Umsetzung einer Risikoanalyse nach den Vorgaben des Lieferkettensorgfaltspflichtengesetzes, Bundesamt für Wirtschaft und Ausfuhrkontrolle (BAFA), August 2022, https://www.bafa.de/SharedDocs/Downloads/DE/Lieferketten/handreichung_risikoanalyse.html
3. BMAS 2021, Broschüre über das Gesetz über die unternehmerischen Sorgfaltspflichten in Lieferketten – LkSG, 2021, https://www.bundesregierung.de/breg-de/service/publikationen/das-gesetz-ueber-die-unternehmerischen-sorgfaltspflichten-im-lieferketten-lksg-1993338
4. BMZ 2022, Bundesministerium für wirtschaftliche Zusammenarbeit, Fragen und Antworten 2020, https://www.bmz.de/de/themen/lieferkettengesetz

5. EU-Richtlinie SP 2022, Richtlinie des Europäischen Parlaments und des Rates über die Sorgfaltspflichten von Unternehmen im Hinblick auf Nachhaltigkeit und zur Änderung der Richtlinie (EU) 2019/1937 vom 23.02.2022, https://eur-lex.europa.eu/legal-content/DE/ALL/?uri=CELEX:52022PC0071
6. Frankreich 2017 LdV, Loi de Vigilance, 2017, https://www.legifrance.gouv.fr/jorf/id/JORFTEXT000034290626/
7. HA KR 2022, Handlungsanleitung zum Kernelement Risikoanalyse, BMAS, Referat VI b 3 „CSR – Gesellschaftliche Verantwortung von Unternehmen", Juni 2022, https://www.csr-in-deutschland.de/DE/Wirtschaft-Menschenrechte/Umsetzungshilfen/Branchendialoge/Automobilindustrie/Handlungsanleitungen/handlungsanleitungen-art.html
8. Helpdesk für Wirtschaft und Menschenrechte, https://wirtschaft-entwicklung.de/wirtschaft-menschenrechte/
9. ISO, Internationale Organisation für Normung, International Organization for Standardization Organisation, NGO, https://www.iso.org/home.html
10. ITUC, Global Right Index, Globaler Rechtsindex des internationalen Gewerkschaftsbundes, https://www.globalrightsindex.org/de/2022/countries
11. KMU Kompass der Agentur für Wirtschaft und Entwicklung des Helpdesk für Wirtschaft und Menschenrechte, https://kompass.wirtschaft-entwicklung.de/
12. LkSG 2021, Gesetz über die unternehmerischen Sorgfaltspflichten zur Vermeidung von Menschenrechtsverletzungen in Lieferketten (Lieferkettensorgfaltspflichtengesetz) vom 16. Juli 2021, https://wirtschaft-entwicklung.de/fileadmin/user_upload/5_Wirtschaft_und_Menschenrechte/Downloads/Lieferkettensorgfaltspflichtengesetz.pdf
13. LkSG Begründung, Gesetzesbegründung Anlage zum LkSG 2021, https://dserver.bundestag.de/btd/19/286/1928649.pdf
14. MVO Weltkarte, Corporate Social Responsibility Network organization Nederland, https://www.mvorisicochecker.nl/de/weltkarte
15. NAP 2016–20, 2017, Nationaler Aktionsplan, Umsetzung der VN-Leitprinzipien für Wirtschaft und Menschenrechte, 2017, Druck- und Verlagshaus Zarbock GmbH & Co. KG, Frankfurt am Main, https://www.auswaertiges-amt.de/blob/297434/8d6ab29982767d5a31d2e85464461565/nap-wirtschaft-menschenrechte-data.pdf
16. Niederlande 2019 VzkD, Wet zorgplicht kiderarbeid Dutch, 2019, https://zoek.officielebekendmakingen.nl/stb-2019-401.html
17. OECD-Leitsätze für multinationale Unternehmen, Neufassung 2011, Originaltitel: OECD Guidelines for Multinational Enterprises 2011 Edition, Übersetzung durch den Deutschen Übersetzungsdienst der OECD, https://www.oecd.org/berlin/publikationen/oecd-leitsaetze-fuer-multinationale-unternehmen.htm
18. SektVO §48, Verordnung über die Vergabe von öffentlichen Aufträgen im Bereich des Verkehrs, der Trinkwasserversorgung und der Energieerzeugung – Qualifizierungssysteme, https://www.gesetze-im-internet.de/sektvo_2016/__48.html
19. SNH NB, Nachhaltigkeitsbericht der Stromnetz Hamburg GmbH, https://www.stromnetz-hamburg.de/ueber-uns/nachhaltigkeit
20. SNH GS 2022, Gesellschafterstruktur der Stromnetz Hamburg GmbH, https://www.stromnetz-hamburg.de/ueber-uns/unternehmen/gesellschafterstruktur
21. BMAS 2020, Die Achtung von Menschenrechten entlang globaler Wertschöpfungsketten – Risiken und Chancen für Branchen der deutschen Wirtschaft, Juli 2020, https://www.bmas.de/DE/Service/Publikationen/Forschungsberichte/fb-543-achtung-von-menschenrechten-entlang-globaler-wertschoepfungsketten.html
22. UK 2015 MSA, UK Modern Slavery Act Chapter 30, 2015, https://www.legislation.gov.uk/ukpga/2015/30/pdfs/ukpga_20150030_en.pdf

23. UN-Leitprinzipien 2014, Leitprinzipien für Wirtschaft und Menschenrechte, Geschäftsstelle Deutsches Global Compact Netzwerk (DGCN) c/o Deutsche Gesellschaft für Internationale Zusammenarbeit (GIZ) GmbH, Juni 2014, https://www.auswaertiges-amt.de/blob/266624/b51c16faf1b3424d7efa060e8aaa8130/un-leitprinzipien-de-data.pdf
24. UN Global Compact, The Ten Principles of the UN Global Compact https://www.unglobalcompact.org/what-is-gc/mission/principles/
25. CSR Risiko-Check, Agentur für Wirtschaft und Entwicklung https://wirtschaft-entwicklung.de/wirtschaft-menschenrechte/csr-risiko-check/
26. Helpdesk Wirtschaft & Menschenrechte, Präsentation: Wo können Unternehmen ansetzen? März 2022
27. Prof. Dr. Elisabeth Fröhlich, Präsentation zum LkSG Energieforen, Mai 2021
28. BAFA-Pressemitteilung zur Handreichung vom 17.08.2022 https://www.bafa.de/SharedDocs/Pressemitteilungen/DE/Lieferketten/2022_06_handreichung.html

Thomas Nast Dipl.-Ing., ist seit 2016 Prokurist bei der Stromnetz Hamburg GmbH und verantwortlich für Kooperation- und Dienstleisterentwicklung.

Seine berufliche Laufbahn begann Nast 1995 als Qualitätsmanager. Ein Jahr später wurde er technischer Betriebsleiter in einem mittelständischen Entsorgungsunternehmen in Hamburg. 2001 wechselte er in den Projekteinkauf (strategischen Einkauf) der Hamburger Elektrizitätswerke und ging 2003 in die Vattenfall Europe Holding, wo er als Referent strategischer Einkauf den Aufbau der internationalen Einkaufsorganisation mitverantwortete. Dort durchlief er verschiedene Stationen in der Einkaufsorganisation und wurde 2008 Leiter Einkauf der Vattenfall Europe Business Services. Im Zuge der Rekommunalisierung der Hamburger Netzgesellschaften wechselte er 2015 in die Stromnetz Hamburg GmbH, wo er den Geschäftsbereich Einkauf aufbaute und die Geschäftsbereichsleitung übernahm.

Lieferantenmanagement im Spannungsfeld von Nachhaltigkeit und Wirtschaftlichkeit

Felix Dalstein und Thomas Mademann

1   Einleitung

Nachhaltigkeit boomt. Die Welle der Nachhaltigkeit wird immer größer und rollt auch auf den Einkauf zu. Sie wird die Komplexität und Kompetenz des Einkaufs erhöhen und diesen zusätzlich weiter fordern und fördern. Die größten Herausforderungen in diesem Zusammenhang liegen häufig in der Datentransparenz sowie den mangelnden Ressourcen – insbesondere in Form der in immer geringerem Umfang zur Verfügung stehenden Zeit, sich mit dem tagtäglichen operativen Wahnsinn im Einkauf auseinanderzusetzen, ohne in Rückstand zu geraten [8]. Wie löst man all die zusätzlichen Challenges hinsichtlich Nachhaltigkeit im Einkauf? Wie entledigt man sich der mühseligen operativen Routineaufgaben und gewinnt Zeit für wertschöpfende, strategische Arbeit innerhalb des Lieferantenmanagements? Der Schlüssel liegt im Aufbau und in der Nutzung einer strategischen Management-Konsole für den strategischen Einkauf – zum Beispiel der 4EBIT Platform.

Die angesprochene Nachhaltigkeitswelle muss als Chance gesehen und von Unternehmen zum eigenen Vorteil sowie zur Entwicklung der eigenen Kunden und Lieferanten genutzt werden. Die Integration von Nachhaltigkeitsaspekten in den Einkauf – die nun auch gesetzlich immer mehr gefordert wird – ebnet den Weg für die Kür Ihres Lieferantenmanagements [8]. Nutzen Sie die Gunst der Stunde und sehen Sie gesetzliche

F. Dalstein (✉)
Essen, Deutschland
E-Mail: dalstein@gmvk.de

T. Mademann
GMVK, Essen, Deutschland
E-Mail: mademann@gmvk.de

Pflichten wie das deutsche Lieferkettensorgfaltspflichtengesetz als Gelegenheit, um im Einkauf ganzheitliche 360-Grad-Transparenz herzustellen und gleichzeitig neue Ressourcen und Möglichkeiten für weitere, schon heute absehbare Herausforderungen, wie das CO_2-Scope-3-Management, zu schaffen. Diese und weitere große Aufgabenstellungen lassen nicht auf sich warten, sondern kündigen sich jetzt schon an. Ein Grund mehr, um aus dem aktuellen Momentum notwendiger Veränderungen die Zukunft des Einkaufs einzuleiten und zu implementieren – systematisch und systemisch aus einer Hand.

Dieses Ziel verfolgt die GMVK Procurement Group mit ihrer Mission, den Einkauf von mittelständischen Unternehmen vom „Cost Center" zum Werttreiber zu transformieren. Die Group besteht aus der GMVK Procurement GmbH (GMVK) und der 4EBIT GmbH (4EBIT) und versteht sich als unabhängiger „Mitarbeiter auf Zeit" bzw. als Software-as-a-Service-Anbieter. Durch die Kombination aus wissensbasierter Einkaufsoptimierung und moderner Business Intelligence bietet die Group so ein umfangreiches Kompetenzportfolio für ihre Kunden. Seit ihrer Gründung im Jahr 2004 durch Ulrich Rehrmann hat sich die GMVK langjährige, praktische Einkaufserfahrung aufgebaut und bündelt dieses Erfahrungswissen mithilfe der Tochterunternehmung 4EBIT seit 2018 in Business-Intelligence-Lösungen, insbesondere für mittelständische und größere produzierende Unternehmen. Die in der Einkaufsoptimierung erarbeiteten Ergebnisse wie zum Beispiel Prozess- und Stückkostenreduktionen, EBIT-Steigerung und Best-in-Class-Stammdatenmanagement werden durch die parallele Digitalisierung im Einkauf leichter zu verteidigen, durch zusätzlichen Ressourcengewinn wertvoller und nachhaltiger. In Kundenprojekten bringen die GMVK stets das systematische und die 4EBIT das systemische Know-how mit, um gemeinsam mit dem Kunden die gesteckten Erfolge schnell und spürbar zu realisieren, sodass der Einkauf seinen Stellenwert im Unternehmen auf ein neues Level heben kann.

Disclaimer: Alle Aussagen innerhalb dieses Beitrags, die keine Quelle angeben, sind das Ergebnis der Arbeit und Erfahrungen von GMVK und 4EBIT.

2 Die Bedeutung des Einkaufs für den Aufbau eines nachhaltigen Geschäftsmodells

Die durch die Coronapandemie, den Ukraine-Krieg und die Inflation dramatisch veränderte Situation an den unterschiedlichen Beschaffungsmärkten hat dem Einkauf nur teilweise zu mehr Wertschätzung im Unternehmen verholfen. In den meisten Unternehmen wird der Einkauf in seiner Relevanz und seinem Einfluss auf den gesamtheitlichen Unternehmenserfolg weiterhin unterschätzt. Immer noch existiert eine große Lücke zwischen den Erwartungen, dass der Einkauf alle Herausforderungen stets souverän, aus eigener Kraft, ohne zusätzliche Ressourcen oder Investitionen und dazu möglichst kostenschonend bewältigen muss, und der Realität, dass die einkäuferische operative und strategische Praxis immer komplexer, zeitintensiver und – mit bestenfalls gleichen Ressourcen ausgestattet – immer weniger beherrschbar wird.

Zu dieser Einschätzung trägt bei, dass der Einkauf auch heute eher an seinen (eigenen) Kosten bzw. an durch ihn vermiedenen Kosten gemessen wird als an seinem strategischen Nutzen für das Unternehmen. An dieser Stelle hilft es, den Einkauf als „Manager der externen Wertschöpfung" zu betrachten – und damit als Manager von mehr als 50 % der gesamten Unternehmenswertschöpfung. In dieser Funktion liegt beim Einkauf die Verantwortung für die Sicherstellung der Versorgungssicherheit zu optimalen (totalen) Kosten, für die Schaffung zusätzlicher Wertbeiträge von Lieferanten und Dienstleistern, für die Entscheidungen über „Make or Buy" sowie für die Innovationsbeschaffung zur Stärkung der Wettbewerbsfähigkeit [8]. Gerade aus Sicht der Steigerung der eigenen Konkurrenzfähigkeit am Markt ist es enorm wichtig, über den Einkauf zu den eigenen Kernkompetenzen kompatible oder gar komplementäre Fähigkeiten von Lieferanten und Dienstleistern zu integrieren. Gerade in konjunkturell unsicheren Zeiten ist es oft überlebenswichtig, das eigene Unternehmen resilienter zu machen. Hier kann es helfen, über enge Partner in der Fertigungstiefe „atmen" zu können – also bei sehr guter Auftragslage externe Partner zur profitablen Bewältigung der Auftragsspitzen einsetzen zu können und bei schlechter Auftragslage die Fertigungstiefe entlang fein austarierter Linien wieder erhöhen zu können. Auch eine Wertanalytik, betrieben mit seriösen und verlässlichen Lieferanten und Dienstleistern, kann dazu beitragen, in der Kombination aus Preis und Leistung marktführend zu bleiben oder zu werden [18].

Doch nicht nur die Verantwortlichkeiten des Einkaufs verändern sich. Daneben rollt die große Nachhaltigkeitswelle auf die Wirtschaft zu. Einige Vorreiter haben sich der Nachhaltigkeitsmission bereits seit Jahrzenten angenommen und gute Vorarbeit geleistet. Den Mehrwert einer nachhaltigen Unternehmensausrichtung haben unter anderem mehrere Studien in der Coronapandemie belegen können [22]. So haben etwa Unternehmen, die bereits einen großen Wert auf Nachhaltigkeit und assoziierte Standards gelegt haben, während der ersten Wellen der Pandemie eine deutlich höhere Widerstandsfähigkeit und schnellere Erholung bewiesen als andere Firmen mit geringerem Nachhaltigkeitsfokus [24, 1]. Erfahrungen wie diese machen deutlich, dass Effizienz, Resilienz und Nachhaltigkeit keine Gegensätze darstellen, sondern sich gegenseitig stärken [24]. Auch in der Energiekrise befinden sich Firmen, die ihre Energie aus erneuerbaren Quellen beziehen, in einer komfortableren Lage [25]. In Kombination mit der Digitalisierung kann ein erhöhter Invest in Nachhaltigkeit somit dazu führen, dass Unternehmen gestärkt, agiler und effizienter aus der Krise hervorgehen.

Abseits der Pandemie sind die Vorteile einer Transformation hin zu mehr Nachhaltigkeit im Unternehmen ebenfalls spürbar. Die Liste der Vorteile ist lang: Durch Nachhaltigkeit generiert man Wettbewerbsvorteile, eine effizientere Ressourcennutzung, zusätzliche Investitionen, mehr Innovationskraft, Kreislauffähigkeit, weniger Müll, ein besseres

Risikomanagement, positive Beiträge für Menschen und Umwelt, einen geringeren CO_2-Footprint, ein verbessertes Unternehmensimage sowie eine intensivere Kommunikation und Zusammenarbeit mit Lieferanten, Kunden, Investoren und Co.

Um die Transformation zu einem nachhaltigen Wirtschaftsmodell anzunehmen, zu starten und Schritt für Schritt voranzutreiben, rückt der Einkauf über seine traditionellen Verantwortungen hinaus auch beim Thema Nachhaltigkeits- und Risikomanagement im Unternehmen immer mehr in den Vordergrund. Er agiert dabei zunehmend als Schlüsselfunktion, um unternehmerische Nachhaltigkeitsziele zu erreichen. Warum ist das so? Zum Beispiel, weil sich existenzsichernde Löhne in den Lieferketten und der ökologische Fußabdruck von Produktionsprozessen auf 12 bzw. 9 der 17 Sustainable Development Goals auswirken [13]. Kunden werden zukünftig immer öfter nachfragen: Wie steht es um Menschen- und Arbeitsrechte in Ihrer Lieferkette? Welche Maßnahmen werden bezüglich der Verbesserung des Arbeitsschutzes unternommen? Wie wird mit gefährlichen Abfällen umgegangen? Wie groß ist der CO_2-Fußabdruck je gekauftes Produkt?

Mit dem Trend zur Nachhaltigkeit kommt dem Einkauf dementsprechend eine neue Bedeutung zu. Der Einkauf ist Entscheidungsträger in Sachen, wie, wo und was beschafft wird. Da in der Regel mehr als 50 % der Wertschöpfung aus vorgelagerten Produktions- oder Dienstleistungsprozessen stammen, ist der Einkauf maßgeblich dafür verantwortlich, ob nachhaltige Produkte auf nachhaltigen Wegen in das Unternehmen und eigene Sortiment gelangen [8]. In diesem Sinne wird aus dem klassischen Preis-Leistungs-Verhältnis immer mehr eine Preis-Leistung-Nachhaltigkeits-Beziehung.

Wie können und müssen strategische Einkäufer*innen Ausschreibungen sowie Vergaben zur Erreichung der unternehmensweiten Nachhaltigkeitsziele gestalten? Zu lösen sind Fragestellungen wie: Kauft man das billige Produkt aus einem Entwicklungsland mit eventuellen kritischen Nachhaltigkeitsaspekten, wie mangelnden Arbeitsbedingungen, Umweltverschmutzung, Kinderarbeit, oder bezahlt man (etwas) mehr für das gleiche Produkt aus einer sichereren Bezugsquelle mit weniger Risikobehaftung? Dieses „Dilemma" wird im Einkauf immer relevanter. „Dilemma" wird an dieser Stelle bewusst in Anführungszeichen gesetzt, weil die Abwägung von Wirtschaftlichkeit und Nachhaltigkeit nicht unbedingt zum Dilemma werden muss. Die Auflösung des scheinbaren Widerspruchs liegt in der Verbindung von Nachhaltigkeit und Wirtschaftlichkeit über und mittels Lieferantenmanagement. Dies ermöglicht ein Total Cost Assessment (TCA) von eingekauften Produkten. Hierbei werden ökologische und soziale Kosten – also, wenn man so will die volkswirtschaftlichen Kosten innerhalb der Wertschöpfungskette eines Produkts – mit in dessen ökonomischen Preis (betriebswirtschaftliche Kostenbasis) eingerechnet [6]. Dadurch kann man mittels TCA alle drei ineinandergreifenden Themenfelder der Nachhaltigkeit – die ökologischen, sozialen und ökonomischen – im Einkauf innerhalb einer 360-Grad-Lieferantenbewertung abdecken. So löst man den scheinbaren Widerspruch zwischen Nachhaltigkeit und Wirtschaftlichkeit nicht nur effektiv, sondern auch proaktiv.

Springen wir jedoch zunächst noch einmal ein paar Schritte zurück und reflektieren die Rolle des Einkaufs als „Manager der externen Wertschöpfung", mit diversen, komplexer werdenden Verantwortlichkeiten und einer immer noch zu geringen Wertschätzung im Unternehmen. Wichtige Stellhebel für die Stärkung des Einkaufs in dieser Hinsicht sind seine beiden Königsdisziplinen, das Lieferanten- und das Materialgruppenmanagement.

3 Definitionen der Königsdisziplinen: Lieferantenmanagement und Materialgruppenmanagement

GMVK und 4EBIT verstehen unter dem (strategischen) Lieferantenmanagement den systematischen Prozess der Qualifizierung, Auswahl, Bewertung und Entwicklung von Lieferanten, mit dem Ziel, deren Wertschöpfungspotential optimal in den eigenen Wertschöpfungsprozess zu integrieren. Das Lieferantenmanagement ist eine Kernfunktion des strategischen Einkaufs, der sich in einer zunehmend arbeitsteiligen Welt als „Manager der externen Wertschöpfung" entwickeln und ausprägen muss. Das Lieferantenmanagement ist damit die Teildisziplin des strategischen Einkaufs, die die materialgruppenbezogene Beschaffungsstrategien in Interaktionen mit den Beschaffungsmärkten überführt. Wenn das strategische Materialgruppenmanagement die Disziplin des strategischen Einkaufs ist, die die einkäuferischen Anforderungen aus dem eigenen Wertschöpfungsprozess systematisch erfasst und für strategische Entscheidungen vorbereitet, so ist das Lieferantenmanagement die Disziplin, die sich aus der Arbeitsteilung ergebende externe Potentiale für das eigene Unternehmen erschließt. Der wirtschaftliche Erfolg von Unternehmen in hochwettbewerbsintensiven Märkten erfordert in zunehmendem Maße nicht nur eine strategische Klarheit über die eigenen Kernkompetenzen und Wertbeiträge, sondern eine wachsende Fähigkeit der Integration der Marktpotentiale von Partnern und Lieferanten [19].

Damit umfasst das Lieferantenmanagement die Definition der Kriterien, die die Lieferanten in den von ihnen zu bedienenden Materialgruppen erfüllen bzw. weiterentwickeln müssen. Das schließt auch die notwendigen Entscheidungen zur Tiefe der Integration in den eigenen Wertschöpfungsprozess mit ein und kann von der relativ austauschbaren Lieferung von Commodities bis hin zu Entwicklungspartnerschaften von Schlüsselkomponenten reichen [19].

Neben der Lieferantenauswahl und -qualifizierung bilden die Lieferantenbewertung und -entwicklung die weiteren wesentlichen Teilaufgaben. Die Lieferantenbewertung ist dabei zugleich auch Teil eines zielführenden Supply-Chain-Risikomanagements. Die Lieferantenbewertung selbst ist die umfassende Bewertung aller Leistungsparameter (Einkauf, Qualität, Customer Service, Technologie, etc.) in der Zusammenarbeit. Diese sollte klar definierte, messbare Indikatoren enthalten. Ziel der Leistungsmessung ist nicht nur die Feststellung der erreichten Qualität der Zusammenarbeit, sondern vor allem die schrittweise Hebung des Niveaus der Zusammenarbeit (sprich die langfristige, nachhaltige Lieferantenentwicklung), um weitere Potentiale der Lieferanten für die Stärkung der eigenen Wettbewerbsposition erschließen zu können [19].

Die zweite Königsdisziplin des strategischen Einkaufs ist das (strategische) Materialgruppenmanagement. Im Doppelpass mit dem strategischen Lieferantenmanagement ermöglicht es, die wertschöpfenden Leistungen externer Partner optimal in den eigenen Wertschöpfungsprozess einzubinden. Hierfür werden zugekaufte Materialien, Teile, Komponenten oder auch komplexere Aggregate und Baugruppen sowie benötigte Dienstleistungen so gruppiert (z. B. nach „ECLASS"), dass man sie eindeutig Beschaffungsmärkten zuordnen kann. Ziel dieser Aktivität ist es, die volle Beschaffungsmacht entfalten zu können und nicht nur mit Hauptlieferanten zu verhandeln. Je Materialgruppe gilt es, die strategische Relevanz und die beschaffungspolitischen Rahmenbedingungen festzulegen. Dazu zählen Make-or-Buy-Entscheidungen, Single-, Dual- oder Multi-Sourcing-Strategien sowie Festlegungen, in welchen Märkten und in welcher Distributionsstufe mithilfe welcher Sourcing-Kanäle und Vertragsformen eingekauft werden soll. Große Schnittmengen hat das Materialgruppenmanagement mit dem Risikomanagement. Wesentlichkeitsanalysen und Risikobewertungen zu Materialgruppen haben ihrerseits große Auswirkungen auf die Definition der strategischen Leitplanken. Häufiger Schwachpunkt von Materialgruppenstrategien ist es, dass diese blutleer bleiben, weil die Strategien sich nicht auf eine saubere Einkaufsanalytik stützen. Wenn Beschaffungsvolumina und deren Zuordnung zu Strukturierungssystemen wie „ECLASS" unklar sind, wenn die Kenntnisse zur konkreten Funktionsweise der jeweiligen Beschaffungsmärkte unzureichend bleiben, wenn also umfassende Transparenz noch nicht als das „scharfe Schwert des Einkaufs" erkannt wird, dann bleiben materialgruppenbezogene Beschaffungsstrategien theoretisch und wenig wirksam. Leitet sich die Strategie jedoch aus der umfassenden Kenntnis der eigenen Bedarfe und der Beschaffungsmärkte ab, dann wird das Materialgruppenmanagement zu einem starken Werkzeug eines optimalen strategischen Einkaufs [17].

Dass das Lieferantenmanagement und das Materialgruppenmanagement nicht immer optimal und nachhaltig gelingen, hat seine Hauptursachen häufig in der fehlenden Transparenz und den mangelnden Ressourcen im Einkauf.

4 Die Problemstellungen und Herausforderungen eines nachhaltigen Lieferantenmanagements

Das Verankern von Nachhaltigkeit in Unternehmen und innerhalb des Einkaufs ist mittlerweile ein Must-have – und das nicht nur, um die gesetzliche Pflicht des seit Januar 2023 wirksamen deutschen Lieferkettensorgfaltspflichtengesetzes (LkSG) zu erfüllen. Genauso wichtig ist die Tatsache, dass Konsument*innen, Kund*innen und Mitarbeitende Produkte, Lieferanten und Arbeitgeber zunehmend auch nach Nachhaltigkeitskriterien auswählen. Dies bedeutet, dass der zukünftige wirtschaftliche Erfolg sowie die Wettbewerbsfähigkeit eines Unternehmens in hohem Maße von der Ernsthaftigkeit der Etablierung und

Umsetzung von ökologischen, sozialen und ökonomischen Nachhaltigkeitsanforderungen in jedem Fachbereich abhängen – insbesondere im Einkauf [8].

Die einkäuferische Herausforderung liegt vor allem in der Schaffung der notwendigen Transparenz von nachhaltigkeitsrelevanten Daten und Fakten über die gesamte Lieferkette, um aktuelle und potentiell zukünftige Lieferanten umfassend mit dem schon beschriebenen 360-Grad-Ansatz bewerten zu können. Die systematische Lieferantenbewertung ist ihrerseits wiederum die Grundlage für die Lieferantenentwicklung und die Basis für konkrete Beschaffungsentscheidungen im Spannungsfeld von Nachhaltigkeit und Wirtschaftlichkeit. Das Meistern der Herausforderung „Transparenz" bedarf mühsamer und zeitaufwendiger Recherche [8]. Wegen der Themenkomplexität und fehlender Ressourcen hat der Einkauf auch meistens keine Kapazität, an dieser Stelle aus eigener Kraft aufzuräumen. Die Problemstellung der fehlenden Datentransparenz beginnt daher oft schon bei den ökonomischen und technischen Daten der beschafften Artikel und resultiert aus einem qualitativ unzureichenden Stammdatenmanagement, was wiederum die Ausschreibungsfähigkeit massiv einschränkt.

Es lohnt sich jedoch, sich vorgenannten Herausforderungen rund um das Stammdatenmanagement und um Transparenz zu stellen! Transparenz ist das „scharfe Schwert des Einkaufs". Ohne Transparenz gibt es kein strategisches Lieferantenmanagement, keine Beschaffungsstrategie, keine Verhandlungsbasis, keine nachhaltige Lieferantenentwicklung, kein zuverlässiges Risikomanagement, keine Einhaltung der Anforderungen des LkSG, kein CO_2-Scope-3-Management [16]. Für all diese Themen bildet ganzheitliche Datentransparenz das Fundament, um langfristige, nachhaltige Erfolge im Einkauf und dadurch im gesamten Unternehmen zu erzielen. Jedoch stellt die GMVK in Kundenprojekten immer wieder fest, dass die Ressourcen des Einkaufs gerade noch reichen, um mit den wichtigsten und umsatzstärksten Lieferanten Preisverhandlungen zu führen und diese systematisch in ihrer Leistungsfähigkeit zu bewerten. Sich mit seinen wichtigsten Lieferanten intensiv zu beschäftigen ist richtig und gut. Sein wirkliches und vollständiges Beschaffungspotential nutzt man jedoch erst, wenn man das Einkaufsvolumen nach Beschaffungsmaterialgruppen clustert und diese definierten präferierten Lieferanten zuordnet. So wird man noch einmal wesentlich relevanter für seine bevorzugten Partner und kann die Kosten einer Zusammenarbeit günstiger und attraktiver gestalten. Die durch eine geringere zu betreuende Zahl an Lieferanten gewonnene Zeit kann man nutzen, um die Tiefe der Zusammenarbeit mit dem übrigen Lieferantenstamm zu erhöhen. Nur so wird es möglich, echte Wertschöpfungskooperationen aufzubauen, gemeinsame Technologiesprünge zu erarbeiten und bei sinkenden Kosten zugleich nachhaltiger und profitabler zu werden. Dieser Prozess ist keine Quadratur des Kreises, sondern die systematische Erschließung der Chancen einer arbeitsteiligen Welt [16].

Das „scharfe Schwert des Einkaufs" kann speziell im Spannungsfeld von Wirtschaftlichkeit und Nachhaltigkeit zum entscheidenden Erfolgsfaktor werden. Für den oben angesprochenen langfristigen Einkaufserfolg muss die Verbindung von Wirtschaftlichkeit und Nachhaltigkeit entlang der Lieferkette konzipiert, digitalisiert und durch ein nachhaltiges Lieferantenmanagement weiterentwickelt werden. Die Aufgaben für den Einkauf gewinnen durch Lieferengpässe, politische Krisensituationen und kommende gesetzliche Pflichten wie das LkSG oder den CO_2-Preis an Komplexität. Gleichzeitig wird die Zeit, die zahlreichen anspruchsvollen Aufgaben qualitativ sauber und erfolgreich abarbeiten zu können, stets weniger [8]. Dazu erschweren die erhöhte Personalfluktuation sowie der „War for Talents" die Bedingungen, mit nebenbei steigendem Wissensverlust [27].

Aus den Herausforderungen der fehlenden Transparenz und mangelnden Ressource resultiert zusammenfassend die Problemstellung, den Einkauf aus der Gefangenschaft der komplexer werdenden operativen To-dos zu lösen, um sich verstärkt mit den wichtigen strategischen Aufgaben zu beschäftigen und so den Wert des Einkaufs innerhalb des eigenen Unternehmens auf ein neues Level heben zu können.

5 Ein systematischer und systemischer Lösungsvorschlag für das nachhaltige Lieferantenmanagement

Ein möglicher Lösungsweg liegt in der systematischen und systemischen Verbindung von Nachhaltigkeit und Wirtschaftlichkeit. Das bedeutet: Man verankert ökologische und soziale Kriterien als Lieferantenauswahlkriterien im Einkauf, ohne die Versorgungssicherheit und die ökonomischen Kriterien wie Kosten und Lieferfähigkeit aus den Augen zu verlieren. Hierbei ist entscheidend, die wichtigen Kennzahlen und Schritte systematisch zu identifizieren sowie auch externe Daten zu ökologischen und sozialen Kriterien einzubeziehen. Anschließend müssen die gewonnenen Daten systemisch in direkte Relation zu ökonomischen Indikatoren gesetzt werden. So erreicht man ganzheitliche 360-Grad-Transparenz in Einkauf und Lieferantenmanagement, trotz der großen Anzahl an Kaufteilen, Lieferanten und dynamischen Märkten [8]. Aus der die Entscheidungsgrundlage formenden Transparenz wird dann – innerhalb eines systemischen und systematischen Frameworks – die Messbarkeit der Einkaufs-, Risiko- und Nachhaltigkeitskriterien. Die GMVK ist der festen Überzeugung, dass nur die Quantifizierung aller Faktoren, also der ökonomischen wie der Nachhaltigkeitsaspekte, dazu führen wird, systematisch sowohl wirtschaftliche als auch nachhaltige (Einkaufs-)Entscheidungen zu treffen. Oder um es anders auszudrücken: Systematisch steuerbar ist nur, was sich auch rechnerisch messbar ausdrücken lässt [18].

Einen systematischen Lösungsansatz zu benutzen bedeutet, von der Idee über die Konzeption bis hin zur Implementierung und Umsetzung methodisch, strukturiert und zielgerichtet voranzuschreiten. Transparenz wird durch die Verbesserung unzureichender Stammdatenqualität, wie zum Beispiel die Ergänzung fehlender Artikelspezifikationen inklusive Materialgruppenklassifikation, generiert. Sich an dieser Stelle dieser Mühe zu unterziehen wird am Ende des Prozesses im Ergebnis um ein Vielfaches belohnt [8]. Nur mit einem qualitativ hochwertigen Stammdatenmanagement schafft man die Möglichkeit,

Einkaufshebel und damit verbundene Einkaufspotentiale zu realisieren. Beispielsweise liegen diese in den verbesserten Grundlagen für erfolgreichere Ausschreibungen, Chancen für eine Lieferantenkonsolidierung und Volumenbündelung oder mitunter auch Diversifizierung zur Auflösung gefährlicher Abhängigkeiten, Kenntnis über Total Costs, freigesetzten operativen Ressourcen für die wichtigen strategischen Aufgaben und mehr [8]. In der Praxis der GMVK-Projekte – zum Beispiel einem Einkaufsoptimierungsprojekt mit dem Zentraleinkauf von Mercer Stendal und Mercer Rosenthal (Referenz: Zentraleinkaufsleiter Jörg Frevert) – stellen wir immer wieder fest, dass die aufwendigen operativen Prozesse zur Gewährleistung der Versorgungssicherheit den Einkauf daran hindern, Zeit für sein strategisches Tun aufzuwenden. Ein gutes Beispiel ist die Beschaffung wiederkehrender MRO(Maintenance, Repair und Operations)-Bedarfe. Wenn hier die Stammdaten eine gute Ausschreibungsfähigkeit sowie eine automatisierte Wiederbeschaffung von Artikeln nicht gestatten, wie es bei Mercer vor dem GMVK-Projekt der Fall war, wird wertvolle Einkaufskapazität durch hohen manuellen Aufwand gebunden. Diese Ressourcenbindung verhindert oft systematische Ausschreibungen, Lieferantenentwicklungen und Standardisierungsinitiativen im Interesse niedrigerer Kosten und verringerter Kapitalbindung. Nur durch die Überwindung dieser Ressourcen-Fehlallokationen legt man den systematischen Grundstein für das Lieferantenmanagement aus wirtschaftlicher Perspektive.

Darüber hinaus gilt es, relevante ökologische und soziale Kennzahlen zu definieren und innerhalb des Einkaufs messbar zu machen. Diese bilden wichtige Grundsteine, um den scheinbaren Widerspruch zwischen Nachhaltigkeit und Wirtschaftlichkeit im Lieferantenmanagement zu lösen. Eine systematische Herangehensweise erfordert die Integration von Nachhaltigkeit als Kriterium in die Lieferantenbewertung, die traditionell bzw. nach Projekterfahrung der GMVK schon mit Kriterien des Einkaufs (wie Preis, Lieferperformance, Finanzlage), der Qualität (wie Reklamationsquote, Fehleranalyse, Dokumentation), der Logistik (wie Liefertermintreue, Wiederbeschaffungszeit, Einhaltung der Verpackungsvorschriften), des Customer Services (wie Kooperation und Flexibilität des Lieferanten, Kommunikation, Zusatzleistungen), der Technologie (wie Innovationsbereitschaft, technische Konformität der Produkte) usw. durchgeführt wird. Eine Bewertung nach diesem Schema ermöglicht einen 360-Grad-Blick auf seine Lieferantenbasis und erlaubt es, seine Lieferanten im Einklang von ökologischer, sozialer und ökonomischer Nachhaltigkeit systematisch zu managen.

6 Die richtigen Partner für den Qualitätssprung im Einkauf finden

Ressourcenstarke Unternehmen sowie vereinzelte weitere Vorreiter gehen den Weg zu einem modernen, wirtschaftlichen und ökologischen Einkauf gern, selbstbewusst und systematisch aus eigener Kraft. Dieser Mut imponiert. Gerade aber für mittelständisch geprägte Unternehmen mit weniger Ressourcen besteht meist die Notwendigkeit zu einer Zusammenarbeit mit externen Spezialisten, um Kosten und Dauer dieser Transformation optimal zu gestalten. Speziell bei der Gewinnung von Nachhaltigkeitsdaten über die eigenen Lieferanten bzw. die gesamte Lieferkette ist dies der Fall. Im ersten Schritt gilt es, ein Anforderungsprofil auszuarbeiten und anschließend die richtigen externen Partner gemäß dieses Anforderungsprofils für sich zu identifizieren. Das ist bei der großen Anzahl an möglichen Lösungsbausteinen durchaus eine ernst zu nehmende Aufgabenstellung. Anbieter wie „IntegrityNext", „Verso", „Prewave", „EcoVadis", „Responsibly", „Position Green" oder „Achilles" ermöglichen jeweils einen guten, wenn auch im Detail unterschiedlichen systematischen Überblick über den Status sowie die Entwicklung von Lieferanten beim Thema Nachhaltigkeit, was vor allem für das LkSG und das gesamtheitliche Risikomanagement eine wichtige Rolle spielt [8].

Unternehmen wie „Carbmee", „Sustamize" und „Makersite" konzentrieren sich auf und unterstützen das systematische CO_2-Management von Unternehmen im Bereich der Scope-3-Emissionen, also der indirekten Emissionen, die in der Wertschöpfungskette eines Unternehmens entstehen [14]. Diese unterscheiden sich von Scope-1- und Scope-2-Emissionen wie folgt: Scope-1-Emissionen umfassen den direkten CO_2-Ausstoß, der durch ein Unternehmen verantwortet oder kontrolliert wird (Emissionen aus Energieträgern wie Erdgas, Heizkessel, Heizung, Fuhrpark); Scope-2-Emissionen umfassen indirekte Emissionen von Energielieferanten, verursacht zum Beispiel durch zugekauften Strom; Scope-3-Emissionen, wie bereits erläutert, umfassen die indirekten Emissionen der vor- und nachgelagerten Lieferkette [14].

Weitere mögliche Partner wie zum Beispiel „Fjol" kommen ins Spiel, wenn es darum geht, Nachhaltigkeit nicht nur im Lieferantenmanagement, sondern systematisch im gesamten Unternehmen zu verankern. Durch die Wahl der richtigen Partner (und auch dabei kann man sich extern unterstützen lassen) oder auch durch den internen, ressourcenbindenden Weg legt man einen wichtigen Grundstein für das systematische Lieferantenmanagement aus ökologischer und sozialer Perspektive – das anschließend in Systemen abgebildet werden kann.

7   Schaffung einer „Single Source of Truth"

Nach der systematischen Ausrichtung und Ausgangslage kommt der systemische Lösungsansatz ins Spiel. Dieser bedeutet, die erarbeiteten Grundlagen sowie bisherige Insellösungen für die verschiedenen Aufgabenstellungen des strategischen Einkaufs innerhalb eines digitalen Tools miteinander zu verbinden. Der Einkauf muss dafür die Digitalisierung zielgerichtet implementieren und zu seinem Vorteil einsetzen. Wie funktioniert das im komplexen Spannungsfeld von Nachhaltigkeit und Wirtschaftlichkeit?

Die Antwort lautet: durch die Schaffung einer „Single Source of Truth" für den strategischen Einkauf. In dieser werden die einzelnen, oben beschriebenen Lösungsbausteine, jeweiligen Informationen und existierenden Insellösungen verknüpft, visualisiert und analysierbar gemacht. Die „Single Source of Truth" kann dementsprechend keine Ansammlung beliebiger Tools und Datenquellen sein, sondern sollte fortan als einziger und vollständig valider Datenzugriffspunkt dienen. Heutige Praxis ist es noch immer, dass mit zahlreichen Excel-Dateien gearbeitet wird – insbesondere bei der Lieferantenbewertung. Die ökonomischen Kennzahlen liegen zumeist im ERP-System und werden händisch übertragen oder über Excel-Exporte zur Verfügung gestellt. Nachhaltigkeitsdaten der Lieferanten werden über externe Datenprovider ermittelt, wie auch CO_2-Emissionen auf Produktebene (in der Regel über zusätzliche externe Datenquellen). Weitere relevante Informationen kommen aus technisch geprägten oder logistischen Datenquellen oder aus Informationsportalen [8]. In einer Welt, in der Daten als das Öl des 21. Jahrhundert bezeichnet werden [26], wird es immer erfolgskritischer, ein umfassendes Bild von seinen Lieferanten und ihrer Produkte durch die Einbindung möglichst vieler und voneinander unabhängiger Datenquellen zu generieren.

Die heutige, in der Regel dienstebasierte, Architektur von Softwarelösungen erleichtert es, Daten unterschiedlichster Quelle zusammenzuführen. Rest-APIs (Application Programming Interfaces) simplifizieren und beschleunigen den gezielten Zugriff und die Systemintegration. APIs sind aus der Software-Environment heutzutage nicht mehr wegzudenken und bilden einen wichtigen Block im gesamten Software-Ökosystem [20, 23]. Im vereinfachten Sinne erlauben APIs die Kommunikation und schnelle Datenanbindung zwischen verschiedenen Softwaresystemen. Dieser Informationsaustausch fördert den Wertschöpfungsbeitrag der beiden einzelnen Systeme zwischen und innerhalb von Unternehmen [15]. Im Einkauf kommen APIs vor allem bei der allgemeinen Digitalisierung, bei der Schaffung von Datentransparenz und im E-Procurement zum Einsatz.

Ein kluger systemischer Lösungsansatz setzt über all die bereits diskutierten internen und externen Datenquellen eine Business-Intelligence(BI)-Plattform, die die großen Datenmengen aus den verschiedenen Quellen analysierbar in Verbindung setzt. Aus unserer Sicht ist BI sowohl das Werkzeug als auch die Methode, um aus der Verknüpfung von Daten logische Zusammenhänge zu extrahieren und diese entscheidungsunterstützend für tiefgründige Analysen bereitzustellen. Ähnliches bestätigen auch Negash und Gray [21]. Wird BI über die Data-Science-Grundlagen hinaus auch durch konkretes Fachwissen angereichert – so wie in unserem Falle durch die Integration von Einkaufswissen der GMVK in die BI der 4EBIT –, wird sie ein wirkungsvolles Instrument für den strategischen Einkauf. Darüber hinaus erhöht dieses Werkzeug die Produktivität des strategischen Einkaufs spürbar und gestattet es ihm so, ohne zusätzliche Ressourcen den wachsenden Herausforderungen gerecht zu werden. Aus dieser Zielstellung heraus entstand die 4EBIT auch ursprünglich. Die GMVK-Einkaufsoptimierungsprojekte führten immer wieder dazu, dass hohe Datenmengen der Kunden im Sinne der Ausschreibungsfähigkeit aufgearbeitet und aus verschiedenen Quellen zusammengeführt werden mussten. Dies war nicht nur ein aufwendiger manueller Prozess an sich, sondern generierte riesige Excel-Tabellen, mit denen die GMVK dann in die weitere Projektarbeit einstieg. Diese Excel-Tabellen waren fehleranfällig und brachten lange Lade-Wartezeiten mit sich. Um diesen Projektschritt produktiver zu gestalten, setze die GMVK auf den Bau einer eigenen BI-Lösung mit der 4EBIT. BI reduziert die Fehleranfälligkeit und liefert Analysen auf Knopfdruck, ohne Ladezeit.

So gestärkt, versetzt man den (strategischen) Einkauf in die Lage, die Erfüllung all seiner Aufgaben effektiver und effizienter digital zu steuern – zielgerichtet und transparent. Somit schafft die Digitalisierung dieses ganzheitlichen Prozesses die dringend nötigen Ressourcen, damit die Einkäufer*innen sich endlich stärker den strategischen Aufgaben und Zielen widmen können, anstatt die meiste Zeit in operativen To-dos gefangen zu sein [8]. Der monetäre Aufwand, um ein solches Projekt von der Konzeption bis zur Implementierung zu finanzieren und umzusetzen, refinanziert sich allein durch die Zeitersparnisse der Einkäufer*innen im Handumdrehen. Besonders seitdem sich Nachhaltigkeit immer weiter in die täglichen Einkaufsaufgaben integriert oder integrieren sollte, hat dieser Effekt nochmals an Bedeutung gewonnen. Die gewonnene Zeit im Einkaufsreporting – erspart durch die Vermeidung vieler Tage an „Number Crunching" – gestattet die perfekte Vorbereitung von Lieferantengesprächen und Einkaufsverhandlungen und ermöglicht eine systematische und ganzheitliche Lieferantenentwicklung. Manuelle Arbeit wird ersetzt durch einen hohen Grad an Berichtsautomatisierung auf Knopfdruck. Integriert man dann sogar noch das Action Tracking für Lieferantenentwicklungsmaßnahmen, ist es sogar möglich, Korrelationen zwischen Aktionen der Lieferantenentwicklung und deren Erfolg herzustellen. Konkret auf das LkSG abgestellt, könnte eine solche Entwicklungsmaßnahme zum Beispiel ein verpflichtendes Arbeitssicherheitstrainings in Produktionshallen von Lieferanten in Drittländern sein, das anschließend zu weniger Betriebsunfällen und krankheitsbedingten Ausfällen sowie zu verbesserten Arbeitsbedingungen vor Ort führt – folglich zu positiver Entwicklung im Zusammenhang mit sozialer Nachhaltigkeit.

Durch die beschriebenen systemischen Integrationsmöglichkeiten diverser unternehmensrelevanter Themen innerhalb einer Anwendung schafft BI die Grundlage für eine selbstlernende Organisation. Gleichzeitig ermöglicht die Nutzung von BI unentdeckte Einkaufspotentiale und -erfolge, die durch die systematische und systemische Verbindung von Nachhaltigkeit und Wirtschaftlichkeit im Lieferantenmanagement analysierbar, messbar und nachweisbar werden [8]. Hier hat der Einkauf eine riesige Chance, seinen Stellenwert innerhalb des Unternehmens nicht nur spürbar zu erhöhen, sondern auch doppelt und dreifach zu unterstreichen. Häufig erkennen Unternehmen erst durch den Einsatz von BI, dass sie wenig zweckmäßige Beschaffungsmärkte für die Befriedigung gewisser Bedarfe nutzen. So ermöglicht es BI beispielsweise, dass Unternehmen bei der Beschaffung von MRO-Bedarfen bei mittleren Einkaufsvolumina von 1 bis 2 Mio. EUR bis zu 150 verschiedene Lieferanten mit wenigen Klicks identifizieren. Auf dieser Basis können anschließend Einkaufspotentiale, zum Beispiel durch strategische Lieferantenkonsolidierungen in definierten Materialgruppen, gehoben werden. Des Weiteren fanden GMVK und 4EBIT in Kundenprojekten mittels BI unter anderem relevanten Spend für Packmittel, die statt bei den definierten präferierten Lieferanten durch einen Werkzeughändler (zu teuer und in unterdurchschnittlicher Qualität) geliefert wurden. Die Beseitigung solcher durch mangelnde Transparenz verursachten beschaffungsstrategischen Fehler kreiert ebenfalls erhebliche Einsparmöglichkeiten. Der dadurch erzielte wirtschaftliche Mehrwert refinanziert die Kosten der Anbindung einer BI-Lösung schnell und um ein Vielfaches.

Wichtige Prämisse für eine systemische Lösung ist es, eine offene Architektur dieser Lösung zu gewährleisten, um modulare Erweiterungen zu ermöglichen. Wie bereits erläutert, werden die Einkaufsherausforderungen nicht kleiner und weniger, sondern mehr und komplexer. Logischerweise wollen viele Unternehmen nicht für jedes aufkommende Thema (sei es zum Beispiel das CO_2-Management oder Herausforderungen, die vielleicht aktuell noch nicht als solche erkennbar sind) ein neues Tool anbinden, sondern auch bei neuen Herausforderungen innerhalb der bestehenden Systemlandschaft voranschreiten. Genau an dieser Stelle bietet der Bau einer systemischen „Single Source of Truth", basierend auf einer systematischen Grundlage, einen enormen Mehrwert und Unique Selling Point – modern und vorausschauend.

8 Umsetzungsbeispiele der „Single Source of Truth"

Klingt futuristisch, aufwendig (vor allem für die eigene IT) und teuer – ist es aber nicht. Erstens ist der beschriebene systematische und systemische Lösungsansatz zum Beispiel innerhalb von Projekten der GMVK Procurement Group bereits konkret umgesetzt und bei Kunden implementiert, wobei die GMVK Procurement GmbH die strategische Planung und Umsetzung übernimmt und die 4EBIT GmbH das nötige systemische Know-how mitbringt, um die „Single Source of Truth"-Plattform zu bauen und zu verwalten [8]. Zweitens bedeutet so ein Projekt keine Überlastung für die eigene IT, da diese lediglich für die Anbindung der internen Einkaufsdaten, sprich zur Implementierung der Schnittstelle, für wenige Stunden/Tage beansprucht wird. Auch der Server zum Betrieb der Lösung kann extern gehostet oder in der Cloud betrieben werden. Drittens sprengt die Lösung finanziell nicht den Rahmen und zahlt sich durch bereits beschriebene Vorteile, wie zum Beispiel die Entlastung der Einkäufer*innen oder die Ermöglichung von tiefgründigen Einkaufsanalysen, schnell wieder aus. Die meisten Unternehmen werden für die Erfüllung des LkSG Geld ausgeben (müssen) – entweder durch die interne Erweiterung des Teams oder durch externe Hilfe. Mit dem Add-on einer systemischen „Single Source of Truth" wird dieses Geld nicht „nur" für die Erfüllung der gesetzlichen Pflicht ausgegeben, sondern auch für direkt realisierbare Einkaufserfolge genutzt – und dadurch auch im Gesamtpaket wirtschaftlicher. Den Einkauf mithilfe einer einzigen vertrauenswürdigen

Datenquelle zu managen ist also längst nicht mehr nur Theorie, sondern wurde bereits erfolgreich bei größeren mittelständischen Kunden in der Praxis umgesetzt.

Ein solcher Kunde von GMVK und 4EBIT ist beispielsweise ein Unternehmen aus der Agrarlogistik mit Sitz in Niedersachsen. Die große Herausforderung dieser Einkaufsorganisation ließ sich wie folgt beschreiben: Datentransparenz zu schaffen und die Verbindung von Einkaufs- mit Nachhaltigkeitskennzahlen innerhalb einer „Single Source of Truth" für den strategischen Einkauf zu realisieren. Die Weichen, um die Anforderungen des LkSG digital und automatisiert bearbeiten zu können sowie diese als Chance für den Einkauf zu nutzen, sollten frühzeitig gestellt werden [28].

Um die nachfolgenden Inhalte besser einordnen zu können, werden die Sorgfaltspflichten kurz skizziert (eine detaillierte Darstellung des deutschen LkSG findet sich in Kapitel „Das neue Lieferkettensorgfaltspflichtengesetz – die juristische Perspektive" dieses Buches). Diese sind vielschichtig und inkludieren [4]:

- die Verabschiedung einer Grundsatzerklärung zur Achtung der Menschenrechte,
- die Festlegung einer betriebsinternen Zuständigkeit für die Thematik,
- die Durchführung regelmäßiger Risikoanalysen, das Risikomanagement (inklusive Abhilfemaßnahmen) zur Abwendung potentiell negativer Auswirkungen auf die Menschenrechte,
- die Verankerung von Präventionsmaßnahmen im eigenen Geschäftsbereich und gegenüber unmittelbaren Zulieferern,
- die Einrichtung eines Beschwerdemechanismus,
- die transparente Dokumentation und öffentliche Berichterstattung,
- das Ergreifen von Abhilfemaßnahmen.

Durch diese Anforderungen sollen Unternehmen dazu verpflichtet werden, negative Auswirkungen ihrer Geschäftstätigkeit zu ermitteln und so zu bearbeiten, damit diese proaktiv verhindert, abgestellt oder reduziert werden können [4].

Besonderen Fokus legt das LkSG somit auf die Menschenrechte. In den kommenden Jahren werden Unternehmen mit weiteren gesetzlichen Pflichten rund um das Thema Nachhaltigkeit konfrontiert sein, wie sich heute schon aus dem laufenden europäischen Gesetzgebungsverfahren erkennen lässt. Zum Beispiel will die EU-Kommission Produkte, die in Verbindung mit Zwangsarbeit hergestellt wurden, vom europäischen Markt verbannen [11]. Außerdem ist die EU-Taxonomie seit Anfang 2022 in Teilschritten in Kraft getreten [12]. Hier wird das Ziel verfolgt, nachhaltige Investitionen durch Privatanleger mehr zu fördern. Des Weiteren löst zum Berichtsjahr 2024 die EU Corporate Sustainability Reporting Directive (CSRD) die heutige Non-Financial Reporting Directive ab [7]. Mit Forderungen nach genauen nachhaltigen Geschäftsstrategien und verbindlichen Nachhaltigkeitszielen gewinnt nachhaltiges Wirtschaften und Handeln an Bedeutung. Sollten Unternehmen diese Regelungen ignorieren, erwarten sie zukünftig erhebliche Strafen (bei Verstößen gegen das LkSG zum Beispiel Strafzahlungen von bis zu 2 % vom Jahresumsatz).

Als Vorreiter dienen in jedem Fall große Konzerne. Aber zu erwarten ist, dass über die Jahre fast alle Unternehmen Nachhaltigkeitsdaten und -berichte vorlegen werden müssen. Daher kann man nur appellieren: Starten Sie frühzeitig, am besten heute.

Wie kann es funktionieren? Die GMVK empfiehlt ein schrittweises Herantasten und Umsetzen mithilfe nachfolgender Schritte:

1. Übersicht schaffen und Status quo ermitteln,
2. Zielsetzung und Timeline definieren,
3. die richtigen internen und externen Partner identifizieren,
4. rechtliche Rahmenbedingungen erfüllen: Verabschiedung der Grundsatzerklärung, Festlegung der internen Zuständigkeit etc.,
5. Nachhaltigkeitsdaten ermitteln, verstehen und analysieren,
6. Verknüpfung von Nachhaltigkeitsdaten mit wirtschaftlichen Einkaufsdaten/KPIs,
7. 360-Grad-Lieferantenbewertung aufbauen und mindestens einmal jährlich durchführen,
8. Abhilfe- und Präventivmaßnahmen definieren und implementieren, um die Lieferkette nachhaltig zu entwickeln und managen.

Mithilfe dieses Frameworks hat die GMVK Procurement Group auch das angesprochene Projekt mit dem Kunden aus Niedersachsen bearbeitet. Neben dem generellen Shift zu mehr Nachhaltigkeit im Unternehmen muss der Kunde (mit mehr als 1000 Beschäftigten) ab Januar 2024 auch die Anforderungen des LkSG erfüllen. Der Kunde hat ein Einkaufsvolumen von circa 300 Mio. EUR, das im gesamten Portfolio über 30.000 Artikel beinhaltet und mit circa 700 Lieferanten abgewickelt wird [28]. Die Ausgangslage wurde durch folgende Kernfragen geprägt [28]:

- Wie lässt sich dieser Lieferantenstamm (sowie die globalen Lieferketten) unter den wachsenden Anforderungen der Nachhaltigkeit in einem 360-Grad-Überblick abbilden, analysieren und proaktiv managen?
- Wo steht der Kunde in Sachen Nachhaltigkeit, welche Lücken existieren und was ist die mittel- und langfristige Vision?
- Welche Faktoren sind messbar und tatsächlich belastbar – also nachprüfbar, hieb- und stichfest?
- Wie kann der Kunde den internen manuellen Aufwand sowie den Bruch zwischen verschiedenen Systemen oder Medien reduzieren?
- Wie und mit wem denkt man zwei Schritte über die bloße Zielerfüllung der jetzt geltenden bzw. bekannten kommenden Gesetzesanforderungen hinaus (z. B. EU CSRD oder EU-Taxonomie)?

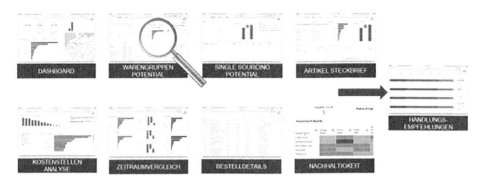

Abb. 1 Beispiele von 4EBIT-Dashboards. (Kombination aus eigenen Screenshots)

Aus Kundensicht war es wichtig, dass sich neu gewonnene Informationen hinsichtlich Nachhaltigkeitskennzahlen über den gesamten Lieferantenstamm hinweg mit bereits vorhandenen Einkaufskennzahlen sowie der Lieferantenbewertung innerhalb einer Plattform für den strategischen Einkauf verbinden lassen [28]. Für Kunden wie diese liefert die 4EBIT Platform ganzheitliche Transparenz, klare Analysen und Handlungsempfehlungen zu Einsparpotentialen, Einkaufsoptimierung, Nachhaltigkeit und dem LkSG. Die technische Basis hierfür bilden der BI-Analyse-Engine „Qlik Sense" und bereits konfigurierte 4EBIT-Templates (s. Abb. 1). Durch die Integration von Nachhaltigkeitsdaten und das Lieferantenmonitoring von IntegrityNext in die 4EBIT Platform (s. Abb. 2) wurde der Kunde dazu befähigt, die Perfomance aller 700 Lieferanten auf Knopfdruck aufzurufen – und zwar im Sinne eines 360-Grad-Checks durch die Verbindung von Nachhaltigkeit und Wirtschaftlichkeit im Einkauf. Konkret heißt das, dass man alle relevanten Kennzahlen – von den ökonomischen bis zu den ökologischen – innerhalb der Lieferantenbewertung auf einem Arbeitsblatt zu einem Lieferantensteckbrief zusammenfasst. Mit zwei Klicks (1 × das richtige Arbeitsblatt und 1 × einen Lieferanten anklicken) hat man so den 360-Grad-Performance-Überblick über den jeweiligen Lieferanten.

Wie bereits angesprochen, integrieren die 4EBIT GmbH und die GMVK Procurement GmbH gemeinsam die gesetzlichen Sorgfaltspflichten des LkSG ins Lieferantenmanagement, in alltägliche strategische Einkaufsprozesse sowie in Ausschreibungskriterien – systematisch und systemisch. Dadurch wird die gesetzliche Pflicht des LkSG gewinnbringend für die Kür eines optimalen, nachhaltigen Lieferantenmanagement genutzt. Mittlerweile gibt es unzählige Anbieter (einige wurden bereits aufgelistet), mit denen man die gesetzlichen Anforderungen des LkSG größtenteils einwandfrei erfüllen kann. Für das eigene Unternehmen reicht das, um einen grünen Haken hinter die Herausforderung des LkSG zu setzen. Aber ausschließlich auf die LkSG-Erfüllung ausgerichtete Insellösungen zum Datenmonitoring allein stiften nur einen geringen wirtschaftlich messbaren Nutzen. Die eigentliche Wertschöpfung resultiert aus der anschließenden Integration der ökologischen, sozialen und ökonomischen Nachhaltigkeitsdaten in das Lieferanten- und

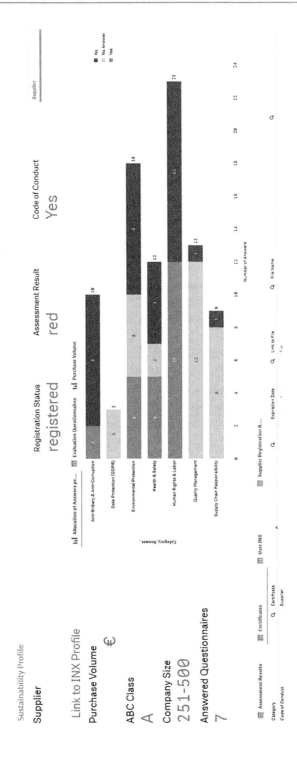

Abb. 2 Beispiele für die IntegrityNext-Datenintegration in die 4EBIT Platform (ausgeblendet sind der Lieferantenname und das Einkaufsvolumen)

Materialgruppenmanagement. Anders als es in vielen Unternehmen der Fall ist, wo nur die wichtigsten Lieferanten noch dazu maximal einmal jährlich bewertet werden und die Bewertungsergebnisse einfach nur abgelegt werden, ist die Bewertung von Lieferanten kein Selbstzweck, sondern die notwendige Grundlage für eine systematische Lieferantenentwicklung. Deshalb darf man nach dem Datenmonitoring auch nicht haltmachen, sondern sollte weiterdenken und handeln, um aus den gesetzlichen Pflichten und Anforderungen strategischen Nutzen für den Einkauf zu ziehen – so wie der Kunde es in dem beschriebenen Projekt tat bzw. kontinuierlich tut.

Funktioniert dieser Ansatz nun auch für andere Unternehmen? In ihren Projekten integrieren GMVK und 4EBIT externe Quellen für die für den Kunden wichtigen Nachhaltigkeitsdaten der Lieferanten und der Lieferkette und verbinden diese mit Daten aus dem ERP-System, aus Excel-Spreadsheets, aus Datenbanken der verschiedenen Unternehmensbereiche und gegebenenfalls weiteren Quellen. Die 4EBIT versteht sich also als Datenintegrator, nicht als direkter Datenprovider. Bei dem besagten Kunden wurde in dem Projekt eine relativ belastbare Datenqualität vorgefunden. Die Zuarbeit des Kunden war gewährleistet und gut, sodass das Projekt in seiner Timeline schneller als geplant vorangekommen ist. Strategische Vor-Ort-Termine waren nur in geringer Anzahl für Detailworkshops nötig, um dem erarbeiteten Konzept von 4EBIT und GMVK gemeinsam den kundenseitigen Feinschliff zu geben, damit die Plattform bestmöglich auf die tatsächlichen Bedürfnisse des Kunden angepasst ist. Anschließend liefen die meisten Anpassungen und Meetings remote. Die Datenintegration funktionierte reibungslos, benutzerfreundlich, ressourcenschonend für die IT des Kunden und konnte schnell in die Tat umgesetzt werden. „Schnell" bedeutet: Nach zwei Wochen stehen in 4EBIT-Projekten die ersten Dashboards (s. Abb. 3) für den jeweiligen Kunden. Die gesamte Projektlaufzeit beträgt circa drei bis vier Monate, je nach individuellen Kundenanforderungen.

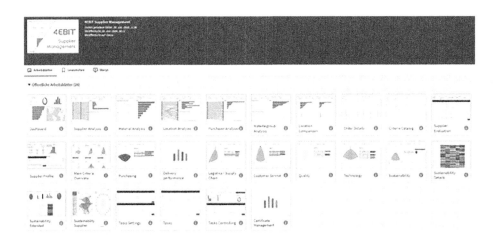

Abb. 3 Demo-Dashboard der 4EBIT Platform

Neben den Einkaufs-Dashboards, die tiefgründige Einkaufsanalysen auf Artikel-, Materialgruppen-, und Lieferantenebene anbieten, hat die 4EBIT für Nachhaltigkeit und LkSG ebenfalls übersichtliche Ansichten und Arbeitsblätter entwickelt. Diese ermöglichen es, nach der Verknüpfung mit den Einkaufsdaten den ökonomischen Scope möglicher „Red Flags" nach dem LkSG – also roter Flaggen, die aus der Nachhaltigkeitsdatenerhebung entstehen und auf ein hohes Risiko von Lieferanten bezüglich der LkSG-Anforderungen hinweisen – mit wenigen Mausklicks festzustellen. Der Kunde kann beispielsweise analysieren, welche seiner Lieferanten bei dem LkSG-relevanten Kriterium „Menschen- und Arbeitsrechte" Probleme (eine rote Flagge) aufweisen, weil sie zum Beispiel bestimmte Kinderarbeits- oder Arbeitsschutzrichtlinien nicht erfüllen. Mit einem Mausklick passt sich die gesamte 4EBIT Platform an und zeigt auf, was und wie viel bei dem ausgewählten „Red Flag"-Lieferanten beschafft wird. Welche Artikel sind am häufigsten mit Menschenrechtsproblemen belastet? In welchen Materialgruppen sind die größten/häufigsten Menschenrechtsprobleme verankert? Sind kritische Muster erkennbar? Bei welchem dieser Lieferanten oder Materialgruppen muss man sich Sorgen machen und Alternativen finden? Welche Abhilfe- und Präventivmaßnahmen müssen in welchem Zeitraum eingeleitet und implementiert werden? Wie kritisch muss man auf die unterschiedlichen „Red Flags" blicken?

All diese Fragestellungen und mehr kann der Kunde mit eigenen Standard- und Ad-hoc-Analysen innerhalb der 4EBIT Platform beantworten. Anschließend können entsprechende Folgeschritte sowie Maßnahmen in die Wege geleitet werden. So ist es beispielsweise möglich, einem Lieferanten im Rahmen des Jahresgesprächs belastbare Informationen hinsichtlich LkSG-relevanter Nachhaltigkeitskennzahlen, CO_2-Footprint auf Artikelebene oder auch Lieferperformance innerhalb einer Single-Source-of Truth-Managementkonsole zu präsentieren.

Ein wesentlicher Vorteil ist besonders darin zu sehen, dass sich so die manuelle (Excel-)Arbeit und das „Number Crunching" maßgeblich reduzieren, während digitales Reporting auf Knopfdruck geliefert wird. Das erhöht die Handlungsschnelligkeit des Einkaufs und damit die des Unternehmens um ein Vielfaches [28]. Gleichzeitig löst man so den scheinbaren Widerspruch zwischen Nachhaltigkeit und Wirtschaftlichkeit, weil man alle wichtigen Kennzahlen innerhalb einer Anwendung darstellen und analysieren kann – mit einer Gewichtung der Kriterien –, die letztendlich ausgewogene Entscheidungen basierend auf umfassenden ökologischen, sozialen und ökonomischen Daten trifft. Auf Basis dieser Analyse entwickelt man Handlungsempfehlungen für den Einkauf und insbesondere das Lieferantenmanagement. All das, ohne die gesetzlichen Anforderungen aus den Augen zu verlieren [8]. Der Kunde ist dadurch rechtlich auf einem guten Weg, das LkSG gesetzeskonform umfänglich zu erfüllen, zugleich aber die Pflichten und Anforderungen des LkSG für die Kür des optimalen, nachhaltigen Lieferantenmanagements zu nutzen. Der Einkaufsleiter des Kunden berichtet: „Die Verbindung von Nachhaltigkeit und Wirtschaftlichkeit rechnet sich auf Dauer allein durch die Zeit, die unsere strategischen Einkäufer sparen. Wir agieren gemeinsam innerhalb des komfortablen, flexiblen

Systems, teilen Erkenntnisse und können abgestimmt reagieren. Das alles führt auch zu hoher Awareness bei der Geschäftsleitung" [28].

Natürlich soll die 4EBIT Platform nicht nur die Geschwindigkeit und Effizienz im Einkauf erhöhen, sondern Unternehmen auch die Möglichkeit bieten, innerhalb der Plattform Lieferantenbewertungen durchzuführen sowie Abhilfemaßnahmen und Präventivmaßnahmen gemäß LkSG abzuleiten, zu implementieren und zu managen. Aus diesem Grund sind das Controlling und das Management dieser Maßnahmen inklusive eines Maßnahmenkatalogs auch Bestandteile der Plattform. Nimmt man beispielsweise an, dass ein Lieferant eine rote Flagge im Bereich „Menschen- und Arbeitsrechte" aufweist, dann ist der Nutzer der 4EBIT Platform in der Lage, über die Verknüpfung zu den Einkaufsdaten mit wenigen Klicks festzustellen, ob dies eine relevante rote Flagge ist, mit Blick auf das Einkaufsvolumen sowie die Artikel und Materialgruppen, in denen der Lieferant unterwegs ist. Wenn kritisch, wird innerhalb der 4EBIT Platform eine Abhilfemaßnahme mit Timeline und Verantwortung festgelegt. Zum Beispiel könnte im Hinblick auf die Thematik „existenzsichernde Löhne" von Beschäftigten des Lieferanten in einem Drittland eine Maßnahme sein, dass man gemeinsam mit dem Lieferanten einen dreijährigen Stufenplan entwickelt und einführt, um sicherzustellen, dass alle Beschäftigten fair bezahlt werden.

Der Status dieser Maßnahme wird in einer Controlling-Übersicht zusammen mit allen anderen offenen oder bereits fertigen To-dos, dargestellt, sodass man den Fortschritt nie aus den Augen verliert. Sollte die Abhilfemaßnahme wirksam sein, kann sie als Best-Practice-Beispiel zu einer Regel-Präventivmaßnahme für Lieferanten aus der gleichen Region oder Materialgruppe weiterentwickelt werden. So wird aus einem reaktiven ein proaktives Lieferantenmanagement mit Fokus auf nachhaltige Lieferantenentwicklung – alles aus einer Hand gesteuert.

Neben den angesprochenen kommenden gesetzlichen Pflichten sollten sich alle bewusst sein, dass Themen wie das LkSG und CSRD nicht die letzte Welle der Nachhaltigkeit auslösen, sondern eher deren Anfang repräsentieren. Daher ist es wichtig, nochmals zu betonen, dass eine unterstützende Software zur systematischen und systemischen Verbindung von Nachhaltigkeit und Wirtschaftlichkeit wie die 4EBIT Platform eine offene Architektur hat, die modulare Erweiterungen ermöglicht. Nur so können der Kunde und der Einkauf an ihren Herausforderungen wachsen, ohne ständig neue Insellösungen einführen zu müssen. Manche zukünftigen Themen hat man eventuell jetzt noch gar nicht als solche identifiziert – vielleicht weil sie aktuell noch gar nicht existieren. Anders ist es bei dem CO_2-Management.

Nach den gesetzlichen Pflichten zu mehr Nachhaltigkeit im eigenen Unternehmen und in der Lieferkette wird CO_2-Management die nächste große Herausforderung. Einige Länder und Firmen haben bereits Net-Zero-Ziele ausgerufen [5]. Diese sollen für ein Gleichgewicht zwischen der Menge an produzierten Emissionen und den der Atmosphäre entzogenen Emissionen sorgen, um einen positiven Beitrag für den Klimaschutz zu leisten. Für das Erreichen der Ziele kommt Einkäufer*innen erneut eine Schlüsselrolle zu [2]. Je nach Branche, Material und Fertigungsprozessen entstehen bis zu 80 %

der unternehmerischen CO_2-Emissionen entlang der Lieferkette [2]. Daraus leitet sich ab, dass der Einkauf maßgeblich dafür verantwortlich ist, Transparenz über die CO_2-Scope-3-Emissionen auf Artikelebene zu schaffen. Diese Daten werden in wenigen Jahren fester Bestandteil von Einkaufsentscheidungen sein, da der Einkauf die entstehenden und stetig steigenden Klimakosten transparent innerhalb eines TCA von Produktion einkalkulieren muss (s. Beispiel in den folgenden Abschnitten). In dieser Hinsicht dient der Einkauf als „Klima-Controller" für das gesamte Unternehmen [2]. Aus dem Controlling heraus entstehen wiederum Strategien und Maßnahmen zur Senkung der CO_2-Scope-3-Emissionen – ähnlich wie mit den bereits diskutierten Abhilfemaßnahmen bezüglich LkSG-relevanten roten Flaggen.

Dies führt uns zurück zum scheinbaren Widerspruch zwischen Nachhaltigkeit und Wirtschaftlichkeit. Einsparungen an CO_2-Emissionen helfen nicht nur der Umwelt und der unternehmensweiten Klimabilanz, sondern auch dem (eigenen) Portemonnaie. Verantwortlich dafür ist der CO_2-Preis, der dazu dient, externe Kosten durch die Freisetzung von Emissionen zu internalisieren. So muss künftig ein CO_2-Preis gezahlt werden für jede Tonne an ausgestoßenem CO_2[3]. Aktuell bewegt sich der Preis noch auf einem sehr niedrigen Niveau, zumindest gemessen an den gesteckten Nachhaltigkeitszielen und der Transformation, der sich die Menschheit unterziehen muss, um sich nicht selbst nachhaltig abzuschaffen. Aber schon bald werden diese Kostenaufschläge für Einkäufer*innen um einiges spürbarer werden, wenn sich der CO_2-Preis kontinuierlich erhöht [9]. Deswegen heißt es: durch die Integration von CO_2-Datentransparenz auf Artikelebene ein TCA-Ansatz unter Einschluss der Nachhaltigkeitskosten innerhalb des Einkaufs zu ermöglichen.

Folgendes beispielhaftes Szenario wird künftig unseren einkäuferischen Alltag prägen: Eine Einkäuferin braucht ein neues Messgerät (z. B. ein Widerstandsthermometer) innerhalb der Materialgruppe Mess- und Regeltechnik. Die Auswahl des Lieferanten wurde innerhalb einer Shortlist-Ausschreibung auf zwei finale Kandidaten reduziert. Lieferant A bietet das Widerstandsthermometer sehr preiswert und 10 % billiger als Lieferant B an. Aber: nur der Preis allein (natürlich neben Qualitätskriterien etc.) entscheidet nicht mehr. Den CO_2-Preis rechnet man in seiner Total-Cost-Analyse ebenfalls mit ein. Durch diese Integration stellt man fest, dass Lieferant B lokal und CO_2-arm produziert, während der angebotene Artikel von Lieferant A einen deutlich höheren CO_2-Fußabdruck mit sich bringt. Mit Einberechnung des CO_2-Preises kommt man also zu dem Ergebnis, dass Lieferant B insgesamt im TCA billiger und umweltfreundlicher ist. Diese Entscheidung erreicht man systematisch und systemisch mit wenigen Klicks innerhalb der 4EBIT Platform. Innerhalb der Applikation ist es auch möglich, durch tiefgründige Analysen CO_2-Hotspots in der Lieferkette zu entdecken. Anschließend kann man mittels Controlling und Task Management in der Plattform Maßnahmen festlegen und einleiten, um mit dem Lieferanten gemeinsam die Scope-3-Emissionen zu senken, etwa durch Innovation oder Substitutionen.

Es ist jedoch nicht möglich, da die CO_2-Preise aktuell nur in Europa gelten, einfach im Nicht-EU-Ausland einzukaufen oder zu produzieren. Um diese sogenannte Carbon-Leakage-Gefahr zu verhindern, führt die EU eine CO_2-Grenzsteuer in Form des „Carbon Border Adjustment Mechanism" ein [10]. Bis 2030 könnte diese auf alle Produktkategorien ausgerollt werden [2]. Man kommt also schlichtweg – und aus Sicht der Umwelt auch völlig zu Recht – in Zukunft nicht mehr um die Integration von CO_2-Daten in Einkaufsentscheidungen herum. Auch wenn die Einbeziehung von Scope-3-CO_2-Daten heute noch nicht Priorität Nummer eins ist, sollte man die systemischen Grundsteine bereits heute durch eine offene Systemarchitektur mit aktuellen Themen wie dem LkSG vorbereiten, um sich so einen strategischen Vorteil für die kommenden Jahre zu verschaffen.

9   Fazit und Ausblick

Nachhaltigkeit im Einkauf gewinnt im Spannungsfeld mit Wirtschaftlichkeit mehr und mehr an Relevanz. Viele Firmen sind bereits seit ihrer Gründung auf Nachhaltigkeit ausgerichtet. Andere sind noch auf dem Weg, die diversen Vorteile einer nachhaltigen Beschaffung für sich zu erkennen, wie Wettbewerbsvorteile gegenüber ökologisch schwächer aufgestellten Mitbewerbern, effizientere interne und externe Ressourcennutzung, gesteigerte Attraktivität für Investoren und größere Innovationskraft, verbessertes Risiko- und Lieferantenmanagement, geringerer CO_2-Footprint, gesteigerte Reputation sowie intensivere Kommunikation und Zusammenarbeit mit Lieferanten und Kunden [8].

Die GMVK bezeichnet „nachhaltige Beschaffung" als Beschaffung, die sich möglichst positiv und ausgewogen auf Umwelt, Gesellschaft und Wirtschaft über den gesamten Lebenszyklus von den eingekauften Produkten auswirkt. Speziell bedeutet das, dass der Einkauf bei Prozessen, Produkten sowie Dienstleistungen von der Herstellung bis zur Entsorgung ökologische, soziale und ökonomische Kriterien berücksichtigt und diese möglichst ausgewogen bewertet. Wie in diesem Beitrag erläutert, empfiehlt die GMVK Procurement Group dabei stets einen systematischen und systemischen Ansatz.

Worin besteht der Mehrwert eines solchen Lösungsansatzes? Innerhalb einer umfassenden „Single Source of Truth" für den strategischen Einkauf liefert die 4EBIT Platform ganzheitliche Transparenz für Einkäufer*innen und verbindet Nachhaltigkeit mit Wirtschaftlichkeit. Diese systemische Verbindung erlaubt es Einkäufer*innen, die wirtschaftlichen Auswirkungen von LkSG-Red-Flags mit wenigen Mausklicks detailliert zu analysieren und adäquate Abhilfe- oder Präventivmaßnahmen einzuleiten. Dadurch können Einkäufer*innen ohne großen Mehraufwand und mit viel weniger manueller Arbeit Nachhaltigkeit in den Einkauf integrieren und Lieferanten überwachen, bewerten, managen sowie nachhaltig weiterentwickeln. Gleichzeitig wird so das Mikromanagement abgeschafft. Zusätzlich ermöglicht die Nutzung der 4EBIT Platform tiefgründige Business Analytics, um Einsparpotentiale in allen Einkaufsbereichen – z. B. innerhalb der indirekten Bedarfe – zu identifizieren und zu heben sowie das Risikomanagement auf eine neue Qualitätsstufe zu heben.

Welche Ergebnisse berichten Kunden? Sie berichten, dass sie durch die Zusammenarbeit mit GMVK und 4EBIT alle Anforderungen des LkSG methodisch und belastbar abgedeckt haben. Diesen gesetzlich vorgeschriebenen Prozess haben GMVK- und 4EBIT-Kunden aber zugleich nicht nur als Pflichtaufgabe angesehen, sondern als Chance ergriffen, um stärker vom operativen zum strategischen Arbeiten zu kommen. So wurden Ressourcen freigeschafft, die sowohl den Einkauf als auch die Lieferanten gewinnbringend unterstützen. Dadurch entsteht ein nachhaltiges, strategisches Lieferantenmanagement gemäß LkSG – von der IST-Analyse bis zum Maßnahmenreporting –, ohne die wirtschaftlichen Prioritäten aus den Augen zu verlieren [8]. Als zusätzlichen Mehrwert freuen sich Kunden über die Möglichkeiten, die 4EBIT Plattform modular zu erweitern. So dient die „Single Source of Truth" als Grundstein für kommende Herausforderungen im Einkauf wie den CO_2-Footprint auf Produktebene – durch die Ermöglichung von Total Cost Assessments und mehr.

Literatur

1. BMAS CSR (2020) Covid-19 zeigt: Unternehmen mit nachhaltigen Lieferketten sind krisenfester, 23.04.2020. https://www.csr-in-deutschland.de/DE/Aktuelles/Meldungen/2020/covid-19-unternehmen-nachhaltige-lieferketten-krisenfester.html. Zugegriffen: 06.01.2023, Berlin
2. Bogaschewsky, R. (2022) Der Einkauf als Klima-Controller, 07.10.2022. https://beschaffung-aktuell.industrie.de/einkauf/der-einkauf-als-klima-controller/. Zugegriffen: 21.12.2022, Berlin
3. Bundesfinanzministerium (2022) Fragen und Antworten zum Klimaschutz, 31.08.2022. https://www.bundesfinanzministerium.de/Content/DE/FAQ/klimaschutz.html. Zugegriffen: 04.01.2023, Berlin
4. Bundesgesetzblatt (2022) Gesetz über die unternehmerischen Sorgfaltspflichten in Lieferketten. Bundesanzeiger Verlag, https://www.bgbl.de/xaver/bgbl/start.xav?startbk=Bundesanzeiger_BGBl&jumpTo=bgbl121s2959.pdf#__bgbl__%2F%2F*%5B%40attr_id%3D%27bgbl121s2959.pdf%27%5D__1674205598926. Zugegriffen: 09.09.2022, Berlin
5. ClimatePartner (n.d.) Der Weg zu Net Zero. https://www.climatepartner.com/de/der-weg-zu-net-zero. Zugegriffen: 06.01.2023, Berlin
6. Constable, D., Arthur, D. L., Jesse, H., Duane, K., Jill, M., Jeff, M., ... & Paul, C. (1999) Total cost assessment methodology. USA: American Institute of Chemical Engineers' Center for Waste Reduction Technologies.
7. CSRD (2022) Die EU liefert. https://www.csr-berichtspflicht.de/csrd. Zugegriffen: 10.11.2022, Berlin
8. Dalstein, F. (2022) Die Zukunft des Einkaufs, WLA Spotlight Whitepaper Serie, https://www.whitelabeladvisory.de/de/whitepaper/die-zukunft-des-einkaufs
9. Dullien, S. & Stein, U. (2022) Sozialverträgliche CO2-Preise, Wirtschaftsdienst, 13(47–52). https://www.wirtschaftsdienst.eu/inhalt/jahr/2022/heft/13/beitrag/sozialvertraegliche-co2-preise.html. Zugegriffen: 06.01.2023, Berlin

10. EU-Kommission (2021) Carbon Border Adjustment Mechanism: Questions and Answers, 14.07.2012. https://ec.europa.eu/commission/presscorner/detail/en/qanda_21_3661. Zugegriffen: 05.01.2023, Berlin
11. EU-Kommission (2022) Kommission verbannt in Zwangsarbeit hergestellte Produkte vom EU-Markt, 14.09.2022. https://ec.europa.eu/commission/presscorner/detail/de/ip_22_5415. Zugegriffen: 05.01.2023, Berlin
12. EU-Kommission (n.d.) EU taxonomie for sustainable activities, n.d. https://finance.ec.europa.eu/sustainable-finance/tools-and-standards/eu-taxonomy-sustainable-activities_en. Zugegriffen: 05.01.2023, Berlin
13. GGKP Expert Group on Natural Capital, Markandya, A. (2020) Natural Capital and the Sustainable Development Goals (SDGs). June 2020. https://www.greengrowthknowledge.org/sites/default/files/downloads/resource/GGKP%20%282020%29.%20Natural%20Capital%20and%20the%20SDGs_0.pdf
14. Hertwich, E. & Wood, R. (2018) The growing importance of scope 3 greenhouse gas emissions from industry, 05.10.2018. Environ. Res. Lett. 13 104013. https://iopscience.iop.org/article/ https://doi.org/10.1088/1748-9326/aae19a/meta
15. Iyer, B. & Subramaniam, M. (2015) The strategic value of APIs. Harvard Business Review, 1(7), 07.01.2015. https://hbr.org/2015/01/the-strategic-value-of-apis. Zugegriffen: 04.01.2023, Berlin
16. Mademann, T. (2020) Agilität im Einkauf: Flexibilität ist nur der erste Schritt, 03.11.2020. https://beschaffung-aktuell.industrie.de/news/agilitaet-im-einkauf-flexibilitaet-ist-nur-der-erste-schritt/. Zugegriffen: 30.10.2022, Berlin
17. Mademann, T. (2021a) Die Bundesregierung braucht eine Task Force „SCM", 06.04.2021. https://beschaffung-aktuell.industrie.de/kommentar/taskforcescm/. Zugegriffen: 30.10.2022, Berlin
18. Mademann, T. (2021b) Wer seinen Unternehmensbeitrag berechnen kann, hat bessere Karten, MBI Einkäufer im Markt, 15.02.2021. Nr. 4, S. 6/7. https://www.mbi-infosource.de/. Zugegriffen: 03.01.2023, Berlin
19. Mademann, T. (2022) „Jetzt werden die Marktanteile von morgen verteilt" – zur Rolle des strategischen Einkaufs, MBI Einkäufer im Markt, 14.10.2022. Nr. 20, S. 6/7. https://www.mbi-infosource.de/. Zugegriffen: 03.01.2023, Berlin
20. Manikas, K. (2016) Revisiting software ecosystems Research: A longitudinal literature study, Journal of Systems and Software, 117(84-103), ISSN 0164-1212, https://doi.org/10.1016/j.jss.2016.02.003.
21. Negash, S. & Gray, P. (2008) Business Intelligence. In: Handbook on Decision Support Systems 2. International Handbooks Information System. Springer, Berlin, Heidelberg. https://doi.org/10.1007/978-3-540-48716-6_9
22. OECD (2021) Building more resilient and sustainable global value chains through responsible business conduct, https://mneguidelines.oecd.org/rbc-and-trade.htm
23. Ofoeda, J. (2019) Application Programming Interface (API) Research: A Review of the Past to Inform the Future, International Journal of Enterprise Information Systems (IJEIS), 15(3). https://doi.org/10.4018/IJEIS.2019070105
24. Schulze, M. & Reich, V. (2022) Auch in Krisenzeiten: Lieferketten durch unternehmerische Sorgfaltspflicht stärken, 02.09.2022. https://www.swp-berlin.org/publikation/auch-in-krisenzeiten-lieferketten-durch-unternehmerische-sorgfaltspflicht-staerken. Zugegriffen: 06.01.2023, Berlin
25. Tagesschau (2022) Energiekrise bedroht Industrie, 28.11.2022. https://www.tagesschau.de/wirtschaft/weltwirtschaft/energiekrise-industriestandort-europa-101.html. Zugegriffen: 04.01.2023, Berlin

26. The Economist (2017) The world's most valuable resource is no longer oil, but data, 06.05.2017. https://www.economist.com/leaders/2017/05/06/the-worlds-most-valuable-resource-is-no-longer-oil-but-data?_ga=2.234557278.1761828884.1673626018-275321008.1673626018. Zugegriffen: 22.12.2022, Berlin
27. Topf und Deckel (2020) Recruiting und Fluktuation. Geld ausgeben und Geld einsparen liegt dicht beieinander, 26.11.2020. https://topfunddeckel.de/blog/2020/11/26/recruiting-und-fluktuation-geld-ausgeben-und-geld-einsparen-liegt-dicht-beieinander/#. Zugegriffen: 21.12.2022, Berlin
28. Ursel, S. (2022) Warum Nachhaltigkeit und Wirtschaftlichkeit kein Gegensatz sind, 22.09.2022. https://beschaffung-aktuell.industrie.de/lieferantenmanagement/warum-nachhaltigkeit-und-wirtschaftlichkeit-kein-gegensatz-sind/. Zugegriffen: 30.10.2022, Berlin

Felix Dalstein hat 2020 an der Wirtschaftsuniversität Wien den Master of Science in Socio-Ecological Economics and Policy (SEEP) abgeschlossen und zuvor in den USA seinen Bachelor of Arts in Environmental Economics absolviert. Nachdem Felix Dalstein als studentischer Consultant bei 180 Degrees Consulting bereits früh praktische Beratungserfahrung sammeln konnte, ist er seit August 2020 für den Auf- und Ausbau des Nachhaltigkeitsberatungsangebots der GMVK und 4EBIT verantwortlich.

Thomas Mademann ist Hochschul-Ingenieurökonom und Diplom-Militärwissenschaftler mit einer neunjährigen militärischen Karriere. Er sammelte langjährige Managementerfahrung unter anderem bei Dun & Bradstreet, Procurement-Initiativen mit der Automobilindustrie (UPIK) und als Executive Vice President von HPI (HOECHST Procurement International). Seit 2011 agiert er als geschäftsführender Gesellschafter der GMVK Procurement GmbH sowie seit 2018 ebenfalls als Geschäftsführer der 4EBIT GmbH.

Nachhaltige Beschaffung am Beispiel von IT-Hardware

Oliver Koch

Mit ihrem strategischen Handeln können Beschaffungsabteilungen in Unternehmen maßgeblich dazu beitragen, dass die Nachhaltigkeitsziele von Unternehmen eingehalten werden. Dazu zählt der Ankauf von aufbereiteten IT-Geräten statt der Anschaffung von Neugeräten – aber auch der Verkauf eigener gebrauchter IT-Hardware an einen IT-Refurbisher ist eine wichtige Säule. Zudem können Unternehmen, die keine aufbereitete IT-Hardware ankaufen und nutzen dürfen, mit dem Verkauf ihrer gebrauchten IT-Geräte sowohl Einnahmen erzielen als auch ihren Beitrag zu den unternehmenseigenen Nachhaltigkeitszielen leisten.

Dabei ist die Beschaffung auf Partner und Dienstleister angewiesen, die sie bestmöglich dabei unterstützen. Im Bereich der IT hat sich AfB social & green IT als fester Player etabliert: Europas größtes gemeinnütziges IT-Unternehmen mit mehr als 650 Mitarbeitenden in fünf Ländern bringt IT-Hardware nach der Datenvernichtung und Aufbereitung in einen zweiten Lebenszyklus und macht so gebrauchte Firmen-IT nachhaltiger. Zudem bietet AfB Unternehmen und öffentlicher Verwaltung transparente, klare Prozesse, valide Wirkungszahlen und Berechnungsgrößen sowie Unterstützung bei der eigenen Nachhaltigkeits- bzw. CSR-Kommunikation und beim ESG-Reporting, zum Beispiel durch eine Wirkungsurkunde, die es in dieser Form nur bei AfB gibt.

O. Koch (✉)
AfB gemeinnützige GmbH, Karlsruhe, Deutschland
E-Mail: oliver.koch@posteo.de

1 Die negativen Auswirkungen von IT-Hardware

Doch wie stark fallen IT-Geräte beim Thema Nachhaltigkeit eigentlich ins Gewicht? Ein Blick auf die Zahlen schafft Klarheit:

- Allein im Jahr 2019 fielen weltweit 53,6 Mio. Tonnen Elektroschrott an. Das entspricht 1,35 Mio. 40-Tonnen-Lkw von insgesamt 28.000 Kilometern Länge.[1]
- Die Produktion eines einzigen Laptops benötigt circa 900 Liter Wasser.
- Mehr als 75 % der Emissionen, die zum Beispiel ein Smartphone verursacht, entstehen bei der Herstellung, für die zudem 70 Kilogramm natürliche Ressourcen benötigt werden.
- Eine Tonne Elektroschrott aus Computern und Laptops enthält insgesamt rund 70 Kilogramm Kupfer, 140 Gramm Silber, 30 Gramm Gold, dazu Palladium und Kobalt – wertvolle Rohstoffe, die häufig unter prekären Bedingungen gewonnen und abgebaut werden. Sie können jedoch sehr gut recycelt werden.
- Bei mehr als 200 Mio. Smartphones, die ungenutzt in deutschen Haushalten liegen, summiert sich das dort vorhandene Gold auf insgesamt 6 Tonnen, was einem Verkaufswert von mehr als 290 Mio. EUR entspricht – mehr, als jährlich Gold neu gefördert wird.[2]

Genau hier setzt nachhaltige Beschaffung an: Nach einer Studie des European Environmental Bureau 2018 würde die Verlängerung der Lebensdauer von Smartphones und anderen elektronischen Geräten um ein Jahr in der EU so viele CO_2-Emissionen einsparen, wie jährlich zwei Mio. Autos ausstoßen.[3] Die strategischen Entscheidungen, die die Beschaffung sowohl beim Kauf als auch beim Verkauf trifft, können diese Emissionen und die negativen Umweltwirkungen von IT-Hardware deutlich minimieren.

1.1 Wie Elektroschrott entsteht: Lineare Wirtschaft vs. Kreislaufwirtschaft

„Die heutige Produktionskette ist gezielt so organisiert, dass keiner für sein Handeln zur Rechenschaft gezogen wird. In ihr wird die Verantwortung stets weitergegeben, bis das Produkt die Endstation erreicht hat: den Müllberg. ... Damit entsteht eine immense Kluft zwischen den Entscheidungen der Hersteller und der Verantwortung für deren Folgen. Der Grund dafür liegt im ökonomischen Modell der Linearwirtschaft, wofür diese Kluft ein zentrales Merkmal ist."[4]

---

[1] Oberhuber, S. & Rau, T. (2021). *Material matters: Wie eine neu gedachte Circular Economy uns zukunftsfähig macht | Die Antwort auf die Klimakrise ist die Kreislaufwirtschaft*. Econ Verlag. S.58
[2] Ebd.
[3] Ebd.
[4] Ebd., S.54/55.

Ein Großteil des Elektroschrotts wird entweder verbrannt, auf Deponien entsorgt oder in den globalen Süden verschifft, um dort zerlegt oder verbrannt zu werden – mit enorm schädlichen Auswirkungen auf Mensch und Umwelt.

Ganz anders ist der Ansatz der Kreislaufwirtschaft: Produkte werden bereits in der Entwurfsphase so aufgebaut, dass man enthaltene Wertstoffe wiedergewinnen und in den Kreislauf zurückgeben kann – Verschwendung durch Downcycling oder Verschrottung findet in der Kreislaufwirtschaft nicht statt.

Noch wird zirkuläres Produktdesign zu selten praktiziert. Doch der Green Deal der EU ist ein wichtiger Meilenstein, um Unternehmen und öffentliche Einrichtungen zu mehr Nachhaltigkeit zu verpflichten. Für die Beschaffung in Unternehmen oder Behörden heißt das: Sie können direkt in die Kreislaufwirtschaft einsteigen, indem sie

- gebrauchte IT-Hardware ankaufen, weiternutzen und somit in der Kreislaufwirtschaft halten oder
- die eigene gebrauchte IT gegen attraktive Ankaufserlöse an IT-Refurbisher wie AfB verkaufen, die diese Geräte zurück in die Kreislaufwirtschaft speist. Gerade diese Weitergabe der eigenen nicht mehr benötigten Geräte an einen Refurbisher ist auch für alle interessant, die aufgrund von Einkaufsrichtlinien keine gebrauchte IT-Hardware einsetzen dürfen.

Die Beteiligung an der Kreislaufwirtschaft steht damit allen Unternehmen oder Behörden offen.

1.2 Die Lieferkettenproblematik beim Ankauf von neuer IT

Die Coronapandemie brachte weltweit die Lieferketten ins Stocken. Viele Bauteile für Produkte, gerade in Elektronik und IT, waren nicht mehr im erforderlichen Maß oder gar nicht mehr lieferbar. China verfolgte mit einer Null-Covid-Strategie einen Kurs, der gezeigt hat, wie unsicher Lieferketten sind. Aber auch die Havarie des Containerschiffs „Ever Given" im Suezkanal im März 2021 hat gezeigt, wie fragil globalisierte Lieferketten geworden sind.

Das führt dazu, dass IT nicht immer in ausreichendem Maß zur Verfügung steht. Da Unternehmen und Verwaltungen gerade aus Sicherheitsaspekten ihre Hardware in zwei- bis dreijährigem Turnus austauschen, steht der Einkauf vor der Herausforderung: Woher Hardware beschaffen, die für die nächste Nutzungsperiode sicher und zuverlässig funktioniert?

Hierbei stellen sich folgende Fragen:

- Muss es sich bei neu angeschaffter Hardware zwangsläufig um Neugeräte handeln?

- Lassen sich die nötigen Sicherheitsanforderungen auch mit professionell aufbereiteter Gebraucht-Hardware realisieren?
- Welches Einsparpotential bietet Gebraucht-Hardware?
- Wie sicher ist die Verfügbarkeit auch in großen Stückzahlen?

Der Einsatz sowie der Verkauf von aufbereiteter, gebrauchter IT-Hardware bedürfen möglicherweise eines Wechsels der gewohnten Perspektive – aber sie zahlen sich aus, denn die Wirkung und Einsparung sind erheblich, bei gleichzeitiger Sicherheit und Langlebigkeit.

Wer gebrauchte IT-Hardware verkauft, hilft aktiv dabei mit, das Angebot zu vergrößern, auf das Unternehmen beim Ankauf zurückgreifen können.

1.3 Erschwerende Faktoren

Der Einkauf in Unternehmen und Organisationen steht seit geraumer Zeit und bis auf Weiteres auf mehreren Ebenen unter Druck – insbesondere bei der Beschaffung von Hardware. Die Lieferkettenproblematik hat neue Produkte teilweise bereits erheblich verteuert. Zusätzlich wirken sich nun auch die enormen Preisanstiege für Heizenergie und Strom nachteilig aus. Viele Produzenten sind daher aus wirtschaftlichen Gründen gezwungen, die Preise für ihre Produkte anzuheben, um die gestiegenen Kosten auszugleichen.

Oft ist es für Unternehmen oder Behörden aus Sicherheitsgründen nicht ohne Weiteres möglich, bereits eingesetzte IT-Geräte über die vorgesehene Nutzungszeit hinaus im Einsatz zu halten.

Und nicht zuletzt erfordern die Anforderungen des deutschen Lieferkettengesetzes, dass soziale Standards bei der Produktion von Gütern eingehalten werden. In Zukunft werden bislang unbeachtete Faktoren in der gesamten Lieferkette von Produkten eine wichtige Rolle spielen, zum Beispiel die Einhaltung grundlegender Menschenrechtsstandards wie das Verbot von Kinderarbeit und Zwangsarbeit[5].

1.4 Soziale Verantwortung

Die Produktion und die Entsorgung von IT-Geräten finden hauptsächlich in Niedriglohnländern des globalen Südens statt, auch die Materialien und Rohstoffe stammen meist von dort. Die Arbeits- und Menschenrechtsbedingungen sind hier erheblich unter dem üblichen Standard und führen häufig auch zu Kinderarbeit, unwürdigen Arbeitsbedingungen und Ausbeutung.

---

[5] Bundesanzeiger Verlag. (o. D.). *Bundesgesetzblatt BGBl. Online-Archiv 1949–2022 |Bundesanzeiger Verlag.* 2022, Bundesanzeiger Verlag GmbH. Abgerufen am 16. Februar 2024, von https://www.bgbl.de/xaver/bgbl/start.xav?start=//*[@attr_id=%27bgbl121s2959.pdf%27]#__bgbl__%2F%2F*%5B%40attr_id%3D%27bgbl121s2959.pdf%27%5D__1708082254529

Für die nachhaltige Beschaffung heißt das: Um die sozialen Aspekte bei der Anschaffung von Firmen-IT zu erfüllen, sollte sie möglichst alle Beteiligten der Lieferkette prüfen und bewerten. Hersteller von Neuware schneiden hierbei aus den genannten Gründen schlecht ab – hier ist aufbereitete IT ein wichtiger Baustein, um die negativen sozialen und ökologischen Folgen möglichst gering zu halten. Inklusionsunternehmen wie AfB social & green IT arbeiten IT-Geräte für ein zweites Leben auf und beschäftigen eine hohe Anzahl an Menschen mit Behinderung in sozial- und rentenversicherungspflichtigen Jobs im ersten Arbeitsmarkt. Bei AfB sind mehr als 45 % aller Mitarbeitenden Menschen mit Behinderung.

Die ökologischen und sozialen Auswirkungen der Wiederverwendung von aufbereiteter IT lassen sich in validen Kennzahlen belegen und nachweisen. Grundlage zur Ermittlung der Umweltwirkungen ist eine Studie der gemeinnützigen Klimaschutzorganisation myclimate aus dem Jahr 2021[6]. Sie ermöglicht AfB, die Wirkung von IT-Remarketing auf die Umwelt und auf die menschliche Gesundheit anhand konkreter Kennzahlen zu berechnen. Dies ist in dieser Form einzigartig und stellt für Unternehmen, Behörden und andere einen echten Mehrwert dar.

Die Frage, die sich stellt, lautet: Welcher Anbieter bzw. Problemlöser bietet den größtmöglichen Nutzen für die eigene Nachhaltigkeitsstrategie, die besten Preise sowie die größte Wirkung?

2 Ankauf und Verkauf gebrauchter Firmen-IT in nachhaltiger Beschaffung

Aufbereitete IT-Hardware wie Notebooks, PCs oder Smartphones begegnen direkt den Herausforderungen von Beschaffung, Corporate Social Responsibility (CSR) sowie ESG-Reporting.

Für den Einkauf bieten sich zwei Wege:

1. Ankauf von aufbereiteter IT-Hardware für den eigenen Einsatz
2. Verkauf von Geräten am Ende des Nutzungszyklus

Im Folgenden stellen wir beide Wege genauer vor.

---

[6] *IT-Remarketing spart 300 Mio. Liter Wasser ein.* (2021, 25. Februar). AfB Social & Green IT Homepage. Abgerufen am 16. Februar 2024, von https://www.afbgroup.de/aktuelles/beitraege/detailansicht/it-remarketing-spart-300-mio-liter-wasser-ein-neueoekobilanz-studie-von-afb-ggmbh-und-myclimate-ermoeglicht-umfassende-wirkungsmessung

2.1 Ankauf von aufbereiteter IT als Hebel für nachhaltige Beschaffung

Der Einsatz aufbereiteter IT-Hardware ersetzt in der Regel den Kauf von Neugeräten. Nach zertifizierter Datenvernichtung, professioneller Reinigung sowie Um- bzw. Aufrüstung mit teilweise auch leistungsstärkeren Komponenten, wie zum Beispiel erhöhtem Arbeitsspeicher sowie aktuellen Betriebssystemen wie Windows 10 und Windows 11, werden gebrauchte Geräte erneut in die Nutzung gebracht – was den ursprünglichen Nutzungszyklus verlängert und ganz konkret sowohl Elektroschrott als auch Umweltbelastungen durch Neuproduktion einspart.

Die wesentlichen Hebel hierbei sind:

1. **Qualität**

    Angeschaffte Geräte müssen qualitativ hochwertig und langlebig sein, um sich im Business-Einsatz dauerhaft zu bewähren. Je hochwertiger die Geräte sind, beispielsweise von professionellen Marken mit hoher Produktionsgüte, desto besser für reibungslose Refurbishing-Prozesse und eine möglichst lange Nutzungsdauer.

2. **Datensicherheit**

    AfB social & green IT stellt mit einem zertifizierten Löschprozess sicher, dass alle Daten von allen Geräten revisionssicher gelöscht werden. Alle Partner erhalten einen Datenvernichtungsnachweis über sämtliche Datenträger. Das Unternehmen löscht nicht mehr nutzbare Datenträger BSI- und DSGVO-konform nach DoD oder NIST mit zertifizierter Löschsoftware von Blancco. Auf diese Weise können auch Datenträger weiterverwendet werden, die sonst im Elektroschrott landen würden. Datenträger, die nicht mehr gelöscht werden können, werden ausgebaut und nach DIN 66399, Schutzklasse 3, Sicherheitsstufe H4 geschreddert.

3. **Nachhaltigkeit**

    Indem das Procurement strategisch auf aufbereitete IT setzt statt auf Neuware, hilft es bei der Erfüllung der unternehmens- bzw. organisationseigenen Nachhaltigkeitsziele. Da sich die ökologische Wirkung belegen und auswerten lässt, liefert die nachhaltige Beschaffung valides Zahlenmaterial für die eigene CSR-Berichterstattung. AfB ist der einzige IT-Refurbisher, der darüber eine Wirkungsurkunde ausstellt, die eingesparte Ressourcen ausweist.

4. **Kostenreduktion**

    Aufbereitete IT-Hardware ist in der Anschaffung wesentlich günstiger als Neuware. Da sie so aufbereitet ist, dass sie auch mit aktuellen Betriebssystemen wie zum Beispiel Windows 10 oder Windows 11 einwandfrei funktioniert, ist sie für eine möglichst lange Nutzungsdauer ausgelegt. Hier kann auch der Verkauf der eigenen genutzten IT-Hardware an AfB unterstützen.

5. **Einhaltung der gesetzlichen Vorgaben**

Ab 2024 wird die Berichtspflicht schrittweise von derzeit etwa 550 auf dann circa 15.000 Unternehmen in Europa ausgeweitet. Dazu gehören unter anderem Unternehmen und börsennotierte KMU, die bisher noch nicht berichtspflichtig sind. Am Ende werden auch kleine und nicht komplexe Kreditinstitute, firmeneigene (Rück-)Versicherungsunternehmen sowie Nicht-EU-Unternehmen mit EU-Niederlassungen oder EU-Tochterunternehmen der Berichtspflicht unterliegen.

Aufbereiteter, also refurbished IT kommt so eine Schlüsselposition zu – sowohl bei der Einhaltung ökologischer wie auch sozialer Vorgaben. Valide Kennzahlen dienen als Beleg und Nachweis zur Einhaltung der Berichtspflicht.

Das deutsche Lieferkettengesetz gibt klare Handlungsanweisungen, nach denen nachhaltige Beschaffung künftig funktionieren soll. Die Kriterien sind unter anderem im Beschluss der Konferenz der IT-Beauftragten der Ressorts (KoITB) festgehalten und bilden vor allem die Neubeschaffung ab. Das stellt den Einkauf vor folgende Fragen:

- Welche Anbieter nachhaltiger Produkte und Dienstleistungen kommen infrage?
- Welche Qualität haben die Geräte?
- Welche Produkte bieten sie und wie transparent sind sie?
- Wie stellt man die Weiter- bzw. Wiederverwendung bzw. das Recycling sicher?
- Welche konkreten Vorteile ergeben sich aus dem Einsatz nachhaltiger Produkte und Dienstleistungen?

Dabei suchen Unternehmen, Organisationen und Verwaltungen der öffentlichen Hand jeweils individuelle Dinge:

- nachhaltige Produkte und Dienstleistungen, die die eigene CSR-Strategie unterstützen,
- Partnerunternehmen, die Nachhaltigkeitsziele erfüllen und für Erfüllung sorgen,
- Beratung bzw. Consulting für Mitarbeitende.

2.1.1 Die Vorteile von refurbished IT in der nachhaltigen Beschaffung

Neuware ist teuer in der Anschaffung und bis auf Weiteres nicht immer wie gewünscht verfügbar. Doch welche Vorteile hat aufbereitete Hardware gegenüber den neuesten Geräten?

- Aufbereitete IT ist wesentlich günstiger in der Anschaffung als Neuware.
- Aufbereitete Geräte werden teilweise mit schnelleren Komponenten aufgerüstet, um ggf. für gestiegene Hardware-Anforderungen neuer Betriebssysteme, wie zum Beispiel Windows 10 oder Windows 11, gerüstet zu sein.
- Gebrauchte Hardware ist aktuell noch weniger von Lieferengpässen betroffen, wenn sie bereits vor den Lieferkettenproblemen in der aktuellen Produktion hergestellt wurde.

Unternehmen nutzen in der Regel hochwertige Firmen-IT. Diese unterscheidet sich von handelsüblicher Consumer-Ware, die in Elektronikmärkten zu kaufen ist, in wesentlichen Punkten. Firmen-IT ist:

- hochwertiger verarbeitet und auf längere Nutzung ausgelegt,
- modular aufgebaut, sodass einzelne Komponenten, wie zum Beispiel Arbeitsspeicher, leicht ausgetauscht werden können,
- robuster, um im mobilen Einsatz funktionstüchtig zu bleiben,
- als Neugerät deutlich kostspieliger, da Komponenten und Verarbeitung höherwertiger sind.

2.1.2 So kaufen Sie IT-Hardware bei AfB

Speziell für B2B-Kunden wie Unternehmen oder Organisationen bietet AfB einen eigenen Onlineshop sowie persönliche Beratung durch Partnermanager an – gerade bei großen Bestellungen und individuellen Anforderungen empfiehlt sich die persönliche Kontaktaufnahme.

Erhältlich sind:

- Notebooks und PCs mit Windows 10 und Windows 11, bei denen AfB als einer von lediglich fünf zertifizierten Microsoft Authorized Refurbishern in Deutschland die Installation übernimmt,
- Smartphones und Tablets unterschiedlicher Hersteller,
- Zubehör wie Monitore oder Dockingstations,
- ausgewählte Neugeräte,
- Garantie mindestens 12 Monate, bei Bedarf bis zu 36 Monate,
- Reparaturservice.

2.2 Verkauf von aufbereiteter IT als Hebel

Auch der Verkauf eigener, gebrauchter Firmen-IT am Ende eines Nutzungszyklus ist ein strategischer Hebel für mehr Nachhaltigkeit. Für Unternehmen ergeben sich dadurch zusätzliche profitable Absatzmärkte, denn sie können mit dem Verkauf ihrer ausgemusterten Hardware attraktive Erlöse erzielen.

AfB bietet sich hier als Partner für die nachhaltige Beschaffung an und übernimmt neben dem Ankauf auch die komplette Prozesskette von Transport, Datenlöschung, Aufbereitung und Remarketing bzw. Recycling nicht mehr nutzbarer Technik.

3 AfB als Partner für nachhaltige Beschaffung

„Wir verstehen die spezifischen Anforderungen von Procurement-Abteilungen in Unternehmen und Verwaltung genau", so Mike Reif, Global Sales Manager und seit 2024 Mitglied der Geschäftsleitung bei AfB social & green IT. „Zum einen machen wir mit unserem eigenen zertifizierten Refurbishment-Prozess IT nachhaltiger, da wir gebrauchte IT-Geräte aufbereiten und weiterverkaufen. Zum anderen sind wir zuverlässiger Partner, wenn es darauf ankommt, Mitarbeitende in der Beschaffung zu beraten und über die Anforderungen lösungsorientiert zu informieren."

AfB social & green IT sorgt für:

- Ausrüstung mit und Lieferung von aufbereiteter IT-Hardware nach Kundenanforderungen,
- zertifizierte Datenlöschung bzw. -vernichtung von vorhandenen Datenträgern,
- fachgerechtes und sortenreines Recycling von unbrauchbarer Hardware,
- Kompensation von CO_2-Emissionen mit Klimaschutzzertifikaten,
- Beratung und Unterstützung bei der Erarbeitung und Implementierung von CSR-Strategien in Unternehmen, Organisationen, Behörden und Verwaltungen.

3.1 Der Wertschöpfungsprozess im IT-Refurbishing von AfB

AfB bietet einen konsequent auf Wertschöpfung optimierten Prozess, der von der Abholung bis zum Verkauf höchste Wirkung erzielt (Abb. 1).

3.1.1 Abholung gebrauchter Firmen IT
Wir übernehmen die Abholung gebrauchter Firmen-IT in sicherer Verpackung mit eigenem Fuhrpark. Unsere Verpackungsboxen sind verschließbar und versiegelt und gewährleisten während des gesamten Transports höchste Datensicherheit.

3.1.2 Erfassung der Gerätedaten
Wir erfassen alle eintreffenden Geräte mit sämtlichen zur Verfügung stehenden Gerätedaten wie Hersteller, Typ, Seriennummer. Diese Daten werden im AfB-eigenen Warenwirtschaftssystem gespeichert und mit einer eindeutig identifizierbaren Log-ID verknüpft. Ab dann können Partner den Status der Bearbeitung ihrer Geräte jederzeit online einsehen.

Lösungen für Datensicherheit bei Aufbereitung und Recycling von IT-Hardware
Unternehmen, die ihre gebrauchte IT-Hardware einem geschlossenen IT-Kreislauf zuführen möchten, benötigen einen IT-Partner, der einen zuverlässigen Datenvernichtungsprozess gewährleistet, alle relevanten Gesetze und Sicherheitsstufen abdeckt, Schrottexporte

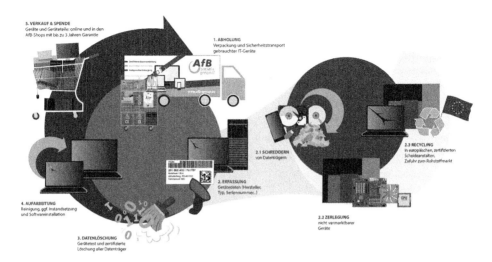

Abb. 1 Prozess von AfB

ausschließt und stattdessen für die ethisch korrekte Weitervermarktung bzw. fachgerechtes Recycling zur Rohstoffrückgewinnung sorgt.

Das Informationssicherheits-Managementsystem von AfB social & green IT ist nach der weltweit anerkannten Norm ISO 27001 zertifiziert.

Die IT-Abholung erfolgt mit unserem eigenen Fuhrpark mit abschließbaren Rollgitterwagen und Notebookboxen. Der Transport erfolgt ADR-konform.

Zerlegung nicht mehr vermarktbarer Geräte

Geräte wie PCs und Server, die wir nicht mehr vermarkten können, zerlegen unsere Spezialist*innen fachgerecht. Verwertbare Komponenten nutzen wir als Ersatzteile weiter. Nicht mehr nutzbare Teile trennen wir in eigenen Recyclingcentern in ihre Wertstoffe. Danach geht das Material nach Fraktionen sortiert zur Wiederverwertung.

3.2 Direktvergabe nach § 118 GWB für öffentliche Einrichtungen

AfB social & green IT ist ein Inklusionsunternehmen, dessen Belegschaft zu mehr als 45 % aus Menschen mit Behinderung besteht. Öffentliche Auftraggeber können das Recht zur Teilnahme an Vergabeverfahren Inklusionsunternehmen vorbehalten (§118

GWB).[7] Sie tragen mit einem Auftrag an AfB dazu bei, Arbeitsplätze gemäß der UN-Behindertenrechtskonvention im inklusiven Arbeitsmarkt zu schaffen.

3.3   Verkauf genutzter Firmen-IT an AfB

Auch der Verkauf gebrauchter Firmen-IT lohnt sich für Beschaffungsabteilungen, um Nachhaltigkeitsziele zu erreichen. Unternehmen und Organisationen können ihre genutzte Firmen-IT an AfB social & green IT verkaufen: Statt Elektroschrott zu produzieren oder sich selbst um die Entsorgung kümmern zu müssen, können sie damit attraktive Ankaufserlöse erzielen. Das sichert nicht nur mehr Liquidität, sondern ist auch maßgeblicher Teil für die eigene Nachhaltigkeitsstrategie.

Zusätzlich erhalten sie einmal im Jahr eine offizielle Wirkungsurkunde, die die ökologische und soziale Wirkung der Maßnahmen dokumentiert. Grundlage zur Ermittlung der Umweltwirkung ist die bereits erwähnte Studie der gemeinnützigen Klimaschutzorganisation myclimate von 2021. Dies ist in dieser Form einzigartig.

3.4   Nachhaltigkeit in messbaren Zahlen

Die Einsparungen an CO_2- und anderen Emissionen sowie an Ressourcen lassen sich konkret messen und nachvollziehbar abbilden. Wenn ein von AfB wiederaufbereitetes Notebook statt 4,5 Jahre insgesamt 7,5 Jahre genutzt wird, werden 113,65 Kilogramm CO_2e eingespart. Das entspricht einer Einsparung von 66 %. Wenn der Einkauf mit nachhaltiger Beschaffung dafür sorgt, dass im Unternehmen Dutzende von AfB aufbereitete Notebooks zum Einsatz kommen, spart er im Vergleich zum Neukauf mit jedem Notebook CO_2e ein.

Die Wirkungsurkunde kann zudem positiven Einfluss auf das ESG-Rating haben (Abb. 2).

3.5   Recycling durch AfB

Jedes IT-Gerät ist eines Tages nicht mehr einsetzbar. Hier kommt es auf eine fachgerechte Entsorgung an. Bei AfB social & green IT demontieren Expert*innen in eigenen Produktionsstätten die IT-Geräte. Dies erfolgt unter folgenden Prämissen:

---

[7] Beschaffungsamt des BMI. (2021, Dezember). *Faktenblatt Öffentliche Auftragsvergabe an Inklusionsbetriebe*. Kompetenzstelle für Nachhaltige Beschaffung. Abgerufen am 16. Februar 2024, von https://www.nachhaltigebeschaffung.info/SharedDocs/DokumenteNB/220228_Faktenblatt%20%C3%B6ffentliche%20Auftragsvergabe%20an%20Inklusionsbetriebe.pdf?__blob=publicationFile&v=2, letzterZugriff: 16.02.2024

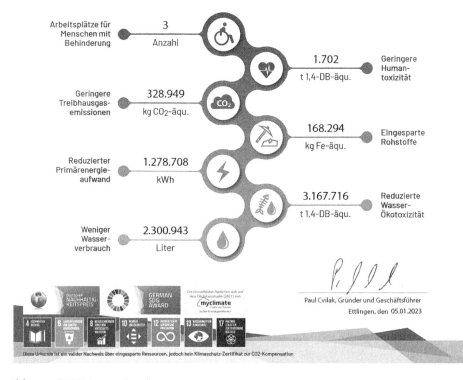

Abb. 2 AfB Wirkungsurkunde

- Einsatz verwendbarer Komponenten oder Elemente als Ersatzteile,
- sortenreine Trennung aller Teile,
- unbrauchbare, geschredderte Datenträger werden zu Recyclat,
- Übergabe sortenrein getrennter Fraktionen und Recyclat an zertifizierte Recyclingunternehmen, die darauf spezialisiert sind, Rohstoffe für eine spätere Nutzung zurückzugewinnen.

3.6 Förderung von Inklusion bei AfB

Als Europas größtes gemeinnütziges IT-Unternehmen sind bei AfB mehr als 45 % der Mitarbeitenden Menschen mit Behinderung. Der Einsatz von aufbereiteter IT von AfB zahlt damit auf soziale Ziele ein, die im Lieferkettengesetz vorgegeben sind. Deshalb führt die Wirkungsurkunde von AfB auch ganz konkret die erzielte soziale Wirkung auf, indem sie die Anzahl der Menschen mit Behinderung angibt, deren Beschäftigung damit ermöglicht wurde.

4 Ökologische und soziale Aspekte (ESG)

Wer aufbereitete Hardware im eigenen Unternehmen einsetzt, erzielt schnell einen bedeutenden ökologischen Impact – je höher die Stückzahlen, desto größer die Wirkung. Für die eigene Nachhaltigkeitsstrategie ist der Einsatz von aufbereiteter IT ein bedeutender Hebel zu mehr Nachhaltigkeit.

4.1 Darum ist aufbereitete IT nachhaltiger als Neuware

IT erfordert eine Menge an Ressourcen, die zunächst unter hohem Aufwand gewonnen werden müssen, zum Beispiel Kupfer, Silber, Gold, Palladium und Kobalt oder seltene Erden. Dabei entstehen ökologische Schäden an Natur und Mensch. Da IT (noch) nicht auf diese Elemente verzichten kann, ist eine „nachhaltige IT" bislang nicht komplett umsetzbar – auch weil wertvolle Elemente zu selten durch fachgerechtes, sortenreines Recycling wiedergewonnen werden können. So ist es bis heute Standard, die Ressourcen für die meisten Geräte neu zu gewinnen.

IT-Refurbishing bietet hier einen sinnvollen Ansatz: Indem einzelne Geräte nach professioneller Aufbereitung und ggf. Aufrüstung mit leistungsstärkeren Komponenten länger genutzt werden, bremsen sie die Neuproduktion von IT-Hardware – konsequent umgesetzt, kann IT-Refurbishing also dafür sorgen, dass letztlich weniger Neugeräte hergestellt werden, was gut für die Umwelt ist. Denn auch die Ressourcen, die sich im Gerät befinden, werden länger genutzt.

Studien bestätigen, dass der anteilige CO_2-Ausstoß allein für die Produktion von IT- und Mobilgeräten höher ist als die Umweltbelastung, die durch den Energieverbrauch über die gesamte Nutzungsphase hinweg entsteht. Hier ist also der größte Hebel.

4.2 Wirkung und Kennzahlen als Beitrag zu sieben SDGs

Die Vereinten Nationen haben 17 Nachhaltigkeitsziele, die sogenannten SDGs (Sustainable Development Goals) verabschiedet, um bis 2030 substantielle Verbesserungen in Sachen Nachhaltigkeit zu etablieren.

Der Einsatz von aufbereiteter IT an AfB social & green IT zahlt ebenso darauf ein wie der Verkauf eigener gebrauchter IT an AfB. Ganz konkret sind dies diese sieben SDGs:

SDG 4 – Hochwertige Bildung:

Chancengerechtigkeit ist mit dem Zugang zu guten Lernmitteln verbunden. AfB unterstützt weltweit Bildungsprojekte durch die Bereitstellung von IT-Geräten.

SDG 6 – Sauberes Wasser und Sanitäreinrichtungen:

Durch die Wiederverwendung von IT-Geräten werden die Wassernutzung und die Auswirkungen auf die Wasserökosysteme infolge der Emission toxischer Stoffe reduziert.

SDG 8 – Menschenwürdige Arbeit und Wirtschaftswachstum:

IT-Remarketing trägt zur nachhaltigen Rohstoffgewinnung und zur Reduzierung von Elektroschrottdeponien im Globalen Süden bei.

SDG 10 – Weniger Ungleichheiten:

Mit der Schaffung inklusiver Arbeitsplätze fördert AfB die soziale und wirtschaftliche Inklusion sowie die Selbstbestimmung von Menschen mit Behinderung.

SDG 12 – Nachhaltige/r Konsum und Produktion:

AfB trägt zur Reduzierung von Ressourcenverbrauch, Emissionen und Elektroschrott durch die Wiederverwendung von IT-Hardware bei.

SDG 13 – Massnahmen zum Klimaschutz:

Die Wiederverwendung und das Recycling von IT-Geräten führen zur Einsparung von Emissionen, Rohstoffen und Energie und tragen somit zum Klimaschutz bei.

SDG 17 – Partnerschaften zur Erreichung der Ziele:

Die Zusammenarbeit von AfB und IT-Partnern unterstützt maßgeblich die Erreichung sozialer und ökologischer Ziele.

5 Fazit und Ausblick

Derzeit werden nur wenige IT-Geräte wirklich nachhaltig hergestellt. Um die Herausforderungen zu mehr Nachhaltigkeit sowohl in der Gesellschaft als auch bei Unternehmen und Organisationen zu meistern, sind Alternativen gefragt. IT-Refurbishing und die Nutzung von refurbished IT – sowie der Verkauf von genutzter Firmen-IT – sind Alternativen, da sie durch die Verlängerung der Nutzungsdauer die umweltschädlichen Begleiterscheinungen der Herstellung von IT-Hardware dämpfen. Auch das konsequente und sortenreine Recycling nach europäischen Standards ist ein wichtiger Schritt, um möglichst viele der bereits verwendeten Rohstoffe wiederzugewinnen und erneut zu nutzen.

Professionelle IT-Refurbisher wie AfB bieten Unternehmen die Möglichkeit, nicht mehr benötigte IT-Hardware sicher und nachhaltig in die Zweitnutzung zu bringen und damit ihren Teil zu zirkulärem Handeln beizutragen. Die von AfB gelöschten, gereinigten, getesteten und bei Bedarf reparierten oder aufgerüsteten refurbished Geräte können bei AfB wieder erworben werden: solide Hardware zum günstigen Preis. Diese zwei Optionen bietet AfB für eine nachhaltige IT-Beschaffung und unterstützt in allen Belangen der Datenschutzkonformität und die Nachhaltigkeitskommunikation.

Als Inklusionsunternehmen fördert AfB die sozialversicherungspflichtige Beschäftigung von Menschen mit Behinderung und ist gemeinnützig, daher der Firmenslogan „social & green IT".

Oliver Koch gehört seit zwei Jahrzehnten zur schreibenden Zunft. Schreiben ist sein Herzblut. Deshalb war und ist er als Redakteur und Texter sowohl im Online- als auch im Printbereich sowohl in Agenturen als auch in Unternehmen verschiedener Branchen tätig. Mit seiner Arbeit möchte er Leserinnen und Leser dabei unterstützen, auch komplexe Zusammenhänge gut zu verstehen.

Spezialthemen des nachhaltigen Einkaufs

Zur Wirkungsorientierung nachhaltiger Beschaffung in Entwicklungsländern

Tanja Lingohr

1 Besonderheiten nachhaltiger Beschaffung in Entwicklungsländern

Bisher haben sich Unternehmen überwiegend freiwillig mit den Nachhaltigkeitsthemen beschäftigt und sind den UN-Leitprinzipien für Wirtschaft und Menschenrechte (UNGPs) und dem Nationalen Aktionsplan Wirtschaft und Menschenrechte (NAP) gefolgt. Seit einigen Jahren werden unter anderem im UN Global Compact Netzwerk Deutschland (UNGCD) vermehrt die Themen Nachhaltigkeit und Biodiversität beim Lieferkettenmanagement diskutiert. Das UNGCD ist eine strategische und globale Initiative zur Förderung nachhaltigen Wirtschaftens und verantwortungsvoller Unternehmensführung und beruht auf einem Pakt zwischen den Vereinten Nationen und Unternehmen (>7500) sowie unterstützenden Stakeholdern (>3500). Das Netzwerk gibt den Stand der internationalen Debatte zu den Prinzipien zu Menschenrechten, Arbeitsnormen, Umweltschutz und Korruptionsbekämpfung wieder und zeigt verschiedene Instrumente, die den Unternehmen zum nachhaltigen Lieferkettenmanagement zur Verfügung stehen [10]).

Die meisten bisherigen Überlegungen wurden durch Aspekte wie preisgünstige Beschaffung oder optimierte Liefer- und Logistikmodalitäten geprägt. Heute rücken nicht zuletzt durch verschärfte gesetzliche Anforderungen (z. B. das deutsche Lieferkettensorgfaltspflichtengesetz, LkSG) neben den ökonomischen Vorteilen auch ökologische und soziale Anforderungen in den Mittelpunkt der Diskussion um Nachhaltigkeit. Seit 2023 müssen große Unternehmen in Deutschland ihre Prozesse an verbindliche Vorgaben aus dem LkSG anpassen. Demnächst können weitere Anpassungen erforderlich werden, wenn

T. Lingohr (✉)
ICON-INSTITUTE GmbH & Co. KG, Köln, Deutschland
E-Mail: tanja.lingohr@icon-institute.de

auf EU-Ebene die Richtlinie zur Corporate Sustainability Due Diligence verabschiedet wird.

Hersteller können sich zudem dem zunehmenden Druck der Stakeholder (Endkunden, Kreditgeber, Investoren) nicht mehr entziehen und müssen die ökonomische, ökologische und soziale Leistungsfähigkeit ihrer Lieferanten entlang des gesamten Lebenszyklus der Produkte verantworten (ecosense [20]).

Die bisherigen bekannten Forderungen an Unternehmen zur Einhaltung von Mindeststandards durch die Vermeidung von Kinder- oder Zwangsarbeit sind wesentlich erweitert worden. Entscheidend sind zudem die Einhaltung von grundlegenden Nachhaltigkeitsprinzipien im Sinne der Beachtung von Menschenrechten im Allgemeinen, die Einhaltung von Umwelt- und Arbeitsstandards sowie die Vermeidung von Korruption auf mehreren Ebenen im Lieferkettenmanagement. Dabei reicht im Einzelnen der Nachweis der Einhaltung dieser Standards nicht aus, sinnvollerweise sollte auch in Stakeholder-Dialoge eingetreten werden, um die Thematik breitenwirksam umsetzen und überprüfen zu können. Ein Rahmenwerk (s. Abb. 1) könnte folgendermaßen aussehen:

Dabei geht es nicht nur um moralisch korrektes Handeln auf Unternehmensseite, sondern um die aktive Reduzierung von operationellen, Reputations- und rechtlichen Risiken sowie Kosten. Zudem können auch Lieferbeziehungen gefestigt und sicherer gemacht sowie die Qualität der Produkte und das Vertrauen auf Investoren und Kundenseite erhöht werden [15]. Jede Branche hat eine unterschiedliche Herangehensweise an die Instrumente zur Schaffung von Nachhaltigkeit. So ist beispielsweise die Textil-, Lebensmittel und Elektronikindustrie besonderen Risiken ausgesetzt, da die Lieferantenstrukturen wesentlich komplexer sind als in anderen Branchen [27]. Des Weiteren darf sich ein nachhaltiges Handeln nicht auf die Vermeidung der genannten Risiken reduzieren, vielmehr ist eine proaktive und strategische Herangehensweise gefordert, die durch eine Kooperation mit relevanten Stakeholder-Gruppen unterstützt werden muss. Darunter ist die Etablierung

Abb. 1 Rahmenwerk zur grundlegenden Nachhaltigkeit

von lokalen Partnerschaften zwischen Unternehmen, lokalen staatlichen Akteuren und Entwicklungsagenturen unter Einbezug von Gewerkschaften, Unternehmensverbänden, NGOs (Non-Governmental Organisations) und internationalen Organisationen zu verstehen. Der Aufbau lokaler Kapazitäten zur Umsetzung und zum Monitoring von Standards aufseiten des Staates und der Lieferanten steht hierbei im Mittelpunkt [23].

Die folgende Übersicht (Abb. 2) zeigt verschiedene Dimensionen, die von einer einmaligen Beschaffung ohne besondere Bestrebungen zum Aufbau einer nachhaltigen Lieferbeziehung bis zur Schaffung eines langfristig stabilen Beschafferumfeldes reichen.

Es ist zu betonen, dass die langfristig nachhaltige Beschaffung erst im mittleren Bereich beginnt – mit der Dimension „einhaltend" ist der Compliance-Aspekt zu verstehen. Diese Dimension beschreibt eine eher überprüfende Perspektive zur Nachhaltigkeit (und keine aktiv mitgestaltende Vorgehensweise). Proaktives Handeln findet sich erst in der darauffolgenden Dimension, in der auch der Wissensaufbau auf Lieferantenseite im Rahmen einer nachhaltigen Lieferantenentwicklungsstrategie in den Vordergrund rückt. Die maximale Umsetzung aller möglichen Maßnahmen zur Erreichung von Nachhaltigkeit findet sich in der letzten Dimension wieder, bei der ein widerstandsfähiges und langfristiges Geschäftsumfeld geschaffen werden soll.

Abb. 2 Dimensionen eines langfristig stabilen Umfeldes

1.1 Einbeziehung lokaler Lieferanten

Die Nachhaltigkeitsansätze zur Wahrung von Menschenrechten, sozialen sowie Arbeits- und Umweltstandards finden sich am häufigsten in der Etablierung von Verhaltenskodizes wieder, die in ganzen sektor- oder industrieweiten Kodizes und Zertifizierungsschemata Eingang finden [2]. Diese werden in den meisten Fällen an Sublieferanten weitergegeben und deren Einhaltung wird durch Audit-Firmen oder NGOs überwacht. Problematisch ist dies für diejenigen Lieferanten, die für viele multinationale Unternehmen arbeiten und sich an zahlreiche unterschiedliche Standards anpassen und sich darin kontrollieren lassen müssen. Dies führt zu erheblichem Aufwand aufseiten der lokalen Lieferanten und ist fast nicht umsetzbar, da die Lieferanten häufig mit verschiedenen widersprüchlichen Standards konfrontiert werden und ein entsprechendes Audit auf eigene Kosten durchführen müssen [32]. In der Folge werden größere Lieferanten den kleineren und schwächeren Lieferanten gegenüber bevorzugt oder aber es kommt zu einer Greenwashing-Kommunikation, bei der sowohl Lieferanten als auch Händler falsche Tatsachen kommunizieren, um weiterhin gelistet und angefragt zu bleiben.

In der Vergangenheit wurden die lokalen Lieferanten kaum bis gar nicht in die Erarbeitung von Standards und Maßnahmen zur Kontrolle eingebunden, sondern mussten reaktiv auf die Anforderungen der beschaffenden Unternehmen reagieren. Im Falle der Nichtbeachtung und Nichteinhaltung der Standards wurden in der Regel die Lieferbeziehungen abgebrochen. Es ist unmittelbar einleuchtend, dass auf diese Weise keine Nachhaltigkeit geschaffen werden kann und die Lieferanten keinen Anreiz und auch keine Chance sehen, sich selbst mit der Entwicklung eines eigenen Verhaltenskodexes zu beschäftigen, der über die normale Leistungseinhaltung/Compliance hinausgeht.

Die Kontrollsysteme sind häufig nur darauf ausgerichtet, große Missstände auf Lieferantenseite zu erfassen und abzustellen. Dies ist notwendig, aber nicht hinreichend, da Lieferanten, die diese großen Standards einhalten, nicht unbedingt diejenigen sind, die bereit und willens sind, eine eigene Strategie zur Nachhaltigkeit auszuarbeiten. Des Weiteren sind sie ebenso wenig bereit, Korruption zu bekämpfen und die Produktionsprozesse im Sinne einer Umweltentlastung ständig zu verbessern.

Es wird schnell deutlich, dass eine verzahnte Kommunikation und eine (durch Lieferant und Abnehmer) gemeinsame Erarbeitung von Standards, Anforderungen und Kontrollmechanismen notwendig sind und zudem ein „Ownership" auf Lieferantenseite vorhanden sein muss [11]. Der lokale Lieferant sollte bei Bedarf im Kapazitätsaufbau unterstützt werden, damit er den Wert eines verbesserten Managements für seine Produktivität oder Innovationsfähigkeit erkennt [3]. Zahlreiche Unternehmen haben sich jedoch in Brancheninitiativen oder Multi-Stakeholder-Initiativen wie der Ethical Trading Initiative (ETI), der Fair Labour Association (FLA) oder der Business Social Compliance Initiative (BSCI) organisiert und verfolgen eine Vereinheitlichung von Kodizes und Audit-Verfahren [13]. Zudem schätzen sie die Stärkung von Lieferanten und den lokalen Kapazitätsaufbau als äußerst wichtig ein [12].

Neben dem Wissensaufbau sind klare Anreize für ein proaktives Management von Umwelt- und sozialen Risiken für die Lieferanten zu setzen. Dazu gehört das Aufzeigen einer Zukunftsperspektive für die Lieferanten, zum Beispiel in Form einer bevorzugten Behandlung oder einer transparenten Einkaufsplanung der Beschaffer.

1.2 Einbeziehung von Arbeitnehmer*innen durch Nutzung eines Beschwerdemechanismus

In bisherigen Ansätzen hat die Einbindung von Arbeitnehmer*innen in lokalen Betrieben in diesem Zusammenhang nur eine untergeordnete bis gar keine Bedeutung erlangt. Nachhaltigkeit in den genannten Bereichen kann nur sichergestellt werden, wenn auch die Arbeitnehmer*innen oder Beschäftigen über die Anforderungen informiert und geschult werden sowie Möglichkeiten haben, entsprechende Verstöße zu melden. Sichere Kommunikationskanäle und Beschwerdemechanismen sollten etabliert werden, wodurch Arbeitnehmer*innen stärker in die Kontrolle und Durchsetzung ihrer Rechte sowie in die Überwachung von Umweltstandards und Antikorruptionsmaßnahmen eingebunden werden können. Es kann davon ausgegangen werden, dass durch Beschäftigte generierte Information äußerst verlässlich die lokalen Arbeitsbedingungen darlegen.

Die Entwicklung eines Beschwerdemechanismus erfordert ein systematisches Vorgehen und die Einbeziehung aller beteiligten Parteien, um sicherzustellen, dass er effektiv und akzeptabel ist. Im Folgenden werden die wichtigsten Schritte dargestellt, die bei der Entwicklung eines Beschwerdemechanismus berücksichtigt werden sollten (Agentur für Wirtschaft und Entwicklung [1, 14]):

- Identifizierung relevanter Themen innerhalb der Sozialstandards (z. B. Arbeitszeiten, Pausen, Überstunden, Löhne, Dialog), die von dem Beschwerdemechanismus abgedeckt werden sollen
- Festlegung der Verantwortlichkeiten der verschiedenen Akteure, die an dem Mechanismus beteiligt sind, zum Beispiel aus dem Unternehmen, von Arbeitnehmervertretungen oder Überwachungsbehörden
- Festlegung des Beschwerdeverfahrens, das für alle Betroffenen leicht zugänglich und einfach zu verstehen ist
- Kommunikation und Schulung, um alle Betroffenen über den Beschwerdemechanismus und das Verfahren zu informieren und die Anwendbarkeit durch die relevanten Akteure sicherzustellen
- Überwachung und Bewertung, um sicherzustellen, dass der Beschwerdemechanismus effektiv und effizient arbeitet; regelmäßige Durchführungen von Bewertungen für die Weiterentwicklung und Verbesserung
- Transparenz und Offenheit, damit alle Betroffenen Vertrauen in den Mechanismus erlangen und ihn nutzen können

Es ist wichtig zu betonen, dass ein effektiver Beschwerdemechanismus mehr ist als nur ein Verfahren, um Beschwerden entgegenzunehmen. Er muss auch Teil eines umfassenden Ansatzes zur Verbesserung der Sozialstandards sein, der eine kontinuierliche Überwachung, Schulung und Sensibilisierung umfasst.

1.3 Kooperationen mit dem öffentlichen Sektor und Nutzung von Informationsplattformen

Auf staatlicher Seite finden sich in Entwicklungsländern oft lückenhafte oder fehlende gesetzliche Regulierungen zu Menschenrechten, Arbeitsstandards, Umwelt und Antikorruption oder aber ein korrupter Umgang damit. Die bisher angesprochenen unternehmensseitig entwickelten Standards können und sollen die Gesetzeslücken nicht füllen. Unternehmen sollten die Kooperation mit dem öffentlichen Sektor nutzen, um die Maßnahmen zur Nachhaltigkeit aktiv voranzutreiben und durch Lobbyarbeit die Integration von Sozial- und Umweltstandards in Handelsabkommen zu forcieren. Des Weiteren können Unternehmen die lokalen staatlichen Akteure einbeziehen und dabei stärken, einen Teil der Überwachungsfunktion zur Einhaltung von Standards zu übernehmen [8]. Dies kann zudem zu einer Senkung von Monitoring-Kosten auf Lieferantenseite führen. Sowohl der World Bank Foreign Investment Advisory Service (FIAS) als auch das Better-Work-Programm der ILO geben Beispiele einer gelungenen Zusammenarbeit mit zahlreichen Stakeholdern, um CSR-Lösungen zur Erhöhung der nationalen Wettbewerbsfähigkeit zu finden [25]. Ebenso erhalten Organisationen in Brancheninitiativen oder Multi-Akteurs-Partnerschaften wie dem deutschen Bündnis für nachhaltige Textilien oder dem Forum nachhaltiger Kakao umfangreiche Unterstützung und Hilfestellungen.

Maßnahmen zur Nachhaltigkeit können auch durch eine Verbesserung des Informationsaustausches zwischen den Unternehmen erreicht werden. Zahlreiche Initiativen wie zum Beispiel der Suppliers Ethical Data Exchange (SEDEX), das Fair Factories Clearinghouse, die Business Social Compliance Initiative (BSCI) oder das Eletronics Tool for Accountable Supply Chains (E-TASC) fragen bei den Lieferanten Selbsteinschätzungen und Audit-Daten ab und stellen sie den Unternehmen zur Verfügung. Dies dient der Entlastung der Monitoring-Aktivitäten und trägt weiterhin zur Kostenreduzierung bei [25].

2 Wirkungsmessung von Nachhaltigkeitsmaßnahmen

Wir beobachten, dass viele Unternehmen bereit sind, sich den gesetzlichen Anforderungen zu stellen, indem sie eigene Nachhaltigkeitsabteilungen aufbauen, Wissen generieren, IT-Tools und Methoden entwickeln. Ein Schlüsselthema ist in der Risikoanalyse im Rahmen eines Monitoring-Systems zu sehen, die jedes Unternehmen für seine eigenen Beschaffungsprodukte und -prozesse etablieren muss (sofern das nicht schon geschehen ist).

Abb. 3 Zusammenhang zwischen Maßnahmen und Wirkungen. (Eigene Darstellung in Anlehnung an Rogers [31, 31])

Dabei stehen die Identifizierung von Risiken an sich sowie die Bewertung des Schweregrades und der Eintrittswahrscheinlichkeit im Vordergrund (Bundesamt für Wirtschaft und Ausfuhrkontrolle [4, 4]). Leider kommen die daraus resultierenden Handlungsempfehlungen allerdings viel zu kurz und es ist noch verheerender, dass die Analyse der Wirkungen des Handelns meist vernachlässigt wird. Welche Maßnahmen auch immer etabliert und umgesetzt werden, eine logische und konsequente Wirkungsmessung ist unabdingbar. Diese sollte im Zentrum des Handelns stehen, um beurteilen zu können, ob die eigenen Interventionen zum gewünschten Ergebnis geführt haben (Bundesamt für Wirtschaft und Ausfuhrkontrolle [5]).

Um sich mit dem Thema Wirkungsmessung im Rahmen des nachhaltigen Beschaffens auseinanderzusetzen, müssen einige Begrifflichkeiten geklärt werden (UNEP [33]).

- **Kausalpfad:** die logischen und kausalen Beziehungen zwischen Inputs, Aktivitäten/Maßnahmen, Outputs, Ergebnissen und Wirkungen
- **Output:** Zuwachs an Wissen, Fähigkeiten und Bewusstsein von Einzelpersonen oder innerhalb von Institutionen oder die Verfügbarkeit neuer Produkte und Dienstleistungen, die sich aus der Umsetzung von Aktivitäten ergeben
- **Outcome:** das kurz- bis mittelfristige Ergebnis einer umgesetzten Maßnahme, das sich unmittelbar durch eine Verhaltensänderung ergibt und zur langfristigen Wirkung beiträgt
- **Impact:** die langfristige und mittelbare Wirkung einer Maßnahme, die auf gesellschaftlicher Ebene stattfindet und von vielen anderen weiteren Interventionen abhängt

Die folgende Abb. 3 zeigt den kausalen Pfad zwischen Inputs, Aktivitäten und Wirkungen auf.

2.1 Abgrenzung von Wirksamkeit und Angemessenheit

In der Diskussion um die Umsetzung von Sorgfaltspflichten ist es sinnvoll, die Bereiche Wirksamkeit und Angemessenheit voneinander abzugrenzen (Bundesamt für Wirtschaft und Ausfuhrkontrolle [6]).

Nur wenn eine Maßnahme dazu beiträgt, die Situation von Menschen oder den Schutz der Umwelt auch tatsächlich zu verbessern, gilt diese nach dem Lieferkettensorgfaltspflichtengesetz als **wirksam**. Die Wirkungsorientierung muss in jedem Fall bei der Planung und Umsetzung von Maßnahmen berücksichtigt werden (LkSG [28]). Das LkSG schreibt zudem vor, dass die Wirksamkeit von Maßnahmen regelmäßig zu überprüfen ist, um zu beurteilen, ob die mit den Maßnahmen angestrebte Wirkung erreicht wurde oder Anpassungsbedarf besteht (Bundesamt für Wirtschaft und Ausfuhrkontrolle [5]).

Die **Angemessenheit** von Maßnahmen ist rechtlich nicht eindeutig definiert, da der Einsatz von benötigten Ressourcen zur Erzielung einer Wirkung für die Unternehmen unterschiedlich ist und je nach Stärke individuelle Anstrengungen hervorruft [26]. Das LkSG definiert die Angemessenheitskriterien in dem Sinne, dass Unternehmen dazu verpflichtet sind, in ihren Lieferketten die Sorgfaltspflichten in (für sie) angemessener Weise zu beachten mit dem Ziel, menschenrechtlichen oder umweltbezogenen Risiken vorzubeugen oder sie zu minimieren sowie die Verletzung menschenrechtsbezogener oder umweltbezogener Pflichten zu beenden (§ 3 Abs. 1) oder in ihren Auswirkungen zu minimieren (§ 7 Abs. 1 S. 1) (Bundesamt für Wirtschaft und Ausfuhrkontrolle [7]).

Nun bleibt offen, wie eine Wirksamkeitsüberprüfung ablaufen kann, um Erkenntnisse darüber zu erhalten, ob ihre Ressourcen sowohl im Rahmen von Anpassungsmaßnahmen als auch für die Planung von neuen Maßnahmen zielführender eingesetzt wurden.

2.2 Messbarkeit von Wirkungen durch die Theory of Change

Als ein gängiges Instrument aus dem Bereich der Entwicklungspolitik hat sich die Theory of Change (ToC) herauskristallisiert [21, 30].

Die Theory of Change kann durch eine systematische und evidenzbasierte Herangehensweise zur Identifizierung und Umsetzung von Veränderungen helfen, nachhaltige Beschaffungsprozesse zu verbessern. Die ToC ist eine Methode zur Planung, Umsetzung und Bewertung von sozialen Veränderungen, die die Verbindung zwischen den angestrebten Ergebnissen und den geplanten Aktivitäten herstellt. Es wird dabei ein umgekehrtes Vorgehen angesetzt, das über die Analyse des Grundproblems Zielzustände (Ergebnisse/ Wirkungen) definiert, auf deren Basis maßgeschneiderte Lösungen abgeleitet werden, denen eine Überwachungsmethodik folgt [17].

Im globalen Einkauf können damit Ziele und Wirkungen von Einkaufsentscheidungen und -prozessen definiert und entsprechende Herangehensweisen abgeleitet werden.

Die ToC unterstützt auch bei der Überwachung von Veränderungen und bei der Gestaltung von Lernprozessen zur Beurteilung von Effektivität und potentieller Anpassung der Aktivitäten.

Beispielhaft können folgende Schritte zur Erreichung von unternehmerischer Sorgfaltspflicht im Rahmen einer nachhaltigen Beschaffung aufgezeigt werden (eigene Übertragung in Anlehnung an [18]).

- **Problemidentifikation:** Zunächst wird das Problem definiert. Ausgehend von einem übergeordneten Problem, dass die Sozialstandards zum Beispiel in der Textilbranche nicht eingehalten werden, können untergeordnete Problemfelder heruntergebrochen werden. Die ToC hinterfragt die Gründe für das Nichteinhalten der Sozialstandards. Diese schlagen sich zum Beispiel beim Nichteinhalten der Arbeitszeiten und unbezahlten Überstunden in Spinnereien nieder. Die ToC hinterfragt weiterhin, warum die Arbeitszeiten nicht beachtet werden. Gründe könnten zum Beispiel in mangelnden Kontrollen, fehlenden Beschwerdemechanismen oder alternativlosen Jobangeboten liegen.
- **Identifikation von Resultaten und Zielsetzungen (Outcome):** Aus der vorangegangenen Problemidentifikation werden nun Zielsetzungen formuliert, die gleichzeitig Resultate von Maßnahmen sind. Dies könnten im vorliegenden Beispiel das Einhalten der Arbeitszeiten oder die Reduzierung der Beschwerden/Vorfälle sein.
- **Definition von Aktivitäten und Maßnahmen (Output):** Um die zuvor genannten Ziele zu erreichen, ist es wichtig, die erforderlichen Schritte und Maßnahmen zu identifizieren. Die ToC verlinkt Outputs mit Wirkungen [29]. Im vorliegenden Beispiel könnten dies Auflagen an die Lieferanten/Produzenten zur Beachtung der Kernarbeitsnormen der Internationalen Arbeitsorganisation (ILO) sein oder die Einführung eines Beschwerdemanagementsystems. Hierbei sollten alle relevanten Akteure und ihre jeweiligen Rollen und Verantwortlichkeiten berücksichtigt werden. Zum Beispiel könnte es auch relevant sein, Schulungen beim Lieferanten durchzuführen, um ihm das Problemfeld und die angesetzten Lösungswege zu erklären.
- **Definition von Risiken und Annahmen:** Im Rahmen der Anwendung der ToC müssen Annahmen getroffen und Risiken analysiert werden. Die Auflage für einen Lieferanten, die ILO-Normen anzuwenden, setzt zum Beispiel voraus, dass der Lieferant über entsprechendes Wissen und Kapazitäten verfügt. Die Etablierung eines Beschwerdemanagementsystems beim Lieferanten setzt voraus, dass die Belegschaft auch Vertrauen hat, die Beschwerdekanäle zu nutzen. Gibt es beispielsweise nur eine telefonische Beschwerde-Hotline, die Mitarbeitenden verfügen jedoch nicht über ein Mobilfunkgerät, führt die Maßnahme (allein organisatorisch) nicht zum Erfolg.
- **Entwicklung von (Output-)Indikatoren und Überwachungsmechanismen:** Es ist wichtig, geeignete Indikatoren und Überwachungsmechanismen zu entwickeln, um die Fortschritte bei der Umsetzung der Veränderungen zu messen und sicherzustellen, dass sie zur Erreichung der angestrebten Ziele beitragen (Dhillon et. al. (2018) [16]). Zum Beispiel könnte ein Indikator die Anzahl der Schulungen sein, die bei den Lieferanten durchgeführt wurden, um sicherzustellen, dass sie die Kernarbeitsnormen der ILO einhalten. Ebenso könnte die Anzahl der Schulungen der Belegschaft zur Nutzung eines Beschwerdekanals oder die Anzahl der gemeldeten Beschwerdefälle ein Indikator sein, um die Effektivität der Maßnahme beurteilen zu können.
- **Umsetzung und Überwachung:** Die Umsetzung der Veränderungen sollte unter Verwendung der entwickelten Indikatoren und Überwachungsmechanismen durchgeführt

werden. Es ist wichtig, die Ergebnisse regelmäßig zu überwachen und anzupassen, um sicherzustellen, dass sie zur Erreichung der angestrebten Ziele beitragen.
- **Bewertung und Lernen:** Die Verwendung von ToC-Ansätzen ermöglicht eine kontinuierliche Bewertung und Überprüfung der Umsetzung von Veränderungen. Unternehmen sollten regelmäßig evaluieren, ob die Veränderungen dazu beitragen, die angestrebten Ziele zu erreichen, und Anpassungen vornehmen, falls erforderlich.

Die Theory of Change kann in mehrfacher Hinsicht als Rahmen für den Sorgfaltspflichtenprozess angewandt werden. Sie kann Unternehmen helfen, die in ihre Nachhaltigkeitsstrategien investieren möchten, die für die Zielerreichung erforderlichen Schritte zu ermitteln. Die ToC kann auch dazu verwendet werden, die an der Geschäftstätigkeit des Unternehmens beteiligten Stakeholder und Partner zu identifizieren und ihre Rollen und Verantwortlichkeiten zu bewerten.

Die ToC kann weiterhin dazu genutzt werden, die mit der Investition verbundenen potentiellen Risiken und Chancen zu ermitteln. Dazu müssen die Annahmen und die zugrunde liegende Logik der Geschäftstätigkeit des Unternehmens bewertet und etwaige Lücken oder Schwächen des Geschäftsmodells ermittelt werden.

Auch die Auswirkungen der Investition auf die langfristigen Ziele des Unternehmens können mit der ToC bewertet werden. Dazu gehört die Bewertung der Leistungskennzahlen des Unternehmens, einschließlich seiner sozialen und ökologischen Auswirkungen. Die ToC kann auch dazu verwendet werden, die Rechenschaftspflicht und die Transparenz des Unternehmens zu bewerten, einschließlich seiner Berichts- und Überwachungssysteme.

Zusammenfassend lässt sich sagen, dass die Theory of Change relativ leicht anwendbar ist und damit einen nützlichen Rahmen zur Beurteilung der Wirksamkeit von Nachhaltigkeitsmaßnahmen bietet.

3 Anwendungsbeispiel für verbesserte Arbeitsbedingungen in Färbereien

Im Folgenden wird an einem vereinfachten Beispiel die Interventions- oder Wirkungslogik von Maßnahmen dargestellt, die zur Verbesserung von Arbeitsbedingungen und zur Beachtung von Arbeitssicherheitsstandards in Färbereien führen sollen.

Durch die Anwendung der Theory of Change werden die verschiedenen Handlungs- und Interventionsebenen aufgezeigt, auf denen Maßnahmen umgesetzt werden können, die zu einer langfristigen Wirkung oder Verbesserung führen können. Im genannten Beispiel sind es die Färbereien selbst, die natürlich im Fokus der Betrachtung stehen, jedoch auch weitere Akteure, wie Schulen/Ausbildungsstätten, Trainingsinstitute u. v. m. Die folgende Fragestellung ist bei der Analyse der Problemsituation relevant:

Warum werden die Arbeitsstandards/der Arbeitsschutz nicht eingehalten? Die Antwort liegt darin begründet, dass

1. die Beschäftigten und auch das Management der Färbereien keine ausreichenden Kenntnisse zum Beispiel zum Umgang mit Chemikalien und dem Tragen von Schutzausrüstung haben,
2. die Lehrinhalte von technischen Schulen und Hochschulen keine ausreichende Vertiefung von Arbeitsschutzthemen beinhalten und
3. die Beschäftigten der Färbereien oder weiterverarbeitenden Produzenten bisher zu wenig Druck von Konsumentenseite erhalten, nachhaltig gefärbte Produkte zu beschaffen.

Daraus leitet die Theory of Change entsprechende Handlungsfelder ab, in denen Aktivitäten identifiziert werden müssen, um die gewünschte Wirkung „Verbesserung der Arbeitsbedingungen" herbeizuführen:

1. Betriebe müssen geschult werden (Output).
2. Es müssen Lehrinhalte an den Schulen überarbeitet werden (Output).
3. Es müssen nachhaltige Produkte im Markt angeboten werden (Output).

In der Realität ist ein umfangreiches Monitoring-System zu erarbeiten, d. h., Indikatoren, die an die Outputs geknüpft werden (z. B. Anzahl durchgeführter Trainings oder Anzahl der Trainingsteilnehmer*innen), müssen definiert und kontinuierlich kontrolliert werden. Die unmittelbaren Effekte oder Resultate (Outcome) lassen sich in dem vereinfachten Beispiel schnell erkennen:

1. Bewusstsein und Wissen in den Färbereien wurden geschaffen/vermittelt (Outcome).
2. Schulen/Ausbildungsstätten haben ihre Curricula überarbeitet/ergänzt (Outcome).
3. Nachhaltig gefärbte Waren werden im Markt nachgefragt (Outcome).

Zusammenfassend tragen alle Aktivitäten auf den verschiedenen Ebenen zu der gewünschten langfristig eintretenden Wirkung (Impact) „Verbesserung der Arbeitsbedingungen in Färbereien" bei. Die folgende vereinfachte Abb. 4 zeigt den Zusammenhang auf. Es sei darauf hingewiesen, dass allen Maßnahmen eine intensive Analysephase vorangestellt werden muss, die Annahmen und Risiken beleuchtet, und auch die Grundlagen des kontinuierlich anzuwendenden Monitoring-Systems erarbeitet werden müssen.

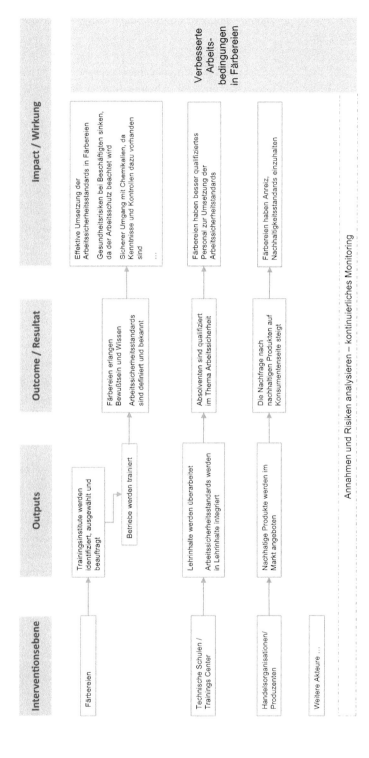

Abb. 4 Fiktives Beispiel zur Wirkungslogik verbesserter Arbeitsbedingungen in Färbereien. (Eigene Darstellung)

4 Fazit

Mit diesem Beitrag konnte aufgezeigt werden, warum die Einbeziehung verschiedener Akteure sowohl auf Mikro-, Meso- und Makroebene (private Unternehmen, zivilgesellschaftliche Organisationen, gemeinnützige Organisationen, Regierungen) im Rahmen der nachhaltigen Beschaffung in Entwicklungsländern besonders relevant im Hinblick auf die Wirksamkeit der Nachhaltigkeitsansätze ist. Die Einbeziehung der verschiedenen Akteure kann dazu beitragen, dass alle Beteiligten eine gemeinsame Verantwortung für die Nachhaltigkeitsmaßnahmen übernehmen und die Aktivitäten von den betroffenen Gemeinschaften akzeptiert und unterstützt werden. Eine diverse Akteurslandschaft stellt zudem Gerechtigkeit und Inklusivität sicher.

Die Besonderheiten in Entwicklungsländern – also den Herkunftsländern, in denen die Ressourcen für die Geschäfte internationaler Unternehmen geborgen, weiter- oder endverarbeitet werden – rücken oft in den Hintergrund der globalen Beschaffungsaktivitäten. Die Entwicklungspolitik bietet viele nützliche Inhalte und Instrumente, um genau an dieser Stelle nachhaltige Bedingungen zu schaffen. Vernünftige Arbeitsbedingungen, eine existenzsichernde Bezahlung sowie die Beachtung von ökologischen Aspekten für die Gesundheit der Menschen sowie die Schonung der Umwelt sind nur einige von vielen bedeutsamen Aspekten, die im Mittelpunkt der Betrachtung stehen müssen.

Es wurde aufgezeigt, dass die in der Entwicklungspolitik angewandte Theory of Change ein nützliches Rahmenwerk ist, um die Wirkungslogik von nachhaltigen Beschaffungsansätzen (Projekten oder Programmen) zu analysieren und visuell darzustellen. Sie beschreibt die Zusammenhänge zwischen den Aktivitäten, den erwarteten Ergebnissen und der langfristigen Wirkung eines Projekts.

Die Theory of Change erfordert dafür eine klare Zieldefinition sowie eine Verknüpfung der abgeleiteten Aktivitäten mit den erwarteten Ergebnissen. Dadurch wird es einfacher, den Fortschritt bei der Erreichung der Ziele zu messen und zu bewerten sowie Schwachstellen und Lücken in der Wirkungskette aufzudecken, die dann überarbeitet werden können. Mit der Involvierung der oben genannten Stakeholder in den Prozess wird sichergestellt, dass ihre Bedürfnisse und Anliegen in das Design und die Umsetzung von Projekten einfließen und auch Kontrollmechanismen leichter angesetzt werden können.

Zusammenfassend kann die Theory of Change als ein geeignetes Instrument beschrieben werden, das einen wertvollen Beitrag zur Wirkungsmessung von nachhaltigen Beschaffungsansätzen unter der Berücksichtigung der Besonderheiten in Entwicklungsländern leisten kann.

Literatur

1. Agentur für Wirtschaft und Entwicklung. Helpdesk Wirtschaft und Menschenrechte. Sorgfalts-Kompass, Praxishilfe 5, Phase 5: Beschwerdemanagement, in: https://kompass.wirtschaft-entwicklung.de/fileadmin/user_upload/Praxishilfen/PH_05_Leitfaden_effektives_Beschwerdemanagement.pdf, S. 1 ff.
2. Bundesministerium für Umwelt, Naturschutz, Bau und Reaktorsicherheit (BMUB) (2017): Schritt für Schritt zum nachhaltigen Lieferkettenmanagement – Praxisleitfaden für Unternehmen, in: https://www.bmuv.de/fileadmin/Daten_BMU/Pools/Broschueren/leitfaden_nachhaltige_lieferkette_bf.pdf, S. 44
3. Bundesministerium für Umwelt, Naturschutz, Bau und Reaktorsicherheit (BMUB) (2017): Schritt für Schritt zum nachhaltigen Lieferkettenmanagement – Praxisleitfaden für Unternehmen, in: https://www.bmuv.de/fileadmin/Daten_BMU/Pools/Broschueren/leitfaden_nachhaltige_lieferkette_bf.pdf, S. 43 ff.
4. Bundesamt für Wirtschaft und Ausfuhrkontrolle: Risiken ermitteln, gewichten und priorisieren, https://www.bafa.de/SharedDocs/Downloads/DE/Lieferketten/handreichung_risikoanalyse.pdf
5. Bundesamt für Wirtschaft und Ausfuhrkontrolle: Angemessenheit. Handreichung zum Prinzip der Angemessenheit nach den Vorgaben des Lieferkettensorgfaltspflichtengesetzes, in: https://www.bafa.de/SharedDocs/Downloads/DE/Lieferketten/handreichung_angemessenheit.html?nn=1469820, S. 4
6. Bundesamt für Wirtschaft und Ausfuhrkontrolle: Angemessenheit. Handreichung zum Prinzip der Angemessenheit nach den Vorgaben des Lieferkettensorgfaltspflichtengesetzes, in: https://www.bafa.de/SharedDocs/Downloads/DE/Lieferketten/handreichung_angemessenheit.html?nn=1469820
7. Bundesamt für Wirtschaft und Ausfuhrkontrolle: Angemessenheit. Handreichung zum Prinzip der Angemessenheit nach den Vorgaben des Lieferkettensorgfaltspflichtengesetzes, in: https://www.bafa.de/SharedDocs/Downloads/DE/Lieferketten/handreichung_angemessenheit.html?nn=1469820, S. 2
8. CorA-Netzwerk; Forum Menschenrechte e.V.; VENRO – Verband Entwicklungspolitik und Humanitäre Hilfe deutscher Nichtregierungsorganisationen e. V. für Unternehmensverantwortung (2020): Anforderungen an wirkungsvolle Multi-Stakeholder-Initiativen zur Stärkung unternehmerischer Sorgfaltspflichten Empfehlungen aus Sicht der Zivilgesellschaft, in: https://www.germanwatch.org/de/18894, S. 18 ff.
9. DGCN, Global Compact Network Germany (2010): Backgroundpaper 2010, Sustainabililty in the Supply Chain, in: https://www.globalcompact.de/migrated_files/wAssets/docs/Menschenrechte/dgcn_sp_10_scm_brics_hintergrundpapier.pdf, S. 2
10. DGCN, Global Compact Network Germany (2012): Nachhaltigkeit in der Lieferkette. Ein praktischer Leitfaden zur kontinuierlichen Verbesserung, in: https://www.globalcompact.de/migrated_files/wAssets/docs/Lieferkettenmanagement/nachhaltigkeit_in_der_lieferkette.pdf, S. 2 ff.
11. DGCN, Global Compact Network Germany (2012): Nachhaltigkeit in der Lieferkette. Ein praktischer Leitfaden zur kontinuierlichen Verbesserung, in: https://www.globalcompact.de/migrated_files/wAssets/docs/Lieferkettenmanagement/nachhaltigkeit_in_der_lieferkette.pdf, S. 33 ff.
12. DGCN (2012): Nachhaltigkeit in der Lieferkette. Ein praktischer Leitfaden zur kontinuierlichen Verbesserung, in: https://www.globalcompact.de/migrated_files/wAssets/docs/Lieferkettenmanagement/nachhaltigkeit_in_der_lieferkette.pdf, S. 28

13. DGCN, Global Compact Network Germany (2012): Nachhaltigkeit in der Lieferkette. Ein praktischer Leitfaden zur kontinuierlichen Verbesserung, in: https://www.globalcompact.de/migrated_files/wAssets/docs/Lieferkettenmanagement/nachhaltigkeit_in_der_lieferkette.pdf, S. 51 ff.
14. DGCN (2018): Zuhören lohnt sich. Menschenrechtliches Beschwerdemanagement verstehen und umsetzen. Ein Leitfaden für Unternehmen, in: https://twentyfifty.co.uk/wp-content/uploads/2022/06/2018-Zuhoren-Lohnt-Sich-Menschenrechtliches-Beschwerde-management-verstehen-und-umsetzen.pdf, S. 18 ff.
15. DGCN, Global Compact Network Germany (2019): 5 Schritte zum Management der menschenrechtlichen Auswirkungen Ihres Unternehmens, in: https://twentyfifty.co.uk/wp-content/uploads/2022/06/2019_5_schritte_zum_management_der_menschenrechtlichen_auswirkungen_ihres_unternehmens.pdf, S. 12
16. Dhillon, L./ Vaca, (2018): Refining Theories of Change, in: Journal of Multi Disciplinary Evaluation, Volume 14, Issue 30, 2018: 64–87, S. 76
17. Dhillon, L./ Vaca, (2018): Refining Theories of Change, in: Journal of Multi Disciplinary Evaluation, Volume 14, Issue 30, 2018: 64–87, S. 45 ff.
18. Dhillon, L./ Vaca, (2018): Refining Theories of Change, in: Journal of Multi Disciplinary Evaluation, Volume 14, Issue 30, 2018: 64–87, S. 67 ff.
19. econsense Diskussionspapier (2020): Menschenrechte messbar machen. Eine umfassende Zusammenstellung quantitativer Menschenrechtsindikatoren für Unternehmen, in: https://econsense.de/wp-content/uploads/2020/09/2020_econsense_Menschenrechtsindikatoren_Diskussionspapier.pdf, S. 11
20. ecosense, in: https://econsense.de/menschenrechte-wertschoepfung/
21. GIZ (2022): Das Evaluierungssystem der GIZ. Zentrale Projektevaluierungen im BMZ-Geschäft, S. 24 ff.
22. Global Compact Network Germany (2010): Schwerpunktthema 2010, Hintergrundpapier: Sustainability in the Supply Chain, in: https://www.globalcompact.de/migrated_files/wAssets/docs/Menschenrechte/dgcn_sp_10_scm_brics_hintergrundpapier.pdf, S. 5
23. Global Compact Network Germany (2010): Schwerpunktthema 2010, Hintergrundpapier: Sustainability in the Supply Chain, in: https://www.globalcompact.de/migrated_files/wAssets/docs/Menschenrechte/dgcn_sp_10_scm_brics_hintergrundpapier.pdf
24. Global Compact Network Germany (2010): Schwerpunktthema 2010, Hintergrundpapier: Sustainability in the Supply Chain, in: https://www.globalcompact.de/migrated_files/wAssets/docs/Menschenrechte/dgcn_sp_10_scm_brics_hintergrundpapier.pdf, S. 4
25. Global Compact Network Germany (2010): Schwerpunktthema 2010, Hintergrundpapier: Sustainability in the Supply Chain, in: https://www.globalcompact.de/migrated_files/wAssets/docs/Menschenrechte/dgcn_sp_10_scm_brics_hintergrundpapier.pdf, S. 7
26. Grabosch, R. (2021): Das neue Lieferkettensorgfaltspflichtengesetz, S. 43 f.
27. Häßler, R. D./von Waldenfels, P./Wilhaus, A. (2009): Corporate Responsibility bei Auslandsinvestitionen, in: www.oekom-research.de/homepage/german/oekom_PwC_Auslandsinvestitionen.pdf
28. LkSG, §4 Abs. 2
29. Rogers, P. (2008): Using Programme Theory to Evaluate Complicated and Complex Aspects of Interventions, in: Evaluation, SAGE Publications, Vol 14 (1), 2008: 29–48, S. 33
30. Rogers, P. (2014): Theory of Change, in: Unicef Methodological Brief No. 2, S. 2 ff.
31. Rogers, P. (2014): Theory of Change, in: Unicef Methodological Brief No. 2, S. 7

32. Smith, G./ Hoag, F./Feldman, D. (2003): Company Codes of Conduct and International Standards: An analytical comparison. Part I of II: Apparel, Footwear and Light Manufacturing, Agribusiness, Tourism, in: https://documents1.worldbank.org/curated/en/416281468096001385/pdf/346620v10CompanyCodesofConduct.pdf
33. UNEP, in: https://www.unep.org/pt-br/node/16893

Dr. Tanja Lingohr studierte Betriebswirtschaftslehre und promovierte an der Universität zu Köln. Seit dem Jahre 2004 ist sie in der Beratung tätig und führte bis 2009 Beratungsprojekte für private Kunden der BERODE GmbH im Bereich Value und Supply Chain Management durch. Seit 2010 ist sie Geschäftsführerin und Gesellschafterin der ICON-INSTITUTE GmbH & Co. KG Consulting Gruppe, einem internationalen Beratungsunternehmen, das seit fast 50 Jahren in der Entwicklungszusammenarbeit tätig ist. Neben ihren Leitungsaufgaben führt sie weiterhin Beratungsprojekte u.a. in den Bereichen nachhaltiges Lieferkettenmanagement und Wirtschaftsförderung in Entwicklungsländern durch. Im Unternehmen verantwortet sie zudem forschungs- und veröffentlichungsrelevante Themen und ist stellvertretende Vorsitzende im strategischen Beirat der CBS International Business School.

Entwaldungsfrei wirtschaften

Warum und wie Unternehmen ihre Lieferketten umstellen müssen

Steffen Kemper, Lioba Schwarzer und Lea Strub

1 Wälder, die bedrohten Allrounder

Wälder verdienen in hohem Maße und aus vielfältigen Gründen besonderen Schutz: Neben ihrer Funktion als CO_2-Senke und Biodiversitätshotspot regulieren sie Temperatur- und Wasserkreisläufe, sind Arzneischrank, lebende Genbank und nicht zuletzt Lebens- und Identitätsgrundlage vieler Menschen. Doch laut der Ernährungs- und Landwirtschaftsorganisation der Vereinten Nationen (FAO) sind bereits zwischen 1990 und 2020 rund 420 Mio. Hektar Wald – eine Fläche fast so groß wie die Europäische Union – verloren gegangen [11]. Durch diese Ausmaße gehören Entwaldung und Walddegradierung zu den wichtigsten Ursachen der beiden größten ökologischen Herausforderungen unserer Zeit: Klimakrise und Verlust der biologischen Vielfalt [23].

In den 1990er-Jahren konnten intakte Regenwälder noch 17 % der menschengemachten CO_2-Emissionen kompensieren, inzwischen sind es nur noch etwa 6 % [3]. Doch nicht nur, dass sie einen beträchtlichen Teil ihrer Senkenleistung verloren haben, durch Entwaldung werden außerdem große Mengen Treibhausgas freigesetzt: 11 % der weltweiten Emissionen gehen auf Entwaldung und Umwandlung in landwirtschaftliche Flächen zurück [17]. Wäre Entwaldung ein Land, so würde es im Ranking hinter China und

---

S. Kemper (✉) · L. Strub
Business & Biodiversity, Global Nature Fund, Bonn, Deutschland
E-Mail: kemper@globalnature.org

L. Strub
E-Mail: strub@globalnature.org

L. Schwarzer
Internationale Projekte, OroVerde, Bonn, Deutschland
E-Mail: lschwarzer@oroverde.de

© Der/die Autor(en), exklusiv lizenziert an Springer-Verlag GmbH, DE, ein Teil von Springer Nature 2024
E. Fröhlich und Y. Jamal (Hrsg.), *CSR und Beschaffung,* Management-Reihe Corporate Social Responsibility, https://doi.org/10.1007/978-3-662-67858-9_18

den USA an dritter Stelle der größten CO_2-Emittenten stehen. Umgekehrt bergen der Schutz bestehender sowie die Aufforstung und Wiederaufforstung von Wäldern erhebliches Potential, CO_2 zu binden und dadurch dem Klimawandel entgegenzuwirken. Der neueste Weltklimaratsbericht (2022) bescheinigt dem Sektor „Landwirtschaft, Forstwirtschaft und andere Landnutzungsformen" ein immenses Minderungspotential, wobei der Vermeidung von Entwaldung in den Tropen das höchste Potential zugeschrieben wird [16].

Der Wert von Wäldern bemisst sich jedoch bei Weitem nicht nur an ihrer CO_2-Senkenleistung, auch als Biodiversitätshotspots sind insbesondere Tropenwälder von hoher Relevanz. Wälder stellen Habitate für 80 % der Amphibienarten, 75 % der Vogelarten und 68 % der Säugetierarten. Fast 80 % der terrestrischen Arten leben in Wäldern. Darüber hinaus bergen sie eine Vielzahl ökologischer Nischen sowie eine unvorstellbare genetische Vielfalt. Nicht nur die Zerstörung von Wäldern, sondern auch ihre Fragmentierung ist für viele Arten existenzbedrohend, wenn dadurch Populationen isoliert und in ihrem Genfluss eingeschränkt werden. Hinzu kommt, dass dort, wo Lebensräume zerstört oder fragmentiert werden, Mensch-Wildtier-Konflikte zunehmen [15].

2 Entwaldung, ein globales Problem

Eine wachsende Weltbevölkerung und der zunehmende Wohlstand westlicher Industrie- bzw. Konsumentenstaaten erzeugen eine steigende Nachfrage nach Konsum- und Luxusgütern. Der Abbau von Mineralien und seltenen Erden, aber insbesondere der Anbau von Agrarrohstoffen lässt Wälder verschwinden. Die Auswirkungen dieser rohstoffbedingten Entwaldung sind zum einen lokal ersichtlich durch sich verändernde Wasserkreisläufe, fehlenden Erosionsschutz und weitere ausbleibende Ökosystemleistungen. Zum anderen sind die Folgen global durch die Klimakrise spür- und messbar.

Viele Unternehmen bemühen sich bereits um mehr Nachhaltigkeit und Biodiversitätsschutz. Sie reduzieren ihre Treibhausgasemissionen, verkleinern ihren ökologischen Fußabdruck und engagieren sich vielleicht auch schon für Waldschutz bzw. entwaldungsfreie Lieferketten. Doch gerade Letzteres ist für die Mehrheit der Unternehmen, insbesondere kleine und mittelständische (KMU), häufig noch eine Herausforderung in der Umsetzung, zumal Entwaldung im unternehmerischen Kontext bisher unterschiedlich ausgelegt wird. Ein einheitliches Verständnis und gleiche Anforderungen für alle – ein sog. *Level Playing Field* – sind jedoch nötig, um die Entwaldung flächendeckend zu reduzieren und Unternehmen nicht einseitig zu belasten. Mit der kommenden EU-Verordnung für entwaldungsfreie Lieferketten (Abschn. 3) stehen die Chancen dafür gut.

2.1 Definition von Entwaldung

Ob die Lieferkette eines Unternehmens frei von Entwaldung ist, hängt stark von der angewendeten Definition von Wald und Entwaldung ab. Unternehmen sowie zahlreiche internationale Zertifizierungen bedienen sich verschiedener Definitionen von Wald und Waldverlust, was die Diskussion, ob eine Lieferkette entwaldungsfrei ist, undurchsichtig macht. Wald muss deswegen anhand quantitativer und qualitativer Kriterien einheitlich definiert werden (s. Abb. 1).

Die am weitesten verbreitete quantitative Definition von Wald stammt von der FAO: ein Gebiet von mindestens 0,5 Hektar Fläche, mit 5 m Baumhöhe und mehr als 10 % Baumkronenabdeckung. Es gibt zahlreiche unterschiedliche Ansätze und Kriterien zur qualitativen Einteilung von Wald. Die Unterschiede reichen hier vom natürlichen Primärwald bis zur Monokulturplantage [12].

Bei der Definition von Entwaldungsfreiheit können grundsätzlich drei Ansätze unterschieden werden: Wenn lediglich illegale Entwaldung ausgeschlossen wird *(Zero illegal deforestation),* dann beruft sich das Unternehmen bzw. die Organisation auf nationale Rechtsnormen in den jeweiligen Produzentenländern. Legale Entwaldung ist dementsprechend erlaubt. Die Gesetzeslage ist in den Produzentenländern sehr unterschiedlich ausgeprägt und Änderungen können, je nach neuer Regierung und politischer Motivation, schnell – meistens zulasten der Wälder – beschlossen werden [6].

Wird der Null-Netto-Entwaldungsansatz *(Zero net deforestation)* verfolgt, so ist es möglich, (legale) Entwaldung von Gebieten durch eine entsprechende Wiederaufforstung an einer anderen Stelle zu kompensieren. Dabei sollte der neu gepflanzte Wald möglichst

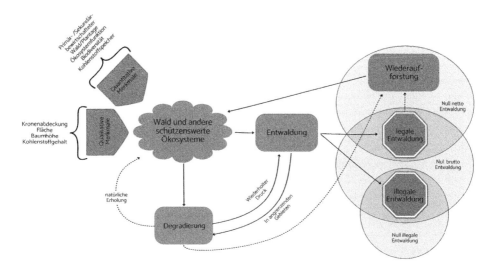

Abb. 1 Verschiedene Entwaldungsdefinitionen, angelehnt an [14]

gleichwertig sein, was jedoch in der Realität erst nach Jahren bzw. Jahrzehnten der Fall ist – vorausgesetzt, der neu gepflanzte Wald, der zumeist vulnerabler ist, wächst an und bleibt bestehen. Dennoch gilt bei diesem Ansatz für besonders schützenswerte Gebiete oder Primärwälder häufig ein absolutes Entwaldungsverbot.

Wird jegliche Entwaldung verboten und ist auch keine Wiederaufforstung zur Kompensation erlaubt, so spricht man von Null-Brutto-Entwaldung *(Zero gross deforestation)*.

Besondere Aufmerksamkeit verdient die detaillierte und dennoch sehr klare Entwaldungsdefinition der Accountability Framework initiative (AFi). Vor Entwaldung geschützt werden soll in diesem Zusammenhang insbesondere natürlicher Wald. Dieser entspricht der oben genannten FAO-Definition und weist (bezüglich Artenzusammensetzung, Struktur, ökologische Funktion) die meisten Merkmale des am Standort heimischen Waldes auf. Das bedeutet, es handelt sich um Primär- oder Sekundärwald (also natürlich nachgewachsenen Wald). Es kann sich aber auch um bewirtschafteten Naturwald handeln, solange natürliche Ökosystemmerkmale bestehen bleiben, oder um teilweise geschädigte Wälder, die nicht umgewandelt werden [1].

Entwaldung ist laut AFi der Verlust von natürlichem Wald infolge von Umwandlung (egal ob für land- oder forstwirtschaftliche Zwecke) sowie durch schwerwiegende bzw. anhaltende Degradierung. Degradierung ist die Veränderung innerhalb eines natürlichen Ökosystems, die seine Artenzusammensetzung, Struktur und/oder Funktion erheblich und negativ beeinflusst und die die Fähigkeit des Ökosystems verringert, Produkte zu liefern, die biologische Vielfalt zu unterstützen und/oder Ökosystemleistungen zu erbringen. Ob die Entwaldung legal oder illegal stattgefunden hat, ist laut AFi unerheblich. Sie ist generell zu vermeiden und Kompensation, also der Ausgleich von Entwaldung durch Aufforstung an anderer Stelle zum Beispiel, unzulässig.

AFi sieht somit einen **Null-Brutto-Entwaldungsansatz** vor und weist gleichzeitig darauf hin, dass Netto-Entwaldung ungeeignet ist, den Wald- und Landnutzungsfußabdruck von Unternehmenstätigkeiten darzustellen. Global Nature Fund und OroVerde schließen sich dem an, da der Verlust von biologischer Vielfalt und wichtigen Ökosystemleistungen im Null-Netto-Entwaldungsansatz nicht berücksichtigt wird. Auch die Klimaschutzwirkung ist nicht dieselbe, da in natürlichen alten Wäldern mehr CO_2 gespeichert ist als in neuen Wiederaufforstungen. Natürliche Wälder sind zudem resilienter gegenüber Veränderungen und damit weniger anfällig für Klimawandelfolgen oder Schädlingsbefall. Global Nature Fund und OroVerde empfehlen Unternehmen daher, das Konzept der Null-Brutto-Entwaldung zu nutzen.

2.2 Treiber und Hotspots der Entwaldung

Die Landwirtschaft ist der mit Abstand größte Entwaldungstreiber weltweit. Die Ausdehnung der Anbauflächen ist die Hauptursache für fast 50 % der weltweiten Entwaldung, gefolgt von der Beweidung durch Vieh, die 38,5 % ausmacht [10]. Zwischen 90 und

99 % der tropischen Entwaldung finden in Landschaften statt, in denen die Landwirtschaft die Hauptursache für den Verlust der Baumbestände ist [20]. Weitere Ursachen sind Forstwirtschaft, Bergbauaktivitäten, der Ausbau von Infrastruktur und Brände [19].

Die nähere Betrachtung offenbart, dass wiederum nur eine Handvoll Rohstoffe für einen Großteil der Entwaldung durch die Landwirtschaft verantwortlich sind (s. Abb. 2), allen voran die Rinderhaltung, gefolgt von der Palmölproduktion, der Holzplantagenwirtschaft und dem Sojaanbau. Aber auch die Herstellung von Leder, die Gewinnung von Naturkautschuk und der Anbau von Kaffee und Kakao haben in den vergangenen Jahren große Waldverluste verursacht.

Rund zwei Drittel der globalen Entwaldung finden in den Tropen und Subtropen statt, also in Ländern, die die großen Märkte in Europa, China, den USA und andere Konsumentenstaaten mit Agrarrohstoffen versorgen. Heruntergebrochen auf Regionen, sind Südamerika, Zentralafrika und Südostasien die markantesten Hotspots der globalen Entwaldung [19].

Zoomen wir weiter hinein und betrachten die Entwaldung nach Rohstoff auf Länderebene, unterscheiden sich die Hotspots zum Beispiel wie folgt: Für Rindfleisch haben 43 % der Entwaldung zwischen 2016 und 2018 in Brasilien stattgefunden; mit 10 und

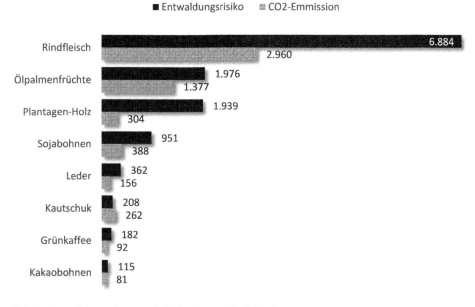

Abb. 2 Entwaldungsrisiko nach Rohstoffen. (Nach [21])

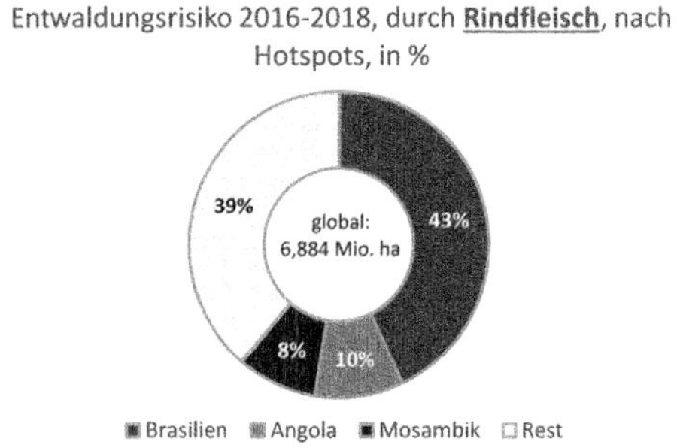

Abb. 3 Hotspots der Entwaldung durch Rindfleisch. (Nach [21])

Abb. 4 Hotspots der Entwaldung durch Kakao. (Nach [17])

8 % folgen Angola und Mosambik erst mit einigem Abstand (s. Abb. 3). Ein ganz anderes Bild zeigt sich bei Kakao. Abgesehen davon, dass dessen Entwaldungsfußabdruck um ein Vielfaches kleiner ist als der von Rindfleisch, sind hier die Elfenbeinküste, Peru und Indonesien die Länder mit der meisten Entwaldung (s. Abb. 4). Die verschiedenen in Abb. 2 aufgeführten Risikorohstoffe eint jedoch, dass ausnahmslos Länder des Globalen Südens die größten Hotspots der Entwaldung darstellen und dabei Brasilien und Indonesien regelmäßig hervorstechen.

2.3 Rolle des internationalen Handels in der Entwaldungsproblematik

Mit Entwaldung sind Emissionen verbunden, denn das im Wald gespeicherte CO_2 und andere Treibhausgase werden dabei freigesetzt. Die globalen Entwaldungsemissionen sind zu 29 bis 39 % auf den internationalen Handel zurückzuführen, hauptsächlich mit Rindfleisch und Ölsaaten [22]. Aus Sicht der Konsumentenstaaten spricht man in diesem Zusammenhang von importierter Entwaldung bzw. importiertem Entwaldungsrisiko. Der EU kommt dabei eine Schlüsselrolle zu, denn nach China verursachen ihre Agrarrohstoffimporte die mit Abstand größten Waldverluste [21].

Deutschland trägt mit seinen Importen waldkritischer Rohstoffe einen wesentlichen Teil zu der Problematik bei. Einer Trase-Publikation aus dem Jahr 2022 zufolge hat die Bundesrepublik zwischen 2016 und 2018 Direktimporte aus Produzentenstaaten erhalten, die mit einem tropischen Entwaldungsrisiko in Höhe von 58.500 Hektar verbunden waren. Dabei sind gerade einmal fünf Rohstoffe für 94 % des von Deutschland importierten Entwaldungsrisikos verantwortlich: Soja (28 %), Kaffee (26 %), Palmöl (19 %), Kakao (18 %) und Rinder (3 %). Darüber hinaus stammen mehr als 90 % des direkt importierten Entwaldungsrisikos aus gerade einmal neun Produzentenländern, allen voran aus Brasilien (24 %), Kolumbien (15 %), Indonesien (13 %) und Malaysia (12 %) [29].

3 Importierte Entwaldung wird gesetzlich verboten

Die Notwendigkeit, der fortschreitenden Entwaldung Einhalt zu gebieten, wird aus den vorangegangenen Kapiteln deutlich. Das Thema steht daher auch bereits seit längerer Zeit auf der Agenda sowohl politischer Entscheidungsträger*innen als auch teilweise von Unternehmen. Doch die bisherigen Bemühungen haben nicht ausgereicht, die Entwaldung zu stoppen. Sie beruhen entweder auf Freiwilligkeit oder es fehlt ihnen an klaren, messbaren Zielen und konkreten Maßnahmen. Ebenfalls haben sich die Bestimmungen größtenteils nur auf illegale Entwaldung konzentriert.

3.1 Vorgeschichte: der Weg zur gesetzlichen Verpflichtung

Ein erster regulatorischer Schritt auf EU-Ebene war die 2010 verabschiedete EU-Holzhandelsverordnung (EUTR), die den Handel von illegal geschlagenem Holz und daraus hergestellten Produkten auf dem EU-Markt unterbinden sollte. Eine Schwachstelle dieser Verordnung ist, dass sie ausschließlich den Handel von Ware aus Holz betrifft und der Fokus sich auf illegalen Holzeinschlag beschränkt. Darüber hinaus sind nationale Gesetzgebungen zur Entwaldung in vielen Ländern nicht streng genug oder werden nicht ausreichend implementiert [8].

Mehrere Studien haben in der Zwischenzeit gezeigt, dass der Anbau und Handel mit anderen Rohstoffen ebenfalls zur Entwaldung beitragen – je nach Region sogar stärker als Holz. Als Antwort darauf haben sich zahlreiche international tätige Unternehmen im Consumer Goods Forum (CGF) zusammengeschlossen, mit dem Ziel, die Entwaldung aus ihren Soja-, Palmöl-, Rindfleisch- und Holz- bzw. Papierlieferketten bis 2020 zu eliminieren [5]. Daraus ist die Tropical Forest Alliance entstanden, eine Multi-Stakeholder-Partnerschaft aus Unternehmen, Regierungen und Vertreter*innen der Zivilgesellschaft, um Unternehmen des CGF dabei zu unterstützen, ihre Selbstverpflichtungen in die Tat umzusetzen [26].

2014 unterschrieben über 200 Akteure – Regierungen, Unternehmen, Nichtregierungsorganisationen (NRO) und indigene Gruppen – die New York Declaration on Forests (NYDF). Diese freiwillige Absichtserklärung beinhaltet zehn Punkte, darunter das Ziel, die globale Entwaldung bis 2020 zu halbieren und bis 2030 zu beenden. Aus den risikoreichsten Lieferketten Palmöl, Soja, Rindfleisch und Holz sollte die Waldzerstörung bereits bis 2020 komplett entfernt werden [28].

Ein Jahr später folgte die Amsterdam-Erklärung von den Niederlanden, Dänemark, Frankreich, Deutschland, Großbritannien, Italien und Norwegen. Sie ist im Kontext der Pariser Weltklimakonferenz entstanden, als Reaktion auf den fünften Weltklimaratsbericht. Demzufolge sind Landnutzungsänderungen (inklusive Entwaldung) für 24 % der weltweiten Treibhausgasemissionen verantwortlich. Die sieben Länder bestärkten die NYDF in dem Fokus, entwaldungsfreie Palmöllieferketten bis 2020 zu erreichen [2].

Nachdem ersichtlich wurde, dass bis 2020 die Entwaldungsproblematik nicht gelöst sein würde, bereiteten die Mitgliedsstaaten der EU den Weg für einen neuen regulatorischen Rahmen. Studien wurden in Auftrag gegeben und bestehende Rechtsvorschriften auf ihre Wirksamkeit überprüft.

Im internationalen Kontext gaben im November 2021 dann insgesamt 141 Länder im Rahmen der Weltklimakonferenz die Glasgow Leaders' Declaration on Forest and Land Use ab: eine Erklärung, die globale Entwaldung bis 2030 endgültig zu stoppen [27].

3.2 Die EU-Verordnung für entwaldungsfreie Lieferketten

Nahezu zeitgleich, im November 2021, hat die EU-Kommission ihren Verordnungsentwurf für entwaldungsfreie Lieferketten veröffentlicht. Die Gesetzesinitiative wurde im Jahr 2022 im EU-Gesetzgebungsverfahren von Rat, Parlament und Kommission mit hoher Priorität behandelt, um eine zügige Verabschiedung zu ermöglichen. Ende Juni 2023 trat die Verordnung in Kraft [8].

Die Verordnung verfolgt einen produktbezogenen Ansatz: In der EU aktive Erstinverkehrbringer und große Händler haben vor dem Handel (Import wie Export) bestimmte Sorgfaltspflichten zu erfüllen. Für die wald- und somit auch klimakritischen Rohstoffe Soja, Rindfleisch, Palmöl, Holz, Kaffee, Kakao und Kautschuk sowie einige der daraus hergestellten Produkte müssen sie sicherstellen, dass diese entwaldungsfrei und auf legale Weise (bezogen unter anderem auf Land- und Arbeitsrechte) produziert wurden. Dafür müssen die Unternehmen eine umfangreiche Sorgfaltserklärung vorlegen.

Die Ware muss bis zum Ursprung, d. h. bis zum Feld, der Weide oder der Plantage rückverfolgbar sein. Sie darf nicht mit Ware vermischt werden, deren Herkunft unbekannt ist oder die gar auf entwaldeten Flächen produziert wurde. Um dies zu gewährleisten, müssen in der Sorgfaltserklärung der Unternehmen zusätzlich zu den umfassenden Kontaktdaten der Handelspartner die genauen Geokoordinaten der Produktionsflächen zusammen mit der Menge der von dort bezogenen Rohstoffe und dem Datum oder

der Zeitspanne der Erzeugung angegeben werden. Sie müssen in der Erklärung ebenfalls bestätigen, dass sie im Einklang mit den im Produktionsland geltenden Gesetzen und Vorschriften stehen. Die Unternehmen sind verpflichtet, jährlich eine umfassende Risikobewertung durchzuführen und gegebenenfalls mit Risikominderungsmaßnahmen gegenzusteuern. Die dazugehörige Dokumentation muss den kontrollierenden Behörden der jeweiligen EU-Mitgliedsstaaten auf Anfrage zur Verfügung gestellt werden.

Die Verordnung enthält eigene Definitionen, unter anderem zu Wald, Waldschädigung, Entwaldung und Entwaldungsfreiheit. Es gilt der Null-Brutto-Entwaldungsansatz (Abschn. 2.1) und als *Cut-off-Date* der 31. Dezember 2020. Entwaldungsfrei ist demnach ein Rohstoff oder Erzeugnis, der/das nicht auf Flächen erzeugt wurde, die nach diesem Stichtag entwaldet worden sind. Bei Holz spricht man zusätzlich von Waldschädigung (Degradierung) – hier gilt analog, dass das Schlagen des entsprechenden Holzes nicht nach dem 31. Dezember 2020 zu Waldschädigung geführt haben darf.

Die EU-Kommission sieht vor, Länder (bzw. Landesteile) in drei Risikostufen einzuteilen. Die Einteilung erfolgt auf Basis der Entwaldungsrate, der produzierten Rohstoffmenge und in Abhängigkeit davon, ob das jeweilige Land Treibhausgasemissionen aus der Land- und Forstwirtschaft in den eigenen Klimazielen berücksichtigt und reduziert. Abkommen zur Bekämpfung von Entwaldung zwischen dem betreffenden Land und der EU werden, sofern vorhanden, ebenfalls berücksichtigt. Sollten Erstinverkehrbringer und große Händler ihre Ware entsprechend aus Ländern mit normalem und hohem Risiko beziehen, so müssen sie die oben genannten Angaben zur Sorgfaltspflicht vollumfänglich vorweisen. Die Wahrscheinlichkeit, dass die Ware von der zuständigen EU-Kontrollbehörde überprüft wird, richtet sich nach der Höhe des Entwaldungsrisikos im Herkunftsland.

Bei Verstößen gegen die Verordnung erwarten Unternehmen Sanktionen in Form von Geldstrafen, die Beschlagnahmung der betroffenen Ware und der daraus generierten Einnahmen sowie ein vorübergehender Ausschluss aus der öffentlichen Auftragsvergabe.

Händler, die KMU sind, sind vom aufwendigen Sorgfaltspflichtenprozess befreit. Sie müssen lediglich Informationen über ihre direkten Handelspartner vorweisen und bei begründeten Bedenken, dass die gehandelte Ware nicht verordnungskonform sein könnte, die zuständigen EU-Kontrollbehörden informieren.

Unternehmen müssen die Verordnung 18 Monate nach dem Inkrafttreten, also ab Jahresende 2024, anwenden. Kleine Unternehmen haben weitere 6 Monate Übergangszeit.

Die neue EU-Verordnung soll kontinuierlich auf Wirksamkeit und mögliche Anpassung überprüft werden. Bereits ein Jahr nach Inkrafttreten wird eine erste Überprüfung zeigen, ob der Anwendungsbereich um weitere Ökosysteme erweitert werden muss, und nach zwei Jahren folgt gegebenenfalls eine neue Anpassung um weitere Risikorohstoffe. Auch ihre Auswirkungen auf die Produzentenländer und insbesondere die Kleinbauern und Kleinbäuerinnen sollen kontrolliert werden. Daraufhin folgt eine umfassende Überprüfung alle fünf Jahre.

3.3 Noch offene Punkte für einen nachhaltigen Entwaldungsstopp

Die EU-Verordnung für entwaldungsfreie Lieferketten ist ein Meilenstein im Kampf gegen die globale Entwaldung, den Biodiversitätsverlust in Wäldern und die Klimakrise. Dennoch gibt es mehrere Punkte, die nachgeschärft werden müssten, um einen wirklich zeitnahen, aber auch nachhaltigen Schutz der globalen Wälder, insbesondere in den Tropen, zu sichern.

Da die Verordnung kontinuierlich überprüft und angepasst werden soll, könnten diese Erweiterungen noch folgen. Die Zeit bis dahin ermöglicht jedoch weitere Waldzerstörung zugunsten der Produktion von Agrargütern. Für einen ganzheitlichen Ansatz ist es daher erforderlich, dass noch weitere Aspekte berücksichtigt werden. Dies kann auch unabhängig von den Entwicklungen auf legislativer EU-Ebene geschehen.

> **Nötig für einen echten Wandel**
>
> - Berücksichtigung des Entwaldungsrisikos weiterer Rohstoffe wie Mais; auch Fleisch und tierische Produkte allgemein sollten bei der Vermeidung von Entwaldung einbezogen werden
> - Klare, solide und wirksame Definitionen von Wald, Entwaldung, Waldschädigung, die keine Schlupflöcher offenlassen, inklusive eines frühen Stichtags
> - Schutz von weiteren biodiversitätsreichen und bereits stark unter Nutzungsdruck geratenen Ökosystemen, wie Savannen, Moor- und Feuchtgebieten, die nicht von der engen FAO-Walddefinition (Abschn. 2.1) abgedeckt sind
> - Die Einhaltung von internationalen Menschenrechten, insbesondere die Rechte indigener Völker und lokaler Gemeinschaften, deren Überleben untrennbar mit dem Fortbestehen der Wälder verbunden ist, sowie das Recht der freien, vorherigen und informierten Zustimmung, da der alleinige Fokus auf lokale Gesetze meist nicht ausreicht
> - Finanzinstitute, die sich verpflichten (oder verpflichtet werden), negative Auswirkungen ihrer Geschäftsaktivitäten auf Klima- und Biodiversitätsschutz zu beseitigen, da sie mit Kreditvergabe und Investitionen in waldschädigende Unternehmen die Entwaldung mitbefördern
> - Wirksame Maßnahmen zur Unterstützung der benachteiligten Interessengruppen in den Produktionsländern, insbesondere Kleinbauern und Kleinbäuerinnen, indigene Gemeinschaften und traditionelle Völker
> - Robuste Mechanismen, die Betroffenen den Zugang zur Justiz ermöglichen, ohne nachteilige Konsequenzen befürchten zu müssen

Unabhängig von gesetzlichen Anforderungen plädieren Global Nature Fund und OroVerde dafür, dass jedes Unternehmen, das waldkritische Rohstoffe oder Produkte importiert, verarbeitet oder handelt, Entwaldung ausschließen und dadurch einen effektiven Beitrag zum Klima- und Biodiversitätsschutz leisten sollte. Um Unternehmen dabei zu unterstützen, haben Global Nature Fund und OroVerde das Online-Informationsportal *elan!* entwickelt(Abschn. 4.2).

4 Umsetzung entwaldungsfreier Lieferketten

Klimakrise, Artensterben und Waldverlust auf der einen, die Bemühungen um gesetzliche Verbindlichkeit durch die geplante EU-Verordnung für entwaldungsfreie Lieferketten auf der anderen Seite haben gezeigt: Die Notwendigkeit zu Handeln ist da, die Verbindlichkeit, dies zu tun, absehbar.

Doch wie gehen Unternehmen vor? Womit fangen sie an? Wie finden sie heraus, ob ihre bezogenen Rohstoffe zur globalen Entwaldung beitragen, und wie können sie das verhindern? Inzwischen haben sich mehrere Initiativen gebildet und Handlungsempfehlungen oder Rahmenwerke geschaffen, um Unternehmen bei ihrem Umstellungsprozess zu unterstützen.

Nachfolgend werden drei internationale Angebote sowie das neue, auf deutsche Unternehmen zugeschnittene *elan!* Online-Portal für entwaldungsfreie Lieferketten vorgestellt.

4.1 Internationale Initiativen und Rahmenwerke

4.1.1 Accountability Framework (initiative)

Das Accountability Framework (zu Deutsch: Rahmen für Rechenschaft) der gleichnamigen Initiative ist in einem partizipativen Prozess verschiedener Nichtregierungsorganisationen entwickelt worden und wurde 2019 erstmals vorgestellt. Es richtet sich an alle Akteure entlang der Lieferkette, von Kleinbauern und Kleinbäuerinnen über Verarbeitungs- und Handelsunternehmen bis hin zu Finanzinstitutionen und Regierungen. Konkret lassen sich mit dem Rahmenwerk Definitionen und Ziele für eine ethische und entwaldungsfreie Lieferkette festlegen und stärken. Darüber hinaus hilft es dabei, Maßnahmen gegen Entwaldung in den eigenen Lieferketten zu entwickeln und umzusetzen und die Fortschritte zu erfassen und über diese zu berichten.

Grundlegend für die Anwendung des Rahmenwerks sind zwölf Kernprinzipien, die nacheinander abgearbeitet und eingehalten werden sollen. Unterstützung bietet dabei ein *Self Assessment Tool,* das die Anforderungen zu entwaldungsfreien Lieferketten mit dem Status des Unternehmens abgleicht. Darüber hinaus gibt es eine *Operational Guidance,* die spezifische Details zur Umsetzung der einzelnen Maßnahmen in die Praxis enthält [1].

4.1.2 OECD-FAO-Handbuch

Die Organisation für wirtschaftliche Zusammenarbeit und Entwicklung (OECD) hat zusammen mit der FAO das *„Business Handbook on Deforestation and Due Diligence in Agricultural Supply Chains"* [18] entwickelt. Es wurde im Juli 2023 veröffentlicht und enthält praxistaugliche Handlungsempfehlungen für Unternehmen für die Umstellung auf entwaldungsfreie Lieferketten und ist in einem Multi-Stakeholder-Prozess mit 40 Akteuren entstanden. Beteiligt waren neben Regierungsvertretungen auch Organisationen der Zivilgesellschaft sowie Unternehmen unterschiedlicher Branchen.

Die Umstellung auf entwaldungsfreie Lieferketten soll in fünf Schritten erfolgen:

1. Einführung einer Politik zur Entwaldung und strenger Managementsysteme
2. Identifizierung, Bewertung und Priorisierung von Entwaldungsrisiken in der Lieferkette
3. Entwicklung und Umsetzung einer Strategie, um auf die Entwaldung und die damit verbundenen Risiken zu reagieren
4. Überprüfung der Sorgfaltspflicht in der Lieferkette, um sicherzustellen, dass die Bemühungen zur Vermeidung der Abholzung auch Ergebnisse bringen
5. Bericht über die Sorgfaltspflicht in der Lieferkette

In jedem Schritt werden strategische Fragen aufgezeigt, die sich ein Unternehmen stellen sollte, und Empfehlungen speziell für KMU gegeben. Im Anhang finden sich darüber hinaus Kurzinformationen zu Plattformen und Tools für Entwaldungsmonitoring und Lieferkettenrückverfolgung sowie zu ausgewählten Zertifizierungen und Standards.

4.1.3 Science Based Targets (SBT)

Die Science Based Targets initiative (SBTi) unterstützt Unternehmen bei der Definition und Umsetzung wissenschaftsbasierter Treibhausgasminderungsziele, die ausreichend ambitioniert sind, um den globalen Temperaturanstieg auf 1,5 °C zu begrenzen [24]. In dem Standard SBTi FLAG (*Forest, Land and Agriculture*) geht es speziell um die durch Landwirtschaft, Forstwirtschaft und andere Formen der Landnutzung verursachten Emissionen (sowohl aus Entwaldung und Umwandlung als auch infolge anderer Aktivitäten) [25].

Die SBTi betont, wie wichtig es ist, dass Unternehmen die Vermeidung der Entwaldung durch die Lieferkette bis spätestens 2025 erreichen. Die Kompensation von Emissionen über den freiwilligen Markt oder Wiederaufforstungen von Wald dürfen dabei nicht mit der Entwaldung verrechnet werden. Denn dann würden wichtige Waldökosysteme und ihre Funktionen verloren gehen.

Sind die wissenschaftsbasierten Ziele gesetzt und konkrete, wirksame Reduzierungsmaßnahmen in die Wege geleitet, hilft der neu entwickelte Leitfaden der Greenhouse Gas (GHG) Protocol Initiative bei der Erfassung der weiterhin verursachten und vermiedenen Treibhausgasemissionen sowie der Rechenschaftslegung und Berichterstattung.

Die Initiative basiert auf dem international meistgenutzten GHG-Protokoll-Standard zur Klimabilanzierung [13].

4.2   *elan!* Online-Portal für entwaldungsfreie Lieferketten

Die beiden gemeinnützigen Stiftungen Global Nature Fund und OroVerde starteten 2021 das Projekt „ELAN: Entwaldungsfreie Lieferketten – Aktiv für mehr Nachhaltigkeit!". Zielgruppe sind Unternehmen in Deutschland, insbesondere KMU. In dem kostenlosen Online-Portal für entwaldungsfreie Lieferketten finden Geschäftsführer*innen, Nachhaltigkeitsmanager*innen und Einkäufer*innen rohstoffspezifische Informationen für die schrittweise Umstellung auf entwaldungsfreie Lieferketten. Das Portal ist insbesondere für Unternehmen geeignet, die gerade anfangen haben, sich mit dem Thema zu beschäftigen, bietet aber auch fortgeschrittenen Nutzer*innen hilfreiche Informationen.

In dem Portal finden sich ausführliche Informationen zu den einzelnen Risikorohstoffen (Soja, Palmöl, Rind, Holz, Kakao, Kaffee und Kautschuk) und -regionen. Es werden die Klimaschutzwirkung von entwaldungsfreien Lieferketten erläutert und die genauen Anforderungen an Unternehmen durch die EU-Verordnung vorgestellt. Das Portal enthält Informationen zu Online-Tools für das Monitoring von Entwaldung und die Rückverfolgung von Lieferketten. Die ausführliche Vorstellung einiger Tools und deren beispielhafte Anwendung erleichtern die Auswahl für Unternehmen (Abschn. 5.2.3). Auch werden vorhandene Leitlinien und Rahmenwerke, Zertifizierungen und Initiativen vorgestellt, mit denen Unternehmen erste Schritte gehen können.

Das *elan!* Online-Portal für entwaldungsfreie Lieferketten steht seit 2024 allen Interessierten kostenfrei zur Verfügung. Das Projekt, in dessen Rahmen das Portal entwickelt wurde, wird gefördert im Rahmen der Nationalen Klimaschutzinitiative mit Mitteln des Bundesministeriums für Wirtschaft und Klimaschutz [7].

Der folgende Abschnitt gibt Einblick in die Schritt-für-Schritt-Anleitung für Unternehmen und fasst wesentliche Informationen und Tipps für die Umstellung auf entwaldungsfreie Lieferketten zusammen.

5   Das kleine 1 × 1 der entwaldungsfreien Beschaffung

Wenn Sie als Unternehmer*in Ihre Lieferketten umstellen wollen, sollten Sie sich zunächst die Frage stellen, welche Risikorohstoffe Sie direkt oder indirekt (als Produkt) beziehen. Zu den wichtigsten und größtenteils von der EU-Verordnung betroffenen (Abschn. 3) Rohstoffen gehören **Rindfleisch und Leder, Palmöl, Soja, Holz/Holzfaser, Kaffee, Kakao und Naturkautschuk.** Vergessen Sie dabei nicht, auch Transport- und Verpackungsmaterialien (Holzpaletten, Frischfaserkartons etc.) kritisch zu hinterfragen.

Auch andere Rohstoffe und Geschäftsfelder sind waldkritisch. Dazu gehören unter anderem die Haltung anderer **Nutztiere** als Rinder, die durch ihren Futterbedarf indirekt zur Entwaldung beitragen, **Mais**, der in Brasilien in der Fruchtfolge mit Soja angebaut wird, aber auch **Zuckerrohr** und **Raps**, die in der Vergangenheit große Waldverluste verursacht haben und deren Anbau erneut zum Problem werden könnte. Doch auch anorganische Rohstoffe sind relevant in der Entwaldungsproblematik: Der Abbau von **Metallerzen und seltenen Erden** und die aufwendige Infrastruktur um die Minenstandorte herum führen zu beträchtlichen Waldverlusten. Die Anlage von Straßen und Zufahrtswegen bereitet darüber hinaus den Weg für die Abholzung weiterer Flächen für die Agrarproduktion.

Sofern Sie einen oder mehrere Risikorohstoffe direkt oder indirekt beziehen, starten Sie mit dem ersten von insgesamt drei Umstellungsschritten:

5.1 Potentiale entdecken: Strategieentwicklung

Analysieren Sie zunächst die Einkaufsrichtlinie und gegebenenfalls die Nachhaltigkeitsstrategie Ihres Unternehmens und überprüfen Sie, ob diese bereits das Thema Entwaldung adressieren. Falls Sie noch über keine Einkaufsrichtlinie oder Nachhaltigkeitsstrategie verfügen, sollten Sie deren Erstellung als Projekt mit der Führungsebene angehen und dabei das Thema entwaldungsfreie Beschaffung von vornherein berücksichtigen. Reflektieren Sie dabei kritisch die konkrete Entwaldungsdefinition (Abschn. 2.1).

> **Praxistipp**
>
> Wenn Sie am Anfang stehen und Ihre Lieferketten weitverzweigt und der Bedarf potentiell kritischer Rohstoffe sehr breit ist, beginnen Sie damit, sich Zielmarken zunächst für einen der Rohstoffe zu setzen. Nicht anders machen es auch die Großkonzerne der Lebensmittelbranche. Starten Sie am besten mit dem potentiell kritischsten Rohstoff in Ihrem Beschaffungsprofil. Wenn Sie schnell erste Erfolge erzielen wollen, können Sie alternativ auch mit dem Rohstoff beginnen, dessen Lieferketten sie bereits gut kennen oder vergleichsweise leicht rückverfolgen können. Auf diese Weise sammeln Sie positive Erfahrung und bekommen ein Gefühl für das Lieferketten-Mapping und den Umstellungsprozess. ◂

Für Fortgeschrittene: Sofern Ihr Unternehmen eine Treibhausgasbilanzierung durchführt, informieren Sie sich, ob darin die indirekten Emissionen durch den Rohstoffbezug (enthalten in Scope 3) berücksichtigt werden. Hier verbirgt sich, je nach Rohstoff, womöglich ein hohes Treibhausgasminderungspotential. Verschiedene Anbieter können die Emissionen berechnen oder Sie leiten die schrittweise Reduzierung, beispielsweise mithilfe der Science Based Targets initiative (Abschn. 4.1.3), selbst in die Wege.

5.2 Aktiv werden: Risikoanalyse und -behebung

Wenn ein erster Status quo erreicht ist und Sie mit Ihrem Unternehmen gewissermaßen den Kompass auf entwaldungsfreie Lieferketten ausgerichtet und einen Zeitplan aufgestellt haben, kommt der aktive Teil: die Analyse und die Behebung der Entwaldungsrisiken. Dieser Schritt ist anspruchsvoll und zeitintensiv, aber dank der zahlreichen Unterstützungsmöglichkeiten, die es mittlerweile gibt, und der stets wachsenden Angebote kann die Umsetzung in gut abgesteckten Schritten angegangen werden.

Überprüfen Sie, woher genau Ihre bezogenen Rohstoffe – auch die indirekten Bezüge – stammen. Bis zu welcher Stufe in der Lieferkette können Sie die Ware rückverfolgen? Sollten Sie zertifizierte Ware beziehen, könnte es sein, dass Sie einen Teil des Weges damit rückverfolgen können (Abschn. 5.2.1). Sollten Sie aus einem Land, das ein hohes Entwaldungsrisiko trägt, Ware beziehen, gehen Sie der genauen Herkunft auf die Spur. Bei kurzen Lieferketten kann es sein, dass Sie direkten Kontakt (evtl. über den Importeur/Exporteur bis hin zur Erzeugungsgemeinschaft) zu den Produzent*innen herstellen können. Bei verzweigten Lieferketten bzw. indirekten Lieferanten können Sie ggf. die Herkunft durch Einblicknahme in das Rückverfolgungssystem Ihrer direkten Handelspartner verifizieren. An dieser Stelle können Ihnen womöglich auch Entwaldungsrisikoanalyse-Tools wie Trase (Abschn. 5.2.3) helfen.

> **Praxistipp**
>
> Um herauszufinden, ob die Rohstoffe, die Ihr Unternehmen bezieht, mit Entwaldung verbunden sind, gibt es im Prinzip nur einen Weg. Tools und Zertifizierungen können zwar helfen, aber an direkten Gesprächen mit Ihren Handelspartnern führt meist kein Weg vorbei. Machen Sie sich bewusst, wie wichtig dieser Schritt ist. Nur wer sein Risiko genau kennt, kann dieses auch ausräumen. Investieren Sie daher Zeit und Sorgfalt in die Analyse. Wenn Sie mit Ihren Handelspartnern sprechen, machen Sie deutlich, wie wichtig die Informationen zur Rohstoffherkunft für Sie sind, um die Handelsbeziehung fortsetzen zu können. Verweisen Sie dabei auch auf die geplante EU-Verordnung und die damit verbundenen Nachweispflichten sowie den möglichen gemeinsamen Beitrag zum Klima- und Biodiversitätsschutz durch die Vermeidung von Waldverlust. ◄

Unterstützen Sie Ihre Lieferanten dabei, die Vorgaben zur Entwaldungsfreiheit umzusetzen und diese Unterstützung auch entlang der Lieferkette weiterzugeben. Der Abbruch einer Handelsbeziehung mag gegebenenfalls als Weg des geringsten Widerstands erscheinen, sollte aber erst in Erwägung gezogen werden, wenn alle anderen Bemühungen gescheitert sind. Gerade im kleinbäuerlichen Sektor ist die Erfüllung strenger Vorgaben eine große technische, personelle und natürlich finanzielle Herausforderung.

Sichern Sie eine wirksame und informierte Beteiligung aller Interessengruppen am Prozess, Entwaldung aus Ihren Lieferketten zu entfernen. Nichtregierungsorganisationen, Multi-Stakeholder-Initiativen (Abschn. 5.2.2) oder standardsetzende Organisationen, die engen Kontakt zu den Produzent*innen haben, können dabei unterstützen. Schaffen Sie Anreize zur Umstellung auf nachhaltige, entwaldungsfreie Praktiken, idealerweise landschaftsbezogene Ansätze (Betrachtung zusammenhängender Ökosysteme und Landschaften statt einzelner Flächen und darauf angebauter Agrarrohstoffe). Sie können zum Beispiel direkt oder über Mittler/Netzwerke Schulungen durchführen und technische Mittel bereitstellen.

Da die Analyse von Entwaldungsrisiken der anspruchsvollste und zeitintensivste Teil des Prozesses ist, stellen wir Ihnen hier drei konkrete Angebote detaillierter vor, die im Rahmen Ihrer Risikoanalyse sinnvollerweise angenommen werden können.

5.2.1 Zertifizierungen

Für die kritischen Rohstoffe, die mit Entwaldung zusammenhängen, gibt es zahlreiche nationale und internationale Zertifizierungssysteme. Die verschiedenen Systeme garantieren jedoch unterschiedlich hohe Standards, was letzten Endes zu einer erheblichen Diskrepanz in der Aussagekraft von zertifiziertem Rohstoffbezug führt.

Es ist deshalb wichtig, bei den Zertifizierungen auf bestimmte Punkte zu achten:

- das generelle Entwaldungsverbot bzw. die **Entwaldungsdefinition** (Abschn. 2.1),
- den Zeitpunkt, ab dem ein Entwaldungsstopp gefordert wird *(Cut-off-Date),*
- die Einbeziehung **weiterer Ökosysteme,**
- die Berücksichtigung der **Rechte indigener und lokaler Gemeinden,**
- unabhängige, unangekündigte **Audits.**

Zertifizierungen bieten Ware nach unterschiedlichen **Rückverfolgbarkeitsmodellen** an. Hier ist es essentiell, dass die Herkunft der Ware physisch bis zum Produktionsort *(identity preserved)* oder zumindest bis zur Mühle oder dem Silo *(segregated)* rückverfolgbar ist. Andere Modelle ermöglichen – direkt oder indirekt – die Einfuhr von mit Entwaldung behafteten Rohstoffen und sind daher unzureichend.

Klar ist: Keine Zertifizierung ersetzt die Sorgfaltspflicht, denn absolute Entwaldungsfreiheit kann damit nicht garantiert werden. Aber strenge Zertifizierungen bieten Unternehmen einen ersten Schritt hin zur Entwaldungsfreiheit. Das gilt besonders für KMU, die aus finanziellen oder Kapazitätsgründen für ihre Lieferkette vorerst keine volle Rückverfolgbarkeit ermöglichen können. Langfristig sollten Unternehmen zur Bewältigung ihres Entwaldungsrisikos jedoch eigene konkrete Ziele setzen und terminieren, Maßnahmen planen und umsetzen.

5.2.2 Multi-Stakeholder-Initiativen (MSI)

Für viele waldkritische Rohstoffe gibt es inzwischen Multi-Stakeholder-Initiativen (MSI): Zusammenschlüsse von Unternehmen, Nichtregierungsorganisationen und Produzent*innen, manchmal auch Regierungen und Forschung. Die Bandbreite von MSI ist groß und vielfältig in der Zusammensetzung ihrer Mitglieder und der gesetzten Schwerpunkte. Es kann lohnen, sich über verschiedene Initiativen zu informieren und aktiv zu beteiligen. Besonders für KMU können sie von Nutzen sein, da sie sektorale Zusammenarbeit ermöglichen und über den Austausch im Netzwerk mit unterschiedlichen Akteuren Lösungen gegebenenfalls leichter gefunden werden. MSI bieten beispielsweise Runde Tische und Möglichkeiten, sich über Best-Practice-Beispiele auszutauschen. Die Weiterentwicklung und die Verbesserung von MSI sind jedoch oft schwierig und langwierig, aufgrund der Vielzahl von Mitgliedern und deren unterschiedlichen Interessen, sodass die beschlossenen Ergebnisse gegebenenfalls nicht den eigenen Vorstellungen entsprechen. Und nicht immer ist der kleinste gemeinsame Nenner, auf den sich die Mitglieder verständigen, auch die beste Lösung für die effektive Vermeidung von Entwaldung und für den Klima- und Biodiversitätsschutz.

5.2.3 Tools

Das zentrale Element innerhalb der Risikoanalyse und des Monitorings ist die genaue geografische Überprüfung, ob im Rohstoffursprungsgebiet ab einem bestimmten Stichtag *(Cut-off-Date)* Entwaldung stattgefunden hat. Dafür gibt es inzwischen einige Online-Tools, die Unternehmen einsetzen können, um Landnutzungsänderungen rückzuverfolgen.

Tools zur Analyse des Entwaldungsrisikos haben, je nach Anbieter, unterschiedliche geografische oder Rohstoff-Schwerpunkte und das wachsende Angebot und die Funktionen stehen im Einklang mit den sich ändernden Erwartungen und rechtlichen Rahmenbedingungen. Gesetzgebungen wie die EU-Verordnung für entwaldungsfreie Lieferketten sind zudem eine wichtige Triebkraft für die Ausweitung von Tool-Angebot und Funktionen.

Herausgegeben werden Tools von Forschungsinstituten, NRO, internationalen Organisationen, Regierungen und Unternehmen.

Die Auswahl des geeigneten Tools ist wichtig und hängt von der Ausgangssituation des Unternehmens ab: Wie verzweigt sind die Lieferketten, wie hoch sind der Informationsbedarf bzw. die Vorkenntnisse? Wichtige Eckpunkte bei der Auswahl des passenden Tools sind:

- *Umfang:* Die verschiedenen Tools bieten Informationen zu einzelnen Rohstoffen oder auch ohne die Zuweisung zu einem bestimmten Rohstoff an. Geografisch reicht der Umfang von Global über Ländergruppen bis Einzelstaaten.
- *Daten:* Für die Datengrundlage stellen sich Fragen zu der verwendeten Methodik und der Aktualität. Wesentlich für die weitere Nutzung und die Verknüpfung mit anderen Themen ist die Verfügbarkeit von Daten zu sozialen Risiken und Biodiversität.

- *Technik:* Die Exportierbarkeit der Daten für die weitere Nutzung oder Synergien mit anderen Tools sind technische Faktoren, die die Tool-Auswahl beeinflussen können.

Zusätzliche Angebote von einigen Tools, wie die Einstellung von Entwaldungsalerts oder die Möglichkeit, Wiederaufforstung visuell darstellen zu lassen, können ebenfalls ausschlaggebend sein. Grundlegende Fragen wie Kosten, Nutzerfreundlichkeit, Trainings- und Supportangebot sollten bei der Auswahl ebenfalls berücksichtigt werden.

> **Anwendungsbeispiel: Analyse der Kakaolieferkette eines Schokoladenherstellers**
>
> Unternehmen haben sehr unterschiedliche Startbedingungen, wenn sie sich dem Thema Entwaldung nähern. In dem folgenden Szenario gehen wir von einem Unternehmen aus, das wenig Lieferkettenkenntnis hat und die **Risiken für Entwaldung abschätzen** möchte.
>
> Gehen wir exemplarisch davon aus, dass es sich um einen mittelständischen Schokoladenhersteller handelt, der seine Kakaobohnen selbst verarbeitet und daher ganze Bohnen über ein großes international agierendes Handelsunternehmen bezieht. Der Schokoladenhersteller weiß lediglich, dass sein Kakao zu 100 % aus der Elfenbeinküste stammt. Er weiß auch, dass dies die größte Anbauregion für Kakao ist, und hat schon davon gehört, dass der Anbau dort, je nach Region, mit einem großen Entwaldungsrisiko einhergeht.
>
> Bevor er auf seinen Lieferanten zugeht und Anforderungen stellt, möchte er sich selbst ein Bild machen und eine erste Risikoabschätzung durchführen. Dafür benutzt er eine Kombination von zwei kostenfreien Online-Tools, Trase und Global Forest Watch (Tab. 1).
>
> Das Tool **Trase** verrät dem Schokoladenhersteller, welche Menge Kakao sein Lieferant im Jahr 2019 von der Elfenbeinküste exportiert hat und mit welchem Entwaldungsrisiko diese Menge verbunden war. Auf einer Karte kann er dank einer Farbskala schnell erkennen, dass sein Lieferant den Kakao unter anderem auch direkt aus den beiden Gemeinden bezieht, in denen ein besonders hohes Entwaldungsrisiko besteht.
>
> In einem weiteren Schritt kann der Schokoladenhersteller seine Analyse noch vertiefen und hierfür das Tool **Global Forest Watch** einsetzen. Er kann beispielsweise für die Gemeinde mit dem nachgewiesen größten Entwaldungsrisiko noch aktuellere Entwaldungsdaten abrufen. Außerdem kann er in die Gemeinde hineinzoomen und sehen, wo genau Waldgebiete liegen bzw. Entwaldung stattgefunden hat. Global Forest Watch ermöglicht darüber hinaus eine Trendanalyse: Wie hat sich das Entwaldungsrisiko über einen Zeitraum von zwanzig Jahren entwickelt?
>
> Die Ergebnisse seiner Risikoabschätzung kann der Schokoladenhersteller benutzen, um Verpflichtungserklärungen und Anforderungen an seine Lieferanten mit stichhaltigen Argumenten und validen Daten zu untermauern. ◄

Tab. 1 Wesentliche Informationen zu zwei Tools, Trase und Global Forest Watch, die für unterschiedliche Umstellungsschritte entlang der Lieferkette hilfreich sein können

Beschreibung	Trase	Global Forest Watch
Kurzprofil	Trase ermöglicht eine Lieferketten- und Risikoanalyse für Unternehmen ohne ausführliche Kenntnis ihrer Lieferkette und ohne genaue geografische Lokalisation von Erzeugern	Global Forest Watch ermöglicht Risikoanalysen für und Überwachung von selbst „eingezeichneten" Produktionsregionen eigener Lieferanten bei hoher Informationsdichte
Alleinstellungsmerkmale	Entwaldungsrisikoanalyse ist auch ohne besondere Kenntnisse über die Lieferkette möglich. Umfangreiche Daten über globale Lieferketten für Risikorohstoffe vorhanden. Spezifisches Entwaldungsrisiko je Tonne eines Rohstoffs	Große Bandbreite an Informationen kombiniert mit ansprechender visueller Darstellung der Ergebnisse, Analyse herunterladbar als PDF. Analyse kann auf Ebene von Ländern, Bundesstaaten, Regionen oder *Municipalities* (Gemeinden) durchgeführt werden. Tool erlaubt Darstellung von Wiederaufforstung
Funktionen	Visualisierung von Entwaldung nach Region und Rohstoff, Visualisierung von THG-Emissionen für manche Rohstoffe. Lieferkettenanalyse nach Herkunftsland und Produzent möglich	Visualisierung von Entwaldung bis auf Gemeindeebene und in eigens definierten Regionen. Verknüpfung mit verschieden Tools möglich und nützlich für GIS-Analysen
Rohstoffe	Rindfleisch, Huhn, Kakao, Kaffee, Mais, Baumwolle, Palmkern, Palmöl, Schweinefleisch, Shrimp, Soja, Zuckerrohr, Holzfaser	Bergbau, Soja, Palmöl, Öl, Gas, Holzfasern
Länder	Argentinien, Bolivien, Brasilien, Kolumbien, Elfenbeinküste, Ecuador, Ghana, Indonesien, Paraguay, Peru	Global

5.3 Erfolge zeigen: Monitoring und Berichterstattung

Wenn Ihr Unternehmen das umfangreiche Kapitel der Risikoanalyse und -behebung erfolgreich angegangen ist, können Sie zum stetigen Monitoring übergehen. Die Gestaltung von entwaldungsfreien Lieferketten ist selten ein Prozess, der nach der Etablierung abgehakt werden kann. Eine kontinuierliche Überprüfung ist nötig, für die die unter

Abschn. 5.2.3 genannten Tools und Angebote genutzt werden können. Messen Sie den Fortschritt regelmäßig und lassen Sie ihn bestenfalls durch unabhängige Dritte verifizieren. Möglicherweise stellt sich heraus, dass die gesetzten Ziele nachgesteuert werden müssen.

Als Erstinverkehrbringer und großer Händler sind Sie im Rahmen der Sorgfaltspflichterklärung innerhalb der EU-Verordnung zu einer Berichterstattung verpflichtet. Aber auch als nicht betroffenes Unternehmen machen Sie Ihr Engagement idealerweise transparent und berichten regelmäßig öffentlich darüber, beispielsweise als Teil Ihres jährlichen Nachhaltigkeitsberichts oder über freiwillige, standardisierte Fragebögen bekannter Plattformen, wie die des CDP [4].

> **Praxistipp**
>
> Sehen sie das Monitoring und die Berichterstattung als Chance, Ihre Erfolge nachzuweisen, nicht nur für den Gesetzgeber, sondern auch für Ihre Kunden, für die allgemeine Öffentlichkeit und für Ihre unternehmerische Konkurrenz. Machen Sie sich bewusst, dass ein Unternehmen, das sich Nachhaltigkeitsziele steckt, diese umsetzt und darüber berichtet, positiv auffällt und als Geschäftspartner wie auch als Arbeitgeber an Wettbewerbsfähigkeit gewinnt. Wer sich schon früh mit dem Spezialthema „entwaldungsfreie Beschaffung" auseinandersetzt und erste Erfolge belegen kann, der kann sich positiv von der Konkurrenz abheben.◄

6   Fazit

Die Umstellung auf entwaldungsfreie Lieferketten ist aus Sicht des Umweltschutzes unerlässlich und für einen Großteil der Unternehmen wird sie mit der neuen EU-Verordnung auch gesetzlich verpflichtend. Die eigenen Lieferketten genau zu kennen, sie kritisch zu durchleuchten und Risiken auszuräumen werden absehbar zu Schlüsselelementen der unternehmerischen Sorgfaltsprüfung. Doch nicht nur gesetzlich verpflichtete Unternehmen sind gefragt: Nachhaltigkeit und Klimaneutralität – die ohne die Berücksichtigung der Lieferketten faktisch nicht möglich sind – spielen eine immer größere Rolle in den Augen der Kundschaft, auf dem Arbeitsmarkt und in der Vergabe von Krediten und Investitionen.

Unternehmen haben daher deutliche Vorteile, wenn sie bereits jetzt Entwaldungsrisiken in den eigenen Lieferketten auf die Spur gehen und die Umstellung Schritt für Schritt angehen. Dabei helfen, wie auf den vorangegangenen Seiten vorgestellt, eine klare Definition von Entwaldung, ein wirksames Cut-off Date sowie die Orientierung an bestimmten Leitlinien und Rahmenwerken. Eine wichtige Rolle können auch engagierte Multi-Stakeholder-Initiativen, strenge Standards oder die Nutzung der zahlreichen, online verfügbaren Tools zur Entwaldungsrisikoanalyse spielen.

Licht in die Lieferketten zu bringen ist ein Prozess, der anspruchsvoll sein kann und auch langfristig immer wieder Aufmerksamkeit erfordert. Doch gibt es Unterstützungsangebote und sie werden – aufgrund der ökologischen und politischen Dringlichkeit des Themas – kontinuierlich mehr. Umwelt- und Entwicklungsorganisationen helfen mit eigenen Angeboten, so auch der Global Nature Fund und die Tropenwaldstiftung OroVerde mit ihrem ELAN Online-Portal, und tragen außerdem dazu bei, das Thema entwaldungsfreie Lieferketten weiterhin hoch auf der politischen Agenda zu halten. Auch Zusammenschlüsse aus Wirtschaft, Politik und Zivilgesellschaft erarbeiten Lösungen für die bevorstehenden Herausforderungen. Unternehmen können auf ein breites Netz an Mitstreitern und auf vielfältige Unterstützungsangebote zählen.

Literatur

1. AFi, Accountability Framework Initiative (2022) https://accountability-framework.org/Zugegriffen: 16. Dez 2022
2. ADP, Amsterdam Declaration Partnership (2015) Amsterdam Declaration – "Towards Eliminating Deforestation from Agricultural Commodity Chains with European Countries". https://ad-partnership.org/wp-content/uploads/2018/10/Amsterdam-Declaration-Deforestation-Palm-Oil-v2017-0612.pdf Zugegriffen: 16. Dez 2022
3. BMK Infothek (2021) CO_2-Speicher: Der Wald als Klimaschützer – aber wie lange noch? https://infothek.bmk.gv.at/co2-speicher-der-wald-als-klimaschuetzer/. Zugegriffen: 16. Dez. 2022
4. CDP (2022) https://www.cdp.net/Zugegriffen: 16. Dez 2022
5. CGF, Consumer Goods Forum (2022) https://www.theconsumergoodsforum.com/Zugegriffen: 16. Dez 2022
6. Dos Reis T.N.P. et al. (2021) Trading deforestation – why the legality of forest-risk commodities is insufficient. Environ. Res. Lett. 16 124025. https://doi.org/10.1088/1748-9326/ac358d
7. elan! Online-Portal (2023) https://www.entwaldungsfreie-lieferketten.de/Zugegriffen: 21. Jul 2023
8. EU, Europäische Union (2023) Nr. 2023/1115 des Europäischen Parlaments und des Rates vom 31. Mai 2023 über die Bereitstellung bestimmter Rohstoffe und Erzeugnisse, die mit Entwaldung und Waldschädigung in Verbindung stehen, auf dem Unionsmarkt und ihre Ausfuhr aus der Union sowie zur Aufhebung der Verordnung (EU) Nr. 995/2010. https://eur-lex.europa.eu/legal-content/DE/TXT/?uri=uriserv%3AOJ.L_.2023.150.01.0206.01.DEU&toc=OJ%3AL%3A2023%3A150%3ATOC Zugegriffen: 21. Jul 2023
9. EU, Europäische Union (2010) Nr. 995/2010 des Europäischen Parlaments und des Rates vom 20. Oktober 2010 über die Verpflichtungen von Marktteilnehmern, die Holz und Holzerzeugnisse in Verkehr bringen Text von Bedeutung für den EWR. https://doi.org/10.3000/17252539.L_2010.295.deu
10. FAO, Food and Agriculture Organization (2022) FRA 2020 Remote Sensing Survey. FAO Forestry Paper, No. 186. Rome. https://doi.org/10.4060/cb9970en
11. FAO, Food and Agriculture Organization (2020a) Global Forest Resources Assessment 2020 – Key findings, Rome. https://doi.org/10.4060/ca9825en
12. FAO, Food and Agriculture Organization (2020b) FRA 2020 Terms and Definitions, Forest Resource Assessment Working Paper 188, Rome

13. GHG, Greenhouse Gas Protocol (2022) Land Sector and Removals Guidance. https://ghgprotocol.org/land-sector-and-removals-guidance Zugegriffen: 16. Dez 2022
14. Hargita et al. (2019) Entwaldungsfreie Agrarrohstoffe – Analyse relevanter Soja-Zertifizierungssysteme für Futtermittel. Thünen Working Paper 98, Braunschweig
15. Heimpel E. (2021) How does deforestation impact wildlife and biodiversity? What you need to know, in Ecologi, 03.03.2021 https://ecologi.com/articles/blog/how-does-deforestation-impact-wildlife-and-biodiversity-what-you-need-to-know. Zugegriffen 16. Dez. 2022
16. IPCC, Intergovernmental Panel on Climate Change (2022) Summary for Policymakers. In: Climate Change 2022: Mitigation of Climate Change. Contribution of Working Group III to the Sixth Assessment Report of the Intergovernmental Panel on Climate Change [P.R. Shukla, J. Skea, R. Slade, A. Al Khourdajie, R. van Diemen, D. McCollum, M. Pathak, S. Some, P. Vyas, R. Fradera, M. Belkacemi, A. Hasija, G. Lisboa, S. Luz, J. Malley, (eds.)]. Cambridge University Press, Cambridge, UK and New York, NY, USA. https://doi.org/10.1017/9781009157926.001
17. IPCC, Intergovernmental Panel on Climate Change (2019) Summary for Policymakers. In: Climate Change and Land: an IPCC special report on climate change, desertifcation, land degradation, sustainable land management, food security, and greenhouse gas fuxes in terrestrial ecosystems [P.R. Shukla, J. Skea, E. Calvo Buendia, V. Masson-Delmotte, H.-O. Pörtner, D. C. Roberts, P. Zhai, R. Slade, R. Connors, R. van Diemen, M. Ferrat, E. Haughey, S. Luz, S. Neogi, M. Pathak, J. Petzold, J. Portugal Pereira, P. Vyas, E. Huntley, K. Kissick, M. Belkacemi, J. Malley, (eds.)]. https://doi.org/10.1017/9781009157988.001
18. OECD/FAO (2023) OECD-FAO Business Handbook on Deforestation and Due Diligence in Agricultural Supply Chains. https://www.oecd.org/publications/oecd-fao-business-handbook-on-deforestation-and-due-diligence-in-agricultural-supply-chains-c0d4bca7-en.htm Zugegriffen: 21. Jul 2023
19. Pacheco P., Mo, K., Dudley N., Shapiro A., Aguilar-Amuchastegui N., Ling, P.Y., Anderson, C. and Marx, A. (2021) Deforestation fronts: Drivers and responses in a changing world. WWF, Gland, Switzerland
20. Pendrill F. et al. (2022) Disentangling the numbers behind agriculture-driven tropical deforestation. Science Vol 377, Issue 6611. https://doi.org/10.1126/science.abm9267
21. Pendrill F, Persson U. M., Kastner T. (2020). Deforestation risk embodied in production and consumption of agricultural and forestry commodities 2005-2017. Zenodo. https://doi.org/10.5281/zenodo.4250532
22. Pendrill F. et al. (2019) Agricultural and forestry trade drives large share of tropical deforestation emissions, Global Environmental Change, Volume 56, 2019, ISSN 0959-3780, https://doi.org/10.1016/j.gloenvcha.2019.03.002.
23. Pörtner, H., Scholes, Robert J., Agard, John, Archer, Emma, Arneth, Almut, Bai, Xuemei, et al. (2021). Scientific outcome of the IPBES-IPCC co-sponsored workshop on biodiversity and climate change. Zenodo. https://doi.org/10.5281/zenodo.5101125
24. SBTi, Science Based Targets initiative (2022a) https://sciencebasedtargets.org/Zugegriffen: 16. Dez 2022
25. SBTi, Science Based Targets initiative (2022b) Forest, Land and Agriculture (FLAG) Science Based Target Setting Guidance https://sciencebasedtargets.org/sectors/forest-land-and-agriculture Zugegriffen: 16. Dez 2022
26. TFA, Tropical Forest Alliance (2022) https://www.tropicalforestalliance.org/Zugegriffen: 16. Dez 2022
27. UNFCCC, United Nations Framework Convention on Climate Change (2021) Glasgow Leaders' Declaration on Forest and Land Use. https://webarchive.nationalarchives.gov.uk/

ukgwa/20230418175226/ https://ukcop26.org/glasgow-leaders-declaration-on-forests-and-land-use/Zugegriffen: 16. Dez 2022
28. UNFCCC, United Nations Framework Convention on Climate Change (2014) New York Declaration on Forests – Action Statements and Action Plans. https://unfccc.int/media/514893/new-york-declaration-on-forests_26-nov-2015.pdf Zugegriffen: 16. Dez 2022
29. West, C., Croft, S., Titley, M., Ebrey, R., Gollub, E., Simpson, J., & Smythe, J. (2022). Assessing tropical deforestation risk in Germany's agricultural commodity supply chains. Trase. https://doi.org/10.48650/PV1P-Q331

Steffen Kemper ist studierter Agrarwissenschaftler (M.Sc.) und war fünf Jahre als Marktanalyst für das Agribusiness tätig, bevor er als Projektmanager im Bereich Unternehmen und Biologische Vielfalt beim Global Nature Fund einstieg. Dort leitet er Projekte im Waldbereich, einschließlich des Projekts „ELAN: Entwaldungsfreie Lieferketten – Aktiv für mehr Nachhaltigkeit!", das der Global Nature Fund gemeinsam mit OroVerde umsetzt und in dessen Rahmen ein Online-Portal für Unternehmen entwickelt wird.

Lioba Schwarzer arbeitet seit 2021 bei der Tropenwaldstiftung OroVerde. Sie studierte Biologie in Bonn und Bremen, wo sie mit einem Master in Tropischer Meeresökologie abschloss. Sie arbeitete bereits für verschiedene internationale Nichtregierungsorganisationen und nahm zudem als Nachhaltigkeitsanalystin die CSR-Aktivitäten von Unternehmen aller Branchen für einen ethisch-ökologischen Fondsanbieter streng unter die Lupe. Bei OroVerde hat sie in einem Projekt begonnen, das Unternehmen bei der Gestaltung von entwaldungsfreien Lieferketten unterstützt, und engagiert sich inzwischen als politische Referentin, um Politik und Gesetze so zu gestalten, dass Tropenwälder erhalten bleiben und lokale und indigene Gemeinschaften in den Tropenländern von und mit dem Regenwald leben können.

Lea Strub ist Volkswirtin und Ethnologin mit einem Master in Entwicklungsökonomik. Sie verfügt über mehrere Jahre Erfahrung im Bereich des Fairen Handels und setzt sich für die nachhaltige Gestaltung von Lieferketten ein. Seit 2022 ist sie als Projektmanagerin im Bereich Unternehmen und Biologische Vielfalt für den Global Nature Fund tätig.

Tourismus, Externalisierung und Menschenrechte: Ansätze für den verantwortungsbewussten Einkauf touristischer Leistungen

Volker Rundshagen

1 Einleitung

Im Jahr 1602 wurde die Niederländische Ostindien-Kompanie (landessprachlich VOC abgekürzt) gegründet, die als erste Aktiengesellschaft im modernen Sinne gilt. Sie ist im Kontext des Goldenen Zeitalters zu sehen, in der die Niederlande im 17. Jahrhundert zu wirtschaftlicher und kultureller Blüte gelangten und zur weltumspannenden See- und Handelsmacht aufstiegen. Die VOC erhielt vom niederländischen Staat Handelsmonopole und gewisse Hoheitsrechte u. a. mit Bezug auf Landerwerb und militärische Aktivitäten, die den Grundstein für sehr einträglichen Handel – insbesondere mit kostbaren Gewürzen aus Übersee – legten. Die Unternehmung aufwendiger Schiffsreisen über die Weltmeere für den groß angelegten Handel mit begehrter Ware aus vor allem asiatischen Gefilden samt militärischem Apparat zur Durchsetzung der Handels- und Machtinteressen erforderte einen großen Kapitalstock. In dieser Hinsicht stellte das Prinzip der Aktiengesellschaft eine kreative Lösung dar, denn es ermöglichte die Akquisition von Kapital auf breiter Basis. Die Ausgabe von Aktien an interessierte Bürger bedeutete die Gewinnung vieler Investoren, die erstmals einer erweiterten Öffentlichkeit entstammten. Ein besonderes Merkmal dieser Beteiligung am Kapital der Handelsgesellschaft durch den schlichten Erwerb von Aktien, das bis heute zu den Charakteristika börsennotierter Unternehmen zählt, war die Trennung von finanziellem Engagement und unternehmerischer Verantwortung. Während die Aktionäre in Kaffeestuben in Amsterdam, die vor der Einrichtung einer formalen Börse sogar als Aktienhandels- und Informationsaustauschforen dienten, auf Erfolgsmeldungen und Dividenden warteten, hatten sie kaum eine Ahnung von den

V. Rundshagen (✉)
Fakultät für Wirtschaft, Hochschule Stralsund, Stralsund, Deutschland
E-Mail: volker.rundshagen@hochschule-stralsund.de

Praktiken (und vermutlich auch gar kein Interesse, Näheres darüber zu erfahren), mit denen die zugrunde liegenden Gewinne erzielt oder zumindest deutlich gesteigert wurden. Diese Praktiken umfassten nicht nur kaufmännisches Vorgehen, sondern auch Mechanismen kolonialer Unterwerfung und Ausbeutung; der Handel nicht nur der VOC ging mit „Kaperfahrt und Kriegsführung" einher [32:44].

In mancher Hinsicht waren die Handelsschiffe europäischer See- und Kolonialmächte frühe Symbole einer globalisiert ausgerichteten, expansiven Wirtschaftslogik, die auf Schaffung und Vermehrung von Wohlstand und Vermögen auf Kosten anderer (aus damaliger Sicht für die einfache Bevölkerung fast unvorstellbar weit entfernter), kolonisierter Weltregionen und somit der von Lessenich [30] beschriebenen, bis heute gültigen Externalisierungsgesellschaft beruht. Wir können diese Schiffe auch als Vorläufer touristischer Vehikel betrachten, denn sie brachten Europäer u. a. in amerikanische, asiatische und pazifische Länder und Orte, von denen viele heutzutage geschätzte Urlaubsregionen und/ oder weiterhin bedeutende Geschäftsreiseziele sind. Statt auf Handelsschiffen kommen die Reisenden heute auf Kreuzfahrtschiffen (z. B. [17]) oder in weitaus größerer Zahl in Großraumflugzeugen an. Ihre Interaktionsmuster mit der örtlichen Bevölkerung sind differenzierter und wesentlich friedfertiger als die ihrer (kolonial orientierten und militärisch flankierten) Vorgänger von vor 400 Jahren, entsprechend einer Reisemotivation, die zumeist im Spektrum Erholung, anregende Erlebnisse und/oder (inter-)kulturelle Horizonterweiterung angesiedelt ist. Sie reflektieren auch einen modernen Zeitgeist. Diesem folgend werden das Reisen und damit auch die Grundvoraussetzungen einer weitreichenden Reisefreiheit sowie die finanziellen Mittel, diese Freiheit (zumindest in einem gewissen Rahmen) auszuleben, als selbstverständlich betrachtet.

Dementsprechend ist nicht verwunderlich, dass Tourismus ein bedeutender Wirtschaftszweig ist, der weltweite Aktivität auslöst und einbezieht. Global betrachtet wurden der Welttourismusorganisation unter dem Dach der Vereinten Nationen zufolge (Stand vor der COVID-19-Pandemie) rund 1,4 Mrd. internationale Touristenankünfte weltweit verzeichnet und ca. 1,7 Bio. US-$ Exporteinnahmen erzielt. Darüber hinaus können ca. 10 % des globalen BSP und jeder zehnte Arbeitsplatz – jeweils unter Berücksichtigung nicht nur direkter, sondern auch indirekter und induzierter Effekte – dem Tourismus zugeschrieben werden [47].

Tourismus ist jedoch weit mehr als ein Wirtschaftszweig; zuweilen wird vernachlässigt, dass Tourismus ein komplexes gesellschaftliches Phänomen mit vielen Facetten und vielschichtigen Folgen und Wechselwirkungen ist:

> „Gesellschaft bietet einen Raum von Handlungsmöglichkeiten und sozialen Praktiken. Menschen greifen diese auf, variieren sie und spielen damit. Tourismus umfasst sämtliche Handlungen, die eine (freiwillige) und zeitlich begrenzte Entfernung vom üblichen Umfeld umfassen und die Elemente des Systems touristischer Dienstleister nutzen." [19:13]

Im touristischen Kontext betrachtet bestehen Handlungsmöglichkeiten auf der Nachfrageseite insbesondere hinsichtlich Reise- (und somit auch Konsum-)Entscheidungen mit den Kernaspekten Auswahl der Reiseart, Destination, Verkehrsmittel, Unterkünfte und Nutzung von Dienstleistungen am Zielort. Soziale Praktiken beziehen das Verhalten der Reisenden in der Destination ein. Auf der Angebotsseite bestehen Handlungsmöglichkeiten insbesondere im Hinblick auf Produktentwicklung und -gestaltung. Für Reiseveranstalter stehen hier wiederum die Auswahl der angebotenen Destinationen sowie der entsprechenden Leistungsträger im Vordergrund, vor allem aus den Bereichen Beherbergung und Beförderung, die erhebliche Anteile sowohl am Gesamtpreis als auch am von Reisenden wahrgenommenen Reiseerlebnis haben.

Hieraus resultiert allerdings ein Grunddilemma: Der oben aus Heuwinkel [19] zitierte Raum von Handlungsmöglichkeiten zeigt sich im touristischen Kontext u. a. als Reisefreiheit, deren Ausleben durch die Einen zumindest anteilig auf Kosten der Freiheiten anderer gedeiht, zumeist in Zielgebieten. Reisefreiheit und damit verbundene Konsumrechte (vor allem von wohlhabenden Menschen aus der westlichen Welt in Anspruch genommen) kollidieren häufig mit Rechten auf Teilhabe örtlicher (meist weitaus weniger wohlhabender) Bevölkerung in touristischen Destinationen [6]. Fennell [11] geht sogar von einer strukturellen Problematik aus, da Tourismus als System den Wert einiger über den Wert anderer stellt; der Wert touristischer Unterhaltung, Erholung, erlebten Abenteuers usw. steht über dem Wert intakter Natur, örtlicher Kultur oder Rechten z. B. von Arbeitnehmer*innen. Die Bedürfnisbefriedigung von Tourist*innen bürdet demzufolge anderen enorme Kosten auf, die in Marktlogiken und -mechanismen nicht abgebildet werden.

2 Tourismus – Teil der Externalisierungsgesellschaft?

Eine von Lessenich [30] vorgelegte kritische Analyse zeigt eine dunkle Seite der westlichen Moderne – mithin unseres heutigen Lebens- und Wirtschaftsmodells – auf: die systematische Auslagerung der Kosten und Lasten der Erzeugung von Reichtum und des Wohlstandsgenusses auf andere Länder/Regionen und letztlich auf die dort lebenden Menschen in einem diffusen Gefüge globaler Beziehungsstrukturen und Wechselwirkungen. In einer ähnlich kritischen Betrachtungsweise hat Sassen [40] ein weltwirtschaftliches System diagnostiziert, das fortschreitende Ausgrenzung vieler (und immer mehr) Menschen von Lebensgrundlagen, Lebensraum und Biosphäre mit verheerenden Konsequenzen letztlich für die Menschheit insgesamt erzeugt. Sie weist dabei auch auf eine zunehmende systemische Komplexität hin, aufgrund der die Verantwortung einzelner Akteure schwierig nachvollziehbar ist. Hinzugefügt sei hier, dass es selbst bei bester Absicht schwierig ist, sich innerhalb des Wirtschaftssystems und gesellschaftlicher Kontexte verantwortungsbewusst(er) zu verhalten, um diese Externalisierungs- und Ausgrenzungsfolgen zu verhindern oder zu verringern. Es gibt jedoch bereits viele Ansätze und Initiativen, die ein Umsteuern einfordern und/oder konkrete Maßnahmen umsetzen.

Offensichtlich ist der Tourismus mit seinen Akteuren ein Teil des globalen Beziehungsgeflechts und Wirtschaftssystems und für einige sozioökonomische Verwerfungen ursächlich bzw. mitverantwortlich; er wird mitunter als „Landschaftsfresser" (z. B. [24:59]) bezeichnet und in Verbindung gebracht mit Umweltverschmutzung jeglicher Art, Prostitution und (sexueller) Ausbeutung, auch von Kindern. Tatsächlich ist der Tourismus jedoch vielschichtig. Er kann als Bestandteil der äußerst problematischen Externalisierungsgesellschaft betrachtet werden, ebenso jedoch als integrierendes Phänomen. Tourismus wirkt inklusiv, indem er Menschen grenzüberschreitend verbindet, Gastfreundschaft anregt und überregionale Balanceeffekte durch Verlagerung wirtschaftlicher Aktivität von starken, oft urbanen Zentren in schwächere, oft ländliche Regionen auslöst und Einnahmequellen in Regionen ohne (wesentliche) Industrien oder auf dem Weltmarkt nachgefragte Ressourcen schafft. Zudem kann er das Bewusstsein für empfindliche, schützenswerte Naturreservate und Kulturgüter stärken und Sensibilität für Menschenrechte erzeugen (z. B. [24]). Tourismus weist mithin viele widersprüchliche Eigenschaften auf, was für Entscheidungsträger*innen und Stakeholder aus Politik, Wirtschaft und Gesellschaft Dilemmata und Ambiguitäten bereithält. Interdependente Wechselwirkungen und teils dialektische Beziehungsgeflechte stellen Akteure in touristischen Kontexten und Subsystemen vor teils unauflösbare Widersprüche, mit denen es sinnvoll umzugehen gilt, auch im Einkauf touristischer Leistungen.

2.1 Tourismus als paradoxes Phänomen

Enzensberger [10] wies bereits auf das legendäre und grundlegende Paradox hin, dass der Tourismus zerstört, was er sucht, indem er es findet. Tourismus, in diesem Sinne dekliniert als Urlaubsreisende und Dienstleister, die Reisenden ihre Angebote unterbreiten, sucht schöne Strände, ursprüngliche Wälder, einzigartige Naturlandschaften, sauberes Badewasser oder historische Kulturstätten als Sehnsuchtsorte. Sobald diese entdeckt, von immer mehr Reisenden aufgesucht und wirtschaftlich genutzt werden, in vielen Fällen bis hin zur Übernutzung durch massentouristische Verwertung entlang der gesamten Wertschöpfungskette, verändern sie ihren Charakter und drohen zumindest hinsichtlich Attraktivität und ihres ursprünglichen Zustands tatsächlich verloren zu gehen. Derartige Entwicklungen werden ausführlich in der Literatur diskutiert und mit zahllosen Beispielen unterlegt. Besonders pointiert manifestieren sie sich im Phänomen „Overtourism", das faktisch und längst auch symbolisch für ein Zuviel an Besucher*innen touristischer Destinationen (teils saisonal, teils dauerhaft), bisweilen auch für exzessives Verhalten (mancher) Reisenden dort steht, und dessen negative Folgen sich variantenreich in soziokulturellen Verwerfungen und/oder Umweltschäden sowie teils emotional aufgeladenen Debatten widerspiegeln [1, 23]. Antje Monshausen, Leiterin des Referats Wirtschaft und Nachhaltigkeit bei Brot für die Welt, schlägt mit Bezug auf Enzensbergers Paradox und dessen sozialer Dimension daher vor, dass der Tourismus nur das finden sollte, was Einheimische preiszugeben bereit sind [22].

Mit Bezug auf die zuvor erwähnte Externalisierungsgesellschaft wird ein anderes Paradox im Tourismus augenfällig: Während der Erwerb und Konsum vielseitiger Waren en masse, z. B. Discount-Elektrogeräte oder Textilien teils zum Schleuderpreis, als fester Bestandteil unseres Lebensstils räumlich klar getrennt von den Orten ihrer Produktion (und/oder anderer Wertschöpfungsstufen) erfolgt – Konsument*innen bekommen die Arbeitskräfte in Dumpinglohn-Fabriken oder T-Shirt-Näher*innen in Fabrikgebäuden nicht zu Gesicht –, reisen Tourist*innen genau dort hin, wo die Kernelemente ihres Dienstleistungskonsums erzeugt werden. Mithin begeben sie sich in die Sichtweite der Menschen, auf deren Rücken der Konsum von reisenahen Leistungen möglicherweise ausgetragen wird. Natürlich lässt sich diese Diskrepanz zwischen dem Befinden der Reisenden und dem der Arbeitskräfte auch vor Ort ausblenden, zumal der Gast äußerst selten in die Hotelküche schaut und der Kreuzfahrtpassagier die Kabinen der Besatzung nicht betritt.

Während die Situation von Arbeitskräften am Urlaubsort oder auf dem Kreuzfahrtschiff von vielen Reisenden und in Mainstream-Debatten in der Öffentlichkeit (noch) weitgehend ausgeblendet werden, rückt der Aspekt Teilhabe der Bevölkerung in Destinationen in letzter Zeit in den Vordergrund, und die Destination wird als Lebensraum mitgedacht (z. B. [18, 34]), was nicht zuletzt dem (Wieder-)Aufflammen der oben erwähnten Overtourism-Thematik geschuldet sein mag. Jedenfalls kann es auch als Paradox verstanden werden, dass Wohlbefinden, unbeschwerter Urlaub und positiv anregende Urlaubserfahrungen der Reisenden – oft als Quell der Unbill in Zielgebieten identifiziert – nicht vereinbar sind mit ausgebeuteten, vom Tourismus gebeutelten Einheimischen.

2.2 Lieferketten und Einkaufsbeziehungen im Tourismus

Wie in den meisten anderen Branchen gibt es auch im Tourismus überwiegend komplexe Liefer- bzw. Wertschöpfungsketten. Diese bilden zunächst die sichtbaren Bestandteile der Reise ab, erschöpfen sich jedoch nicht darin, denn vielen Reisebestandteilen liegen wiederum mehr oder weniger komplexe Leistungen und/oder Produkte zugrunde, die organisiert bzw. eingekauft werden. Reisen haben mehrere Bestandteile, mindestens sind typischerweise Beförderung vom Wohnort der Reisenden zum Urlaubsort sowie Unterkunft am Urlaubsort vertreten, häufig kommen Verpflegungsleistungen hinzu. Ferner sind Aktivitäten/Eintrittskarten und/oder Gästebetreuung bzw. Reiseleitung in der Destination häufig vorkommende Reisebestandteile. Reisen können einerseits individuell zusammengestellt werden, was in der Praxis bedeutet, dass Reisende die gewünschten Leistungen selbst und separat buchen, was dann zumeist über Internetportale geschieht, die z. B. auf die Vermittlung von Flügen, Hotelzimmern oder Mietwagen spezialisiert sind, oder direkt über die Internetseiten von Fluggesellschaften, Hotelketten usw. Andererseits bieten Reiseveranstalter Leistungspakete oder Bündel an, mit zunehmend flexiblen und individuell anpassbaren Bestandteilen aus ihrem Portfolio. Dabei handelt es sich dann um die Pauschalreise, die in Deutschland immer noch einen bedeutenden Marktanteil aufweist; für das Geschäftsjahr 2021/22 rund 44 % (gegenüber Individualreisen mit ca. 56 %), was zu einem Reiseveranstalterumsatz in Höhe von insgesamt rund 32 Mrd. EUR führte – in den Jahren vor der Pandemie waren es bereits bis zu rund 35 Mrd. p. a. [14]. Die Pauschalreise ist sogar rechtlich definiert, im Einklang mit dem EU-Pauschalreiserecht ist in Deutschland im Bürgerlichen Gesetzbuch (BGB) § 651a hinterlegt, dass eine Pauschalreise die kombinierte Buchung von mindestens zwei Hauptreiseleistungen (z. B. Flug und Hotelunterkunft) umfassen muss sowie zu einem Gesamtreisepreis (ohne Kenntlichmachung der Preise für bestätigte Teilleistungen) verkauft wird. Vertragspartner der Kund*innen, der mit Buchung einer Pauschalreise einen Reisevertrag abschließt, ist der Reiseveranstalter, der für die ordnungsgemäße Erbringung aller bestätigten Reiseleistungen haftet. Im Folgenden beziehe ich mich auf die Pauschalreise, da sie substantielle Einkaufsaktivitäten von Reiseveranstaltern – zu denen auch Kreuzfahrtunternehmen zählen – erfordern und somit von höherer Relevanz für dieses Kapitel sind als durch Kunden gebuchte Einzelleistungen.

Im Einklang mit diesen Vorüberlegungen plädiert Schamp [41] dafür, die Pauschalreise als Produkt einer Wertschöpfungskette zu betrachten. Die folgende Tab. 1 skizziert diese Wertschöpfungskette mit den einzukaufenden Leistungen auf jeder Stufe und einer Einschätzung der Einflussmöglichkeiten des Reiseveranstalters im Einkauf entsprechender Leistungen.

Der Reiseveranstaltermarkt in Deutschland ist charakterisiert durch einige wenige sehr große Anbieter und viele kleinere. Es gibt, je nach Quelle bzw. Schätzung, zwischen 2000 und 3000 Reiseveranstalter in Deutschland (z. B. [45]), von denen die meisten dem Segment KMU zuzuordnen sind. Die fünf größten Unternehmen; TUI, DER Touristik, FTI Group, Alltours und Schauinsland-Reisen vereinen rund zwei Drittel des Gesamtumsatzes im Reiseveranstaltermarkt auf sich [14].

Im Tourismus sind große Reiseveranstalter, die umfassende Kontingente für eine Saison einkaufen, häufig in der stärkeren Verhandlungsposition vor allem gegenüber Hoteliers (z. B. [44]), die auf Auslastung ihrer Zimmer angewiesen sind und diese alleine oder über alternative Optionen nicht annähernd erreichen; dies führt zu Fällen starker Abhängigkeit ganzer Destinationen von großen Reiseanbietern (z. B. [20]). Die größten europäischen Reiseveranstalter sind mittlerweile vertikal integrierte Konzerne. Mit Ausnahme der Wertschöpfungsstufe (Luft-)Beförderung – nur wenige Reisekonzerne wie die TUI haben (noch) eigene Fluggesellschaften – können diese Reiseveranstalter also auf Leistungsträger aus der gleichen Unternehmensgruppe zugreifen. Teilweise sieht Konzernpolitik allerdings auch vor, dass z. B. die Verhandlungen zwischen Veranstalter und Hotel wie zwischen externen Partnern geführt wird, da jede Unternehmenseinheit auf jeder Wertschöpfungsstufe optimierte Ergebnisse erzielen soll und verantwortet. Jedenfalls sind die Einflussmöglichkeiten großer Reisekonzerne auf Leistungsträger und Produktbestandteile recht hoch.

Tab. 1 Wertschöpfungskette (WK), Gegenstand, Einkauf, Leistungen

Wertschöpfungsstufe	Einzukaufende Leistungen	Einflussmöglichkeit im Einkauf
Destination/Attraktion	Reiseleitung/Gästebetreuung Ausflugspakete Eintrittskarten für Attraktionen Event-Tickets, Konzertkarten usw.	*Hoch*, sofern eigenes Personal die Gästebetreuung übernimmt bzw. durch Qualitätsstandards. *Gering* für Attraktionen/Events und deren WK
Beherbergung/Unterkunft	Hotelkontingente Ferienwohnungen usw. Verpflegungsleistungen	*Hoch*, sofern eigene Hotels bzw. durch Qualitätsstandards. *Gering* für Gastro-Lieferanten bzw. WK der Hotellerie
Beförderung	Flugkontingente (Einzelplätze, Teil- oder Vollcharter) Transfer (Bus, Shuttle, Taxi) Mietwagen	*Hoch*, sofern eigene Airline bzw. durch Qualitätsstandards. *Gering* für Lieferanten von Catering, Fahrpersonal und WK im Beförderungswesen
Bündelung/Reiseproduktion	Paketierung der Pauschalreise *(eigene Leistung des RV)*	–
Vertrieb	Basis: Agenturvertrag für den Vertrieb über Reisebüros (online oder offline)	*Hoch* für die Auswahl von Vertriebsstellen (teils eigene). *Gering* für WK der Reisebüros

Eigene Darstellung

Kleine und mittelgroße Reiseveranstalter, von denen viele auf bestimmte Destinationen oder Reisearten spezialisiert sind und somit als Nischenanbieter fungieren, haben eine deutlich schwächere Verhandlungsposition. Allerdings können diese Unternehmen auf Incoming-Agenturen zurückgreifen, die oftmals den Zugang zu Leistungsträgern in jedweder Destination ermöglichen und ihrerseits im Wettbewerb stehen. Diese Konstellation, die oftmals de facto einem Outsourcing des Reiseveranstalter-Einkaufs von Leistungsträger-Angeboten entspricht, erschwert naturgemäß die Kontrolle der Angebote im Einzelnen und somit auch den Einfluss entlang der Wertschöpfungskette.

2.3 Tourismus, Menschenrechte und menschliche Würde

Menschenrechte sind eine Grundvoraussetzung für ein Leben in Würde, und der Mensch hat diese Rechte nur aufgrund der Tatsache seiner Existenz [8]. Die Vereinten Nationen haben 1948 die Allgemeine Erklärung der Menschenrechte in 30 Artikeln verfasst und dieser Erkenntnis somit einen institutionalisierten Rahmen und internationale Legitimation gegeben. George und Varghese [16] zeigen vielschichtige Beziehungen zwischen Menschenrechten und Tourismus auf und fassen die wesentlichen Perspektiven und (potentiellen) Konfliktlinien anhand von sechs Anspruchsgruppen wie folgt zusammen:

1. Die *Gemeinden auf Destinationsebene* erzielen wirtschaftliche Vorteile und profitieren in Form von Arbeitsplätzen und Einnahmen durch Tourismus, jedoch wird der wirtschaftliche Effekt oftmals überschätzt, zumal dysfunktionale sozioökonomische Beziehungen häufig ausgeblendet werden. Ein erheblicher Teil der generierten Gelder fließt an ausländische Investoren oder durch Exporte ab, und touristische Leistungen werden vor allem dort, wo die Abhängigkeit vom Tourismus hoch ist, in ungleichen, ausbeuterischen Verhältnissen erbracht. Hier kommt wiederum das Konstrukt der Externalisierung zum Tragen; örtliche Ressourcen werden vor allem für das Erlebnis oder die Bedürfnisbefriedigung (bzw. den Konsum) anderer (also der Tourist*innen) und zum Schaden der vor Ort Betroffenen und ihrer Gemeinden eingesetzt.
2. Aus Perspektive der *Beschäftigten* bietet Tourismus Arbeit in Regionen mit wenig alternativen Optionen. Jedoch ist Beschäftigung im Tourismus oft prekär, viele Arbeitsverhältnisse sind saisonal begrenzt, zudem sind Ausbeutung, Diskriminierung, Nötigung und sogar sexueller Missbrauch vielseitig dokumentiert.
3. Touristische *Unternehmen und Entrepreneure* sehen sich pauschaler Kritik gegenüber, obgleich ohne ihr Engagement und ihre Initiativen, zumeist verbunden mit erheblichen unternehmerischen Risiken, touristische Dienstleistungen undenkbar oder verkümmert wären. Vor allem wertebasierte, faire (Arbeits-)Bedingungen unterstützende und auf Nachhaltigkeit fokussierte Betriebe sehen sich einem harten, preisgetriebenen Wettbewerb und Kostendruck ausgesetzt und können ohne Unterstützung durch Regierungen bzw. verbesserte rechtliche Rahmenbedingungen nicht gegen internationale Konzerne und/oder Mainstream-Konkurrenz oder gar gegen schwarze Schafe der Branche bestehen.
4. *Regierungen* haben die Aufgabe, Rechte und Freiheiten ihrer Bürger*innen zu sichern und rechtliche Rahmenbedingungen, die auch die Menschenrechte und -würde wahren, zu schaffen; insbesondere demokratisch legitimierte Regierungen schreiben sich Letzteres auch auf die Fahne. Dennoch gibt es in weiten Teilen der Welt ein ökonomisches Primat gegenüber politischen Idealen, und Menschenrechte zählen zu den ersten Opfern. Tourismus als Entwicklungsmotor für Wirtschaft und Infrastruktur ist eine sogkräftige Versuchung, und die Bereitschaft, dafür soziale (und umweltschutzbezogene) Aspekte zu vernachlässigen, ist tendenziell groß.
5. *Nichtregierungsorganisationen* (NGOs) spielen eine zunehmend bedeutende und sichtbare Rolle in der Artikulation übergeordneter Anliegen und politischer Forderungen. Mit Bezug auf Tourismus setzen sich viele NGOs für Menschenrechte ein, insbesondere für den Schutz vulnerabler Gruppen wie Kinder/Minderjährige, und/oder hauptsächlich für einen Tourismus, der örtliche Teilhabe und Mitbestimmung fördert

und sicherstellt. Sie verstehen sich zuvorderst als Anwälte der nicht adäquat gehörten Anspruchsgruppen gegenüber politischen Sphären und in der Öffentlichkeit.
6. *Tourist*innen* betrachten in erster Linie ihr eigenes Recht, Freizeit und Urlaub in Reisefreiheit zu genießen und in der Destination angemessenen Schutz zu erfahren, den sie vor allem von Regierungen/Gesetzgebern erwarten [16]. Zunehmend gibt es ein Bewusstsein Reisender für die Belange örtlicher Gemeinden und Bevölkerungen, mitsamt der Besorgnis um deren Würde und menschenrechtliche Situation, wobei das wohl eher nicht auf massentouristische Klientel zutrifft.

Baumgartner [2] fasst zusammen, dass im bzw. durch den Tourismus insbesondere das Recht auf adäquaten Lebensstandard (einschließlich Behausung), das Recht auf Essen und das Recht auf Wasser und nachfolgend das Recht auf annehmbare Arbeitsbedingungen am häufigsten verletzt werden. Die Verletzungen von Menschenrechten lassen sich also im Wesentlichen in die beiden Bereiche Lebensraum/natürliche Lebensgrundlagen und Arbeit gruppieren. In Ersterer sind Land(um)nutzung zur Schaffung von Raum für Ferienanlagen oder andere touristische Infrastruktur, was Einheimischen Wohnraum oder landwirtschaftliche Nutzflächen entzieht, und die Verschmutzung oder Übernutzung natürlicher Ressourcen (vor allem Trinkwasser) hervorzuheben. In der zweiten Gruppierung finden sich ausbeuterische Arbeitsverhältnisse und die Vorenthaltung oder Aushöhlung von (Mindest-)Löhnen oder Arbeitnehmerrechten in mannigfaltigen Variationen. Verursacher sind regionale Verwaltungen und Regierungen ebenso wie lokale oder internationale Akteure aus dem Spektrum der Tourismuswirtschaft, die oft paktieren, um wirtschaftliche Interessen durchzusetzen; Tourist*innen hingegen nur selten oder indirekt, außer z. B. in Fällen von Sextourismus mit sexuellem Missbrauch [2].

Ansätze für einen, über Menschenrechtsfragen hinausgehenden, verantwortungsbewussten Tourismus gibt es seit geraumer Zeit. Lea [28] zufolge beruht ein solcher Tourismus auf den drei Prinzipien Verständnis für die bereiste Kultur, Respekt für Menschen der bereisten Orte und Sorgfalt im Umgang mit der Natur in der Destination. Unterstützend betont Fennell [11], dass verantwortungsbewusster Tourismus die Bedeutung einer fairen, gleichberechtigten Verteilung des touristischen Nutzens zugunsten der örtlichen Bevölkerung und die Bewahrung der Ökologie in den Fokus nimmt. Initiatoren des Konzepts Humanistic Management [35] plädieren für einen Paradigmenwechsel, der auch einen verantwortungsbewussten Tourismus im 21. Jahrhundert fördern könnte: Im Zentrum wirtschaftlicher Aktivität steht menschliche Würde und Wohlergehen, basierend auf neuen ökonomischen Narrativen, die das einschränkende und vielfach widerlegte Menschenbild des nutzenmaximierenden Homo oeconomicus, das renditemaximierende (und dadurch ausbeuterische, gemeinwohlschädigende und umweltfeindliche) Geschäftspraktiken befeuert, überwinden. Mit Bezug auf Arbeitsverhältnisse im Tourismus plädieren Winchenbach et al. [48] in diesem Sinne für eine neue Wertschätzung würdevoller Arbeit und Arbeitsbeziehungen als einen elementaren Baustein für nachhaltige Entwicklung im Tourismus.

2.4 Interkulturelle Komplexität

Im März 2019 gab es zur Eröffnung der weltgrößten Tourismusmesse ITB, die alljährlich in Berlin stattfindet (nach der pandemiebedingten Zwangspause in einem modifizierten, auf Fachpublikum konzentrierten Format), einen Skandal: Auf der Eröffnungsgala und flankierenden Pressekonferenzen stand das Partnerland Malaysia nicht nur im Fokus als vielseitiges asiatisches Reiseland mit gastfreundlicher Willkommenskultur, sondern geriet auch massiv in die Kritik aufgrund des Auftritts seines Tourismusministers, der die Existenz von Homosexualität in seinem Lande negierte. Hinzu kamen Äußerungen, die als antisemitisch zu deuten waren und die kolportierte Willkommenskultur konterkarierten: „Das südostasiatische Reiseland, das in Berlin mit Dutzenden bunt verkleideten Folkloristen wirbt, gerät wegen solcher Diskriminierungen seit Monaten in die Schlagzeilen" [43].

Im März 2023 fand die erste postpandemische ITB statt, und mit Saudi-Arabien hat sich dort ein Land präsentiert, das sich gerade für den internationalen Tourismus öffnet und mit erheblichen Investitionen aus eigenen Mitteln als neue Destination auch vor allem ein westliches Publikum anziehen möchte. Dieser Messeauftritt war so überzeugend, dass Saudi-Arabien mit dem „Best of Best" Ausstellerpreis in Berlin ausgezeichnet wurde [21]. Dabei gilt auch Saudi-Arabien aus westlicher Perspektive als ein nicht unbelastetes Land in Bezug auf Regierungsform und Menschenrechtsfragen, obgleich die westlichen scheinbaren Hochburgen in Sachen Menschenrechte auch bestenfalls ambivalente Bilanzen aufweisen (z. B. [49]). Dieser Umstand reflektiert einerseits divergierende Wertvorstellungen, die auch als Teil typischer interkultureller Divergenzen verstanden werden können, andererseits zeigt er auch ein weitgehend diffuses Bild islamischer Länder in der westlichen Öffentlichkeit, induziert durch eine Melange aus politischen Debatten und medialen Repräsentationen [29].

Dieser Kontext induziert (auch) auf der touristischen Nachfrageseite uneinheitliches Verhalten: Von prinzipieller Ablehnung (bestimmter) arabischer und/oder anderer islamischer Länder als Reiseziel, samt Boykottaufrufen – prominent kulminiert im Falle der Fußball-Weltmeisterschaft 2022 in Katar – bis hin zu unerschrockener Entdeckerfreude und Buchungsbereitschaft angesichts neuer, noch nicht vom Mainstream in Beschlag genommener Destinationen oder aus genuinem Interesse an neuen interkulturellen Begegnungsmöglichkeiten. Insbesondere anhand arabischer Destinationen wurde überdies nachvollzogen, wie exotisch-orientalische Narrative und Vorstellungswelten seitens der Reisenden die Nachfrage lenken können [17] und dabei manchmal anstelle wertvoller interkultureller Interaktion auf Augenhöhe eher naiv-simplifizierte Reiseerlebnisse oberflächlicher Natur generiert werden [15].

Daraus folgen weitere Herausforderungen für den Einkauf der Reiseveranstalter. Diese müssen die diffusen und vielfältigen Wünsche der Kundschaft bedienen und Portfolio-Erweiterungen oder -Umstellungen durch neue Produktlinien umsetzen. Zugleich gilt es, eine diskursiv-problematisch aufgeladene Gemengelage im Blick zu behalten, in der die Gesellschaft zunehmend das Ablegen von Rechenschaft bzw. Antworten auf diffizile Fragen auch von Reiseunternehmen einfordert. Interkulturell komplexe Themen und kontroverse Zielgebiete erfordern also zusätzliche Sensibilität in der Gestaltung touristischer Reiseangebote, konkret auch bei der Berücksichtigung passender Leistungsträger durch die Fachleute in den Einkaufsabteilungen.

3 Ansätze einer verantwortungsbewussten Beschaffung

Verantwortungsbewusstes Unternehmertum hat diverse philosophisch-weltanschauliche Wurzeln und durchaus Tradition mit Breitenwirksamkeit: Die Figur des ehrbaren Kaufmanns, dessen Anfänge auf das mittelalterliche Italien und den Städtebund der Hanse zurückgeführt werden, wird als nach wie vor taugliches Leitbild der Betriebswirtschaft betrachtet, das leider in Vergessenheit geraten ist/war [25]. Angesichts gehäuft auftretender, prominent in der Öffentlichkeit verhandelter Skandale zumeist großer Konzerne und auch als Folge der Finanz- und Bankenkrise ab 2008 hat diese Figur neuen Auftrieb erhalten. In diesem Sinne plädiert Küng [27] für ein Umdenken zugunsten eines anständigen, von ethischen Prinzipien getragenen Wirtschaftens.

Im Folgenden werden zwei Ansätze einer verantwortungsbewussten Beschaffungspraxis für Reiseveranstalter vorgestellt. In groben Konturen illustrieren sie den von Max Weber formulierten legendären Kontrast zwischen einer *Gesinnungsethik,* die (ursprünglich religiös konnotiert) verlangt, einer reinen/absoluten Lehre zu folgen, und einer *Verantwortungsethik,* die darauf fußt, dass man für die (absehbaren) Folgen seines Handelns aufzukommen hat (z. B. [36]).

3.1 Wertebasierter Einkauf im Tourismus

Geisteswissenschaftlich betrachtet ist Werteorientierung die Ausrichtung des menschlichen Denkens und Handelns an ideellen Werten [9], im Kontrast zu materiellen Werten oder finanziellen Zielen. Zu den prominenten Pionieren des wertebasierten Unternehmertums, mit dem sich sowohl ein hoher Bekanntheitsgrad als auch wirtschaftlicher Erfolg erzielen lassen, gehört Ben & Jerry's, eine 1978 gegründete Eiscremefirma aus Vermont, für deren Gründer die Wertebasis vor allem bedeutete, dem Gemeinwohl zu dienen und der Gesellschaft etwas zurückzugeben [5]. Ein ähnliches Pionierbeispiel ist das von Anita Roddick gegründete Unternehmen Body Shop, mit dessen Kosmetikprodukten die visionäre Entrepreneurin vor allem Umwelt- und humanitäre Aspekte stärken wollte und Gemeinden in Entwicklungsländern gefördert hat [38]. Es entbehrt dabei nicht einer gewissen Ironie, dass beide Pionierunternehmen von Konzernen (Unilever bzw. L'Oréal) übernommen wurden. Heutzutage wird insbesondere der Outdoor-Ausstatter Patagonia mit wertebasiertem Unternehmertum verbunden; die neue Eigentümerstruktur sieht sogar den Planeten Erde als einzigen Shareholder vor [33].

Ein Beispiel für konsequent wertebasierte Ausrichtung im Tourismus ist der Verein forum anders reisen e. V. mit rund 130 Mitgliedern, hauptsächlich inhabergeführte und auf Nischenmärkte fokussierte, qualitätsorientierte Reiseveranstalter in Deutschland und Nachbarländern. Der Verein hat folgendes Leitbild:

> „Die Mitglieder des forum anders reisen streben eine Tourismusform an, die langfristig ökologisch tragbar, wirtschaftlich machbar sowie ethisch und sozial gerecht für ortsansässige Gemeinschaften sein soll (nachhaltiger Tourismus). Konkret bedeutet dies, dass Nachhaltigkeit eine wesentliche Vorgabe für die Angebote unserer Veranstalter ist. Sie entwickeln nachweislich umweltschonende und sozialverträgliche Reisen von besonderer Qualität, die auch wirtschaftlich realisierbar sind. Sie achten die Menschenrechte und setzen sich insbesondere für den Schutz von Kindern vor sexueller und wirtschaftlicher Ausbeutung im Tourismus ein [13].
>
> Voraussetzung für die Mitgliedschaft ist u. a. das erfolgreiche Durchlaufen des TourCert CSR-Zertifizierungsprozesses innerhalb der ersten vier Mitgliedschaftsjahre. TourCert ist ein gemeinnütziges Unternehmen zur Beratung und Begleitung von Tourismusunternehmen und Destinationen bei der Umsetzung einer nachhaltigen und erfolgreichen Wirtschaftsweise. Es bietet Zertifizierungen an und verleiht das TourCert Siegel für Nachhaltigkeit und Unternehmensverantwortung im Tourismus [46]."

Tab. 2 zeigt Auszüge aus dem Kriterienkatalog des forum anders reisen mit besonderer Relevanz für den Einkauf touristischer Leistungen im Bereich Unterkunft und Verpflegung

Tab. 2 Drei Kategorien mit Beispielen aus dem forum-anders-reisen-Kriterienkatalog

Bevorzugte Betriebe/Angebote	*Vermiedene Betriebe/Angebote*	*Menschenrechtsaspekte*
Bauweise, Material, Architektur an die Region angepasst	Internationale Hotelketten mit All-inclusive-Verpflegung	Einhaltung von ILO-Kernarbeitsnormen
Angebot regionaler, saisonaler, fair gehandelter, gentechnisch nicht veränderter Produkte, möglichst ökologisch	Einwegverpackungen und abfallintensive Praktiken im Catering oder in Reinigung bzw. Housekeeping	Vermeidung von Hotels, die Zugang örtlicher Bevölkerung zu lokalen Ressourcen beschneiden
Nutzung erneuerbarer Energien in erheblichem Maße	Hotels mit großen Pools oder Golfanlagen in Gebieten mit Wasserknappheit	Schulung von Mitarbeitern im Umgang mit der Problematik sexueller Ausbeutung von Kindern (ECPAT Kriterien)
Inhaber- und familiengeführt		

Quelle: forum anders reisen [12]

Die konsequente Umsetzung des Kriterienkatalogs stellt Reserveranstalter vor einige Herausforderungen. Insbesondere ist die Überprüfung z. B. der Lieferketten (potentieller) Partnerhotels in den meisten Destinationen schwierig, zumal kleine Reiseveranstalter kaum umfangreiche Inspektionsaktivitäten in komplexen Wertschöpfungsstufen bewältigen können. Viele Aspekte werden daher auf gegenseitiger Vertrauensbasis und Freiwilligkeit berücksichtigt, allenfalls gibt es Stichproben und persönliche Einblicke durch Besuche der Einkäufer*innen oder der Geschäftsführung bei Leistungsträgern vor Ort. Die Wirksamkeit dieses Prinzips ist nicht garantiert und kaum messbar. Sie sollte dennoch nicht unterschätzt werden: Gewachsene, oft langjährige persönliche Geschäftsbeziehungen in spezialisierten und zumeist inhaber- bzw. familiengeführten Unternehmen können erhebliche Bindungskraft und Loyalität erzeugen. Hinzu kommt, dass sich früher oder später die (zumindest in relevanten Wertefragen) gleichgesinnten Betriebe zusammenfinden. Mit einem Vertrauensbruch – der nicht zuletzt durch aufmerksame Gäste (die ja zumeist auch bewusst eine wertebasierte Reise gebucht haben) oder Medienberichte irgendwann doch ans Licht kommt – würden sie vor allem die eigene Geschäftsbasis untergraben.

Ein wesentlicher nachteiliger Aspekt des wertebasierten Einkaufs in unternehmensphilosophisch entsprechend ausgerichteten Reiseveranstaltern ist die substantiell verengte Zielgruppe bei gleichzeitig verringerter Auswahl auf der Leistungsträgerseite. Das Beispiel forum anders reisen zeigt recht deutlich, dass wertebasierte Anbieter vor allem Nischenmärkte mit (oft stark) spezialisierten Angeboten bedienen und damit tendenziell (jedoch nicht durchweg) eine kaufkräftige Klientel außerhalb des Mainstreams, vulgo des massentouristischen Spektrums, erreichen. Eine hohe Kundenzufriedenheit und -loyalität belohnen diesen Ansatz durchaus, ebenso längerfristig tragbare Geschäftsbeziehungen in vielen Produktlinien. Teils können sogar deutlich höhere Margen erzielt werden, andererseits erreichen manche (sehr) kleine Reiseveranstalter die kritische Masse zumindest für einen Break-even nur knapp. Das Potential sollte theoretisch dennoch viel größer sein: Regelmäßig befürworten die meisten (potentiellen) Reisenden in Umfragen und Studien auf ihrer nächsten (geplanten) Reise Nachhaltigkeit, Verantwortungsbewusstsein und damit verbundene Werte. Diese Haltung überträgt sich jedoch nicht ins Handeln; zwischen idealer Einstellung und konkretem Buchungs- bzw. Reiseverhalten klafft noch immer eine Lücke (z. B. [26]).

3.2 Realpolitischer Einkauf im Tourismus

Realpolitik als Begriff und Konzept wird in der deutschen Geschichte auf Ludwig von Rochau zurückgeführt, der Mitte des 19. Jahrhunderts beschrieb, dass liberale Utopien oder Revolutionsansinnen als Machterwerbsmittel des liberalen Bürgertums gescheitert waren, jedoch eine schrittweise Strategie vielversprechender sei, sodass liberale Ideen nicht aufgegeben werden sollten [7]. Entscheidend ist im Sinne dieses Beitrags jedenfalls eine Abgrenzung von böswilligen Auslegungen, die gerne stark simplifiziert (bisweilen verzerrt) mit Machiavelli assoziiert und auf die Maxime *Der Zweck heiligt die Mittel* reduziert werden. Vielmehr ist die Maxime einer zeitgemäßen Betrachtung von Realpolitik, die Wirklichkeit zur Grundlage politischen Handelns zu machen, was ausdrücklich die Möglichkeit einbezieht, dass verantwortungsbewusstes Engagement positive Veränderungen hervorbringen kann, ohne Revolutionäres zu leisten (z. B. [3]).

Dies ist übertragbar in die Wirtschaftswelt, denn unternehmerisches Handeln erfolgt zwangsläufig in einem gesellschaftlichen und politischen Kontext. Wie zuvor erwähnt, ist im Tourismus eine große Diskrepanz zwischen Einstellung zur Nachhaltigkeit bzw. zu Verantwortungsbewusstsein einerseits und Buchungs- bzw. Reiseverhalten anderseits noch immer erheblich. Dieser Umstand ist ein gewichtiger Bestandteil der Wirklichkeit im Reisemarkt, somit auch für die Reiseveranstaltung. Die nach wie vor wichtigsten Reisemotive Urlaubsreisender sind Erholung, Sonne und Strand und Freude/Unterhaltung im weitesten Sinne (z. B. [37]). Diese zunächst wenig spezifizierten Motive bedingen eine relative hohe Austauschbarkeit vieler Reiseprodukte, die in einem intensiven, stark preisgetriebenen Wettbewerb angeboten werden. In der Pauschalreise sind in der Breite also eher kleine Schritte hin zu einer verantwortungsbewussteren Beschaffungspraxis realistisch als der große Umsturz.

Zur Wirklichkeit der Reiseveranstalter gehören auch operative und personele Kapazitätsgrenzen, intern wie auch auf Zulieferer, ergo Leistungsträger bezogen. In dieser Ausgangslage ist es nicht verwunderlich, dass zumindest mittelfristig Kosten, strukturelle Gegebenheiten und funktionstüchtige Leistungserbringung vor Themen der Nachhaltigkeit und Wahrung der Menschenrechte und -würde priorisiert werden [44]. Um die Kundenbedürfnisse erfüllen zu können, zumal in massentouristischen Dimensionen, muss auf die Hotels, Restaurants, Busunternehmen usw. zurückgegriffen werden, die überhaupt auf dem Markt sind und die erforderlichen Kapazitäten zu tragbaren Preisen anbieten – wo wertebasierte (oder deren Anforderungen erfüllende) Leistungsträger (noch) nicht (ausreichend) vorhanden sind, wird es sich also zwangsläufig mehr oder weniger um Mainstream-Anbieter handeln.

Allerdings sieht sich die Unternehmenswelt im Allgemeinen und die Tourismusbranche im Besonderen einem politischen und gesellschaftlichen Umfeld gegenüber, das bereits mehr Erwartungen hinsichtlich Transparenz in Kommunikation und Produktgestaltung, Nachhaltigkeit und Übernahme von Verantwortung für Verfehlungen hegt und immer deutlicher äußert, wobei die Herausbildung einer eigenständigen Unternehmensverantwortung im internationalen Menschenrechtssystem legitimitätspolitisch durchaus ambivalent diskutiert wird [42]. Unübersehbar ist der Trend zu immer umfassenderen Berichtspflichten und zu konkreteren Forderungen aus der Zivilgesellschaft. Beispielhaft ist folgender Imperativ, den der Roundtable Menschrechte im Tourismus formuliert:

> „Das Ziel eines jeden touristischen Veranstalters muss sein, die Menschenrechte zu respektieren und im Rahmen seiner Handlungsmöglichkeiten deren Durchsetzung zu fördern. Hierfür ist es wichtig, dass ein Tourismusunternehmen die Berührungspunkte der eigenen

> Geschäftstätigkeit und Zulieferketten mit den verschiedenen Feldern der Menschenrechte kennt." [39:6]

Bei diesem Roundtable handelt es sich um eine Plattform, die NGOs und Reiseveranstalter zusammenbringt, um Konzepte zu entwickeln, die touristischen Unternehmen die Übernahme von Verantwortung zur Achtung und Wahrung der Menschenrechte ermöglichen bzw. erleichtern. Die beiden Reiseveranstalter Kuoni aus der Schweiz und Studiosus aus Deutschland – also zwei langjährig etablierte, sehr erfolgreiche und weithin bekannte Unternehmen der Branche – haben sich als Pionierbetriebe mit NGOs zusammengesetzt, um den Dialog sowie gemeinsame Initiativen in und mit der Branche auf breiterer Basis zu fördern. Zunehmend zeigen Reiseveranstalter, Reiseverbände und auch Ministerien Interesse oder nehmen bereits aktiv an den Dialogrunden teil. Der Roundtable hat einen Managementleitfaden herausgegeben, um Reiseveranstalter auf Berührungspunkte mit Menschenrechten und mögliche Konfliktfelder hinzuweisen. Es werden auch konkrete Fallbeispiele präsentiert, um darauf hinzuweisen, wie vielfältig Reiseveranstalter jeglicher Ausrichtung mit Menschenrechtsfragen konfrontiert werden können. Tab. 3 zitiert drei Beispiele aus dem Managementleitfaden mit typischen Fällen für Reiseveranstalter.

Ein weiterer Faktor mit Einfluss auf realpolitische Ansätze und breitenwirksame (Massen-)Märkte auch im Tourismus ist das neu in Kraft getretene so genannte Lieferkettengesetz:

> „Ab 1. Januar 2023 verpflichtet das neue Lieferkettensorgfaltspflichtengesetz (kurz: Lieferkettengesetz) Unternehmen in Deutschland, Mindeststandards für Umweltschutz und Menschenrechte in ihren Lieferketten zu sichern. Dazu müssen sie bestimmte Sorgfaltspflichten umsetzen. Sie müssen unter anderem ein Risikomanagementsystem einführen, um ihre Risiken regelmäßig zu analysieren, Präventions- und Abhilfemaßnahmen ergreifen, ein Beschwerdeverfahren einrichten und über die Einhaltung der Sorgfaltspflichten berichten. Das Gesetz gilt zunächst für alle Betriebe mit mehr als 3000 Mitarbeitenden und Sitz oder Zweigniederlassung in Deutschland. Ab 2024 wird das Gesetz auf Unternehmen mit mehr als 1000 Beschäftigten ausgeweitet." [4]

Wie zuvor angemerkt, sind die allermeisten Reiseveranstalter in Deutschland kleinere Betriebe, jedoch entfaltet dieses Gesetz für die großen Unternehmen wie TUI, DER-Touristik, FTI oder AIDA erhebliche Relevanz. Diese müssen nun auch für Dienstleister geradestehen, also nicht nur Hotels oder Fluggesellschaften als Leistungsträger in der Wertschöpfungskette, sondern beispielsweise auch für Wäschereien, Busunternehmen oder andere Transferanbieter etc. Es kommen umfassende Nachweispflichten auf die Unternehmen zu, darüber hinaus wird es erforderlich, nicht nur eigenen Belegschaften zu sensibilisieren und zu schulen, sondern auch Mitarbeiter*innen von Partnerfirmen (z. B. [31]).

Tab. 3 Drei Kurzbeispiele für Fälle mit Handlungsbedarf hinsichtlich Menschenrechtswahrung

Ausgebeutet	Distanzlos	Wasser abgegraben
Auf einem Kreuzfahrtschiff einer renommierten europäischen Reederei arbeiten die Angestellten zu prekären Bedingungen. Der Großteil der Beschäftigten stammt aus Niedriglohnländern […]. Eine Sieben-Tage-Woche mit täglichen Arbeitszeiten von 18 h und mehr sind die Regel → Wie sieht es mit den Arbeitsbedingungen auf unseren Kreuzfahrtangeboten aus? → Wie sind die Arbeitsbedingungen in meinem Unternehmen? **Betroffenes Menschenrecht** u. a. Das Recht auf menschenwürdige Arbeit Allgemeine Erklärung der Menschenrechte, Artikel 23 (1), (2), (3) & 24	In einer für Safari-Tourismus beliebten Region in Afrika lebt eine Bevölkerungsgruppe, die für ihre aus Lehm gebauten Behausungen bekannt ist. Ihre Dörfer sind zu einer Tourismusattraktion geworden. Die Einheimischen mussten Stacheldrahtzäune aufstellen, um ihren privaten Bereich vor den Reisegruppen zu schützen → Der Besuch des Dorfes wird auch im Rahmen unseres Ausflugsprogrammes angeboten – was nun? → Unsere Kundschaft will kulturellen Austausch auch mit traditionell lebenden Völkern. Wie können wir diese Angebote fair gestalten? **Betroffenes Menschenrecht** u. a. Das Recht auf Schutz der Privatsphäre Allgemeine Erklärung der Menschenrechte, Artikel 12	In einem mittelamerikanischen Land wird eine Hotelanlage mit Golfplatz gebaut. Das Wasser dafür stammt aus einem Stausee, der auch ein benachbartes Dorf versorgt. Die Hotelanlage benötigt so viel Wasser, dass die ansässige Bevölkerung ihre Felder nicht mehr ausreichend bewässern und ihren Eigenbedarf an Lebensmitteln und Trinkwasser nicht mehr decken kann → Wir bieten das Hotel als exklusives Resort an – was nun? **Betroffene Menschenrechte** u. a. Das Recht auf einen angemessenen Lebensstandard, einschließlich Nahrung, Wasser und Wohnung Allgemeine Erklärung der Menschenrechte, Artikel 25 (1)

Quelle: Roundtable Menschenrechte im Tourismus [396 f.]

4   Fazit

Die Wahrung von Menschenrechten und menschlicher Würde ist eine große Menschheitsaufgabe. Das Bewusstsein für diese Rechte und deren Bedeutung ist eine Errungenschaft, die unabhängig von Branchen oder Einzelinteressen immer wieder aufs Neue zu verteidigen ist. In unserer Wirtschafts- und Gesellschaftsordnung, die Lessenich [30] als Externalisierungsgesellschaft problematisiert, ist das nicht so einfach und selbstverständlich, wie es sein sollte, denn wenn unser Wohlstand in erheblichem Maße auf Kosten anderer Menschen in anderen Teilen der Welt erarbeitet wird, können Praktiken, die Menschenrechtsverletzungen verursachen oder in Kauf nehmen, weitgehend ausgegliedert und für die Allgemeinheit beinahe unsichtbar (bzw. leicht zu ignorieren) werden.

Tourismus ist in dieser Hinsicht voller paradoxer Begebenheiten: Er trägt als umfassendes gesellschaftliches Phänomen von großer geografischer, wirtschaftlicher und politischer Tragweite zur Externalisierung vieler Kosten und Schäden bei, während er gleichzeitig Reisende in (fast) alle Winkel der Welt bringt und sie somit näher an Schauplätze möglicher menschenrechtlicher Konflikte heranführt – was sich freilich in Hotelanlagen oder auf Kreuzfahrtschiffen aus Gästesicht durchaus ignorieren ließe. Tourismus braucht intakte Umwelt und intakte soziale Gefüge gastgebender Gemeinden. Dennoch verhalten sich Tourist*innen ebenfalls paradox – es werden mehr Fragen gestellt von einem zunehmend aufgeklärten Publikum, jedoch zählt letztlich im Buchungsverhalten häufig noch der günstige Preis oder die sorglose Urlaubsfreude.

Dieser Beitrag hat zwei Ansätze für eine verantwortungsbewusste Beschaffung im Tourismus mit besonderem Blick auf Reiseveranstalter vorgestellt: zum einen den wertebasierten Ansatz, der im Wesentlichen einem gesinnungsethischen Ansatz im Sinne Max Webers entspricht, zum anderen den realpolitischen Ansatz, der im Wesentlichen einem verantwortungsethischen Ansatz entspricht. Tatsächlich sollten diese Ansätze nicht als gegensätzlich betrachtet werden. Initiativen wie der Roundtable Menschenrechte im Tourismus weisen bereits den Weg zur Konvergenz von Prinzipien erweiterter Verantwortungsübernahme. Allerdings gibt es viele Herausforderungen zu meistern, vor allem in der Auswahl und Kontrolle enorm vielseitiger Leistungsträger in einer verzweigten Wertschöpfungskette, die oft auch interkulturell divers ist, samt divergierender Perspektiven auf Menschenrechte. Strengere politische und rechtliche Vorgaben erhöhen die Komplexität im touristischen Leistungsträgereinkauf zusätzlich, doch Menschenrechte sind die Anstrengungen wert.

Literatur

1. Bauer, A., Gardini, M. A. & Skock, A. (2020) Overtourism im Spannungsverhältnis zwischen Akzeptanz und Aversion. Zeitschrift für Tourismuswissenschaft, Vol. 12, Nr. 1, 88–114.
2. Baumgartner, C. (2017) Menschenrechte im Tourismus. In: Lund-Durlacher D., Fifka, M., Reiser, D. (Hrsg.), CSR und Tourismus, 35–48. Springer Gabler. Berlin, Heidelberg
3. Biscop, S. (2016) The EU Global Strategy: Realpolitik with European Characteristics. Security Policy Brief, June. 84598547.pdf (core.ac.uk). Zugegriffen: 10. Februar 2023
4. BMUV = Bundesministerium für Umwelt, Naturschutz, nukleare Sicherheit und Verbraucherschutz (2023) Mehr Umwelt- und Menschenrechtsschutz in Lieferketten. Zugegriffen: 12. Februar 2023
5. Cohen, B. & Greenfield, J. (1998) Ben & Jerry's Double Dip: How to run a values-led business and make money, too. Fireside. New York
6. Cole, S. & Eriksson, J. (2010) Tourism and human rights. In: Cole, S., Morgan, N. (Hrsg.), Tourism and inequality: problems and prospects, 107–124. CABI. Wallingford
7. Doll, N. (2005) Recht, Politik und 'Realpolitik' bei August Ludwig von Rochau (1810–1873): Ein wissenschaftsgeschichtlicher Beitrag zum Verhältnis von Politik und Recht im 19. Jh. Klostermann. Frankfurt a. M.
8. Donnelly, J. (2013) Universal human rights in theory and practice, 3. Aufl. Cornell University Press. Ithaca
9. Ellenberg, J. (2021) Wertebasierte Geschäftsmodellentwicklung. In: Detscher, S. (Hrsg.), Digitales Management und Marketing, 3–12. Springer Gabler. Wiesbaden
10. Enzensberger, H. M. (1996) A theory of tourism. New German Critique, Vol. 68, 117–135
11. Fennell, D. A. (2008) Responsible tourism: A Kierkegaardian interpretation. Tourism Recreation Research, Vol. 33, Nr. 1, 3–12
12. Forum anders reisen (2019) Kriterienkatalog. https://forumandersreisen.de/fileadmin/user_upload/allgemeine_Infos_far/KK_neu_de_Stand_Juni2019.pdf
13. Forum anders reisen (2023) https://forumandersreisen.de/ueber-uns/philosophie/. Zugegriffen: 8. Februar 2023
14. fvw traveltalk (2023) Veranstalter-Dossier 2023: Statistiken und Fakten zur deutschen Touristik, S. 4
15. Garaeva, G. (2012) „Interkultouralität?" oder: Kritische Überlegungen zu interkulturellen Aspekten des Tourismus. Zeitschrift für Tourismuswissenschaft, Vol. 4, Nr. 2, 209–220
16. George, B. P. & Varghese, V. (2007) Human rights in tourism: Conceptualization and stakeholder perspectives. Electronic Journal of Business Ethics and Organization Studies, Vol. 12, Nr. 2, 40–48
17. Gutberlet, M. (2019) Staging the Oriental Other: Imaginaries and performances of German-speaking cruise tourists. Tourist Studies, Vol. 19, Nr. 1, 110–137
18. Herntrei, M. (2014) Wettbewerbsfähigkeit von Tourismusdestinationen: Bürgerbeteiligung als Erfolgsfaktor? Springer Gabler. Wiesbaden
19. Heuwinkel, K. (2019) Tourismussoziologie. UVK. München
20. Ioannides, D. (1998) Tour operators: The gatekeepers of tourism. In: Debbage, K.G., Ioannides, D. (Hrsg.), The economic geography of the tourist industry, 368–388. Routledge. London
21. ITB (2023) "Best Exhibitor Award" for the most convincing trade fair presence, https://www.itb.com/en/press/newsroom/news/best-exhibitor-award.html. Zugegriffen: 25. März 2023
22. Kaefer, F. (2022) Antje Monshausen on How to Reduce Inequalities in Tourism. In: Kaefe,r F. (Hrsg.), Sustainability leadership in tourism, 113–116. Springer. Cham
23. Kagermeier, A. (2021) Overtourism. UVK. München

24. Kirstges, T. (2020) Tourismus in der Kritik. UVK. München
25. Klink, D. (2008) Der Ehrbare Kaufmann – Das ursprüngliche Leitbild der Betriebswirtschaftslehre und individuelle Grundlage für die CSR-Forschung. Zeitschrift für Betriebswirtschaft, Vol. 3, 57–70
26. Kreilkamp, E. (2020) Nachhaltigkeit bei Urlaubsreisen: Wunsch und Wirklichkeit. In: Reif, J., Eisenstein, B. (Hrsg.), Tourismus und Gesellschaft: Kontakte – Konflikte – Konzepte, 81–96. ESV. Göttingen
27. Küng, H. (2010) Anständig wirtschaften: Warum Ökonomie Moral braucht. Piper. München
28. Lea, J. P. (1993) Tourism development ethics in the third world. Annals of Tourism Research, Vol. 20, Nr. 4, 701–715
29. Leifgen, H. (2022) Menschenrechte und das Islambild in der deutschen Politik: Diskursanalyse politischer Darstellungen über muslimisch geprägte Länder. Springer VS. Wiesbaden
30. Lessenich, S. (2016) Neben uns die Sintflut: Die Externalisierungsgesellschaft und ihr Preis. Hanser. Berlin
31. Münck, R. (2022) Sorgfalt bei der Wahl der Dienstleister gefragt. Fvw traveltalk, 30. August. https://www.fvw.de/touristik/veranstalter/lieferkettengesetz-ab-2023--fuer-kw-35-sorgfalt-bei-der-wahl-der-dienstleister-gefragt-228360 Zugegriffen: 26. März 2023
32. Oostindie, G. J. (2005) Fragmentierte 'Vergangenheitsbewältigung': Kolonialismus in der niederländischen Erinnerungskultur. In: Lutz & H., Gawarecki, K. (Hrsg.), Kolonialismus und Erinnerungskultur. Die Kolonialvergangenheit im kollektiven Gedächtnis der deutschen und niederländischen Einwanderungsgesellschaft, 41–52. Waxmann. Münster
33. Patagonia (2022) Patagonia's next chapter: Earth is now our only shareholder. PATAGONIA'S NEXT CHAPTER: EARTH IS NOW OUR ONLY SHAREHOLDER – Patagonia Works. Zugegriffen: 11. Februar 2023
34. Pechlaner, H. (2019) Destination und Lebensraum: Perspektiven touristischer Entwicklung. Springer Gabler. Wiesbaden
35. Pirson, M. (2017) Humanistic Management: Protecting dignity and protecting well-being. Cambridge University Press.Cambridge
36. Pleger, W. (2017) Das gute Leben: Eine Einführung in die Ethik. Metzler. Berlin
37. Reiseanalyse (2023) Erste Ergebnisse RA 2023. Erste Ergebnisse – Reiseanalyse. Zugegriffen: 2. April 2023
38. Roddick, A. (1992) Body And Soul: How to Succeed in Business and Change the World. Random House UK. London
39. Roundtable Menschenrechte im Tourismus (2013) Menschenrechte im Tourismus: Ein Umsetzungsleitfaden für Reiseveranstalter. managementleitfaden_final.pdf (tourism-watch.de). Zugegriffen: 15. Februar 2023
40. Sassen, S. (2014) Expulsions: Brutality and complexity in the global economy. Harvard University Press. Cambridge MA, London
41. Schamp, E. W. (2007) Wertschöpfungsketten in Pauschalreisen des Ferntourismus – Zum Problem ihrer „Governance". Erdkunde, Vol. 61, Nr. 2, 147–160
42. Scheper, C. (2019) Menschenrechte als private Legitimitätspolitik: Politische Autorität und völkerrechtliche Rechtfertigung von Unternehmenspraktiken. Zeitschrift für Internationale Beziehungen, Vol. 26, Nr. 1, 5–27
43. Schlautmann, C. (2019) Partnerland Malaysia: „Wir haben keine Homosexuellen" – Tourismusmesse ITB startet mit Eklat. Handelsblatt. 05. März, https://www.handelsblatt.com/unternehmen/dienstleister/partnerland-malaysia-wir-haben-keine-homosexuellen-tourismus-messe-itb-startet-mit-eklat/24067076.html Zugegriffen: 20. Januar 2023
44. Schwartz, K., Tapper, R. & Font, X. (2008) A Sustainable Supply Chain Management Framework for Tour Operators. Journal of Sustainable Tourism, Vol.16, Nr. 3, 298–314

45. Statista (2023) Anzahl der steuerpflichtigen Reiseveranstalter in Deutschland von 2002 bis 2020. Reiseveranstalter: Anzahl der Unternehmen bis 2020 I Statista. Zugegriffen: 20. Februar 2023
46. TourCert (2023) Was wir tun. https://tourcert.org/warum-tourcert/. Zugegriffen: 18. März 2023
47. UNWTO (2023) UNWTO World Tourism Barometer. UNWTO World Tourism Barometer I Global Tourism Statistics. Zugegriffen: 21. Dezember 2022
48. Winchenbach, A., Hanna, P. & Miller, G. (2019) Rethinking decent work: the value of dignity in tourism employment. Journal of Sustainable Tourism, Vol. 27, Nr. 7, 1026–1043
49. Zielinski, L. S. (2018) Die USA als Garant für Menschenrechte? Vereinte Nationen, Vol. 1, 20–24

Volker Rundshagen ist Professor für General Management, insbesondere Leisure and Tourism Management an der Hochschule Stralsund. Zu seinen Forschungsinteressen zählen die Rolle der Business School in der Gesellschaft sowie verantwortungsbewusste Hochschulbildung für Wirtschaft und Tourismus sowie deren Verzahnung mit der Praxis. Volker Rundshagen ist u. a. Mitglied der Academy of Management und im Arbeitskreis Tourismusforschung.

Printed by Printforce, the Netherlands